海曙年鑑

HAISHU ALMANAC

2022

宁波市海曙区人民政府地方志办公室　编

方志出版社
Publishing House of Local Records

图书在版编目(CIP)数据

海曙年鉴. 2022 / 宁波市海曙区人民政府地方志办公室编. — 北京：方志出版社, 2022. 12
ISBN 978-7-5144-5547-2

Ⅰ. ①海… Ⅱ. ①宁… Ⅲ. ①区(城市) －宁波－2022－年鉴 Ⅳ. ①Z525.54

中国版本图书馆CIP数据核字(2022)第256615号

责任编辑：李晓晓
责任校对：张玉霞
责任印刷：梅中英
出 版 者：方志出版社
地　　址：北京市朝阳区潘家园东里9号（国家方志馆4层）
邮　　编：100021
网　　址：http://www.zgfzcb.cn
发　　行：方志出版社图书营销中心（010）67110500
印　　刷：南京凯德印刷有限公司
开　　本：887毫米 ×1194毫米　1/16
印　　张：24.75
字　　数：949千字
版　　次：2022年12月第1版
印　　次：2022年12月第1次印刷
定　　价：300.00元

编辑说明

一、《海曙年鉴（2022）》是自2014年首次编纂以来连续出版的第九册年鉴，是一部系统记述全区自然、政治、经济、文化和社会等方面基本情况的年度资料性文献。《海曙年鉴》以马克思列宁主义、毛泽东思想、邓小平理论、“三个代表”重要思想、科学发展观、习近平新时代中国特色社会主义思想为指导，坚持辩证唯物主义和历史唯物主义的立场、观点和方法。如实记录、全面贯彻中共二十大精神，继续统筹推进“五位一体”总体布局，协调推进“四个全面”战略布局，扎实推进五大发展理念和省委“八八战略”在海曙的实践。

二、本部年鉴记述时限为2021年1月1日至12月31日，为保持事物的完整性、连续性和可比较性，部分内容、数据作上溯处理。

三、《海曙年鉴（2022）》采用分类编辑法。基本结构为类目、分目、条目，其中条目为主要的信息载体，条目标题加【 】。体裁有述、记、图、表、录。卷首设“特载”“专记”“大事记”“海曙概览”；百科设“中国共产党海曙区委员会”等26个类目；卷末设“附录”“索引”。

四、2022卷正文在2021卷基础上进行纲目结构微调。年鉴的栏目设计和编排次序是根据年鉴基本体例和行业分类特点设置，与每个具体部门行政级别高低无关。

五、根据行文实际需要，文中配置了“有关组织机构全称、简称对照表”，列于目录前。“缩略语”随文注释，简短的在文中扩注，较长的在篇末注释，多次出现不重复注释。

六、本年鉴所采用的稿件由全区各机关单位、镇（乡）街道、产业园区提供，经《海曙年鉴（2022）》编辑部整理编辑，并经相关单位领导审核。文中所列数据采用法定计量单位，除“海曙概览”类目中“经济和社会发展”分目的各项数据来源于《2021年宁波市海曙区国民经济和社会发展统计公报》外，正文中其他数据原则上以《海曙区统计年鉴（2022）》为准，统计年鉴中没有的以主管部门统计为准，部分数据因统计口径不同或有所差异，本书均未作机械调整。

七、数字用法、标点符号用法分别执行国家标准《出版物上数字用法》（GB/T 15835—2011）、《标点符号用法》（GB/T 15834—2011），计量单位采用国家技术监督总局1993年12月发布的《量和单位》系列国家标准。考虑到社会使用习惯，全书中亩不统一换算。

八、本部年鉴设置目录和索引双重检索系统。正文索引采用主题分析法，按主题词首字汉语拼音字母顺序排列，另附图照表索引。

宁波市海曙区地方志编纂委员会

《海曙年鉴（2022）》编辑部

《海曙年鉴（2022）》主要撰稿人

（排名不分先后）

丁　彬	丁学坤	马中龙	马国均	王　渊	王　洁	王一波	王丽洁	王佳妮
王佳媛	王　研	王超亚	王　翔	毛英豪	毛　培	毛静娜	仇璐娜	方　强
方铁龙	节彦举	厉迪桑	卢炯炯	叶　存	叶少艾	叶玉娇	叶　辉	史颖昭
乐聪铃	冯永峰	冯　桑	司徒碧波	成方州	成振江	吕美红	吕鑫春	朱　平
朱　杰	朱俊帅	邬晓匀	刘　平	刘妍珣	刘佶松	刘金玲	刘宵盈	江文敏
江功武	江亦海	许智蕾	阮书瑜	孙凯丽	孙燕燕	严　健	苏　纯	杜颖姗
李　娜	李　佳	李　莎	李　蓓	李玉飞	李军华	李含笑	李昊东	李科杰
李鹏展	李　颖	杨妍韫	吴　君	吴　凡	吴胜天	何苏骏	何海丰	应欣芷
汪　波	汪　赟	沙东辉	沈明煊	沈雷雄	宋　瑜	张　健	张　丹	张　帆
张　征	张　璐	张洋铭	张　颖	张　兢	陈　杰	陈　鹏	陈　沁	陈　娜
陈三省	陈小军	陈飞永	陈伟燕	陈宇骏	陈杨杨	陈丽如	陈吟佳	陈依依
陈钟文	陈奕霖	陈闻宁	陈梦雅	陈超琼	陈紫沁	陈鲁萍	邵　燕	林　瑜
林桂玲	林愉淳	金　芹	周　秉	周　虹	周　敏	周万慎	周梦迪	周梦霞
郑　骐	郑　洁	郑水萍	郑　怡	郑思莹	郑腾飞	孟令震	项若冰	赵　伟
赵士坤	赵佳莉	赵悦辰	胡小玉	胡锡超	钟林华	俞宏耀	施江锋	施丽英
姜一寅	洪　璐	宫海燕	费晓春	秦　威	夏　扬	顾　盈	钱怡丰	徐　鑫
殷　博	翁赛娟	高　瑜	唐嘉慧	陶行行	黄妍楠	黄佳宁	黄驿雯	黄般若
黄嘉辉	曹路曼	常　润	章　静	逯林威	屠炎彬	彭宇轩	董玉婷	蒋翠清
韩舒格	谢　欢	谢作衷	楼　强	褚婷婷	蔡　哲	蔡久勇	潘　妍	薛荣锋

2021年海曙的一天

指标名称	计量单位	海曙的一年	海曙的一天
工业增加值	万元	3454076	9463
规模以上工业增加值	万元	2488636	6818
规模以上工业利润总额	万元	542533	1486
社会消费品零售总额	万元	8440623	23125
财政总收入	万元	2253101	6173
其中：一般公共预算收入	万元	1296953	3553
实际利用外资	万美元	6612	18
货物进出口总额	万元	8446031	23140
其中：货物出口额	万元	7412568	20308
全社会用电量	万千瓦时	609594	1670

2021年海曙区主要经济指标占宁波市比重

指标名称	计量单位	宁波市	海曙区
地区生产总值	亿元	14594.9	1400.6
工业增加值	亿元	6297.5	345.4
规模以上工业增加值	亿元	4865.0	248.9
规模以上工业利润总额	亿元	1724.1	54.3
社会消费品零售总额	亿元	4649.1	844.1
财政总收入	亿元	3264.4	225.3
其中：一般公共预算收入	亿元	1723.1	129.7
实际利用外资	亿美元	32.7	0.7
货物进出口总额	亿元	11926.1	844.6
其中：货物出口额	亿元	7624.3	741.3
全社会用电量	亿千瓦时	938.4	61.0
其中：工业用电	亿千瓦时	674.7	30.7
人民币存款余额	亿元	26187.7	3244.7
人民币贷款余额	亿元	28513.2	3327.1

甜品站
手工酸辣粉、炸酱面、热干面、

宁波市海曙区第十一届人民代表大会第五次会议

① ③
② ④

① 2月，2021年春节期间的鼓楼步行街

② 2月2—3日，海曙区第十一届人民代表大会第五次会议召开。大会执行主席，区委副书记、区长徐强代表区人民政府向大会作工作报告。会议听取区人民法院工作报告、区人民检察院工作报告。通过海曙区2021年民生实事项目、海曙区人民政府工作报告的决议、海曙区国民经济和社会发展第十四个五年规划和二〇三五年远景目标纲要等重要文件

③ 3月27日，深圳市宁波商会海曙分会成立大会在深圳君悦酒店举行，这是海曙区首家异地商会

④ 4月13日，"游学中国・跟着诗词看宁波2021全国纪行" 启动仪式在天一阁・月湖景区举行。仪式上全新发布5条主要纪行线路，以游学的方式跟着诗词走中国、看宁波

① 4月26日，全国首届科技领军人才交叉创新荟活动在海曙区举办。活动围绕当前国家、社会发展急需的技术需求，培养科技领军人才的交叉创新思维，推动科技领军人才专家交流合作，切实解决材料领域相关的一线“卡脖子”技术难题，推动形成具有更强创新力的人才链、产业链与供应链

②③ 4月27日，海曙区“曙色初心 红色信仰”海曙红色游线发布仪式在龙观乡半山伴水度假村音乐广场举行。活动正式发布首批包括“红色龙观”“江厦风云”“章水记忆”“横街往事”等10条不同主题的红色旅游线路，为海曙区十大“初心教育实践基地”授牌，并选聘海曙区首批30名红色宣讲团初心讲师，随后，组织媒体记者游览了龙观、章水、鄞江、横街4条游线，重温革命历史

④ 4月30日，以“新风尚·最海曙”为主题的“2021海曙区风尚购物消费季”活动启动，活动持续至5月17日。消费季集中梳理各类主题体验和促销活动40余大项超100小项

⑤ 5月19日，由宁波市生态环境局和海曙区人民政府主办的“走进自然、贴近生物多样性”2021年国际生物多样性日宁波主题宣传活动暨海曙区生物多样性体验地建设启动仪式在龙观乡举行。活动以龙观乡为首发站，启动海曙四明山区域生物多样性本底调查和体验地建设

海曙区首批红色游线
红色龙观 龙脊古道主题游线：
江厦风云 历史文化主题游线：
章水记忆 缅怀追思主题游线：
樟街往事 竹海溯源主题游线：
鄞江密码 追忆峥嵘主题游线：
集士印象 农旅红色主题游线：
勇士集结 百年奋斗主题游线：
红村振兴 新农村发展主题游线：
红色洗礼 走近英雄主题游线：
清风行旅 绿野探红主题游线：
LONG GUAN

"曙色初心 红色信仰"
海曙区红色游线发布仪式

UP!
4.30-5.31

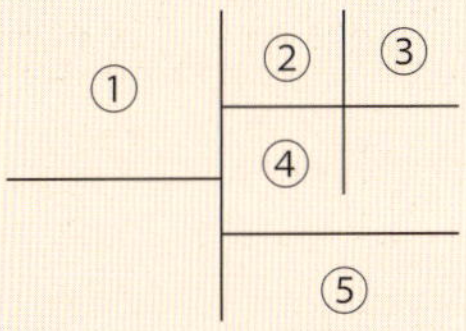
①
②
③
④
⑤

共同构建人与自然生命共同体

① 5月23日，2021年海曙区科技周启动。科技周展出百年来海曙籍院士、科学家的事迹和海曙人民为科技创新发展做出的突出贡献，并展示近年海曙区在高能级平台建设、生命健康、节能环保、乡村振兴领域取得的创新成果

② 6月26日，由区委党史研究室、区档案馆联合主办的“奋斗百年路 奋进新征程”庆祝中国共产党成立100周年主题图片展开展，图片展以建党100年来海曙重大的党史事件为主线，分为“启明火·樟溪魂”“百废俱兴”“勇立潮头”“逐梦奋进”等5个部分，共展出图片191张，全面展示中国共产党在海曙百年的光辉历程、伟大成就

③ 6月，《中国共产党海曙历史（1978—2002）》出版发行。全书记述海曙区委24年来改革开放和建设中国特色社会主义的光辉历史，是一部全面精准反映海曙改革开放史的权威地方党史基本著作

④⑤ 6月25日，海曙区“红海传承‘光荣在党50年’纪念章颁发暨集中宣誓仪式”举行，37名区内党龄50年以上的老干部、老战士、老先进及各级劳动模范代表受邀参加，获颁“光荣在党50年”纪念章

海传承“光荣在党50年”纪念章
暨集中宣誓仪式

①
④
②
③
⑤

光荣在党50年
光荣在党50年
光荣在党50年

海曙区四明山环线公路启动仪式
宁波·海曙
二〇二一年六月
护航建党百年
聚焦发展新局
守好红色根脉
助推共同富裕

① ③
② ④

至余姚
至余姚
至余姚
至海曙
至鄞州
至奉化
浙东大竹海
溪下水库
皎口水库
四明山革命烈士林园
五龙潭
观顶水库
周公宅水库
中坡山森林公园
外婆楼水库
章圣寺水库
茅镬古树公园
杖锡山樱花公园
建岙古村
它山堰
章水镇
龙观乡
鄞江镇
横街镇
宁波北
高桥
横街
宁波西

①② 6月26日，四明山环线公路启动仪式在章水镇举行。环线公路具体位置“1+4+6”路网结构布局，即一个大环、四个小环、六条外界连接线，全长约185千米，其中四明山环线公路总里程约64千米

③ 6月29日，“奋斗百年路 启航新征程”海曙区庆祝中国共产党成立100周年主题文艺晚会举行

④ 7月18日，2021“海燕归巢·曙你飞扬”海内外青年人才实习实践启动仪式在区文体中心举行。来自中国人民大学、浙江大学、上海交通大学、南京大学、湖南大学、华东师范大学、牛津大学、悉尼大学等海内外56所高校的160余名师生参加活动启动仪式。活动现场，区人力社保局、团区委分别与中国人民大学、南京大学、湖南大学、华东师范大学4所高校揭牌成立校地共建实习实践基地

① 7月30日，横跨海曙区和鄞州区的新典桥合龙，新典桥及接线（鄞奉路至广德湖路）工程西起鄞奉路，东至广德湖路，横跨奉化江，是联系鄞奉片区与长丰片区的东西向纽带

② 8月28日，宁波市爱菊艺术学校姚丰校区落成仪式暨开学典礼举行。姚丰校区为九年一贯制学校，共设60个班，其中小学部36个班、中学部24个班

③ 9月10日，“盼”第十九届亚运会（宁波分会场）倒计时一周年活动暨海曙区第三届美好生活节在天一阁西广场开幕

④ 9月24日晚，庆祝宁波建城1200年暨“好风明月是生涯”中秋诗词晚会在天一阁·月湖景区西广场举行，中秋诗词晚会将宁波建城1200年与中国传统节日结合，展现《风起明州》《万里海丝》《书藏古今》《梦创未来》4个篇章

⑤ 10月9—11日，海曙区十大阅读品牌之一的“城市萤火虫”换书大会首次亮相于宁波国际会展中心举办的“浙江书展”。此次换书大会以“遨游星空 阅享无界”为主题，活动区域集换书娱乐休闲为一体

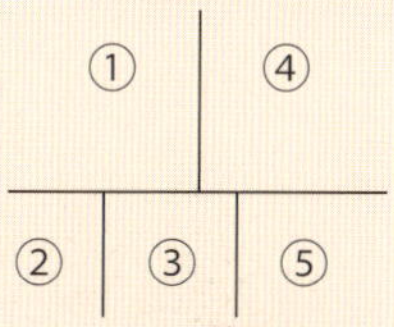
①
④
②
③
⑤

遨游星空
阅享无界
2021
“城市萤火虫”换书大会

① 11月16日，海曙区—喜德县东西部协作“结对云签约”会议举行，24个海曙村（社区）、企业与19个喜德村（社区）跨越千里“结对云签约”

② 11月19日至12月16日，“曙色辉煌”——庆祝中国共产党成立100周年暨纪念宁波建城1200年海曙区美术、书法、摄影展在宁波美术馆开展

③ 11月29日，在四明山区域生物多样性本底调查工作中，意外发现相机拍摄到8只长相独特的鸟类身影。经专家确认，为国家一级重点保护野生动物——白颈长尾雉，是“鸟中国宝”，分别被《世界自然保护联盟》和《中国濒危动物红皮书》列为近危和易危物种，系宁波市首次野外监测发现

④ 12月20日，海曙区红色教育基地开工仪式举行，基地位于高桥镇，建设用地面积约3公顷，总建筑面积约7万平方米

①
②
③
④

中国共产党宁波市海曙区第十次代表大会

中国共产党宁波市海曙区第十次代表大会 2021.12.29

① 12月27—29日，中国共产党宁波市海曙区第十次代表大会胜利召开。大会选举产生中国共产党宁波市海曙区第十届委员会；选举产生中国共产党宁波市海曙区第十届纪律检查委员会；选举产生出席中国共产党宁波市第十四次代表大会的代表。会议选举产生中国共产党宁波市海曙区第十届委员会常务委员会委员和书记、副书记。徐强当选为区委书记，叶枝利、罗仙兵当选为区委副书记

② 12月27—29日，中国共产党宁波市海曙区第十次代表大会选举产生新一届区委常委，徐强、叶枝利、罗仙兵等11位同志当选

③ 12月底，宁波国际邮件互换中心项目工程竣工验收。项目作为宁波市唯一邮路口岸，对推动宁波市跨境电商综试区建设，发挥国内国际双循环节点有重要意义

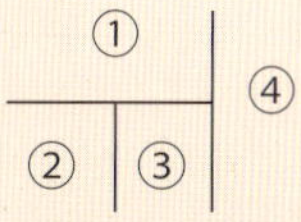

① 多彩卫星城

② 广德湖

③ 深溪村

④ 新后屠桥村

SHANJING OUTLET PLAZA · NINGBO

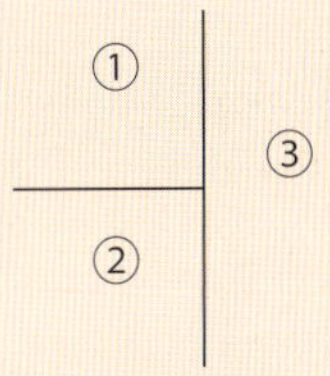

① 集士公园

② 宁波杉井・奥特莱斯

③ 集士港十字老街

盛欣夫先生——书画捐赠
鱼公田书角

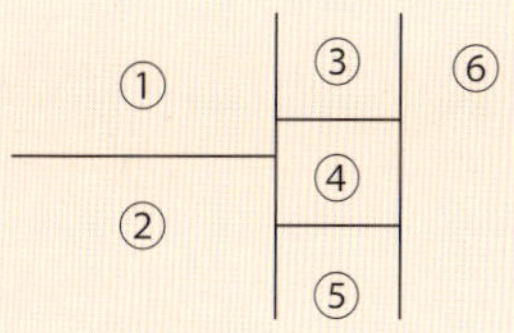

① 山下庄村

② 明馨社区图书角

③ 共富小院

④ 山下庄村共享法庭

⑤ 山下庄十星户

⑥ 红连池村

有关组织机构全称、简称对照表

全称	简称
浙江省全省	全省
浙江省	省
中共浙江省委员会	省委
浙江省人民政府	省政府
中共宁波市委员会	市委
宁波市人民政府	市政府
宁波市全市	全市
宁波市	市
宁波市海曙区全区	全区
宁波市海曙区	海曙区或区
中共宁波市海曙区纪律检查委员会宁波市海曙区监察委员会机关	区纪委区监委机关
中共宁波市海曙区委员会	区委
中共宁波市海曙区委办公室	区委办公室
宁波市海曙区人民代表大会常务委员会	区人大常委会
宁波市海曙区人民代表大会常委会办公室	区人大常委会办公室
宁波市海曙区人民政府	区政府
宁波市海曙区人民政府办公室	区政府办公室
中国人民政治协商会议宁波市海曙区委员会	区政协
中国人民政治协商会议宁波市海曙区委员会办公室	区政协办公室
中共宁波市海曙区委组织部	区委组织部
中共宁波市海曙区委宣传部	区委宣传部
中共宁波市海曙区委统一战线工作部	区委统战部
中共宁波市海曙区委政法委员会	区委政法委
中共宁波市海曙区委政策研究室	区委政研室
中共宁波市海曙区委机构编制委员会办公室	区委编办
中共宁波市海曙区委巡察工作领导小组办公室	区委巡察办
中共宁波市海曙区委海曙区人民政府信访局	区信访局
中共宁波市海曙区委老干部局	区委老干部局
中共宁波市海曙区委党校	区委党校
宁波市海曙区档案馆	区档案馆
中共宁波市海曙区委党史研究室（宁波市海曙区人民政府地方志办公室）	区委党史研究室（区政府地方志办公室）
宁波市海曙区发展和改革局	区发改局

全 称	简 称
宁波市海曙区经济和信息化局	区经信局
宁波市海曙区教育局	区教育局
宁波市海曙区科学技术局	区科技局
宁波市公安局海曙分局	海曙公安分局
宁波市海曙区民政局	区民政局
宁波市海曙区司法局	区司法局
宁波市海曙区财政局	区财政局
宁波市海曙区人力资源和社会保障局	区人力社保局
宁波市海曙区住房和城乡建设局	区住建局
宁波市海曙区交通运输局	区交通局
宁波市海曙区水利局	区水利局
宁波市海曙区农业农村局	区农业农村局
宁波市海曙区商务局	区商务局
宁波市海曙区文化和广电旅游体育局	区文化和广电旅游体育局
宁波市海曙区卫生健康局	区卫生健康局
宁波市海曙区退役军人事务局	区退役军人事务局
宁波市海曙区应急管理局	区应急管理局
宁波市海曙区审计局	区审计局
宁波市海曙区市场监督管理局	区市场监管局
宁波市海曙区统计局	区统计局
宁波市海曙区医疗保障局	区医保局
宁波市海曙区综合行政执法局	区综合执法局
宁波市自然资源和规划局海曙分局	海曙自然资源规划分局
宁波市海曙区人民法院	区法院
宁波市海曙区人民检察院	区检察院
宁波市海曙区总工会	区总工会
中国共产主义青年团宁波市海曙区委员会	团区委
宁波市海曙区妇女联合会	区妇联
宁波市海曙区文学艺术界联合会	区文联
宁波市海曙区科学技术协会	区科协
宁波市海曙区归国华侨联合会	区侨联
宁波市海曙区残疾人联合会	区残联
宁波市海曙区红十字会	区红十字会

全 称	简 称
宁波市海曙区供销合作社联合社	区供销社
宁波市海曙区关心下一代工作委员会	区关工委
宁波市海曙区工商业联合会	区工商联
宁波市海曙区慈善总会	区慈善总会
宁波市天一阁·月湖景区管理办公室	天一阁·月湖景区管理办
宁波望春工业园区管理委员会	望春工业园区管委会
宁波市海曙区政务服务办公室	区政务办
宁波市海曙区机关事务管理局	区机关事务局
宁波市海曙区国有资产管理中心	区国资中心
宁波市海曙区金融发展服务中心	区金融发展服务中心
宁波市海曙区招商中心	区招商中心
宁波市海曙区大数据发展服务中心	区大数据中心
宁波市海曙区石碶市场区管理中心	区石碶市场区管理中心
宁波市海曙 81890 求助服务中心	81890
宁波市海曙区社会矛盾纠纷调处化解中心	区社会治理中心
宁波市海曙区全媒体中心	区全媒体中心
宁波市海曙区南站广场区域综合管理办公室	区南站综管办
宁波市海曙区南站区域开发建设管理中心	区南站区域开发建管中心
宁波市客运中心站区域综合管理综管中心	客运中心综管中心
宁波市海曙区房屋征收管理服务中心	区房屋征收中心
宁波市海曙区旧村改造管理服务中心	区旧村改造管理服务中心
宁波市海曙区工业园区升级改造推进管理中心	区工改中心
宁波市海曙区轨道交通建设推进管理中心	区轨道交通管理中心
国家税务总局宁波市海曙区税务局	区税务局
宁波市生态环境局海曙分局	海曙生态环境分局
宁波市海曙区气象局	区气象局
宁波市公安局交通警察局海曙大队	海曙交警大队
宁波市海曙区消防救援大队	海曙消防救援大队
宁波市海曙开发建设投资集团有限公司	海曙开投集团
宁波市海曙国有资本投资经营集团有限公司	海曙国投集团
中国人民解放军浙江省宁波市海曙区人民武装部	区人武部
中华人民共和国海曙海关	海曙海关

目　录

特　载

专　记

大事记

海曙概览

中国共产党海曙区委员会

海曙区人民代表大会

海曙区人民政府

中国人民政治协商会议海曙区委员会

纪检·监察

民主党派·群众团体

法治·军事

农业·农村·水利

工业·建筑业·房地产业

商贸·经济合作

交通·邮政·口岸

数字海曙建设

财税・金融

旅　游

自然资源管理·生态环境保护

城乡建设与管理

综合经济管理

科　技

教　育

文化·新闻

体　育

卫生健康

人力资源和社会保障

社会生活

镇(乡)街道

人 物

附　录

索　引

特　载

开启新征程　实现新跨越
全面建设现代化滨海大都市卓越城区

本次大会，是在隆重庆祝党的百年华诞、进入全面建设社会主义现代化国家新征程的关键时刻，召开的一次重要会议。大会的主题是：高举中国特色社会主义伟大旗帜，坚持以习近平新时代中国特色社会主义思想为指导，对标落实习近平总书记对浙江、对宁波工作重要指示精神，坚定不移做“两个确立”忠诚拥护者、“两个维护”示范引领者，开启新征程、实现新跨越，为全面建设现代化滨海大都市卓越城区而努力奋斗。

一、顺利实现融合提升发展

区第九次党代会以来的五年，极不平凡、殊为不易，是海曙发展进程中抢抓重大机遇、应对重大挑战、经受重大考验的阶段。面对错综复杂的宏观形势、百年不遇的疫情冲击、艰巨繁重的发展任务，区委坚持以习近平新时代中国特色社会主义思想为指导，深入贯彻党的十九大和十九届历次全会精神，增强“四个意识”、坚定“四个自信”、做到“两个维护”，在中央和省委、市委的坚强领导下，团结带领全区广大党员干部群众，坚持融合提升发展，锐意进取、创新实干，高水平全面建成小康社会，较好完成了区第九次党代会确定的目标任务，经济社会发展和党的建设取得积极成效。

——这是促融合、谋长远的五年。我们全力抢抓历史机遇，积极推进行政区划调整，有序实施与临空经济示范区“政区合一”，实现了空间大重构、资源大重组、人心大聚合。在平稳过渡中深化了融合，用最快时间完成人员划转、机构组建和职能整合，尽最大努力优化为民为企服务政策，在最

宁波工业互联网研究院

大范围凝聚思想共识，广大党员干部群众对新海曙的认同感归属感切实增强。在谋篇布局中明晰了路径，及时完成“十三五”规划纲要修编，科学编制“十四五”规划纲要，聚焦现代化示范先行、建设共同富裕样板区、打造国内一流创新型城区、防范化解重大风险、加快区域治理现代化等主题进行研究部署，全区上下团结奋进的方向进一步明确。在坚定有为中推动了发展，持续开展项目攻坚提速、转型升级提质、作风建设提效“三大主题年”活动，谋划实施十大行动计划、十大重点区块、十大项目前期，经过五年的不懈奋斗，综合实力不断提升，跻身全国百强区行列。地区生产总值、财政总收入预计分别达到1350亿元、230亿元，比2016年分别增长33.6%、49.5%；城镇和农村居民人均可支配收入今年预计分别达到7.8万元、4.3万元，比2016年分别增长42.4%、50.3%。

——这是打基础、蓄势能的五年。我们顶住经济下行等多重压力，扎实做好“六稳”“六保”工作，稳住了发展底盘、增强了发展后劲。创新动力不断激活，深入实施“栽树工程”，翠柏里创新街区启动建设，四大产业技术研究院创新赋能作用明显，全社会研发投入占比、高新技术企业数量实现翻番，国家科学技术奖、省级创新型领军企业等领域取得零的突破，成功入围“科创中国”省级试点。市3315系列计划入选数连续三年位居第一，获评省人才工作考核优秀。招商引资工作成效明显。产业转型持续加快，商贸业、金融业规模保持全市前列，软件信息、科技服务业突破明显，高新技术产业、战略性新兴产业以年均两位数速度增长，农业实现“樱花可食、枫叶可藏、茶园可游、锦鲤可赏”，水稻大田种植数字农业、服装产业大脑、夜间经济等试点积极开展，“亩均论英雄”改革、批发零售业和传统制造业改造提升获省政府表彰激励。城市框架逐步拉开，创新开发建设模式，开展“精特亮”创建，秀水等历史街区改造破题在即，三市里、丁家湾等基本完成拆迁，五江口、中医药特色街区等加快建设，机场三期等建成投用，多点开花、穿珠成链的景象加速呈现。累计新开工重大项目225个、竣工162个，完成固定资产投资达1500亿元。体制机制有效优化，开展8项国家级、24项省级改革试点，5个数字化改革应用成为全省试点示范，投资审批等改革走在全国前列。党政机构改革和事业单位清理规范整合全面完成，涉水管理、应急管理、综合执法等体制机制进一步理顺。

——这是抓落实、勇攻坚的五年。我们始终保持奋进姿态，主动担当、奋发作为，啃下了一批硬骨头，解决了一批老大难问题。集中精力抓大事，确保上级部署的落地落实。扎实打好“三大攻坚战”，扫黑除恶专项斗争综合绩效全市第一，信访总量、刑事发案数、生产安全事故起数、死亡人数逐年下降，获评省食品安全区，连续16年被评为省“平安区”、捧得首批“一星平安金鼎”。所有行政村实现集体经济总收入100万元以上、经营性收入15万元以上，帮助贵州省贞丰县脱贫摘帽。扎实推进中央和省生态环境保护督察、长江经济带修复整改落实，空气质量优良率达94.4%，地表水质市控以上达标率达100%，成功夺得“大禹鼎”，获评“‘美丽浙江’建设优秀区”、省“生活垃圾分类优秀区”、省“生态文明建设示范区”。大力开展非法金融、大棚房、违建别墅、耕地“非农化”“非粮化”、三改一拆等专项整治，圆满完成重大活动、重要节点安保维稳任务。强化担当攻难事，突破影响发展的瓶颈制约。直面要素资源不足，开展多轮征迁和拔钉清零行动，245个项目实现清零，完成征迁面积395万平方米；启动工业园区改造提升，推进企业容积率提升改革，获评省国土资源节约集约模范区。组建开投、国投两大国企，总资产达1200亿元，4家企业获评AA+信用等级。直面环境面貌短板，积极推动老旧更新、城市建新，一体打造美丽城市、美丽城镇、美丽乡村，老旧小区改造惠及群众7.4万余户，完成新村建设272万平方米，7个乡镇成为省市小城镇环境综合整治样板，天一阁·月湖获评全市第二个国家AAAAA级旅游景区，有力助推宁波高分夺取全国文明城市“六连冠”。上下同欲解急事，交出大战大考的出色答卷。坚持人民至上、生命至上，强化硬核抗疫、精准抗疫，广大党员干部群众守望相助，从阻击防控到常态防控，筑牢了枢纽型中心城区抗击疫情的坚固防线。发扬不怕疲劳、连续作战精神，打赢“利奇马”“烟花”“灿都”等台风防御战，在风雨中锤炼了意志、品质和能力，凝聚了上下一心、攻坚克难的磅礴之势。

——这是听民声、应期盼的五年。我们坚持发展为民、共建共享，强化普惠保障、推动均衡发展，不断满足群众对

重修开放的城隍庙

美好生活的期待。基础设施进一步补齐补强，四明山环线公路启动建设，214省道等建成通车，凤棚碶泵闸、五江口闸等竣工投用，姚江、奉化江堤防全线封闭，农村饮用水达标提标实现全覆盖，新（改）建变电站5座，5G网络建设全市领先，城乡一体的基础设施体系基本成型。社会保障进一步扩面扩容，新增就业11.2万人，建成保障性住房超100万平方米，户籍人口基本养老保险、医疗保险参保率居全市前列，康养体系建设成为全省样板，获评全国“物质+服务”社会救助改革试点、全国示范型退役军人服务中心、省首批无欠薪示范区。公共服务进一步提质提效，新建校园27所，新增基础教育学位2.1万余个，组建7大教育集团，获评全国未来学校实验区。区中医院迁建等项目投用，新建区级公立综合性医院，新增医疗床位1500余张，基本公共卫生服务项目评价居全省前列。举办纪念宁波建城1200周年系列活动，宁波府城隍庙重修开放，望京门遗址公园建成投用，多部文艺精品获全国群星奖，特色体育品牌系列活动成效明显，创成省公共文化服务体系示范区。深化“三服务”活动，高山办、11087警企服务等做法广受好评。社会治理进一步创新创优，获评省社区治理和服务创新实验区，成功打造国家级智慧矫正中心，社区政务居务“统分沉”改革获评全国优秀案例，区社会组织服务中心获评全国百强，党建引领下的社区协商做法入选首届中国城市治理创新奖。

——这是强队伍、提作风的五年。我们坚持党要管党、全面从严治党，严格落实主体责任，为区域发展提供坚强的政治保证。深化思想教育，学懂弄通做实习近平新时代中国特色社会主义思想，精心组织庆祝新中国成立70周年、建党100周年系列活动，认真推进“两学一做”学习教育常态化制度化，开展“不忘初心、牢记使命”主题教育、党史学习教育，广大党员理想信念更加坚定。不折不扣落实省委巡视、“七张问题清单”整改工作。牢牢把握意识形态主动权，持续推动媒体深度融合发展，打响“曙说”宣讲品牌，新时代文明实践站所实现全覆盖。区委党校项目开工建设。夯实基层党建，以“锋领海曙”为总抓手，加强支部规范化建设，全域提升、全面提质格局逐步形成。高质量完成乡镇、村社组织换届，建成全省首家区级智慧党建中心，涌现出党建帮办、红海行动等一批典型品牌。81890求助服务中心获评全国先进基层党组织。育优干部队伍，突出融心融力、系统历练，建立干部政治素质考察和一线锻炼机制，提拔使用敢于担当、实绩明显的干部400余人次，培育省市“两优一先”“担当作为好干部”“最美公务员”等先进典型160余个，打造了一支平常时候看得出来、关键时刻冲得上去的干部队伍。完善监督体系，一体推进“三不”机制建设，始终保持惩治腐败高压态势，驰而不息纠治“四风”，深化纪检监察体制改革，打造基层公权力大数据监督平台，推动纪律监督、监察监督、巡察监督、审计监督等各类监督贯通融合，清廉海曙建设持续推进，风清气正的政治生态不断巩固。

区委统揽全局、协调各方，切实加强党的全面领导。支持人大依法行使职权，建设标准化代表联络站、代表钉、代表直通车等履职平台，更好发挥人大制度优势。支持政协按章履职，创新“请你来协商”、委员工作室、民生议事堂等载体机制，充分发挥协商民主重要渠道和专门协商机构作用。深化法治建设，获评省首批法治政府建设示范区、省先进基层检察院、全国优秀法院、全国公共法律服务工作先进集体。统一战线事业蓬勃发展，多党合作、民族宗教、港澳台侨和乡贤工作成效明显，大统战格局进一步巩固。党管武装不断强化，获评省军民融合创新示范区。老干部、党史、档案、工会、共青团、妇联、残联、文联、科协、关工委、慈善、红十字等工作取得新突破，荣获国家级数字档案馆、关心下一代先进集体、维护妇女儿童权益先进集体、残疾人工作先进单位等荣誉。

回首来路，才知道走出的距离；亲历奋斗，才明白付出的意义。五年的工作充满艰辛，五年的变化有目共睹。所有成绩的取得，是习近平新时代中国特色社会主义思想科学指引的结果，是中央和省委、市委坚强领导的结果，是全区各级党组织、广大党员干部群众共同奋斗的结果，是历届区委打下坚实基础和老领导、老同志关心支持的结果，是各民主党派、人民团体和社会各界共同参与的结果。在此，我代表中共宁波市海曙区第九届委员会，向所有为海曙发展作出贡献的同志们、朋友们，致以诚挚的感谢和崇高的敬意！

五年的发展成就，为继续前进筑牢了坚实基础；五年的拼搏实践，为开创未来积累了宝贵经验。我们深深地体会到：政治坚定方能目标笃定。五年来，我们作任何决策、抓任何工作，都坚持和加强党的全面领导，坚决落实习近平总书记对浙江、对宁波工作重要指示精神，在任何时候都做到旗帜鲜明讲政治。只有始终把“两个维护”根植于心，把“国之大者”落实于行，才能确保各项事业沿着正确方向阔步前进。打开思路方能闯出新路。五年来，我们突出改革破题、创新开路，一批重大区块从规划愿景到落地实施，一批试点创新从构想谋划到形成亮点，一些想解决而没有解决的难题解决了，一些想办而没有办的事情办成了。只有始终保持创造性张力，破除思维定势、路径依赖，才能从“适应变革”向“引领变革”跃迁。不忘初心方能赢得民心。五年来，我们紧紧依靠人民、矢志造福人民，把民生实事办到百姓心坎上，把优质服务送到群众家门口。只有始终坚守为民情怀，切实关注“大多数”，时刻牵挂“极少数”，加快提升“平均数”，才能走好直抵人心、可观可感的共富之路。注重实干方能创造实绩。五年来，我们知重负重、担当尽责，大力弘扬埋头苦干、真抓实干、立即就办的工作作风，用实际行动干出了发展新气象。只有始终保持昂扬斗志，用脚步丈量大地，用汗水浇灌收获，才能推动经济社会发展取得更大成就。团结干事方能共同成事。五年来，我们加快干部融合、民心融合，风雨来临时人人起而行之，共同铸就抗击疫情的铜墙铁壁，携手应对台风灾害的凶猛来袭，海曙更加团结也更为强大。只有始终团结一心、步调一致，才能汇集起无往不胜的饱满士气和坚定力量。

在前进道路上，我们还面临不少困难和挑战，存在一些

9月，台风“烟花”过境后，全区各级单位帮助销售葡萄等农产品

短板和不足。创新转型步伐仍需加快，科技创新支撑高质量发展动力还不够强劲，产业结构较为传统，保持稳定增长压力不小。城市形象功能有待提升，集聚、辐射作用不够突出，空间拓展和区块开发还需提速，城乡管理精细化水平存在差距。民生事业短板仍然不少，公共服务优质供给不够均衡，水利、交通等基础设施建设还需加强，基层社会治理还有薄弱环节。塑造变革能力存在不足，少数党员干部能力素质跟不上形势发展，违纪违法问题仍有发生，全面从严治党仍需纵深推进。对这些问题，我们必须高度重视，采取有效措施切实加以解决。

二、科学确定未来五年发展蓝图

今年是中国共产党成立100周年。党的十九届六中全会再次宣示，党确立习近平同志党中央的核心、全党的核心地位，确立习近平新时代中国特色社会主义思想的指导地位，是十八大以来最大的政治成果、最重要的历史结论，对推进中华民族伟大复兴历史进程具有决定性意义。我们要深刻把握党百年奋斗的重大成就，深刻理解党百年奋斗的历史意义，深刻领会党百年奋斗的历史经验，坚定不移做“两个确立”忠诚拥护者、“两个维护”示范引领者，走好新的赶考之路。

对历史最好的致敬，就是创造新的历史。站在“两个一百年”奋斗目标的历史交汇点上，我们要把海曙放在历史的时空系中审视，放在国际国内的坐标系中考量，奋力开创更加美好的未来。要顺应发展大势，在保持定力中开创美好未来。当前，“两个大局”相互交织，国际环境日趋复杂，全球疫情仍在持续演变，不稳定性不确定性明显增加。在挑战更多、课题更新的时代大背景下，我国发展仍处于重要战略机遇期，新发展阶段正式迈入、新发展理念深入践行、新发展格局加速构建。我们要准确识变、科学应变、主动求变，抢抓机遇、趋利避害，保持战略定力和战术活力，在砥砺奋进中下好先手棋、打好主动仗。要找准发展坐标，在担当使命中开创美好未来。中央赋予浙江打造“重要窗口”、高质量发展建设共同富裕示范区的战略使命，宁波提出加快建设现代化滨海大都市。作为中心城区和对外门户，海曙要落实市委“快人一步、胜人一筹、优人一等、高人一招”的要求，发挥城市经济活跃、历史文化厚重等优势，抢抓宁波西枢纽建设等重大机遇，拉高标杆、追求卓越，为现代化滨海大都市建设作出更大贡献、提供更多范例。要把握发展阶段，在发力突破中开创美好未来。经过多年发展，海曙好的态势在拓展、进的趋势在显现，实现新一轮跨越发展，其时已至、其势已成。总的来看，今后五年，是海曙融合红利加速释放的关键期。这个关键期，是经济发展进入创新引领加速、动能全面重塑的时期，是城乡建设进入全域连片开发、城市化倍速推进的时期，是社会民生进入品质加快提升、促进共同富裕的时期。在这个关键期，我们必须保持开拓进取、奋发有为的精神状态，人一我十勇争先，拼搏奋斗攀新高，不断创造更大的业绩和荣光。

今后五年工作的指导思想是：高举中国特色社会主义伟大旗帜，坚持以习近平新时代中国特色社会主义思想为指导，深入贯彻党的十九大和十九届历次全会精神，弘扬伟大建党精神，全面贯彻党的基本理论、基本路线、基本方略，对标落实习近平总书记对浙江、对宁波工作重要指示精神，统筹推进“五位一体”总体布局，协调推进“四个全面”战略布局，坚持稳中求进工作总基调，立足新发展阶段，贯彻新发展理念，服务构建新发展格局，忠实践行“八八战略”、奋力打造“重要窗口”，扛起宁波新发展阶段历史使命，聚焦高质量发展建设共同富裕样板区，深化“十大系列”，实施“沿江、沿路、沿山”三沿开发，“创新、创意、创质”三创驱动，“人本化、生态化、数字化”三化互融，打响“海曙创造、海曙美好、海曙品质”三大品牌，全面建设现代化滨海大都市卓越城区。

面对新形势、新征程，我们在“十四五”规划的基础上，确立了“全面建设现代化滨海大都市卓越城区”的奋斗目标，这是一个高点定位的引领性目标，是对海曙中心城区使命担当的生动诠释；这是一个与时俱进的发展性目标，是对“高质量建设国内一流强区”的传承迭代；这是一个系统集成的综合性目标，是对“现代化滨海大都市最富活力、最有品位、最具温度、最为协调城区”的提炼升华。全面建设现代化滨海大都市卓越城区，涵盖经济、政治、社会、文化、生态等方方面面，关键是要找准最有基础、最具优势、最需要突破的战略重点，打造极具辨识度的重大标志性品牌，把精彩篇章书写在海曙大地。

——海曙创造，是卓越城区最澎湃的音符。我们要大力营造热带雨林式创新生态，成为富有张力、充满活力的创造之城。我们创造活力，创新走廊、创新街区、创新单元纵横交织，全域创新创业的氛围日益浓厚，处处涌动蓬勃向上的生机。我们创造机遇，倾听青年声音、了解青年需求、满足青年愿景，成为年轻人逐梦圆梦的首选之地，人人看到自我价值实现的舞台。我们创造未来，数创智造、产业迭代，先进理念率先在这里应用，未来生活率先在这里体验，事事链接无限可能的未来。

——海曙美好，是卓越城区最幸福的底色。我们要把人民对美好生活的向往变成现实，成为近者悦、远者来、居者安的共富之城。要留住笑的模样，群众的钱包更加厚实、日常更有保障、生活更加甜美，过上"专曙"好日子，看见"甬有"大梦想，住在"浙里"很幸福。要编织暖的色彩，把更多的善意和温暖体现在每个场景、每个流程、每个细节之中，守望相助蔚然成风，文明之花遍地盛开。要奏响和的乐章，共建共治共享深入人心，和睦和谐和乐无处不在，城区更安全、社会更安定、群众更安心。

——海曙品质，是卓越城区最闪亮的名片。我们要以匠心理念提升品质品位，成为弘扬城市美学、引领时代风尚的魅力之城。文化可以绽放，红色根脉赓续延绵，浙东文化历久弥新，唐诗之路魅力彰显，宋韵文化传承润泽，"在海曙，看见宋韵"的品牌矩阵熠熠生辉。山水可以漫享，城景相融、山水相依，席地而坐、清可见底，四季有景、风雅别致，目之所及皆是"宜居宜业宜游"，成为人人向往的诗和远方。时尚可以触摸，城市地标拔地而起，都市形象繁华现代，资源流量全面汇聚，精致精美、开放合作、包容大气的品格特质进一步彰显。

目标照见未来，奋斗成就梦想。今后五年的经济社会发展目标是：到2026年，地区生产总值超2200亿元，财政总收入、一般公共预算收入分别超350亿元、200亿元，全社会研发投入占比达3.6%以上，常住人口城镇化率超92%，城乡居民收入倍差缩小至1.68以内，民生支出占一般公共预算支出比例达75%以上。

各位代表，同志们！卓越之路绝非坦途，卓越发展绝非易事，我们要激发奋斗之志、迈出铿锵之旅，积跬步至千里，积小流成江海，在精准发力中从胜利走向胜利。要拥有卓越的视野，提高站位、放大格局，树立未来眼光、前瞻思维，思想跟上时代变化，眼界跟上时势变局，路径跟上发展变革，在服务全局中勇担使命，在改革创新中先行先试，在开放合作中引领未来。要坚定卓越的追求，勇当先锋、永争一流，进一步强化"没有走在前列也是一种风险"的意识，定"跳一跳、够得着"的目标，做"拼一拼、办得到"的事情，抓"搏一搏、成得了"的项目，使前行成为常识、比拼成为常规、赶超成为常态。要展现卓越的风采，精诚团结、奋发有为，激扬舍我其谁的豪气、沧海弄潮的锐气、时不我待的朝气，永葆闯的精神、创的劲头、干的作风，保持创造性张力、变革型活力，无愧使命担当、不负时代韶华。要创造卓越的成就，演绎精彩、铸就辉煌，交出高水平全面现代化的优秀答卷，让每一种资源都在海曙得到高效的配置，让每一家企业都在海曙看到投资的未来，让每一个海曙人都找到属于自己的美好生活。

三、统筹把握经济社会发展重点任务

（一）突出创新策动，锻造决胜未来硬支撑

创新就是海曙的现在和未来。要把握科技回归都市的趋势，建设科创中心城区，让创新这个最大变量成为共同富裕的最强增量，为卓越城区插上跃迁的翅膀。

卫星镇——集士港镇

构筑创新格局。以“科创中国”试点区建设为抓手，发挥重大平台引擎作用，争创国家技术创新中心、制造业创新中心和创新科研平台，强化高新产业关键核心等五大领域技术攻关，建设工业互联网、新材料、时尚产业三大科创高地，推动科创实力跻身国内一流。以空间全域创新为突破，加快建设翠柏里创新街区，推进一脉两片联动开发，贯通“苍松—翠柏”创新绿脉，打造北片创新研发智慧谷、南片数智新高地，打响“江南翠柏里”品牌，成为海曙“城市科创之芯”；大力建设城西创新走廊，沿秋实路拓展延伸，串联高桥西地铁小镇、秀丰科创城、桃源湾大学城、海曙设计产业园、望春工业园，推动产学研用深度融合发展，构筑多点开花的创新主轴，挺起海曙“城市创新脊梁”。

古林镇蜃蛟村智慧农田

壮大创新主体。打造孵化链，推广“研究院+项目”“头部企业+创新裂变”“产业园区+基金”等模式，支持头部企业、产业技术研究院、高等院校、科研机构深化合作，高标准建设一批众创空间、孵化器、加速器和创新战略联盟，破解一批“卡脖子”技术，涌现一批原创性成果，实现更多“从0到1、从1到N”的突破。激活转化链，强化知识产权、科技成果产权交易，加速向技术源头和产业应用双向拓展，打造长三角技术转化量产基地。做强企业链，深入实施“初创、高新、领军”计划和科技型企业倍增行动，形成从科技型中小企业到专精特新“小巨人”、隐形冠军、单项冠军、头部企业的科创企业梯队体系。

集聚创新人才。实施“海纳归曙”行动，以工程师友好区建设为着力点，加快引育科技领军人才、青年人才和高技能人才，实现顶尖人才、国省级“海外引才”工程、市级“甬江引才工程”等人才关键指标翻番。升级“百创汇海”系列政策，加强市场化人才认定、职称评价、科技项目管理等改革，探索“产业教授”“技术高管”等制度，支持用人主体当好主角、人才使用放开手脚。着眼人才工作生活需要，丰富人才码功能，健全住房、医疗、子女就学等多层次全要素服务体系，让人才都有“来了就是海曙人的归曙感”，让海曙成为创业者的城、追梦者的城。

（二）突出产业迭代，迈出转型升级大步伐

产业是共富之基，更是卓越要义。要优化产业布局，加快构建特色鲜明、实力强劲、面向未来的现代产业体系，推动高质量发展行稳致远。

加快产业集群发展。把服务业作为城市经济的主引擎，聚焦生产性服务业高效发展、生活性服务业优质供给，巩固提升现代商贸、现代金融、港航服务，集聚壮大人力资源、法律服务、会计咨询，突破提升科技研发、信息技术，支持发展文化旅游、医疗健康，力争服务业增加值突破1500亿元，生产性服务业占服务业增加值比重达70%。以链式思维做大做强制造业，打造“125”现代制造业集群，时尚纺织服装达1000亿级，高端装备、电子信息达500亿级，汽车配件、软件信息、新材料、节能环保、生物医药达100亿级，工业综合实力跻身全国百强区前50。全面推进建筑业高质量发展，大力引进建筑业企业总部，支持本土企业发展壮大。超前布局未来产业，聚焦生命科学、空天信息、区块链、类脑智能等领域，抢占发展制高点。

推动产业持续跃迁。坚持创新驱动，以数字转型、数字赋能为方向，一产突出数字农业，深化“种植大脑+未来农场”模式，建成全省农业强区；二产依托“5G+工业互联网”工程，推广“产业大脑+未来工厂”模式，建成长三角数字经济发展领先区；三产聚焦跨界融合，探索数字孪生、服务衍生等新业态新模式，大力发展数字新服务。坚持创意带动，建设时尚产业园区，壮大创意企业集群，培养创意策划、设计制作、新媒体应用等专业人才，发展时尚设计、工业设计、建筑设计、智能设计等产业，全力打造时尚之都、创意之区。坚持创质推动，以争夺“中国质量奖”、争当“品字标浙江制造”样板为目标，实施名品打造、名企培育、质量创优、服务创誉行动，形成具有国际领先度、美誉度的海曙品牌矩阵，让海曙制造、海曙服务成为海曙品质的代名词。

提升产业平台能级。以项目大建设提升流量经济平台，全面建设国家级临空经济示范区，聚合大交通、大贸易等功能，加快构建以航空贸易物流、航空关联产业为支撑的现代临空产业体系，让流量到宁波、首选在海曙。以区块大开发提升楼宇经济平台，做强三江口中央商务区极核功能，高起点规划“三江汇海”城市新地标，高品质建设丁家湾、五江口等总部集聚区，打造一批高密度高产出的总部楼宇，构建一批多层次特色化的顶流商圈。以空间大整治提升工业经济平台，深化全域国土空间综合整治，加快低效工业用地改造提升，整片规划、整片打造、整片开发，推动望春工业园区创建国家级产业园区，新建一批数字经济、智能制造等特色产业园。

（三）突出改革开放，激发区域发展强动能

要充分释放共同富裕的改革活力，以系统思维、变革理念推动发展，形成开放包容的发展胜势、卓越态势。

让深化改革成为鲜明特质。坚持以数字化改革引领全方位系统性变革，探索构建与数字化时代相适应的组织形态、经济形态、治理形态。推动组织结构顺应变革，重造流程、重塑业务、重构机制，把“千年一遇”的事情变成“千篇一律”，实现党委政府权力运行全过程标准化、规范化，形成高效协同、整体智治的工作格局。建设模块化、强链接的基础数据生长系统，贯通“152”“141”体系。推动经济管理更加精准，优化治理策略，实施区镇（乡）街道财权事权体制调整、企业贡献综合评价、工业用地管理、产业供地、国资国企等系列改革，不断增强经济发展的韧性。推动社会治理富有成效，将城市治理经验向农村延伸拓展，适时调整镇（乡）街道行政区划，推进撤镇建街、撤村建居。坚持需求导向、发展导向，构建81890民想我办、“物质+服务”救助等一批最佳应用，链接共同富裕美好生活。

让开放合作成为最亮标识。积极融入新形势下开放战略布局，围绕宁波国内国际双循环枢纽城市建设，释放通道开放新优势，实施机场四期等重大项目，争取第五航权，进一步用好过境免签政策。打开经济开放新格局，发挥自贸试验区临空联动片区作用，整合航空、邮路“双口岸”优势，提升国际邮件互换中心和栎社B保能级，在贸易便利化和新型贸易等领域先行先试，大力发展跨境电商、进口贸易、服务贸易、数字贸易，支持建设海外仓。完善招大引强工作机制，紧盯世界500强、大型央企、链主型企业精准招商。锻造城市开放新品格，全面融入“一带一路”、长三角一体化发展、杭甬“双城记”，加强对外经贸合作、人文交流，形成海纳百川、开放大气的发展格局。

让营商环境成为金字招牌。领跑一流营商环境“最佳实践”，实现流程最优、效率最高、成本最低、服务最好。营造更便捷的办事环境，深化放管服、一件事集成改革，全面实现网上办、掌上办，优化全链条审批，提升27℃暖心政务服务品牌影响力。营造更贴心的服务环境，强化“有事服务、无事不扰”的理念，迭代升级企业码服务机制，实现企业难题一站式解决、惠企政策一键式送达。营造更公平的社会环境，深化信用海曙建设，支持民营经济健康发展，让各类市场主体平等使用资源要素、公开公平参与竞争、同等受到法律保护。

（四）突出风貌提升，跑出城乡融合加速度

要坚持卓越标准，统筹好城与乡，协调好人与境，兼顾好形与神，推动功能重聚、形象重塑，使城乡各美其美、共富共荣。

以“三沿”开发带动空间优化。梯次推进十大重点区块建设，以城市要素的“增”，推动城市边界的“长”。突出沿江开发，沿奉化江打造高端时尚的城市新封面，从江厦街到石碶南、洞桥北，以三市里、丁家湾为突破，推进片区化、组团式开发。依托宁波西枢纽，高标准建设空铁新城，推进周边100平方公里区域综合开发和城市功能整体提升，打造宁波城市第一地标，形成海曙发展第一引擎。沿姚江打造品质卓越的城市新客厅，从和义路到大西坝，以五江口滨水活力区、长乐未来社区、梁祝文化园为突破，以重大教

浙江省千年古城——鄞江镇鸟瞰图

育、卫生、文化公共设施布局为驱动，把姚江新城打造成人本生态、宜居宜业的现代都市典范。突出沿路西进，沿中山路、联丰路、鄞县大道和轨道交通整体谋划、滚动开发，强化产城融合、风貌整治，实现绕城高速范围内城中村动态清零，推动集士港、古林、横街焕然一新、精彩蝶变，成为中心城区的重要组成部分。突出沿山发展，坚持基础设施先行，构筑四明山"1+4+6"环线路网布局，完成山区大水网主管建设，布局与人口密度相匹配的公共设施，让群众走上通达路、喝上放心水、住上安全屋。推进一镇一品，实施鄞江"千年古城"复兴计划，打造章水红色旅游融合发展标杆区，建设龙观国家级"零碳乡镇"。

以绣花功夫提升城市品质。用好"精特亮"工笔画，建管并举、精雕细琢、点线面联动，建成省"新时代富春山居图"城市风貌样板区。小区是宜居的，规范化精细化推动老旧小区改造，实现要素合理布局、空间宜居适度，因地制宜、分类施策推进未来社区建设，系统嵌入"三化九场景"功能，形成富有生活味的15分钟便民服务圈，从"造房子"向"造家园""造生活"转变。街区是美丽的，以"城市针灸"理念推进有机更新，打造注重人情味、充满亲近感的生活街区，彰显现代范、富有繁华气的商业街区，体现高颜值、洋溢文化味的休闲街区，形成形态错落有致、功能支撑互补的街区集群。城市是聪明的，运用数字技术，建设全域感知、全网协同、全场景展示的智慧城市和韧性城市。提升水利、道路、消防等基础设施抗击风险、快速应急能力，实施全域治水提升计划，加快推进鄞江堤防、沿山干河等水利工程，全面提升防洪排涝能力，健全城乡互通、内外衔接的交通路网。

以未来视野打造乡村典范。用产业振兴乡村，实施品牌塑造、品质提升、工艺复古、销售推广行动，打造"南塘河"等公用品牌，培育全国效用最好的浙贝、种类最多的樱花、品种最纯的中华锦鲤、生态最优的稻田青龙等特色产业，拉长农产品产业链、价值链。用文化点亮乡村，深入推进"千万工程"，大力实施美丽村庄建设行动，把文化艺术元素植入新村建设、梳理式改造，争创省级美丽乡村和大花园示范区，让乡村留得住乡韵、记得住乡愁。深化农旅融合，推动乡村旅游由点状发展向集聚发展转化，争创国家农文旅产业融合发展示范区，让好山好水成为好去处、好风好景换来好生活。用改革唤醒乡村，深化新时代乡村集成改革，探索推进宅基地使用权有序流转，积极盘活农村闲置房屋资源、集体资产，建立共同富裕发展基金，创新乡村振兴公司运作机制，推广镇村联营、飞地抱团等模式，增强"两进两回"实效，不断拓宽农民权益价值实现通道。

以"两山"理念擦亮生态底色。用绿色呵护城乡，协同推进经济高质量发展和生态高水平保护，创建国家生态文明建设示范区。统筹山水林田湖保护治理，持续打好污染防治攻坚战，全面提升生态环境质量，创建省无废城市，让蓝天常在、绿水环绕、青山掩映。坚持人与自然和谐共生，打造全省最具特色的生物多样性基地，开展碳汇交易、全域屋顶光伏开发等试点，创建一批低碳、零碳镇（乡）街道、村（社）。探索"两山"转化有效路径，以生态产品价值实现为重点，创新价值增值机制、保护补偿机制、生态资源交易机制，推行GEP核算，推进抽水蓄能等项目，让良好生态成为海曙人民的"幸福不动产"。

（五）突出以文化人，扩大千年海曙影响力

海曙丰厚的文化家底，是共同富裕美好社会的精神依托。要打造魅力卓越的人文城区，促进物质文明与精神文明互相协调、自然山水与人文韵致竞相绽放、传统经典与现代时尚交相辉映。

用强大的精神力量鼓舞人。筑好精神家园，坚持用习近平新时代中国特色社会主义思想铸魂育人，积极践行社会主义核心价值观，大力弘扬红船精神、浙江精神，不断把精神力量转化为奋进动力。守好红色根脉，打造江厦风云、红色龙观、章水记忆、横街往事等主题红色学习路线，推动忠诚于党的红色基因赓续传承。育好文明风尚，实施文明典范创建工程，开展人文素养提升行动，全面构建新时代文明实践体系，加快文明城市创建从风景向全景跃迁，让城市处处洋溢文明风气、时时可见好人好事。

用深厚的文化底蕴感染人。推进城市记忆工程，深入挖掘本土历史文化内涵，打造"大西坝—西塘河—望京门""它山堰—南塘河—月湖""横街头—中塘河—望春桥"文化带，推进海丝申遗和浙东大运河国家文化公园（海曙段）建设，推动四明南词、梁祝传说等文化符号有形化、项目化，重新擦亮老字号金名片。实施千年罗城复兴计划，加大历史街区、文化遗存保护力度，连片更新秀水、永寿等街区，加快天一阁博物院扩建，建成以宁波府城隍庙为IP的中医药特色街区、以宝奎巷为主体的宋韵美学文化体验区。鼓励社会力量建设博物馆，打造"行走城市·寻找记忆"的博物馆之区。经营城市魅力形象，提炼内涵独特的城市符号体系，探索传统文化更富创意的"打开方式"，塑造"最宁波"的海曙形象。

用丰富的文化供给滋养人。着力提升文化设施的可亲度，高水准打造文化馆、图书馆、美术馆等文化地标，建好用好文化礼堂、城市书房等文化阵地，推动文化设施有机融入城乡各个角落。持续开展文化惠民"百川工程"，加强文艺人才队伍建设和培养，加大文艺精品创作力度，丰富城市文化菜单，推动更多优秀作品在海曙首创、首发、首展、首演，创建省公共文化现代化先行区。提升文化产业活力，实施文化产业倍增计划，丰富交互娱乐、数字文博等文娱新体验，争创省级文化产业示范基地。推进文化旅游深度融合，建设四明山浙东唐诗之路典范区，打造具有国际影响力的天一阁·月湖旅游景区，打响微游海曙、内河水上游等品牌，塑造打动人心的诗画海曙。

（六）突出全民共享，提高群众生活幸福感

共同富裕是我们的理想追求。要坚持以人为本，把卓越愿景转换为具体目标，把发展红利转化为幸福指数。

推动富裕更加可感。按照先富帮后富的发展思路，聚焦富民增收，在推进"扩中""提低"、形成橄榄型社会结构上率先探路。拓展居民收入增长新空间，坚持就业优先，迭代升级"就业创业帮"服务体系，健全技能培训与产业需求的联动机制，支持劳动者通过灵活就业、新就业形态实现多元化就业。高度关注"平均数以下"问题，扎实推进低保边

11月1日，区综合行政执法局天一中队对辖区内餐饮商户燃气使用情况进行检查

缘扩围，建立健全防范化解因病致贫返贫长效机制，努力给困难群众更体面的生活。重视发挥第三次分配作用，完善回报社会的激励机制，打造“善行海曙”。持续做好对口帮扶、山海协作。

*推动服务更具质感。*办好人民满意的教育，全面落实“双减”政策，高质量推进“甬有优学”基础教育先行试验区建设，建成启用海曙中学等一批名校园，积极引育名师、名校长，让优秀的人培养更优秀的人。守护全民期盼的健康，全面推进健康海曙建设，建成区第二医院扩建等重点项目，加快城市紧密型医联体建设，升级高山巡回卫生服务，深化医保支付方式改革，大力发展“互联网+健康”，争创国家级健康促进区。完善公共卫生应急管理体系，加快建设区公共卫生中心，抓实抓严常态化疫情防控。发展群众关切的体育事业，实施全民健身行动，建设一批体育场馆和口袋公园，积极打造极限运动、城市马拉松等品牌，争创省体育现代化区。

*推动生活更富情感。*突出全龄友好，倾心打造居者“一生之城”。建设儿童友好城区，从一米高度看城市，落实三孩生育政策及配套措施，着力打造普惠托幼服务体系，给孩子们一个纯真童年。建设青年发展型城区，打造24小时青年创新社区，鼓励发展体育电竞、文化娱乐、休闲运动等受青年欢迎的新兴业态，吸引更多青年在海曙乐活乐享乐业。建设中年无忧城区，加强住房供应和保障，提供更多充分就业机会，推动社会保障扩面提质，让中年人更好轻装上阵。建设老年关爱型城区，深化长期护理保险试点，建设多功能复合型的综合福利中心，推进“院居融合”、智慧养老，加快适老化改造，让老年人过上更有品质的晚年生活。坚持“不落一人”，统筹做好优抚、助残、社会救助等工作，使每个海曙人都感受到党的温情、社会温度。

（七）突出治理提效，构筑社会善治新格局

要不断推进体制机制、方法手段创新，夯实共同富裕的治理基石，走出一条城区善治、政通人和的卓越路径。

*在平安建设中守住治理底线。*完善风险闭环管控的大平安机制，以平安建设“攻坚提质”行动为主抓手，实施“1050工程”，努力夺取“三星平安金鼎”，争创平安中国建设示范区。守护社会更和谐，完善领导干部下访接访和积案包案化解制度，深化“曙调”联盟建设，实现矛盾纠纷多元化解。推动治安更良好，常态化开展扫黑除恶斗争，探索“警格+网格”深度融合模式，完善立体化信息化社会治安防控体系。实现人民更安宁，健全从源头到末端网格化安全生产责任体系，坚决消除各种“物的不安全状态、人的不安全行为、管理上的漏洞、监管上的缺失”，坚决防范和遏制重特大安全事故。打造质量安全城区，守好舌尖上的食品安全，筑牢药品安全监管防线。

*在多元参与中激发治理活力。*突出党委领导、政府负责、社会协同、公众参与，建设人人有责、人人尽责、人人享有的社会治理共同体。激活全民参与，强化社区、社工、社会组织、社区志愿者、社区公益慈善“五社联动”，健全“物居业网”四方协调机制，让大家的事大家商量着办、公众的事依照规矩办。激活共治平台，发挥“邻舍家”“邻e家”等载体作用，拓宽协商议事、志愿服务等参与渠道，打造“邻里别院”等社会治理品牌，争创省级和谐自治标杆区。激活各类资源，不断推进人员、资金等资源整合、重心下移，构建简约高效、务实管用的基层管理体制，推动需求在一线发现、难题在一线破解。

*在依法治区中筑牢治理根基。*加强法治政府建设，严格落实重大行政决策程序规定，深化“大综合、一体化”行政执法改革，实施镇（乡）街道法治化综合改革试点，在每个行政行为中遵循法治逻辑。支持法院、检察院依法独立公正行使职权，深化司法体制综合配套改革，健全司法权运行管理监督机制，在每个司法案件中守护公平正义。加大优秀法治人才引进培养，推进法律职业共同体建设。完善公共法律服务体系，实施“八五”普法规划，推进法治乡村、法治社区等阵地建设，在每个公民心中形成尊法崇法共识。

四、全面加强党的建设

在新的征程上，我们要从党的百年奋斗历史中汲取前进力量，全面落实新时代党的建设总要求，贯彻实施红色根脉强基工程，努力打造变革型组织，全方位重塑组织新形态、干部好状态，为全面建设现代化滨海大都市卓越城区提供坚强政治保证。

（一）坚持政治引领，始终一心向党

把政治建设放在首位，深学笃行习近平新时代中国特色社会主义思想，不断提高政治判断力、政治领悟力、政治执行力，增强“四个意识”、坚定“四个自信”、做到“两个维护”。坚持守土负责、守土尽责，认真贯彻落实习近平总书记重要指示批示精神，狠抓“七张问题清单”整改，完善问题及时发现有效解决闭环机制，坚决做到“总书记有号令、中央有部署、省市有要求，海曙见行动”。健全“不忘初心、牢记使命”长效机制，深化拓展党史学习教育成果，密切同人民群众的血肉联系。严守政治纪律和政治规矩，规范党内政治生活，认真执行民主集中制、请示报告等各项制度。压紧压实意识形态工作责任，确保意识形态领域绝对安全。

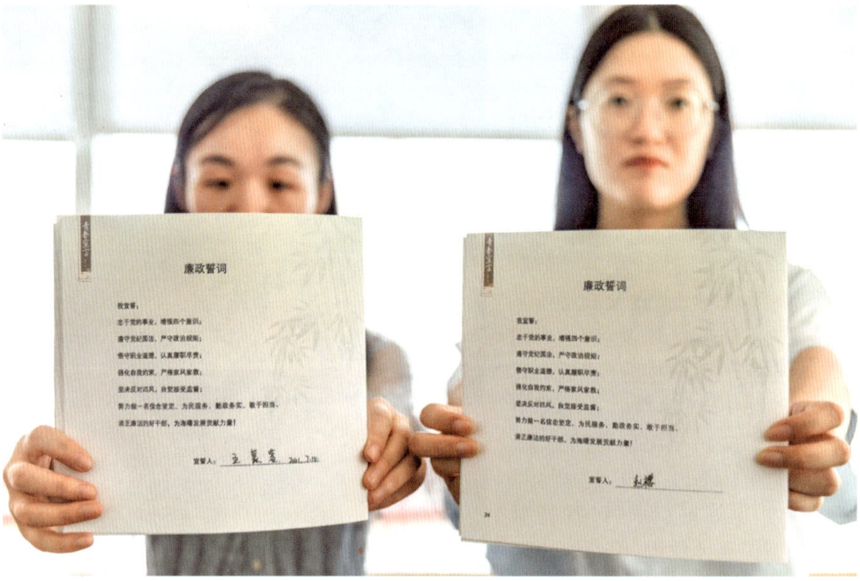

7月15日，区纪委《清廉手册》首发，赠予年青干部

（二）坚持固本强基，始终一脉贯通

贯彻落实新时代党的组织工作路线，突出“党建统领、组织引领、党员锋领”，打造“海曙红、全域强”的新时代党建高地。持续提升政治功能和组织力，坚持群众点问题、党建找答案，让党的组织优势转化为治理效能。始终践行“基层党组织必须坚强、党员队伍必须过硬”的要求，从最薄弱、最困难、最复杂的地方抓起，真正做到哪一项工作上不去、党的建设就补上哪一课。重塑基层组织体系，建强党群服务阵地，推进全域党建联盟建设，推动“两个覆盖”向新兴领域深入、向基层末梢延伸、向虚拟空间拓展，把群众紧紧凝聚在党的周围，让关键时刻找组织成为一种常态。

（三）坚持实干担当，始终一往无前

落实党管干部原则，贯彻新时期好干部标准，着力打造忠诚干净担当的高素质专业化干部队伍。以实干导向选配干部，完善全面、立体、透视的察人识人机制，让有为者有位、吃苦者吃香、实干者实惠。坚持以事择人、人岗相适，实现领导班子整体功能从“物理叠加”到“化学耦合”。以多维历练塑造干部，分层分类开展干部培训，用科学思想、变革理念、现代管理把干部武装起来。深化一线承压式锻炼，健全“年轻干部到一线去、优秀干部从一线来”的成长模式。以科学机制激励干部，落实容错纠错机制，对探索性工作实行风险备案、改革“背书”，建立崇尚实干、带动担当、加油鼓劲的正向激励体系。

（四）坚持务实清廉，始终一身正气

把严的主基调长期坚持下去，坚定不移推进党风廉政建设和反腐败工作。毫不松懈加强政治监督，实施监督护航促发展行动，突出“一把手”和领导班子监督，构筑常态化清单化可视化监督体系。毫不手软惩治腐败，建立健全“四责协同”机制，深化运用“四种形态”，加大重点领域和关键环节反腐力度。毫不动摇正风肃纪，靶向纠治形式主义、官僚主义。构建亲清新型政商关系，营造亲而有度、清而有为的良好氛围。深入开展警示教育活动，加快建设清廉单元，打造“曙色廉韵”品牌，纵深推进清廉海曙建设。发挥巡察利剑作用，高质量完成十届区委巡察全覆盖。

（五）坚持团结奋进，始终一体同心

充分调动一切积极因素，团结一切可以团结的力量，形成同心同德干事业、群策群力促发展的良好局面。全力支持人大依法履职，开展工作监督和法律监督，不断发展全过程人民民主。全力支持政协发挥协商民主重要作用，持续完善协商议事制度，实现建言资政和凝聚共识双向发力。按照“融合统战”理念，积极实施“与党同心共奋进”六大行动，巩固和发展最广泛的爱国统一战线。强化党管武装，推进军民融合深度发展。激发群团组织活力，动员广大人民群众在改革发展稳定第一线建功立业。

各位代表，同志们！1200年前，南塘河水从它山堰蜿蜒流淌、汇入三江，开启了先人沿江面海的历史图景；96年前，宁波第一个党支部在海曙成立，点燃了遍及四明大地的革命之火；43年前，海曙人民迎来改革开放的东风，踏上了高水平全面建成小康社会的圆梦之旅；5年前，595平方公里的海曙全新亮相，拉开了跨越发展的精彩序幕；今天，站在“两个一百年”奋斗目标的历史交汇点上，我们正在展开一幅波澜壮阔、气势恢宏的现代化建设新画卷。

立志千秋伟业，百年只是序章；奋进赶考之路，更需逐梦远航。让我们更加紧密地团结在以习近平同志为核心的党中央周围，在省委和市委的坚强领导下，团结带领全区人民，无愧使命、不负梦想，埋头苦干、勇毅前行，打响“海曙创造、海曙美好、海曙品质”三大品牌，为全面建设现代化滨海大都市卓越城区而努力奋斗，以优异成绩迎接党的二十大胜利召开！

（2021年12月28日区委书记徐强在中共海曙区第十次代表大会上的报告）

（区委办公室）

政府工作报告

一、过去五年工作回顾

本届政府任期的五年，是海曙区抢抓历史机遇、实现融合提升发展的五年。这五年，我们坚持以习近平新时代中国特色社会主义思想为指导，全面贯彻党的十九大和十九届历次全会精神，认真落实党中央、国务院决策部署，在省委省政府、市委市政府和区委的坚强领导下，在区人大、区政协的监督支持下，坚定不移贯彻新发展理念，沉着有力应对风险挑战，高水平全面建成小康社会，圆满完成区第十一届人大历次会议确定的各项目标任务，高质量建设国内一流强区取得积极成效。

五年来，综合实力在结构优化中大幅增强。我们始终把发展作为第一要务，积极服务和融入新发展格局，不断推进“活商、强工、重农”，区域综合实力迈上新台阶。根据最新统计数据，实现地区生产总值1400.6亿元、增长9.2%，一般公共预算收入129.7亿元、增长12%，年均分别增长6.1%、7.1%，人均地区生产总值达到高收入经济体水平，成功跻身全国百强区。

*转型升级步伐加快。*服务业主导地位持续巩固，占地区生产总值的比重由63.9%上升至68.6%，商贸业、金融业规模保持全市前列，3个商业综合体建成投用，5家企业成功上市，两大国企集团组建壮大，成功创建省夜间经济、数字生活新服务样板区。制造业提质发展，高新技术产业、战略性新兴产业增加值年均分别增长11.1%、10.8%，新增国家级单项冠军企业4家、专精特新“小巨人”企业11家、绿色工厂4家，建成数字化车间13个，“品字标”浙江制造企业达21家，本土首家千亿级企业诞生，获评全国产业集群区域品牌试点区、全国消费品工业“三品”战略示范区。农业经济稳步提升，“三区六园”建设持续推进，水稻大田种植数字农业国家试点积极开展，成功创建省级现代农业园区1个，获评全国农村一二三产业融合发展试点区。

*创新动能不断增强。*创新平台实现由集聚到壮大，翠柏里创新街区启动建设，五大产业技术研究院创新赋能作用明显，新建创新平台34个，孵化创新企业37家，入围“科创中国”省级试点区。创新主体实现由量变到质变，高新技术企业数量、全社会研发投入占比实现翻番，国家科学技术奖、省创新型领军企业等领域取得零突破，建成市级重点实验室10个、各类应用型研究机构36个。创新人才实现由招引到吸引，“汇海”人才政策体系持续升级，国家级和省级领军人才达38人，新增各类人才14万人，“3315”系列计划入选数连续三年居全市第一，获评省人才工作考核优秀区。

*开放合作深入推进。*外向型经济发展新政出台实施，全省首个国际贸易发展联盟组建运营，服装、汽车零部件产业入选国家外贸转型升级基地，获评省外贸十强区。招商选资成效明显，成功引进亿元以上项目238个，68家总部企业相继落户，累计完成大市外内资715亿元、浙商回归资金365亿元、实际利用外资12亿美元。国家级临空经济示范区正式获批，基地航空公司达2家，机场吞吐量突破千万人次。区域合作不断深化，与上海长宁区建立合作交流关系，产业发展、人才科技、公共服务等领域协作全面铺开。

五年来，城乡面貌在深入融合中持续提升。我们始终把城乡一体化发展作为第一追求，牢牢把握城市发展趋势，推动形象内涵同步提升，全域融合体系基本形成。

*城乡形态不断优化。*以“东优化、中聚合、西提升”为方向，奉化江西岸开发系统谋划，姚江南岸基础设施陆续导入，机场三期等建成投用，累计新开工重大项目225个、竣工投用162个、征迁400万平方米，完成固定资产投资近1500亿元。城市更新深入推进，宁波府城隍庙重修开放，望京门遗址公园建成投用，中医药特色街区等项目改造陆续破题见效，改造老旧小区119个、685万平方米。美丽城镇、美丽乡村、美丽庭院一体打造，全域完成小城镇环境综合整治，所有行政村村级集体经济年收入均突破100万元、经营性收入均突破15万元。

*基础设施加快完善。*路网体系不断健全，98条道路建成投用，15条道路完成整治，80条公交线路优化调整，新增停车位5万余个，获评省“四好农村路”示范区。水电气网建设一体推进，100余个水利工程、5个变电工程竣工投用，5G网络布设全市领先，农村饮用水达标提标实现全覆盖，获评省海绵城市建设示范区。“亩均论英雄”“标准地”改革持续推进，批而未供和闲置土地处置扎实开展，获评省国土资源节约集约模范区。

*环境面貌更加优美。*精细管理持续深化，“三改一拆”“五水共治”“垃圾分类”等系列专项行动接续开展，重点区域、重点路段精细化管理水平不断提升，获评省生活垃圾分类、农村公厕改造优秀区，成功捧得大禹鼎，助力宁波高分摘得全国文明城市“六连冠”。生态治理彰显成效，全力打赢污染防治攻坚战，中央和省生态环保督察、长江经济带修复整改落实扎实推进，生物多样性体验基地启动打造，省控以上断面水质优良率达100%，人均公园绿地面积达14.3平方米，创成省生态文明建设示范区，获评美丽浙江建设工作优秀区。

五年来，民生福祉在统筹推进中均衡发展。我们始终把为民惠民作为第一宗旨，新增财力70%以上用于改善民生，城乡居民人均可支配收入年均分别增长7.3%、8.5%，居民群众对海曙的认同感、归属感不断增强。

社会保障持续完善。实施就业优先战略，新增就业11.2万人，获评省首批无欠薪示范区。社会保障更加有力，户籍人口基本养老保险参保率达99.4%，医疗保险参保率达99.9%，多层次医疗保障制度体系基本形成，困难群众养老保险、医疗保险资助参保实现全覆盖，45家定点医疗机构实现跨省异地就医直接结算，100万平方米保障性住房投入使用。全省首个退役军人优抚管理系统上线运行，获评省军民融合创新示范区。养老服务供给能力不断增强，"院居融合"模式全面推广，19个示范型居家养老服务中心建成投用。帮扶体系不断健全，助推贵州省贞丰县脱贫摘帽，劳务协作就业帮扶、茶叶共富项目入选脱贫攻坚典型案例，与四川省喜德县建立东西部协作关系，"物质+服务"社会救助改革入选全国试点，获评全国残疾人工作先进集体。

社会事业协调发展。教育发展优质均衡，新建校（园）27所，组建7大教育集团，获评全国"未来学校"、省艺术教育实验区。医疗品质持续提升，区中医医院迁建等项目投用，新建区级综合性医院，新增医疗床位1500余张，高山巡回医疗、紧密型医联体建设广受好评，基本公共卫生服务项目评价居全省第一，获评省健康促进区。文体事业不断繁荣，天一阁·月湖国家AAAAA级旅游景区成功创建，区档案馆新馆建成启用，全媒体中心高效运行，"一带一路"中国宁波国际攀岩大师赛等活动顺利举办，"曙说"品牌获得全省基层理论宣讲先进，创成省公共文化服务体系示范区、农村文化礼堂建设先进区。

平安和谐不断夯实。疫情防控慎终如始，严格落实常态化精准防控举措，全市首创公安、卫健合署流调溯源模式，切实筑牢枢纽型中心城区抗疫防线。社区治理持续创新，社区政务居务"统分沉"改革获评全国优秀案例，创成省社区治理和服务创新实验区，邻里会入选首届中国城市治理创新奖。平安建设成效明显，扫黑除恶专项斗争综合绩效居全市前列，刑事发案数、安全生产事故起数、死亡人数逐年下降，317件信访积案有效化解，国家级智慧矫正中心成功创建，捧得省首批"一星平安金鼎"。

五年来，政府效能在自身建设中不断加强。我们始终把提高政府治理能力和水平作为第一责任，用习近平新时代中国特色社会主义思想武装头脑、指导实践，20项工作获省、市政府督查激励。

依法行政持续深化。自觉接受区人大、政协监督，区政府与人大、政协、法院、检察院工作对接机制建立健全，办结人大代表建议841件、政协委员提案1082件，区政府常务会议学法制度常态化推进，政府法律顾问制度、重大行政决策合法性审查机制健全完善，成功创建省首批法治政府建设示范区。不断强化财政、审计监督职能，政府投资项目、招投标、政府采购等重点领域和关键环节监管力度持续加大。坚持政府过"紧日子"，严格控制和压减一般性支出，"三公"经费下降36%。

运行效能快速提升。机构改革稳步实施，36家党政机构完成组建和职能整合，事业单位改革扎实推进，涉水管理、应急管理、综合执法等体制机制进一步理顺。开展8项国家级、24项省级改革试点，"审批考级制"全省推广，"首问负责、即问即办"制度有效落实，政务服务2.0深入实施，政务服务大厅搬迁升级，营商环境持续优化。

作风建设不断强化。常态化开展"两学一做"学习教育、"不忘初心、牢记使命"主题教育和党史学习教育，切实把教育成果转化为政府担当作为、干事创业的实际行动。严格落实党风廉政建设责任制，领导干部带头履行"一岗双责"，认真执行民主集中制和"三重一大"制度。严格落实中央八项规定精神和省市区委各项要求，始终保持整治"四风"高压态势。

同时，这五年，我们大力支持人民武装、国防动员、海关、边检、口岸等工作，史志、工青妇、关心下一代、慈善、志愿服务、红十字等事业实现新发展，国家安全、人民防空、民族宗教、外事侨台等工作取得新成效。

2021年是"十四五"的开局之年，也是本届政府的收官之年。一年来，我们全力以赴争先创优，一以贯之狠抓落实，实现了"十四五"的良好开局。

宁波机场T2航站楼

这一年，我们奋力推进上级部署落地见效。坚持上级有部署、海曙见行动，不折不扣把各项工作落实落细。全面启动共同富裕样板区建设，四明山区振兴、扩中提低等行动谋划实施，6张民生"专曙"名片全力打造。深入开展数字化改革，"1+5"门户网站上线运行，"甬信培"、服装产业大脑、数字外贸平台等场景应用成为全省示范。扎实推动"精特亮"创建，4条精品线路、4个特色街区、20个亮点工程快速推进，完成投资超80亿元。

这一年，我们精准打好高质量发展组合拳。坚持把"三个十大"

6月8日，海曙区党史学习教育巡回微宣讲全面启动。首场宣讲活动由区话剧中心两名宣讲员带来红色历史情景宣讲《青春的回响》

作为推动发展的“四梁八柱”，引领带动效应逐步显现。深入实施十大三年行动计划，6家企业入选省民营企业200强，7家企业入围市制造业50强，全省康养体系建设、全市“5G+工业互联网”现场会在我区召开，成功创建省级智能工厂操作系统创新中心，双溪口水库产业治理经验列入省“七张问题清单”典型案例，环境质量达到监测评价以来最优水平。加快转化十大重大前期项目，四明山环线公路、区中心福利院、区中心粮库、水利博物馆等一批项目加速推进。梯次开发十大重点区块，丁家湾、三市里、五江口等区块取得实质性突破。

这一年，我们有效防范和抵御风险挑战。坚持以工作的确定性应对风险的不确定性，努力把损失降到最低。针对严峻的疫情防控形势，加快构建统一指挥、快速反应的防控体系，强化区域协查等防控措施，疫情防控网络织密扎牢。面对“风雨潮”多项指标突破历史极值的“烟花”台风，全区上下严阵以待、严防死守，成功经受住了考验。针对防洪排涝体系短板，优化提升流域治理方针，鄞江堤防、龙王溪等水利工程快速推进，中小河流、山塘水库、小流域治理系统加快完善。要素破解积极有为，全域国土空间综合整治启动实施，藕池等101个工业园区升级改造项目全面启动，18个征迁项目实现拔钉清零，能耗“双控”工作走在全市前列。

各位代表，回顾本届政府取得的成绩，十分不易，成之惟艰。这是以习近平同志为核心的党中央坚强领导的结果，是广大干部群众在省委省政府、市委市政府和区委带领下勠力同心、砥砺奋进的结果，是区人大、区政协和社会各界监督支持的结果。在此，我谨代表区人民政府，向辛勤工作在各行各业的全区干部群众，向全体人大代表、政协委员，向各民主党派、工商联和无党派人士、各人民团体，向离退休干部和社会各界人士，向驻地部队官兵，向所有关心、帮助、支持海曙发展的同志们、朋友们，表示崇高的敬意和衷心的感谢！

同时，我们也清醒地认识到，海曙发展还面临不少困难和问题，主要是：城市品质有待进一步提高，老旧面貌亟须改变，交通、水利等基础设施短板依然存在；产业结构较为传统，新旧动能转换步伐还不够快，扩大投资、激活消费压力不小；优质公共服务供给仍显不足，城乡居民收入倍差有待进一步缩小，社会治理体系和治理能力还需优化提升；塑造变革能力有待增强，一些干部的改革意识、服务意识、担当意识和廉洁意识还需进一步提升。对于这些问题，我们不回避、不逃避，将在今后工作中采取强有力措施，认真加以解决。

二、今后五年奋斗目标和主要任务

区第十次党代会，科学描绘了今后五年海曙发展的宏伟蓝图，鼓舞人心、催人奋进。站在新的历史起点上，我们必须肩负起新时代和全区人民赋予的重任，深刻把握海曙当前所处的历史方位，坚定信心、抢抓机遇，奋勇争先、苦干实干，大力推进经济社会又好又快发展，确保“十四五”规划和区第十次党代会目标任务圆满完成。

新一届政府工作的总体要求是：坚持以习近平新时代中国特色社会主义思想为指导，深入贯彻党的十九大和十九届历次全会精神，对标落实习近平总书记对浙江、对宁波工作重要指示精神，坚持稳中求进工作总基调，立足新发展阶段，贯彻新发展理念，服务构建新发展格局，忠实践行“八八战略”、奋力打造“重要窗口”，扛起宁波新发展阶段历史使命，聚焦高质量发展建设共同富裕样板区，深化“十大系列”，实施“沿江、沿路、沿山”三沿开发，“创新、创意、创质”三创驱动，“人本化、生态化、数字化”三化互融，打响“海曙创造、海曙美好、海曙品质”三大品牌，实现创新开放、产业迭代、城市能级、民生福祉、社会治理五大新跨越，全面建设现代化滨海大都市卓越城区。

今后五年我区经济社会发展的奋斗目标是：到2026年，地区生产总值超2200亿元，财政总收入、一般公共预算收入分别超350亿元、200亿元。

围绕总体要求和奋斗目标，要努力实现五大新跨越：

*推动创新开放实现新跨越。*以“科创中国”试点区、工程师友好区建设为抓手，一体推进创新平台、创新主体、创新人才的集聚壮大，建成国内领先的工业互联网、新材料、时尚产业科创高地，争创国家技术创新中心、制造业创新中心和创新科研平台，高新技术企业突破600家，顶尖人才等关键指标实现翻番，全社会研发投入占比3.6%以上，科技

进步创新指数省内排名大幅跃升。用数字化改革引领全方位系统性变革，充分激发市场主体活力，努力让企业群众“办事不求人、办成事不找人”，新增上市企业15家、市场主体3.9万家以上。

推动产业迭代实现新跨越。巩固提升现代商贸、现代金融、港航服务等优势地位，服务业增加值突破1500亿元，生产性服务业占服务业增加值比重达70%。做大做强先进制造业，推动数字经济与实体经济深度融合，新增规模以上工业企业300家以上，形成千亿级产业集群1个、500亿级2个、100亿级5个，实现“中国质量奖”零突破，工业综合实力跻身全国百强区前50强。全面提升国家级临空经济示范区能级，加快构建以航空贸易物流、航空关联产业为支撑的现代临空产业体系。持续壮大流量经济、楼宇经济和工业经济平台，加快形成“立起来的开发区”，社会消费品零售总额突破900亿元，新增税收亿元楼15幢以上。

推动城市能级实现新跨越。聚焦沿江开发，增强三江口极核功能，推进老城全面复兴；高标准建设空铁新城，依托宁波西综合枢纽建设，举全区之力打造海曙发展第一引擎、宁波城市第一地标；全力开发奉化江西岸、姚江南岸，打造高端时尚城市新封面、品质卓越城市新客厅。聚焦沿路开发，推动集士港、古林、高桥、横街等近郊镇成为中心城区的重要组成部分，改造城中村460万平方米以上，实现绕城高速范围内城中村动态清零，常住人口城镇化率超92%。聚焦沿山开发，综合运用产业、文化、改革、农旅等方式赋能乡村、振兴乡村，推动鄞江、章水、龙观等乡镇特色发展。

推动民生福祉实现新跨越。积极拓展居民收入增长新空间，做足做好“平均数以下”群体文章，完善回报社会的激励机制，城乡居民收入倍差缩小至1.68以内，率先形成“橄榄型”社会。推进公共服务优质共享，办好人民满意的教育，守护好全民期盼的健康，完善好公共卫生应急管理体系，发展好群众关切的体育事业，民生支出占一般公共预算支出比例75%以上。打造居者“一生之城”，做响“全龄友好”海曙品牌，力争常住人口突破120万人。持续扩大“千年海曙”影响力，厚植文化底蕴，高标准打造文化地标，文化创意产业占地区生产总值比重达10%。

推动社会治理实现新跨越。努力让城市更加智慧，构建高效善治的数字治理体系，打造社会治理中心，推进最小管理单元数字化，常态化智能化分析研判关键指标，实时精准掌握城市运行状况，实现全面感知、智能预判、高效调度，数字孪生城市建设初见成效。努力让城市更加安全，坚持系统治理、综合治理、依法治理、源头治理和专项治理有机结合，完善风险闭环管控的大平安机制，推动维稳保平安向法治创平安、静态平安向动态平安、一时一域平安向全程全域平安根本性转变，争创平安中国建设示范区。

三、2022年主要工作安排

五年看头年，开局最关键。2022年是党的二十大召开之年，也是新一届政府的起步之年，做好今年政府工作意义重大、影响深远。从我们所处的发展环境看，构建内外循环、融入长三角一体化、支持实体经济发展等政策利好将加速到来，高质量发展建设共同富裕示范区、数字化改革、“精特亮”创建等重大战略举措全面推进，有利于我们争取更多资源，实现借势借力发展。从我们积蓄的发展动能看，重点区块支撑有力，创新平台蓄势待发，新兴产业不断壮大，跨越发展的动力持续增强，将为海曙大发展、大提升提供有力支撑和保障。只要我们坚持稳进提质、除险保安、塑造变革，继续把新发展理念贯彻到经济社会发展全过程、各领域，就一定能实现建设现代化滨海大都市卓越城区的良好开局。

综合考虑发展趋势和工作导向，建议今年经济和社会发展的主要预期目标为：实现地区生产总值增长7%以上，一般公共预算收入增长7%以上，城乡居民人均可支配收入与经济增长基本同步，收入倍差缩小至1.77以内，完成上级下达的能源和环境指标计划目标。

10月23日，海曙区举办2021中国（宁波）首届数字化设计与技术应用精英赛，海曙区企业宁波星箭航空机械制造有限公司获大赛金奖

在具体实践中，我们将以高质量发展建设共同富裕样板区作为各项工作的总牵引，通过共同奋斗把“蛋糕”做大做好，通过制度安排把“蛋糕”切好分好，推动共同富裕样板区建设取得新成效。重点抓好七方面工作：

（一）聚焦提质增效，构建更富韧性的产业体系

做强服务经济。加快服务业结构调整，不断夯实服务业的龙头引领地位，服务业增加值突破980亿元。大力促进生产性服务业发展，重点发展现代金融、港航服务、商务会展、现代物流、航空贸易等业态，打造设计产业园、人力资源产业园、顺丰华东创新产业总部基地等平台，生产性服务业占服务业

2021年海曙区水稻耕种收综合机械化率达91%

增加值比重突破60%。积极培育消费新增长点，持续提升天一商圈能级，规划建设"三江汇海"城市新消费地标，更新开放东渡路高品质步行街，南塘老街争创国家级商业步行街。

做大数创智造。加快推动先进制造业量质齐升，规模以上工业增加值增长10%以上。实施"新工网"行动计划，深化"5G+工业互联网"工程，支持supOS操作系统赋能应用，打造省工业互联网小镇和工业互联网特色区，数字经济核心产业增加值增长10%以上。实施制造业"双三十"头部企业梯队培育行动计划，深化纺织服装全省产业集群新智造试点，壮大高端装备、电子信息、生物医药等产业集群，建成未来工厂、智能工厂6家，完成"小升规"企业60家以上，望春工业园规模以上工业增加值突破30亿元。巩固提升建筑业，总产值增长10%以上。

做优都市农业。深入实施乡村振兴示范引领行动计划，聚力推进"五乡五最"，加快建设未来农场，率先打造现代都市农业示范区。开展"科技强农、机械强农"专项行动，提档升级稻米、茶叶、贝母等传统优势产业，推广"稻下经济""林下经济"等特色种养模式，水稻耕种收综合机械化率达91%。加大良种研究攻坚力度，推进区中心粮库建设，粮食总产量超1.3亿斤、生猪出栏能力达4万头。打响"南塘河"农业区域公用品牌，激活优质农产品"双进双回"通道，实现同城"半小时"配送。

（二）聚焦项目攻坚，夯实更为稳固的增长基础

开发重点区块。对标国际先进开发理念和建设水平，统筹推进城市更新、新城开发和山区优化，持续加快城市西进、产业西拓步伐。启动实施千年罗城复兴计划，坚持"留改拆"并举，连片开发秀水、广仁、永寿等历史文化街区，实施孝闻、月湖、新芝等片区改造提升，争创省"新时代富春山居图"城市风貌样板区。沿奉化江西岸，全速推进宁波西综合枢纽前期工作，征迁核心区面积超30万平方米，启动安置房建设，加快产业整合腾挪，丁家湾、三市里地块完成供地。沿姚江南岸，推动五江口滨水活力区、高桥西地铁小镇建设，启动望江、芦港等区域开发，力争长乐未来社区开工。打造四明山大花园，加快建设四明山环线公路和S309荷梁线。

建设重大项目。充分发挥投资"压舱石""助推器"作用，加强重大项目全周期管理，开展"拔钉清零净地保供"百日攻坚专项行动，全年安排重大项目171个，新开工项目45个，固定资产投资增长15%以上。一体谋划建设交通、水利、电网等基础设施，新建新典路等24条道路，续建万兴路等22条道路，启动三江口防护、沿江泵排群等48个水利工程，完成城市低洼道路改造14万平方米，鄞江堤防工程实现主汛期前主线封闭，建设梁祝变、古林变。大力促进产业投资，支持企业增资扩产，开工建设君禾科创园等12个产业项目，工业投资、技改投资均增长15%以上。

强化招商选资。始终把招商作为"一号工程""一把手工程"，创新基金招商、目录招商模式，力争引进落户亿元以上项目50个，全年大市外内资、浙商回归资金、实际利用外资均增长10%以上。围绕主导产业地图开展强链补链行动，招引上下游企业超100家。统筹做好土地储备和土地出让，激活低效工业园区（楼宇）、闲置土地等存量资源，规范工业用地二级市场管理，收储土地600亩以上，盘活存量土地1300亩以上，消化批而未供土地1600亩，规模以上工业亩均税收增长8%以上。

（三）聚焦改革创新，建设更大优势的开放高地

构建良好创新生态。深入实施硬科技创新行动计划，全社会研发投入强度达2.4%，新增高新技术企业100家以上、科技型中小企业200家以上。大力提升产业技术研究院集聚辐射功能，推动宁波工业互联网研究院争创国家技术创新中心，加快宁波智能技术研究院中试基地建设，促进上海交大宁波人工智能研究院产业化项目落地，深化宁波市智能制造技术研究院省级制造业创新中心建设。加快打造翠柏里创新街区，探索"总部+研究院"模式，培育市级以上企业研发机构15家以上。积极开展"人才汇海"四大工程，实施高水平工程师队伍建设十五条专项举措，全年入选市级以上重点人才计划项目40个，新增工程师人才1.3万人以上。

形成更多数字成果。以数字化改革为契机，健全公共数据管理、项目管理、安全管理制度，构建数据资源体系，推动制度重塑、流程再造、基础提升，实现多主体高效协同。加快重大应用建设贯通，打造数字防汛、畅行南站等特色场景应用，推广"非现场非接触执法+信用联合惩戒"执法模式，数据共享需求满足率、掌上执法率和一网通办率分别达99%、95%、90%。探索打造数字孪生城市，布局下一代互联网、领先的算力及新技术基础设施，加快千兆宽带入户，新增5G基站300个以上，建设5G综合应用示范区。

打造一流营商环境。树立营商环境也是生产力的理念，以制度创新、服务提质为重点，做响更便捷、更贴心、更公平的营商环境品牌。千方百计惠企助企，落实上级各类减税降费政策，强化区域政策集成创新，加快社会经济贡献指数评价办法落地见效，新增市场主体9700家以上。注入更多金融活水，加大金融支持实体力度，实施“凤凰行动”计划2.0版，制造业贷款增长10%以上。提升政务服务效率，启动5项便民利企“一件事”集成改革，加快建设智能预审政务平台、政务服务“智感通”，确保一般企业投资项目审批最多80天、低风险小型项目审批最多15个工作日。

不断激发开放活力。放大综合交通枢纽优势，全面融入长三角一体化和杭甬“双城记”，全力保障通苏嘉甬、甬台温福高铁等项目建设，实现户口迁移等6个领域业务事项“跨省通办”。接续实施外贸实力效益工程，探索制度型开放新模式，投用宁波国际邮件互换中心，突出发展跨境电商、数字贸易、服务贸易等新业态新模式，引进“9610”“9710”“9810”企业20家以上，跨境电商进出口额增长15%以上。

（四）聚焦全域提升，打造更具品位的城乡风貌

高品质推进城市管理。坚持建管并重，让城市更整洁、更有序、更美丽。深入实施城市有机更新行动计划，精心打造15分钟社区生活圈，改造老旧小区64个、345万平方米，改造城中村15个、155万平方米，实现中心城区老旧小区改造全覆盖。常态化推进全国文明典范城市创建，开展城乡环境整治提升百日攻坚专项行动，打造海丝古港·千年运河文化轴等精品线路，启动建设姚江南岸等3条绿带，累计建成“席地而坐”城市客厅5个。

高标准做好生态治理。持续打好污染防治攻坚战，常态化做好中央、省生态环保督察等问题整改，深入实施危险废物专项治理，重点整治挥发性有机物、扬尘污染、秸秆焚烧等问题，空气质量优良天数比率保持在91%以上。深化全域治水攻坚，持续规范“千吨万人”饮用水水源保护区建设，新建、改建污水管网13公里，全域创建“污水零直排区”，水环境质量功能达标率100%，区控以上地表水水质优良率92%以上，争创国家生态文明建设示范区和省“无废城市”。全面实施“双碳”行动，不断深化绿色低碳产业体系建设，健全生态产品价值实现机制，加快抽水蓄能电站项目前期，推进全域屋顶分布式光伏开发省级试点。

高水平打造美丽乡村。持续深化“千万工程”，深入实施美丽村庄宜居家园建设行动计划，综合应用梳理式改造、全村拆建、迁址移民等模式，拆旧建新90万平方米，梳理式改造5个村、75万平方米，新增省美丽乡村示范镇1个、精品村16个以上，争创省美丽乡村和大花园示范区。全力改善农村人居环境，统筹推进美丽田园、美丽河湖、美丽农屋建设，建成省星级公厕20座以上。不断增强农村发展活力，加快启动农村集体经济巩固提升五年计划，持续深化集体产权制度改革，探索农村资产盘活模式，所有行政村村级集体经济经营性收入均达20万元以上。

（五）聚焦全民共享，提供更加优质的公共服务

优先发展教育事业。全力打造“甬有优学”基础教育先行试验区，开工建设海曙中学等4所校（园），建成新芝小学迁建等10所校（园），不断深化“名校+”集团化办学模式，进一步促进优质资源共建共享。建设浙东未来教育研究院，探索优质教师定向培养模式，实施“未来学校”校长培育、教师培养计划，引育名优校长、教师100名。落实《家庭教育促进法》，构建家庭学校社会协同共育体系，促进青少年健康成长。持续推进“双减”工作，进一步做优课后服务，实现校内提质增效、校外规范管理。

全面发展健康事业。均衡布局优质医疗资源，加快建设区公共卫生中心、第二医院扩建和口腔医院等项目，新增医疗床位600张，引育高层次卫生专技人才100名。深入实施卫生健康品质提升行动计划，打造城市紧密型医联体试点样板，深化高山巡回卫生健康服务品牌，推广智慧医疗等健康服务，争创国家健康促进区、省中医药生态文化传承保护区。

繁荣发展文体事业。培育践行社会主义核心价值观，实施“十大文明好习惯”养成行动。推动宝奎巷宋韵美学文化体验区建设，谋划“大西坝—西塘河—望京门”文化带，新增3个城市书房、11个百姓健身房，争创省公共文化现代化先行区和省全域旅游示范区。做好鄞江千年古城复兴省级试点，加快文化创意、休闲服务等业态发展。布局区体育中心等重大项目，人均体育场地面积达2.4平方米，争创省体育现代化区。

城乡环境提升改造后的章水镇

（六）聚焦普惠保障，擦亮更有温度的共富底色

加快推进扩中提低。升级“就业创业帮”品牌，加强高校毕业生、退役军人等群体就业，实施职业技

8月20日，海曙区“共同富裕，美好生活慈善基金”成立仪式在宁波旷世智源工艺设计有限公司举行

能提升行动，鼓励灵活就业，新增市外户籍劳动力就业2万人以上、城镇就业1.6万人以上，家庭可支配收入10万～50万元群体占比、20万～60万元群体占比稳步提高。做好低收入农户精准帮扶，实现低收入农户收入增长10%以上。实施全民参保计划，探索新就业形态从业人员参保政策，落实养老保险全国统筹和基本医疗保险市级统筹，逐步缩小不同群体社保待遇差距，户籍人口基本养老、医疗保险参保率保持全市前列。做好低保家庭精准保障，解决无房新市民的阶段性住房困难，确保租赁补贴在保家庭超4500户。

关心关爱老弱幼小。围绕“老有所养”，推进5G智慧养老院建设，加快居家适老化改造，新增5A级居家养老服务中心1家、康养联合体5家，每百名老人拥有养老床位达6张。围绕“幼有所育”，落实三孩生育政策及配套措施，鼓励社会力量兴办普惠托幼机构，充实优质学前教育资源，力争省二级以上幼儿园覆盖率达75%。围绕“弱有所扶”，高标准做好东西部协作、山海协作，深化“物质+服务”社会救助改革全国试点，健全防范化解因病致贫返贫长效机制，精准帮扶残疾人、计生特殊家庭等群体，巩固提升慈善和红十字事业。

全力办好民生实事。认真践行以人民为中心的发展思想，聚焦看得见、摸得着、真实可感的民生问题，初步列出10方面民生实事候选项目，提请大会投票表决。分别是：教育设施补强项目；医疗服务提质项目；高品质康养与阳光助残项目；“四好农村路”建设项目；水环境综合整治提升项目；全民健身体育设施建设项目；城市低洼道路改造项目；食品安全检验检测项目；保障性租赁住房安居项目；新时代文化阵地建设项目。我们将认真落实为民办实事的长效机制，把实事办好，让人民受益，让代表满意。

（七）聚焦智治善治，展现更高水平的治理能力

持续筑牢疫情防线。坚持“外防输入、内防反弹”防控策略，加强重点场所、重点人员管理，压实属地、部门、单位、个人“四方责任”，守牢“大门”“小门”，全力打好疫情防控主动仗。加快“141”体系与疫情防控指挥体系融合联通，落实动态清零精密智控六大机制，上线疫情综合治理系统，健全应急演练制度，做好全人群疫苗接种。构建全员防控格局，深入开展爱国卫生运动，引导居民群众做好个人防护。

持续深化基层治理。实施省和谐自治标杆区试点，推广“一委一居+区域公共服务中心+小区自治站”模式，培育社区共同体意识和居民自治能力，建成区域公共服务中心12个，新增居民会客厅4家。升级81890服务平台，打造“人工智能+24小时客服”数字赋能新模式。加强“物居业”建设，深化无物业小区服务管理机制。引导社会组织参与基层治理，优化提升流动人口居住登记服务。

持续建设平安海曙。全面升级社会治安防控体系，常态化开展扫黑除恶专项斗争，打击治理电信网络诈骗，推动“智慧安防”向更宽领域延伸，做好党的二十大、杭州亚运会等重大活动期间维稳安保工作，力争刑事发案数持续下降，夺取省“二星平安金鼎”。深入实施安全生产综合治理三年行动，坚决“遏重大”“控较大”，从严开展城市运行、消防安全、道路交通、建筑施工、工矿商贸等领域专项整治，切实减少一般事故数量，确保安全生产事故起数、死亡人数实现显著下降。积极防范重大风险，有效应对金融市场、房地产市场、网络空间、自然灾害等重点领域风险，深化食品药品专项整治，争创省食品安全示范区。压实信访工作责任，启动信访积案化解百日攻坚专项行动，不断提升信访法治化水平。

四、加强政府自身建设

始终坚持党的全面领导，落实全面从严治党要求，坚持整体智治、唯实惟先，切实完善治理体系、增强治理能力、提升治理水平，努力建设人民满意的服务型政府。

（一）增强忠诚担当能力。坚持以习近平新时代中国特色社会主义思想为指导，更加自觉增强“四个意识”、坚定“四个自信”，把忠诚拥护“两个确立”、坚决做到“两个维护”落实到政府工作的各方面、各环节，不断提高政治判断力、政治领悟力、政治执行力。主动扛起政府系统全面从严治党主体责任，认真落实意识形态工作责任制，高质量做好“七张问题清单”整改落实，全力营造风清气正的政治生态。

（二）增强依法行政能力。依法接受人大监督，自觉接受政协民主监督，高质量办理建议提案。广泛听取民主党派、工商联、无党派人士和工青妇等人民团体意见，主动接受监察监督、司法监督、群众监督和舆论监督。夯实法治政府基础，强化专业化法治人才队伍建设，构建社会化大普法格局，推动全区行政争议发案量、败诉率“双下降”。坚持民主集中制，落实重大行政决策目录化、清单式管理，深化合法性审查，强化政务舆情收集研判，提高政府决策水平。

（三）增强塑造变革能力。坚持生成性学习、保持创造性张力，强化系统观念、战略素养、前瞻思维，不断提升政府系统推动现代化建设的能力。加快变革型组织建设，打破思维定势和路径依赖，对理念、机制、工具、手段、方法进行全方位、系统性重塑，有序推进政府系统组织形态和运行方式的转变，健全“项目化实施+专班化推进”机制，构建完整执行落实链条，打通梗阻、发挥优势，体系化创造性推动工作质效提升。

（四）增强廉洁从政能力。坚持把纪律和规矩挺在前面，严格落实中央八项规定精神和省市区委要求，力戒形式主义、官僚主义，切忌采取“一刀切”、运动式措施。坚持政府过“紧日子”，调整完善新一轮镇乡（街道）财政体制，完善预算绩效全方位、全过程、全覆盖管理体系，进一步压减一般性支出，严控“三公”经费和日常公用经费。规范政府项目招投标、公共资源市场化配置，加强重点资金监管、重大政策落实、重点领域审计监督和风险防控，建立审计发现问题整改长效机制，推动清廉政府建设取得新成效。

各位代表，蓝图绘就、惟有奋斗；扬帆破浪、正当其时。让我们更加紧密地团结在以习近平同志为核心的党中央周围，在区委的坚强领导下，咬定目标、脚踏实地，埋头苦干、久久为功，为全面建设现代化滨海大都市卓越城区而努力奋斗，以优异成绩迎接党的二十大胜利召开！

（2022年1月23日代区长叶枝利在区第十二届人民代表大会第一次会议上的报告）

（区政府办公室）

相关链接：

三区六园：“三区”是指都市农业生态休闲区、现代农林特精品区、现代生态产业示范区；“六园”是指古林现代都市农业集聚园区、集士港湖泊河现代农业园区、鄞江四明山区域产业转型科技示范园区、洞桥沙港农业可持续发展示范园区、章水杖锡樱花产业观光园区、龙观和章水中药材生产园区。

“3315”系列计划：是指宁波市引进高层次人才和高端创业创新团队系列计划，包括“3315计划”“3315资本引才计划”“泛3315计划”，2021年“3315”系列计划升级为“甬江引才工程”。

四好农村路：是指建好、管好、护好、运营好农村公路。

“统分沉”改革：是指社区治理功能资源统合、政务居务分类、治理重心下沉。“统”即建立区域公共服务中心，上浮和整合原有分散式、碎片化的社区便民服务功能；“分”即让社区工作政务和居务分类，腾出更多人力投入网格治理工作和引导居民自治服务；“沉”即建立“邻舍家”小区居民自治服务站以及建设“邻e家”线上服务平台，搭建更加贴近实际的居民自治服务平台，打通服务居民的最后100米通道。

民生“专曙”名片：是指“专曙善育”“专曙优学”“专曙健康”“专曙颐养”“专曙安居”“专曙保障”等六张海曙民生名片。

“1+5”门户：是指一个数字化改革总门户和党政机关整体智治、数字政府、数字经济、数字社会、数字法治等五大综合应用门户。

甬信培：是指由宁波市教育局和海曙区教育局监督管理下的校外培训机构一站式服务监管平台。

精特亮：是指市委市政府重点推进的“精品线路”“特色街区”和“亮点工程”创建，每年开展两批，每批涵盖2条精品线路、2个特色街区、10个亮点工程。

三个十大：是指区委区政府重点实施的“十大三年行动计划”“十大重点区块”“十大重大前期项目”。十大三年行动计划：制造业“双三十”头部企业梯队培育、国企提质增效、城市有机更新、基础设施补强、工业园区升级改造、硬科技创新、教育卫生品质提升、乡村振兴示范引领、生态文明示范创建、整体智治能力提升；十大重点区块：三江口中央商贸商务区、环月湖区块、五江口滨水活力区、海曙未来城、三市里区块、丁家湾区块、临空港区块、桃源湾区块、智能制造产业园、浙东唐诗之路典范区；十大重大前期项目（2021年）：四明山环线公路、G228国道海曙段与沿山干河合建工程、大学迁建工程、海曙中学、区人民医院、区中心福利院、水利博物馆、文化综合体、区中心粮库、未来社区。

七张问题清单：是指重大巡视、重大审计、重大督查、重大生态环保督察、重大安全生产和自然灾害、重大网络舆情、重大群众信访等七方面问题清单。

立起来的开发区：是指土地资源利用率高、空间效益优良、亩均产出率高、集聚业态先进企业和机构的楼宇。

五乡五最：“五乡”是指中国蔺草之乡、中国浙贝之乡、中国竹笋之乡、五乡五最中国桂花之乡和中国樱花之乡五张金名片；“五最”是指全球文化最深的古林蔺草、全球药效最强的樟村浙贝、全球种质最纯的中华锦鲤、全国共富最美的杖锡樱花和全国效益最高的稻田青龙五个产业。

双进双回：是指通过推动农副产品进社区、乡土文化进城区，回馈市民、回报社会，从而打通城乡共建共享双回路。

“人才汇海”四大工程：是指“百创汇海”双创人才集聚、“匠心汇海”技能人才培养、“菁英汇海”青年人才壮大、“星火汇海”新生代企业家提升四大工程。

“9610”“9710”“9810”：是指针对跨境贸易电子商务的海关监管代码，“9610”适用于境内个人或电子商务企业通过电子商务交易平台实现交易，并办理跨境电商通关手续的零售进出口业务；“9710”适用于境内企业通过跨境电商平台与境外企业达成交易后，通过跨境物流将货物直接出口至境外企业；“9810”适用于境内企业先将货物通过跨境物流出口至海外仓，通过跨境电商平台实现交易后从海外仓送达境外购买者。

双碳：是指“碳达峰”“碳中和”。

“141”体系：是指以区级矛调中心（社会治理中心）、镇乡（街道）“基层治理四平台”和村社全科网格为主干的区域社会治理体系。

动态清零精密智控六大机制：是指精密智控指挥决策机制、“三责”联动激活机制、“三区”最小单元管控机制、“五快”循环落实机制、分阶段清零机制和“三情”联动机制。

专　记

海曙区党史学习教育活动

2021年，宁波市党史学习教育动员部署会召开后，海曙区迅速成立领导小组和工作专班，3月8日召开全区党史学习教育动员会，完成各级基层党组织和单位的动员部署。结合实际制定《关于开展党史学习教育的实施工作方案》，抽调32名干部组建8个区委党史学习教育巡回指导组，在全区范围内全面开展海曙区党史学习教育活动。

壮大宣讲队伍，多维度拓展宣讲形式。各级领导干部带头学习党史，带头宣讲党的理论和重要会议精神，带头以普通党员身份参加组织生活会。邀请党校老师、党史专家讲课，还充分发挥“曙说”宣讲团的品牌引领力和传播影响力，调动民间“名嘴”、革命后代、“五老”乡贤、行业骨干、在校学生等宣讲骨干，组建“三五支队”宣讲队、“建岙妈妈”讲师团、“8090”“00后”青年宣讲团等特色宣讲团队，用听得懂、听进去、听出味的群众语言讲好党史故事、传播红色精神，开展各类党史宣讲活动2500余场，线下受众近20万人次、线上点击量超过80万人次。

创新宣讲手段，扩大宣讲受众覆盖面。组织“百年潮涌 海曙印记”全区党史大赛，举办党史学习教育主题“微型党课”比赛近70场次、覆盖面近万人次，以赛促学。选树“宁波好人”，召开“学党史、强信念、跟党走”全区优秀青年代表座谈会，形成向善向上的学习氛围。挖掘用好全区上百处红色遗迹，串联50个革命阵地，打造10条“红色信仰线”，实现党史研习与情景教学的有机融合。在区级媒体开设“奋斗百年路·启航新征程”专栏，在镇（乡）街道层面推出“江厦联播”“红色龙观”等系列宣传项目。依托新媒体开设“码上学党史”云端课堂，创建“老夏带你学党史”“大白视频间”等品牌栏目，拓展学习教育阵地。挖掘全区红色资源中蕴含的感人故事、革命精神和时代价值，运用文艺、影视等手段，先后创作并演绎实景话剧《建岙妈妈》、红色微电影《梅园密码》、广播剧《梅园往事》等红色文艺作品，举办“追寻——庆祝建党百年红色故事会走进海曙”等活动，形成一批快板说唱、红歌演唱等富有特色的文艺作品。面向“两新”组织、流动党员等有代表性的受众群体，谋划打造特色品牌活动，创新“三学模式”，推出“红领袖工程”“跟着思维导图学党史”等特色载体20余项，覆盖全区1.6万余名“两新”党员。

聚焦社情民意，“三为”（我为群众办实事、我为企业解难题、我为基层减负担）实践见成效。开展“六个一批”活动，推进“上门入户访民情办实事”实践活动和“寻找群众身边不满意的小事”解忧办实事活动，广泛收集群众“急难愁盼”问题，累计走访家庭274235户，收集问题反映6700余个，先后推出2批27项区级“三为”重点事项，2.3万名党员常态认领9000余个志愿服务岗，带动群众10万余人次参与基层治理，累计为群众办实事5万余件，解决企业难题近8000项，有效破解基层减负问题2500余个。

【基层党组织学习教育活动】 2021年，海曙区2705个基层党组织、4.9万余名党员全程参与党史学习教育，推出两新“三学”模式、“红领袖工程”、“跟着思维导图学党史”等特色载体20余项，打造“车间课堂”“流动课堂”等学习平台，组织开展送学上门、党课下基层、“一人一岗”志愿服务、“海娃学党史”进校园等活动上千场，举办全区“百年潮涌 海曙印记”党史知识大赛，2名选手分获“中国共产党党史知识学习达人挑战赛50强”“学习达人”称号。突出海曙区红色资源优势，推出10条“红色信仰线”。

【红色文化月】 2021年5月始，海曙区结合党史学习教育，打造“红色文化月”活动。以“阅读平台”惠民，开展

3月22日，天一商圈组织商圈青年参加党史学习教育活动

“党建赋能，强化馆藏”活动，在基层图书馆设立21个党史图书学习专区；在区图书馆设立“百年沧桑·党史云阅读平台”，汇集300余种党刊、5000余种党史图书、1000余种党史电子图书、60余种党报，为市民提供阅、听等党史学习服务；在“岭读”城市书房、芦港村数字阅读书房等41个点位推出数字党史知识在线阅读和下载服务。拓展企业学党史平台，开展“我为企业送文化”服务、“学党史、沐书香”活动，红色流动图书车进宁波工业互联网研究院，提供扫码听史、借阅党史图书服务。运用“物联网+”技术，对接省新华书店图书资源，读者通过海图公众号选书下单1至2日可收到图书，党史主题图书受到群众欢迎。以“线上平台”开视野。优化“海听馆”“云课堂”“云点播”等平台，开展专题学习，在线上阅读书目中，党史学习教育相关资料占近3成，3月以来，电子图书访问量89415人次，资源下载量逾47150次，数字阅读同比增长5.8%。强化融媒体建设，利用区图书馆视频号、公众号等平台，推送“党史上的今天”“奋斗新时代”“连艺访谈”“红色故事绘”等优质党史学习资源，点击率破21.7万人次；推出《梅园密码》《建岙妈妈》等线上点播党史学习资料，点播模式增强党史学习教育针对性。开展“云游革命纪念馆”活动，推出云端党课视频3期，利用“千年海曙”公众号等融媒体发出红色声音，增强党史学习宣传力度。以“活动平台”营氛围，紧扣党史学习教育和建党百年主题，开展红色文化活动130余场次，近6万人次群众参与。强化竞赛引领，开展“童心向党”海曙区第四届中小学“绿书签”征文比赛等党史竞赛5场，全区70余所中小学校参与。开展“藏品中的党史”庆祝中国共产党成立100周年展览，展出党史类图书、火花、邮票等藏品近300件；开展“小小红色故事传承人讲故事”、老党员肖像绘画活动、“百年潮涌·红歌演唱青春”快闪等线下文化宣传活动31场次，吸引5900余名市民参加。

【《海娃学党史》发布】 2021年4月21日，海曙区青少年党史口袋书《海娃学党史》首发仪式在宁波市实验学校举行。该书是具有海曙地方特色的党史学习口袋书，印发1万余册，分发到63所中小学校，供全区近8万学生阅读。《海娃学党史》口袋书是海曙区打造青少年党史宣讲品牌的举措之一，讲述民族危急、党的创立、大革命、土地革命等10个重要历史时期的历史故事，并收录海曙革命人物、红色电影推荐、红书推荐、研学地等内容。

（区委宣传部、区委组织部、区教育局）

海曙区抗击台风“烟花”

2021年，影响海曙区的台风“烟花”是海曙区有气象记录以来登陆浙江影响海曙时间最长、1949年以来首个登陆浙江两次的台风，台风影响期间，出现风、雨、潮三碰头现象，过程平均降雨量409毫米，并伴有8~10级局部11级大风，风雨综合致灾强度为特重级。全区雨量、水位、潮位等各项数据均超历史极值。

面对历史罕见的“烟花”台风，全区上下团结一心、众志成城。7月25日，海曙区召开全区防汛防台工作视频会议，提前动员部署防御台风“烟花”工作。区水利、防指、气象等部门沟通会商，提前布置预泄预排，及时调度各水利工程采取滞洪、强排等措施，有效减轻区域内涝程度和时间。千余名机关党员组成的“红海突击队”下沉一线与村镇干部并肩作战，完成水库泄洪前2小时安置转移2万余名群众的紧急任务。台风期间累计转移近10万人，实现“不死人、少伤人、少损失”目标。台风过境后，海曙区第一时间研究灾后运行恢复方案，制定六大类工作清单、细化15项工作任务，及时开展总结复盘工作。

【台风应急处置】 7月24日“烟花”超强台风影响期间，全区防台风的应急响应等级提升到Ⅰ级。充分发挥水利工程防洪减灾作用，沿江水闸、泵站提前实施预泄预排工作，将河网水位调至较低水位，提前腾出必要的防洪库容。在应急响应启动后，全区17个镇（乡）街道和35个区防指成员单位迅速进入战备状态，各类基层防汛防台体系行政责任人、中小型水库与重要山塘安全管理责任人、山洪灾害防御村监测预警责任人、地质灾害风险防范区巡查预警责任人等防台重要岗位责任人全部进岗到位。同时，各地各部门按照本辖区本部门的防台职责，全面落实防台度汛措施检查、人员转移安置等各项防台措施，努力将灾害损失降至最低程度。区应急管理局先后两次到市救灾物资储备仓库申请调拨并押运冲锋舟、橡皮艇、发电机等救灾装备，紧急调拨至洞桥、古林、高桥等乡镇。根据《自然灾害情况统计调查制度》，指导各镇（乡）街道做好超强台风“烟花”影响期间的灾情报送。灾后，协调古林镇、洞桥镇及时汇报受灾情况，准备人员转移、灾害损失等相关台账资料，实地查看受灾情况，并接受浙江省减灾委员会灾情核查组的现场指导。整个汛期，共启动各类防汛防台风应急响应3次、组织各类形式会商75次、发出防汛防台风工作通知（包括提示函、管控单、督办单）28个。

【台风受灾干线公路全面抢通】 截至2021年7月29日，随着宁波绕城高速与段三线下穿排水完成，海曙区内受第6号台风“烟花”影响的主要干线公路全部抢通。台风影响期间，部分主干道路出现河水倒灌现象，其中段三线下穿通道最深积水位达5米。7月28日，在市交通部门的协调下，台州市公路与运输管理中心、中铁十五局等部门共同支援段三线强排工作。经过海曙交通部门与支援单位30余小时不间断轮班攻坚，该处积水于深夜强排完成。至此，海曙区24条因过水、滑坡、停车受阻的国、省、县道路段全部抢通。

【商会会长会议暨灾后结对帮扶工作会议】 2021年在台风“烟花”影响下，海曙区西片乡镇受灾严重，大片房屋和农田被淹，交通受阻、停水停电、企业受损严重。为确保受灾企业早日复工复产，区工商联动员会长企业带头开展生产自救，号召商会龙头企业实施“大手拉小手”活动。7月31日，召开商会会长会议暨灾后结对帮扶工作会议。区商会会长、太平鸟集团董事长张江平出席会议。洞桥、章水两镇分管领导，全区镇（乡）街道商会会长，部分商会秘书长及工商联全体机关干部等近30人参加会议。

【助农减灾复产】 2021年7月，针对台风“烟花”对农业经营主体造成的巨大危害，区供销社加强化肥农药的调拨供应，储备化肥1000吨、农药200吨。联合市供销社为区内受灾的种粮大户赠送化肥、有机肥95吨，帮助其灾后复产；区现代农业服务中心的育秧、烘干中心为全区受灾种粮大户免费提供稻谷烘干和水稻育种服务，满足灾后生产需要。及时排摸农产品受灾情况，在区政府办公区和段塘、白云街道等地设置摊位，开展爱心销售活动，累计帮助销售葡萄、小青龙等农产品超2万公斤。

【台风“烟花”募救活动】 2021年7月26日，区慈善总会针对台风“烟花”给海曙带来的严重影响，第一时间开通捐赠通道，号召全社会齐心协力，为受台风“烟花”影响严重地区提供支持。共筹集台风捐赠款物2064.99万元（包括物资折价745.82万元），市慈善总会拨入3960.49万元。其中，爱心企业雅戈尔集团通过宁波市慈善总会向区慈善总会定向捐赠1000万元，用于受台风影响严重地区的水灾救援、灾后重建等；太平鸟集团捐赠500万元（还包括500万物资）；宁波恒厚实业有限公司捐款100万元用于洞桥镇灾后重建；华茂集团股份有限公司捐赠80万元，华缘新材料股份有限公司捐赠60万元，宁波浙海投资集团有限公司捐赠50万元，丹尼爱特（宁波）国际贸易有限公司捐赠50万元，浙江万华建设有限公司捐赠30万元。爱心个人和团体捐款方面，“爱心妈妈小分队”的“小画大作”捐款10万元；方磊磊捐款2万元，戴豪意捐款1万元；书画艺术家程雅珍、瞿蓓将两幅作品出售所得的6000元捐赠给总会；望春街道青林湾社区以“梦想社工”名义，携手近百位爱心人士捐赠1.25万余元。物资方面，雅戈尔集团、太平鸟集团、博洋集团、三生（中国）健康产业有限公司、宁波福泰电器有限公司、荃盛食品公司等爱心企业第一时间为海曙区受灾严重地区送去救灾物资。其间，区慈善总会还收到来自对口支援地区的援助，青海省天峻县向灾区捐赠8000斤牛羊肉，发放至受灾的敬老院和卫生院。在抗击“烟花”强台风中，灾后机关干部累计捐款160万元。

台风“烟花”登陆期间，区红十字山岳应急救援队在洞桥镇救援

【台风受损家电维修服务】 2021年7月30—31日，81890联合区总工会，组建维修队伍，前往受台风“烟花”灾害影响严重的章水镇、洞桥镇，为群众开展电器检修志愿服务。招募的维修志愿者均来自81890加盟企业，累计服务群众100余户，检修冰箱、洗衣机、电动车等涉水家电400余件。

【现场保险服务点进驻受台风影响乡镇】 2021年7月底，为做好台风“烟花”灾后理赔工作，海曙区保险公司分别在洞桥、集士港、古林等受台风灾害影响严重的乡镇设置现场保险服务点，打破公司界限，统筹资源，简化流程，以人保财险、太保产险、平安财险等主要公司轮流派人驻点值守的方式，为当地居民提供保险咨询、报案、理赔等全流程便民、利民服务，助力恢复受灾地区的正常生产生活秩序。

【"医路相伴"党员志愿服务】 台风"烟花"过后，区医疗保障局组织"医路相伴"党员志愿服务队联合"焕然医新"项目组，进驻受灾情况较严重的鄞江镇、洞桥镇、章水镇、龙观乡，走访慰问困难群众，了解群众生活所需和医疗保障情况，及时为群众纾困解难。

（区气象局、区供销社、区交通运输局、区金融办、区慈善总会、区医疗保障局、区应急局）

"三改一拆"专项行动

【概况】 2021年，海曙区"三改"（旧住宅、旧厂区、城中村改造）工作累计完成改造283.44万平方米。其中，完成旧住宅改造246.98万平方米，完成旧厂区改造5.61万平方米，完成城中村改造30.85万平方米；"一拆"（违法建筑处置）累计完成93.89万平方米。

南门街道申报争创浙江省"治违控违示范乡镇街道"，江厦街道新街小区、双梁小区老小区改造项目申报争创浙江省"十佳拆改示范典型"；石碶街道和横街镇申报争创宁波市"治违控违示范乡镇（街道）"。

【违法建筑拆除】 2021年，按照省、市统一部署，海曙区开展了治违除患促安全违法建筑专项整治，按照"边排摸、边整治、边巩固"的工作思路，共排查整改存在安全隐患违法建筑101处，处置违法建筑面积20.88万平方米，排查整改侵占燃气用地违法建筑4处。石碶街道拆除朱韩工业区约17000平方米存在安全隐患违法建筑，南门街道拆除三市日用品交易市场和南门旧货市场存在安全隐患违法建筑近5万平方米，望春工业园区拆除17家企业存在安全隐患违法建筑近万平方米。

对新增违建做到"露头就打、即查即拆"，全年累计拆除新增违建12处，违建面积3706平方米，如横街镇拆除2020年第三批图斑中应山村新增违建500平方米，高桥镇拆除景衡电子厂加层新增违建981平方米。

加快重点存量违法建筑的拆除进度。石碶街道拆除冯家村近2000平方米历史违建，加快冯家村新村建设项目顺利推进；高桥镇拆除联升村学院路两侧17000平方米违建，保障学院路二期拓宽工程顺利实施。

【旧住宅改造】 2021年，海曙区上报市"三改一拆"办老旧住宅改造累计完成改造25772户，面积246.98万平方米。涉及10个乡镇街道，包括城市广场小区、汪弄小区、胜丰片区、高塘片区、郎官小区、太阳公寓等82个老旧小区，均为当年开工项目。整治改造项目主要包括小区外立面美化粉刷、楼道管线整合、绿化增补、增加停车位等内容。

【旧厂区改造】 2021年，海曙区上报市"三改一拆"办旧厂区改造为电子专用高端金属粉体材料生产基地建设及搬迁升级项目。项目位于石碶街道黄隘村，改造类型为异地搬迁，占地面积3.33公顷，改造新建建筑面积56126平方米，2019年9月开工，2021年7月完工。

【城中村改造】 2021年，海曙区城中村改造涉及4个乡镇街道9个拆迁项目，拆迁签约2093户，完成城中村拆迁面积30.85万平方米。其中，石碶街道后仓村旧村改造项目拆迁签约83户、拆迁面积1.31万平方米，雅渡城中村改造项目拆迁签约180户、拆迁面积2.45万平方米，冯家村城中村改造项目拆迁签约380户、拆迁面积7.02万平方米；古林镇礼嘉桥村城中村改造项目拆迁签约136户、拆迁面积1.78万平方米，薛家村城中村改造项目拆迁签约247户、拆迁面积5.58万平方米；洞桥镇沙港村城中村改造项目拆迁签约101户、拆迁面积1.71万平方米；集士港镇万众村城中村改造项目拆迁签约140户、拆迁面积1.25万平方米，四明山村城中村改造项目拆迁签约498户、拆迁面积6.54

1月，石碶街道朱韩工业区拆违现场

万平方米，卖面桥村城中村改造项目拆迁签约328户、拆迁面积3.21万平方米。

【"两路两侧""四边三化"环境综合整治】 2021年，通过徒步巡查、高架车辆巡查和空中无人机航拍相结合的方式，加大对高架、高速、轻轨、铁路、机场等重点区域巡查，对道路两侧影响视觉效果的环境问题点位整理制作视频、PPT和问题清单，完成市"三改一拆"办下发问题点位51处，完成海曙区自查发现问题点位233处。组织拆除了机场高架与214省道交界处的大榭奥克违法建筑5000平方米，清理机场路主干道沿线无序广告牌65处9000余平方米。

（薛荣锋）

"五水共治"专项行动

【概况】 2021年，海曙区9个市控以上断面、3个区控断面水质均达考核要求，西洋港—照天港及其水系获评省级"美丽河湖"，河湖长综合履职得分评价为全市第七名。全区8条市级河道、33条区级河道、216条镇级河道，2座市级水库、1座区级水库、23座镇级水库和1个市级湖泊中，共设立区级河（湖）长33人、镇级河（湖）长183人、村级河（湖）长762人。各级河（湖）长累计巡河4万余次，发现问题近3778个，全部整改落实。

以重点项目推进促进治水基础设施完善。顺利完成风棚碶闸、五江口碶、奉化江段塘碶、S214省道污水主干管、联丰路提升泵、中山路提升泵、姚江堤防工程等大批重点基础设施建设。出台《海曙区全域治水提升攻坚行动方案（2021—2023年）》，稳扎稳打推进治水工作。根据当年工作实际，下发《2021年度海曙区"污水零直排"创建任务书》，推动全域"污水零直排区"创建，修订完善《海曙区城区河道夏季水质突变应急处置预案》，应对水质突变引发的藻类爆发式生长影响水体感官问题。

【"污水零直排区"创建】 2021年，海曙区在市级"污水零直排区"建设全域覆盖的基础上，以项目建设为支撑，持续提升创建覆盖率。全区安排"污水零直排区"建设项目40个，总投资1.74亿元。通过专题推进会、协调会，进一步明确创建主体和行业主管部门责任，统筹创建重点工作有序推进。聘请专家和委托专业单位对创建情况全面排摸，对问题突出的主体单位开展重点帮扶。集士港、高桥、鼓楼等13个镇、街道及望春工业园区完成"污水零直排区"省级验收，集士港镇样板区块创建完成市级评估。

【水环境综合治理】 2021年，海曙区实施常态化河湖水质监测，对镇级以上河道实施全覆盖水质监测，其中区级以上河长制河湖33条，设置256个点位，镇级154条河道设置154个水质监测点，涵盖区级河湖圈的所有分段和支流，为区级河湖圈的治理提供翔实的数据支撑。加强水质监测成果运用，绘制水质地图，形成专项分析以"一河一提醒"的形式上报各级河湖长有效处置水质问题。开展新一轮"一河一策"（2021—2023）编制工作，完成33条市区级河道、4个市区级湖及110条镇乡级河道的"一河（湖）一策"实施方案编制，促进精准施策，提升断面水质。年中，通过闸泵管理从姚江生态补水超2.3亿立方米，进一步优化区内河道水质。

【"河（湖）长制"标准化管理】 2021年，海曙区在全市率先完成区、镇两级河湖圈设置工作，为河道流域治理体系建设打下扎实基础。根据全省"河湖长"制提档升级新要求，进一步细化河湖长履职评价标准，严格执行河湖长公示制度和投诉举报受理制度，形成群众投诉闭环工作机制，不断强化"河长网""综治网""保洁网"三网融合，监督问题整改。2021年海曙区三级河湖长巡河履职率均高于全市平均水平，在14个县（市、区）（包括杭州湾、大榭、高新区、东钱湖）排名第七，县级河湖长履职积分排名全市第四，镇级河湖长履职积分排名全市第五。全区累计巡河48985次，发现问题3778个，更换公示牌200余块，所有问题全部完成整改，问题主动发现率达88.7%，问题办结率达99.7%。

完成水环境综合治理的月湖

【"五水共治"查漏补缺专项行动】 2021年，海曙区开展"五水共治"找短板寻盲区查漏洞挖死角专项行动，完成整改自查问题309个（县级自查问题41个、乡级自查问题268个），完成县级互查海曙区的69个问题整改销号，丽水交叉检查海曙区的13个问题整改销号，完成市级检查海曙区的16个问题的整改销号。合计407个问题全部录入"生态环境问题发现·督察在线"平台。开展常态化举报投诉受理，督促协调指导涉水问题整改，完成"第一聚焦曝光"1件、"今日聚焦曝光"1件，区领导批示4件，市治水办督办交办5件，市办即时交办22件，网络（问政）投诉举报98件，区自查督办34件，区自查联系单交办99件、区即时交办或协调12件，合计276件。

【治水宣传】 2021年，海曙区重点开展"绿水币"推广活动，引导普通民众参与治水护水工作，绿水币累计注册人数30928人，平均活跃度14.37%。持续开展信息载体宣传，提升公众对治水工作的知晓度和满意度，在市级"宁波五水共治"微信公众号上发表信息23篇，在省级"五水共治　河湖长制"微信公众号上发表信息2篇；市级媒体、区级媒体刊发治水正面新闻100余篇。

（冯　桑　胡小玉）

媒体看海曙

宁波海曙新型总部经济加速壮大

同创（宁波）丹尼爱特中心大中华区总部近日落户浙江省宁波市海曙区，这个总投资2亿元的新型总部项目，将引来集设计研发、智能制造、智能物流等功能于一体的国际时尚品牌，为当地提升产业能级、经济高质量发展赋能。

多年来，雅戈尔、太平鸟、博洋等纺织服装企业的总部扎根海曙，形成了纺织服装产业集群，构筑起海曙总部经济形态。不过，尽管拥有中国服装行业百强企业6家，2020年规模以上纺织服装企业工业产值超209亿元，但海曙区整体仍以劳动密集型的中小企业为主。如何再造传统产业新优势、抢占新经济风口，成为海曙高质量发展的新课题。

不久前，阿里集团宁波中心落户海曙区，助力当地纺织服装产业数字化转型。"总部经济是产业链、供应链、创新链、价值链高度集成的一种经济形态。"海曙区经济合作局有关负责人介绍，在现有产业基础上，引进和培育补链强链的新型总部企业，努力把宁波建成长三角总部经济标杆城市。

坚持招大引强与本土培育相结合，新型总部经济加速推动重大产业布局在海曙落地，助推高质量发展。今年以来，寰采星科技在海曙建设11条有源有机发光显示蒸镀用高精度金属掩膜生产线，年产超精细金属掩膜版11万条；北京虎渡能源科技及其子公司整体合并迁至海曙，斥资6亿元打造高速高效电机及高端成套设备的研发与智能制造基地项目，预计达产后年产值超5亿元……据统计，今年前三季度，海曙生产总值超1000亿元，同比增长11.5%，增速领跑宁波。

宁波海曙区委书记徐强表示，未来，海曙区将搭建高能级的平台载体，统筹推进营商环境、人居环境和生态环境建设，发展新型总部经济，加快打造现代化滨海大都市富活力、有品位、具温度、为协调的城区。

（2021年11月21日《经济日报》头版）

浙江省宁波市海曙区洞桥镇沙港村
——新乡贤盘活了古村落

沙港村是浙江省宁波市海曙区洞桥镇下辖村，是浙江省首批千年古村落地名文化遗产之一。连接唐代水利工程它山堰的南塘河穿村而过，逶迤奔流。在这个面积仅有1.9平方公里、总人口约1700人的浙东古村落，新乡贤是近年来活跃在乡村振兴第一线的坚实力量。

新乡贤并非都是"本村人"，但却都是"热心肠"。修缮和扩建全祖望故居，连续举办全祖望文化节系列活动；为沙港村新村工程建设担保贷款1亿多元，协助化解拆迁矛盾；用乡音宣讲党的政策、传递党的声音；大力实施易涝土地改造，发展生态观光型农业；积极开展扶贫帮困的公益慈善活动……新乡贤用心用情用智，竭尽所能为沙港村发展建设添砖加瓦。

2019年5月，沙港村乡贤理事会率先在洞桥镇成立。在新平台上，新乡贤们干事创业的劲头更足了！

文脉赓续——

"祖望故里"用心打磨金名片

在暮色四合的傍晚抵达沙港村时，散发着银辉的白玉盘已高悬在辽远的天际。

下车后，沿着南塘河至谢山路往南步行数分钟，一行人便到了一座坐北朝南的清式民居门前。院门面河而开，门匾上书“全祖望故居”5个金色大字。登堂入室，信步而行，从北侧的“全祖望纪念堂”到东侧的“齿德堂”，再到居西的“谢山书院”，人们便会对故居主人跌宕起伏的一生了然于心。

作为清代著名史学家、文学家、浙东学派集大成者，全祖望享有“布衣太史”“史学大柱”的美誉。这位史册上赫赫有名的博学大儒，人生坐标的起点就是沙港村。

今年是全祖望诞辰316周年。300多年间，全祖望刚正不阿的风骨气度和融会贯通的治学成就，备受后世敬仰和推崇。对一代又一代的沙港村人而言，他们以生长在“祖望故里”而骄傲，为自己是全氏后人而自豪。这种文化自信一直延续到今天。

早在2013年，沙港村就投入300多万元，修缮和扩建全祖望故居及纪念堂、村情村史陈列室。远在异乡的全氏乡贤纷纷出资相助。除此之外，他们还积极捐款，重修延续1000多年的《桓溪全氏宗谱》。

2015年，在全祖望诞辰310周年之际，沙港村举行了首届全祖望文化节。截至2020年10月，全祖望（史学）文化节已成功举办三届。几年来，全祖望文化节通过一系列多姿多彩的文化活动，不仅全方位展现了“千年洞桥，祖望故里”的经久不息的文化魅力，也营造了深厚浓郁的先贤文化氛围。

“每一届文化节都热闹非凡！”沙港村党总支书记全华钧操着一口浓郁的乡音激动地说，“借助全祖望文化节的东风，‘史学大柱’全祖望的文化影响力更大了，海内外全氏宗亲走动更多了，沙港村乡贤的凝聚力也更强了！”

第三届全祖望文化节期间，最大的看点莫过于有24道海鲜美食的饕餮盛宴——“全公宴”。这是沙港村乡贤、罗曼丽舍董事长罗世军所在团队以全祖望诗词中提到的宁波海鲜作为食材，创新推出的江南文人宴。“‘全公宴’将历史文化名人的生活情趣和历史文化名城的餐饮美食完美结合起来，一经推出就大受欢迎。”资深“全祖望迷”罗世军说。

村容整洁——

“担保贷款”雪中送炭显担当

“溪上盛时，碧瓦朱甍，翚甍鳞比，望之如神居。”这是全祖望对那个时代的故乡——沙港村的动情描述。

如果全祖望穿越时空，回到现在的沙港村，他会看到怎样的乡容村貌？

“南塘水悠悠，木船影中游”的古典诗意犹存；宽敞的街道两侧，鳞次栉比的高档住宅区整齐排列；数百亩的生态观光型现代农业园里，瓜果好吃更好看……置身沙港村，人们常常会觉得这里不像一个传统乡村，更像一个现代化的城市社区。

所有沙港村的村民都知道，村子今日之风貌，与新乡贤们反哺家乡的努力密不可分。

“2012年，沙港村在启动新村建设时，需要大量资金。但因村级经济困难，又没有可抵押资产，只能向银行贷款。全伟民、全佩忠、许建斌等乡贤知情后，以个人企业做担保向银行贷款累计1亿多元，解决了资金难题。新村二期建设时，全伟民又用个人企业做担保，向银行贷款借资给村里使用，使新村建设顺利开展。”全华钧说，新乡贤们对沙港新村建设功不可没。

如今的沙港村，除了高档住宅区，全祖望故居、甬上名人陈列馆沙港分馆、谢山书院、双韭山房等一个个地标性建筑成为乡贤文化的重要组成部分。

沙港村之美还在田野里。春天里，除了河渠边落英缤纷的各种花朵，绿油油的秧苗插满了稻田，黄灿灿的油菜花开遍了田埂。鸟语花香中，人们开始了新的耕耘。

但鲜为人知的是，一直以来，地势低洼、洪涝灾害频发严重制约沙港村农业发展。为补齐农业发展短板，沙港村乡贤理事会积极出谋划策。近年来，以实施农村土地集中委托流转为契机，沙港村重点对该村500亩土地实施改造。乡贤理事罗圣军投资300万元在沙港村建造现代农业园，发展生态观光型农业。

沙港村

乡风文明——

“草根讲师”春风化雨润人心

“这次召开的五中全会，提出了一个规划和一个目标。规划是指第十四个五年规划，目标是2035年远景目标。”去年10月，在沙港村文化大礼堂里，乡贤夏永元用地道的宁波话，向台下的党员授课。授课的内容是他在浙江省党的十九届五中全会精神培训班中学到的“满满干货”，接地气的宣讲方式不时赢得学员们的阵阵掌声。

“草根讲师”夏永元是洞桥镇“金牌名嘴”。今年71岁的他曾是一名企业家，退休返乡后，他自愿义务当起了纠纷调解员和政策宣讲员。近些年，他自己也记不清调解了多少邻里和家庭矛盾，在基层义务上了多少堂政策宣讲课。

为满足笔者的好奇心，夏永元打开了随身携带的手提包。一张入党宣誓词、一册“党员党性体验手册”、一沓写在各种纸张上的手写讲义、一本记录得满满当当的学习笔记本……这些扎实的“备课”是夏永元站在简朴的农村宣讲台上的自信和底气。寒来暑往，在夏永元润物无声的讲解中，更多洞桥镇的村民心中有了光、脚下有了路。

夏永元还发挥自己爱好文艺和创作的特长，创作主题情景表演、小品、快板等，宣传“五水共治”、展现乡风文明。夏永元曾荣获“宁波市十大宣讲员”称号，他的党课教案还入选全省优秀基层党课教案集。2020年，他被评为浙江省“最美文化礼堂人”。

“新乡贤有社会声望，又有地熟、人熟、事熟的特点。他们还能协助镇村调解民事纠纷、促进矛盾解决，在维护社会稳定中起润滑剂的作用。”洞桥镇相关负责人表示。

如今，乡贤文化在洞桥镇深入人心。在沙港村乡贤理事会的引领示范下，洞桥镇及下辖各村镇纷纷成立乡贤理事会。各路乡贤在家乡集结，吹响了乡村振兴的冲锋号。

“尽退休残阳之力，乐在其中！”洞桥镇乡贤崔建设在乡贤理事会微信群里的感叹，在乡贤中引发广泛共鸣。

（2021年5月28日《人民日报》海外版06版）

让革命老区的红色故事“活”起来

“这是烈士李敏生前用过的笔、读过的书、坐过的板凳，和那根她牺牲时被绑的柱子。照片上的她明明就是和我一样的年轻姑娘。她不怕吗？”

“我怕过，没有一个人生来就是勇猛的战士，必须要经过思想的武装。是共产主义理想唤醒了我。这股浩然正气就像一副铠甲，帮我披荆斩棘，把路越走越坚定。”

两束追光灯下，一边是来自现代的宣讲员，另一边是来自80年前的“李敏”，一场穿越时空的对话呈现在观众眼前。4月7日下午，由中央党史和文献研究院、中共浙江省委宣传部指导的“追寻——纪念建党百年红色故事会”全国首站来到宁波市海曙区。作为当地“曙色初心”党员教育品牌的系列活动之一，他们把党课讲堂搬到当地浙东革命老区章水镇。

海曙是一座千年古邑，更是一方具有光荣革命传统的红色热土。早在1925年年初，海曙就诞生了党在宁波最早的基层组织——中共宁波支部，由此点燃了四明大地的革命之火。在海曙，像大革命时期中共宁波地委、浙东银行抗币印刷厂、新四军浙东游击纵队机关驻地这样的革命旧址、革命史迹就有100多处。“坐落在我们章水镇的四明山烈士陵园里更是长眠着718位革命烈士，其中就有被人们称为浙东刘胡兰的李敏。”章水镇党委书记陈学芳说。

舞台上，情景演绎，再现宁波儿女英勇抗敌的峥嵘岁月；快板说唱，道出革命老区喜换新颜的乡村振兴之路；红歌飘扬，唱出共产党员初心不改的坚定信仰……随着舞台场景不断变化，观众从位于海曙区中心的大革命时期中共宁波地委旧址，一路向西追寻至四明山烈士陵园，体验了一次颇具现场感的红色之旅。

先辈们宁死不屈的抗争故事深深感染了现场观众。“我印象最深的是李敏烈士。她为了民族的解放，在敌人的枪刺下壮烈牺牲，年仅21岁。跨越时空对话的表现形式很新颖，既能深入了解历史，更能感悟初心使命，不断汲取前行的力量。”海曙区综合行政执法局青年党员俞淑艳说，作为一名基层执法人员，她将学史力行、发扬实干精神，用“绣花针”功夫做好本职工作。

章水镇李家坑村党支部书记李行伟是快板节目的表演嘉宾，这是他第一次上台。“我需要在演员打快板前介绍一下村子。刚开始有点紧张，但是一讲起话来就不怯场了，因为我们村的各种小故事，比如以前的智退日军、现在的生态致富，我都再熟悉不过。”李行伟说，这次活动让他不仅回顾了宁波的红色岁月，还看到各地村庄的建设成果，收获颇丰。“我们要奋起拼搏，以党建引领美丽乡村建设，让村民过上更和美的生活。”

“采取新形式、运用新手段、传播新内容。”海曙区委组织部副部长、区委两新工委书记曹蕾介绍，去年以来，海曙创新载体形式打造“曙色初心”党员教育品牌，通过直播党课、专题影片、有声党课等7个子栏目，向党员精准推送具有本地特色的教育内容，实现了党员个体上“云”学、基层支部套餐学、主题党日现场学。本次以“追寻——庆祝建党百年红色故事会”进海曙为契机，他们对红色故事进行再创作、再呈现，并通过网络实现同步直播。

“算上章水镇这场红色故事会，‘曙色初心’直播党课已组织了10堂，不仅覆盖全区4.8万余名在册党员，还辐射到全市。”曹蕾说，“接下来，这场故事会将被制作成小视频，以便大家随时随地观看。此外，我们也会进行全区巡演，把红色故事送到每个乡镇、社区。”

“线上线下相结合，让党史学习教育接地气、冒热气。”海曙区党史学习教育领导小组办公室副主任李苏苗表示，目前全区已展开多种形式的党史学习教育活动，除了组织观看红色话剧、参观革命阵地、参与红色故事会等活动，还依托“锋领汇”等党建工作平台，邀请党校老师、业务骨干进行网络授课。

（2021年4月12日《光明日报》头版）

大事记

1月

1月1日，海曙区人民政府“81890”统一服务热线“81890000”正式对外运行，实现群众求助“一门式”进入。

1月2日，海曙区燕玲学校在浙江省第四届青少年软式飞镖锦标赛中，获得小学组男子个人、女子个人、团体赛所有组别冠、亚军。

1月4日，海曙区首届中小学班主任基本功大赛举办，评选出区级小学组、中学组一、二、三等奖共85名。

1月5日，海曙区完成困难残疾人“净居亮居”和无障碍改造验收扫尾工作，涉及202户辖区残疾人家庭。

1月7日，区委召开常委会会议暨区新冠肺炎疫情防控工作领导小组会议，专题研究部署冬春季疫情防控工作。

同日，区退役军人服务中心、古林镇退役军人服务站、江厦街道莲桥退役军人服务站被评为浙江省“新时代枫桥式退役军人服务中心（站）”。

1月9日，海曙区“十四五”经济社会发展专家咨询会举行。

1月10日，海曙区首个“中国人民警察节”庆祝仪式在海曙公安分局举行。

1月11日，海曙区新侨创业创新恳谈会举行。

同日，白云街道胡瑛家庭入选2020年第四季度“浙江省最美家庭”。

1月12日，海曙区人民法院被最高人民法院授予“全国优秀法院”称号，全省仅3家入选。

同日，宁波市争创全国文明城市“六连冠”总结表彰暨建设全国文明典范城市动员大会召开，海曙区作为唯一一个县（市、区）代表交流发言。

同日，海曙区入选2020年浙江省区域推进语言文字规范化县（市、区）。截至评选时，全区普通话普及率达93.18%。专任教师普通话达二级乙等及以上达标率100%。

1月13日，海曙区出台《关于支持企业留工优工稳增促投的实施意见》，围绕企业生产、稳岗留工、职工培训等方面，要求全区各级各部门坚持疫情防控和稳增促投两手抓，促进经济社会持续健康发展。

1月14日，省委宣传部公示2020年度40个“浙江省文化创意街区”名单，鼓楼沿文化创意街区、南塘老街文创产业街区入选。

1月15日，“榜样的力量”第五届海曙区道德模范颁奖典礼举行，公布并表彰10名海曙区“道德模范”、4名“道德模范特别奖”和9名“道德模范提名奖”名单。

1月18日，据统计，海曙区2020年创业担保贷款发放量居全市第一。2020年海曙区累计发放创业担保贷款512笔，金额1.489亿元，比上年同期增长30%，位于全市第一，创业带动就业2814人。

同日，完成改造升级后的联丰菜市场开门营业。改造基于“区块链+监管”模式，引进智慧支付、行为分析等先进技术，实现食品质量安全溯源、市场卫生环境升级等多项功能。

同日，天一广场获评阿里巴巴集团旗下“口碑”“饿了么”App联合颁发的2020年度“阿里本地生活（“口碑&饿了么”）数字创新合作奖”，成为

入选省级文创街区的鼓楼沿文化创意街区

宁波地区唯一获评的商圈。

同日，2021年度海曙区"百创汇海计划"引才公告发布。在上年"百创汇海""菁英汇海"等升级版政策基础上，对引进对象、遴选程序等方面开展新的尝试，推动"百创汇海"品牌汇聚起高端人才新势力。

1月19日，宁波华一汽缝实业有限公司的"工业缝制设备用轴位螺钉"、宁波甬华塑料机械制造有限公司的"塑料注塑成型机"和"高速精密塑料注塑成型机"3项产品通过"品字标"浙江制造认证，成为2021年度海曙区首批通过认证的企业。

同日，中华工商时报社发布"工商联（商会）工作2020年度'创新中国'最佳案例榜单"，区工商联凭借《优化法治营商环境，增强企业安全感》获评"2020年度'创新中国'区县级工商联工作最佳案例"。

1月20日，海曙区文明城市"六连冠"表彰暨争做全国文明典范城市排头兵部署会召开。

1月22日，市委副书记、市长裘东耀到海曙区检查指导疫情防控和安全生产工作。

同日，区人社局与宁波职业技术学院签订校地合作与基地共建协议，揭牌成立海曙区职业技能实训中心。

同日，"方寸怀古"海曙地名诗与名胜古迹篆刻展开幕，展出叔孺印社社员篆刻的印石作品百余件。

1月25日，海曙中心小学、古林镇布政小学等4校获评"全国青少年校园足球特色学校"，宁波市闻裕顺幼儿园等2家幼儿园获评"全国足球特色幼儿园"。

1月26日，全区镇乡（街道）党校规范化建设工作推进会召开，部署规范推进镇乡（街道）党校建设工作，发挥镇乡（街道）党校在加强党的思想建设、教育培训广大基层党员中的主阵地作用。

1月27日，海曙区财政局国库收付中心获评"浙江省财政系统先进集体"，是宁波市唯一获评的基层财政单位。

同月，2020年老旧小区改造完成，共完成32个老旧小区改造提升，涉及200万平方米，惠及居民约2.3万户。同时，2021年海曙区老旧小区改造计划出炉，计划改造82个小区，惠及居民约4.7万户，投资约11亿元。

同月，宁波市海曙外国语学校少先队员毛一安被授予"全国优秀少先队员"称号，宁波市中原小学少先队大队辅导员林舒菡被授予"全国优秀少先队辅导员"称号。

同月，宁波黄古林工艺品进出口有限公司的古林蔺草"特色品牌转化"模式被浙江省品牌建设联合会授予"品字标"公共品牌标识使用授权证书，系全省首批获评"品字标浙江农产"的企业。

同月，高桥镇获评2020年度"浙江省园林城镇"。

同月，石碶街道新设社区金海塘社区挂牌成立。辖区内有塘西佳苑、塘西新村两个小区，共计户数1930户，入住率达91%。

同月，《海曙区自然资源统一确权登记工作方案》印发实施，启动自然资源统一确权登记工作。

同月，章水镇童皎村自助微诊室建成投入使用，成为海曙区首个自助微诊室，方便山区等偏远地区群众就医看病。

同月，在低收入农户综合性保险兜底等政策支持下，海曙区实现全区低收入农户家庭年人均收入9000元以下清零。

同月，龙观乡龙峰村、雪岙村，鄞江镇清源村、建岙村，章水镇杖锡村入选2017—2020年"浙江省AAA级景区村庄"名单。

同月，海曙区生活垃圾分类管理中心获评2020年"浙江省生活垃圾分类先进（突出）单位"，区综合执法系统连续两年获此荣誉。

同月，南塘老街入选省商务厅等11部门公布的首批"浙江省高品质步行街"名单。

同月，宁波市海曙粮人粮机专业合作社入选农业农村部公布的第二批全国40家"全程机械化+综合农事"服务中心典型案例名单，成为全市第三家、全区首家获此荣誉的农机服务组织。

2月

2月1—3日，中国人民政治协商会议第五届宁波市海曙区委员会第五次会议召开。区政协主席毕东华代表政协第五届宁波市海曙区委员会常务委员会作工作报告，大会审议通过区政协五届五次会议决议。

2月2日，省委常委、市委书记彭佳学到海曙调研，召开座谈会听取海曙区工作汇报，并实地考察雅戈尔集团。

2月2—3日，海曙区第十一届人民代表大会第五次会议召开。大会执行主席，区委副书记、区长徐强代表区人民政府向大会作工作报告。会议听取区人民法院工作报告、区人民检察

龙观乡雪岙村

院工作报告。通过海曙区2021年民生实事项目、海曙区人民政府工作报告的决议、海曙区国民经济和社会发展第十四个五年规划和二〇三五年远景目标纲要等重要文件。

2月5日，海曙区以宁波市第一的成绩获评2020年度“浙江省生活垃圾分类工作优秀县（市、区）”，连续第二年获评。

2月6日，市委副书记、市长裘东耀到海曙区检查疫情防控、安全生产和节日市场供应等工作。

2月10日，中国共产党宁波市海曙区第九届纪律检查委员会第七次全体会议举行。

2月19日，海曙区数字化改革工作座谈会召开。

同日，海曙区委理论学习中心组举行“学党史、践初心、担使命、开新局”专题学习活动。区长徐强等区领导到宁波市档案馆参观党史档案文献图片展、大革命时期中共宁波地委旧址纪念馆及古林镇的宁波家风馆（清廉家风馆）、中国（海曙）御史文化陈列馆。

2月21日，宁波市十五届人大六次会议海曙代表团举行全体会议，审议市政府工作报告、“十四五”规划和二〇三五年远景目标纲要草案等相关报告。

2月24日，江厦街道莲桥第小区、新大世界小区和月湖街道游河小区入选省建设厅公布的省级“节水型小区”名单。

同日，海曙区召开《海曙区综合交通设施专项规划（2021—2035）》及《海曙区“十四五”时期综合交通建设思路研究》2个规划评审会，标志全区交通运输建设工作进入新阶段。

2月25日，省政协副主席孙景淼率调研组一行到海曙走访高桥镇秀丰工业园区寰采星科技（宁波）有限公司、白云街道安丰社区。

同日，宁波东海集团有限公司的“二检合一”水表检定获浙江省市场监管局颁发的专项计量授权证书，成为全国首家民用水表、燃气表“二检合一”的改革试点企业。

同月，高桥镇商会入选中华全国工商联公布的2019—2020年度全国“四好”商会名单，系全区唯一。

同月，集士港镇山下庄村和鄞江镇梅园村入选2020年度浙江省“一村万树”示范村。

同月，宁波市第十五中学、镇明中心小学、宁波市实验幼儿园（青林园区）等九所中小学（幼儿园）入选首批浙江省现代化学校，系宁波唯一推荐学校全部获评的区县（市）。

3月

3月1日，由区委宣传部联合宁波教育博物馆共同举办的“庆祝中国共产党成立100周年教坛英烈巡回展”启动，此次巡回展共展示27位宁波教坛英烈的事迹。

同日，宁波、绍兴、舟山、台州公安机关推出“圈内通办”便民举措，符合条件的群众可以在四市范围内任一户籍窗口申请办理三大类33项业务。

3月3日，区十一届人大常委会举行第三十一次会议。

3月5日，全省首个校外培训机构一站式服务平台——“甬信培”（宁波市校外培训机构一站式服务平台）第一批可启用单位授牌仪式在海曙区举行，57家校外培训机构完成“甬信培”相关工作并接通支付通道。

同日，春节后首场线下招聘会——“海纳百川·曙你未来”海曙区新春综合型人才招聘会举行，制造、服务、教育、医药等行业的84家企业提供岗位570余个，需求人数超过6000人。

同日，第58个“学雷锋纪念日”，2021年宁波市学雷锋志愿服务主题月启动仪式暨志愿服务典型表彰活动在宁波爱心公园举行，全市2020年度志愿服务“五个10”先进典型代表、优秀志愿者等获表彰。

3月8日，全区党史学习教育动员部署会召开。会议强调要深入学习贯彻习近平总书记在党史学习教育动员大会上的重要讲话精神，围绕学党史、悟思想、办实事、开新局，以实际行动和优异成绩庆祝中国共产党成立100周年。

3月9日，海曙区政法队伍教育整顿动员部署会召开。

3月11日，全区数字化改革工作会议召开。相关单位汇报全区数字化改革推进情况、区级公共数据平台建设推进情况和拟新建或迭代的数字化项目计划等相关内容。

3月15日，“书香甬城”政协委员工作室授牌活动在月湖金汇小镇举行。

同日，海曙区“学党史，跟党走”听离休老干部讲过去的故事活动举行，曾获“全军先进离休干部”等称号的黄斌、胡瑞芝夫妇在古林镇礼嘉桥小学为400余名学生讲述红色故事。

同日，海曙区非机动车停放位标线施划工作启动，涉及580个车位，预计施划标线约2万米，同步安装新编码牌2000只。

同日，海曙区全面启动新冠疫苗接种工作，17家接种门诊开放新冠病毒疫苗免费预约接种服务。24日，位于古林镇文体中心的海曙区首个新冠疫苗临时接种点启用。

3月16日，第15个“国际社工日”，以“汇聚社工力量　助力乡村振兴”为主题的2021年海曙区社会工作宣传周启动。海曙区社会工作站LOGO同步发布。

3月18日，宁波阿里中心正式启用，聚合分散在宁波各地的9项业务，为数字化改革营造更好的生态、输送更优的人才。

同日，由中央文明办主办的2021年1—2月“中国好人榜”发布活动在浙江嘉兴举行，海曙区“我为烈士来寻亲”志愿服务项目负责人孙嘉怿入选1月“中国好人榜”。

3月19日，海曙—贞丰“跨省通办”云签约仪式在区行政服务中心举行，启动海曙区与贵州省黔西南州贞丰县的“跨省通办”合作。

3月23日，由中国女科协秘书长解欣带领的女科技领军人才领导力提升专题研修班在海曙区举行。

同日，全区“拔钉清零”百日攻坚专项行动总结大会召开。

3月25日，区委经济工作会议召开，颁布2020年度海曙区经济高质量发展各类奖项。

同日，在第十七次浙江省检察工作会议上，区人民检察院获评2020年度全省先进基层检察院。

3月27日，“春风十里职曙于你”2021

海曙区春季综合性人才招聘会暨人力资源输送服务大会举行。100家辖区内优质企业提供462个岗位，覆盖材料类、技术类、生物医药类、管理类、商贸类等方面专业需求。

3月31日，区委农村工作会议暨乡村振兴示范引领三年行动动员部署会召开。

同月，海曙区劳务协作助力脱贫攻坚项目“劳务协作助力对口帮扶地区贫困劳动力就业”入选社会领域公共服务助力脱贫攻坚典型案例。

同月，集士港镇获评全省“五水共治”（河长制）工作考核优秀乡镇（街道），系全区唯一。

同月，全国城乡妇女岗位建功先进个人、先进集体表彰名单公布，区人民检察院第二检察部“检·爱”岗被授予“全国巾帼文明岗”称号；海曙龙观禅那酒店管理有限公司负责人戴如希丹被授予“全国巾帼建功标兵”称号。

同月，“五谷画坊”获评“全国残疾人文化创意产业基地”，系全市唯一。

同月，望春工业园区和横街镇工业园入选2020年度宁波市“污水零直排区”工业园区（工业集聚区）名单。

同月，月湖景区南北片区贯通工程通过标准化验收，建设内容主要包括新建人行地下通道及其附属设施，出入口复绿工程等。6月底，景区南北片区贯通工程完工。

同月，高桥镇民乐村入选司法部、民政部公布的第八批“全国民主法治示范村（社区）”名单。

4月

4月1日，全区数字化改革大会召开。

4月2日，海曙区“红海行动”十佳机关党建服务品牌评选会举行，28个党建品牌入围，区人社局等10家单位获“‘红海行动’十佳机关党建服务品牌”称号。

4月7日，民政部基层政权建设和社区治理司调研白云街道安丰社区、月湖街道迎凤社区等地，了解海曙社区治理和服务创新工作。

同日，由中央党史和文献研究院、中共浙江省委宣传部指导，省委党史和文献研究室、浙江日报报业集团、海曙区委等承办的“追寻——庆祝建党百年‘红色故事会’”全国首站活动在章水镇文体中心举办。

4月8日，市委副书记、市长裘东耀到海曙区检查燃气安全生产等工作。

4月9日，宁波东海集团有限公司与中国移动宁波分公司签署5G战略合作协议，以5G赋能企业数字化转型，加速工业互联网、物联网等在智慧供水领域。

同日，“匠心汇海”2021年海曙区春季技能人才专场招聘会举行，机械制造、交通物流、电子通信等行业的72家企业参加，其中30家企业开展网络云端招聘，共推出技能岗位400余个，初步达成求职意向200余人。

同日，区医疗保障局在全市率先将“五险统一申报”模式调整为“分类申报”模式，34个医保事项均可在“一件事”窗口集中办理，实现医保“一件事”集成。

同日，海曙区和义社工师事务所李旭成为全省首批高级社会工作师，系宁波市首位获得高级社会工作师的社会工作者。

4月13日，由宁波市委机要和保密局、海曙区委保密委共同出品的微电影《梅园密码》在海曙区机关党员“周二夜学”课堂首映。

同日，宁波市首个智慧监管机器人在海曙区公共资源交易中心启用，首次执行的智慧监管项目是石碶街道黄隘村旧村改造新村建设二期工程。

同日，“游学中国·跟着诗词看宁波2021全国纪行”启动仪式在天一阁·月湖景区举行。仪式上全新发布5条主要纪行线路，以游学的方式跟着诗词走中国、看宁波。

4月14日，海曙区首场“学党史、看发展”党建观察团活动举行，20余名观察团成员在大革命时期中共宁波地委旧址纪念馆、集士港镇深溪村等探寻红色印记，学习党史知识。

4月15日，全区高水平推进生态文明示范创建暨“无废城市”建设大会召开，部署国家生态文明建设示范区创建和“无废城市”建设任务。

同日，由国家制造强国建设战略咨询委员会委员、中国工程院制造业研究室主任屈贤明带队的中国工程院制造业研究室调研组来到海曙调研。

同日，“蓝海掘金 万品出海”2021年趋势商机战略发布会召开。

同日，海曙区“百年潮涌 海曙印记”党史知识大赛举行，各镇（乡）街道和区级机关部门的31支代表队参加。

4月16日，海曙区“5G+工业互联网”科技赋能系列活动启动会暨宁波supOS工业互联网平台百业千企行举行。中国移动宁波分公司、浙江中控

4月13日，微电影《梅园密码》在海曙区机关党员“周二夜学”课堂首映

蓝卓工业互联网信息技术有限公司联合辖区10家企业及产业技术平台，签约成立海曙区工业互联网产业联盟。

4月17日，鄞江镇“三月三”庙会暨“风物鄞江”发布会在它山堰村举行。庙会以“时光·寻行”为主题，分为寻游、寻春、寻艺、寻味、寻根5个板块。

4月18日，“永仕杯”2021中国宁波女子半程马拉松赛暨宁波市社区运动会海曙站在章水镇举行。

4月20日，“山海协作·宁波（海曙）万人游庆元启动仪式暨庆元旅游海曙推介会”在海曙区举行。

同日，望春街道人才服务站暨西成社区服务点启用，是全区首个街道人才服务站和社区人才服务点。

4月21日，国家统计局农村社会经济调查司到海曙调研数字农业。

4月22日，“书香海曙·2021天一读书节”开幕式举行。现场首发2020年“书香海曙”大数据、十大阅读品牌和读城路线，“海曙阅读嘉年华”亦同步升级为“天一读书节”，并向丽水市庆元县捐书千册。

4月24日，“反诈同心 你我同行”海曙全民反诈系列活动启动，11位辖区反诈志愿者受表彰。

4月25日，省委法治浙江建设工作会议召开，海曙区获评“法治浙江（法治政府）建设示范单位”。

同日，海曙区社会救助改革创新全国试点推进会召开，区民政局汇报救助改革工作相关情况，4家单位交流发言。

4月26日，党史学习教育省委第二巡回指导组到海曙调研指导党史学习教育开展情况。

同日，“人才荟聚 突破材界‘甬’于创新”第一届全国科技领军人才交叉创新荟在海曙区举行，科技创新与创业领军人才、高校及科研院所人才、企业家投资人等200余人参与。

同日，由宁波市红十字会、中共宁波市第一医院委员会、海曙区红十字会共同举办的“红心向党·医路跟党——捐献造血干细胞 传递生命新希望”主题活动举行。

4月27日，海曙区举行“学党史、强信念、跟党走”优秀青年代表座谈会。

同日，“曙色初心 红色信仰”海曙区红色游线发布仪式在龙观乡举行，现场发布红色龙观、江厦风云、章水记忆、横街往事等10条红色旅游线路，串联起海曙区域内近50个革命阵地与自然景点。

高桥镇长乐村文化礼堂

4月30日，“新风尚·最海曙”海曙区2021风尚购物消费季活动启动。活动涵盖“风尚体验·特色活动”“风尚新潮·购物活动”等5个版块。

同日，海曙区庆祝“五一”国际劳动节暨先进表彰大会举行。区环境卫生服务中心车队车间主任王理顺、雅戈尔服装制造有限公司时装事业部技术主管何先撑、区疾病预防控制中心等先进代表汇报个人先进事迹。

同月，海曙国投集团下属海捷投资开发有限公司的“中山—海曙广聚安置房资产支持专项计划”发行成功，系区内首单保障房ABS融资项目（以项目所属的资产为支撑的证券化融资方式），也是宁波市区内第二单保障房ABS融资项目。

同月，海曙区入选浙江省第四批“四好农村路”示范县名单，并入选浙江省2020年“万里美丽经济交通走廊”达标县名单。

同月，《海曙区数字化改革总体行动方案》印发，明确未来5年海曙数字化改革计划表和任务作战图。

同月，2020年度浙江省五星级农村文化礼堂名单公布，海曙区石碶街道车何渡村文化礼堂、高桥镇长乐村文化礼堂等5家文化礼堂上榜。石碶街道车何渡村文化礼堂管理员文艺志愿者何春芬获评第四届浙江省“最美文化礼堂人”。

5月

5月3日，海曙区召开疫情防控和安全生产工作会议，深入贯彻习近平总书记关于疫情防控的重要指示精神，全面落实中央和省、市部署要求，深化部署“外防输入、内防反弹”和“五一”期间疫情防控、安全生产、交通运输和文旅商贸等工作。

5月7日，海曙区洪幼芬家庭入选浙江省2020年度“最美家庭”名单。

5月10日，由区教育局推选的“基于核心素养的义务教育段学生形成性评价改革”课题入选全省教育评价改革典型案例。

5月11日，海曙区深化“亩均论英雄”改革工作入选2020年度省政府督查激励事项名单。

同日，宁波往返胡志明货运航线首航，该航线是继“普吉—宁波—曼谷”“宁波—雅加达”客改货航线后宁波机场2021年开通的第三条直达东南亚国家的定期货运航线。

5月12日，海曙区委网络安全和信息化委员会第三次全体（扩大）会议召开。

5月14日，区委副书记、区长徐强

带队赴上海复星国际集团考察招商。

5月16日，“双千兆赋能数字化 新基建引领新未来”海曙移动“全屋新智能，数字新服务”智慧家庭产业联盟活动举行，华为、小米、鼎天装饰、联合物业等多家企业签署联盟倡议书，成立“双千兆”智慧家庭产业联盟。

5月18日，由省教育厅教研室主办、区教育局承办的“月湖之约·2021年沪浙中小学项目化学习研讨会”在海曙区举行，研讨主题为“问道项目化学习 预见真实的学习”。

5月19日，2021年国际生物多样性日主题宣传活动在龙观乡举行，海曙区生物多样性体验地启动建设，为全省最大的生物多样性保护科研基地。

同日，首届宁波数字生活新服务产业发展大会在海曙举行，海曙数字便民服务项目——“81890生活通”支付宝平台发布。

同日，古林镇卫生院张维萍、西门望春社区卫生服务中心王卫亚获评“浙江省优秀家庭医生”，白云街道社区卫生服务中心张桂秀获评“浙江省优秀社区护士”，石碶街道社区卫生服务中心星光村卫生服务站徐培源获评“浙江省优秀乡村医生”。

5月20日，海曙区全面深化改革委员会会议暨区数字化改革领导小组会议召开。区委改革办汇报改革推进情况，区大数据发展服务中心汇报全区数字化改革信息化项目建设总体情况和综合集成思路。

5月22日，第五届全国纺织机器人应用高峰论坛暨服装产业智能化推进大会在宁波智尚国际服装产业园举行。活动旨在搭建各方协同创新平台，服务宁波服装产业创新发展，促进科技服务团服务宁波“科创中国”试点城市建设。

同日，“甬耀银辉2021——走进海曙”现场志愿服务暨宁波市“银辉”党史学习教育宣传月启动仪式在中山广场举行。启动仪式上还举办纪念宁波建城1200年之“带不走的海曙情节”等活动。

同日，2021年甬上乐业——海曙区“十省百市千县”人力资源对接交流会在海曙区“人才之家”举行。

5月24日，海曙区制造业高质量发展大会举行，会议通报全区制造业高质量发展先进单位名单，与8家金融机构签订战略合作协议，向“服装行业‘5G+工业互联网’创新中心”“海曙区‘5G+工业互联网’产业联盟”授牌。

5月25日，望春街道长乐社区被列入浙江省2021年拆除重建类“未来社区”创建名单，成为全区首个。

5月26日，“宁波—匈牙利布达佩斯”货运航线启航，系宁波机场开通的首条直达中东欧国家城市的货运航线。

同日，海曙区志愿服务项目——“我为烈士来寻亲·客葬异乡英烈回家”在2021年浙江省青年志愿服务项目大赛决赛中获得金奖。

5月28日，市委副书记、市长裘东耀到海曙区开展“三服务”活动。

同日，宁波81890全国劳模匠道工作室联合海曙区匠道工会志愿服务中心、宁波壹云信息科技有限公司等上线宁波市首家网络公益商城“匠益工场”平台，进一步扩大公益活动覆盖领域。

5月29日，首届海曙区“百创汇海”高层次人才海外创业大赛决赛举行，来自加拿大、美国、英国等10个国家或地区，涉及智能制造、人工智能等领域的海外高层次创业创新人才项目。

同月，区图书馆榜获评浙江省首批“满意图书馆”。

同月，农业农村部、财政部公布2021年农业产业融合发展项目创建名单，古林镇入选2021年“农业产业强镇”创建名单。

章水镇大皎村便民服务分中心

同月，章水镇大皎村便民服务分中心启用，作为率先在全市设立的首个高山政务服务分站点，160余个事项实现“家门口”立等可办。

同月，浙江省专利创造百强企业名单发布，宁波轩悦行电动汽车服务有限公司入选。

同月，在全省建设新时代美丽浙江暨中央生态环境保护督察整改工作推进大会上，海曙区获评2020年度“美丽浙江”建设工作考核优秀单位。

同月，“浙江好人榜”2021年5月名单揭晓，章水镇杖锡卫生院主治医师沈姣叶入选“诚实守信”好人名单。8月，沈姣叶再获“最美浙江人·最美天使”称号，系宁波市2021年唯一获评该奖项的医师。

同月，区全媒体中心凭借2020年9月27日的短视频现场新闻《延时97秒！海曙街头打亮超长绿灯，为老人按下“暂停键”》获2020年浙江新闻奖二等奖，系区内媒体首次获此荣誉。

同月，海曙区中医医院与庆元县中医医院签订“中医特色专科联盟合作协议”，进一步加强山海协作，整合区域优质中医药资源及非遗项目，致力于实现“中医专科基层化、基层中医专科化”。

同月，海曙海关为宁波大洲进出口有限公司颁发高级认证企业AEO（经认证的经营者）证书，成为2021年海曙区首家通过新申请高级认证的企业。

6月

6月3日，市政府与春秋航空股份有限公司签署战略合作框架协议，宁波临空经济示范区管委会与春秋航空股份有限公司签订合作协议。海曙区委副书记、区长、宁波临空经济示范区管委会主任徐强与春秋航空总裁王志杰签约。

同日，宁波市“5G+工业互联网”试点工作推进会暨工业互联网发展行动部署会在海曙举行，海曙企业浙江蓝卓工业互联网信息技术有限公司发布supOS工业互联网平台体系，并与雅戈尔集团、金鸡强磁等10家区内外企业签订第一批标杆培育企业框架合作协议。

6月4日，海曙区“平安护航建党百年”工作部署会召开。

6月5日，“海思”少年读书节启动仪式暨第四届海曙区中小学“童心向党绿书签”征文比赛颁奖仪式举行。

6月7日，“百年辉煌 风华正茂”庆祝中国共产党成立100周年书画展开展仪式在天一艺创街举行。

6月8日，海曙区党史学习教育巡回微宣讲全面启动，首场宣讲活动在鼓楼街道新时代文明实践所举行，由区话剧中心两名宣讲员宣讲红色历史情景《青春的回响》。

6月9日，宁波市青年理论宣讲大赛暨第十三届微型党课大赛决赛闭幕，海曙区选手孙嘉怿获特等奖，作品《青春的回响》获宁波市党史情景宣讲选拔赛一等奖。

同日，海曙区作为全省集中补领婚姻登记证试点区，全面启动集中补领（办）婚姻登记证工作，补充完善婚姻登记证电子证照库。

6月11日，海曙区对口工作领导小组会议暨山海协作工作领导小组（扩大）会议举行。

同日，“四明星火映百年，革命文物耀甬城”暨革命文物保护利用融媒体宣传系列活动启动仪式在海曙区举行，各县（市、区）14名革命文物讲解员被授予“宁波市优秀革命文物讲述人”称号。同时，宁波首张革命文物手绘地图发布。

同日，宁波杉井·奥特莱斯广场揭牌成立全区首家镇域“志愿服务we站”。

6月12日，以“献礼建党百年·描绘党员风采”为主题的海曙区新时代文明实践“流动文化展厅”进农村文化礼堂暨优秀党员肖像画展巡展在集士港镇深溪村文化礼堂开展。

6月15日，海曙区乡村振兴局挂牌成立。

同日，海曙区“光荣在党50年”纪念章颁发仪式在大革命时期中共宁波地委旧址纪念馆举行，6名50年以上党龄的老党员获颁全区首批“光荣在党50年”纪念章。

6月17—19日，海曙区党政代表团赴四川省凉山彝族自治州喜德县开展东西部协作。

6月18日，海曙区“药事服务站”创建单位授牌仪式举行，区市场监管局执法人员对通过验收的上药控股宁波医药股份有限公司大药房等4家“三星级药事服务站”授牌。

6月21日，由区档案馆、宁波市钱币学会、区金融发展服务中心联合主办的“曙地金融 抗币传奇——海曙金融货币档案史料展”在区档案馆开展。

6月22日，“书香湖语”天一阁·月湖廉景线开放，线路将景区清廉历史文化提炼浓缩，形成书藏古今的宁波天一阁博物院、“帝师故居”银台第等海曙区11个“清廉景点”。

同日，海曙区新党员集中宣誓仪式在梅园革命史迹陈列馆举行。

同日，省生态环境厅以生物多样性保护为主题的团委结对共建协议在海曙区龙观乡签订。

6月24日，“海曙区保健食品宣传进社区暨2021年银龄志愿者在行动活动”在南门街道万安社区举行。全市首家保健食品科普馆兼海曙区首个食药全科普宣传基地开放。

6月25日，海曙区召开推进宁波市中医药特色街区工作专题新闻发布会。该项目的核心区域药行街获得浙江省中医药文化生态保护区创建资格，并被列入宁波市中医药特色街区（基地）建设项目名单。

同日，宁波首部红色实景话剧《建岙妈妈》在鄞江镇建岙村刚修缮完成的抗日战争坚持斗争人民会议遗址首演。

同日，海曙区延寿堂保护利用项目入选浙江省第三届“不可移动文物保护利用优秀案例”名单。延寿堂位于月湖历史文化街区北段，由前后两进楼房及连廊组成的一座四合院，是民国时期宁波城区规模最大的百货店“一言堂”店主刘延寿的住宅。

6月26日，海曙区四套班子领导到区档案馆参观“奋斗百年路 奋进新征程”庆祝中国共产党成立100周年主题图片展，图片展分为“启明火·樟溪魂”“百废俱兴”“勇立潮头”“逐梦奋进”“再启新航”5个部分。

宁波市海曙区清廉文化地图

同日，四明山环线公路启动仪式在章水镇举行。环线公路具体位置以“1+4+6”路网结构布局，即一个大环、四个小环、六条外界连接线，全长约185千米，其中四明山环线公路总里程约64千米。

6月27日，省中医药文化传承生态保护区创建高峰论坛在海曙区举行。

6月28日，区委召开全区领导干部会议，宣布省委、市委关于区委主要领导调整的决定，由徐强任中共宁波市海曙区委书记。

同日，宁波81890求助服务中心党支部获“全国先进基层党组织”荣誉称号。

同日，宁波中医药特色街区一期县学街改造提升工程开工，标志着中医药特色街区一期项目启动。

6月29日，“奋斗百年路 启航新征程”海曙区庆祝中国共产党成立100周年主题文艺晚会举行。

6月30日，海曙区委举行《中国共产党海曙历史（1978—2002）》首发仪式，全书记述和总结1978—2002年历届区委团结带领全区人民进行改革开放和社会主义现代化建设的艰辛历程、取得的辉煌成就和经验启示。

同日，宁波市首个5G智慧养老试点项目在海曙区落地。

同月，“绰约江南——林绍灵江南水彩画展”在北京炎黄艺术馆开展，展出海曙画家林绍灵近年来创作的人物和江南风景水彩画60余幅。

同月，在海曙区—喜德县东西部协作党政联席会议上，海曙区企业“狮丹努”“君禾泵业”与喜德县签订捐赠协议，向喜德县捐赠资金与设备，促进东西部协作再深化。

同月，在2021年浙江省社区运动会上，段塘街道“舞彩人生”舞蹈队的作品《天南地北唱中华》获舞蹈组冠军。

同月，《脱贫攻坚的伟大实践——社会领域公共服务助力脱贫攻坚典型案例》新书发布暨经验交流会召开，海曙区“劳务协作助力对口帮扶地区贫困劳动力就业”案例收录其中，系全市唯一。

同月，在全国第11届残疾人运动会暨第八届特殊奥林匹克运动会轮椅舞蹈比赛上，海曙区肢体残疾人杜敏获混合标准舞五项第三名和标准舞三项第三名，系辖区残疾运动员首次获评国家级轮椅舞蹈奖项。

同月，2021年浙江省“最美环保人”最终名单公布，海曙生态环境分局生态环境一所所长刘亚儿获“最美环保人”称号。

7月

7月2日，全国首家红帮裁缝体验馆在古林镇宁波智尚国际服装产业园开馆。该馆由海曙区民营企业协会“红帮裁缝”服装分会创办，展示红帮裁缝非遗技艺。

7月3日，海曙区“青春心向党 奋进十四五”年轻干部座谈会举行。

同日，国科大华美医院肺结节诊治指导中心启动仪式在国科大华美医院海曙分院（海曙区第三医院）举行，这是海曙区首个肺结节诊治中心。

7月4日，2021年海曙区“唱支村歌给党听”农村文化礼堂最美村歌大赛在洞桥镇前王村举办，15支队伍同台竞技。

7月5日，市委副书记、市长裘东耀到海曙调研经济运行情况。

同日，市人大常委会主任余红艺率检查组到海曙开展粮食安全执法检查。

7月6日，市委干部考察组进驻海曙区，开展领导班子换届考察。

7月7日，海曙区政法队伍教育整顿总结大会召开，会议深入学习全市政法队伍教育整顿总结暨省委第二指导组指导意见反馈会精神，回顾总结全区政法队伍教育整顿情况。

7月8日，海曙区庆祝中国共产党成立100周年理论研讨会召开，高校专家学者代表、海曙区基层党组织代表、区社科联全体理事、部分区级单位分管领导及各镇（乡）街道宣传委员等参加。

同日，由市人社局、海曙区人民政府主办的2021—2022中国宁波青年大学生创业大赛智慧生活行业赛启动。

7月9日，雅戈尔服装城消费教育基地入选“浙江省时尚消费教育基地”，系全市唯一。

7月10日，海曙区“为民办实事·新时代文明实践大篷车”暨“红海行动”机关党建品牌组团服务进基层首场活动在望春街道新时代文明实践所举行。

7月13日，海曙区发布全市首个区县（市）级菜市场管理规范，涉及布局管理、环境卫生管理、智慧管理等107项详细指标。

7月14日，海曙区中医药大会召开，全面落实国家和省市中医药大会部署。

7月15日，海曙区青少年心理健

7月8日，由市人社局、海曙区人民政府主办的2021—2022中国宁波青年大学生创业大赛智慧生活行业赛启动

康医教协作基地揭牌仪式暨海曙区青少年“心动力”基金成立仪式举行。

同日，海曙区“校园反诈联盟”成立暨海曙区“反诈研究院”挂牌仪式在宁波财经学院举行，系宁波市首个反诈研究院。

7月16日，由海曙区人民政府和喜德县人民政府共同举办的“携手东西协作·助力乡村振兴”喜德县招商引资项目推介及农特产品推介品鉴交流会在海曙举行。

同日，海曙区委财经委会议召开，区商务局汇报《海曙区扩内需促消费专项扶持资金实施办法》《海曙区外向型经济专项扶持资金实施办法》起草情况，各部门交流发言。

7月18日，由区委组织部、团区委、区侨联、区人力社保局联合主办的2021“海燕归巢·曙你未来”海内外青年人才实习实践启动仪式举行。

7月19日，庆祝中国共产党成立100周年——“典·章”全国青年名家篆刻邀请展开展仪式在天一阁博物院举行。

7月20日，中共海曙区委九届十一次全体（扩大）会议举行，听取和讨论区委常委会工作报告，审议并原则通过《中共宁波市海曙区委九届十一次全会关于扛起新使命奋进新征程高质量发展建设共同富裕样板区的决议》《海曙高质量发展建设共同富裕样板区实施计划（2021—2025年）》。

7月22日，浙江省欧美同学会助力宁波共同富裕先行市建设暨走进海曙“三服务”活动启动仪式举行。浙江省欧美同学会会长、中国科学院院士、西湖大学校长施一公等作主旨演讲。

7月23日，全区21家党群部门的220余名机关党员组成“红海突击队”，紧急分赴镇（乡）街道防汛一线，抗击台风“烟花”。

7月24日，海曙区防汛防台抗旱指挥部发布通知，将海曙区防御台风“烟花”应急响应提升至Ⅰ级。

7月27日，省委书记袁家军来海曙慰问受灾群众和奋战在防汛救灾一线的基层干部和广大官兵，检查指导防汛救灾工作。随后，区委常委会召开扩大会议暨区防汛救灾工作视频会议，传达学习省委书记袁家军到海曙检查指导防汛救灾工作时重要指示精神，部署下阶段防汛救灾、恢复生活生产等工作。

7月29日，浙江省首个拥军主题园区在海曙印象城揭牌开园，海曙区初步形成“拥军园区”整体亮显、“拥军驿站”温馨服务、“绿色联盟”崇军接力等一体化双拥共建阵地。

7月31日，区新冠疫情防控工作领导小组办公室发布《关于进一步做好海曙区新冠疫情防控重点工作的紧急通知》，出台22条疫情防控措施。

7月31日，2021年宁波市海曙区“246”产业高层次人才洽谈会暨宁波阿里中心专场招聘会举行，系阿里中心进驻宁波以来参加的首场现场招聘会。

同月，海曙区服装产业大脑项目入选省经信厅公布的第一批行业产业大脑建设试点“揭榜挂帅”项目名单，系全市唯一独立建设项目。

同月，古林镇张家潭村党委书记、村委会主任洪幼芬，区广安养怡院党支部书记、院长刘建丽被授予“浙江省优秀共产党员”称号；鼓楼街道文昌社区党委书记、居委会主任周晓红，宁波旷世网贸园区党支部书记、宁波旷世网贸园文化发展有限公司总经理周红文被授予“浙江省优秀党务工作者”称号；区社会组织综合党委、白云街道安丰社区党委、章水镇李家坑村党支部被授予“浙江省先进基层党组织”称号。

同月，西门街道龙柏社区、月湖街道平桥社区等6个社区入选浙江省第二批高质量就业社区（村）名单。

同月，海曙区国家外贸转型升级基地（汽车零部件）入选商务部2021年度国家外贸转型升级基地考核认定名单。

同月，海曙区宁波荣耀置业有限公司（宁波威斯汀酒店）入选省市场监管局、省文旅厅公布的首批43家饭店业“品字标浙江服务”重点培育企业名单。

8月

8月1日，宁波往返新疆伊宁航班首次起飞，是宁波机场开通以来最长的国内航线，航程约4000千米。

8月2日始，除常规测温外，海曙各交通枢纽从紧落实测温亮码、查验接种信息等防疫措施，其中铁路宁波站重启绿码进站程序，严格防疫举措。

8月2日，海曙区政府残疾人工作委员会被授予“全国残疾人工作先进单位”称号，是宁波市唯一获此荣誉的单位。

8月3日，市委副书记、市长裘东耀到海曙检查新冠疫情防控工作。

8月10日，海曙区红十字会向海曙区消防救援大队捐赠5台AED（自动体外除颤器）设备，安放在南门、天一、鄞奉路等5个消防救援站，并随车参与救援。

8月18日，海曙区开发的“一链助企”多跨应用场景入选全省9个地方创新应用名单，系全市唯一，并在“浙里办”省级数字经济综合门户地方创新应用板块上线展示。

8月19日，海曙区文物局挂牌成立。海曙区文化和广电旅游体育局增挂海曙区文物局牌子。

同日，区政协围绕“大型文化设施布局与建设”主题，举行“请你来协商”活动。

8月20日，海曙区首笔共同富裕基金“共同富裕，美好生活”慈善基金在区慈善总会成立。

8月23日，海曙区领导班子会议召开，宣布省、市委对海曙区领导班子调整的决定：徐强不再担任宁波市海曙区区长、宁波临空经济示范区管委会主任职务，提名叶枝利为宁波市海曙区区长候选人，任宁波市海曙区区委委员、常委、副书记，宁波市委临空经济示范区工作委员会副书记（兼），宁波临空经济示范区管委会主任（兼）。徐强、叶枝利作表态发言。

8月26日，海曙区委常委会举行会议，传达学习《浙江省贯彻落实习近平总书记重要讲话精神加快推动长江经济带高质量发展若干措施》精神，研究部署海曙区贯彻落实意见。

8月27日，东京残奥会男子S11级50米自由泳决赛上再传捷报，海曙区华栋栋以26秒18的成绩夺得该项目银牌。

8月28日，宁波市爱菊艺术学校

姚丰校区落成仪式暨开学典礼举行。

8月30日，海曙区藕池未来智慧园一期项目开工奠基仪式举行，该项目坐落于古林镇藕池工业园区，由海曙国投集团主导，系全区首个国有企业参与工业园区升级改造试点项目。

同月，省委组织部公布100个浙江省数字赋能、集成服务示范党群服务中心，海曙区智慧党建中心和天一商圈党群服务中心2家“红色阵地”入选，入选量居全市首位。

同月，“浙江好人榜”2021年7月名单揭晓，海曙区鄞江镇建岙村村民、鄞江镇梅园革命史迹陈列馆管理员、义务专职讲解员唐亚凤上榜“诚实守信好人”。

同月，总投资600余万元的鄞江中华水韭野生植物保护基地完工并通过验收。

同月，海曙国投集团下属海曙广聚资产经营有限公司发行2021年度第一期超短期融资券（简称“SCP”），发行金额5亿元，系海曙区平台首单SCP。

同月，浙江省欧美同学会助力宁波共同富裕先行市建设暨走进海曙“三服务”活动启动仪式举行，浙江省欧美同学会“三服务”海曙基地揭牌，并与海曙区签订助力海曙高质量发展战略合作框架协议。

同月，海曙区“星箭航天”“培源股份”“共盛电气”等7家企业入选工信部发布的第三批专精特新“小巨人”企业名单，涉及汽车、新材料、节能环保等领域。

同月，区档案馆报送的视频《烈烈勋章万古留》，作为首批全省建党百年馆藏红色珍档征集成果在“学习强国”浙江学习平台“浙里学史”频道上线。

同月，宁波环球广电科技有限公司数据中心400G光模块项目和寰采星科技（宁波）有限公司OLED蒸镀用精密金属掩膜版项目入选“2021年浙江省重点技术创新项目计划”名单。

同月，大革命时期中共宁波地委旧址纪念馆、宁波樟村四明山革命烈士陵园入选浙江省“薪火相传跟党走——百万亲子家庭寻访红色根脉活动”名单。

同月，海曙区入选创建第四批“浙江省公共文化服务体系示范区”。

同月，海曙区开放15—17岁人群的新冠疫苗接种服务。9月1日开始，开放12—14岁人群的新冠疫苗接种服务。

同月，宁波神钻工具有限公司生产的6X160电锤钻头、宁波市教学仪器有限公司生产的XYL—166Y型普及型荧光生物显微镜获得“品字标”浙江制造认证证书。

9月

9月1日，海曙区创建“全国文明典范城市”推进会召开。

同日，海曙区中医医院搬迁到气象路188号，并开诊运行。

9月5日，第十一届“中华慈善奖”表彰大会在京举行，雅戈尔集团获中华慈善奖——“捐赠企业奖”，为我国公益慈善领域最高政府奖，系2021年宁波唯一上榜企业。

9月7日，宁波市中医药特色街区作为海曙区唯一参会代表，亮相2021年中国国际服务贸易交易会。

9月10日，“盼”第十九届亚运会（宁波分会场）倒计时一周年活动暨海曙区第三届美好生活节在天一阁西广场开幕。

同日，由海曙区青企协会会员林森申报的“智慧城市供水管网漏损检测技术及TURN—KEY集成应用方案”项目获2021年“创青春”浙江省青年创新创业大赛科技创新组铜奖。

9月11日，浙江蓝卓工业互联网信息技术有限公司自主研发的supOS工业操作系统通过2021年全国第二批工业互联网平台功能性能综合评测，系全市唯一。

9月12日，全区防御台风“灿都”工作视频会议召开。

同日，受第14号台风“灿都”影响，海曙区防指发布《关于全面做好今年第14号台风“灿都”防御工作的通知》，于11日14时30分启动防台风Ⅰ级应急响应。

9月17—19日，凉山彝族自治州（宁波）消费协作推介活动之一的“凉山彝族自治州名特优农产品展销会”在鼓楼东开市。

9月24日，庆祝宁波建城1200年暨“好风明月是生涯”在天一阁·月湖景区西广场举行。

9月25日，位于莲桥街历史街区的孙传哲邮票艺术馆开馆。

9月27日，中国交通建设股份有限公司第四公路工程局华东总部落户海曙签约仪式举行。

9月28日，第七届宁波市道德模范颁奖典礼举行，区志愿者协会副秘书长孙嘉怿获评“助人为乐模范”，高桥镇外来务工人员范培汉获评“见义

9月25日，位于莲桥街历史街区的孙传哲邮票艺术馆开馆

勇为模范”，章水镇杖锡卫生院主治医师沈姣叶获评“诚实守信模范”。

9月29日，“傲骨忠魂·‘甬’立潮头——宁波百年英烈展”主题联展在中山广场展出。

9月30日，宁波国医堂中医药产业集团有限公司、浙江工商职业技术学院“留学生中国文化实践教学基地”揭牌仪式暨中医药文化体验活动在药皇殿举行。

同月，2021年度浙江省文化示范户和乡村文化能人名单公布，海曙区7户家庭入选省级“文化示范户”，10人入选“乡村文化能人”，数量均居全市第一。

同月，海曙湖上书画艺术苑书画联展在宁波子城遗址所在地鼓楼开展，展出14位艺术名家的27幅作品。

同月，集士港微创业管家团队获评第20届“全国青年文明号”，继2019年后再次获评，也是全区唯一获此荣誉的团队。

同月，宁波教育博物馆（甬江女子中学原址）获评“浙江省巾帼爱国主义教育基地”。

同月，海曙区试点建设的“服装产业大脑”在乌镇举办的2021年“互联网之光”博览会上亮相，首次面向全国展出。包括该产业大脑在内的30个建设试点项目签约浙江省第一批“行业产业大脑”建设试点任务书。

10月

10月8日，海曙区能耗双控工作会议召开。

同日，海曙区四明山环线工程首个项目——细北线改造提升工程开工。

10月9日，区教育局发布《关于加强作业管理的细则》，详细规定学生作业总量管理、学校布置作业质量和教师批改作业规范等。

10月10日，宁波各县（市）区首个“护苗工作站”在广济中心小学授牌成立。

10月11日，联合国《生物多样性公约》第十五次缔约方大会（CBD COP15）在昆明召开，龙观乡作为全省唯一受邀的乡镇级代表受邀参加COP15 NGO平行论坛。

同日，“浙江省部分青年科学家贯彻习近平总书记弘扬科学家精神的指示精神”座谈会在海曙区举行。

同日，“天一阁与流散书籍访归”中外学术研讨会在天一阁博物院举行，启动天一阁海内外流散书籍访归工程。

10月12日，海曙区获评省“农村文化礼堂建设示范区”，集士港镇获评省农村文化礼堂建设示范乡镇。

同日，以“网络安全为人民，网络安全靠人民”为主题的2021年宁波市网络安全宣传周活动暨浙江省第二届工业控制网络安全技能大赛在宁波财经学院启动。

10月14日，浙江省康养体系建设现场推进会在海曙召开。

10月15日，海曙区文艺创新中心和海曙区“文艺两新”活动中心揭牌成立。

同日，海曙区一批数字智慧成果亮相2021世界数字经济大会暨第十一届智慧城市与智能经济博览会。

同日，区选举委员会第一次会议召开。会议决定，海曙区区、镇（乡）新一届人大代表选举日为2021年12月15日。

10月18日，宁波市老年跌倒高危人群和骨质疏松症健康管理高桥试点推进会召开，会议由区疾控中心、区骨质疏松防治临床指导中心、高桥镇卫生院联合开展。

同日，丁家地块（B片区）征收协议签约工作启动，当天4家单位（非住宅13户）签约。

10月19日，省委常委、市委书记彭佳学到海曙调研经济运行工作。

10月22日，海曙区第八次归侨侨眷代表大会召开。

同日，由区普法办、区司法局联合宁波广播电视集团推出的“鼓楼沿”普法直播间启用。

10月24日，“2021中国（宁波）首届数字化设计&技术应用精英赛”在宁波市第二技师学院举办，宁波星箭航空机械制造有限公司活得大赛金奖。

10月25日，“三江汇海 百创归曙”2021年第二届“百创汇海”海曙区高层次人才创业大赛预赛在加拿大蒙特利尔市举办。

10月26日，全区城乡风貌整治提升暨未来社区建设推进会召开。

同日，海曙区工商业联合会（商会）第五次会员代表大会暨海曙区光彩事业促进会第三次代表大会召开。

10月27日，海曙区委反腐败协调小组会议召开，会议审议通过修订后的《中共宁波市海曙区委反腐败协调小组工作规则》。

10月28日，中共海曙区委九届十二次全体会议召开。全会听取并审议通过《中国共产党宁波市海曙区第九届委员会第十二次全体会议关于召开中国共产党宁波市海曙区第十次代表大会的决议》，拟于2021年12月召开中国共产党宁波市海曙区第十次代表大会。

同日，顺丰华东创新产业总部基地在古林镇奠基。

同日，浙江省大型商超“浙食链”应用现场推进会在海曙区举行，“浙食链”应用实现散装食用农产品、冷鲜肉、简易包装食用农产品、浙产和非浙产预包装食品全流程上链追溯。

10月29日，宁波宋韵文化周暨天一阁·月湖金秋艺术季在月湖宝奎巷史氏故里开幕。

10月31日，宁波首条往返四川省凉山彝族自治州首府西昌的直航航线开通。

同月，“长三角地区精品体育旅游项目”榜单揭晓，“清新龙观”运动体育旅游精品线路入选，系宁波唯一入选的精品线路。

同月，海曙区“红海行动”机关党建品牌入选全国第三届党建创新成果展示交流活动“百优案例”。

同月，全省公安机关服务企业优化营商环境现场推进会在海曙区召开，海曙公安分局在推进会上展示护航企业发展的“金名片”——“11087”（“110”帮企）警企服务中心。

同月，海曙全面有序启动新冠疫苗加强针接种工作，进一步筑牢全员免疫屏障。

同月，宁波市庆祝中国共产党成立100周年原创作品比赛获胜名单公

获浙江省第31届群众舞蹈大赛银奖的女子群舞《幸福的菜篮子》

布，由区文化馆选送的女子群舞《幸福的菜篮子》、男声组唱《寻你》、小品《我们与恶的距离》分别获得舞蹈类、音乐类、表演类金奖。

同月，全国第十一届残运会暨第八届特奥会在陕西举行，海曙区6名运动员摘得6金1银7铜，共14枚奖牌，一项超世界纪录，一项破全国纪录。达敏学校的6名运动员作为浙江特奥田径代表队的成员，在全国第八届特奥会上获得2金7银5铜。

11月

11月2日，海曙区生物多样性调查评估和体验地建设工作推进会召开，海曙区四明山区域"三镇一乡"生物多样性本底调查工作全面铺开，系宁波市唯一不在任务名单之列主动开展此项工作的县（市、区）。

11月3日，2020年度国家科学技术奖励大会举行，海曙区企业宁波三生生物科技股份有限公司参与完成的"良种牛羊卵子高效利用快繁关键技术"获国家技术发明二等奖。

11月4日，海曙区"甬爱e家"在南塘老街揭牌成立，成为服务快递员、送餐员等人群的专门站点。

11月5日，海曙区"中医药促进青少年健康成长"系列活动启动暨中医药文化教育共建示范基地揭牌仪式在古林镇初级中学举行。基地包括中医药展览馆、中医药体验中心、中医药学堂、中医药科普4个主题板块。

同日，全区镇乡（街道）党校规范化建设现场推进会召开。

11月5—8日，宁波老地图展在月湖盛园举行。展品地图出自1936年《鄞县通志》，共26张82幅，包括县域全图、城厢图、重要市镇及重要建筑平面、物产和交通图等，是民国时期最详尽精准的宁波地区地图。

11月6日，海曙区水利发展研讨会召开，武汉大学、河海大学等单位机构的专家学者及市水利局、部分区（市）水利部门代表共同研讨交流。

11月9日，以"未来，曙与你我"为主题的海曙区"曙说新语"系列论坛首期"科长说"开讲。

11月10日，东海集团作为典型案例入选《中国经济转型期质量强国战略研究》丛书，系宁波市唯一一家入选的企业。

同日，龙观乡李岙村作为共建共用共享绿色能源的"中国样板"，在第二届中国—中东欧国家企业能源合作论坛上向全世界展示，成为向全球"云"亮相的唯一村庄。

11月11—12日，浙江共青团助力"双减"常态化托管志愿服务观摩活动在海曙区举行。

11月12日，宁波轨道交通2号线的"善驿站"（机场站）开业。站点依托宁波轨道交通志愿者队伍和宁波善园公益基金会，对接宁波爱心人士，以慈善超市为基础业态，对外提供零钱兑换、购票指导、AED急救培训等志愿服务。

同日，2021年度"浙江省示范型儿童之家"名单公布，望春街道清风社区、古林镇茂新村2家村（社）的儿童之家入选。

11月15日，鄞江堤防整治工程（二期）房屋拆迁签约启动。

11月16日，市委副书记、市长裘东耀到海曙调研自然资源治理工作。

同日，海曙区—喜德县东西部协作"结对云签约"会议举行，24个海曙村（社区）、企业与19个喜德村（社区）跨越千里"结对云签约"。

11月18日，海曙区委召开全区领导干部会议，传达学习党的十九届六中全会精神。

11月19日，"曙色辉煌——庆祝中国共产党成立100周年暨纪念宁波建城1200年"海曙区美术、书法、摄影展在宁波美术馆开幕。

11月22日，海曙区召开数字化改革推进会，学习省市数字化改革推进会精神，落实省市数字化改革工作部署要求，要求加快形成更多具有海曙辨识度的数字化改革硬核成果。

11月24日，海曙区高质量发展建设共同富裕样板区领导小组会议召开。会议讨论审议海曙区高质量发展建设"共同富裕样板区"2021年度指标目标、重点任务清单、突破性抓手清单等。

同日，"教育新时代 赋能向未来"2021年海曙区"月湖之约"教育论坛在月湖畔举行。

11月25日，2021年度海曙区导游风采大赛举行。

11月26日，区委学习贯彻中共十九届六中全会精神"六讲六做"大宣讲活动动员部署会召开。

同日，"服务发展'十四五'我为党建献一策"海曙区基层党建工作专题座谈会召开。同日，2021—2022中国宁波青年大学生创业大赛三大行业赛之一的"智慧生活行业赛"总决赛在海曙区举行，20个优质项目参与角逐。决赛获奖项目获得最高20万元的奖励资金。

11月27日，海曙区平安建设暨打击治理电信网络诈骗犯罪工作推进会召开。

11月28日，南门街道万安社区汪小京家庭入选2021年度“全国最美家庭”。

11月29日，国家文化和旅游部发布《全国旅游标准化技术委员会关于第一批国家级文明旅游示范单位的公告》，天一阁·月湖景区成首批国家级“文明旅游示范单位”，系宁波市唯一。

11月30日，江厦街道“魅力江厦”新时代文明实践示范线开线仪式暨中共十九届六中全会精神宣讲活动启动，成为海曙在中心城区建设的首条新时代文明实践示范线。

同月，海曙全面推行装修（大件）垃圾全链条智慧监管系统。全区80余个小区的装修（大件）垃圾暂存点实现投放、归集、收运、处置全程在线，精准分类。

同月，区人民法院司法警察大队被最高人民法院授予“人民法院司法警察先进集体”称号，系全市唯一。

同月，宁波四明大药房连锁店入选浙江省药监局同月公布全省民生实事五星级“民生药事服务站”名单。

同月，古林镇布政小学入选2021年全国象棋特色学校（幼儿园）新增会员名单，成为2021年全省唯一获此荣誉的学校。

同月，区司法局石碶司法所入列“全国模范司法所”，系海曙区唯一。

同月，区市场监管局在浙江省“三讲一比”争先创优竞赛中获二等奖，成绩位列全市第一。

同月，龙观乡入选全省首批“低（零）碳乡镇（街道）、村（社区）”及“减污降碳协同试点创建单位”名单，高桥镇新桥社区、龙观乡李岙村入选“低（零）碳村（社区）”创建试点。

同月，石碶街道冯家小学凭借“灰雕”传承项目被认定为第三批全国中小学中华优秀传统文化传承学校。

同月，集士港镇山下庄村入选第二批“全国乡村治理示范村镇”名单，系全区唯一。

同月，第二届海曙区“百创汇海”高层次人才海外创业大赛决赛举行。

同月，宁波望春工业园区获评浙江省商业秘密保护示范区，实现海曙在该领域零的突破。宁波思明汽车科技股份有限公司和宁波鸿腾精密制造股份有限公司入围省商业秘密保护示范指导站（点）。

同月，海曙区人民检察院第三检察部主任、一级检察官胡瑛在第三届全省检察机关刑事执行检察业务竞赛中获得“第三届全省检察机关刑事执行检察业务竞赛标兵”称号，系全市唯一。

同月，在2021世界生命科技大会上，中国标准化肝脏疾病全程管理中心项目启动，海曙区成为全国首批六个入选项目的地区之一。

同月，海曙区军创园被授予浙江省首批“退役军人就业创业基地”称号。

11月30日，“魅力江厦”新时代文明实践示范线开线

12月

12月1日，海曙区2021年下半年亮点工程之一的高端金属掩膜版项目开建。为寰采星科技（宁波）有限公司（简称“寰采星”）的二期扩产项目建设提供用地支持，推动高精度金属掩膜版（FMM）产业化项目进一步发展。

同日，“法治宁波号”地铁专列在轨道交通1号线鼓楼站首发。

同日，搬迁至海曙区气象路58号的海曙区行政服务中心对外开放办理业务。

12月2日，《海曙简史》首发。该书以2016年区划调整后的海曙境域为记述区域，概要反映千年来境域内政治、经济、文化、社会、生态等变迁，是浙江省首部县（市、区）简明通史。

12月4日，海曙区和义社工师事务所理事长徐轲入选首批“浙江省社会工作领军人才”名单，系全市唯一。

12月5日，全区安全生产工作推进会召开。

12月7日，海曙区首批219名医务人员支援镇海抗疫工作。9日、12日，相继派出第二批106名、第三批50名医务人员赴镇海开展疫情防控工作。

同日，81890求助服务中心紧急开通81890000疫情防控心理援助热线，无偿提供心理舒缓与情绪开导服务，在特殊时期帮助青少年、隔离人员、疫情防控一线工作者等人群开展心理疏导。

12月9日，海曙区新建的3个移动PCR方舱实验室投入使用。

12月10日，市人大常委会党组书记、主任余红艺到海曙联系指导县乡人大换届选举工作。

12月14日，省教育厅教研室公布2021年浙江省先进教研组评审结果，宁波市实验小学语文教研组、镇明中心小学数学教研组等5个教研组入选，获评数量列全市第一。

12月14—17日，中国文学艺术界联合会第十一次全国代表大会召开，海曙区陈振濂再次当选为中国文联副主席，俞峰新当选为中国文联副主席、书记处书记。

12月15日，海曙区委召开学习贯彻党的十九届六中全会精神专题学习会。会议传达中央经济工作会议精神及省委十四届十次全会、市委十三届十二次全会精神。

同日，海曙区、镇（乡）两级人大代表换届选举投票日。全区划分区代表选区121个，镇（乡）代表选区294个，1280名正式代表候选人通过投票产生861名区、镇（乡）两级人大代表。

同日，浙江省第四批“未来社区”创建名单公布，海曙区五江口社区、三市社区、郎官社区等5个创建项目入列。

12月20日，海曙区红色教育基地开工仪式举行，基地位于高桥镇，建设用地面积约3公顷，总建筑面积约7万平方米。

同日，由区全媒体中心策划编写、宁波出版社出版的《走遍海曙》发行。该书约60万字，含图照400余张。

12月22日，中国首位诺贝尔医学奖获得者、药学家屠呦呦先生的旧居暨陈列馆在莲桥街历史文化街区揭牌。

12月23日，中华全国妇女联合会印发《全国妇联关于表彰全国维护妇女儿童权益先进集体和先进个人的决定》，区人民检察院获得全国“维护妇女儿童权益先进集体”称号。

12月24日08:00，宁波轨道交通5号线一期开通。

同日，鄞江镇官池小区改造工程全部完工，并进行竣工验收。这是海曙区首个列入老旧小区改造的乡镇级小区。

12月25日，宁波全市解除突发公共卫生事件Ⅱ级应急响应，转为常态化疫情防控。

12月28日，海曙区2021年十大重点工程项目之首的四明山革命老区环线生命安防公路工程暨四明山环线一期连通工程在龙观乡项目动工。

12月27—29日，中国共产党宁波市海曙区第十次代表大会胜利召开。大会选举产生中国共产党宁波市海曙区第十届委员会；选举产生中国共产党宁波市海曙区第十届纪律检查委员会；选举产生出席中国共产党宁波市第十四次代表大会的代表。会议选举产生中国共产党宁波市海曙区第十届委员会常务委员会委员和书记、副书记。徐强、叶枝利、罗仙兵等11位同志当选为新一届区委常委。徐强当选为区委书记，叶枝利、罗仙兵当选为区委副书记。

12月28日，海曙区口腔医院迁扩建项目、段塘街道社区卫生服务中心迁扩建项目、海二院新建项目（东侧地块）取得施工许可证，动工开建。

12月29日，中国共产党宁波市海曙区第十届纪律检查委员会召开第一次全体会议。会议选举产生中国共产党宁波市海曙区第十届纪律检查委员会常务委员会委员和书记、副书记。胡文汉、汪锡超、贺海宁等当选为区纪委常务委员会委员。胡文汉当选为区纪委书记，汪锡超、贺海宁当选为区纪委副书记。

12月30日，生态环境部宣传教育中心和海曙区人民政府战略合作框架协议签约仪式通过视频连线方式举行，双方将在生物多样性保护与可持续利用、低碳示范传播及公众传播、交流与合作平台建设等领域开展全方位合作。

同月，由中国科协青少年科技中心主办的2021年“云上工作室”系列评选活动结果揭晓，古林镇中心小学的“启新工作室”获评年度“最具特色工作室”，系全市唯一。

同月，在2021“科创中国·宁波”工作推进会上，海曙区被授予“科创中国”省级试点县（市、区），系全市唯一。

同月，海曙企业宁波培源股份有限公司入选第六批国家级制造业单项冠军名单。至此，全区共有单项冠军企业30家，其中4家企业（产品）获国家级单项冠军示范企业（产品），6家企业获市级单项冠军示范企业，20家企业获市级单项冠军培育企业。

同月，2021年度浙江省志愿服务最美（最佳）典型名单公布，区志愿者协会副秘书长孙嘉怿入选，获省志愿服务“最美志愿者”称号。

同月，第二届“全球减贫案例”榜单发布，海曙区“多方参与和市场驱动下的可持续减贫模式——贵州省贞丰县发展茶叶产业案例”入选最佳案例名单。

同月，工信部印发《第二批“5G+工业互联网”十个典型应用场景和五个重点行业实践的通知》，其中雅戈尔集团与中国联通合作的“5G+数字孪生”项目入选纺织行业4个实践案例，系全市唯一。

同月，中国消费者协会公布2020—2021年度消费维权先进集体和先进个人名单，海曙区消费者权益保护委员会获评先进集体，系全市区县（市）唯一一家获此殊荣的单位。

同月，自然资源和规划局海曙分局与商业保险公司签订“海曙区野生动物肇事责任保险”，实现全区野生动物肇事公众责任保险全覆盖。

同月，全国普法办印发《全国普法办关于公布第十七届全国法治动漫微视频作品征集展示活动获奖名单的通知》，由区司法局选送的作品《四世同堂》获评全国优秀奖，系宁波市唯一。

同月，海曙区企业浙江国利网安科技有限公司的“控制器完整性监测与恢复系统V2.0”、宁波邻家网络科技有限公司的“疫情管控二维码登记云服务平台V1.0”入选省经信厅公布的“2021年浙江省首版次软件产品应用推广指导目录”。

同月，宁波豆制品有限公司、宁波市海曙当代画廊、宁波东海集团有限公司等海曙区4家企业入选宁波市首批“宁波老字号”认定名单。

（区委党史研究室）

海曙概览

自然环境

【地理位置】 海曙区位于宁波市中心区域，东临奉化江，北濒余姚江，西与余姚市接壤，南与奉化区连接。全区面积595.5平方千米，是集中心城区、郊区、山区于一体的复合型城区。

【地形地貌】 区境属宁波平原，地势平坦，西靠四明山脉，最高峰为龙观乡与奉化区交界的奶部山，海拔915米。水网纵横，发源于四明山的余姚江和奉化江，流经海曙区的北边和东边。境内有月湖及南塘河、中塘河、后塘河等河流。

【气候】 海曙区属北亚热带湿润型季风气候，温和湿润，雨量充沛，光照充足，四季分明。春秋季稍短，冬夏季略长。冬季受西伯利亚冷高压控制，西北风冷而干燥；夏季在西北太平洋副热带高压笼罩下，东南风暖热湿润；春秋为季风转变期，多低温阴雨。常年平均气温17.2℃，1月最冷，平均气温5.3℃；7月最热，平均气温28.8℃，具有气温适中、酷暑时间短，严寒天数少的特点。常年总降水量为1431.2（全市平均1470.3）毫米，雨日153天，3—5月多雨水，雨量、雨日分别占全年的25.1%和29.7%；6月中旬中期至7月上旬为梅雨季，持续阴雨，间有大到暴雨，雨量约占全年的15%；7—9月为台汛期，常有台风、东风系统或强对流天气引起的强降雨，尤其是9月因冷空气与台风结合，成为一年中大到暴雨最多的月份，雨量约占全年的12.9%。常年平均日照1739.4小时。

2021年海曙区年平均气温18.6℃，比常年（17.2℃）偏高1.4℃，居历史第二高。全年高温日数（日最高气温≥35℃）为13天，比常年（22.4天）偏少9.4天，主要出现在7月份（8个高温日），极端最高气温37.9℃，出现在7月8日；冰冻日数16天，比常年（19.6天）偏少3.6天，极端最低气温-6.4℃，出现在1月1日和1月9日。年平均雨量2209.2毫米，较常年（1431.2毫米）偏多54%，突破历史同期极值（2015年2195.8毫米）；雨日170天，比常年（153.4天）偏多16.6天。雨量分布不均，呈西多东少分布特征。最长连续降水日数14天，出现于5月11—24日，平均雨量为86.6毫米，比常年同期偏多70%。最长连续无降水日数21天，出现在1月1日至21日。年累积日照时数为1581.8小时，较常年（1739.4小时）偏少157.6小时（9.1%）。1月、9月、11月、12月日照时数较常年同期偏多，其余月份均偏少。其中1月和12月较常年同期偏多38.9%和44.6%，6月和7月较常年同期偏少39.3%和40.7%，其余月份较常年同期偏差大多在±10%。

2021年四季主要气候特征：冬季（2020年12月到2021年2月）平均气温8.6℃，较常年偏高2℃，是近70年来第17个暖冬，也是2000年以来第12个暖冬，与2017年并列是有气象记录以来第二个暖冬季，其中2月平均

9月，台风“灿都”带来大量城区积水

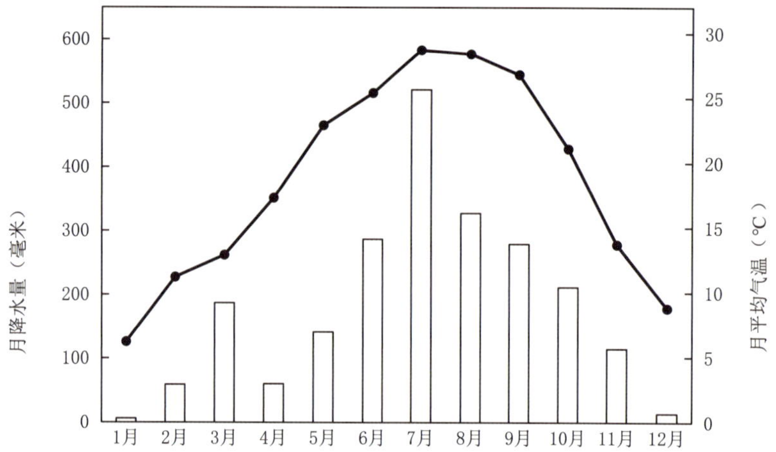

	1月	2月	3月	4月	5月	6月	7月	8月	9月	10月	11月	12月
降水量	6.2	59.1	187.1	60.2	141.3	286.9	521	327.5	279.3	211.8	115.1	13.8
平均气温	6.2	11.2	12.9	17.3	22.9	25.4	28.7	28.4	26.8	21.1	13.7	8.8

图1　2021年海曙区月降水量和月平均气温变化图

气温11.2℃，比常年偏高4.3℃，破历史最高纪录（2007年10.6℃）；冬季平均雨量仅85毫米，为常年（204.8毫米）的41.5%，其中1月平均雨量6.2毫米，不到常年一成，历史排名第二少，达中等气象干旱等级；2021年1—2月雨日偏少，日照时数略偏多。春季平均气温17.7℃，较常年偏高2℃，历史排名第二暖，雨量、雨日偏多，日照时数偏少。夏季平均气温接近常年；高温日数9天，比常年（21.4天）偏少12.4天，更无38℃以上高温，8月高温日数仅1天，为1953年以来同期最少；平均雨量1135.4毫米，较常年偏多107.5%，居历史第一；雨日偏多，日照时数偏少；入梅、出梅时间与常年较为一致，梅雨量偏多且分布不均，梅雨形势不典型，多短时强降水、雷电等强对流天气；7月22—27日受到“烟花”台风特重影响；8月10—17日罕见持续强降水。秋季气温偏高，雨日偏多，日照时数接近常年，雨量较常年偏多近一倍；9月11—16日受到“灿都”台风严重影响；9月29日出现高温日，刷新海曙高温最晚出现纪录。

【灾害性天气及其影响】2021年，海曙区雨量异常偏多，气温显著偏高，日照时数偏少，天气气候总体较差，气象灾害影响程度较重，主要气象灾害有台风、暴雨、寒潮低温冰冻、干旱、强对流天气等。

年初和年末共经历4轮寒潮天气过程，分别为2020年12月28日至2021年1月2日、11月7—9日、11月22—24日和12月24—26日。其中年初的跨年寒潮影响最严重，日平均气温过程降温幅度达14℃，1月1日出现-6.4℃的年极端最低气温，山区最低达-13.3℃，有严重低温冰冻。11月两次寒潮过程降温幅度9℃上下，11月7—9日寒潮伴有6～8级，高海拔山区8～10级的偏北大风；12月寒潮带来11.6℃的降温，最低气温降至-1～0℃，山区-7～-3℃，最低为杖锡村-7.2℃。

6月10日入梅，7月5日出梅。入梅比常年（6月13日）偏早3天，出梅较常年（7月7日）偏早2天，梅期25天，与常年24天基本相当。梅雨量307.5毫米，比常年（243.6毫米）偏多26.2%。2021年梅雨形势不典型，总体特点为：6月20日前的梅雨具有分散性、突发性、局地性等特点，以强雷电、短时强降水等强对流天气为主；26日以后以系统性降水为主，强降水持续时间较长、覆盖范围大，且伴有局地强对流天气。

年内影响海曙区的台风有2个，分别是6号“烟花”和14号“灿都”。“烟花”是海曙区有气象记录以来登陆浙江影响海曙时间最长、1949年以来首个登陆浙江两次的台风，台风影响期间，出现风、雨、潮三碰头现象，过程平均降雨量409毫米，并伴有8～10级局部11级大风，风雨综合致灾强度为特重级。四明山区平均降雨量516毫米，最多为杖锡村642毫米，均打破历史影响台风的过程雨量极值。“灿都”台风移动路径怪异，生成后先向西行，到达巴士海峡后沿台湾岛东侧急转北上，到达东海北部海面时开始减速，9月14—15日在该海域滞留回旋，16日中午转向东北逐渐远离，其间，维持超强台风级时长112小时。“灿都”过程平均降雨量221毫米，过程最大风力为平原6～8级，高山区8～10级，风雨综合致灾强度为严重影响级。

8月对流天气频繁，8月10—17日连续出现大范围强雷电、暴雨（个别大暴雨）天气，具有过程雨量大、短

台风“烟花”过境海曙期间，风雨综合致灾强度为特重级

时强降水强度强、傍晚多发且局地性强等特征；过程平均雨量230毫米，8个站超过250毫米，最大皎口水库390毫米。8月15日中午皎口水库最大滑动小时雨强达104.9毫米，强降水引发次生灾害险情。8月21日下午至25日夜里，再次遭受多轮强降水影响，21日下午到夜里，城区局部出现大暴雨，25日傍晚局部出现了大到暴雨。

2020年12月至2021年2月海曙区降水量异常偏少，平均雨量85毫米，仅为常年（204.8毫米）的四成，1月1—21日，2月15—25日分别出现21天、11天连续无降水，达中等气象干旱等级（个别地区出现旱情），给生产生活用水带来一定影响，森林火险气象等级持续偏高。

（区委党史研究室、区气象局）

月湖街道月湖公园一角

历史文化

【历史沿革】 1949年以前，海曙境地从未单独建置。秦汉时属会稽郡，为鄮县属地。唐武德四年（621年），罢郡置州，以原句章、鄞、鄮三县地置鄞州，境内为鄞州属地。武德八年（625年），废鄞州复鄮县，为鄮县属地。开元二十六年（738年），析越州别置明州，区境属明州，为鄮县属地。天宝元年（742年），明州改为余姚郡，为余姚郡鄮县属地。乾元元年（758年），余姚郡复改明州，为明州鄮县属地。元和四年（809年），鄮县县治由小溪徙境内。长庆元年（821年），始建子城，为明州属地。中和三年（883年），升浙东道节度使为义胜军节度使。光启三年（887年），改义胜军为威胜军。乾宁二年（895年），董昌称帝，号“大越罗平国”。次年国灭，改威胜军为镇东军，明州均为上述建制下的属地，境内均为明州属地。五代十国时群雄割据，开平元年（907年），武肃王钱镠建吴越国。开平三年（909年）钱镠奄有明州，升明州为望海军，为避后梁太祖朱温之祖朱茂琳（“茂”“鄮”同音）讳，改鄮县为鄞县，为鄞县属地。北宋建隆元年（960年），改望海军为奉国军，为奉国军鄞县属地。太平兴国三年（978年），吴越纳国归宋，奉国军隶两浙路。南宋淳化四年（993年），明州隶两浙东路。宋宁宗登位改元庆元，升州为府，以次年改号的年号名府，称庆元府，为庆元府鄞县属地。元至元十四年（1277年），改庆元府为庆元路，为庆元路鄞县属地。明洪武元年（1368年），庆元路改明州府，为明州府鄞县属地。洪武十四年（1381年），改明州府为宁波府，为宁波府鄞县属地。清朝建立后，仍沿用明朝的府县名称。中华民国成立后废府，境地属鄞县。1927—1931年，于鄞县城厢建立宁波市，境地属宁波市，后撤市复入县。

1949年6月，中共浙江省第二地方委员会（简称“宁波地委”）和宁波军管会派出军代表为主的民运工作团，接管城区海曙、灵塔、镇明、长春、西郊、北郊6镇镇公所，以镇设区，配备各区正、副区长。此为境域内最早的人民政权。1949年10月，宁波市人民政府调整市辖政区，海曙、灵塔、镇明、长春、西郊和北郊6区合并为海曙、镇明两区，设海曙区公所和镇明区公所。1950年6月，海曙区公所和镇明区公所撤销，两区政务由境内苍水、孝闻、西郊、江厦、湖西、县学、南郊7个派出所管理。1951年5月，恢复海曙区和镇明区，两区各设人民政府。同年8月，海曙、镇明两区分为海曙、望京、月湖、灵塔4区，建立各区人民政府。1952年8月，上述4区仍合并为海曙、镇明两区，重建海曙区人民政府和镇明区人民政府。1956年2月，海曙区、镇明区机构撤销，建立苍水、孝闻、鼓楼、西郊、江厦、仓桥、湖西、县学、药行、天封10个街道办事处。1958年9月，10个街道办事处合并为海曙和镇明2个街道办事处。1960年6月，撤销海曙、镇明2个街道办事处，成立海曙人民公社，设公社管理委员会，实行政社合一的管理体制。1963年，海曙人民公社拆分为海曙人民公社和镇明人民公社，公社管委会一分为二。1969年5月、8月，先后成立镇明人民公社革命委员会和海曙人民公社革命委员会。1970年，人民公社改为区。海曙、镇明两区仍设革命委员会。

1978年9月19日，浙江省革命委员会决定，宁波市海曙区、镇明区为市辖区一级政权建制。1984年1月，浙江省人民政府决定，并经国务院批准，海曙、镇明两区合并，组成宁波市海曙区，下辖湖西、县学、苍水、孝闻、仓桥、西郊、江厦、天封8个街道及西郊乡与段塘镇。同年8月，西郊街道改名为西门街道，新成立马园街道。1987年4月，西门街道拆分为西门和高塘2个街道。1992年10月调整街道区划，湖西、县学、仓桥（部分）合并为月湖街道，苍水、孝闻合并为鼓楼街道，仓桥、马园合并为南门街道，西门、高塘合并为西门街道，江厦、天封合并为灵塔街道。1996年8月，经宁波市人民政府批准，新成立白云街道。2002年4月，撤销西郊乡，建立望春街道；撤销段塘镇，建立段塘街道。2003年10月，灵塔街道更名为江厦街道。2016年9月，宁波市行政区划调整，原属鄞州区的集士港镇、古林镇、高桥镇、横街镇、鄞江镇、洞桥镇、章水镇、龙观乡、石碶街道划归海曙区管辖。

梁祝文化产业园

【名胜古迹】 天一阁位于月湖街道。始建于明朝中期，占地2.6公顷，由当时退隐的明朝兵部右侍郎范钦主持建造，至今有400余年历史，是中国现存最早的私家藏书楼，也是亚洲现有最古老的图书馆和世界最早的三大家族图书馆之一。现藏有各类古籍近30万卷，其中珍椠善本8万余卷，还收藏大量字画、碑帖及精美的地方工艺品。1982年，天一阁被国务院公布为全国重点文物保护单位，现为国家AAAAA级旅游景区。

天峰塔位于大沙泥街西端与解放南路交会处。始建于唐武则天“天册万岁”至“万岁登封”（695—696年）年间，因建塔年号始末“天”“封”而得名。建成后塔高18丈，约51米，共14层，分七明、七暗（包括地宫），呈六角形。现为国家级文物保护单位。

南塘河历史文化街区位于南塘河，占地6.5公顷，总长约1.2千米，完整保留300余米的江南传统街巷，再现百年来宁波人经商交易、日常生活氛围风貌。北街以传统文化为基调，展现宁波城市个性；南街主打“城市休闲”概念，突显休闲生活。

鼓楼沿历史文化街区地处海曙“心脏”，是传统历史街区腹地，占地3.65公顷，建筑面积约6.8万平方米，是宁波人流最密集、商业设施最完善的城市中心街区。宁波鼓楼始建于唐长庆元年（821年），至今有1100余年历史。街区内有望海楼、奉国军楼、“四明伟观”、海曙楼等历史古迹。

梁祝文化公园地处高桥镇，是国家AAAA级旅游景区，以东晋梁山伯墓、梁山伯庙古遗址为基础，以“梁祝故里•爱情圣地”为主题，以经典的梁祝故事为情景线索，是一处集旅游度假、观光休闲、活动娱乐、业态参与于一体的荟萃胜景。梁祝文化园，占地面积42公顷，濒临宁波“母亲河”——余姚江畔，与河姆渡文化遗址隔江相望。

它山堰是中国四大古水利工程之一，位于鄞江镇光溪河旁，始建于唐代。堰坝全长113.7米，宽4.8米，高约5米，由150余块小溪石条石砌筑而成，是国家级文物保护单位。自唐代太和七年（833年）建堰起，历代均有修筑，至今仍在发挥着阻咸、蓄淡、泄洪、灌溉的作用，2015年被评为“世界灌溉工程遗产”。

五龙潭景区位于龙观乡境内，是国家AAAA级旅游景区、浙江省旅游景区。区内幽谷叠翠、瀑布飞泻、风光秀美，拥有天门瀑布、青云峡漂流、青云梯等山水景观，因孚泽潭、昭泽潭、润泽潭、利泽潭、显泽潭5个水潭而得名。传说潭内驻有灵性神龙而称“龙潭”，是宋、元以来浙东地区重要的祭龙之地，宋理宗、元惠宗都曾敕封五龙潭神为“侯”。景区至今仍保留着古祭龙坛、五龙神堂、摩崖石刻等景观，每年举行以游龙潭、观龙俗、祭龙祖为主题的“二月二龙抬头”民俗文化节。

李家坑古村地处四明山心章水镇，毗邻余姚市、奉化区，海拔500米，四面环山，溪水绕村，风光旖旎、钟灵毓秀，以李姓为主，建村达400余年历史。李氏家族乃大唐之后裔，始祖龄一公明末清初从永康长恬迁此下筑定居，垦荒开基，生息繁衍。村庄建筑以清朝期间的四合院民居为主，保存完好，为四明山之最。李家坑古村不仅自然风光秀美，还是李唐文化传承之地。以“承祖业克勤克俭，示子孙唯耕唯读”为传家格言，“农耕之余，读书不止”，催生了众多文化名人及教育先驱。李家坑村先后获得国家级“美丽宜居示范村”、浙江省“特色旅游村”、浙江省“历史文化名村”等诸多荣誉。

【方言】 海曙区城区方言属于吴语浙北区明州片（也称“甬江片”），是宁波市区方言的代表，既有吴语的共性，也有自身特点，主要表现在语音上。新划入的原鄞州西片区与余姚市交界杖锡山区说余姚话，属于吴语太湖片临绍小片。除区域差异之外，还有老派、新派之分，语音、词汇、语法等方面皆有差异，老派方言中尽可能多地延续语言传统成分，新派方言积极吸收新词汇，有日趋与普通话同化倾向。

（区委党史研究室）

区划　人口

【行政区划】 2021年，海曙区下辖集士港、古林、高桥、横街、鄞江、洞桥、章水7个镇及龙观乡，有石碶、月湖、西门、江厦、南门、鼓楼、白云、望春、段塘9个街道，共17个乡级政区，下辖167个行政村、102个社区、5个城镇居委会。海曙区人民政府位于县前街61号。

【人口】2021年年末，海曙区户籍人口641778人，比上年末增长0.6%。其中，出生人口3974人，死亡人口4385人。人口自然增长率为-1.02‰。

（区统计局）

名优特产

【席（蔺）草】宁波是全国席草主要产地之一，唐代草席曾出口朝鲜。20世纪70年代引入日本蔺草（系古时鄞县席草流传日本后改良而成），主要分布在原鄞州西部平原地区，加工成榻榻米出口日本。席草制品以睡床草席为主，“黄古林草席”最闻名。

【浙贝母】浙贝母简称浙贝，是中药“浙八味”之一。章水镇是全国浙贝母主要产区，历来产量占全国总量的一半以上，2003年被中国特产之乡命名委员会命名为“中国浙贝之乡”。

【横街竹笋】横街镇为“中国竹笋之乡”，有浙江省单片面积最大的竹山（3333.33公顷）资源，四季产笋，每年春笋、鞭笋、冬笋等产量可达1.2万余吨，其中大雷“黄泥拱”毛笋质量最佳，以株大肉厚、甜嫩可口驰名海内外。

【梅园石】梅园石分布于鄞江镇梅园一带，色调红如枫叶，是高档建材，尤宜于大型雕刻，代表作有保国寺观音阁石雕大柱、800余年历史的日本国宝奈良东大寺石狮子、2007年宁波市赠送佛罗伦萨的文臣武将石像等。

【澄浪潭泉水】澄浪潭地处鄞江镇，该潭深52米，直径8米，日出水量3000余吨，是浙江省内最大的地下泉水。专家勘测，泉水从近百米深的地下岩缝喷涌而出，不受地表水和气候影响，水温常年恒温在18℃左右，且涝时不增，旱时不减，实属罕见。经化验分析，权威评价该潭水水质达到国家“地面一类水源”质量标准，属国家“一级地下（低钠）泉水”。

【杖锡山樱花】章水镇杖锡山种植和培育樱花有千年历史，唐宋时期通过贸易往来，栽培技术传至日本。杖锡山种植的樱花品种全、花色纯正、花朵肥大、花期长。作为国内最大的欣赏樱花基地，种植面积1.3万亩。在全国率先开展樱花苗木规模化栽培和樱花种质收集、选育，有迎春樱等野生种质资源11种，占国内樱花野生资源的20%，建立种质资源库100亩，收集园艺种质100份，种质保有量全国领先。由于区域独特的地理位置、人文历史及传统栽培技术等优势，2018年1月，杖锡山樱花基地获评省“现代农业科技示范基地”。

鄞江镇澄浪潭

【洞桥“八戒”西瓜】洞桥镇种植西瓜有较长历史，以“八戒”为注册商标的洞桥西瓜以其皮薄、质脆、味甜享誉宁波，被评为“浙江省十大优质名瓜”。

（区委党史研究室）

经济和社会发展

【综合实力】2021年，海曙区实现地区生产总值（GDP）1400.63亿元，按可比价格计算，比上年同期增长9.2%。其中，第一产业增加值16.37亿元，增长0.7%；第二产业增加值427.51亿元，增长9.3%；第三产业增加值956.75亿元，增长9.4%，对经济增长的贡献率分别为0.1%、30.1%和69.8%。三次产业结构比为1.2:30.5:68.3。GDP地均集约度为2.35亿元/平方公里，按户籍人口计算的人均GDP达21.89万元（按年平均汇率折算为33938美元），增长8.5%。

完成财政总收入225.31亿元，比上年同期增长19.9%。其中，一般公共预算收入129.7亿元，增长12%。一般公共预算支出113.89亿元，增长11.7%；其中住房保障、科学技术、社会保障和就业、城乡社区和教育支出分别增长78.7%、69.8%、14.9%、12.8%和6.3%。

城镇新增就业33457人，城镇失业人员实现再就业7441人，就业困难人员再就业3760人。新增大学生创业545人，累计发放创业贷款1.22亿元。全年共组织各类招聘会163场，培训城乡劳动力34616人。

居民消费价格比上年同期上涨2.1%，涨幅较上年提高0.2个百分点。八大类商品和服务项目价格“六升二降”：交通通信价格上涨5.3%，教育文化娱乐价格上涨4.4%，生活用品及服务价格上涨2.3%，食品烟酒价格上涨2.1%，居住价格上涨0.8%，医疗保健价格上涨0.4%，其他用品和服务价格下降2.7%，衣着类下降0.4%。全年工业生产者出厂价格上涨8.5%，工业生产者购进价格上涨21.2%。

表 1

2021 年海曙区地区生产总值情况一览表

行业名称	绝对值（万元）	增长速度（%）
合　计	14006284	9.2
农林牧渔业	171768	1.1
工业	3454076	10.5
建筑业	822918	4.6
批发和零售业	1792658	6.9
交通运输、仓储和邮政业	1117680	11.1
住宿和餐饮业	209811	14.8
金融业	1266384	4.5
房地产业	1219859	4.2
其他服务业	3951130	13.3
营利性服务业	2288332	18.9
非营利性服务业	1662798	6.2

【农业】 2021年，海曙区实现农林牧渔业增加值17.18亿元，比上年同期增长1.1%。实现农林牧渔业总产值23.48亿元。其中，农业产值19.62亿元，林业产值1.00亿元，畜牧业产值0.70亿元，渔业产值0.90亿元，农林牧渔专业及辅助性活动产值1.26亿元。

【工业】 2021年，海曙区实现工业增加值345.41亿元，比上年同期增长10.5%，占地区生产总值的比重为24.7%。规模以上工业实现增加值248.86亿元，增长10.9%，其中制造业实现增加值193.35亿元，增长10.6%。实现营业收入983.32亿元，增长12.8%；实现利润总额54.25亿元，利税总额77.25亿元，分别增长22.8%和16.3%。规模以上工业企业研发费用25.54亿元，增长20.7%；规模以上工业新产品产值增长16.4%，新产品产值率达18.7%。战略性新兴产业、高新技术产业、装备制造业增加值分别增长6.6%、11.2%和13.3%。

【建筑业】 2021年，海曙区实现建筑业增加值82.29亿元，比上年同期增长4.6%，占地区生产总值的比重为5.9%。注册在海曙区的资质建筑业企业275家，其中施工总承包特级资质企业5家，一级企业23家，二、三级企业202家。实现建筑业产值503.17亿元，增长11.9%；其中省内产值392.96亿元，增长15%。施工总承包和专业承包资质的建筑业企业实现主营业务收入388.71亿元，下降14.1%；实现利润总额8.68亿元，下降5%；房屋施工面积2999.13万平方米，下降12%；全年建筑业平均从业人员12.3万人，增长2.2%。

【固定资产投资】 2021年，海曙区固定资产投资比上年同期增长15.4%，其中项目投资下降13.6%。民间投资占固定资产投资的比重达72.8%。基础设施投资下降20.7%，工业投资增长2.5%。全年新开工项目181项，年末共有各类在建项目435项，其中计划总投资亿元以上项目165项，5亿元及以上项目90项。

【房地产】 2021年，海曙区房地产开发投资235.16亿元，比上年同期增长35.8%。其中，住宅开发投资153.19亿元，办公楼开发投资8.08亿元。全年实现商品房销售面积125.16万平方米，增长14.8%，其中住宅销售面积108.54万平方米，办公楼销售面积1.35万平方米。

【贸易业】 2021年，海曙区批发和零售业商品销售额比上年同期增长20.7%。其中，限额以上批发和零售业实现商品销售额2836.06亿元，增长19.7%。全年实现社会消费品零售总额844.06亿元，增长7.4%。在限额以上批发和零售企业商品销售额中，金属材料类1113.51亿元，增长28.2%；化工材料及制品类347.01亿元，增长41%；服装、鞋帽、针纺织品类285.15亿元，增长10.4%；石油及制品类176.87亿元，增长32.8%；汽车类115.07亿元，增长6.4%。

【旅游业】 2021年，海曙区规模以上旅行社实现营业收入3.74亿元，比上年同期增长65.9%。限额以上住宿餐饮业实现营业额27.15亿元，增长20.4%。年末拥有星级宾馆16家，其中五星级宾馆4家、四星级宾馆3家。

天一商圈

【对外经济、招商引资】 2021年，海曙区实现货物进出口总额844.6亿元，比上年同期增长14.6%。其中，出口总额741.26亿元，增长15.4%；进口总额103.34亿元，增长9.6%。

新增境外投资企业37家，完成实际中方投资额2亿美元，增长1.9%。

全年合同利用外资129939万美元，实际利用外资6612万美元。

新设立内资企业9811家，比上年同期减少4%；新增注册资本（金）425.3亿元，下降55.6%。新设立个体工商户11833家，增长7.4%；资金数额11.7亿元，增长14.6%。新登记外商投资企业及分支机构102户，增长8.5%；投资总额8.2亿美元，下降41%。全年共办理"个转企"212家，其中转公司194家。引进大市外内资160.35亿元，浙商回归到位资金89.69亿元。

【交通运输业】 2021年，海曙区实现交通运输、仓储和邮政业增加值111.77亿元，比上年同期增长11.1%，占地区生产总值的比重为8%。规模以上交通运输企业实现营业收入524.93亿元，增长105.3%；营业利润7.92亿元，增长325%。其中，规模以上货运代理企业营业收入增长139.1%，营业利润增长129.2%。

【金融】 2021年，海曙区实现金融业增加值126.64亿元，比上年同期增长4.5%，占地区生产总值的比重为9%。

人民币存款余额3244.72亿元，增长9.8%；人民币贷款余额3327.08亿元，增长10.4%。

保险保费收入64.8亿元，比上年同期增长7%，其中财产险28.09亿元，下降5.1%；人身险36.71亿元，增长18.5%。各类赔付支出35.02亿元，增长3.9%。

【教育、科技、人才】 2021年，海曙区有中小学63所，在校中小学生82730人；特殊学校1所，在校学生142人；幼儿园129所，在园幼儿32705人。年末在编教师4996人，其中省特级教师10人、正高级教师8人、高级教师790人、市"名(骨干)校长"17人，市"名教师"30人、市"学科骨干教师"50人、市"名（骨干）班主任"6人、市首批"甬城教育名家培养对象"5人。建成学校（幼儿园）8所、未来学校5所。获评省"艺术教育实验区"、省"Pepper机器人教育教学应用优秀区域"。

全年财政投入科技经费3.72亿元，科技信贷风险池服务科技企业35家次，累计授信额度近1亿元。有效"国家高新技术企业"309家、"宁波市科技型中小企业"1707家，技术交易额21.7亿元，完成率全市第一。现有院士工作站3家、宁波市院士科技创新中心2家。宁波工业互联网研究院产业园顺利结顶。五大研究院新建创新平台34个，集聚高素质人才710人，承担国家级项目和课题17个，孵化科技型企业37家，获评高新技术企业4家。

"3315系列计划"人才入选数连续三年位居全市第一。"甬江引才工程"人才入选人数位居全市第二。深化"一产业一院校"校地合作模式，组织2场"智汇甬城、英才海聚"市内校园巡回招聘活动和4场"甬动青春、曙你未来"全国高校巡回招聘活动。组织各类社会招聘41场。宁波"人才之家"和海曙人才创业园建成运营。依托海外离岸孵化器和海外产业研究院举办"百创汇海"高层次人才海外创业大赛，吸引200余名海外高层次人才参赛。建成3家海外引才引智工作站、3家省级博士后工作站。全区人才总量达24.58万人。

【文化、卫生、体育】 2021年，海曙区创建南塘老街省级"夜间文旅消费集聚区"。举办2021年海曙区第三届"美好生活节"，承办2021"宁波宋韵文化周"暨天一阁•月湖金秋艺术季活动。新增6名省级非遗传承人、16名市级非遗传承人和14个市级非遗项目，省、市级新增数量均居全市第一。海曙区文化馆百姓艺术团获评全市唯一五星级艺术团。10余件文艺精品获得全国和省市有关奖项。

新增村级卫生室6家；新增3岁以下托育机构9家，新增托位569个；设立婴幼儿照护服务站点17个；改造升级公共场所母婴设施48个。成功创建省"健康促进区"。成立全市首个区（县）市级中医药管理科。董幼祺"全国名老中医药专家传承工作室"落地海曙。下属医疗卫生机构23个，拥有床位912张。全年发放计划生育奖、特别扶助金5030.3万元，29794人受惠。

全年开展群众体育活动20余个。建设完成1个体育公园、1个村级全民健身广场、2个社区多功能运动场、9个百姓健身房。全运会获得3金1银成绩。"清新龙观运动体育旅游精品路线"入选2021年度"长三角地区精品体育旅游线路"。

10月10日，"迎重阳"宁波市社区运动会海曙站太极拳活动暨第三届海曙区太极展演活动举行

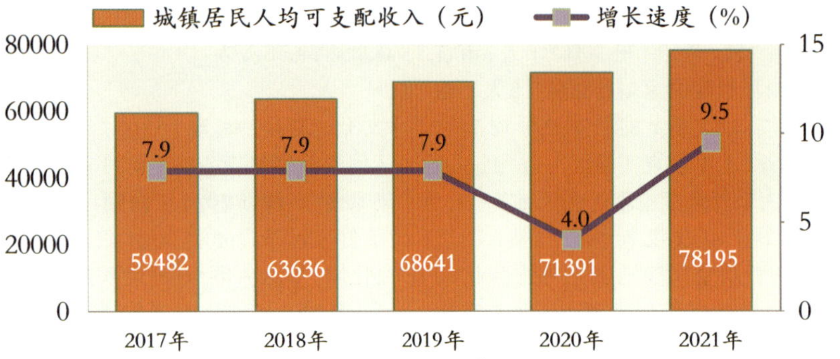

图2 2017—2021年海曙区城镇居民人均可支配收入及增速

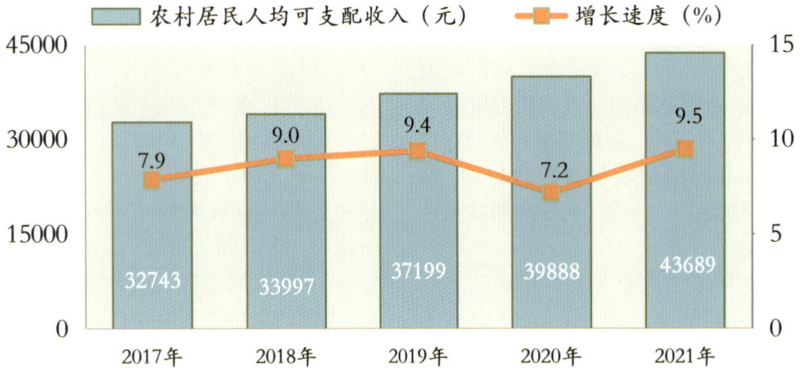

图3 2017—2021年海曙区农村居民人均可支配收入及增速

【居民生活、社会保障】 2021年，海曙区全体居民人均可支配收入71017元，比上年同期增长9.5%。其中，城镇居民人均可支配收入78195元，增长9.5%；农村居民人均可支配收入43689元，增长9.5%。全年城镇居民人均生活消费支出48136元，农村居民人均生活消费支出28289元。

全年城镇新增就业33457人，城镇失业人员实现再就业7441人，就业困难人员再就业3760人。新增大学生创业545人，累计发放创业贷款1.22亿元。全年组织各类招聘会163场。全年培训城乡劳动力34616人。全区企业职工社保缴费单位4.1万家，养老保险、医疗保险、工伤保险缴费人数分别为39.8万人、40.7万人、47.6万人，各项待遇发放总额48.86亿元。户籍人口养老保险参保率99.4%，实体社保卡持卡率为100%。户籍人口医疗保险参保率达99.91%，居全市前列，困难群众医疗保险覆盖率达100%。新建1个区域性居家养老服务中心、1家示范型居家养老服务中心，适老化改造397户困难老年人家庭。全区累计有养老机构37家、居家养老服务机构274个，养老服务设施基本实现全覆盖。发放城乡最低生活保障43635人次，金额3926.5万元。累计发放特困人员基本生活费2142人次363.2万元，发放照护费1924人次116.3万元。全年结婚登记3264对，离婚登记1060对。

全年640家单位和6.6万人次参与捐款捐物，共募集善款及物资1.15亿元。其中，"一日捐"2192.4万元，基金捐款2321.0万元，扶贫捐款捐物410.2万元，"烟花"台风捐款及物资共计6010.4万元。全年累计救助困难群众64866人次，救助支出9785.2万元，其中台风水灾支出6333.3万元，东西部地区及省内扶贫支出466万元。红十字会接受社会资金捐助267.6万元、物资131.7万元。全区发展新增成人红十字会会员3384人。执证救护员培训5129人次，普及培训5.7万人。实现人体器官捐献9例、角膜捐献18例、遗体捐献8例。

【生态建设、社会安全】 2021年，海曙区全域创建污水零直排区，水环境功能达标率100%，市控以上断面水质优良率为88.9%，集中式饮用水源地水质继续保持100%达标。西洋港河、照天港河及其水系通过"美丽河湖"创建任务市级验收。城镇生活垃圾分类覆盖面保持100%。全区机关单位、事业单位、国有企业和中小学校幼儿园均实现垃圾分类全覆盖。全年新增5个"宁波市无违建乡镇（街道）"。"三改一拆"持续深化，改造旧住宅、旧厂区、城中村总计283.4万平方米，处置违法建筑93.9万平方米。完成82个老旧小区改造提升，涉及面积450万平方米，惠及居民4.7万户。全年新增房产配建及公共停车位10183个。

连续16年被评为省"平安区"。全年破获刑事案件1429起，其中命案等重大刑事案件破案率100%。全年各行业领域累计排查隐患3071项，未发生死亡3人以上较大生产安全事故。开展食品抽检4133批次，开展药品监督抽样335批次，查处各类食品违法案件313件。受理消费者投诉举报18732件，挽回损失700余万元。

（区统计局）

注：

公报中的统计数据为初步统计数据，正式数据以《宁波市海曙区统计年鉴（2022年）》为准。

地区生产总值及各产业、行业的增加值绝对数按当年价格计算，增长速度按可比价格计算，即扣除物价变化的实际增长。

规模以上工业指年主营业务收入2000万元及以上的工业企业。

限额以上批发和零售业指年主营业务收入2000万元及以上的批发业、年主营业务收入500万元及以上的零售业。

限额以上住宿和餐饮业指年主营业务收入200万元及以上的住宿和餐饮业。

规模以上交通运输业指铁路运输业，年营业收入1000万元及以上的公路旅客运输业，年营业收入500万元及以上的道路货物运输业、客运汽车站、其他水上运输辅助活动业、运输代理服务业，年营业收入200万元及以上的装卸搬运业。

固定资产项目统计范围为计划总投资500万元及以上的固定资产投资项目。

资质建筑业企业主要包括施工总承包和专业承包。

组织机构及其负责人名录

【区四套班子领导机构】

中共海曙区委员会

书　　记：褚孟形（5月止）
徐　强（6月始）

副 书 记：徐　强（6月止）
张启表（1月止）
罗仙兵（5月始）
叶枝利（8月始）

区委常委：李冠杰
孙明忠（10月止）
陆利明
孙　骏（11月止）
张宁辉（12月止）
王　煦（11月止）
薄慧敏（12月止）
梁成初（11月止）
孟　雪（5月始）
谢浩军（10月始）
徐洪涛（11月始）
胡文汉（11月始）
毛孟军（12月始）
裘　骥（12月始）

海曙区人民代表大会常务委员会

党组书记：陈志国（2月止）
张启表（2月始）

党组副书记：童经纬
张启表（1月始）

党组成员：林　兵
陈小春
舒建国
俞国平（8月止）
曹　杰（1月始）
葛巧英（8月始）

主　　任：陈志国（2月止）
张启表（2月始）

副 主 任：童经纬
林　兵
孙铭龙
陈小春
舒建国
曹　杰（2月始）

海曙区人民政府

党组书记：徐　强（8月止）
叶枝利（8月始）

党组成员：李冠杰
薄慧敏（12月止）
宣业靖（12月止）
史卫东
毛孟军（12月止）
张盈军（12月止）
黄　列
黄　健（9月始）
徐洪涛（12月始）
韩利钢（12月始）
曹　磊（6月始）
孙正国（挂职，9月止）

区　　长：徐　强（8月止）

代 区 长：叶枝利（8月始）

常务副区长：李冠杰

副 区 长：叶枝利（8月始）
宣业靖（12月止）
史卫东
毛孟军
张盈军（12月止）
王懿栋
黄　列（8月始）
黄　健（9月始）
徐洪涛（12月始）
韩利钢（12月始）

政协宁波市海曙区委员会

党组书记：毕东华（12月止）
张宁辉（12月始）

党组副书记：陆利明（兼）
吴军良
薄慧敏（12月始）

党组成员：刘良飞
郁利祥
戴亚珍

主　　席：毕东华

副 主 席：吴军良
袁建树
国　宇
刘良飞
郁利祥
池　逊

秘书长：戴亚珍

【区纪委　区监委】

中共海曙区纪律检查委员会

海曙区监察委员会

书　　记：孙　骏（11月止）
胡文汉（11月始）

副 书 记：汪锡超
贺海宁

常　　委：俞小群（9月止）
蔡军波（9月始）
邱坚明（12月止）
章朝阳（9月始）
陈建国
葛荣伟（9月止）
庄立敏（10月始）

主　　任：孙　骏（2月始，12月止）

代 主 任：孙　骏（2月止）
胡文汉（12月始）

副 主 任：孙　骏（2月止）
胡文汉（12月始）
汪锡超
贺海宁

委　　员：邱坚明
陈建国
曹秉军（1月止）
庄立敏
施鹤峰（9月始）
孙斌辉（11月始）

办公室主任：单丽君（9月止）
陈　俊（9月始）

干部室主任：叶志斌（9月止）
梁　红（9月始）

宣传教育室主任：张姗姗（9月始）

党风政风监督室主任：郑巧巧（9月始）

信访室主任：刘建华（9月始）

案件监督管理室：叶光明

第一纪检监察室主任：余照华

第二纪检监察室主任：金一波

第三纪检监察室主任：
孙斌辉（10月止）
万代平（10月始）

第四纪检监察室主任：李　峰（10月始）

案件审理室（申诉复查室）主任：
张静霞（10月始）

区纪委区监委派驻第一纪检监察组组长：
朱朝兴（10月止）
狄立新（10月始）

区纪委区监委派驻第一纪检监察组副组长：
曾宪道

区纪委区监委派驻第二纪检监察组组长：
徐琦雄

区纪委区监委派驻第二纪检监察组副组长：
梁　红（9月止）
陈松苗（9月始）

区纪委区监委派驻第三纪检监察组组长：
黎炜华
区纪委区监委派驻第三纪检监察组副组长：
陈彦彬
区纪委区监委派驻第四纪检监察组组长：
周照宇
区纪委区监委派驻第四纪检监察组副组长：
方　铁（10月止）
钱建峰（10月始）
区纪委区监委派驻第五纪检监察组组长：
狄立新（10月止）
区纪委区监委派驻第五纪检监察组副组长：
李绍智（正局长级，9月止）
周风云（9月始）
区纪委区监委派驻第六纪检监察组组长：
周家骥
区纪委区监委派驻第六纪检监察组副组长：
赵　一（9月止）
余莉英（9月始）
区纪委区监委派驻第七纪检监察组组长：
章朝阳（9月止）
魏雷顺（12月始）
区纪委区监委派驻第八纪检监察组组长：
戎爱武
区委直属机关纪检监察工委书记：
黎炜华
区委直属机关纪检监察工委副书记：
陈彦彬
区纪委区监委驻海曙公安分局纪检监察组组长：
计　锋（正局长级）
区纪委区监委驻区法院纪检监察组组长：
陈章君
区纪委区监委驻区检察院纪检监察组组长：
邹宁俊

区委巡察机构
区委巡察办主任：俞小群（9月止）
蔡军波（9月始）
区委巡察办副主任：阮国梁
区委巡察组组长：章红霞（2月始）
王海洲
忻慧义
卞　燕
区委巡察组副组长：张红红
王海波
余莉英（9月止）
曹建萍
叶志斌（9月始）

【公安、检察、审判机构，人民武装】
区人民检察院
党组书记：吴　超（12月止）
练节晁（12月始）
党组副书记：王志胜（11月始）
党组成员：杨建平（11月止）
杨文珍（1月止）
张丹丹（11月始）
邹宁俊
许文瑾（5月止）
沈慧红（1月始）
任　姣（5月始）
范静娟
检　察　长：吴　超（11月止）
代检察长：练节晁（11月始）
副检察长：练节晁（11月始）
王志胜（11月始）
杨建平（11月止）
杨文珍（1月止）
张丹丹（11月始）
沈慧红（1月始）
政治处主任：许文瑾（5月止）
任　姣（5月始）
检委会专职委员：许文瑾（5月始）
范静娟
沈慧红（1月止）
岑剑平（5月止）

区人民法院
党组书记：傅　勇（12月止）
陈海虹（12月始）
党组副书记：王惠珍（1月止）
党组成员：陈海虹（12月始）
任啸雷
陈章君
曹建波
曹秉军（1月始）
张丹丹（11月止）
杨锦晶
沙　军（1月止）
陈　莹（11月始）
院　　长：傅　勇（11月止）
代 院 长：陈海虹（11月始）
副 院 长：陈海虹（11月始）
王惠珍（1月止）
任啸雷
曹建波
曹秉军（1月始）
张丹丹（11月止）
杨锦晶（11月始）
审判委员会专职委员：戎　波
江　锋（5月始）
蒲巧俊（5月止）
政治处主任：杨锦晶（11月止）
陈　莹（11月始）
执行局局长：沙　军（1月止）
董际峰（1月始）
西郊法庭庭长：卓黎黎
望春法庭庭长：江　锋
鄞江法庭庭长：陈东曙
石碶法庭庭长：袁满君

区人民武装部
部　　长：谢浩军
政治委员：孙明忠（6月止）
韩彬伟（10月始）
副 部 长：李训兵（10月止）
邵志佳（10月始）

宁波市公安局海曙分局
党委书记：宣业靖（12月止）
韩利钢（12月始）
党委副书记：徐联达
邬明汉
党委委员：计　锋
朱小明
任建明
董　文
史　强
钟平波（3月始）
戴金旭（兼）
冯亦斌
潘元龙（3月止）
唐明堂（3月止）
局　　长：宣业靖（12月止）
韩利钢（12月始）
政　　委：徐联达
副 局 长：邬明汉
任建明
董　文（3月始）
史　强
戴金旭（1月始）
潘元龙（3月止）
政治处主任：董　文（3月止）
钟平波（3月始）

海曙交警大队
大 队 长：冯亦斌

教 导 员:张凯军
严 峤
冯静贝
副大队长:周浩峰

宁波市消防救援支队海曙区大队
大 队 长:胡 凯
教 导 员:杨岳华(4月止)
王 锋(4月始)
副大队长:应于波(4月止)
姜小平(4月始)
马 丽
路 庄

【区委工作机构及党群各部门】

区委办公室
主 任:张朝晖(8月止)
李 高(8月始)
副 主 任:周建军(兼,9月止)
童红琴(兼,8月止)
应 彬(兼,9月止)
朱飞龙(兼)
欧益民(兼)
曾桥波(兼,3月止)
孙挺松(兼,3月始)
吴鹤立(8月始)
周小波(兼,8月始)
邱少军(9月始)
宋坚勇(9月始)
宋林权(10月始,12月止)
室务会议成员:朱朝兴(10月止)
范卫东(9月止)
张琳琳
袁德超(9月止)
袁 李(9月始)
狄立新(10月始)
总工程师:张琳琳
台办主任:李 高(12月始)
台办副主任:范卫东(9月止)
袁 李(9月始)
区委机要局局长:袁德超(9月止)
张琳琳(12月始)
国家保密局局长:张琳琳(12月始)
袁德超(9月止)
督查室主任:袁 李(9月止)

区委组织部
部 长:孟 雪(5月始)
常务副部长:丁松江
副 部 长:崔茂华(兼)
曹 蕾(10月止)
王 翔(12月止)
郑利庆(10月始)
朱彩娟(兼,10月止)
曹 蕾(兼,10月始)
钟金龙(兼)
部务会议成员:黎炜华
吕 莲(9月始)
许 晟
毛炯炜
高君恺(9月止)
童 文(9月始)
黄 辛(10月始)
区委直属机关工委书记:
孟 雪(兼,5月始)
区委直属机关工委专职副书记:崔茂华
区委直属机关工委副书记:
叶建洋(9月止)
吕 莲(9月始)
区委两新工委书记:曹 蕾(10月止)
区委两新工委副书记:
郑利庆(10月始)
童 文(9月始)
陈 翔(兼,8月止)
葛巧英(兼,8月止)
陈 亮(兼,8月始)
刘 燕(兼,8月始)
区委人才办常务副主任:
王 翔(12月止)
区委人才办副主任:许 晟

区委宣传部
部 长:张宁辉(12月止)
毛孟军(12月始)
常务副部长:王甬明(8月止)
副 部 长:汪光辉
李苏苗
齐海峰
文明办主任:王甬明(8月止)
齐海峰(10月始)
文明办副主任:齐海峰(10月止)
潘剑武(9月始)
区政府新闻办公室主任:汪光辉
区委网络安全和信息化委员会办公室主任:
李苏苗
区社会科学界联合会主席:李苏苗(兼)
新闻出版局局长:齐海峰
部务会议成员:周照宇
潘剑武(9月始)

区委统一战线工作部
部 长:陆利明
常务副部长:郁建军(8月止)
童红琴(8月始)
副 部 长:陈 翔(8月止)
陆 颖
陈 亮(8月始)
周国平
部务会议成员:狄立新(10月止)

区民族宗教事务局
局 长:周国平

区人民政府侨务办公室
主 任:陆 颖

区归国华侨联合会
主 席:陆 颖
副 主 席:戚圣爱(1月始)

区委政法委员会
书 记:张启表(1月止)
罗仙兵(5月始)
常务副书记:周宏杉
副 书 记:李冠杰(兼)
宣业靖(兼,12月止)
韩利钢(兼,12月始)
周红萍(9月止)
陈 明(9月始)
王肖刚(9月止)
虞建东(9月始)
政治处主任:胡雨红
委 员:傅 勇(兼,12月止)
陈海虹(兼,12月始)
吴 超(兼,12月止)
练节晁(兼,12月始)
徐联法(兼)
史亚培(兼,9月止)
陈学芳(兼,9月始)
周家骥
胡雨红
严 波(兼,9月止)
刘光爱
曾桥波(兼,3月止)
孙挺松(兼,3月始)

区委政策研究室
主 任:应 彬(9月止)
欧益民(9月始)

副 主 任：王晓燕（8月始）
陈旺达（10月始）
张忠汉（10月止）
陈　伟（8月止）

区委机构编制委员会办公室
主　　任：余　解
副 主 任：王芳芳
史明辉（9月止）
马　迪（9月始）

区委、区政府信访局
党组书记：童红琴（8月止）
周小波（8月始）
党组副书记：陈　明（9月止）
党组成员：崔　磊
陈　辉（9月始）
杨　政（9月始）
局　　长：童红琴（8月止）
周小波（8月始）
副 局 长：陈　明（9月止）
高秀峰
陈　辉（9月始）
杨　政（9月始）
督查专员：崔　磊（1月始）

区委老干部局
局　　长：曹　蕾（10月始）
朱彩娟（10月止）
副 局 长：殷丽健
蓝永清

区委党校
校　　长：孟　雪（兼，5月始）
常务副校长：李栽正（8月止）
王甬明（8月始）
副 校 长：朱德伟
庞天录
校务委员会委员：黄晓琴
区行政学院院长：孟　雪（兼，5月始）
区行政学院副院长：
李栽正（兼，8月止）
王甬明（兼，8月始）
朱德伟（兼）
庞天录（兼）
区社会主义学院院长：王懿栋（兼）
区社会主义学院副院长：
李栽正（兼，8月止）
王甬明（兼，8月始）

郁建军（兼，8月止）
童红琴（兼，8月始）
朱德伟（兼）
庞天录（兼）

区档案局
局　　长：欧益民（9月止）
吴鹤立（12月始）

区档案馆
馆　　长：张越男
副 馆 长：纪亚峰
郑蔚蔚

区委党史研究室（区地方志办公室）
主　　任：王培良
副 主 任：汪鹤飞

区总工会
党组书记：吕维共（11月止）
张文莲（12月始）
党组副书记：顾妮妮
党组成员：陆千一
傅颖维（挂职，9月止）
虞杰儿（挂职，11月始）
主　　席：林　兵
副 主 席：吕维共
顾妮妮
陆千一
傅颖维（挂职）
史文娟（兼）
齐小军（兼）

共青团海曙区委员会
书　　记：林　锦（9月止）
曹小波（9月始）
副 书 记：曹小波（9月止）
包超杰（9月止）
陆小腾驾（9月始）
施佳宁（挂职，1月始，
10月止）
施佳宁（10月始）
贝琛颖（挂职，11月始）
孙　珺（挂职，11月始）
孙梦婷（挂职，11月始）
董继业（兼）
杨燚娜（兼，1月始，
4月止）
王崇昌（兼，11月始）

徐　鹏（兼，11月始）
孙家怡（兼，11月始）
陈佳颖（兼，11月始）

区妇女联合会
党组书记：刘　燕（8月止）
施剑萍（10月始）
党组副书记：虞晓晓（9月止）
党组成员：许曹弘（10月止）
欧阳媛斐（挂职，9月止）
蔡幼琴（9月始）
主　　席：刘　燕（8月止）
施剑萍（10月始）
副 主 席：虞晓晓（9月止）
蔡幼琴（9月始）
许曹弘（10月止）
欧阳媛斐（挂职，9月止）
谢芙月（挂职，11月始）
罗红媛（兼）
杜峥嵘（兼）

区残疾人联合会
党组书记：邱少军（9月止）
俞小群（9月始）
党组成员：王慧兰
徐孟雷
史恒峰（挂职，1月始，
9月止）
张　洁（挂职，11月始）
理 事 长：邱少军（9月止）
柳竹青（9月始）
副理事长：王慧兰
徐孟雷
史恒峰（挂职，1月始，
9月止）
张　洁（挂职，11月始）
何镇飚（挂职）
李春根（兼）

区红十字会
党组书记：施剑萍（10月止）
党组成员：陈　臣（兼，12月止）
林　平（兼）
虞晓红（10月始）
名誉会长：孙黎明
会　　长：王懿栋
副 会 长：施剑萍
商满邦
齐海峰（兼）

吴鹤立（兼）
林　平（兼）
於宏华（兼，4月止）
陈　臣（兼）

区工商业联合会
党组书记：陈　翔（8月止）
陈　亮（8月始）
党组成员：倪　容（9月始）
陶香永
王万兴（9月止）
主　　席：张江平
常务副主席：陈　亮（10月始）
副 主 席：陈　翔（8月止）
倪　容（10月始）
陶香永
王万兴（9月止）
蔡水华（兼，10月止）
杨　剑（兼）
马坚挺（兼，10月止）
张阿华（兼，10月止）
徐立勋（兼）
张宵华（兼）
张龙棋（兼）
吴志光（兼）
金建新（兼）
庄　巍（兼）
钱　平（兼，10月止）
王君平（兼）
黄金宝（兼）
徐建昌（兼，10月止）
安　刚（兼）
朱复员（兼）
何耀光（兼）
骆士龙（兼，10月止）
龚浩强（兼）
陈春明（兼）
王善波（兼）
庄开宇（兼，11月始）
刘新宇（兼，11月始）
李　昊（兼，11月始）
吴浩盛（兼，11月始）
陆华昂（兼，11月始）

区关心下一代工作委员会
主　　任：陈小春（5月止）
陈志国（5月始）
常务副主任：蔡赛珍（兼，5月止）
副 主 任：史　敏

区文学艺术界联合会
党组书记：陈建东
党组成员：陈　鸿
徐红辉
主　　席：国　宇
副 主 席：陈建东
陈　鸿
徐红辉

区慈善总会
会　　长：王黎明
副 会 长：黄尚征
管存根
秘 书 长：武　懿

【区人大常委会、区政协机关】

区人大常委会办公室
主　　任：俞国平（8月止）
葛巧英（8月始）
副 主 任：邹有武
张小军（1月始）

区人大监察和司法委员会
主任委员：郁明标

区人大常委会监察和司法工作委员会
主　　任：宋亦农（8月止）
张朝辉（8月始）
副 主 任：范卫东（9月始）

区人大财政经济委员会
主任委员：严关忠

区人大常委会财政经济工作委员会
主　　任：许瑾瑾（9月止）
张承骏（9月始）
副 主 任：史召其

区人大常委会农业与农村工作委员会
主　　任：戴利光
副 主 任：张小军（1月止）
郑国芳（1月始，10月止）
潘宁霞（10月始）

区人大常委会城乡建设环境保护工作委员会
主　　任：林军华（11月止）
王志刚（11月始）
副 主 任：樊华钢

区人大常委会教科文卫民侨工作委员会
主　　任：汪则康（8月止）
李栽正（8月始）
副 主 任：张学军（10月止）
张洪良（10月始）

区人大社会建设委员会
主任委员：王田荣

区人大常委会社会建设工作委员会
主　　任：王田荣（8月止）
朱子凡（8月始）
副 主 任：杨文珍（1月始）

区人大常委会代表工作委员会
主　　任：钱　军
副 主 任：张洪良（10月止）
汪　微（10月始）

区政协机关党组
党组书记：戴亚珍
党组副书记：陈绍旗（10月止）
吴兵云（11月始）
党组成员：杨爱萍（10月止）
陈绍旗
张春波
张忠浩
梁德明（9月止）
陈健雄
吴永华（12月始）

区政协办公室
主　　任：陈绍旗（12月止）
吴兵云（12月始）
副 主 任：朱　宁（12月止）
徐盛芳
毛坚芬（12月始）

区政协提案委员会
主　　任：柳竹青（10月止）
倪耀夫（10月始）
副 主 任：王月忠（10月止）
孙　琴（10月止）

区政协经济和城建资源环境委员会
主　　任：张春波
副 主 任：岑亦波（10月止）
竹　琰（12月始）

区政协农业和农村委员会
主　　任：张忠浩（10月止）
　　　　　吴永华（10月始）
副 主 任：张政一（10月始）

区政协教科卫体文化文史和学习委员会
主　　任：梁德明（10月止）
　　　　　张忠浩（10月始）
副 主 任：金昌卿（3月止）
　　　　　汪志佩（10月始）

区政协社会法制与港澳台侨委员会
主　　任：陈健雄
副 主 任：王勇伟

区政协委员工作委员会
主　　任：杨爱萍（12月止）
　　　　　陈绍旗（12月始）
副 主 任：许玉芬

【区政府工作部门】
区政府办公室
党组书记：裘　骥（10月止）
　　　　　戚燕枫（11月始）
党组副书记：应鹏辉（9月始）
党组成员：柴　炜（12月止）
　　　　　周小波（8月止）
　　　　　徐琦雄
　　　　　蔡　锐
　　　　　蔡军波（9月止）
　　　　　张小飞（10月止）
　　　　　陈　臣（12月止）
　　　　　陈朋豪（12月始）
　　　　　谢鸣鸣（12月始）
　　　　　胡宁军（12月始）
　　　　　陈　伟（8月始）
　　　　　陈　蕾（兼）
　　　　　谢宇川（兼）
主　　任：裘　骥（11月止）
　　　　　戚燕枫（11月始）
副 主 任：戚燕枫（9月始，11月止）
　　　　　柴　炜（12月止）
　　　　　周小波（8月止）
　　　　　蔡　锐
　　　　　蔡军波（9月止）
　　　　　张小飞（11月止）
　　　　　陈　臣（12月止）
　　　　　应鹏辉（9月始）
　　　　　陈朋豪（9月始）
　　　　　谢鸣鸣（9月始）
　　　　　胡宁军（9月始）
　　　　　陈　伟（8月始）
　　　　　陈　蕾（兼）
　　　　　谢宇川（兼）
　　　　　周　高（9月始，12月止）
　　　　　俞鹏宏（9月始）
　　　　　刘　峰（9月始，12月止）
　　　　　方卓毅（11月始）
　　　　　孙正国（挂职，9月止）
流管办副主任：俞俊波（8月止）
督查室主任：周春莉（10月止）

区发展和改革局
党组书记：朱　波
党组副书记：王家栋（9月止）
　　　　　　姚　杰（10月始）
党组成员：应鹏辉（9月止）
　　　　　但涛波（9月止）
　　　　　王　易（9月始）
　　　　　祝松鹤（9月始）
　　　　　叶丹娜（9月始）
局　　长：朱　波
副 局 长：王家栋（9月止）
　　　　　姚　杰（11月止）
　　　　　毛坚芬（11月止）
　　　　　王　易（9月始）
　　　　　祝松鹤（9月始）
总经济师：但涛波（9月止）
　　　　　叶丹娜（9月始）

区经济和信息化局
党组书记：吴汉元（9月止）
　　　　　蔡文质（9月始）
党组成员：张国龙
　　　　　徐　勇
　　　　　李　迪（8月止）
　　　　　华　军（9月始）
　　　　　曹卓琼（10月始）
局　　长：吴汉元（9月止）
　　　　　蔡文质（9月始）
副 局 长：张国龙（9月止）
　　　　　徐　勇
　　　　　李　迪（9月止）
　　　　　夏焕文（11月始）
　　　　　华　军（9月始）
总工程师：夏焕文（11月止）
　　　　　曹卓琼（11月始）

区教育局
党委书记：朱子凡（8月止）
　　　　　陆云峰（8月始）
党委副书记：陈宏虹（9月始）
党委委员：汪志佩（9月止）
　　　　　孙颖莹
　　　　　於宏华
　　　　　胡　锐
局　　长：朱子凡（8月止）
　　　　　陆云峰（8月始）
副 局 长：汪志佩（9月止）
　　　　　陈宏虹（9月始）
　　　　　孙颖莹
　　　　　於宏华
　　　　　余晶晶（挂职，10月始）

区科学技术局
党组书记：王萍锋
党组成员：张　硕（9月止）
　　　　　崔川良
　　　　　应　君
局　　长：王萍锋
副 局 长：崔川良
　　　　　应　君

区科协
主　　席：张　硕（9月止）

区民政局
党组书记：葛巧英（8月止）
　　　　　刘　燕（8月始）
党组副书记：吴鹤立（8月止）
　　　　　　董共茂（9月始）
党组成员：吕　丹（9月始）
　　　　　吕洪军
　　　　　周永存（10月始）
　　　　　蔡幼琴（9月止）
局　　长：葛巧英（8月止）
　　　　　刘　燕（8月始）
副 局 长：董共茂（9月始）
　　　　　韦晓阳
　　　　　吕　丹（9月始）
　　　　　吴鹤立（8月止）
　　　　　蔡幼琴（9月止）

区司法局
党组书记：史亚培（9月止）
　　　　　陈学芳（9月始）
党组副书记：管恩田

党组成员：钱帅华
周春莉（9月始）
朱培珍
局　　长：史亚培（9月止）
陈学芳（9月始）
副 局 长：管恩田
钱帅华
过世荣（9月止）
周春莉（9月始）
政治处主任：朱培珍

区财政局
党组书记：曹　杰（12月止）
朱裕高（12月始）
党组副书记：金群辉
朱裕高（12月止）
党组成员：童　霞
邱顺年
范　颖（12月始）
局　　长：曹　杰（3月止）
副 局 长：金群辉（1月止）
童　霞
邱顺年（1月始）
总会计师：邱顺年（1月止）
范　颖（12月始）

区人力资源和社会保障局
党组书记：钟金龙
党组副书记：王宇峰（9月止）
党组成员：赵开宏
吴春波（9月始）
陈莉萍
局　　长：钟金龙
副 局 长：王宇峰（9月止）
赵开宏
吴春波（9月始）
陈莉萍

区住房和城乡建设局
党委书记：王志刚（11月止）
刘　峰（11月始）
党委副书记：王晨涛（9月止）
朱　克（12月止）
党委委员：王　云
章朝阳（9月止）
丁迪辉（9月止）
陈文烈（9月始）
徐恒宝
高顺伟（挂职，9月止）
魏雷顺（12月始）
任丽迥（12月始）
局　　长：王志刚（11月止）
刘　峰（11月始）
副 局 长：王晨涛（9月止）
屈　庆
丁迪辉（9月止）
陈文烈（9月始）
高顺伟（挂职，9月止）
总工程师：王　云
房管处处长：朱　克（12月止）
房屋管理中心[1]主任：任丽迥（12月始）
公共项目建设管理中心主任：徐恒宝

区交通运输局
党组书记：虞　挺（10月止）
蔡体泉（11月始）
党组副书记：胡宁军（9月止）
党组成员：钟宏朝
周　里
戴国栋（9月始）
宋立刚
林军刚
潘航波（9月止）
局　　长：虞　挺（11月止）
蔡体泉（11月始）
副 局 长：钟宏朝
周　里
胡宁军（9月止）
戴国栋（9月始）
总工程师：吴祖峰
交通运输综合行政执法队队长：
林军刚
公路与运输管理中心主任：
潘航波（9月止）
陈大柱（9月始）

区轨道交通建设推进管理中心
主　　任：虞　挺（10月止）
蔡体泉（12月始）
副 主 任：宋立刚

区农业农村局
党委书记：吴永华（9月止）
沈君达（9月始）
党委副书记：朱建元（9月止）
党委委员：姚明华
黄　伟
鲁朝晖
王南鹤（9月始）
俞继本
俞　琼（9月始）
杨志高
局　　长：吴永华（9月止）
谢飞红（9月始）
副 局 长：朱建元（9月止）
姚明华
黄　伟
潘宁霞（9月止）
鲁朝晖（9月始）
倪耀夫（8月始，9月止）
王南鹤（9月始）
忻　忠（1月止）
总工程师：鲁朝晖（1月始，9月止）
俞　琼（9月始）
综合行政执法队队长：俞继本

区商务局
党组书记：柴惠群
党组成员：柳晓波
卢其能
王　易（9月止）
郑　斌（9月始）
局　　长：柴惠群
副 局 长：柳晓波
卢其能
王　易（9月止）
总经济师：郑　斌（9月始）
区贸促会[2]会长：柴惠群（兼，8月始）
区贸促会专职副会长：陈建立（8月始）

区文化和广电旅游体育局
党组书记：郭　波（9月止）
应　彬（9月始）
党组副书记：许　骥（10月始）
党组成员：王军义（9月始）
俞　岚

① 11月，宁波市海曙区房地产管理处变更为宁波市海曙区房屋管理中心。
② 8月，中国国际贸易促进委员会宁波市海曙区委员会成立。

颜曙宏（10月始）
徐　平
潘剑武（9月止）
局　　长：郭　波（9月止）
应　彬（9月始）
副 局 长：郑国芳（1月止）
许　骥（1月始）
王军义（9月始）
俞　峰（9月止）
俞　岚
综合行政执法队队长：潘剑武（12月止）
颜曙宏（12月始）

区卫生健康局
党委书记：张文莲（12月止）
柴　炜（12月始）
党委副书记：林　平（10月始）
党委委员：戎爱武
刘文虎
林　平（10月止）
王雪芬（9月始）
胡　剑（9月始）
金碧霞
陶　鹏
柴筱燕（9月止）
陈红波（挂职，8月止）
刘御芳（挂职，10月始）
局　　长：张文莲（12月止）
副 局 长：林　平
刘文虎
王雪芬（9月始）
胡　剑（9月始）
柴筱燕（9月止）
陈红波（挂职，8月止）
刘御芳（挂职，10月始）
周祎阳（1月止）

区退役军人事务局
党组书记：章　静
党组成员：董一斌
汪丛健
局　　长：章　静
副 局 长：董一斌
汪丛健

区应急管理局
党委书记：吴兵云（11月止）
陆勇敢（11月始）
党委副书记：张政一（9月止）
党委委员：童祖洪
周斌朝
陈　刚（9月止）
李华国（9月止）
周　开（9月始）
陈小白（9月始）
赖泉添（9月始）
局　　长：吴兵云（11月止）
陆勇敢（11月始）
副 局 长：张政一（9月止）
童祖洪
周斌朝
陈　刚（9月止）
李华国（9月止）
周　开（9月始）
陈小白（9月始）
赖泉添（9月始）
总工程师：童祖洪（9月止）
陈小白（9月始）

区审计局
党组书记：卢纳新
党组副书记：沈海江
党组成员：周学军
范　颖
魏雷顺
局　　长：卢纳新
副 局 长：沈海江
周学军
总审计师：范　颖
区经责联办主任：魏雷顺

区市场监督管理局
党委书记：张承骏（9月止）
陶　宁（9月始）
党委副书记：蔡水华
党委委员：方晓东
蔡红辉
董　斌
陈国军
张剑杰
钱　草
马连超
局　　长：张承骏（9月止）
陶　宁（9月始）
副 局 长：蔡水华
洪　煜（11月止）
方晓东
蔡红辉
董　斌
钱　草（11月始）
总工程师：陈国军
综合行政执法队队长：张剑杰

区统计局
党组书记：陈　亮（8月止）
李　迪（8月始）
党组成员：竺　青
局　　长：李　迪（9月始）
副 局 长：竺　青
戴飞挺（9月始）
总统计师：戴飞挺（9月止）

区医疗保障局
党组书记：金　莹
党组副书记：周祎阳
党组成员：赖泉添（9月止）
方华锋
程　格（10月始）
局　　长：金　莹
副 局 长：毛文辉（1月止）
周祎阳（1月始）
方华锋（1月始）

区综合行政执法局
党委书记：卢洪波
党委副书记：谢跃伟（9月始）
党委委员：童　威
徐　峰
史　鸿（9月止）
徐霄雷
周　颖（9月始）
局　　长：卢洪波
副 局 长：谢跃伟
童　威
徐　峰
史　鸿（9月止）
徐霄雷（9月始）
智慧城管中心主任：周　颖（9月始）
徐霄雷（9月止）
直属中队中队长：周　颖（9月止）

区经济合作局
党组书记：曹　磊（6月止）
俞建江（8月始）
党组副书记：竺志军
党组成员：江朝晖
竹　琰（10月止）

黄建荣（10月始）
局　　长：曹　磊（8月止）
曾　徐（9月始）
副 局 长：倪耀夫（8月止）
竹　琰（11月止）
竺志军（11月始）
招商中心主任：竺志军（11月止）
黄建荣（11月始）

天一阁·月湖景区管理委员会
党工委书记：李　平（5月止）
党工委委员：王保学（5月止）
唐震毅（5月止）
斯玉梅（5月止）
天一阁·月湖景区管理委员会主任：
李　平（1月始，5月止）
天一阁·月湖景区管理委员会副主任：
王保学（1月始，5月止）
唐震毅（1月始，5月止）
斯玉梅（1月始，5月止）
综合办公室副主任：斯玉梅（1月止）
景区与文化旅游管理部副部长：
唐震毅（1月止）
许继忠（1月止）
天一阁·月湖景区管理服务中心副主任：
裘燕萍

天一阁·月湖景区管理办公室①
党组②书记：李　平（5月始，8月止）
郁建军（8月始）
党组成员：王保学（5月始）
唐震毅（5月始）
斯玉梅（5月始）
天一阁·月湖景区管理办公室主任：
李　平（5月始，8月止）
郁建军（8月始）
天一阁·月湖景区管理办公室副主任：
王保学（5月始）
唐震毅（5月始）
斯玉梅（5月始）
天一阁·月湖景区管理服务中心主任：
裘燕萍（1月始）

望春工业园区管理委员会
党工委书记：王　煦（10月止）
裘　骥（10月始）
党工委副书记：蔡文质（9月止）
马　能
高红伟（9月始）
党工委委员：周　丽
张　峰（8月始）
胡持恒（9月止）
主　　任：蔡文质（9月止）
高红伟（9月始）
副 主 任：陈晓伟（1月止）
马　能（1月始）
周　丽（1月始）
胡持恒（9月止）

区政务服务办公室
党组书记：李冠杰
党组副书记：王明波
党组成员：陈明传（9月止）
陈静儿
龚安君
范季宇（9月始）
徐丽莉（挂职，8月止）
主　　任：王明波
副 主 任：陈明传（9月止）
龚安君（1月始）
范季宇（9月始）
徐丽莉（挂职，8月止）
张赛霞（挂职，10月始）
区行政审批服务中心副主任：陈静儿

区机关事务管理局
党组书记：谢宇川
党组副书记：王海敏
党组成员：李中杰（9月止）
单丽君（9月始）
局　　长：谢宇川
副 局 长：王海敏
李中杰（9月止）
单丽君（9月始）
接待办主任：袁德超（9月止）

区金融发展服务中心
党组书记：王宗成（9月止）
蔡　锐（12月始）
党组成员：陈海云
主　　任：王宗成（9月止）
副 主 任：童绍数
陈海云

区大数据发展服务中心
党组书记：方卓毅（10月止）
张小飞（10月始）
党组成员：周存东
冯琦峰
主　　任：方卓毅（11月止）
张小飞（11月始）
副 主 任：周存东
冯琦峰

宁波（国际）电子商务产业园管理中心
党组书记：俞建江
党组成员：余　妮
曹卓琼（10月止）
郝　燕（10月始）
主　　任：俞建江
副 主 任：余　妮
曹卓琼（11月止）
郝　燕（11月始）

区供销合作社联合社
党组书记：胡小峰（8月始）
党组成员：张明伦
葛荣伟（9月始）
潘信伟（9月止）
主　　任：胡小峰（8月始）
副 主 任：张明伦
葛荣伟（9月始）
潘信伟（9月止）

区国有资产管理中心
党组书记：金群辉
党组成员：王　海
张郁苍
主　　任：金群辉（1月始）
副 主 任：王　海（1月始）
张郁苍（1月始）

81890求助服务中心
党组书记：陈　蕾
党组成员：张建儿

① 5月，宁波市天一阁·月湖景区管理委员会变更为宁波市天一阁·月湖景区管理办公室。
② 5月，建立中共宁波市天一阁·月湖景区管理办公室党组，撤销中共宁波市天一阁·月湖景区工作委员会。

主　　任：陈　蕾
副 主 任：曾　徐（9月止）
　　　　　张建儿
　　　　　周　含（9月始）

区社会矛盾纠纷调处化解中心
党组书记：张启表（兼，1月止）
　　　　　罗仙兵（5月始）
党组副书记：朱飞龙
党组成员：孟浩军
　　　　　刘光爱
　　　　　谢　岚
主　　任：朱飞龙
副 主 任：孟浩军（1月始）
　　　　　刘光爱
　　　　　谢　岚（1月始）
　　　　　陈　明（兼，9月止）

区工业园区升级改造推进管理中心
党组①书记：王　旭（9月始）
党组成员：范蕾蕾（9月始）
　　　　　竺洪波（9月始）
主　　任：王　旭（9月始）
副 主 任：王　旭（1月始，8月止）
　　　　　范蕾蕾（9月始）
　　　　　竺洪波（9月始）

区全媒体中心
主　　任：汪光辉
副 主 任：周　波
　　　　　续大治（8月止）
　　　　　管丽霞（9月始）

区南站广场区域综合管理办公室
党组书记：陆勇敢（11月止）
　　　　　陈　臣（12月始）
党组成员：郑　伟
　　　　　袁卫东
　　　　　陈国钦
　　　　　舒群贤
主　　任：陆勇敢（12月止）
　　　　　陈　臣（12月始）
副 主 任：王保学（1月止）
　　　　　袁卫东
　　　　　舒群贤（1月始）

南站区域开发建设管理中心
党组书记：陆勇敢（11月止）
　　　　　陈　臣（12月始）
主　　任：史卫东（兼）
常务副主任：陆勇敢（12月止）
　　　　　　陈　臣（12月始）
副 主 任：张　明（兼，12月止）
　　　　　张东波（9月始）
　　　　　王　翔（兼，12月始）

客运站综管中心
主　　任：郑　伟

区房屋征收管理服务中心（区重点工程建设指挥部）
党组书记：郭文光
党组成员：陆海红
　　　　　楼力力
　　　　　王　旭
　　　　　钟箴吾
主　　任：郭文光
副 主 任：陆海红
　　　　　楼力力
　　　　　王　旭（1月止）
　　　　　钟箴吾（1月始）

石碶市场区管理中心
党委书记：马苏君
党委委员：张东波（9月止）
主　　任：马苏君（1月始）
　　　　　陈健宏（1月止）
副 主 任：张东波（9月止）

区旧村改造管理服务中心
党组书记：陆德峰（9月止）
　　　　　林军华（10月始）
党组成员：张东波（9月始）
主　　任：陈华峰
副 主 任：陈小勇（1月止）
　　　　　余万儿（1月始）

海曙开发建设投资集团有限公司
党委书记：孙建强（11月止）
　　　　　朱　克（12月始）
党委副书记：许继忠
　　　　　　丁迪辉（9月始）
党委委员：刘晓亮
　　　　　钟招娣
　　　　　李悠悠
　　　　　叶属敏
　　　　　程　屹（挂职，8月止）
董 事 长：孙建强（12月止）
　　　　　朱　克（12月始）
总 经 理：孙建强（9月止）
　　　　　丁迪辉（9月始）
纪委书记：李悠悠
副总经理：刘晓亮
　　　　　钟招娣
　　　　　叶属敏
　　　　　程　屹（挂职，8月止）

海曙国有资本投资经营集团有限公司
党委书记：陈晓虎
党委副书记：唐震毅（挂职，12月始）
　　　　　　唐海亮（9月始）
党委委员：张　翼
　　　　　虞盈浩
　　　　　黄　芳
董 事 长：陈晓虎
总 经 理：陈晓虎（9月止）
　　　　　唐海亮（9月始）
纪委书记：黄　芳
副总经理：张　翼
　　　　　虞盈浩

【市直属管理单位】
宁波市自然资源和规划局海曙分局
党组书记：林　峰
党组副书记：苏敏敏
党组成员：蔡　洁
　　　　　王爱民
　　　　　邓　勇
　　　　　杨幼堂
　　　　　刘　纲
　　　　　尚玉辉
局　　长：林　峰
副 局 长：蔡　洁
　　　　　苏敏敏
　　　　　邓　勇
　　　　　杨幼堂
　　　　　刘　纲
　　　　　陆祖军（6月止）

---

① 9月，建立宁波市海曙区工业园区升级改造推进管理中心党组。

海曙区税务局

党委书记：周一伦（11月止）
　　　　　章　程（11月始）
党委委员：汪光明（3月止）
　　　　　叶华龙（3月止）
　　　　　马　鸿（4月始）
　　　　　胡鑫娟
　　　　　林　萍
　　　　　薛建新
　　　　　朱识华（12月止）
　　　　　吴　斌（4月止）
　　　　　顾明杰（5月始）
局　　长：周一伦（11月止）
　　　　　章　程（11月始）
副 局 长：汪光明（3月止）
　　　　　叶华龙（3月止）
　　　　　胡鑫娟
　　　　　林　萍
　　　　　薛建新
　　　　　朱识华（12月止）
　　　　　顾明杰（5月止）
纪检组组长：吴　斌（4月止）
　　　　　　马　鸿（4月始）
总经济师：顾明杰（5月始）

宁波市生态环境局海曙分局

党组书记：周宏华
党组成员：吴雪峰
　　　　　钟明荣
　　　　　王　鹏
　　　　　黄　君
局　　长：周宏华
副 局 长：吴雪峰
　　　　　钟明荣
　　　　　王　鹏
海曙区生态文明建设服务中心主任：
　　　　　王　娜（1月始，9月止）
　　　　　雷　军（11月始）

区气象局

党组书记：周伟军
党组成员：曹艳艳（1月止）
　　　　　俞科爱（1月始）
　　　　　骆后平（6月始）
局　　长：周伟军
副 局 长：曹艳艳（1月止）
　　　　　俞科爱（1月始）
　　　　　骆后平（6月始）

【镇（乡）街道机构】

集士港镇

党委书记：王　煦（10月止）
　　　　　裘　骥（10月始）
党委副书记：庞勤峰（9月止）
　　　　　　王宗成（9月始）
　　　　　　鲍科臻（9月止）
　　　　　　成科峰（9月始）
　　　　　　虞建东（9月止）
　　　　　　陶伟儿（9月始）
党委委员：崔凯业（9月始）
　　　　　黄秋农
　　　　　成科峰（9月止）
　　　　　方　宇（9月始）
　　　　　陈昕怡（9月始）
　　　　　孙　赟（9月始）
　　　　　袁浩杰（9月止）
　　　　　黄贤波
　　　　　陈　莹（9月止）
　　　　　戴金旭
　　　　　李　昀（挂职，10月始）
人大主席：朱伟军（9月止）
　　　　　张　硕（9月始）
人大副主席：王益明
镇　　长：庞勤峰（9月止）
　　　　　王宗成（9月始）
常务副镇长：崔凯业（9月始）
副 镇 长：徐　鋆（9月止）
　　　　　张　斌（9月始）
　　　　　陈明芳
　　　　　戴国栋（1月始，9月止）
　　　　　胡持恒（9月始）
　　　　　陈　莹（9月止）
　　　　　袁浩杰（9月始）
纪委书记：黄秋农
妇联主席：陈　莹（9月止）
　　　　　陈昕怡（9月始）
资源配置和审批服务中心主任：王益明
镇综合执法局局长（更名为应急管理所所长）：
　　　　　袁浩杰（2月止）
人武部部长：黄贤波
总工会主席：方　宇

古林镇

党委书记：周　高（9月止）
　　　　　王光阳（9月始）
党委副书记：林小红（5月始）
　　　　　　何　舜
　　　　　　胡剑峰（9月始）
党委委员：张　亮（9月始）
　　　　　忻黎黎（9月始）
　　　　　徐访伟（9月始）
　　　　　洪　琦
　　　　　李　琳（9月始）
　　　　　杨　波
　　　　　孙晓飞
　　　　　吴春波（9月止）
　　　　　周　开（9月止）
　　　　　李晓明（9月止）
人大主席：凌旭涛
人大副主席：王剑芳（9月止）
　　　　　　李晓明（9月始）
镇　　长：林小红（5月始）
副 镇 长：袁晓芳
　　　　　潘航波（9月始）
　　　　　吕　杰（9月始）
　　　　　周章波（9月始）
　　　　　张　亮（9月止）
　　　　　王南鹤（9月止）
　　　　　崔凯业（9月止）
纪委书记：吴春波（9月止）
　　　　　忻黎黎（9月始）
人武部部长：孙晓飞
总工会主席：金　琴

高桥镇

党委书记：俞鹏宏（9月止）
　　　　　段谟法（9月始）
党委副书记：陈明珉（9月止）
　　　　　　谢鸣鸣（9月止）
　　　　　　朱华鑫（9月始）
　　　　　　吴建军（9月始）
　　　　　　徐　辉（9月始）
党委委员：叶　华（9月始）
　　　　　余伟曙
　　　　　陈　辉（9月止）
　　　　　施鹤峰（9月止）
　　　　　邱晓凯（9月始）
　　　　　舒　沁
　　　　　陈　峰（9月始）
　　　　　司耀锋
　　　　　胡意伟
人大主席：沈东晓
人大副主席：费坚勇（12月止）
　　　　　　齐朋飞（12月始）
镇　　长：陈明珉（9月止）
　　　　　朱华鑫（12月始）
副 镇 长：叶　华

徐　辉（9月止）
袁德超（12月始）
钱　洪
严邵辉（9月止）
周鼎立（12月始）
费坚勇（12月始）
纪委书记：余伟曙
总工会主席：张亚飞

横街镇
党委书记：王贤勇
党委副书记：马　强（9月止）
杨剑云（9月止）
应　俊（9月始）
毛亚君
党委委员：张　旺
张　斌
姚焕杰
戚聪波
吴薇静（9月止）
皇甫珏敏（9月始）
毛科杰
人大主席：章红霞（8月止）
田艳晖（12月始）
人大副主席：严红杰（12月止）
镇　　长：马　强（12月止）
应　俊（12月始）
副 镇 长：华　军（12月止）
陈　洪（12月止）
吴薇静（1月始）
周鼎立（12月止）
包超杰（12月始）
陈　侃（12月始）
胡瀚杰（12月始）
周燕娜（12月止）
纪委书记：张　旺
总工会主席：毛科杰（1月止）
应启万（1月始）

鄞江镇
党委书记：陆云峰（8月止）
葛石松（9月始）
党委副书记：叶夏凯（9月止）
应徐捷（9月始）
俞俊波
党委委员：陈松苗（9月止）
邵黎颖（9月始）
杨　政（9月止）
严　波（9月始）
吕　莲（9月止）
冯　捷（9月始）
叶　彪（9月止）
石婉羚（9月始）
陈　波
范立峰
人大主席：陈坚平
人大副主席：童盈国（9月止）
镇　　长：叶夏凯（9月止）
应徐捷（12月始）
副 镇 长：王　娜（12月始）
陶志红
叶　彪
陈文烈（9月止）
童若飞（12月始）
纪委书记：陈松苗（9月止）
邵黎颖（9月始）
人武部部长：陈　波
总工会主席：陆　骥

洞桥镇
党委书记：林丹枫
党委副书记：朱灵勇
吴建军（9月止）
邬钢环（9月始）
党委委员：周燕娜（9月止）
程晓云（9月始）
应功明
李锡备
周风云（9月止）
金鹏飞（9月始）
白艳辉（9月止）
路德峰（12月始）
王　勇
王珊珊（9月始）
人大主席：沈功海（9月止）
路德峰（12月始）
人大副主席：俞国军（9月止）
镇　　长：朱灵勇
副 镇 长：周燕娜
全立伟
祝松鹤（9月止）
王松涛（12月始）
邹凌枫
纪委书记：周风云（9月止）
金鹏飞（9月始）
人武部部长：应功明
总工会主席：降　旭

章水镇
党委书记：陈学芳（9月止）
叶夏凯（9月始）
党委副书记：胡小峰（8月止）
吕大元
林　锦（9月始）
党委委员：陈峥嵘
郑　梅（9月始）
陈　静（9月始）
吕　佳（9月始）
郑宏国（9月始）
马森淼
严　波（9月止）
王　杰（9月止）
陈旭亚（9月止）
蔡静静（9月止）
严炳君（9月止）
霍斯科（挂职，10月始）
人大主席：羊文远
人大副主席：李红伟（9月止）
镇　　长：胡小峰（8月止）
吕大元（12月始）
副 镇 长：钟　凯（12月始）
吴　昊
蔡静静（12月始）
徐露鸣
陈旭亚（8月止）
严炳君（9月止）
纪委书记：蔡静静（9月止）
郑　梅（9月始）
人武部部长：陈峥嵘
总工会主席：郑宏国（9月止）
刘　中（10月始）

龙观乡
党委书记：宋林权（10月止）
虞　挺（10月始）
党委副书记：林小红（5月止）
董共茂（9月止）
叶建洋（9月始）
翟羽佳（5月始）
党委委员：许　琦（9月始）
徐尚之（9月始）
陈　平
谢　堃
朱建波（9月始）
刘建华（9月止）
徐华儿（9月止）
人大主席：王良峰

人大副主席：蒋召君
乡　　长：林小红（5月止）
　　　　　翟羽佳（5月始）
副 乡 长：朱锦良（12月始）
　　　　　史恒峰（12月始）
　　　　　钱文君
　　　　　王　攀（12月始）
　　　　　钱剑锐（9月止）
　　　　　胡瀚杰（9月止）
　　　　　徐华儿（9月止）
纪委书记：刘建华（9月止）
　　　　　许　琦（9月始）
人武部部长：陈　平
总工会主席：王　攀

石碶街道
党工委书记：戚燕枫（9月止）
　　　　　　孙妙芳（9月始）
党工委副书记：孙妙芳（9月止）
　　　　　　　朱华鑫（9月止）
　　　　　　　杨剑云（9月始）
　　　　　　　杨武军（9月始）
　　　　　　　白艳辉（9月始）
党工委委员：陈　云（9月始）
　　　　　　严　皓
　　　　　　应徐捷（9月止）
　　　　　　王　杰（9月始）
　　　　　　王军义（9月止）
　　　　　　周立刚
　　　　　　陈　洪（9月始）
　　　　　　陈　桥（9月止）
　　　　　　孔　军
　　　　　　郑　斌
人大工委主任：崔锡朋
人大工委副主任：许惠苏（1月止）
　　　　　　　　陈晓伟（1月始）
办事处主任：孙妙芳（9月止）
　　　　　　杨剑云（9月始）
办事处副主任：杨武军（9月止）
　　　　　　　徐　鋆（9月始）
　　　　　　　徐　钢
　　　　　　　董　郑（9月止）
　　　　　　　陈旭亚（9月始）
　　　　　　　陈　云
　　　　　　　陈　桥（9月始）
纪工委书记：严　皓
人武部部长：孔　军
总工会主席：乐嘉颖（9月止）
　　　　　　史微微（11月始）

月湖街道
党工委书记：沈君达（9月止）
　　　　　　潘玲玲（9月始）
党工委副书记：潘玲玲（9月止）
　　　　　　　王家栋（9月始）
　　　　　　　何云峰
党工委委员：李胜泓（9月止）
　　　　　　乐嘉颖（9月始）
　　　　　　杜翼飞（9月止）
　　　　　　徐佩娜（9月始）
　　　　　　李　虎
　　　　　　刘光红（9月止）
　　　　　　郭勇伟（9月止）
　　　　　　陆金明（9月止）
　　　　　　严炳君（9月始）
人大工委主任：沈君达（8月止）
　　　　　　　陈　翔（8月始）
人大工委副主任：余金莲（9月止）
办事处主任：潘玲玲（9月止）
　　　　　　王家栋（9月始）
办事处副主任：刘光红（9月止）
　　　　　　　应　俊（9月止）
　　　　　　　徐佩娜（9月止）
　　　　　　　陆金明（9月始）
　　　　　　　吴剑勇（9月始）
　　　　　　　袁　怡（9月始）
纪工委书记：李胜泓（9月止）
　　　　　　乐嘉颖（9月始）
人武部部长：陆金明
总工会主席：王　昶

西门街道
党工委书记：庞勤峰（9月始）
　　　　　　金凌峰（9月止）
党工委副书记：马　强（9月始）
　　　　　　　葛石松（9月止）
　　　　　　　虞晓晓（9月始）
　　　　　　　陈朋豪（9月止）
党工委委员：邱婕枫（9月始）
　　　　　　范季宇（9月止）
　　　　　　王　辉（9月始）
　　　　　　邬钢环（9月止）
　　　　　　傅颖维（9月始）
　　　　　　马　迪（9月止）
　　　　　　王　亮
　　　　　　张多国（9月止）
　　　　　　倪晓峰（10月止）
　　　　　　丁朝炯（9月止）
人大工委主任：沈　健
人大工委副主任：张多国（10月始）
　　　　　　　　周海君（10月止）
办事处主任：葛石松（9月止）
　　　　　　马　强（9月始）
办事处副主任：张多国（9月止）
　　　　　　　方晶超（9月始）
　　　　　　　姜文善（9月止）
　　　　　　　丁朝炯（9月始）
　　　　　　　孙　琴（9月止）
　　　　　　　董　郑（9月始）
纪工委书记：邱婕枫（9月始）
　　　　　　范季宇（9月止）
人武部部长：丁朝炯
总工会主席：徐孝军

江厦街道
党工委书记：陶　宁（9月止）
　　　　　　黄　伟（9月始）
党工委副书记：邵　辉
　　　　　　　高红伟（9月止）
　　　　　　　史明辉（9月始）
党工委委员：张莉珠（9月止）
　　　　　　李胜泓（9月始）
　　　　　　陈育超（9月始）
　　　　　　翟羽佳（5月止）
　　　　　　陈盛杰（8月止）
　　　　　　岑亦波（9月始）
　　　　　　汪渊群
　　　　　　赵　枫
　　　　　　陈　鸣（3月止）
　　　　　　任志军
　　　　　　陈志波（9月始）
人大工委主任：田艳辉（9月止）
　　　　　　　周建军（9月始）
人大工委副主任：童盈国（9月始）
办事处主任：邵　辉
办事处副主任：赵　枫
　　　　　　　陈　鸣（4月止）
　　　　　　　郑　斌（9月止）
　　　　　　　李天波
　　　　　　　李中杰（9月始）
纪工委书记：张莉珠（9月止）
　　　　　　李胜泓（9月始）
人武部部长：任志军
总工会主席：陈育超

南门街道
党工委书记：王　翔（12月始）
　　　　　　张　明（12月止）

党工委副书记：王肖刚（9月始）
高君恺（9月始）
王光阳（9月止）
宋坚勇（9月止）
党工委委员：陈　照
黄　扬（9月始）
陈小意
欧阳媛斐（9月始）
吴志杰
仇　磊
陶伟儿（9月止）
赵军连（9月止）
人大工委主任：王晨涛（9月始）
张　明（9月止）
人大工委副主任：叶　华
办事处主任：王肖刚（9月始）
王光阳（9月止）
办事处副主任：张　萍
林云乾
王　斐
赵军连（9月始）
纪工委书记：陈　照
人武部部长：仇　磊（9月始）
赵军连（9月止）
总工会主席：叶潇滟

鼓楼街道
党工委书记：范建杰
党工委副书记：黄　伟（9月止）
郭勇伟（9月始）
党工委委员：王　慧
张小飞
贝春芬
林江波（9月止）
谢恒翀
胡剑峰（9月止）
人大工委主任：张传泉
办事处主任：黄　伟（9月止）
黄　江（9月始）
办事处副主任：徐海平
林江波（9月止）
周　甍
胡剑峰（9月止）
吴立波（9月始）
纪工委书记：王　慧
人武部部长：谢恒翀

总工会主席：韩善明

白云街道
党工委书记：李　高（8月止）
陈明珉（9月始）
党工委副书记：段谟法（9月止）
陈　聪（9月始）
崔　昱
党工委委员：梁伟建（9月止）
陈明传（9月始）
吕　丹（9月止）
王　清（9月始）
邵　强
邵黎颖（9月止）
徐华儿（9月始）
陆子凯
韩多奇
人大工委主任：费春华（1月始）
人大工委副主任：严红杰（9月始）
办事处主任：段谟法（9月止）
陈　聪（9月始）
办事处副主任：陆子凯（9月止）
但涛波（9月始）
蔡　成
李　霞
纪工委书记：梁伟建（9月止）
陈明传（9月始）
人武部部长：邵　强（9月止）
陆子凯（9月始）
派出所所长：韩多奇
总工会主席：张兴丁

望春街道
党工委书记：蔡　宁
党工委副书记：刘　锋（9月止）
王宇峰（9月始）
郑利庆（10月止）
杜翼飞（9月始）
党工委委员：任明海
胡　超
徐科静
励成静
张齐文
徐鹏飞
人大工委主任：林华伟（9月止）
鲍科臻（9月始）

人大工委副主任：徐有富（9月止）
许晓彤（9月始）
办事处主任：刘　锋（9月止）
王宇峰（9月始）
办事处副主任：余万儿（1月止）
贺　峰
柴利伟（9月始）
张齐文
李春梅
杜立峰（9月始）
纪工委书记：任明海
人武部部长：徐鹏飞
总工会主席：姚利桥

段塘街道
党工委书记：庄　宏
党工委副书记：刘　鸣
陈　聪（9月止）
金俊飞（9月始）
党工委委员：陈　俊（9月止）
赵　一（9月始）
陈宏虹（9月止）
汪　鹰（9月始）
徐芦芳
屠　磊（9月始）
陈小白（9月止）
钱剑锐（9月始）
于志强（9月始）
人大工委主任：曹新平（9月止）
周红萍（9月始）
人大工委副主任：邹月萍
办事处主任：刘　鸣
办事处副主任：汪　波
倪　容（9月止）
许曹弘（11月始）
陈梁晦（1月始）
陈巨刚（9月始）
许晓彤（9月止）
舒群贤（1月止）
纪工委书记：陈　俊（9月止）
赵　一（9月始）
人武部部长：陈小白（9月止）
钱剑锐（9月始）
总工会主席：黄　雁（1月始）

（组织部核对）

中国共产党海曙区委员会

综 述

【概况】 2021年，面对错综复杂的宏观形势、艰巨繁重的发展任务，海曙区认真贯彻中央和省、市各项决策部署，扎实推进“六稳”“六保”，疫情防控工作和经济社会发展取得突出成绩。全年实现地区生产总值1400.63亿元，比上年同期增长9.2%，增速位居全市第一；完成财政总收入225.31亿元，增长19.9%；一般公共预算收入129.7亿元，增长12%；按户籍人口计算的人均地区生产总值21.89万元，增长8.5%，达到高收入经济体水平。

高质量发展行稳致远。产业结构不断优化，三次产业结构为1.2:30.5:68.3，其中第三产业对地区生产总值增长的贡献率达69.8%，信息服务业对地区生产总值贡献实现“零”的突破；固定资产投资比上年同期增长15.4%，其中民间投资占比达72.8%；实现货物进出口总额844.6亿元，增长14.6%；全年合同利用外资129939万美元，实际利用外资6612万美元。龙头引领更加凸显，深入实施“十大三年行动计划”，6家企业入选省“民营企业200强”，7家企业入围市“制造业50强”。创新赋能形成示范，全年财政投入科技经费3.72亿元，科技信贷风险池服务科技企业35家次，全年累计授信额度近1亿元，翠柏里创新街区启动建设，入围“科创中国”省级试点区。人才工作成果颇丰，宁波“人才之家”和海曙人才创业园建成运营，建成3家海外引才引智工作站、3家省级博士后工作站，“3315系列计划”人才入选数连续三年位居全市第一，“甬江引才工程”人才入选人数全市第二，全区人才总量达到24.58万人。生态文明不断巩固，全域创建污水零直排区，水环境功能达标率100%，市控以上断面水质优良率88.9%，集中式饮用水源地水质继续保持100%达标，空气质量优良率达94.4%，城镇生活垃圾分类覆盖面保持100%，环境质量达到监测评价以来最优水平。开展四明山片区生物多样性本底调查，启动建设生物多样性体验基地。

高铁穿城而过

全面深化改革效果显著。围绕“1+7+N”的改革工作体系，推进各领域各方面改革系统集成、协同高效，在全省2021年度全面深化改革考评中获得优秀，新增全国县域共青团基层组织改革试点等16项省部级改革试点，“统分沉”改革（功能资源综合、政务居务分类、治理重心下沉）获评入选“全国市域社会治理创新优秀案例”。深入开展数字化改革，“甬信培”、服装产业大脑、数字外贸平台等场景应用成为全省示范，成功创建省级智能工厂操作系统创新中心，司法部“智慧矫正”现场会、全市“5G+工业互联网”现场会在海曙区召开，在全省率先建立“重大项目前期服务”模块，在全市率先实现“链上救助”服务联合体线上线下运营，“基于步态识别技术的重点对象管控”项目被公安部列入重点推广项目，基层公权力大数据监督应用获评省“改革突破奖金奖”，数字经济、数字社会等领域均取得较好成绩。

共富样板建设扎实推进。打造6张民生“专曙”名片。全年建成学校(幼儿园)8所、“未来学校”5所，获评省“艺术教育实验区”。新增3岁以下托育机构9家，新增托位569个，设立婴幼儿照护服务站点17个，改造升级公共场所母婴设施48个，成功创建省“健康促进区”。全年新建1个区域性居家养老服务中心、1家示范型居家养老服务中心，适老化改造397户困难老年人家庭，养老服务设施基本实现全覆盖。户籍人口养老保险参保率为99.4%，户籍人口医疗保险参保率达99.91%，困难群众医疗保险覆盖率达100%，45家定点医疗机构实现跨省异地就医直接结算，紧密型医联体格局加速构建。获评“全国示范型退役军人服务中心”。举办纪念宁波建城1200周年系列活动，望京门遗址公园建成投用。创成省“公共文化服务体系示范区”，完成1个体育公园、1个村级全民健身广场、2个社区多功能运动场、9个百姓健身房建设。全年城镇新增就业33457人，城镇失业人员实现再就业7441人，就业困难人员再就业3760人，新增大学生创业545人，累计发放创业贷款1.22亿元。实现城镇居民人均可支配收入78195元，比上年同期增长9.5%；农村居民人均可支配收入43689元，增长9.5%。

城乡建设格局持续优化。全年新开工项目181项，年末共有各类在建项目435项，其中计划总投资亿元以上项目165项，5亿元及以上项目90项。扎实推进“精特亮”(精品路线、特色街区、亮点工程)创建，4条精品线路、4个特色街区、20个亮点工程快速推进，完成投资超80亿元。加快转化十大重大前期项目，四明山环线公路、区中心福利院、区中心粮库、水利博物馆等一批项目加速推进。梯次开发十大重点区块，丁家湾、三市里、五江口等区块取得实质性突破。鄞江堤防等水利工程快速推进，五江口闸及上游配套河道工程获评省建设工程质量最高奖——“钱江杯”。改造旧住宅、旧厂区、城中村总计283.4万平方米，完成82个老旧小区改造提升，涉及面积450万平方米，惠及居民4.7万户。全域国土空间综合整治启动实施，藕池等101个工业园区升级改造项目全面启动，18个征迁项目实现拔钉清零。

应对风险挑战坚强有力。始终坚持人民至上、生命至上，加快构建统一指挥、快速反应的疫情防控体系，强化区域协查等措施，进一步织密织牢疫情防控网络，面对历史罕见的“烟花”台风，全区上下团结一心、众志成城，累计转移近10万人，实现“不死人、少伤人、少损失”目标，第一时间研究灾后运行恢复方案，制定六大类工作清单、细化15项工作任务，及时开展总结复盘工作。全年各行业领域累计排查隐患3071项，未发生死亡3人以上较大生产安全事故。连续17年被评为省“平安区”。圆满完成中国共产党成立100周年、十九届六中全会等重大时间节点维稳安保任务。

党的建设常抓不懈。始终坚持党要管党、全面从严治党，严格落实主体责任，不断深化思想教育，学懂弄通做实习近平新时代中国特色社会主义思想，组织庆祝中国共产党成立100周年系列活动，深入学习宣传中共十九届六中全会精神，不折不扣落实省委巡视、“七张问题清单”整改工作。召开区第十次党代会，高质量完成区、乡镇、村社组织换届。持续建强“锋领网格”，实现辖区内党组织全覆盖，涌现出“党建帮办”“红海行动”等一批典型品牌，“81890”获评“全国先进基层党组织”。区委党校开工建设。持续完善监督体系，一体推进“三不”机制建设，始终保持惩治腐败高压态势，驰而不息纠治“四风”，召开全区警示教育大会，以案为鉴、以案促改，深化纪检监察体制改革，推动纪律监督、监察监督、巡察监督、审计监督等各类监督贯通融合，持续推进“清廉海曙”建设。

加强党的全面领导。支持人大依法行使职权，持续健全完善标准化代表联络站、“代表钉”、“代表直通车”等履职平台，更好发挥人大制度优势。支持政协按章履职，持续健全完善“请你来协商”、委员工作室、民生议事堂等载体机制，充分发挥协商民主重要渠道和专门协商机构作用。深化法治建设，获评全国优秀人民法院、全省检察工作先进院。统一战线事业蓬勃发展，多党合作、民族宗教、港澳台侨和乡贤工作成效明显，大统战格局进一步巩固。党管武装不断强化，老干部、党史、档案、工会、共青团、妇联、残联、文联、科协、关工委、慈善、红十字等工作取得新突破，获评“全国维护妇女儿童权益先进集体”“全国残疾人工作先进单位”等荣誉。

(李昊东)

6月15日，在鼓楼街道举办“锋领集市”，面向全区征集的1200余个“微心愿”，在“锋领集市”上供大家认领

重要会议

【区委全体(扩大)会议】 2021年7月18日，区委全体(扩大)会议召开。会议观看严肃换届纪律警示片《警钟长鸣》，开展会议推荐，对领导班子和现职领导干部进行民主测评(评议)、政治素质测评。市委干部考察组组长陈红伟出席会议，区委书记、区长徐强主持会议，市委干部考察组副组长金波等参加。

【中共宁波市海曙区委九届十一次全体(扩大)会议】 2021年7月20日，中共宁波市海曙区委九届十一次全体(扩大)会议召开。区委常委会主持会议。区委书记、区长徐强代表区委常委会作工作报告，并在全会结束时讲话。全会认真学习习近平总书记在庆祝中国共产党成立100周年大会上的重要讲话精神，全面落实《中共中央国务院关于支持浙江高质量发展建设共同富裕示范区的意见》和省委十四届九次全会、市委十三届十次全会部署要求，动员全区上下扛起新使命、奋进新征程，为高质量发展建设共同富裕样板区，加快打造现代化滨海大都市最富活力、最有品位、最具温度、最为协调的城区而努力奋斗。

【中共宁波市海曙区委九届十二次全体会议】 2021年10月28日，中共宁波市海曙区委九届十二次全体会议召开。全会听取并审议通过《中国共产党宁波市海曙区第九届委员会第十二次全体会议关于召开中国共产党宁波市海曙区第十次代表大会的决议》，拟于2021年12月召开中国共产党宁波市海曙区第十次代表大会。

【中共宁波市海曙区委九届十三次全体会议】 2021年12月22日，中共宁波市海曙区委九届十三次全体会议召开。全会听取并审议通过区第十次党代会相关文件，听取区党代表选举工作情况和对代表资格初步审查的意见；酝酿第十届区委委员、候补委员、纪委委员候选人预备人选名单；推选出席市党代会代表候选人预备人选。

【中共宁波市海曙区第十次代表大会】 2021年12月28日，中共宁波市海曙区第十次代表大会召开。徐强代表中国共产党宁波市海曙区第九届委员会向大会作题为“开启新征程 实现新跨越 全面建设现代化滨海大都市卓越城区”的报告。大会回顾总结区第九次党代会以来的工作，研究确定今后5年的奋斗目标和主要任务，选举产生新一届区委和区纪委领导班子，动员全区各级党组织和广大干部群众，继往开来、砥砺奋进，开启海曙发展新征程，实现海曙发展新跨越。

2021年中共海曙区委其他会议一览表

表2

时间	会议名称	会议内容
2月4日	区委常委会(扩大)会议和全区领导干部会议	传达学习省两会精神和省委常委、市委书记彭佳学在海曙调研讲话精神，研究部署全区下步贯彻落实举措
2月9日	区委常委会民主生活会	进一步加强区委常委会自身建设，带头增强“四个意识”、坚定“四个自信”、做到“两个维护”，忠实践行“八八战略”，坚决扛起争当“重要窗口”排头兵的使命担当，为建设高质量发展的国内一流强区，在高水平全面建设社会主义现代化新征程中示范先行而努力奋斗
3月13日	全区领导干部会议	传达学习全国两会精神，部署全区学习宣传贯彻工作
3月25日	2021年区委经济工作会议	表彰先进，分析形势，共谋未来，齐心协力为建设高质量发展的现代化国内一流强区作出更大贡献
4月30日	区委常委会(扩大)会议暨一季度经济社会形势分析会	分析研判海曙一季度经济社会运行情况，研究部署下阶段推动高质量发展的具体任务和措施
6月4日	海曙区“平安护航建党百年”工作部署会	区委副书记、区长徐强传达全市信访工作汇报会、市疫情防控专题部署视频会议精神并讲话。区委副书记、政法委书记罗仙兵主持会议并部署信访稳定相关工作，区委常委、常务副区长李冠杰部署安全生产、防汛防台、疫情防控相关工作
6月11日	区对口工作领导小组会议暨山海协作工作领导小组(扩大)会议	通报2020年度东西部扶贫协作和“山海协作”考核情况，听取2020年全区对口工作及山海协作开展情况和2021年工作建议，审议并原则通过2021年全区对口工作、山海协作要点及责任分工等相关文件
6月28日	全区领导干部会议	宣布省委、市委关于区委主要领导调整的决定。市委副书记、政法委书记宋越舜出席会议并讲话，市委组织部副部长、市委人才办副主任黄荣程宣读省委、市委任职决定：徐强同志任中共宁波市海曙区委书记。区委书记、区长徐强主持会议并作表态发言

续表 2

时间	会议名称	会议内容
7月8日	学习习近平总书记“七一”重要讲话精神专题读书班	举办学习习近平总书记在庆祝中国共产党成立100周年大会上重要讲话精神专题读书班，深入系统学习、研讨交流、贯彻落实
7月21日	区委常委会（扩大）会议暨半年度经济社会形势分析会	深入学习贯彻习近平总书记在庆祝中国共产党成立100周年大会上的重要讲话精神，落实中央决策和省市部署要求，分析研判海曙半年度经济社会运行情况，研究部署下阶段推动高质量发展的具体任务和措施。区相关部门立足各自职能，研判分析当前经济社会运行情况，提出针对性建议
7月27日	区委常委会（扩大）会议暨区防汛救灾工作视频会议	传达学习省委书记袁家军到海曙检查指导防汛救灾工作时的重要指示精神，按照市委市政府要求，部署下阶段防汛救灾、恢复生活生产等工作
9月1日	海曙区创建全国文明典范城市推进会	动员全区上下思想上紧起来、行动上快起来，以开局就是冲刺、首战就是决战的姿态，奋力争做宁波建设全国文明典范城市“排头兵”
9月25日	全区警示教育暨“警示教育月”启动大会	通报对褚孟形严重违纪违法问题处分的决定，观看党员领导干部违纪违法案件警示录，部署“警示教育月”活动任务
10月31日	区委常委会（扩大）会议暨前三季度经济社会形势分析会	贯彻省委、市委常委会（扩大）会议和全市保供应稳增长促发展会议精神，分析形势，研究部署下步工作。区发改局、区委政法委汇报全区前三季度经济总体形势、项目攻坚情况及下阶段重点工作、对策建议
11月18日	全区领导干部会议	传达学习中共十九届六中全会精神，研究部署学习宣传贯彻工作
11月24日	海曙区高质量发展建设共同富裕样板区领导小组会议	区共富办汇报全区“高质量发展建设共同富裕样板区”工作进展情况及下步工作打算，区民政局、区农业农村局作交流发言；会议讨论审议海曙区“高质量发展建设共同富裕样板区”2021年度指标目标、重点任务清单、突破性抓手清单、重大改革清单、首批典型案例清单、试点项目储备名单、领导小组工作规则等相关文件
12月15日	区委学习贯彻党的十九届六中全会精神专题学习会	传达中央经济工作会议精神及省委十四届十次全会、市委十三届十二次全会精神，学习习近平法治思想解读

（王　翔）

重要活动

【袁家军到海曙调研】 5月25日，省委书记袁家军调研宁波工业互联网研究院。袁家军强调，要进一步深化对数字化改革定义内涵的认识，找到规律和本质，结合各地自身特点，找准重大需求，整体推进“1+5+2”，打造更多最佳实践、多出普遍意义成果。数字经济系统构建要以“产业大脑+未来工厂”为核心业务场景，聚焦产业数字化和数字产业化，围绕科技创新和产业创新双联动，以工业领域为突破口，逐步把行业内、行业间和公共服务的生态做起来，以数字化改革构建全新产业生态，推动全要素、全产业链、全价值链的全面链接，实现资源要素的高效配置和经济社会的高效协同，为浙江经济高质量发展赋能。

7月27日，省委书记袁家军到海曙检查指导防汛救灾工作。慰问受灾群众和奋战在防汛救灾一线的基层干部和广大官兵，检查指导防汛救灾工作。强调，各地各有关部门要深入学习贯彻习近平总书记关于防汛救灾工作重要指示精神，坚持人民至上、生命至上，发扬不怕疲劳、连续作战的精神，不畏艰险、知重负重、再鼓干劲，筑牢安全责任之堤，尽最大努力及早恢复受灾地区正常生活生产秩序。

【彭佳学到海曙调研】 2月2日，省委常委、市委书记彭佳学赴海曙雅戈尔集团调研。彭佳学强调，海曙区要深入学习贯彻党的十九届五中全会精神和习近平总书记考察浙江重要讲话精神，紧扣忠实践行“八八战略”、奋力打造“重要窗口”的主题主线，准确把握新发展阶段、深入贯彻新发展理念、加快构建新发展格局，“人一我十勇争先，拼搏奋斗攀新高”，不断增创高质量发展优势，为宁波当好“重要窗口”模范生增光添彩。

5月11日，省委常委、市委书记彭佳学赴海曙区督查第二届中国—中东欧国家博览会筹备工作。彭佳学先后考察世纪大道—中山路—宁波火车站沿线、机场高架—宁波栎社机场沿线、机场高架—高速朝阳收费站－横溪互通沿线、横溪互通至高速宁波东收费站—世纪大道—会展中心沿线，实地了解环境整治情况。

9月12日，省委常委、市委书记彭佳学赴海曙区宁波栎社国际机场、鄞江镇等地检查指导防台防汛工作。强调要深入学习贯彻习近平总书记关于防汛救灾工作的重要指示精神，从讲政治的高度抓好台风“灿都”防御工作，提高警惕，严阵以待，聚焦薄弱环节，强化防御措施，努力以党员干部的“辛苦指数”换来群众的“安全指数”。

10月19日，省委常委、市委书记彭佳学到海曙博洋集团、宁波小吉电子商务有限公司调研经济运行工作时强调，各级各部门要学深悟透习近平新时代中国特色社会主义经济思想，认真贯彻党中央、国务院和省委、省政府决策部署，坚持稳中求进工作总基调，立足新发展阶段、贯彻新发展理念、构建新发展格局，牢牢锚定争先创优进位目标不松劲，推动经济高质量发展取得更大成果。

2021 年海曙区委其他活动一览表

表 3

时间	活动名称	活动内容
1 月 10 日	海曙区首个“中国人民警察节”庆祝仪式举行	海曙区首个“中国人民警察节”庆祝仪式在海曙公安分局举行。仪式后，区领导慰问功模代表，参观警用装备和摄影展
1 月 22 日	市领导到海曙区检查指导疫情防控和安全生产工作	市委副书记、市长裘东耀在海曙区检查指导疫情防控和安全生产工作。期间调研联丰菜市场、白云街道安丰社区、宁波华晟轻工集团、宁波金鸡强磁股份有限公司
2 月 6 日	市领导到海曙区检查疫情防控、安全生产和节日市场供应等工作	市委副书记、市长裘东耀到海曙区检查疫情防控、安全生产和节日市场供应等工作，期间调研轨道交通5号线经堂庵跟车辆段工地现场、海曙印象城永辉超市、铁路宁波站
2 月 4—7 日	区领导走访慰问困难党员困难群众	区四套班子领导春节走访慰问困难党员和困难群众，送上新春美好祝愿
2 月 8—9 日	区领导走访慰问一线工作人员	区党政班子领导走访慰问坚守岗位的一线工作人员，致以新春祝福和节日问候
3 月 12 日	区领导参加义务植树活动	区四套班子领导到新典路以南滨江绿化带植树点参加义务植树活动
4 月 8 日	市领导到海曙区检查燃气安全生产等工作	市委副书记、市长裘东耀到宁波丰光液化气储配站检查，到市中医院、市妇儿医院调研卫生健康事业发展情况，并到望春街道社区卫生服务中心、海曙文体中心疫苗方舱接种点实地了解疫苗接种工作
4 月 14—15 日	区领导赴企业开展“三服务”活动	区党政班子领导分别带队开展“三服务”活动
5 月 7 日	黔西南州代表团到海曙广博集团考察	由黔西南州委副书记、州政府州长黄兴文带队的黔西南州代表团到广博集团考察，参观广博集团综合展示厅和样品中心，并深入企业生产车间察看企业产品生产、设备运行等各项情况
5 月 11 日	市领导赴海曙区督查第二届中国—中东欧国家博览会筹备工作	省委常委、市委书记彭佳学先后考察中山路—宁波火车站沿线、机场高架—宁波栎社机场沿线、机场高架—高速朝阳收费站沿线，实地了解环境整治情况
5 月 13—14 日	喜德县代表团到海曙考察	代表团考察天一阁·月湖景区、宁波府城隍庙等，共商东西部协作，共叙两地友情
5 月 20 日	区领导带头参加“慈善一日捐”活动	区四套班子领导通过线上、线下捐款方式，献出爱心
5 月 28 日	市领导到海曙区开展“三服务”活动	市委副书记、市长裘东耀到海曙区浙江中外运有限公司开展“三服务”活动。裘东耀询问园区面积、亩产和病虫害防治等情况，强调要抢抓数字化改革机遇，探索发展数字农业，促进农业高质高效
5 月 31 日	区领导开展“六一”慰问	区委、区人大、区政府、区政协领导分赴各地开展“六一”慰问，向小朋友送上节日的祝福，并向教师和少年儿童工作者表示问候
6 月 16—17 日	吉林省代表团到海曙考察交流	吉林省延边州委副书记、延吉市委书记洪庆率延吉市经贸代表团到海曙考察交流，先后到宁波工业互联网研究院、博洋集团、雅戈尔集团考察学习，并与海曙区政府就招商工作经验进行交流
7 月 1 日前	区领导分路看望慰问老党员优秀党员困难党员老干部	中国共产党成立100年前夕，区四套班子领导等分路看望慰问老党员、优秀党员、困难党员和退休老干部，向他们送上祝福、致以敬意。

续表3

时间	活动名称	活动内容
7月5日	市领导到海曙区调研经济运行情况	市委副书记、市长裘东耀到海曙区调研经济运行情况。调研宁波小吉电子商务有限公司、狮丹努集团股份有限公司、雅戈尔集团、宁波广新纳米材料有限公司等
7月21日	省领导到海曙开展调研工作	省委常委、宣传部部长朱国贤一行到雅戈尔集团，听取企业关于产业调整转型的未来规划，走进企业党群服务中心，详细了解企业党史学习教育开展情况，对企业以党建引领助力高质量发展的创新做法予以肯定
7月28日	市领导裘东耀部署和检查救灾复产工作	市委副书记、市长裘东耀到海曙区洞桥镇上水碶村，察看河道水位下降幅度，实地检查村庄排涝和群众正常生活恢复情况
8月1—3日	区领导分组慰问驻地部队官兵	区委书记、区长徐强，区政协主席毕东华，区委副书记、政法委书记罗仙兵等分组走访慰问驻地部队官兵，送上节日的祝福和问候
8月3日	市领导到海曙检查新冠肺炎疫情防控工作	市委副书记、市长裘东耀到海曙检查新冠肺炎疫情防控工作。期间到宁波栎社国际机场T2航站楼、南苑菜市场、欧尚超市翠柏店、宁波影都检查
8月19日	区领导开展医师节慰问和疫情防控检查	区委书记、区长徐强带队赴鼓楼街道社区卫生服务中心走访慰问医护人员，向广大医务工作者致以节日的问候和崇高的敬意
9月6—9日	区领导开展教师节慰问活动	区四套班子领导分组到辖区中小学、幼儿园开展教师节走访慰问活动，向全区广大教师和教育工作者致以节日的问候
9月12—13日	区领导分赴一线检查指导防台工作	区四套班子领导等分赴一线检查指导防御台风“灿都”工作
国庆期间	区领导看望慰问节日期间值班值守工作人员	区党政班子领导先后赴各地看望慰问坚守岗位的工作人员，向全区广大值班值守工作人员致以亲切慰问和节日祝福
10月13日	区领导开展重阳节慰问活动	区委书记徐强先后赴月湖街道、海曙区康乐养老院开展重阳节慰问活动，向老人们送去节日祝福
10月21—22日	海南省党政代表团在浙江考察	代表团一行到海曙考察宁波工业互联网研究院
11月16日	市领导到海曙区调研	市委副书记、市长裘东耀到海曙区调研，先后到古林镇蜃蛟庄园、鄞江堤防工程一期Ⅲ标段、杭甬高速段塘立交地块、宁波信谊小学东安置房项目施工现场深入调研，实地了解生态环境状况
12月7日	区领导督查疫情防控工作	区党政班子领导分赴各镇（乡）街道实地督查疫情防控工作

（王　翔）

区委办公室工作

【概况】 2021年，区委办公室坚持服务中心大局，充分发挥参谋助手作用，切实当好“坚强前哨”和“巩固后院”。围绕省委、市委工作目标，深入思考谋划，做好各类会议的文字材料保障，高质量完成区第十次党代会报告等重要文件起草工作；全年共以区委（办）名义发布规范性文件47件，向市委办公厅报备47件，实现“零纰漏”；出台《关于试行“办文指数”评价的通知》，着力构建畅通高效规范的办文体系，将规范性文件备案审查工作和质量纳入测评；全年编发信息197期，区级刊物领导批示率在95%以上，向上级党委信息部门上报各类信息1500余篇，在全市党委系统信息考核中全年保持第一；党史保密微电影《梅园密码》、机要微电影《破晓》均获得全国一等奖。

推进中央、省委巡视反馈意见整改和“七张问题清单”整改，管控力指数全市排名第一；按照《海曙区2021年督查检查考核年度计划》，开展疫情防控、十大三年行动计划等专项督查65次，快速跟进区委指示要求，定期开展“回头看”及“举一反三”工作；全年办理市、区两级领导批示、指示2059件，其中市委领导批示或转办件196件，做到“凡事有交代、件件有着落、事事有回音”；办理市、区主要领导群众来信49件，有效化解矛盾纠纷，维护社会和谐稳定。

深入开展“三为”（我为群众办实事、我为企业解难题、我为基层减负担）实践活动，强化走访调研、服务解难、包案督办，与集士港镇深溪村开展结对共建工作，走村入户慰问宣传；加快党政机关数字化转型，严格落实首问负责、即问即办制度，帮助企业解难纾困，增强企业发展信心；响应“红海突击队”号召，在疫情防控、防汛抗台、文明典范城市创建等工作积极发挥党组织战斗堡垒和党员干部先锋模范作用，“烟花”台风期间组织2批次27名机关党员干部下沉基层，疫情期间下沉社区共15人次，参与信息协查、秩序维护等工作。

围绕党史学习教育，重点谋划好三大类7项举措，通过集中学习、个人自学等形式，结合“周二夜学”“读书分享会”等活动，依托“学习强国”App、“甬习云课堂”等平台载体，多角度开展教育交流，全年累计开展55次集中学习研讨，班子成员交流、专题党课等规定动作完成率100%；重点围绕中国共产党成立100周年、中共十九届六中全会等大事盛事，强化理论教育和精神宣讲；全面开展岗位廉政风险点排查，主动自我加压，与纪检组协商开展全面自查。

（李昊东）

组织工作

【概况】 2021年，海曙区组织工作聚焦中国共产党成立100周年和“十四五”规划开局之年，全面落实庆祝中国共产党成立百年、党史学习教育、“红色根脉强基工程”等重点任务，全力推进县乡换届选举工作，为海曙高质量建设共同富裕样板区提供坚强组织保证。新增基层党组织6个，新增党员805名，全区实有基层党组织2705个、党员49568人。

推进党员特色教育“曙色初心”品牌，线下构建35个区级初心教育实践基地，推出“潮起三江”“最红章水”等十大红色精品线路，创作整合《浙里寻根丨这位传奇女性为何被称作“众家姆妈”》等312部党员电教片、167堂经典党课，点击量超百万次，实现党员教育全覆盖。构建干部教育“铸魂凝心”体系，实施“习近平新时代中国特色社会主义思想教育培训计划”，组织党史学习教育网络轮训、“共同富裕”轮训班等培训区管干部1900余人次，区四套班子上台讲课45人次。169名先进英模、专业人才充实师资队伍，开设干部政治能力、推动现代化建设新能力等精品课程，《81890服务模式的实践探索和经验启示》纳入全省干部教育好课程推荐目录。

推进干部队伍干部工作系统重塑，在重大项目、重点工程、应急抗台等攻坚现场，开展区管领导班子和领导干部专题调研和半年度实绩蹲点调研，全覆盖形成“一班子一报告、一人一评价”。举办3期优秀年轻干部培训班，“进阶式”培训年轻干部146名，通过全程纪实、分类建档，为年轻干部“立体画像”。聚焦班子结构优、功能强，交流、提拔、调整职级和进一步使用干部464人次，选配35岁以下乡镇班子领导31人，较换届前乡镇领导班子平均年龄下降、学历提高。选派100余名干部到重大项目、重点工作攻坚一线挂职历练，选配52名机关干部到乡镇街道任职，为干部成长补基层阅历、提实战能力，优化干部班子气质结构和整体功能。实施公务员职业生涯全周期管理，开展选调生“导师帮带”跟踪培养，“一人一策”抓好优秀年轻干部成长。组织新提任干部全覆盖培训，系统提升干部推进现代化建设新能力，促进干部适应新角色、新岗位。

完成基层组织换届选举，乡镇党委书记全票率100%，完成2000余名村社干部新任培训。做好先进典型推荐评选，获评市级以上“两优一先”34个（人），10人当选市“最美公务员”，列全市第一，81890求助服务中心党支部获评“全国先进基层党组织”称号。开展建党百年系列活动，完善“一网一号一中心”智慧党建体系，优化党组织“堡垒指数”和党员“锋领指数”模型，线上开发“锋领网格”、社区治理“活地图”等应用场景，线下依托党群服务中心开展“我为群众办实事”服务月活动，组织2.3万名党员常态认领9000余个岗位，智慧党建中心、天一商圈党群服务中心获评省级数字赋能、集成服务示范党群服务中心。破题新业态党建，组建快递物流企业党组织3个，成立“小哥红色朋友圈”联盟，天一商圈党建示范区入选长三角“三省一市”共建共育共享党建资源清单。打造“锋领红帮”一站式助企模式，通过“e企播”直播、融资相亲会等收集解决企业诉求6500余条。

开展“红海行动”，组织机关党员组成“红海突击队”赴抗疫斗争、防汛抗台、文明典范城市创建等急难险重一线，在抗击“烟花”强台风中，千余名机关党员下沉一线与村镇干部并肩作战，完成了水库泄洪前2小时安置转移2万余名群众的紧急任务，灾后

4月，“红海突击队”在防疫现场

组织机关捐款160万元，“红海行动”品牌获评2021年全国第三届党建创新成果“百优案例”。聚焦党建与业务深度融合，评选出首批“红海行动”十佳品牌及优秀品牌，“锋领e家”“乡村+小巷检察官”机关党建品牌获评全市首届优秀机关党建品牌。开展建党百年系列活动，举办两期“曙说新语·科长说”主题论坛，来自机关单位的14名科长登台献策，展现海曙中坚力量风采。构建“红海联盟”，开展“双百结对、一员双岗”活动，58家机关单位与102个村社党组织完成结对共建。

出台“工程师友好区新政十五条”，发布工程师创新创业地图，成立全省首个区级工程师人才服务中心，分类推进行业龙头企业工程领域自主评价，完善卓越工程师开发体系。聚焦青年人才，出台“菁英汇海”青年人才集聚工程实施细则，筹建24小时青年创新生态社区，新建成2家青年人才驿站，服务青年人才超1.5万余人次。列入市“甬江引才工程”重点推荐名单项目33个，创历年新高。全年全区新增就业大学生超1.5万人，比上年同期增长7%。启动“江南翠柏里”创新街区建设，开展智能C端科创训练营、“海燕归巢·曙你未来”高校青年实践等特色活动，依托工业互联网研究院建成工程师协同创新中心。在全市率先推广“专曙人才码”，实现同宁波“人才码”互联互通，建立人才企业助创、法务、财务专员等服务队伍，构建全程数字化、全链专业化的人才创业服务，为高层次人才提供衣食住行、就业创业等服务5000余次。

【“专曙人才码”上架“浙里办”】 2021年9月24日，海曙区“专曙人才码”上架“浙里办”App、宁波“人才码”服务平台，成为全市首个上架的区县特色人才服务应用。“专曙人才码”以人才需求为导向，汇总创业创新、生活保障、政务审批、城市融入等4类16项服务需求，拓展12个线下应用场景，分批进行开发上线。其中政务办理、生活安居补贴等2项7方面人才服务内容中6项高频需求事项，优先开发，首先运行，后续跟进开发的其他服务事项可以实现人才创新创业“全生命周期”覆盖。

【“青蓝计划”年轻干部教育培训品牌创建】 2021年，海曙区聚焦年轻干部培养，打造“青蓝计划”培训班。通过精准选、精心育、精细评，全链条优化年轻干部培训模式，帮助搭建成长阶梯。培训计划以选训相结合，建立由组织部分管领导全程把控、班主任全程跟班、干教干部全程观察的学员评价模式，采取无领导小组讨论和面对面考察谈话等形式，立体化识别年轻干部。全年共培训年轻干部146人，其中52个“好苗子”被提拔使用，放到重要岗位、吃劲岗位任职。

【村社换届后培训】 2021年，区委组织部致力做好村社换届后“后半篇文章”。第一时间举办新一届村社党组织书记“锋领头雁”培训班，起草制定“锋领网格”行动、村社书记区委备案管理、导师帮带等“1+X”政策体系，开发海曙区村社干部信息管理系统，对全区2000余名村社干部实行“一人一档”数字化管理，全面构建“一肩挑”后基层权力运行体系。

【“红海行动”机关党建服务品牌】 2021年，海曙区深化“红海行动”机关党建服务体系，推动常态服务增效扩面。培育服务提质、队伍聚力、引领强基3个机关党建品牌链条。在“文明典范城市”创建、抗台防疫等急难险重任务中，推动机关党员定点支援、组团帮扶。“七一”期间，举办“红海行动”机关党建优秀品牌擂台赛，61个机关党建品牌亮绩比武，评选出首批“红海行动”十佳品牌。“红海行动”品牌获评2021年全国第三届党建创新成果“百优案例”，入选全市“六争攻坚”先锋榜。

【“红海联盟”结对共建】 2021年，海曙区开展“双百结对、一员双岗”活动，完成58家机关单位与102个村社党组织结对共建。通过“四个在一线”“五联五共”机制，推动机关力量资源向一线下沉，直接参与基层治理，实现机关党建与基层治理的协同互促和良性互动，涌现出“乡村检察官”“社区书记助理”等多项典型做法，“四好农村路”“山货下乡”等结对成效受到基层和群众一致好评。

【“锋领网格”行动】 2021年，区委组织部全面推广“锋领网格”行动。通过“一网格一党小组”“一网格一功能型党支部”等模式覆盖全区1300余个基础网格。建立党员干部“组团联网”“走访连心”“设岗定责”“指数激励”等制度，2.3万名党员常态认领9000余个“先锋岗”“应急岗”“守望岗”，带动群众10万余人次参与基层治理。

（黄嘉辉）

4月，白云街道安丰社区成立全区首家“锋领网格”，举办“锋领网格”功能供需会

宣传思想工作和精神文明建设

【概况】2021年，海曙区坚持将学深学透习近平新时代中国特色社会主义思想作为首要政治任务，认真落实党委（党组）理论学习中心组“第一议题”制度，第一时间学习贯彻中共十九大和十九届历次全会精神、习近平总书记重要讲话精神，通过全面系统学、及时跟进学、深入思考学、联系实际学，高质量开展区委理论学习中心组学习26次、基层单位党委（党组）理论学习中心组学习1100余次，全力推动习近平新时代中国特色社会主义思想在海曙走深走实，为贯彻执行中央和省市区委各项决策部署提供了坚实思想政治保障。注重以学促思，在庆祝中国共产党成立100周年、中共十九届六中全会等重要时间节点，开展专题理论研讨会、学习交流会，形成优质理论阐释文章20余篇，其中4篇分获全省党校系统“庆祝中国共产党成立100周年”理论研讨会一、二等奖，有力推动理论学习走深走实走心。

“曙说”宣讲品牌引领作用凸显，各领域宣讲队伍不断壮大。宣讲形式推陈出新，打造“大白直播间”“老夏宣讲”等线上宣讲平台，点击量超100万人次；先后创作并演绎红色微电影《梅园密码》、广播剧《梅园往事》等红色文艺作品，举办“追寻——庆祝建党百年红色故事会走进海曙”等系列主题活动，形成一批快板说唱、红歌演唱等特色“艺说”作品。

全区2705个基层党组织、4.9万余名党员全程参与党史学习教育。开展“我为群众办实事、我为企业解难题、我为基层减负担”专题实践活动，“高山”服务品牌2.0项目入选宁波市“三为”最佳实践案例，“社区体制改革助力基层减负”项目入围省级“城乡社区治理和服务创新试验区”实验任务，“老有所养”康养联合体建设被列为浙江省试点，居民群众对党员干部办实事满意度达97.2%。

推进新时代文明实践所（站）规范化建设，至年底，实现全区17个镇（乡）街道、263个行政村（社区）新时代文明实践所（站）建设全覆盖，区—镇（乡）街道—村（社区）三级新时代文明实践工作体系基本构建完成。修订完成《全区基层宣传思想文化阵地“建管用育”专项资金奖补办法》，首次将文化礼堂管理员的绩效考核奖励与文化礼堂星级创建挂钩。开展农村文化礼堂“红色信仰线”走读活动；举办“唱支村歌给党听”全区农村文化礼堂最美村歌大赛，两首村歌获评宁波市十佳最美村歌；新增区级“书香文化礼堂”16个、市级“书香文化礼堂”5个、市“最美文化礼堂”3个、市“最美文化礼堂人”8人、省五星级文化礼堂5个、省“最美文化礼堂人”1人、省特色文化礼堂建设试点1个，海曙区获评省“农村文化礼堂建设示范”区，集士港镇获评省“农村文化礼堂建设示范乡镇”。发挥“点线联动”作用，推动新时代文明实践站资源共享、组团发展，“魅力江厦”新时代文明实践示范线开线建设。

出台《海曙区爱国主义教育基地建设管理使用办法》，做好辖区内百余个红色革命史迹排摸梳理工作，加强纪念设施管理，区档案馆获评“宁波市爱国主义教育基地”。持续深化“曙色少年行”等品牌，开展庆祝中国共产党成立100周年教坛英烈巡回展和屠呦呦巡回展，创排实景话剧《建乔妈妈》。新增社区“文化家园”4家。加强“学习强国”学习平台建设，202篇稿件在浙江平台刊登、889篇稿件在宁波平台刊登，举办全区“百年潮涌 海曙印记”党史知识大赛，2名选手获“中国共产党党史知识学习达人挑战赛50强”“学习达人”称号。申报全省“百年潮涌 之江楷模”先进人物，3人入选。举行“讲红色故事 抒爱国情怀”社会主义核心价值观进爱教基地教育实践活动，2名选手分别获全市中学组一等奖、小学组二等奖。

广泛开展社会主义核心价值观宣传教育，完善先进典型挖掘选树、褒奖激励、关爱帮扶等工作机制，做强“暖心海曙”品牌。选树“宁波市道德模范”3例，各级“好人”79例，其中“中国好人”1人、“浙江好人”4人、“宁波好人”15人、“海曙好人”59人。推进未成年人思想道德建设，承办全省助力“双减”常态化托管现场观摩活动，探索助力“双减”志愿服务模式。推进乡村“复兴少年宫”建设，完成宁波家风馆、鄞江镇中心小学等10个阵地建设。开展“童心向党”“春泥计划”等主题活动，引导广大青少年见贤思齐、崇德向善。选树“新时代好少年”106人，其中省级1人、市级5人、区级100人。社会文明风尚蔚然成风，聚焦人文明素质提高，落实“一镇（乡）街道认领一个好习惯”制度，实施“文明好习惯十大行动”，宣传“文明有礼·海曙15条”，持续开展“烟头不落地”“礼让斑马线”等活动。开展公益广告专项提升行动，新设公益景观小品41个。

推进“文明典范城市”创建，高标准、常态化、全域化推进文明典范城市创建。实施“洁美海曙”建设，发布全市首个县（市）区级《菜市场管理规范》地方标准，实施农贸市场改造项目4个，改造提升老旧小区83个，完成“创意点亮城市角落”项目9个，打造“席地而坐”城市客厅示范区3个。有序推进海曙建设破题，开展“车窗抛物行为”“不礼让斑马线”等不文明交通行为专项整治行动。完善交通管理设施，多措并举挖掘停车空间，新增配建停车位4000余多个、公共停车位600余个，完成老旧小区改造停车位150余个。

常态化开展“你我他齐动手 清洁家园见我行”“烟头不落地，海曙更美丽”“甬捐·我把温暖传递给你”等各类新时代文明实践活动。持续推进“文明温暖乡村”志愿服务行动，项目实施志愿团队增至37支，开展服务615场，服务基层群众3万多人次，相关工作经验被宁波电视台第一聚焦深度报道推介。举办全区新时代文明实践志愿服务项目大赛，以赛促建，为全区品牌志愿服务项目和优质志愿服务队伍搭建良好的培育平台和展示舞台。加强志愿服务基层阵地建设，建成“宁波市志愿服务We站”10个。获评省“青年志愿服务项目大赛金奖”1个、市“新时代文明实践志愿服务项目铜奖”1个，新增省“最美志愿者”1人、市“优秀志愿者”9人、市“最佳志愿服务项目”1个、市“最佳志愿服务组织”1个、市“最美志愿服务社区”1个、市“最佳志愿服务We站”1个。

充分发挥区文艺精品扶持奖励资金作用，歌曲《寻你》、动画片《布袋小和尚第三季》等9部作品获扶持奖励。打磨提升纪实文学《万家灯火》、歌曲《我们的领航人》等重点文艺精品创作，为冲击各级“五个一”工程奖做准备。围绕中国共产党成立百年、建城1200年等节点，创作了一批文艺作品，以宁波建城1200周年为主题创作的《向海而生》完成出版，广播剧《梅园往事》完成出品，群舞《弄潮儿》获省“音乐舞蹈节兰花奖”。培育文艺家队伍，非遗传承人周秦入选“甬江引才计划”，毛燕萍、包根满等文艺家工作室充分发挥社会效益。制定出台《海曙区文化产业发展“十四五”规划》，文化产业发展导向和发展路径更加清晰。全区规限上文创企业实现增加值148.87亿元，比上年同期增长86.6%。对接阿里宁波中心，推动数字赋能传统文化产业。聚焦“海曙创造”，鼓励增投文化产业项目，“启运86”二期、郎官驿等一批项目开园，海曙创意设计园区稳步推进，爱珂集团计划投资爱珂集团总部大厦。强化文创产业园区、街区优势，鼓楼沿和南塘老街再次获评省级“历史文化街区”，“博洋创客157”入选首批工信部“纺织服装创意设计示范园区”。

打造“书香”品牌活动，“海曙阅读嘉年华”活动升级成为天一读书节，组织开展读书月系列活动，涵盖线上线下百余场活动，全区居民综合阅读率达91.8%，居全市第二。参与第七届浙江书展，海曙区“城市萤火虫换书大会”场馆作为唯一县（市、区）场馆入驻浙江书展主会场。聚焦乡村阅读，推动高桥镇创建“书香小镇”，提升农家书屋品质，高桥镇岐阳村获评“全国书香社区”，高桥镇成为全省唯一拥有2个“全国书香社区”的乡镇。建设阅读矩阵，推动“小海狸亲子阅读”提档升级，“Hi— Talk论坛”实现常态化举办，推荐“纸飞机”获评全省首批“最美阅读团队”称号。布局数字阅读平台，与央视“云听”App合作，在全区布点首批10个“云听”阅读平台。

【“曙说”宣讲品牌】 2021年，海曙区“曙说”宣讲品牌引领作用凸显，各领域宣讲队伍不断壮大，涌现出“建岙妈妈”“8090”“00后”等一批新时代理论宣讲团队，全年开展各类宣讲3000余场，受众近25万人次。“曙说”品牌获全省基层理论宣讲先进，系列宣讲作品先后获宁波市青年理论宣讲大赛特等奖、浙江省党的十九届六中全会精神“六讲六做”大宣讲青年宣讲大赛一等奖、浙江省红色故事讲解员（专业组）一等奖。

【“文明典范城市”创建】 2021年，海曙区深入推进“文明典范城市”创建，完善创建工作机制，制定《海曙区精神文明建设三年行动计划》《宁波市建设全国文明典范城市三年行动计划（2021—2023年）海曙区责任分解方案》，出台《海曙区关于高标准常态化全覆盖推进文明城市创建的实施意见》。深化“五整顿两提升”整治行动，深入实施道路保洁、施工工地等十大环境卫生提质行动，实施“日巡、周查、月评比”巡查通报和闭环整改制度，高标准、常态化、全域化推进文明典范城市创建。

【《海娃学党史》口袋书首发】 2021年4月21日，由区教育局汇编制作的《海娃学党史》口袋书举办首发仪式。海曙区率先在全市推出“海娃学党史，永远跟党走”童心向党系列活动，打造青少年党史宣讲品牌。此本具有海曙地方特色的党史学习口袋书，以青少年喜闻乐见的形式，让红色故事在新时代里焕发新光彩。来自海曙区各中小学的250名学生代表领取首批口袋书，随后口袋书分发到海曙区63所中小学校，供全区近8万学生阅读。

【天一读书节】 2021年4月22日，以“共读一座城”为主题的“书香海曙·2021天一读书节”开幕式在月湖金汇小镇举行。活动现场发布“书香海曙”2020年度阅读大数据，“书香海曙”十大阅读品牌包括天一阁论坛、城市萤火虫换书大会、岭读、Hi-Talk、“小海狸亲子阅读”、“纸飞机”、“听·见”系列“行读海曙·书香之路”城市定向跑等十大品牌，同时启动2021年度的“城市萤火虫”换书大会。开幕式后，读书节百余场各具特色的“书香”活动随之展开。

【《建岙妈妈》实景话剧首演】 2021年6月25日，全市首个红色实景话剧《建岙妈妈》在鄞江镇建岙村首演。该剧是由区委宣传部、区文广电旅游体育局、鄞江镇联合出品，宁波市话剧团（海曙区话剧中心）创排的实景话剧。

7月，“曙说”系列宣讲走进暑托班

6月25日，全市首个红色实景话剧《建岙妈妈》在鄞江镇建岙村首演

话剧以建岙村抗战时期遗留下来的旧址为舞台，讲述抗日战争时期"建岙妈妈"钟仁美以家作为党的地下工作秘密联络站和革命同志养伤的秘密阵地，掩护地下革命工作者，与敌人斗智斗勇的故事。观众化身剧中人，身临其境感受革命年代建岙百姓爱党拥军的赤胆忠心和鱼水深情。

【海曙区庆祝中国共产党成立100周年理论研讨会】 2021年7月8日，海曙区庆祝中国共产党成立100周年理论研讨会召开，高校专家学者代表、海曙区基层党组织代表、区社科联全体理事、部分区级单位分管领导及各镇（乡）街道宣传委员等受邀参加。高校专家学者代表、海曙区基层党组织代表、会上7名专家学者、基层代表围绕习近平总书记在党史学习教育动员大会和庆祝中国共产党成立100周年大会上的重要讲话精神，从党的历史、党的建设、党领导下海曙经济社会发展的经验等不同角度，聚焦海曙区"十四五"时期高质量发展目标，进行交流研讨。

（谢　欢）

统一战线工作

【概况】 2021年，区委统战部坚持将统战成员思想政治建设作为工作的重点，凝聚思想政治共识。组织统一战线成员开展"七个一"系列活动、"礼赞百年·知新同行"、"企业家永远跟党走"、"侨心向党·百年追梦"、"爱党爱国爱社会主义"等五大板块40项庆祝中国共产党成立百年活动，统战成员参与3100余人次。10月，举办首次全区民主党派、无党派新成员培训班，组织了80余名近三年新发展的党派成员参加培训，进一步强化了统一战线成员的身份自豪感和组织归属感。在抗击台风"烟花"中，全区统一战线积极响应号召，开展了应急救援、物资运送、灾后恢复项目认领等一系列工作，深圳海曙商会第一时间捐款捐物折合人民币120万元，全区民营企业家和海外乡贤累计捐款捐物3800余万元，保障部分受灾群众的生活必需，帮助受灾企业复工复产。

组织各民主党派基层组织参加区委全会、区纪委全会、区委全会报告意见征求会、全区统战工作会议等重要会议。各民主党派、无党派人士积极建言献策，提交社情民意和调研报告被民主党派中央和全国政协相关信息、宣传刊物录用，多次获得省委、省政府主要领导批示。接续组织开展"同心共建美丽乡村"行动，擦亮"山货下山""农夫市集"等社会服务品牌，累计帮助山区经济薄弱村增收近200万元，相关经验做法被省委统战部作为"同心奋进新征程"典型案例在全省交流推广。领办浙江省欧美同学会助力宁波高质量发展建设"共同富裕先行市"暨走进海曙"三服务"活动，实现浙江省欧美同学会"三服务"基地落户海曙，建立高层次人才与海曙企事业单位共同开展技术攻关的合作关系。

按照"有内涵、有温度、有活力、有特色、有人气"的"五有"标准，建成海曙"同心荟"党外人士之家和"乡贤之家·侨胞之家"，打造海曙统战工作阵地建设新名片。成立深圳海曙商会、区留联会大湾区分会、肯尼亚乡贤侨务联络站，拓展海曙在外工作平台。创新实施新生代企业家"栽树工程"，与宁波财经学院合作成立"新生代企业家学院"，系统提升新生代企业家的创新意识和管理水平。指导完成民主党派基层组织集中换届，区侨联、区工商联2个人民团体，区商会、区光彩事业促进会、区知联会、区新联会、区海创会、区佛教协会6个统战社团完成换届工作，选举产生新一届高学历、高素质的统战团体领导班子。

【区新生代企业家学院揭牌】 2021年4月28日，海曙区新生代企业家学院揭牌仪式在宁波财经学院举行。区委常委、统战部部长陆利明，宁波财经学院校长王云儿出席揭牌仪式，共同为海曙区新生代企业家学院揭牌。区新生代企业家学院是由区委统战部、区工商联、宁波财经学院、区"创二代"青年企业家联谊会共同成立，旨在发挥高校资源优势，面向海曙区新生代企业家群体开展系统培训，提升新生代企业家的创新意识和管理水平，更好推进企业代际传承和高质量发展。

【"与党同行·追寻红色足迹"健步走活动】 2021年5月8日，为庆祝中国共产党成立100周年，区委统战部组织全区各民主党派、无党派人士赴章水镇举行庆祝中国共产党成立100周年系列活动启动仪式暨"与党同行·追寻红色足迹"健步走活动。区委常委、统战部部长陆利明主持启动仪式并讲话。农工党宁波市委会、致公党宁波市委会、民进宁波市委等领导参加活动。全体人员在樟村四明山革命烈士陵园举行庆祝中国共产党成立100周年系列活动启动仪式，随后，从革命烈士陵园出发徒步11千米，在红色之旅中感受革命力量。

【统战干部培训班】 2021年5月17—19日，区委统战部和区社会主义学院联合举办全区统战干部培训班，全区各镇（乡）街道统战委员和区委统战部部分机关干部参加培训。区委常委、统战部部长陆利明作开班动员讲话并开启培训第一课。在理论教学中，各位副部长分别进行题为“党外代表人士政治安排的有关工作探讨”“做新时代‘奔跑的工商联’”“重要窗口 侨有担当，四海乡贤 共筑新梦”“启步开篇 勤力笃行 全力做好全区民族宗教工作”的课堂实务教学，并就学习内容与学员们进行交流与讨论。现场教学环节中，全体学员先后赴杭州市西湖区德加社区“侨海之家”，学习考察侨建新模式、“一网架四桥”数字化管理模式的先进做法；赴全山石艺术中心，与洞桥镇乡贤全山石交流家乡文化建设经验；赴上城区“智·和同心荟”、余杭区“AI同心荟”，学习借鉴国家级实践创新基地建设的经验；赴余杭区径山万寿禅寺，学习精品寺院建设。

【“与党同心·为民服务”统一战线大型公益活动】 2021年5月31日，为庆祝中国共产党成立100周年，由区委统战部主办、民建海曙区基层委员会承办的“与党同心·为民服务”统一战线大型公益活动举行。区各民主党派、工商联、无党派及民族宗教界代表人士会聚一堂，为现场500余名市民提供23项贴近生活需求的志愿服务。宁波市政协副主席、民建宁波市委会主委张明华，海曙区委常委、统战部部长陆利明参加活动。

【“与党同行·忆往思今”庆祝建党100周年座谈会】 2021年6月24日，区委统战部组织“与党同行·忆往思今”庆祝建党100周年座谈会。区委常委、统战部部长陆利明和区各民主党派基层组织主委、无党派人士总召集人一同瞻仰大革命时期中共宁波地委旧址纪念馆，随后进行座谈交流。座谈会总结回顾各民主党派、无党派人士百年来与中国共产党荣辱与共、肝胆相照的风雨历程，各民主党派基层组织表达了对海曙区多党合作事业光辉前景的坚定信心和殷切期望。

【“重温百年史 建功新时代”统一战线红色音乐会】 2021年7月8日，海曙区“重温百年史 建功新时代”统一战线红色音乐会在区文体中心举办。红色音乐会采用中国传统民乐与流行元素融合的方式，围绕中国共产党成立百年光辉历程中的重要事件，为全区统一战线成员呈现精彩表演，引起全场观众爱党爱国、团结奋斗的思想共鸣。市委统战部、市新联会、区党史学习教育第三巡回指导组等相关领导出席活动。

【浙江省欧美同学会助力宁波“共同富裕先行市”建设暨走进海曙“三服务”活动】 2021年7月21—22日，浙江省欧美同学会助力宁波“共同富裕先行市”建设暨走进海曙“三服务”活动举行。启动仪式上，浙江省欧美同学会“三服务”海曙基地揭牌，并签订助力海曙高质量发展战略合作框架协议，有关专家与海曙区第二医院、宁波小贝农农业科技有限公司、宁波众远新材料科技有限公司等企事业单位签订合作协议。启动仪式结束后，与会专家分多路赴签约单位开展“三服务”活动，就院所、企业发展遇到的突出问题合力寻求攻关途径。

【2021海曙区农夫市集公益展销会】 2021年9月18日，由区委统战部主办、区民建公益促进会承办的“2021海曙区农夫市集公益展销会”在恒一城市广场开市。展销会为期3天，销售宁波优质农产品。此次“农夫市集”采用直播带货方式，线上线下同步开拓农副产品销路。“农夫市集”是海曙区民主党派助推乡村振兴、帮助山区农民增加收入的社会服务品牌，已连续举办四届。

【民主党派、无党派新成员培训班】 2021年10月8—9日，区委统战部和区社会主义学院首次联合举办全区民主党派、无党派新成员培训班。培训班邀请专家学者在理论教学环节，为全体学员讲授《习近平新时代中国特色社会主义思想》《学习习近平统战思想 提升参政议政能力》《艺术谱写初心 音乐传承使命》《如何做一名优秀的民主党派成员》等课程。在现场教学中，学员们实地考察包达三故居和宁波帮博物馆，详细了解宁波帮发展历史，重温统一战线先辈们忠贞不渝的爱国精神、奋勇争先的创业热情和心系桑梓的乡土情怀。

（陈紫沁）

7月21—22日，浙江省欧美同学会助力宁波“共同富裕先行市”建设暨走进海曙“三服务”活动举行

对台工作

【概况】2021年，海曙区对台经贸、文化、青年等领域的交流合作稳步推进，全区对台工作有序开展，富有成效。重点台资项目进度持续加速，寰采星科技精细金属掩膜版项目一期项目扩产和二期建设，三宝建设集团新星1#地块项目整体结构封顶，开始预售。宁波环球广电科技有限公司的数据中心400G光模块项目和寰采星科技（宁波）有限公司的“OLED蒸镀用精密金属掩膜版”项目被列入2021年浙江省重点技术创新项目计划名单。积极推动“家门口”台商台胞融入海曙新发展格局，组织举办以中华传统文化、中华民族认同为主题的各类交流活动15场次，台商台胞参加300余人次。落细落实各项惠台措施，协调处理台资企业投诉求助案件5件，帮助台商解决医保、子女入学等困难12起。常态化落实疫情防控工作，联系协调台胞入境事宜；开设疫苗接种台胞专场，免费为台胞接种疫苗，赢得台商台胞积极响应和普遍点赞。做好涉台宣传工作，《宁波海曙出台台企春节“留工稳岗”举措》等14篇报道被中央电视台《海峡两岸》栏目等媒体采用，调研文章《海峡两岸共同弘扬中华优秀传统文化的路径探析——以沈光文文化交流为例》获得年度全市台办系统调研成果一等奖。

【海曙区台胞台属“学党史”主题教育活动】3月11日，区台联全体理事到市档案馆参观“不忘初心、牢记使命”主题教育档案文献展、“‘甬’创辉煌”档案图片展和《档案中的宁波记忆》主题展，在丰富翔实的档案史料中，了解中国共产党为人民谋幸福、为民族谋复兴的伟大历程，感悟初心使命的精神力量。参观活动结束后，召开区台联会理事会议，通报2020年区台联工作情况，部署2021年区台联重点工作，并围绕做好新形势下台联工作进行座谈交流。

【区台商联谊会换届选举】2021年3月28日，海曙区台商联谊会举行换届选举，选举产生宁波市台湾同胞投资企业协会理事8名、监事1名，宁波庞达国际货运代理有限公司总经理何高昇当选主任委员。新一届理监事年龄结构更趋合理，平均年龄比上一届年轻3岁。换届后，区台商联谊会各项工作稳步推进。7月，区光彩事业基金设立“台商爱心公益基金”，得到台胞台企积极响应，收到爱心捐款11万余元，开展捐资助学、扶贫济困、公益环保等公益活动5场次。台风“烟花”过后，区台商联谊会赴灾区为贫困学生、贫困户发放爱心公益基金5.4万元，并捐赠一批生活必需品，缓解贫困家庭燃眉之急。

10月22—23日，两岸同胞举办“诗书传家 福泽两岸”沈光文文化交流活动

【“曙家有味”台湾美食园游会】2021年5月4日，“曙家有味台湾美食园游会”在龙观乡半山伴水度假村举行，多家台资企业携台湾特色美食亮相园游会。活动还邀请台湾原住民的“三太子文化”，与浙江省级非遗传承项目“大头和尚”进行交流，吸引宁波台胞台属和宁波市民800余人参加。园游会推动两地饮食人文交流，增进两岸人民友谊。

【沈光文文化交流活动】2021年10月22—23日，结合宁波市“第四届海峡两岸乡村振兴论坛”，海曙区以乡贤文化厚植乡愁沃土为主题，通过线上线下连动，两岸同胞“同吟一首诗、共谱同心曲”，举办“诗书传家 福泽两岸”沈光文文化交流活动。23日上午，沈光文纪念馆和台南善化庆安宫开展“两岸同祭开台先师沈光文”活动，在海曙，台商台胞代表，沈氏后裔通过敬香茗、敬文房四宝等环节，缅怀沈光文先生；在台南，善化庆安宫通过种传统的种菊祈福，纪念沈光文先师。纪念活动结束后，参访团一行到雅戈尔集团，参观雅戈尔西服智能工厂数据运营中心、品牌展厅及企业党群服务中心。宁波台商台胞、两岸婚姻家庭代表，中华两岸文化交流促进会秘书长等社会各界人士50余人参加活动。

（徐　鑫）

政策研究

【概况】2021年，区委政研室围绕区委、区政府中心工作，扎实推进调查研究，安排重点调研课题16个，内容涉及经济发展、社会治理、城乡统筹、党的建设等各个领域，走访调研单位近60家，召开座谈会30余次，持续提升全区政研工作水平。

【政策研究】2021年，区委政研室结合区委区政府重大工作部署，深入开展调查研究，形成《“十四五”期间海曙区经济社会发展若干问题研究》《海曙区发展定位研究报告》《关于建立健全海曙区十大重点区块开发体制机制的调查和建议》《海曙区打造新消费地标路径研究》等调研报告。《加快建设高质量发展的国内一流强区》等文稿先后被《今日浙江》《政策瞭望》《宁波通讯》《宁波经济》等省、市刊物刊发，其中区委领导署名文章3篇。《“十四五”期间海曙区经济社会发展若干问题研究》获评全市党政系统优秀调研成果。密切关注重大决策、深化改革、保障民生等重点领域，开展全局性、前瞻性、实效性调查研究，撰写《关于海曙区四明山区域经济发展情况的调查与思考》《关于区农办与新村办更好发挥职能和作用的几点粗浅思考》等16篇高质量调研成果，为区委、区政府决策提供可靠依据、可行对策和可用方略。先后出台《海曙高质量发展建设共同富裕样板区实施计划（2021—2025年）》等政策文件。开设《调研与改革》专刊，印发8期主题刊物。

【全面深化改革（数字化改革）】 2021年是数字化改革元年，区委改革办发挥牵头抓总作用，协同各系统各单位“边学边干”，形成各部门协同推进的良好态势。出台数改总体行动方案，成立工作专班，完善组织架构，全年召开3次改革委会议、4次数字化改革推进会、25次专班例会、1次处级干部数字化改革专题培训班，拟定3项推进制度，刊发12期《海曙区数字化改革工作简报》，新增全国县域共青团基层组织改革试点等16项省部级以上改革试点（含数字化改革“揭榜挂帅”试点项目），建成特色场景应用19个，“浙政钉”“浙里办”两端上线9个。“科学推进‘统分沉’，促进社区政居协作互动”项目入选全国市域社会治理创新优秀案例。“基于步态识别技术的重点对象管控”列入公安部“双十计划”重点推广项目。海曙区获评“2021年度浙江省全面深化改革考评优秀县（市、区）”，入选省“特色产业农业‘机器换人’高质量发展先行区”，承办司法部“智慧矫正”等一批省部级现场会。

【《海曙高质量发展建设共同富裕样板区实施计划（2021—2025年）》】 2021年，区委政研室起草形成《海曙高质量发展建设共同富裕样板区实施计划（2021—2025年）》征求意见稿，发文征求各有关单位意见，吸收各部门反馈意见后，形成送审稿。7月15日，区委常委会专题审议。7月20日，区委九届十一次全体（扩大）会议审议通过。8月3日，区委正式印发实施《海曙高质量发展建设共同富裕样板区实施计划（2021—2025年）》。

【《在中国共产党宁波市海曙区第十次代表大会上的报告》】 2021年7月，区委政研室牵头起草《在中国共产党宁波市海曙区第十次代表大会上的报告》，多次征求各镇（乡）街道、部门、两代表一委员、党外人士、离退休干部等各方意见，累计收到意见建议380余条次，先后修改300余处。12月21日，区委常委会专题审议。12月22日，区委九届十三次全体会议审议通过。12月28日，中国共产党宁波市海曙区第十次代表大会隆重开幕，区委书记徐强代表中国共产党宁波市海曙区第九届委员会向大会作报告。

（毛英豪）

机构编制管理

【概况】 2021年，区委编办研究重点工作保障机制，健全完善机构编制制度规定，开展机构编制核查，推进重点领域体制机制改革，规范整合开发区（园区）管理机构，严格控制和优化配置机构编制资源。

推进重点领域体制机制改革，重点完成房管体制改革和涉水体制改革。谋划全区招商机构设置，将电商园中心、招商中心融合设置，推动全区招商机构做大做强；完成工程师人才服务、中医药、工改、街道财办、邮政等机构设立调整工作。推进自然资源、应急管理“局队合一”执法体制改革，同步做好基层所机构更名、职责划转和编制调整，助力构建“大综合一体化”行政执法新格局；严格执行首问负责即问即办制度，做好部门职责争议调处工作，目前已协调处理消费投诉、市政养护、噪声扰民管理等领域的职责争议102件。

保障重点领域用职用编。教育领域共核准中小学及幼儿教师用编158名，卫生领域共核准用编3批次，集中用编205名；优化口腔医院、中医院等专科医院编制结构，做好30名海曙区第二医院医疗人才编制储备。统一核增全区镇（乡）街道事业编制21名，全年各镇（乡）街道共审核用编53名。助力共同富裕样板区建设做好社会建设委员会和乡村振兴机构设置，调整优化“对口支援”职责。完成地方金融监管、军民融合发展、文物保护管理、农村宅基地、矛调中心、生态文明建设及社会建设和“共同富裕”等10余个领域涉及的体制机制和机构编制调整工作。

健全完善全区机构编制制度规定。推进机构编制法定化，完善机构编制相关配套制度，全面梳理细化制定涉及请示报告、周转编制、事业单位领导职数、实名制、编外用工、权责清单、监督检查等管理制度，提高机构编制工作制度化规范化水平。严格落实请示报告制度，严禁“条条干预”，确保机构编制工作程序合法合规。严格按照《中国共产党机构编制工作条例》等机构编制政策法规规定，综合运用巡察、审计、专项督查等监督手段，形成“机构编制+”监管合力，全年完成对区人大、政协机关和部分镇（乡）街道等6家单位的“机构编制巡察”，对区司法局、石碶街道等单位的“机构编制审计”。探索开展机构编制评估工作，选取区司法局作为试点，围绕机构改革划入职能落实情况等内容，完成专题评估并形成评估报告。

加强信息宣传，《中国机构改革与管理》杂志、中央编办微信公众号和网站刊发海曙区机构编制管理经验做法20篇，《浙江机构与编制》（双月刊）刊发4篇。其中《区委编办以“七一”重要讲话精神为指引推进编制工作高质量发展》获区委书记批示。

【机构编制实名制管理】 优化机构编制实名制系统，开展全区在编人员实名制信息专项整改工作，主要涉及人员进入来源、教育信息、职务信息等。制定规范化填写规则，明确统计口径，针对历史遗留问题，修改错误信息。开展人员履历信息维护工作，借助出入编、职务职级变动等自动生成条目式履历信息，结合月报、信息整改等专项工作上传履历文件，并以“清单+材料”形式完善人员履历信息，完成全区中层以上领导人员履历信息维护。梳理统计近五年各单位用编进人情况，绘制全区编制配比分析表，强化数据分析，服务科学决策。

【事业单位登记管理】 2021年，事业单位登记管理方面，区委编办办理设立登记2家、变更登记164家、补换领9家、注销登记1家、年度报告公示254家。机关群团统一社会信用代码赋码换证方面，办理证书初领1家，证书换领11家，变更登记46家，注销登记3家。截至年底，全区登记在册的事业单位共263家，其中，正常运行的256家，因财务没有独立法人证书被冻结的7家；全区登记在册的机关单位119家、群团单位11家。

【机构编制核查】 2021年，区委编办完成全区各部门及下属事业单位机构编制违纪违规问题核查。通过集中对账、现场查验等方式，及时发现并处理机构编制管理中存在的“账实不符、账账不符”情况；建立机构编制问题整改台账，对监管平台生成的问题清单逐条记录，做到处理一条、注销一条，根据实际情况对相关单位发送整改通知单，责令限期整改，切实维护机构编制工作的严肃性和权威性。同时，全年采取部门自查、数据比对、专项核查、实地核查等多种方式，全面梳理涉及超编超职等各类机构编制违规问题。

【重点领域体制机制改革】 2021年，区委编办完成房管体制改革。针对原区房管处传统职能逐渐弱化，机构运行、职责履行等方面问题日渐凸显的问题，以“做强住建局、做优房管处、做实房管所”为导向，落实涉改单位机构调整、职能优化等工作，解决长期难以解决的住建、房管“两张皮”问题。完成涉水体制改革，新组建区水利部门，统筹负责全区水利水务工作，进一步理顺涉水领域“管理与执法”、排水管网设施“管与建”等关系，推动涉水工作由“多头管理”向“集中统一”转变，实现“水利水务一体化”。

【“县乡一体、条抓块统”改革】 2021年，海曙区持续深化“县乡一体、条抓块统”改革，统筹推进退役军人服务、农村宅基地、生态文明建设、矛调中心、应急广播等职责落实落地。依托“基层治理四平台”，在镇（乡）街道统一设置综合信息指挥室，发挥综合信息指挥室的主干功能和枢纽作用。建立健全镇（乡）街道财政管理体制，在城区8个街道党政办增挂财务科牌子。梳理形成全区第一批镇（乡）街道“属地管理”事项责任清单84条，其中贯彻落实省定事项67条、市定事项11条和区有事项6条，进一步明确职责分工，强化区乡协同，为基层履职、监管和问责提供依据。

【开发区（园区）管理机构规范整合】 2021年，区委编办全面推进开发区（园区）管理体制改革，打造市区高能级战略平台。完善宁波临空经济示范区管理机构“政区合一”的运行协作机制，同步做好机构设置限额内部门调整方案。制定印发望春工业园区管委会“三定”规定。原宁波市天一阁·月湖景区管委会和原宁波市海曙区五龙潭风景名胜区管委会按规范要求完成更名。撤销桃源湾休闲度假区开发建设指挥部，解决历史遗留问题。

（沈明煊）

区委巡察工作

【概况】 2021年，区委巡察工作分2轮完成对8个部门、街道和74个村（社区）党组织的常规巡察，实施卫健系统交叉巡察、教育系统专项巡察及粮食购销领域联动巡察，共发现问题1349个，移交问题线索23件，追回违规资金48.04万元，“四种形态”处理人员108人次，党纪政务处分8人次。对区交通局党组和区民政局党组开展巡察“回头看”，发现问题38个，提出意见建议6条。

【九届区委巡察工作培训会】 2021年3月2—3日、7月12日，区委巡察办分别组织召开九届区委第十一轮、第十二轮巡察工作培训会，参训人员共88人次。区纪委常委、区委巡察办主任俞小群进行巡察动员，培训会邀请相关领域专家老师向全体巡察机构干部授课，各巡察组开展组内讨论交流。

【九届区委第十一轮巡察工作动员部署会】 2021年2月25日，九届区委第十一轮巡察工作动员部署会召开，共有134人次参加会议。区委组织部常务副部长、区委巡察工作领导小组成员丁松江同志传达巡视巡察工作新部署新要求，并宣布区委第十一轮被巡察党组织名单和任务分工。区委常委、区纪委书记、区监委主任、区委巡察工作领导小组组长孙骏同志作动员讲话。

（苏　纯）

信访工作

【概况】 2021年海曙区信访形势总体良好，妥善做好全区房地产领域、重大项目涉及的搬迁安置、后疫情时期预付卡退卡纠纷等突发性事件信访处置工作。

【推进积案化解清零】 2021年，海曙区全力推进治理重复信访、化解信访积案专项工作，出台《积案清零百日攻坚专项行动实施方案》，通过落实区领导、属地和事权单位主要领导“双包案”，实行部分信访事项“双交办”，实现部门和属地各司其职，齐抓共管局面。指导各镇（乡）街道建立“一人一档”，制定“一人一策”，成立积案化解清零工作专班，通过“日会商、周晾晒、季督查”等方式挂图作战。第一批集中交办的国家级重复信访事项化解率为96.18％，集中交办的省级重复信访事项化解率为100%。宁波市存量信访"三大"行动交办的重复信访事项化解率为93.8%。

【初信初访闭环管理】 2021年，海曙区落实信访事项转办督办、回访核实、信息日报全闭环管理。出台《关于进一步做好初信初访事项办理工作的实施办法的通知》，对转送交办的初信初访事项实行全程跟踪，办结后10日内回访核实。通过及时就地解决群众信访诉求，切实维护好信访人的合法权益，提升信访事项办理质量、效率，提高初信初访化解率。

（郑 怡）

老干部工作

【概况】 2021年，海曙区有离休干部42人，其中区直属离休干部19人、易地安置23人。有区级退休干部22人、区管退休干部357人。

区老干部局组织老干部学习习近平新时代中国特色社会主义思想和党的十九届五中全会精神，坚持以政治建设为统领，通过送学送课送资料上门、交流研讨、现场教学、调查研究等，引导老干部全面准确领会习近平新时代中国特色社会主义思想。围绕中国共产党成立100周年主题开展系列银辉正能量活动，通过学习考察、主题座谈会、红色宣讲、先进表彰、书画摄影展览、微视频展映、党史知识竞赛、文艺演出等多种形式话百年辉煌、忆初心使命、看未来发展，引导广大离退休干部学史明理、学史增信、学史崇德、学史力行。推进离退休干部党建工作，举办离退休干部党支部书记培训班、主题党日活动5次。为易地安置离休干部提供服务，落实"两费"（离休费和医疗费）催汇工作。组织老同志体检、疗（休）养及各类慰问，全年走访老干部超过500人次，电话等形式慰问老干部1200余人次。针对疫情期间的特殊情况，安排工作人员不定期与结对的老干部开展电话慰问，做好心理疏导；采购口罩、消毒酒精等防疫物资及生活用品送到家。组织离退休干部开展"走、看、促"活动1次，赴杭州淳安、建德参观考察。承办的"甬耀银辉2021——走进海曙"现场志愿服务暨"银辉"党史学习教育宣传月活动一次，400余人参与活动。联合区委组织部、区直机关工委开展"红海传承'光荣在党50年'纪念章颁发暨集体宣誓仪式"，现场颁发纪念章38枚。老年大学管理中心结合数字化改革，优化招生报名流程，分三批次进行招生，招收学员2284人次。

【老年大学建设】 2021年，区老年大学管理中心本部设置40个科目，共80个班级，有教职工（含兼职）36人，全校注册学员2110人次。开展线上课堂，组织5位专业教师，共录制课程40节。结合数字化改革，优化教学管理模式。通过升级官方微信公众号"海曙老年大学"以及网上教学管理平台，进一步优化线上报名选课工作；同时，将教务与财务进行有效实时对接，在线上完成报名环节，形成工作闭环，简化工作流程、提高工作效率。由老年大学顾丽琴老师带领的海曙区老年大学管理中心木兰拳一队在"红色四明"武林大会中获团体金牌1枚，个人金牌16枚，个人银牌12枚，个人铜牌9枚的成绩。

【离退休干部党的建设】 2021年，海曙区新成立"银辉"党支部5家，合并4家，累计有"银辉"党支部31家、离退休党支部96家。6家"银辉"党支部被评为省级规范化党支部，8家老党员驿站获授牌。

5月10日，海曙区横街镇"银辉"党支部成立，该支部为海曙区内首个农村区域"银辉"党支部。党支部有50余名成员，由其中25名"银辉"志愿者组成"说事议事学习宣讲队""乐善好施扶贫帮困队""关爱教育爱心扶苗队""公益活动农技服务队"4个服务队。

【"我们与党同欢乐"快闪开学式】 2021年3月23日，区老年大学管理中心举行"我们与党同欢乐"的主题快闪活动，庆祝2021年度新学期开学。近百名师生欢聚在操场上，手中挥动着红旗，载歌载舞，表达复课开学的喜悦，也为中国共产党成立100周年庆祝活动拉开序幕。

【"甬耀银辉2021——走进海曙"现场志愿服务暨"银辉"党史学习教育宣传月启动仪式】 2021年5月22日，市委老干部局主办、区委老干部局承办的"甬耀银辉2021——走进海曙"现场志愿服务暨"银辉"党史学习教育宣传月启动仪式在中山广场举办，400余人参与活动。组织开展文艺演出、书画创作、科学普及、法律咨询、党史教育宣传等志愿活动，参与服务

5月22日，"甬耀银辉2021——走进海曙"现场志愿服务暨宁波市"银辉"党史学习教育宣传月启动仪式在中山广场举办

的银辉志愿者超过200人次，服务群众超过2000人次。

【海曙“三下乡”暨第七个“银辉”志愿服务月启动】 2021年12月5日，宁波市银辉志愿者联合会科技、卫生、文化海曙“三下乡”暨第七个“银辉”志愿服务月启动仪式在章水镇李家坑村拉开序幕。市委老干部局、市“银辉”志愿者联合会和章水镇相关领导出席启动仪式。服务月开展文化传承、文艺宣传、医疗卫生、农业拓展、科学普及、法律咨询、关爱帮扶等活动。市、区两级“银辉”志愿者联合会志愿者代表等近100人参加活动。

（周梦霞）

12月20日，海曙区红色教育基地工程开工

党校工作

【概况】 2021年，区委党校举办新时代基层干部推动共同富裕主题培训班、海曙区“聚焦‘十四五’勇当排头兵”领导现代化建设能力研讨班、海曙区年轻干部培训班、喜德县脱贫攻坚接续乡村振兴重大决策部署专题研讨班等各类班次31期，培训、轮训党员干部3284人次。组织党校“红‘海’宣讲”服务队送课下基层宣讲62场次，受众4540人次。加强课程开发力度，开发7堂党史新课，完成微党课8堂，录制网络课2堂。

推进理论研究和资政工作，论文获评省委党校系统理论研讨会一等奖1篇、二等奖3篇，市委党校系统理论研讨会一、二、三等奖各1篇；省委党校系统规划课题结题2项、立项2项，市委党校系统规划课题结题2项（全部优秀）、立项5项，发表论文6篇；获市机关党建优秀调研成果一等奖1项，二等奖1项；《金融服务“引活水”促稳实体基本盘》入选浙江省“助力企业复工复产百佳案例”，并获区领导肯定性批示；发表论文6篇。推进全省党校办学质量创优评估整改“回头看”，获省市督查组一致好评。统筹推进党支部和群团工作，校机关党支部获评市五星级基层党组织，“红‘海’宣讲服务队”获评区“红海行动”优秀机关党建服务品牌和区“工人先锋号”。

【镇乡（街道）党校规范化建设】 2021年1月26日，海曙区镇（乡）街道党校规范化建设工作启动。全区紧扣“有组织机构、有场地设施、有师资队伍、有培训计划、有教学活动、有规章制度、有经费保障”的“七个有”目标，按照“动员部署、试点先行、全面实施、总结提升”步骤，通过齐抓共管建机制、统筹资源促融合、因地制宜抓创新等举措，抓好镇（乡）街道党校规范提升，全力打造“一镇（乡、街）一品”特色格局。至年底，全区17个镇（乡）街道实现基层党校全覆盖，开展各类培训448期，受训32833人次。

【年轻干部培训班】 2021年3月24日，第一期海曙区年轻干部培训班开班。此次年轻干部培训班分3期，每期学制一个月，均采用集中培训方式，共146名干部受训。培训班围绕“铸魂”“赋能”“强基”三大板块，安排党史学习教育、习近平新时代中国特色社会主义思想、市情区况解读、治理能力提升、纪律作风教育、心理素质6个单元教学内容，创新采用“一线课堂”、观看“云法庭”、项目竞赛、学员论坛、主题辩论赛、“共享微课”、“课题攻关”等教学方式，旨在提升年轻干部的理论素养、党性修养和推动海曙区高质量发展的专业化能力。

【省督查组督查党校办学质量问题整改工作】 2021年7月13日，省委党校干部教育研究处处长、一级调研员张洪增率队到海曙开展全省市（县）级党校办学质量创优评估问题整改“回头看”实地督查，并召开座谈会。省督查组听取海曙区委党校相关工作情况汇报，肯定党校办学整改扎实、亮点突出，整体成效较为明显，强调要以办学质量创优评估问题整改为契机，推动党校建设补齐短板、夯实基础，在教学质量、科研资政、队伍建设和党校项目建设等工作；要围绕“1+4+5”工作思路和目标举措，努力推动党校建设不断攀高，培养一支忠诚干净担当的高素质专业化党员干部队伍，为海曙高质量发展建设“共同富裕样板区”提供强有力支撑。

【新提任区管领导干部助推共同富裕能力提升培训班】 2021年11月4日，海曙区新提任区管领导干部助推共同富裕能力提升培训班开班。区委书记徐强出席开班仪式，并为新提任区管领导干部讲授题为《提升塑造变革能力 建设共同富裕样板区》党课。此次培训采取政治理论“大班”结合专业知识“小班”模式，安排163名新提任区管领导干部进行集中轮训。培训内容坚持内提政治素质、外强履职能力，突出抓好“三项基础教育”和“一项能力培训”，设置“理论武装与发展战略”“党性修养与公仆意识”“领导素养与能力提升”三大板块，旨在提高新提任区管领导干部综合素质和助推共同富裕履职能力。

【区红色教育基地开工】 2021年12月20日，海曙区红色教育基地举行开工仪式。区委书记徐强出席并致辞，区委常委、组织部部长、党校校长孟雪参加。基地位于高桥镇，建设用地面积约4公顷，总建筑面积约7.2万平方米，涵盖办公、教学、住宿、餐饮等功能，并配备“智慧校园”“智慧教学”“智慧应用”等智慧系统，把基地打造成海曙全区干部的成长之地、工作的启航之地和上级精神贯彻落实的巩固之地。

（陈飞永）

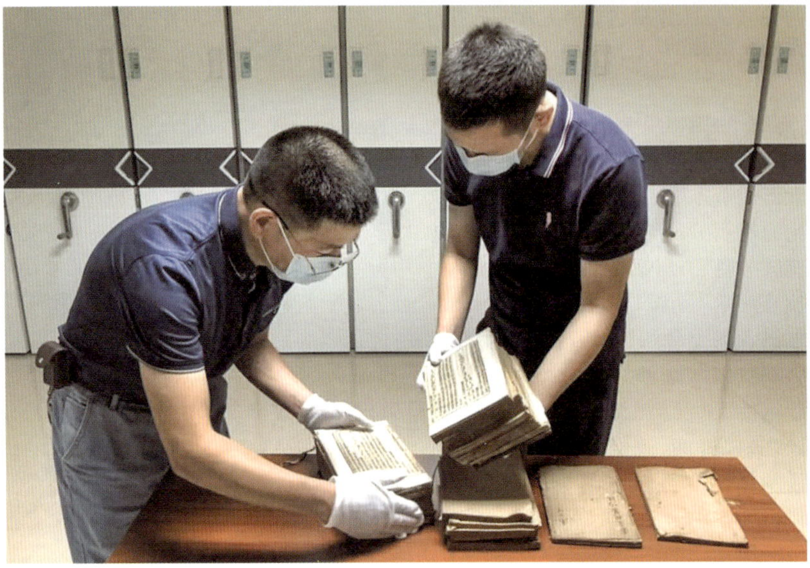

6月15日，区档案馆征集到海曙中医院一批珍贵的中医经典古籍

档案工作

【概况】 2021年，区档案馆推进电子公文、政务服务和公共数据等领域电子文件归档、电子档案管理，提升政务服务事项电子归档率，预归档事项126750件，其中21家单位共114620件，“最多跑一次”事项电子文件正式接收归档，归档率超95%。提升浙江档案服务网、“浙里办”App、长三角地区跨馆查档、乡镇“E档通”等“线上跑、零次查档”宣传与服务水平，群众足不出户可以查阅民生档案。建设数字档案展厅，完成金融货币展的VR全景展示方便群众“掌上看”。深化“最多跑一次”服务，完成馆藏婚姻档案55979份数字化成果副本的水印添加，并向区婚姻登记处移交婚姻数据档案，解决群众结婚证补办查档难题。推进开展无证件（证明）办事改革试点工作，实现可出示电子身份证件查档服务。全年区档案馆共接待查阅1076人次，利用838卷（件）次1902页，出证86份。其中网上查阅465人次，利用282卷（件）次767页，电子出证48份。

推广应用村镇档案一体化平台，年初启动与档案服务基层社会治理工作相配套的海曙区村镇一体化建设项目，9月，鄞江镇完成数据迁移，通过专家组验收，全面运行。区档案馆举办村级档案培训班2期，累计培训档案人员270余人。当年试点扩面向古林、高桥、洞桥、石碶等镇（乡）街道推开，覆盖98个行政村，预计下年度实现全域推广。多渠道、多形式开展《中华人民共和国档案法》新法宣贯工作，截至年底，举办培训班8期，参训人员526人次；21家单位开展档案法专题学习672人次。建立海曙区档案专家库，制订专家库管理办法，首批入选专家24人。

行政检查事项增至31项，行政处罚事项也增至13项，配合区档案局完善“互联网+监管”事项目录和实施清单，现已完成新增行政事项的认领和覆盖。推进联合执法，拓宽执法对象，年初联合区财政局对下属单位会计档案进行执法检查，年中联合区市监管局对档案中介服务公司进行执法检查。对9家单位进行安全专项执法检查，对重点工程档案进行检查。落实档案外包项目联系制，及时掌握档案外包工作的进展情况。目前共有19家公司超过70个项目进行了信息互通及登记。开展网上年检工作，落实档案局制度化巡查、协作组常态化检查、档案员日常化自查的立体监督机制。同时及时跟进档案室建设（改造）指导，对档案室的建设要求、八防设施等提出意见。

推进档案资源建设，启动“档案资源建设专项行动计划”“档案事业发展十四五规划”编制工作，推进脱贫攻坚和疫情防控“两类档案”的归集工作。截至年底，接收进馆疫情防控档案5408件，数字化成果15.4GB，脱贫档案目录4259件92卷，数字化成果50GB，两类档案合计数码照片、音视频类电子档案1500余件。对计划当年进馆的12家全宗单位开展专项培训和上门指导。接收区工业集团、商业集团重要职工档案、桃源湾开发建设指挥部撤销后文书档案进馆，另有52家单位3185张数码照片进馆。征集到袁壁如捐赠的宁波市政府50年代的奖状和参加中国共产党成立100年非遗手工获奖作品及宁波评弹史料等档案。通过“百年党史红色征集”行动，先后征集到海曙离退休干部抗美援朝勋章、淮海战役纪念章等珍贵实物档案27件和“全国劳模”王理顺个人档案30件、“最美浙江人”郑益欢援鄂抗疫档案20件。

与区委党史办、市钱币学会、区金融服务中心、市档案局、档案馆等单位联合举办中国共产党成立100周年主题图片展、海曙金融货币档案史料展、“看档案 知党史——庆祝中国共产党成立100周年档案微展览”巡展活动；以“钉钉”视频方式参加省委办公厅支部建党百年主题活动，讲述海曙区干部史浩然革命勋章背后的故事。8月，浙江卫视浙江新闻频道《跟着档案去旅行》栏目到月湖进行拍摄。区档案馆获评第十二批市级爱国主义教育基地、全区十大党史现场学习基地。《基层减负视角下的社区档案信息一体化管理研究》获评省档案优秀科技成果三等奖;《宁波府城隍庙》《清风史话》两部作品均获全省优秀档案编研成果三等奖;海曙区报送的国家档案局组织的“档案话百年”主题征文1篇获评二等奖,1篇获评优秀奖。全年,各类媒体共用区档案馆报稿174篇。其中,中国档案资讯网、“浙江在线”、浙江档案网等网站共用稿109篇,《中国档案报》《宁波日报》《海曙新闻》《宁波档案》杂志等纸媒共用稿23篇,“记忆浙江”“海曙发布”等微信公众号用稿16篇,“学习强国”学习平台、“海曙”App、“宁聚”App等手机客户端用稿26篇。

【全区档案人员继续教育培训】 2021年4月22日、23日,海曙区档案局、档案馆组织为期2天的全区档案人员继续教育培训,培训区级部门、镇(乡)街道、二级单位共120余位人。培训安排《文书档案管理》《数字档案室操作》《数字档案室建设测评标准》《数码照片归档与进馆》《星级档案室认定标准》《全宗卷管理》等业务实操课程,解读2021年度档案工作要点,并邀请档案专家详细讲解《会计档案整理》,进行现场答疑。

【宁波首批区级档案专家队伍成立】 2021年6月7日,经个人申报、单位推荐、评审公示等环节,海曙区档案局、档案馆最终确定24名来自全区各部门、机关档案室,事业单位档案室的优秀档案工作者为海曙区首批档案专家,入选海曙区档案专家库,成立宁波市首批区级档案专家队伍。

【中医经典古籍入藏档案馆】 2021年6月15日,海曙区档案馆征集到海曙中医院一批珍贵的中医经典古籍。此次征集入馆的中医经典古籍主要是历代知名医家医案医话和中医临床各科经典著作等书籍共42册,其中包括《黄帝内经》《本草纲目》《御纂医宗金鉴》《素问灵枢类纂约注》《针灸大全》等线装经典书籍。据专家考证,此批古医书中最早的为清嘉庆年间的木刻版本,有200余年的历史,有较高的医学参考价值、史料价值。

【海曙金融货币档案史料展】 2021年6月21日,由区档案馆、市钱币学会、区金融发展服务中心联合主办的“曙地金融 抗币传奇——海曙金融货币档案史料展”正式开展。市钱币学会、市钱币博物馆等相关机构领导参加开展仪式。展览包括“序厅”“金汇三江·融通天下”“四明锁钥·抗币铸址”3个部分,展陈文字史料翔实,展出图片100张、海曙档案文化志愿者提供的珍贵藏品近300件。

【区档案工作服务农村基层社会治理省级试点通过验收】 2021年9月18日,宁波市档案局组织专家对海曙区档案工作服务农村基层社会治理省级试点(个体)进行检查验收。经过听取汇报、审核台账、实地查看、提问质询、综合评议等,专家组一致认为,海曙区乡村档案通过简化内容、统一模板、规范管理等方式,形成“海曙区乡村档案清单式管理目录”,实现高效监管、互动治理;通过建设村镇档案一体化平台,打通“区—镇—村”三级共享网络,涵盖嵌入式乡村档案清单著录、“村—村、村—镇、村—馆”直通查档、特色专题库制作等特色功能;通过采取“1+N”的模式,记录行政村的历史沿革、红色档案、重大事件、特色建筑、民俗文化,做到既有标准化档案管理,又各村有特色的“海曙模式”。

【朱神光作品入藏档案馆】 2021年9月30日,“意象艺术·宋韵再现艺术展”在天一阁·月湖景区宝奎故里建筑群·史氏故居举行,艺术展现场展示100余幅名家作品。开幕式上,中国意象派油画家朱神光现场进行油画创作表演,并将有海曙特色的油画作品《鼓楼·际会》捐赠给区档案馆,区档案馆馆长张越男向朱神光颁发捐赠证书。

(陈丽如)

史志工作

【概况】 2021年,中共海曙区委党史研究室围绕党史学习教育、庆祝中国共产党成立100周年、宁波建城1200周年等重大活动、重要时间节点,立足党史、地方志编修主业,开展各项工作。

抓牢党史编研主业,出版《中国共产党海曙历史(1978—2002)》,并举行首发仪式,编写进度与质量处于全市前列,位列全省第一方阵。积极参与和组织全区各类党史学习教育活动,向市级部门进一步争取专项资金总计25万元,用于横街、鄞江等乡镇的革命遗址修缮;参与章水镇党史文化长廊建设。挖掘整理海曙区革命史迹故事,在《海

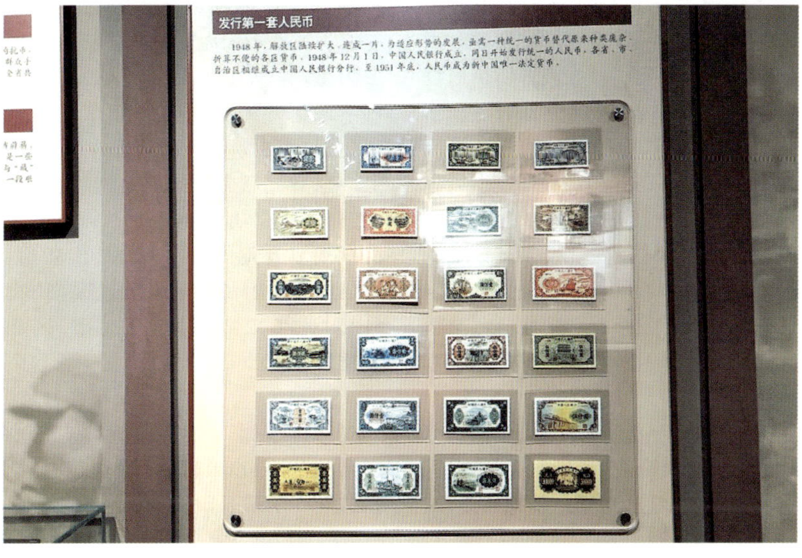

6月21日,海曙金融货币档案史料展展出的中国人民银行发行的第一套人民币

曙新闻》报刊开辟“奋斗百年路·启航新征程”专版和专栏，以图文并茂形式介绍海曙革命历程，整体提升干部群众对海曙党史的了解与重视。

坚持志鉴并行，深入开展地情研究。与区委组织部联合开展市、区两级《组织史资料》（第六卷）编纂工作。编辑《百年芳华》画册等党史普及读物。继续提升《海曙年鉴（2020）》编撰质量，截至年底，撰稿单位已扩展至120余家单位、150余名撰稿人员，基本实现管理规范、编撰科学、资料权威。以宁波建城1200年为契机，编写出版《海曙简史》，成为继《海曙区志》后全区又一综合性地方历史文献著作，系全省首部区县市简明通史。《党的群众路线的宁波实践探索及发展进路》等论文，参加省、市、区建党百年理论研讨会，展示具有海曙区特色的红色文化及实践。参与筹备成立海曙区新四军历史研究。

12月2日，《海曙简史》首发

【两处红色遗址获评市级党史教育基地】 2021年3月，《中共宁波市委办公厅关于公布第五批市级中共党史教育基地的通知》发布，14处场所成为宁波市第五批中共党史教育基地，海曙区横街镇革命史迹陈列馆、宁波开明街鼠疫灾难陈列馆入选。横街镇革命史迹陈列馆建于2000年，由朱敏村为纪念朱敏烈士，自费集资建立朱敏烈士事迹陈列馆和朱敏烈士纪念亭，后更名为“横街镇革命史迹陈列馆”，陈列朱敏等18位抗战烈士的英雄事迹和横街镇对敌斗争时期的实物与大量的文献图片资料。宁波开明街鼠疫灾难陈列馆于2009年由海曙区和宁波市新四军历史研究会设计布展，以展示侵华日军在开明街一带制造灭绝人性的细菌战这一历史事件为主题，还原整个细菌战的过程，揭露日本军国主义者在宁波实施细菌战的滔天罪行，以此教育后人勿忘国耻。截至年底，海曙区有9处革命遗址先后入选五批市级中共党史教育基地。

【党史知识大赛】 2021年3月始，区委党史研究室选取党史、新中国史、改革开放史、社会主义发展史重点内容，建立1000题涵盖时政热点、地方特色的海曙党史知识竞赛题库。在此基础上，4月15日，与区委宣传部联合举办海曙区“百年潮涌·海曙印记”党史知识大赛，全区各镇（乡）街道和区级机关部门的31支代表队参加，以党史知识大比武，引导党员干部学史明理、学史增信、学史崇德、学史力行。

【《中国共产党海曙历史（1978—2002）》出版】 2021年6月，由区委党史研究室编写的《中国共产党海曙历史（1978—2002）》由浙江人民出版社出版发行。全书以编年体和纪事本末体相结合的编写方法，以纵为主，纵横交错；以史为主，论从史出，力求全面、系统、科学地记述海曙区委24年改革开放和建设中国特色社会主义的光辉历史。全书重点突出海曙地方特色，是一部全面精准地反映海曙改革开放史的权威地方党史基本著作。出版后，海曙区委举行《中国共产党海曙历史（1978—2002）》首发仪式，市、区相关领导参加。

【“奋斗百年路 奋进新征程”庆祝中国共产党成立100周年主题图片展】 2021年6月26日，由区委党史研究室、区档案馆联合主办的“奋斗百年路 奋进新征程”庆祝中国共产党成立100周年主题图片展开展。此次图片展以珍贵的党史照片为载体，以建党100年来海曙重大的党史事件为主线，分为“启明火·樟溪魂”“百废俱兴”“勇立潮头”“逐梦奋进”等5个部分，共展出图片191张，全面展示中国共产党在海曙百年的光辉历程、伟大成就，生动诠释中国共产党为中国人民谋幸福、为中华民族谋复兴的初心和使命。图片展接待区内外2500余人次参观学习，成为全区开展党史学习教育、宣传展现地方党史的重要载体。

【《海曙简史》出版】 2021年12月，由区委党史研究室策划编写的《海曙简史》出版发行。全书共8章，字数逾20万，是继《海曙区志》编纂以来全区又一综合性地方历史文献著作，系全省首部区（县、市）简明通史，也是海曙纪念建城1200年而推出的“文化大区”建设重要研究成果。全书记述有历史记载以来至2020年海曙全境政治、经济、文化、社会、生态等内容，注重地域特色，紧扣海曙作为宁波府治“原点”的核心特色。采用通俗易懂的语言叙述风格，降低普通读者的阅读难度。

（秦　威）

海曙区人民代表大会

综　述

【概况】 2021年，宁波市海曙区完成第十二届人大代表换届选举工作，共选举产生代表289人，其中连任代表77名，占比32.4%。党政干部代表69人，占比24%；工人代表53名，占比18.3%；农民代表35名，占比12.1%；企业负责人代表51名，占比17.6%；专业技术人员72名，占比24.9%；其他代表9名，占比3.1%。女性代表89名，占比30.8%，非中共党员102名，占比35.3%。全年召开常委会会议10次、主任会议16次，听取和审议专项工作报告30项，作出决议决定25项，完成备案审查案件578件，对5部法律法规执行情况开展检查和调研，审查规范性文件12件，任免地方国家机关工作人员121人次。

坚持把党的全面领导作为最高政治原则，切实发挥常委会党组对人大工作“把方向、管大局、保落实”的重要作用，确保区委要求在人大工作中一贯到底、全面实现。严格执行重大事项请示报告制度，就区、镇（乡）两级人大换届选举、严肃选举任免纪律、筹备召开区十二届人大一次会议等重大问题、重大事项、重大活动，向区委专题请示报告20余次，自觉接受区委领导，全力争取区委支持。推动人大常委会围绕区委部署要求议决重大事项，依法作出决议决定。

深化思想认识，高标准开展党史学习教育，科学制定党组理论学习中心组年度学习计划，突出理论学习的政治性、针对性和实效性。健全制度机制，常态长效学，用好履职能力提升班、“周二夜学”、“学习强国”等线上线下平台载体，全年开展党组集中学习、中心组扩大学习会、常委会专题学习、履职能力培训及“周二夜学”79次。

深入贯彻习近平关于意识形态工作的重要论述精神，不断加强意识形态工作，筑牢人大意识形态阵地，强化舆论宣传和理论研究，加强“海曙人大”微信公众号和网站等平台的建设管理，全年编发各类信息126期，在各级媒体发布宣传报道60余篇。

全面落实常委会党组党风廉政建设主体责任，切实履行“一岗双责”。走深走实党的群众路线，更加密切“两个联系”，努力践行全过程人民民主。打造“全链式”居民议事会，推动民事民提、民事民议、民事民决、民事民评。探索开展代表联络站“数智化”主题接待，获得市人大创新大奖，开展线上线下接待活动580余次，接待群众1600余人次，推动解决各类问题700余项。

抓好党组和常委会机关建设，着力提升规范化建设水平，推动修订完善党组议事规则、区人民代表大会和常委会议事规则、人事任免办法等制度规定，开展“一镇（乡）一品牌 一街一特色”创建行动，探索形成“国资监督数字化平台”“群众身边的代表联络站”等一批特色工作品牌。

加强对“一府一委两院”的监督支持，围绕助推区域经济高质量发

2021年，海曙区举行区、镇（乡）两级人大代表投票选举，参选率达94%以上

2月1—3日，海曙区召开第十一届人民代表大会第五次会议，选举第十二届人大代表

展，加强对计划、预决算、政府债务和审计发现问题的监督。跟踪关注区"十四五"规划编制，认真贯彻落实中办《关于加强对地方政府债务审查监督的意见》，全年依法审查批准区政府债务限额191.97亿元。听取和审议国有自然资源（资产）管理情况专项报告，实现一届内对全区国有资产管理工作监督全覆盖。加强对鄞江堤防二期等年度民生实事项目的跟踪监督，组织开展"遏重大"、"美丽村庄"建设、四明山区域发展、学前教育工作等专题视察调研。深化人大数字化改革，探索打造审议意见监督闭环管理系统，以数字化思维助推精准监督。

加大建议议案督办力度，全面开展老旧小区改造等重点建议"类案督办"，开展本届人大代表议案建议办理"回头看"，高标准做好区十一届人大五次会议期间代表提出的174项建议的督办工作，代表对办理工作和办理结果的满意率均为99.43%。

建立完善人大常委会学法制度，持续提升依法行权的能力和水平。做深"一个工委一部法"执法检查品牌，对《浙江省粮食安全保障条例》等5部法律法规开展执法检查。实行宪法宣誓和任前法律考试制度，组织开展全区行政首长、人大常委会组成人员旁听行政诉讼案件，向市人大提交修法建议14条。加强司法监督，着力优化法治化营商环境，出台关于"两院"（检察院、法院）规范性文件备案审查工作规定，坚持实行"两官"（检察官、法官）履职评议。

【区、镇(乡)两级人大代表换届选举】2021年，区人大做好区、镇（乡）两级人大代表换届选举工作。联合区委组织部全程严把代表人选质量关，明确代表候选人推荐原则，推行代表履职承诺，开展投票选举组织实施和疫情防控工作，严肃换届纪律，依法选举区、镇（乡）两级代表861名。

（楼　强）

重要会议

【区十一届人大五次会议】2021年2月1—3日，海曙区召开第十一届人民代表大会第五次会议。大会作出接受陈志国辞去区人大常委会主任职务的决定。大会选举张启表为区人大常委会主任，曹杰为区人大常委会副主任，孙骏为区监察委员会主任。大会通过海曙区2021年民生实事项目、海曙区人民政府工作报告的决议、海曙区国民经济和社会发展第十四个五年规划和二〇三五年远景目标纲要、海曙区2020年国民经济和社会发展计划执行情况及2021年国民经济和社会发展计划的决议、海曙区2020年预算执行情况和2021年预算的决议、海曙区人民代表大会常务委员会工作报告的决议、海曙区人民法院工作报告的决议、海曙区人民检察院工作报告的决议。

【区十一届人大常委会会议】2021年1月22日，区十一届人大常委会举行第三十次会议。会议听取和审议区"十四五"规划和二〇三五年远景目标纲要（草案）、区2020年国民经济和社会发展计划执行情况及2021年国民经济和社会发展计划草案报告、区2020年预算执行情况和2021年预算草案报告、2021年海曙区民生实事候选项目相关情况的说明以及区人大常委会工作报告（送审稿）、区十一届人大五次会议有关事项以及2021年海曙区民生实事项目票决办法（草案）。表决通过各项报告及区十一届人大四次会议以来代表变动情况的报告。会议决定接受陈志国辞去市人大代表职务的请求，补选徐强、张启表为宁波市第十五届人大代表，表决通过区政府、区监委、区人民法院、区人民检察院和主任会议提请的人事任免案。

3月3日，区十一届人大常委会举行第三十一次会议。会议听取并审议2020年度海曙区法治政府建设工作情况的报告，听取月湖、南门、鼓楼、白云、望春、段塘6个人大街道工委2020年度工作报告，对石碶、西门、江厦3个人大街道工委的2020年度工作报告进行书面审议，并就人大街道工委工作报告作出决议。会议投票表决通过区政府、区法院提请的人事任免案。

4月30日，区十一届人大常委会举行第三十二次会议。会议听取并审议关于2020年度海曙区环境状况和环境保护目标完成情况的报告、区十一届人大常委会第二十八次会议审议意见处理情况的报告，并对审议意见处理情况的报告进行满意度测评。会议听取、审议并表决通过《关于批准将丁家地块等国有土地上房屋征收项目列入2021年度国民经济和社会发展计划的决议》《宁波市海曙区人民代表大会常务委员会议事规则》《宁波市海曙区人民代表大会常务委员会主任会议议事规则》和《宁波市海曙区人民代表大会常务委员会人事任免办法》。

6月24日，区十一届人大常委会举行第三十三次会议。会议组织开展《中华人民共和国预算法实施条例》培训学习。会议听取“宁波市人大代表学史力行”报告团宣讲。会议听取并审议海曙区2020年度国有资产管理情况的报告。会议听取、审议并表决通过《关于批准2021年海曙区部分新增地方政府债务限额和新增地方政府债券预算调整方案的决议》及海曙区人大常委会关于新一届各镇（乡）人民代表大会代表名额的决定。

7月15日，区十一届人大常委会举行第三十四次会议。会议听取、审议并表决通过代表辞职事项，许可对个别区代表依法采取刑事强制措施、暂停执行代表职务的相关决定。

8月24日，区十一届人大常委会举行第三十五次会议。会议听取、审议并表决通过《海曙区人大常委会关于开展第八个五年法治宣传教育的决议》《海曙区人大常委会关于批准海曙区2020年区级财政决算的决议》。会议听取并审议关于海曙区2020年度本级预算执行和其他财政收支的审计工作报告、海曙区2021年上半年预算执行情况的报告及海曙区2021年上半年国民经济和社会发展计划执行情况的报告。会议表决通过区人大常委会主任会议、区政府以及区人民法院提请的人事任免案。会议投票表决决定接受徐强辞去宁波市海曙区人民政府区长职务的请求，任命叶枝利为宁波市海曙区人民政府副区长、黄列为宁波市海曙区人民政府副区长。会议投票表决通过区人大常委会关于叶枝利代理宁波市海曙区人民政府区长职务的决定。

9月15日，区十一届人大常委会举行第三十六次会议。会议听取并审议关于海曙区实施《中华人民共和国固体废物污染环境防治法》情况的报告、关于海曙区实施《中华人民共和国义务教育法》情况的报告、关于海曙区实施《中华人民共和国食品安全法实施条例》情况的报告。会议听取关于区十一届人大常委会第二十八次会议审议意见处理情况的报告，并对审议意见处理情况的报告进行满意度测评。会议表决通过区政府、区人大常委会主任会议、区监委提请的人事任免案。会议表决决定接受刘燕辞去区人大常委会委员职务的请求。会议投票表决决定任命黄健为宁波市海曙区人民政府副区长。

10月14日，区十一届人大常委会举行第三十七次会议。会议就《宁波市法治乡村建设促进条例》进行专题培训学习。会议听取、审议并表决通过《关于批准2021年海曙区第二批新增地方政府债务限额和新增地方政府债券预算调整方案的决议》。会议听取并审议关于海曙区贯彻落实“遏重大”攻坚战情况的报告、关于区十一届人大五次会议代表议案和建议办理情况的报告。会议听取并表决通过区人大常委会关于海曙区区、镇（乡）两级人民代表大会换届选举有关事项的决定，关于设立海曙区选举委员会、镇（乡）选举委员会、街道选举办事处的决定和调整海曙区十一届人大常委会代表资格审查委员会组成人员的决定。会议还表决通过一批人事任免事项。

11月30日，区十一届人大常委会举行第三十八次会议。会议听取、审议并表决通过区人大常委会关于授权主任会议接受区、镇（乡）街道选举机构组成人员辞职请求的决定。会议表决通过区政府、区监委、区人民法院、区人民检察院及区人大常委会主任会议提请的人事任免案。会议表决决定接受傅勇辞去区人民法院院长职务、吴超辞去区人民检察院检察长职务的请求。会议投票表决决定陈海虹为区人民法院代院长、练节晁为区人民检察院代检察长。

12月22日，区十一届人大常委会举行第三十九次会议。会议听取并审议关于2020年度海曙区本级预算执行及其他财政收支审计查出问题整改情况的报告、关于海曙区2021年预算调整意见的报告、关于2021年海曙区第三批新增地方政府债务限额和新增地方政府债券分配方案的报告、关于海曙区“美丽村庄”“宜居家园”建设情况的报告、区十一届人大常委会第三十三次及第三十五次会议审议意见研究处理情况的报告、海曙区第十二届人民代表大会代表资格的审查报告。会议审议区、镇（乡）街道选举机构组成人员辞职的情况报告、关于召开海曙区第十二届人民代表大会第一次会议的决定（草案）以及人事任免事项。会议表决通过关于召开海曙区第十二届人民代表大会第一次会议的决定、关于海曙区2021年预算调

9月22日，区人大常委会赴辖区工地、企业开展重点领域安全生产情况专项视察，推动海曙区“遏重大”攻坚战

整意见的报告的决议、关于批准2021年海曙区第三批新增地方政府债务限额和新增地方政府债券分配方案的决议、海曙区第十二届人民代表大会代表资格的审查报告。会议对关于2020年度海曙区本级预算执行及其他财政收支审计查出问题整改情况的报告、区十一届人大常委会第三十三次、三十五次会议审议意见研究处理情况的报告进行满意度测评。会议表决通过区政府、区监委以及区人大常委会主任会议提请的人事任免案。会议接受孙骏辞去海曙区监察委员会主任职务的请求，任命胡文汉为海曙区监察委员会副主任，决定胡文汉代理海曙区监察委员会主任职务。会议决定免去宣业靖、张盈军的海曙区副区长职务，决定任命徐洪涛、韩利钢为海曙区副区长。

【区十届人大常委会主任会议】 2021年1月7日，区十一届人大常委会召开第38次主任会议。会议听取主任会议关于提请任命海曙区人大常委会部分工作委员会副主任的议案、海曙区“十四五”规划和二〇三五年远景目标纲要（草案）、2021年区民生实事项目票决办法（草案）、区十一届人大四次会议以来代表变动情况的报告。会议研究《2020年度议案建议工作各项先进名单（草案）》、《2020年度代表履职积极分子名单（草案）》、区十一届人大五次会议相关事项、区人大常委会工作报告。会议预审区2020年国民经济和社会发展计划执行情况与2021年国民经济和社会发展计划草案的报告、区2020年预算执行情况和2021年预算草案的报告、2021年海曙区民生实事候选项目相关情况的说明。

1月15日，区十一届人大常委会召开第39次主任会议。会议研究《海曙区人民代表大会常务委员会关于调整区十一届人民代表大会第五次会议召开时间的决定（草案）》。

1月22日，区十一届人大常委会召开第40次主任会议。会议研究关于2020年度议案建议工作各项先进名单和2020年度代表履职积极分子名单、区人大常委会相关工委更名事项及人事任免事项。会议听取和审议区十一届人大五次会议有关事项、2021年海曙区民生实事项目票决办法（草案），以及代表资格审查委员会关于海曙区十一届人大四次会议以来代表变动情况报告。会议预审海曙区“十四五”规划和二〇三五年远景目标纲要、区2020年国民经济和社会发展计划执行情况与2021年国民经济和社会发展计划草案报告、区2020年预算执行情况和2021年预算草案报告、2021年海曙区民生实事候选项目相关情况的说明。会议还审议区人大常委会工作报告。

2月26日，区十一届人大常委会举行第41次主任会议。会议听取《关于区人民法院、区人民检察院规范性文件备案审查工作规定》、区十一届人大常委会第三十一次会议日程安排，拟提交区十一届人大常委会第三十一次会议审议的议题，分别是《2020年度宁波市海曙区人民政府法治政府建设情况的报告》、人大各街道工委2020年工作情况及2021年工作计划的报告及人事任免事项。

3月29日，区十一届人大常委会举行第42次主任会议。会议听取区发改局《关于2020年度全区政府投资项目运行情况和2021年全区政府投资项目库相关情况的汇报》。会议研究确定《海曙区人大常委会关于联系监督2021年海曙区民生实事项目的实施方案》。

4月21日，区十一届人大常委会举行第43次主任会议。会议听取区人大常委会关于开展《浙江省粮食安全保障条例》执行情况检查的实施方案、区人大常委会推动打赢遏制重大生产安全事故攻坚战专项视察方案。会议研究确定区人大常委会领导重点督办建议。会议听取区十一届人大常委会第三十二次会议日程安排，明确在此次常委会会议后开展安全生产条例专题培训学习的相关事项。会议听取拟提交此次常委会会议审议的议题，分别是《2020年度海曙区环境状况和环境保护目标完成情况的报告》《关于要求将丁家地块等国有土地上房屋征收项目列入2021年度国民经济和社会发展计划的报告》《区人大常委会相关规则修订情况说明》《市人大代表述职报告》《区十一届人大常委会第二十八次会议审议意见处理情况的报告》等。

5月21日，区十一届人大常委会举行第44次主任会议。会议听取海曙公安分局关于智慧警务在社会治理能力和治理体系现代化中应用情况的报告、监察和司法工委关于智慧警务在社会治理能力和治理体系现代化中应用的调研报告。会议研究通过区十一届人大常委会第三十二次会议审议意见。会议听取常委会第三十三次会议拟提交审议议题《2021年度海曙区部分新增地方政府债务限额和新增地方政府债券预算调整方案的报告》《海曙区2020年度国有资产管理情况的报告》。

6月17日，区十一届人大常委会举行第45次主任会议。会议研究人大代表议案建议办理工作“回头看”活动实施方案、区人大常委会审议意见整改销号监督制实施办法、新一届各镇（乡）人民代表大会代表名额。会议听取区民政局关于海曙区城乡社区治理工作情况的报告及常委会第三十三次会议拟提交审议的议题及日程安排。

7月15日，区十一届人大常委会举行第46次主任会议。会议研究区人大代表辞职事项、关于许可对个别区代表采取刑事强制措施事项。会议听取区十一届人大常委会第三十四次会议议题及日程安排。

7月19日，区十一届人大常委会举行第47次主任会议。会议听取关于进一步优化法治化营商环境的报告、石碶街道2020年财政决算草案的报告、四明山区域生态保护和发展工作的报告以及四明山区域发展情况的调查报告、海曙区残疾人综合服务体系建设情况的报告、《浙江省粮食安全保障条例》执法检查报告。会议还研究通过区十一届人大常委会第三十三次会议审议意见。会议由区人大常委会主任张启表主持，副主任童经纬、林兵、孙铭龙、陈小春、舒建国、曹杰出席。

8月18日，区十一届人大常委会举行第48次主任会议。会议听取有关人事任免情况的汇报、关于实施

“八五”普法规划的报告、关于海曙区2020年财政决算草案的报告、关于海曙区2020年度本级预算执行和其他财政收支的审计工作报告及关于海曙区2021年上半年预算执行情况的报告、关于海曙区2021年上半年国民经济和社会发展计划执行情况的报告。会议研究关于区十一届人大常委会第三十五次会议日程安排。

8月24日，区十一届人大常委会举行第48次主任会议第二阶段会议。会议听取区政府、区人大常委会主任会议提请的人事任免案，以及区人大常委会关于接受徐强请求辞去海曙区人民政府区长职务的决定（草案）。会议书面审阅关于叶枝利代理海曙区人民政府区长职务的决定（草案）。

9月7日，区十一届人大常委会举行第49次主任会议。会议听取关于海曙区城市精细化管理工作的报告、关于海曙区贯彻执行《中华人民共和国公共文化服务保障法》《浙江省公共文化服务保障条例》《中华人民共和国义务教育法》《中华人民共和国食品安全法实施条例》等情况的报告、关于区十一届人大历次大会代表议案建议办理工作“回头看”督查情况的报告、关于区十一届人大常委会第四十七次主任会议决定事项研究处理情况的报告。会议研究区十一届人大常委会第三十五次会议审议意见及区十一届人大常委会第三十六次会议日程安排。

10月9日，区十一届人大常委会举行第50次主任会议。会议听取关于海曙区打防治理电信网络诈骗犯罪工作情况的报告、2021年海曙区第二批新增地方政府债务限额和新增地方政府债券预算调整情况的报告、关于海曙区贯彻落实“遏重大”攻坚战情况的报告、区十一届人大五次会议代表议案建议督办情况的报告及主任会议人事任免案。会议研究区、镇（乡）两级人大换届选举工作联席会议成员名单及主要职责、调整代表资格审查委员会组成人员事项，研究区十一届人大常委会第三十六次常委会审议意见、《宁波市法治乡村建设促进条例》专题学习培训事项、区十一届人大常委会第三十七次会议日程安排。

11月23日，区十一届人大常委会举行第51次主任会议。会议听取有关人事任免情况的汇报、关于海曙区2021年债务管理情况的报告。会议研究区十一届人大常委会第三十七次会议审议意见、区人大常委会关于授权主任会议接受区、镇（乡）街道选举机构组成人员辞职请求事项及关于区十一届人大常委会第三十八次会议日程安排。

12月6日，区十一届人大常委会举行第52次主任会议。会议听取、表决并通过关于接受张启表等请求辞去区、镇（乡）街道选举机构组成人员职务的决定。会议听取并通过关于确定李高等同志主持区、镇（乡）街道选举机构工作的报告。

12月22日，区十一届人大常委会举行第53次主任会议。会议听取有关人事任免案、2021年海曙区民生实事项目的督查报告、2020年度海曙区本级预算执行及其他财政收支审计查出问题整改情况的报告、海曙区2021年预算调整意见的报告、2021年海曙区第三批新增地方政府债务限额和新增地方政府债券分配方案的报告、海曙区“美丽村庄”建设情况的报告、区十一届人大常委会第三十三次会议审议意见处理情况的报告、区十一届人大常委会第三十五次会议审议意见处理情况的报告、海曙区第十二届人民代表大会代表资格的审查报告及关于区十一届人大常委会第三十九次会议日程安排。

（楼　强）

重要活动与代表建议

2021年海曙区人大常委会视察活动一览表

表4

时间	视察主题
4月2日	区人大常委会城建环保工委赴东兴沥青制品有限公司、乔务岭采石场废弃矿山和盛德电器厂，对海曙区扬尘污染和矿山治理、中央生态环保督查整改落实情况开展视察工作
4月16日	区人大常委会社会建设工委到区人力资源市场进行专题视察
4月20日	区人大常委会监察和司法工委赴石碶千丈镜河、古林西洋港河和车塘河以及望春西塘河和马家河的清淤施工现场，对农村河道清淤疏浚项目及城区河道清淤项目开展视察
5月21日	区人大常委会赴古林大田数字农业园区、“智农茂新”美丽乡村综合体组织开展美丽乡村工作专题视察
6月2—3日	区人大常委会赴宁波市海曙鄞奉模具氮化厂、宁波扬帆家居用品有限公司、宁波市海曙兴盛燃气有限公司、宁波市海曙海升纤维素衍生物厂、宁波妙力斯五金工具有限公司、宁波嘉纳电子有限公司、宁波市海曙宁锋电镀厂组织开展“危险化学品领域”安全生产视察
7月16日	区人大常委会社会建设工委赴鄞江堤防整治工程谢家堍段、上水碶避灾安置点开展防汛工作视察

续表 4

时间	视察主题
8 月 11 日	区人大常委会监察和司法工委协同社会建设工委赴海曙公安分局巡特警大队开展警营视察活动
8 月 13 日	区人大常委会农业与农村工委赴石碶街道风棚碶泵闸、龙观乡外牌楼水库组织开展水利工程项目专项视察
9 月 22 日	区人大常委会赴辖区工地、企业开展推动“遏重大”攻坚战专项视察
10 月 29 日	区人大常委会城建环保工委赴鄞江镇鲍家嵋村、章水镇蜜岩村，对海曙区历史文化名村保护规划实施情况进行视察

2021 年省、市人大代表海曙中心组视察调研活动一览表

表 5

时间	代表组别	视察调研活动
1 月 20 日	市人大代表海曙中心组	赴普济医院和银河水滴科技（宁波）有限公司，开展市第十五届人民代表大会第六次会议会前视察
3 月 9 日	市人大代表海曙中心组第一、三、四小组联组	视察太平鸟集团
5 月 12 日	市人大代表海曙中心第一、三组联组	视察调研甬江流域新分洪通道工程
5 月 26 日	市人大代表海曙中心第四小组	视察宁波市第一医院方桥院区项目建设情况
9 月 1 日	市人大代表海曙中心第一小组	视察调研宁波阿里中心和浙江金网信息产业股份有限公司
12 月 2 日	省人大代表宁波市海曙区小组	视察海曙区翠柏里创新街区、广博集团新材料基地

2021 年海曙区人大常委会各类会议、活动一览表

表 6

时间	会议、活动	会议、活动内容
1 月 9 日	海曙区“两报告”预审会暨“十四五”规划和二〇三五年远景目标纲要征求意见座谈会	组织对《关于海曙区 2020 年预算执行情况和 2021 年预算草案的报告》《关于海曙区 2020 年国民经济和社会发展计划执行情况及 2021 年国民经济和社会发展计划草案的报告》《海曙区国民经济和社会发展第十四个五年规划和二〇三五年远景目标纲要（草案）》进行交流探讨
3 月 19 日	全区人大信息宣传调研工作会议	总结 2020 年度全区人大信息宣传调研工作，就进一步规范并提升 2021 年度全区人大信息宣传调研工作提出要求。表彰 2020 年度海曙区人大信息宣传调研工作先进单位和优秀信息员
4 月 21 日	机关党风廉政建设工作会议	通报 2020 年度机关党风廉政建设工作情况，明确 2021 年工作任务，分级签订党风廉政责任书
4 月 28 日	行政首长旁听行政涉诉案件庭审活动	组织区行政首长旁听一起老旧小区电梯加装案件庭审，进一步增强行政机关领导干部的依法行政意识，提高依法行政水平
5 月 13 日	党史学习教育巡回指导组进驻工作会议	通报区人大机关党史学习教育开展情况，区党史学习教育巡回指导组传达区委和区党史学习教育领导小组相关要求、巡回指导工作具体要求
8 月 13 日	半年度重要情况通报会	听取区政府通报上半年重要工作情况，区人大常委会通报上半年工作情况
8 月 27 日	区人大常委会委员履职能力提升班	宁波市委党校钟金意讲师、孙琼欢副校长分别进行主题授课
10 月 18 日	海曙区区、镇（乡）两级人大换届选举工作部署暨培训会	明确区、镇（乡）两级人大换届选举工作的总体安排及组织工作相关要求，并开展选举业务培训
12 月 15 日	区、镇（乡）两级人大代表投票选举	全区 58 万余名选民赴各选区参加海曙区人大代表选举，选举产生 861 名区、镇（乡）两级人大代表

2021 年各级人大领导到海曙区视察调研活动一览表

表 7

时间	调研领导	视察调研活动
3 月 3 日	市人大常委会社会建设工委副主任赵岚岚	调研食品安全检测监测工作
3 月 17 日	市人大常委会代表人事选举工委副主任陈海滨	调研海曙区“代表钉”开发建设情况
3 月 30 日	市人大常委会副主任王建康	巡查月湖湖水治理情况
4 月 2 日	市人大常委会办公厅副主任陈庆丰	调研物业管理立法情况
4 月 6 日	市人大教科文卫工委副主任孔萍	开展《宁波市教育督导条例（修订）》立法调研
4 月 9 日	省人大常委会委员、环资委主任委员林健东	调研国土空间规划编制工作开展情况
5 月 13 日	省人大常委会委员、社会委主任委员林天宁	调研养老服务体系建设审议意见落实情况
5 月 14 日	市人大常委会副秘书长、法工委主任黄开波	开展《宁波市住宅小区物业管理条例（修订草案修改稿）》立法调研
5 月 14 日	市人大常委会副主任戎雪海	赴海曙区非遗馆调研《宁波市非物质文化遗产管理条例》立法工作
6 月 8 日	市人大常委会民宗侨外工委主任王爱民	开展《浙江省宗教事务条例》执法检查
9 月 16 日	市人大常委会副主任印黎晴	开展农贸市场建设管理专项跟踪监督活动
10 月 20 日	市人大常委会代表人事选举工委主任董学东	调研关爱老年人行动民生实事项目开展情况
11 月 10 日	市人大常委会党组书记、主任余红艺	到海曙区白云街道人大代表联络站宣讲中央人大工作会议精神，并开展主题接待活动
11 月 10 日	市委常委、市纪委书记、市监委主任傅祖民	督导调研水利工程建设工作
11 月 10 日	市委常委、市纪委书记、市监委主任傅祖民	到望春街道人大代表联络站参加主题接待活动
11 月 17 日	副市长许亚南	到集士港镇人大代表联络站开展主题接待活动
11 月 23 日	市人大常委会民宗侨外工委主任王爱民	督查调研 2021 年宁波市民生实事项目　中心学校和幼儿园扩容建设情况
11 月 24 日	市人大常委会财经工委副主任周业勇	调研《宁波市公共资源交易管理条例》实施情况
12 月 3 日	市人大常委会副主任印黎晴	开展城区无障碍环境建设情况调研

2021 年海曙区人大交流接待活动一览表

表 8

时间	交流单位	考察调研活动
1 月 26 日	台州市人大常委会副主任潘建华率考察团	调研海曙区居家养老服务中心建设工作
3 月 8 日	上海华东师范大学政治学系调研组	调研海曙区数字人大建设工作
3 月 17 日	南通市崇川区人大常委会副主任田桦率调研组	调研海曙区代表履职管理相关工作开展情况
3 月 31 日	南京市人大常委会人代联委主任姬桂玲率调研组	考察海曙区科技型汽配、机电企业
6 月 18 日	常山县人大常委会考察团	考察人大数字化改革暨“代表钉”开发建设工作
10 月 12 日	昆山市人大常委会副主任江雪龙率考察团	考察智能化改造和数字化转型工作，实地调研雅戈尔集团

【代表议案建议】 2021年区十一届人大五次会议期间，区人大代表共提出议案建议174件。其中，转为建议处理的议案3件、建议171件，均交由区政府有关职能部门办理。各承办单位均在规定办理时限内办结并答复代表。代表对办理工作满意的168件，占总数的96.6%，基本满意的6件，占3.4%；对办理结果满意的157件，占90.2%，基本满意的17件，占9.8%。

（楼　强）

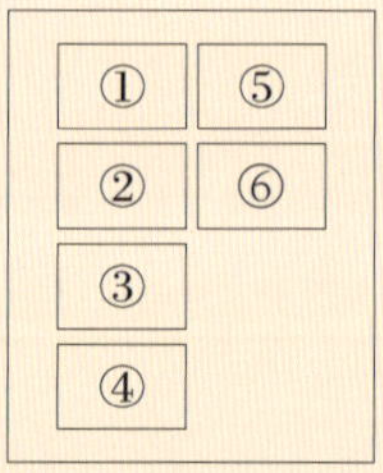

①4月9日，省人大常委会委员、环资委主任委员林健东到海曙调研国土空间规划

②7月5日，市人大常委会主任余红艺率检查组到海曙开展粮食安全执法检查

③9月16日，市人大常委会副主任印黎晴到海曙开展农贸市场建设管理跟踪监督活动

④11月10日，市人大常委会主任余红艺到白云街道人大代表联络站开展主题接待活动

⑤11月10日，市委常委、市纪委书记、市监委主任傅祖民到海曙督导调研水利工程建设

⑥11月10日，市委常委、市纪委书记、市监委主任傅祖民到望春街道人大代表联络站参加主题接待活动

海曙区人民政府

综　述

【概况】 2021年，海曙区实现地区生产总值1400.6亿元，比上年同期增长9.2%；一般公共预算收入129.7亿元，比上年同期增长12%；城乡居民人均可支配收入增长9.5%。

打好高质量发展组合拳。坚持把“三个十大”作为推动发展的“四梁八柱”，深入实施“十大”三年行动计划，6家企业入选省“民营企业200强”，7家企业入围市“制造业50强”，新增国家级专精特新“小巨人”企业7家、国家级单项冠军企业1家，全市“5G+工业互联网”现场会在海曙区召开。加快转化十大重大前期项目，四明山环线公路、区中心福利院、区中心粮库、水利博物馆等一批项目前期加速推进，全区168个重大项目按时序推进，其中28个“精特亮”工程加快建设，完成投资80亿元。梯次开发十大重点区块，丁家湾、三市里、五江口等区块取得实质性突破。

加快转型升级步伐。数创智造高质量发展，积极打造工业互联网新生态，supOS系统跻身中国工业互联网先锋榜第十位，“金鸡强磁”等企业入选全市工业互联网平台标杆项目，“5G+工业互联网”产业联盟、服装行业“5G+工业互联网”创新中心成立，服装产业大脑成为全省首批行业产业大脑试点，雅戈尔服装制造被列入全省首批“未来工厂”培育名单，新增数字化车间/智能工厂3个。服务业发展能级不断提高，国际消费城市示范区深入推进，“泛天一”等核心商圈加速改造提升，获评省“夜间经济样板城市”、省“数字生活新服务样板县”，翠柏三市里数创产业创新发展区入选省级“服务业创新发展区”。开放合作持续深化，服装、汽车零部件产业入选国家外贸转型升级基地，跨境电商出口保持全市领先，其中“9610”“9710”“9810”出口规模全市第一，宁波国际邮件互换中心项目竣工。“丹尼爱特中心”“虎渡能源科”“海康威视”等一批重大项目先后落地，引进5000万元以上项目111个。农业经济稳步提升，“三区六园”建设持续推进，积极开展水稻大田种植数字农业国家试点，古林镇入选国家级“农业产业强镇”创建对象，“梁桥米业”成为农业产业化国家重点龙头企业，龙观乡省级“茶果特色农业强镇”通过验收，樱花特色农产品优势区列入省级名单。

12月31日，宁波国际邮件互换中心项目工程竣工

改革创新不断深化。数字化改革持续推进，“1+5”门户网站上线运行，海曙数字驾驶舱建设深入推进，基层公权力监督平台等5个项目成为全省“揭榜挂帅”改革创新试点，“一链助企”多跨应用场景入选省级创新应用名单，“81890生活惠通”入选省数字社会第二批案例集，步态识别项目入选省级最佳实践清单，建成“海数控”“工业碳管家”平台等19个“育星台”重点应用项目。创新驱动成果显现，启动“硬科技创新三年行动计划”，海曙区获评“科创中国”省级试点县（市、区），“三生生物”获评国家技术发明二等奖，“杉杉新材料”入围浙江

省创新型领军企业名单，纺织服装产业集群成为全省首批产业集群新智造试点，宁波工业互联网研究院成功创成省级智能工厂操作系统技术创新中心，引进市“甬江引才工程”系列项目人才团队33个，新增企业院士工作站（创新服务中心）3家（院士工作站2家、院士创新服务中心1家）。

城乡形态不断优化。城市更新深入推进，望京门遗址公园建成投用，中医药特色街区等项目改造陆续破题见效，完成城中村改造135.8万平方米，18个征迁项目实现拔钉清零，完成82个老旧小区改造项目，5个未来社区列入省级新创建名单，新增海绵城市达标面积约1.5平方公里。完成南塘河、新典路以南（奉化江）等绿道工程4公里。“美丽乡村”加快创建，培育市级“美丽乡村示范镇”2个、示范带2条，58个“美丽城镇”项目全面启动，拆除旧房19.2万平方米，建成新村29.7万平方米。农村“三大革命”积极推进，建成“农村生活垃圾分类巩固提升村”41个，新建省级星级公厕21座，农村公厕“所长制”实现全覆盖。基础设施加快完善，联丰路西延工程等交通项目完工，完成新改建农村公路10千米，获评省“四好农村路示范区”。行春碶泵站、姚丰河节制闸等水利项目开工建设，农村饮用水达标提标实现全覆盖。薛家变（电站）等电力项目顺利投产，新增公共和个人充电桩2313个、停车位9821个、5G站点288个。全域国土空间综合整治启动实施，藕池等101个工业园区升级改造项目全面启动，“亩均论英雄”“标准地”改革持续推进，完成供应土地85宗3431亩，山下庄等4个村全域土地综合整治工程获评省级精品示范工程。环境面貌更加优美，“三改一拆”“五水共治”“无废城市”创建等系列专项行动接续开展，完成“三改”283.4万平方米、“一拆”93.9万平方米，配建万隆路等16条道路雨水管8.8千米和污水管10.5千米，望春工业园区等9个工业园区（集聚区）创成省、市级“污水零直排区”。积极创建“国家生态文明建设示范区”，龙观乡入选省级低（零）碳创建试点名单，生物多样性体验地启动建设，古林镇创成省级“园林城镇”。全年空气优良率为94.2%，区控以上断面水质功能达标率达100%，环境质量达到自监测评价以来最优水平，获评“美丽浙江建设工作优秀区”。

社会保障持续完善，深化省“无欠薪示范区”建设，实现城镇新增就业33457人、城镇失业人员再就业7441人。户籍人口基本养老保险参保率达99.4%，医疗保险参保率达99.9%，多层次医疗保障制度体系基本形成，困难群众养老保险、医疗保险资助参保实现全覆盖，45家定点医疗机构实现跨省异地就医直接结算。社会事业协调发展，获评省“艺术教育实验区”，“甬信培”在全省推广，扎实推进“双减”工作，建成爱菊艺术学校姚丰校区等8所校（园）。高山巡回医疗、紧密型医联体建设广受好评，区第二医院等3个项目开工建设，开展浙江省中医药文化传承生态保护区创建高峰论坛等重大活动，创成省级“公共文化服务体系示范区”“农村文化礼堂建设先进区”。

平安和谐持续夯实。疫情防控慎终如始，严格落实常态化精准防控举措。筑牢中心城区抗击疫情坚固防线。有效应对台风“烟花”“灿都”等自然灾害侵袭。全力开展“国家食品安全城市”创建工作，通过市级“基层食品安全抽检能力规范化建设”考核验收。稳步推进“一支队伍管执法”改革，成功申报省级社区治理和服务创新实验区，创新“互联网+”人民调解机制，敬民调解工作室成为省级金牌调解工作室。积极推动“152”体系进一步向街道、社区村社延伸与贯通，石碶街道入选全市“152+141”两大体系衔接贯通试点。

政府自身建设有效加强。深入贯彻《法治政府建设实施纲要（2021—2025年）》，推进依法行政，自觉接受人大、政协监督，高质量办理建议提案376件，成功创建省级“法治浙江（法治政府）建设示范区”。严格落实党风廉政建设责任制，领导干部带头履行“一岗双责”，认真执行民主集中制和“三重一大”制度。严格落实中央八项规定精神和省市区委各项要求，始终保持整治“四风”高压态势。坚决树牢“过紧日子”思想，严控“三公”开支，压减一般性支出和非急需非刚性支出10%。

【“共同富裕”建设】 2021年，海曙区以“共富典型”示范先行，社会救助“物质+服务”和智慧矫正入选全国试点，获评“全国残疾人工作先进集体”，广安养怡院入选国家级公办养老机构改革优秀案例，“灿益工坊”“焕然医新”医疗救助服务等项目成为省级试点案例，“劳务协作就业帮扶”“茶叶共富”项目入选脱贫攻坚典型案例，古城复兴计划、提高食品安全满意度列入市级共富首批典型案例清单，全力打造6张民生“专曙”名片。

（节彦举）

入选国家级公办养老机构改革优秀案例的广安养怡院

重要会议

2021年海曙区政府常务会议一览表

表9

时间	会议名称	会议内容
1月5日	区政府2021年第一次常务会议	听取关于有关经费安排事项的汇报。审议并原则通过《宁波市海曙区国民经济和社会发展第十四个五年规划和二〇三五年远景目标纲要（草案）》《宁波市海曙区人民政府 甬兴证券有限公司 战略合作框架协议》等
1月21日	区政府2021年第二次常务会议	听取关于区政府行政规范性文件清理工作、中华纸业有限公司关停和收储方案、高桥镇社区调整相关事宜、2020年度公安工作及海曙区电信网络诈骗犯罪打防工作、有关经费安排事项等情况的汇报。审议并原则通过《关于学前教育深化改革规范发展的实施意见》《关于海曙区综合行政执法划转行政处罚事项的通告》等
2月5日	区政府2021年第三次常务会议	听取关于海曙区“专曙人才码”建设方案、安全生产暨消防安全工作、有关经费安排事项等情况的汇报。审议并原则通过《2020年度海曙区政府领导班子总结报告》《2020年度海曙区政府领导班子总结报告》等
3月4日	区政府2021年第四次常务会议	听取关于2020年海曙区经济高质量发展奖项评选结果、2020年度“区长质量奖”评定结果、做好中央生态环境保护督察信访销号、反馈问题整改及“举一反三”大排查大整改工作、中央审计报告发现问题整改工作分解任务落实、全区“民安一号”防范治理打击电信网络诈骗、全区禁毒工作、全区教育系统高层次人才建设、有关经费安排事项等情况的汇报。审议并原则通过《海曙区老旧小区改造工程涉及镇乡（石碶街道）资金补助实施意见》《宁波市海曙区人民政府、中国农业发展银行宁波市分行战略合作协议》《宁波市海曙区人民政府、交通银行股份有限公司宁波分行战略合作协议》等
3月16日	区政府2021年第五次常务会议	听取关于海曙区2020年重大项目推进情况及2021年重大项目建设计划、宁波市爱菊艺术学校转公办事宜、有关经费安排事项等情况的汇报。审议并原则通过《海曙区乡村振兴示范引领三年行动计划（2021—2023年）》《海曙区生态文明示范创建三年行动计划（2021—2023年）》《海曙区促进中医药传承创新发展实施方案》《海曙区关于坚决打赢遏制重大生产安全事故攻坚战的实施意见》《关于进一步加强基层应急管理体系和能力建设的实施意见》等
3月31日	区政府2021年第六次常务会议	听取关于建立2021年海曙区政府投资项目库相关事宜、海曙区2021年度十大重大前期项目、海曙区2021年度国有土地上房屋征收计划项目、储备项目、曙区生活垃圾填埋场委托运营、企业职工养老保险省级统筹、拟与中金资本运营有限公司共同设立“浙江中金传誉凤凰基金”、宁波先锋新材料股份有限公司纾困项目、有关经费安排事项等情况的汇报。审议并原则通过《海曙区制造业“双三十”头部企业梯队培育计划（试行）》《实施“新工网”计划打造制造业数字化“中心引擎”（2021—2023年）》《关于促进粮油生产高质量发展进一步提高保供能力的实施意见》《关于2020年度法治政府建设情况的报告》《宁波市海曙区人民政府关于公布海曙区第六批区级非物质文化遗产代表性项目目录、代表性传承人和传承基地的通知》《2021年度上半年海曙区精品线路（风景线）、特色街区、“亮点”工程汇总》等
4月19日	区政府2021年第七次常务会议	听取关于推行海曙区农村房屋安全管理“保险＋服务”、“无障碍城区”建设、有关经费安排事项等情况的汇报。审议并原则通过《海曙区基础设施补强三年行动计划（2021—2023年）》《海曙区硬科技创新三年行动计划（2021—2023年）》《海曙区教育品质提升三年行动计划（2021—2023年）》《海曙区卫生健康品质提升三年行动计划（2021—2023年）》《关于进一步完善村发展留用地管理工作的意见》《关于进一步推进农村危房治理改造实施意见》《关于确定2021年区政府领导建议提案领办件的通知》《宁波市海曙区人民政府 中国农业银行宁波市分行战略合作协议》《宁波市海曙区人民政府 上海浦东发展银行宁波分行战略合作协议》《宁波市海曙区人民政府 中国银行宁波市分行战略合作协议》《宁波市海曙区人民政府 中信银行宁波分行战略合作协议》等

续表 9

时间	会议名称	会议内容
5 月 7 日	区政府 2021 年第八次常务会议	听取关于增建三四线工程（海曙段）、海曙区燃气金属软管推广方案、调整储能学校收费调价方式、启运路地段 HS07—04—06 地块成本结算、有关经费安排事项等情况的汇报。审议并原则通过《海曙区国有企业提质增效三年行动计划（2021—2023 年）》《海曙区城市有机更新三年行动计划（2021—2023 年）》《海曙区关于扶持浙贝母产业振兴发展的若干意见》等
5 月 25 日	区政府 2021 年第九次常务会议	听取关于省委“七张问题清单”中关于海曙区地质灾害防治、省委“七张问题清单”中关于私募投资基金风险防范处置工作、海曙区气象灾害防御工作、海曙区经营性国有资产和单位内控管理工作自查自纠工作、有关经费安排事项等情况的汇报。审议并原则通过《关于高水平推进乡村振兴加快建设农业农村现代化先行区的意见》《海曙区全域治水提升攻坚行动方案（2021—2023 年）》《关于进一步加强行政事业单位内部控制建设的实施意见》《关于进一步强化和规范镇乡（街道）财政管理的实施意见》《海曙区水土保持规划》《宁波市海曙区人民政府 上海复星高科技（集团）有限公司战略合作框架协议》等
6 月 15 日	区政府 2021 年第十次常务会议	听取关于开展铜盆浦生活垃圾填埋场环境整治工作、向宁海县调剂补充耕地指标支付经济社会发展资金、将鄞县大道（秋实路—横街南路）改造工程、云林路（同德路—机场路）污水主管工程列入 2021 年区政府投资计划、要求开办高桥镇天逸湾幼儿园（暂名）和高桥镇朗境府幼儿园（暂名）、有关经费安排事项等情况的汇报。审议并原则通过《海曙区 2020 年度国有资产管理情况的综合报告》《海曙区 2020 年度国有自然资源（资产）管理专项报告》《海曙区粮食运输汽车购置补助实施方案》等
6 月 28 日	区政府 2021 年第十一次常务会议	听取关于调整雅戈尔中学改扩建工程投资计划、2021 年全区政府信息化项目、有关经费安排事项等情况的汇报。审议并原则通过《海曙区开发区（园区）整合提升方案》《关于深化农村公路管理养护体制改革的实施意见》等
7 月 15 日	区政府 2021 年第十二次常务会议	听取关于桃源湾休闲度假区开发建设指挥部机构撤销及相关建议、2021—2024 年度海曙区城镇房屋“保险＋服务”实施方案、有关经费安排事项等情况的汇报。审议并原则通过《海曙区工业园区升级改造三年行动计划（2021 年 6 月—2024 年 6 月）》《宁波市海曙区农村宅基地使用权及房屋所有权确权登记发证实施意见》等
7 月 30 日	区政府 2021 年第十三次常务会议	听取关于有关经费安排事项的汇报。审议并原则通过《2021 年海曙区扩内需促消费专项扶持资金实施办法》《2021 年海曙区外向型经济专项扶持资金实施办法》等
8 月 31 日	区政府 2021 年第十四次常务会议	听取关于台风“烟花”救灾经费，章水镇赤水村、宁岩下村新村建设历史遗留问题的相关政策及补助，有关经费安排事项等情况的汇报。审议并原则通过《海曙区基层综合应急救援队伍建设和政府专职消防队提档升级方案》《关于在全区开展法治宣传教育的第八个五年规划（2021—2025 年）》等
9 月 9 日	区政府 2021 年第十五次常务会议	听取关于 2021 年度第二批次“拔钉清零”百日攻坚专项行动、2021 年度集体土地房屋拆迁计划年中调整、海曙区殡仪馆改扩建工程（一期）项目方案、主干道两侧综合提升整治项目经费补助、有关经费安排事项等情况的汇报。审议并原则通过《海曙区关于进一步减轻义务教育阶段学生作业负担和校外培训负担的工作方案》《海曙区“精特亮”创建工作实施办法》《海曙区全域国土空间综合整治工作实施方案》等
9 月 27 日	区政府 2021 年第十六次常务会议	听取关于政府投资项目追加计划、丁家地块（A 片区）（C 片区）项目房屋征收决定、落实铁路宁波站防疫工作经费、有关经费安排事项等情况的汇报。审议并原则通过《海曙区突发公共卫生事件应急预案》《海曙区突发急性呼吸道传染病事件应急预案》《海曙区创建全省整区推进分布式光伏规模化开发试点实施方案》《宁波市中医药特色街区招商选资扶持政策（试行）》《宁波市海曙区人民政府与招商局蛇口工业区控股股份有限公司华东区域战略合作框架协议》《宁波市海曙区人民政府与中交第四公路工程局有限公司战略框架协议》等

续表 9

时间	会议名称	会议内容
10 月 27 日	区政府 2021 年第十七次常务会议	听取关于区房管处及相关单位体制机制改革资产处置方案、海曙区三季度经济运行、海曙区第一次全国自然灾害综合风险普查房屋建筑调查实施方案、申请增加卫生健康系统 2020 年一次性疫情防控绩效工资总量、有关经费安排事项等情况的汇报。审议并原则通过《关于全面推行林长制的实施方案》《关于深化应急管理综合行政执法改革实施方案》《海曙区党政领导干部及部门药品安全责任清单》《关于加快培育和发展住房租赁市场的实施意见》《2021 年海曙区房屋征收（拆迁）工作考核办法》《海曙通商产业投资基金管理办法》等
11 月 9 日	区政府 2021 年第十八次常务会议	听取关于政府投资项目追加计划、有关经费安排事项等情况的汇报。审议并原则通过《海曙区开展耕地“非农化”“非粮化”整治工作方案》《宁波市海曙区关于实施美丽村庄宜居家园建设行动计划（2021—2025 年）》《海曙区促进东西部协作和山海协作的招商引资、劳务合作及消费协作的实施办法》《海曙区企业区域社会经济贡献指数评价体系及奖励办法》《龙观抽水蓄能电站项目建设合作意向书》《海曙区公共政策健康影响评价试点实施方案（试行）》等
11 月 26 日	区政府 2021 年第十九次常务会议	听取关于双溪口水库水源地整治工作推进及省委生态环境保护专项督察、望春工业园区有关资金、有关经费安排事项等情况的汇报。审议并原则通过《海曙区贯彻落实第二轮中央生态环境保护督察报告整改方案》《高质量发展建设新时代美丽海曙规划纲要（2021—2035 年）》《海曙区教育事业发展“十四五”规划》《海曙区文化产业发展“十四五”规划》等
12 月 20 日	区政府 2021 年第二十次常务会议	听取关于基本医疗保险市级统筹工作、近期疫情防控工作、海曙区中山东路 55 号改造提升工程（原交通银行改造装修项目）相关事宜、2022 年海曙区民生实事候选项目、建立 2022 年海曙区政府投资项目库、有关经费安排事项等情况的汇报。审议并原则通过《深化落实“千万工程” 高质量建设新时代美丽乡村专项行动方案》《关于海曙区 2021 年预算调整意见的报告》《宁波市海曙区公共数据管理暂行办法》《海曙区简化市场主体住所（经营场所）登记手续的实施意见》《宁波市海曙区人民政府 生态环境部宣传教育中心战略合作框架协议》《海曙区商务发展“十四五”规划》《海曙区文化旅游发展“十四五”规划》《海曙区卫生健康事业发展“十四五”规划》《海曙区重大项目建设“十四五”规划》等
12 月 30 日	区政府 2021 年第二十一次常务会议	听取关于海曙区 2021 年重大项目推进情况及 2022 年重大项目建设计划、有关经费安排事项等情况的汇报。审议并原则通过《关于海曙区 2021 年国民经济和社会发展计划执行情况及 2022 年国民经济和社会发展计划草案的报告》《关于进一步完善区对镇（乡）、街道、园区财政管理体制的实施意见》《关于海曙区 2021 年财政预算执行情况和 2022 年财政预算草案的报告》《关于做好“十四五”期间年森林采伐限额管理的通知》《海曙区人才发展“十四五”规划》《海曙区科技创新“十四五”规划（送审稿）》《海曙区农业农村发展“十四五”规划》等

2021 年区政府其他会议一览表

表 10

时间	会议名称	会议内容
1 月 9 日	海曙区“十四五”经济社会发展专家咨询会	研究海曙区“十四五”规划纲要
1 月 10 日	海曙区首个“中国人民警察节”庆祝仪式	为从警 30 年民警代表颁发“海曙公安荣誉章”
1 月 19 日	区政府全体（扩大）会议	贯彻落实党的十九届五中全会、中央经济工作会议、省委全会、省委经济工作会议、市委全会和区委全会精神，审议《政府工作报告（审议稿）》《2021 年海曙区民生实事候选项目（审议稿）》，部署岁末年初政府重点工作
1 月 23 日	全区疫情防控暨安全生产会议	深入学习习近平重要指示精神，全面落实党中央、国务院及省、市决策部署，毫不放松抓好冬春季疫情防控，严密筑牢安全生产防线

续表10

时间	会议名称	会议内容
2月4日	全区公安工作会议	坚持以习近平新时代中国特色社会主义思想为指导，深刻领会总书记重要训词精神，按照“三个争先”“六个新突破”“五个更大担当作为”和省委常委、市委书记彭佳学在海曙调研讲话要求，聚焦建党100周年安保维稳这一主线，确保国家政治安全和社会大局稳定
2月19日	海曙区数字化改革工作座谈会	深入贯彻落实全省数字化改革大会和全市续会精神，进一步统一思想、提高站位，把数字化改革作为全区“头号工程”来抓
3月16日	海曙区国土空间规划推进会	坚持以习近平新时代中国特色社会主义思想为指导，严格按照上级决策部署和工作要求，立足新发展阶段、贯彻新发展理念、融入新发展格局，坚持以人民为中心的发展思想，高水平高质量推进国土空间规划编制工作
3月17日	海曙公安“向人民报告”主题活动	回顾海曙公安过去一年里在业务和队伍等方面取得的成绩，赢得社会各界对海曙公安工作和公安队伍的理解支持，进一步提升公安队伍凝聚力、战斗力
3月23日	全区“拔钉清零”百日攻坚专项行动总结大会	专项行动取得阶段性成效，进行复盘总结
4月9日	全区镇乡长(街道主任)季度座谈会	17个镇（乡）街道的镇乡长、街道主任结合各自工作实际，围绕上季度工作开展情况及下阶段发展思路依次进行汇报交流
4月19日	第二届中东欧博览会及第二十三届浙洽会宁波市动员会海曙续会	为办好第二届中东欧博览会及第二十三届浙洽会，切实优化环境保障
4月25日	海曙区社会救助改革创新全国试点推进会	社会救助“物质＋服务”改革是小康社会所向、共同富裕所求、文明典范所需，要高质量、高标准推进改革试点工作，保质保量完成各项改革试点任务，努力为全国社会救助改革提供“海曙经验”、打造“海曙样板”
4月26日	承办科技部第一届科技领军人才交叉创新荟	科技创新与创业领军人才、高校及科研院所人才、企业家投资人等200余人齐聚一堂，探讨发展、共话未来
4月30日	海曙区庆祝“五一”国际劳动节暨先进表彰大会	深入学习贯彻习近平总书记重要指示精神，要大力弘扬劳模精神、劳动精神、工匠精神，表彰先进，鼓励奋斗
5月3日	全区疫情防控和安全生产工作会议	深入贯彻习近平总书记关于疫情防控的重要指示精神，全面落实中央和省、市部署要求，深化部署“外防输入、内防反弹”和“五一”期间疫情防控、安全生产、交通运输和文旅商贸等工作
5月13日	海曙区—喜德县东西部协作座谈会	共商东西部协作事宜
5月18日	区政府全体（扩大）会议	贯彻落实省市政府全体（扩大）会议精神，聚焦聚力落实全年目标任务，善作善成，推动争先创优进位，全力以赴夺取“半年红”“季季红”，为实现“全年红”奠定坚实基础
5月18日	区政府廉政工作会议	全面落实国务院、省政府、市政府廉政工作会议精神，要求进一步提高认识、坚守底线，高标准严要求推进清廉政府建设
5月24日	全区制造业高质量发展大会	深入学习贯彻习近平总书记关于制造强国战略的重要论述，全面落实全省、全市制造业高质量发展大会的部署要求，把振兴实体经济的工作抓得更实、把海曙制造的品牌打得更响，加快推进海曙制造业高质量发展，奋力实现“再造一个海曙工业”的奋斗目标
6月3日	宁波市“5G+工业互联网”试点工作推进会暨工业互联网发展行动部署会	海曙启动服装服饰行业工业互联网平台，率先打造服装服饰行业产业大脑，加快推进新一代信息技术与制造业融合发展，促进工业互联网在更广范围、更深程度、更高水平上创新应用，为推动全区乃至全市制造业高质量发展再添强劲动力
6月4日	海曙区“平安护航建党百年”工作部署会	坚决落实中央、省委和市委的各项部署要求，以更加坚定的信心、更加有力的措施、更加务实的作风，全力以赴做好平安护航建党百年各项工作

续表10

时间	会议名称	会议内容
6月4日	区委退役军人事务工作领导小组第三次全体（扩大）会议暨区双拥工作会议	深入学习贯彻习近平总书记关于退役军人工作和双拥工作的重要论述，按照中央和省委、市委的部署要求，以高度的政治责任感，用心用情服务、尽心尽力保障，不断开创退役军人工作和双拥工作新局面
7月14日	全区中医药大会	深入学习贯彻习近平总书记关于中医药工作的重要论述和“七一”重要讲话精神，全面落实国家和省市中医药大会部署，提高站位、把握重点、谋划发展，全力打造现代化滨海大都市中医药强区，为建设共同富裕样板区提供健康保障
7月17日	海曙区—喜德县东西部协作党政联席会议	双方就东西部协作工作深入交换意见
7月25日	全区防汛防台工作视频会议	防御台风“烟花”工作动员部署工作
7月27日	区防汛救灾工作视频会议	传达学习省委书记袁家军到海曙检查指导防汛救灾工作的重要指示精神，按照市委市政府要求，部署下阶段防汛救灾、恢复生活生产等工作
7月28日	区防汛救灾工作会议	深入学习贯彻习近平总书记关于防汛救灾工作的重要指示精神，全面落实省市部署要求，始终坚持人民至上、生命至上，抓细抓实救灾复产措施，奋力夺取防汛救灾全面胜利
7月29日	全区疫情防控工作视频会议	传达全市疫情防控领导小组（扩大）会议精神，分析当前疫情防控形势，部署下阶段工作任务
8月11日	全区疫情防控工作视频会议	贯彻落实上级有关会议精神，对全区疫情防控工作进行再安排、再部署
8月17日	全区防汛视频会议	深入学习贯彻习近平总书记关于防汛救灾工作的重要指示精神，全面落实党中央、国务院和省委、省政府的决策部署，按照市委、市政府工作要求，进一步压紧压实各方责任，筑牢防汛安全防线，切实保障人民群众生命财产安全
8月25日	全区疫情防控工作领导小组会议	总结、部署疫情防控工作
8月26日	重点区块开发建设推进会	听取了中医药特色街区、翠柏里创新街区、长乐未来社区、丁家湾地块、三市地块等开发建设情况汇报，并对下步工作提出了具体要求。
9月1日	海曙区创建全国文明典范城市推进会	奋力争做宁波建设全国文明典范城市排头兵
9月12日	全区防御台风“灿都”工作视频会议	深入学习贯彻习近平总书记关于防汛救灾工作的重要指示精神，从讲政治的高度抓好台风“灿都”防御工作，提高警惕，严阵以待，聚焦薄弱环节，强化防御措施，努力以党员干部的“辛苦指数”换来群众的“安全指数”
9月25日	区政府党组警示教育暨“警示教育月”启动会	通报对褚孟形严重违法违纪问题处分的决定，观看党员领导干部违纪违法案件警示录，部署“警示教育月”活动任务
9月28日	区委区政府农业和农村工作领导小组（扩大）会议	深刻领会“三农”工作内涵要求，充分认识“共同富裕样板区”重大主题、农业农村现代化核心目标、城乡融合发展主要路径，全面推进乡村振兴，加快农业农村现代化
10月26日	全区城乡风貌整治提升暨未来社区建设推进会	深入学习领会习近平总书记关于城市建设与发展的重要论述，认真落实省委省政府、市委市政府关于城乡风貌整治提升和未来社区建设的部署要求，用心塑造城乡融合发展新风貌，倾力提升“未来社区”建设新成效，努力打造更多具有海曙特色的标志性成果
10月31日	区政府全体（扩大）会议	会议主题是“接续奋斗开创新业绩”。保持定力、拼搏实干、奋勇争先，努力开创海曙经济社会发展的新业绩，跑好新征程的“第一棒”

续表 10

时间	会议名称	会议内容
11 月 3 日	健康促进区建设暨深化医改、中医药联席会议	听取 2020 年以来“健康海曙”建设、深化医改、中医药、健康促进区创建工作情况并部署下阶段重点工作
11 月 6 日	海曙区水利发展研讨会	深入践行“水利工程补短板、水利行业强监管”的水利改革发展总基调，科学谋划海曙水利发展工作
11 月 24 日	海曙区高质量发展建设共同富裕样板区领导小组会议	研究部署海曙高质量发展建设“共同富裕样板区”重点工作
12 月 5 日	全区创建全国文明城市推进会暨安全生产工作推进会	动员部署“文明城市”创建和安全生产工作
12 月 9 日	海曙—庆元山海协作工作视频联席会议	签订村村结对协议和“山海协作”科技援建项目协议，举行乡村振兴示范点建设资金捐赠仪式
12 月 31 日	区政府与区法院、区检察院联席会议	通报近年来法治政府建设工作情况，更好发挥“一府两院”联席会议作用，加快推动“法治海曙”建设

（曹路曼）

重要活动

【裘东耀到海曙区调研】 2021年1月22日，市委副书记、市长裘东耀到海曙区检查指导疫情防控和安全生产工作。4月8日，裘东耀到海曙区检查燃气安全生产等工作。5月28日，裘东耀到海曙区开展“三服务”活动，实地走访浙江中外运有限公司、宁波工业互联网研究院、上海交大宁波人工智能研究院、古林镇蜃蛟现代农业园区等地。7月5日，裘东耀赴海曙区调研经济运行情况。7月28日，裘东耀赴海曙区检查部署救灾复产工作。8月3日，裘东耀赴海曙区检查新冠疫情防控工作。11月16日，裘东耀赴海曙区调研土地资源利用工作。

【余红艺到海曙开展粮食安全检查】 2021年7月5日，市人大常委会主任余红艺率检查组赴海曙区开展粮食安全执法检查。先后考察宁波米氏实业有限公司和古林镇蜃蛟村大田种植数字农业试点项目。

2021 年各级考察调研团到海曙区调研活动一览表

表 11

时间	考察调研团	活动内容
3 月 22 日	省社科联党组书记、副主席郭华巍带领调研组	调研社科普及基地工作
4 月 7 日	国家统计局农村社会经济调查司司长李锁强带领调研组	调研数字农业
7 月 11—13 日	湖北省襄阳市襄城区党政企代表团	到海曙区考察
7 月 15—17 日	四川省凉山彝族自治州喜德县党政代表团	到海曙区考察

【宁波市清华大学校友会创新人才中心开园】 2021年1月17日，宁波市清华大学校友会创新人才中心开园仪式举行。创新人才中心可发挥清华大学科研、教育及清华大学校友会在人才、科技项目与科技合作方面的优势，夯实海曙区在产业体系、人才集聚、金融资本等方面的深厚基础，通过汇聚海内外科技项目、研发平台、顶尖人才、专家学者、企业家等优势资源，实现人才引进培养、校友联谊、校友基金三大功能。清华大学宁波校友会会长薛维海，区委副书记、区长徐强，副区长张盈军等出席仪式。

【海曙区政府与农业发展银行宁波市分行签约】 2021年5月26日，海曙区政府与农业发展银行宁波市分行战略合作协议签约仪式举行。双方将在粮食安全、农业现代化、土地综合治理、农村基础设施、水利建设等多领域开展长期深入合作。区委副书记、区长徐强和农发行宁波市分行党委书记、行长徐串林分别致辞。区委常委、常务副区长李冠杰和农发行宁波市分行党委委员、副行长曹巍签约。

【宁波临空经济示范区与春秋航空签订合作协议】 2021年6月3日，市政府与春秋航空股份有限公司签署战略合作框架协议。根据协议，春秋航空将在宁波设立分公司，加大在宁波的航空运力投入及基地公司建设，至2025年年底，累计投入运力不少于28架，使宁波空港成为春秋航空全国重要的核心枢纽。市委副书记、市长裘东耀，春秋航空董事长王煜，副市长沈敏等见证签约。区委副书记、区长、宁波临空经济示范区管委会主任徐强与春秋航空总裁王志杰签约。

【中交四公局华东总部落户海曙】2021年9月27日，中交四公局华东总部落户海曙签约仪式举行。副市长沈敏，中交集团长三角区域总部副总经理、总会计师李振出席。区委书记徐强和中交四公局党委副书记孙玉波分别致辞。区委副书记、代区长叶枝利主持，区委常委、区政府党组成员薄慧敏和中交四公局总经理助理、四公司党委书记刘岭忠签约。

【海曙—庆元山海协作视频联席会】2021年12月9日，海曙区—庆元县山海协作工作视频联席会议举行。区委副书记、区长叶枝利和庆元县委副书记、代县长田健晖分别作出讲话。叶枝利强调，期待双方能结合“山”的特色与“海”的优势，进一步拓展合作内涵、紧密合作交流、顺畅工作机制，全力推动山海大协作、发展大联动、成果大共享。田健晖强调，期望庆元与海曙能够在共同富裕道路上成为最亲密的伙伴，聚焦产业发展、项目引领、社会事业等领域，共同打造山海协作的“示范工程”。副区长毛孟军、黄健，庆元县副县长朱惠汉、李颖出席。

【海曙区政府与生态环境部宣传教育中心签约】2021年12月30日，海曙区政府与生态环境部宣传教育中心战略合作框架协议。签约仪式通过视频连线的方式举行。双方将在生物多样性保护与可持续利用、低碳示范传播及公众传播、交流与合作平台建设等领域开展全方位合作。生态环境部宣传教育中心副主任何家振，副区长王懿栋出席活动。

（殷　博）

区政府办公室工作

【概况】2021年，区府办立足核心职能，围绕中心、服务大局，参谋辅政、协调沟通，积极主动推进上级党委政府各项决策部署落实落地。

坚持上级有部署、府办见行动，将高标准推动上级部署落地见效与办公室中心工作相结合，协调推进“共同富裕样板区”建设、数字化改革、“精特亮”创建。着重围绕区委、区政府“三个十大”任务（“十大三年行动计划”“十大重点区块”“十大重大前期项目”）要求，加快推进任重要行动、重大项目、重点工程建设力度。抓深抓实，牵头成立区重大督查问题攻坚专班，落实整改“七张问题清单”，保质保量办结省、市反馈问题。

坚持以全面落实“外防输入、内防反弹”的疫情防控总体防控策略，持续推进“六大机制”应急能力建设。面对多项指标突破历史极值的台风“烟花”，严阵以待、严防死守，配合做好方案制定、重点区域抢险等急难险重任务，成功经受住考验。

围绕政府中心工作，发挥“智囊团”“参谋部”作用，积极为领导决策献计献策。聚焦以文辅政，高标准起草《政府工作报告》等综合性材料，审核制发“十四五”规划等各类重大政策性文件。深化政务信息工作，全年共向省、市府办报送信息697条，获省、市领导批示9条次，其中，被市府办信息处采用要情89条，采用量排名各县（市、区）第一；市府办信息处采用专报16条，采用量排名各县（市、区）第二。

规范区政府重大行政决策制定程序，编制完成区政府年度重大行政决策目录，对4件重大行政决策项目进行全面合法性审核，扎实推进审核工作制度化。持续加强行政规范性文件系统化管理，出具审核意见书15份，提出意见75条，意见采纳率达100%，文件及时报备率100%。编印并下发《海曙区行政规范性文件管理工作资料汇编》，举办全区行政规范性文件合法性审核业务培训班，不断提升合法性审核服务水平。加强其他政府涉法事务法律保障，借力政府法律顾问，对29件合同（涉法文书）进行审查并出具书面意见书28份，提出意见62条，其他方式解答1件。

继续开展境外疫情防控工作，有序配合旅游专班宣传营销小组、区进口物品物防工作专班。依托省市“浙外防”应用系统，对全区46家涉及境外项目企业开展常态化疫情防控服务指导。承担参与第二届中国—中东欧国家博览会暨国际消费品博览会、中国浙江投资贸易洽谈会的接待工作，确保各项任务圆满完成。

统筹量化积分申评和公共服务应用，全年新增积分租赁补贴保障流动人口家庭166户，全区中小学接纳流动人口随迁子女36896人，其中积分入学6275人，流动人口随迁子女入读公办学校比例为85.82%，符合条件流动人口随迁子女入读公办学校比例为100%。紧盯流动人口居住出租房管理难题，开发上线“群租房安全隐患整治一件事”应用场景。“‘群租房安全隐患整治一件事’集成改革”相关做法获市领导肯定批示。

有条不紊推进“模范机关、清廉机关”双建工作，做优做强“曙一曙二”党建服务品牌。强化意识形态责任落实，压紧压实责任机制，定期研判社会舆情，分析存在问题风险。持续塑造干部变革能力，动态刷新干部队伍知识储备和理论运用能力，围绕“四史”、5G、“共同富裕”、“数字政府”建设、反诈防骗等开展专项学习、集中培训。健全优秀干部人才选拔输送机制，全年选拔任用科级干部5名，其中正科3名、副科2名。

【政务督查】2021年，区府办紧盯各级民生实事项目开展汇总督查，省、市、区民生实事均完成年度目标任务。深化重点工作“定期专项督查+实地督查+通报反馈”操作模式，抓牢疫情防控、“长江经济带”和环保督察“回头看”、“文明城市”创建等重点工作，全年编发《政务督查通报》12期。严格落实领导批示件办理，办理区政府主要领导批示件1433件、市级阅办件405件。按期办结市、区两会建议提案433件，“网上直通车”系统办理代表委员意见13条。

【政务公开】 2021年，区府办加强政策发布与解读力度，发布行政规范性文件及政策解读10条、政府常务会议图解信息17条、重大决策预公开信息23条。公开助力疫情防控、重大项目、民生实事项目进度，累计发布疫情防控信息250余条，7个重大建设项目实现"全生命周期"公开。全面推进依申请公开"闭环"办理，有效降低行政复议、行政诉讼发生率。区本级办理依申请公开事项40件，未发生行政复议；行政诉讼1件，未发生败诉行为。

（王丽洁）

民生实事项目

【概况】 2021年，海曙区民生实事项目共8项，各项目均按期完成年度目标任务。

【医疗设施建设项目】 2021年，海曙区第二医院二期扩建项目、区口腔医院迁建项目和段塘街道社区卫生服务中心迁建项目均完成项目赋码、立项、选址、规划设计、招标等工作，各项目于12月底开工。

【学校建设项目】 2021年，丽园南路九年一贯制学校年初开工，完成主体施工的40%；集士港九年一贯制学校（海西实验学校）于年初开工，完成总工程量的20%；高桥镇中心小学改扩建项目年初开工，完成总工程量的70%。

【鄞江堤防整治工程（二期）项目】 2021年，鄞江堤防整治工程（二期）项目于4月开工，完成投资2.55亿元。

【城乡水域综合治理项目】 2021年，行春碶排涝泵站工程于10月开工，完成投资2086万元。15条农村河道清淤工作完成，累计清淤河道15.2万立方米。城区黄家河、新星河、沈家河、马家河、西塘河5条河道清淤工程完工，其中黄家河、新星河、沈家河、马家河累计清淤2.9万立方米，西塘河累计清淤约8万立方米。

【殡葬基础设施提升项目】 2021年，海曙区殡仪馆扩建工程于12月开工；10月，横街镇应山墓园升级改造项目完成验收；高桥镇双龙墓园基础设施升级改造项目于12月完成验收。

【城镇老旧小区改造项目】 2021年，城市广场、汪弄小区、柳汀新村、吴家塘、菱西小区、紫金梅园、南雅小区、欢乐家园、新街小区、双梁小区、启文花园、南苑南区、官池小区等35个城镇老旧小区完成改造，改造面积250万平方米，涉及871栋27500户。

【安置房建设项目】 2021年，望春工业园区WCH-04-b2地块（横港二期）拆迁安置房项目于6月开工；8月，段塘村旧村改造村民安置房（粮丰街以东）项目完成竣工验收备案。

【道路建设改造提升项目】 2021年，香雪路（汇士路—医院北侧河道）道路工程于5月开工，项目完成初验；7月，万兴路（万隆路—皎河路）道路工程开工；12月，看经路（顺德路—段塘西路）道路工程开工。"四好农村路"合计完成30.87千米，其中农村联网公路完成12.33千米，联丰路西延工程完成2.26千米，农村公路大中修完成16.28千米。

（叶　辉）

完成改造的汪弄小区

外事工作

【概况】 2021年，受新冠疫情影响，海曙区国际交流活动减少，未组织人员赴境外进行交流学习。

【主要外事活动】 2021年3月，海曙区与芬兰乌尔维拉市就共同建设中芬合作平台达成一致意见，由区科技局对接，宁波科技大市场启动平台国际版开发工作。

11月15—16日，瑞士驻沪总领事曾礼惟率领馆和企业代表团一行23人访问宁波。在甬期间，曾礼惟出席"瑞士可持续发展建筑路演"等活动，并参观天一阁博物馆。

（朱　杰）

侨务和港澳事务

【概况】 2021年，区侨联开展"侨心向党·百年追梦""七个一"系列活动，开展"追寻红色历史""重走长征路"活动，赴苏州高新产业集聚地研学。组织开展老小区改造、数字化改革等微协商和民主监督活动。开展"我为侨企解难题""侨企进校园招聘"等活动，举办新侨恳谈会、创业创新座谈会，3家海创企业获评"宁波市专精特新'小巨人'企业"称号。邀请3批海外客商到海曙投资考察，牵线引进项目7个。累计引进各类人才13位、团队5个，其中3人获评“甬江引才工程”创新类人才。实现11个侨团（企）结对帮扶经济薄弱村。组织“侨心守月”“国庆雅集”等活动，连续3年举办“海燕归巢·曙你未来”暑期实践实习活动。在德国、肯尼亚新建2个海外联络站、引才引智工作站。成立深圳乡贤联络站、海曙区留联会大湾区分会。编印《海创力量》《海曙区基层侨联组织建设探索与实践》，拍摄《海纳百川·创赢未来》《曙色海侨》宣传片。打造牡丹社区“公益基地”，招募“海侨公益”轻骑兵，开展“侨益课堂”，成立“心动力”基金，引导FNT基金（美国宝通基金）助力医疗教育事业130余万元。开展一系列“爱侨为侨”活动，在抗击台风“烟花”中，海创会、留联会出人出力出资。成立为侨服务法律顾问团，推进涉侨法律联络站点全覆盖，实现为侨公共服务整体智治。开展全区基层侨联“双选双比”“最美工作者”“最美侨眷”评选。组织“海曙区侨界人士培训班”，开展“1+N”特色引领工作。制定实施《海曙区基层侨联组织“666”特色工作激励办法》，完成区侨联、区海创会换届，创建4个省级五星级“侨胞之家”，4个市级基层侨联组织示范单位、1个“双创基地”、2个“市华侨文化交流基地”。

海曙区侨联获评“全省侨联系统成绩突出集体”，侨台界别连续4年获评区政协年度先进界别。“六个六”工作法被中国侨联肯定并推广。望春街道清风社区“侨胞之家”获评2020年度全国侨联系统“优秀侨胞之家”。

【江厦街道“乡贤之家”成立】 2021年1月18日，江厦街道“乡贤之家”揭牌成立。“乡贤之家”位于药行街206号4楼，200余平方米，内设“乡吟江厦、贤荟江厦、商泽江厦”三大板块，建有乡贤议事厅、乡贤会客厅、乡贤大讲堂等功能区块，依托“两会、三家”（乡贤理事会、江厦商会；乡贤之家、侨胞之家、海创之家）为主要载体，全面展示江厦新乡贤工作。

【新侨创新创业座谈会】 2021年2月4日，海曙区举办新侨创业创新座谈会。区委常委、统战部部长陆利明主持会议。会上，区海创会会长祝元汇报新侨创业创新整体情况，新侨代表们结合自身经历和企业实际，分析了当前面临的问题和挑战。对于新侨们提出的意见建议，副区长张盈军给予关注和解答。区委副书记、区长徐强对海创会作为团结凝聚广大新侨群体的平台表示肯定，希望海创会能够继续发挥好沟通政府与新侨群体的桥梁作用，团结引导服务更多的新侨群体回国返乡创业创新，积极参与海曙区建设，与海曙共同发展，与海曙共创将来。区委统战部、区侨办、区侨联及新侨代表共20余人参加会议。

【深圳乡贤联络站成立】 2021年3月27日，海曙区引才引智深圳工作站、海曙区乡贤深圳联络站授牌仪式在深圳君悦酒店举行。工作站旨在搭建交流、联谊、合作、发展平台，组织开展各种形式的活动，引导激发广大乡贤回乡创业热情，促进海曙经济社会发展。区委组织部、区委统战部、区经合局、区工商联等单位领导、深圳市宁波商会会长、海曙企业家、乡贤代表等30余位嘉宾参加活动。

【“侨心向党·百年追梦”庆祝建党100周年活动启动】 2021年5月20日，海曙区侨联举行“侨心向党 百年追梦”庆祝建党100周年系列活动启动仪式。区侨联、基层侨联、区海创会、留联会、侨助联盟近50名侨界人士参加活动。活动现场，全体人员观看海曙党史学习教育片《梅园密码》，8家“侨助联盟”加盟单位签约成为侨联直通卡优惠服务提供单位。

【肯尼亚乡贤侨务联络站挂牌成立】 2021年5月26日，海曙区肯尼亚乡贤联络站和侨务联络站在肯尼亚首都内罗毕成立。该站是海曙区第九个海外乡贤侨务联络站，也是在非洲的首个联络站。肯尼亚联络站成立，体现海曙区对海外侨胞的关心及走出去为企业服务的理念，通过充分发挥平台和纽带作用，促进海曙区与肯尼亚乃至整个非洲在产业、人文等各方面开展合作。

【留联会大湾区分会成立】 2021年6月6日，海曙区留联会大湾区分会成立仪式以“线上+线下”的形式同步在宁波、深圳举行。这是海曙区留联会首个成立的异地分会，成为海曙区和大湾区开启“留联”合作的新起点。海曙区留联会大湾区分会由陆华昂任会长，朱勤科、区裕国任副会长，胡丹任秘书长，陈逸舟任副秘书长。区委统战部副部长、区侨办主任、区侨联主席陆颖，区留联会会长洪舟，区侨联、区留联会的相关人员等参加“云连线”。

【区海创会第三届会员大会】 2021年6月22日，海曙区海外归国留学人员创业创新促进会（以下简称区“海创会”）第三届会员大会召开。会议审议通过区“海创会”第二届理事会工作报告，选举产生新一届理事会会长、副会长及秘书长，宁波博士眼镜有限公司总经理梅森当选会长并作表态发言。理事会决定聘任第二届会长祝元为名誉会长。

【区青少年“心动力”基金成立】 2021年7月15日，区教育局、区海创会、宁波市康宁医院联合成立海曙区青少年“心动力”基金。区海创会会长梅森作为侨界代表与区教育局、宁波市康宁医院签订《海曙区中小学心理高危学生转介救助项目合作协议》。该项目致力于通过社会、学校、医院资源的有效整合，构建社会团体、教育部门与医疗卫生部门联动协作的心理健康服务体系，形成包含基地中心、基础网络、基金援助的“三基”模式。

【“海燕归巢 曙你飞扬”海曙留学生夏令营】 2021年7月18日，“海燕归巢 曙你飞扬”海曙留学生夏令营活动开营，来自美国、英国、加拿大等国家的近30名高校留学生参加活动。此次夏令营通过红色寻访、数字赋能、匠心体验、乡村振兴、创业辅导等系列活动，展示海曙深厚的历史文化底蕴、经济发展现状及潜力、对人才的诚意和需求，增强营员们“与海曙共成长”的信心。

【第八次归侨侨眷代表大会】 2021年10月22日，海曙区第八次归侨侨眷代

10月22日，海曙区第八次归侨侨眷代表大会召开

表大会召开。全区各镇（乡）街道和区直机关的归侨侨眷代表200余人参加大会。会议审议通过区侨联七届委员会工作报告，表决通过《海曙区侨联工作细则（修正案）》，选举产生新一届区侨联委员会委员，陆颖当选新一届海曙区侨联主席，戚圣爱、吴浩盛、张高峰、周文吉、周承威、洪舟、祝元、喻亚盈当选副主席。

【乡情恳谈会】 2021年11月10日，区委常委、统战部部长陆利明，区委统战部副部长、区侨办主任、区侨联主席陆颖，区委统战部副部长、区工商联党组书记陈亮等一行赴上海召开乡情恳谈会。上海市宁波商会执行会长、致达控股集团有限公司董事长严健军，上海市宁波商会常务副会长、上海彤庭国际贸易有限公司董事长陈永达，上海市政协委员、上海华平投资有限公司董事长崔华平，广发银行上海分行党委书记、行长翁宏杰等30余名海曙籍企业家和乡贤代表应邀参加。会上，陆利明向大家转达海曙区委、区政府对在沪乡亲的关心与重视，介绍了海曙行政区划调整以来，在区域、人口以及发展环境等方面发生的巨大变化，在科技创新、产业转型、民生福祉、数字化改革等方面取得的跨越式发展，描绘“十四五”期间海曙重点发展的前景机遇，提出在上海建立异地商会和乡贤联络站，服务在沪海曙人的创业发展、回乡投资、共赢未来等愿景与希望。

（邬晓匀）

应急管理

【概况】 2021年，区应急管理局积极应对“烟花”“灿都”等台风和多场强降雨对海曙造成的影响，完成全年防汛防台风工作任务。安排两轮防汛防台汛前安全检查，抓好防汛防台责任落实工作，17个镇（乡）街道与区政府签订防汛防台风工作责任书，全面认领各项防汛防台风工作任务。印发《关于进一步做好防汛防台物资储备的通知》，区应急管理局督促各镇（乡）街道和区防指成员单位进一步梳理盘点防汛物资储备情况，因地制宜备足防汛物资，落实好物资日常管护措施。在易受灾的山区镇（乡）配备卫星电话58部，应对可能出现的断电断通信问题。全年出动各类抢险救援力量30448人次、各类机械设备1798台（套）、舟（艇）438艘（次）投入各类抢险救灾。

每月对乡镇进行应急救援单兵拉练，确保人员、设备在岗在状态。“烟花”“灿都”台风影响海曙区期间，全员24小时在岗，保障省、市、区对镇（乡）街道的可视化指挥，实现三级联动，确保安全生产和自然灾害形势持续稳定。

【防汛防台抗旱】 2021年，面对“烟花”“灿都”等台风和“8·12—8·17”等多场强降雨的侵袭挑战，海曙区靠前落实各项应急处置措施。在台风生成后，区防汛抗旱指挥部（简称“区防指”）迅速召集区气象、农业农村、城管、自然资源等主要成员单位加强会商，部署落实防台风措施。根据台风发展态势和海曙区实际，多次启动防汛防台风应急响应。7月24日，区防指发布通知，决定将海曙区防御台风“烟花”应急响应提升至Ⅰ级。受第14号台风“灿都”影响，海曙区防指发布《关于全面做好今年第14号台风“灿都”防御工作的通知》，9月11日14时30分，启动防台风Ⅰ级应急响应。

【防灾减灾工作】 2021年，海曙区启动全区第一次自然灾害综合风险普查，由区应急管理局做好普查前期的各项基础工作，9月完成清查阶段的信息录入情况。启动覆盖16个镇（乡）街道31个避灾安置场所的规范化建设工作，包括14个镇（乡）街道级的避灾安置中心和17个村、社区级的安置点，至年底，完成40个安置场所的可视化安装。指导、督促相关村（社）做好减灾救灾社区公益项目的申报工作。重视抓好项目执行、跟踪指导、结项评估，确保防灾减灾公益项目的落地和质量推进。制定2022年度救灾物资采购储备计划，健全海曙区救灾物资保障体系，有效做好防灾备灾工作。

更新完成海曙区灾害信息员数据库，拟定《关于加强灾害信息员队伍建设的实施意见》，构建区、镇（乡）街道、村（社区）三级灾害信息员服务网络。举办2期灾害信息员培训班，解读灾情管理、巨灾保险勘察和理赔流程、灾害救助等项政策和业务。

【应急救援演练】 2021年，区应急管理局督导各镇（乡）街道、各部门及时修编辖区行业领域的防汛、防台风应急预案或部门工作预案。以防汛、防台风领域高风险区人员转移“安全码”使用为重点，指导13个镇（乡）街道以辖区为范围，开展相关应急演练。牵头交通运输、综合行政执法、气象、住建等部门，围绕本行业（领域）特点开展应急演练。推进应急救援队伍建设，构建完善全区统一指挥、权责一致、权威高效的应急管理体系，进一步提升突发事件应急处置能力。截至年底，共有4支社会救援队伍，新培育成立海曙区山岳应急救援队，建成集士港、洞桥综合性应急救援队伍，在“烟花”台风影响海曙期间发挥重要作用。

【避灾安置场所规范化建设】 2021年，区应急管理局协调各镇（乡）街道，分步推进相关村（社）做好避灾安置场所规范化建设工作。规范各避灾安置场所的管理制度、功能分区、物资储备，及时修订、调整预案和物资代储的相关协议，科学使用预案资金。通过系统平台，检测上年完成安装的97个避灾安置场所的可视化设施运行情况，针对部分避灾安置场所未检测到信号，协调安装单位做好例行检测调试等维保工作，并通过验收。全面做好防灾减灾救灾准备工作，抽查各级避灾安置场所的储备物资和设施情况，督促各镇（乡）街道加强防雨雪冰冻、寒潮等灾害性天气变化的应对预案制定。协助镇（乡）、街道采购新冠疫情防护用品，指导做好避灾安置场所的新冠疫情防控工作。

【基层防汛防台体系责任人信息录入】 2021年，全区17个镇（乡）街道和262个村（社区）两级基层防汛防台体系责任人信息全部录入省级防汛防台体系责任平台。4月16日，在《海曙新闻》登报公布285名基层防汛防台体系行政责任人、34名气象灾害防御责任人、19个气象灾害防御重点单位防汛责任人、44个地质灾害风险防范区防灾责任人、41个山洪灾害防御村责任人、21座水库安全管理责任人、32座山塘安全管理责任人、12座农村水电站防汛安全责任人，接收社会公众监督。

【洪涝应急管理平台建设】 2021年，海曙区整合应急管理、气象、农业农村、综合行政执法、自然资源等部门的水雨情（气象、洪涝、地质灾害）监测预警预报资源，健全海曙区洪涝台风干旱灾害监测预警预报信息联合发布机制。72个雨量监测站点、36个河道水位监测站点、9个外江潮位监测站点、24个水库工情监测站点、23个气象站点、68个山洪灾害防御点、63个内涝积水自动监测站点、31个内涝积水人工监测站点等监测信息，全部纳入区级洪涝应急管理平台中。同时，充分整合农业农村、综合行政执法、交通运输、公安、应急管理等部门现有的视频监控信息化资源，将上述单位布设在防汛防台重点关注区域的视频监控信息统一纳入海曙区洪涝应急管理平台中，涵盖全区水库、堤防、水闸（泵站）、主要行洪河道、大中型水库下游溪坑、山洪灾害防御点、山区公路与公路下穿、低洼地段，便于区、镇、村三级防汛防台有关责任人实时查看视频现状信息。对现有的海曙区洪涝应急管理平台落实网络安全加固措施，包括平台风登录密码升级处理、要求技术单位加强日常安全管理，督促该平台的云存储服务单位做好日常网络安全漏洞扫描检测等。

【防汛宣传培训】 2021年以来，区应急管理局结合3月的“中国水周”和“世界气象日”、“4·15”防汛防台日、“5·12”全国防灾减灾日、6月安全生产月和“7·15”主汛日等重要节点，在17个镇（乡）街道和25所学校深入开展防汛防台知识进村（社区）和进校园专项宣传活动，累计发放防汛防台风宣传横幅159条、宣传展板100块、宣传折页4.4万份、“三防”新条例1500份。分3个批次完成2021年防汛防台风业务大培训，460余人参加。7月14—15日，举办海曙区防汛应急管理业务培训班，各镇（乡）街道应急管理所、农办（城建办）负责人和防汛业务负责人参加，提高区、镇、村三级防汛工作人员的履职能力。印发《关于做好防汛防台抗旱应急预案修编与应急演练工作的通知》，要求各地各部门及时修编本辖区本行业领域的防汛防台风应急预案或部门工作预案，提高预案的适用性，同时开展有针对性的防汛防台风应急演练。

【防汛安全大检查】 2021年2月26日始，区应急管理局组织年度第一轮防汛防台汛前安全检查工作，注重落实属地自查、行业自查、区级抽查等“三查工作机制”，建立风险隐患清单、排查治理双重预防等“闭环管理制度”，对存在的风险隐患问题逐一落实整改措施和期限，排查出各类度汛隐患和风险85个。5月11日始，启动第二轮度汛隐患风险“回头看”专项检查行动，着重对汛前安全检查中已发现的85个度汛隐患与风险进行“回头看”，并重新梳理和排查仍可能存在的度汛隐患与风险，至汛期前全部整改到位。落实度汛措施13个，其他62个度汛风险均整改完毕或落实好相应的度汛措施。以区防指名义下达督办件2件。

6月11日，区发改局、区应急管理局、区粮储公司联合对区救灾物资储备库开展救灾储备物资年度点验

【救灾储备物资点检查】 2021年6月11日，区应急管理局联合区发改局、区粮储公司，对全区救灾物资储备库开展全面检查，重点检查应急救灾物资储备是否充足，物资仓库防火、防潮、通风等设施是否完善，救灾物资是否有效，管理制度是否健全，账目是否准确等内容。由于梅雨季节临近，要求管理人员做好救灾物资的防潮、防霉变等措施，确保关键时刻“拉得出、用得上”。并要求进一步严格落实执行储备库各项工作规范及规章制度，定期开展检查、保养、清洁。

【自然灾害综合风险普查】 2021年，海曙区推进区域自然灾害综合风险的普查工作，召开全区第一次自然灾害综合风险普查工作部署会，研究制定《海曙区第一次自然灾害综合风险普查实施方案》。3月16日、6月10日海曙区第一次自然灾害综合风险普查领导小组部分成员单位联络员会议分别召开，要求区农业农村局、海曙自规分局、区气象局等相关单位持续关注省内试点单位的普查进度信息，并加快各行业部门第一次自然灾害综合风险普查方案的制定进度，摸清风险底数。按流程申请区域1:2000电子图，征集全区城乡居民住房信息数据。协调横街、章水、龙观3个乡镇的10个行政村，成为宁波市地震监测中心增设点位。8月31日，完成招投标流程，全面启动除地震普查项目以外的自然灾害综合风险普查工作。截至9月27日，录入相关信息共计1777条，在各县（市、区）中率先实现数据采集率100%。

【防灾减灾宣传活动】 2021年，区应急管理局牵头组织防灾减灾各项宣传活动。5月6日，章水镇中心小学校开展防震减灾科普宣传，该校3～5年级的200余名师生参加讲座，通过视频动画、图片数据与浅显易懂的讲解，学习了解地震产生的原因与危害、传播方式、震级区别、地震预警反应及科学避震等知识。5月，《关于开展2021年全国防灾减灾日有关活动的通知》印发，启动5月8—14日防灾减灾宣传周相关工作，各镇（乡）街道及减灾委成员单位利用宣传橱窗、电子屏加强宣传，铁路宁波站、客运中心站等人员聚集区域开展专题演练活动。5月11日，宁波市地震科普宣传“进基层”启动仪式暨海曙区中小学地震应急演练观摩活动在章水镇举办。结合“5·12”期间“防范化解灾害风险，筑牢安全发展基础”主题，加大宣传力度。

（董玉婷）

机关事务管理

【概况】 2021年，区接待办共接待来访海曙128批次4677人次。圆满完成国家级、省级领导的接待保障任务，配合招商团队完成安永中国、维科集团等企业到访海曙，深入脱贫攻坚一线服务保障区党政代表团赴四川省凉山州喜德县开展对口协作帮扶。整合海曙区特色菜品，编纂《海曙区传统特色菜肴与食材汇编》，编制海曙四季特色菜单，提升公务接待工作的文化内涵和工作品位。

利用办公用房智能图形管理系统统一管理82家机关单位，共录入办公用房总建筑面积11.9万平方米。收集各机关单位、乡（镇）街道有效数据148条，实现办公用房基础信息及使用情况的动态化管理。利用“机关内部最多跑一次”平台，有效调配办公用房19次。全年新增固定资产233项，共214.2万元，调入固定资产8项，共1.7万元；处置固定资产37项，共153.3万元。

为大型会议、重大活动等提供用车保障，全年出车4358车次，行驶25万千米。严格党政机关公务用车管理，调整区轨道交通建设推进管理中心、区公路与运输中心、区文化馆等10余家单位的车辆编制，更新公车5辆。做好区行政中心干部车辆停放管理工作，办理停车申请（变更）456次。

【机关节能管理和垃圾分类】 2021年，海曙区实现能耗统计系统平台新旧切换，与省局系统接轨，打通数据壁垒。统计、整合“十三五”期间全区总体用能情况，联合区发改局开展2020年度节能降耗目标责任考核工作。召开区级公共机构节约能源资源培训会议，邀请专家解读浙江省公共机构节能“十四五”规划思路和楼宇能源托管及光伏并网政策。更新集中办公区的垃圾桶标识，制作10种新垃圾分类标识共900余套、KT板45套、海报150份、垃圾分类宣传手册1500份。开展公共机构节能宣传，举办第33个“无烟日”、“节能降碳 绿色发展”等一系列主题活动。

【智慧后勤服务平台开发】 2021年，区机关事务管理局围绕智慧机关“一张网业务全数字化、一张图精细化管理、一平台服务规范化、一体化保障可追溯”的改革目标，依托“浙政钉”平台，创新打造高标准的智慧就餐模式，实现菜单发布、外卖点单、即时反馈、饭卡充值等服务功能。强化数字统计，每月对账，分析需求，实现按需采购食材，满足后勤服务保障多样化和个性化需求，提升就餐体验。探索开发人脸识别和指静脉门禁系统，精确管控人员出入。制定集中管理片区设摊申请制度，以大数据、智能化为支撑，实现摊位申请“一窗办理”。

（黄般若）

相关链接：

“十大”三年行动计划：是指海曙区基础设施补强三年行动计划、海曙区城市有机更新三年行动计划、海曙区工业园区升级改造三年行动计划、海曙区教育品质提升三年行动计划、海曙区制造业“双三十”头部企业梯队培育三年行动计划、海曙区整体智治能力三年行动计划、海曙区硬科技创新三年行动计划、海曙区乡村振兴示范引领三年行动计划、海曙区生态文明示范创建三年行动计划、海曙区国企提质增效三年行动计划。

“十大”重大前期项目（2021年）：是指四明山环线公路、G228国道海曙段与沿山干河合建工程、大学迁建工程、海曙中学、区人民医院、区中心福利院、水利博物馆、文化综合体、区中心粮库、未来社区。

疫情防控“六大机制”应急能力建设：是指精密智控指挥决策机制、“三责”联动激活机制、“三区”最小单元管控机制、“五快”循环落实机制、分阶段清零机制和“三情”联动机制。

中国人民政治协商会议海曙区委员会

综　述

【概况】 2021年2月，中国人民政治协商会议第五届宁波市海曙区委员会第五次会议召开。大会共收到以提案形式提出的意见建议285件，立案238件，并案处理后共200件，全部提案按期答复。确定将《关于打造“夜海曙”消费地标，提升海曙区夜间经济氛围的建议》等8件提案作为区政协五届五次会议重点提案，由区政府领导根据分工领办，区政协主席会议成员根据分工督办。《关于打造“夜海曙”消费地标——加快发展月湖盛园夜间经济的意见建议》等18件提案被评为优秀提案。

不断加强政协党的建设，自觉坚持在区委领导下开展工作，严格执行《区政协党组向区委请示报告重大事项清单》制度，主动向区委报告上级政协工作部署要求及区政协贯彻落实情况。认真贯彻落实全省政协系统党的建设工作推进会精神，不断提升党的组织对党员委员全覆盖、党的工作对政协委员全覆盖的质量和水平。区政协机关“同心系列”党建服务品牌获评区“十佳”品牌，机关支部首获“区级先进基层党组织”称号。

聚焦中心工作协商建言，聚焦海曙长远发展，举行“优化我区营商环境”全会专题协商，海曙地标建设常委会提案办理协商、海曙大交通建设和“无废城市”创建主席会议专题协商、高水平公交都市建设联动民主监督。聚焦“共同富裕样板区”建设，开展“新型农业经营主体培育”常委会重点课题研究，举行农业特色产业发展专题协商，开展拓宽“两山”转化通道、“智慧气象”建设主席会议视察。聚焦基层社会治理现代化，围绕镇（乡）街道矛调中心规范化建设开展常委会重点课题协商，就数字赋能“81890”能级提升开展书记委员“面对面”协商。

研究出台《关于加强和促进人民政协凝聚共识工作的实施意见》，举行“百年风华、初心永存”党外人士座谈会，定期举办政协委员企业家联谊活动，开展“百年辉煌　风华正茂”主题书画展、“典·章”全国青年名家篆刻邀请展，精编出版“甬城系列”文史资料合集加强政协新闻宣传工作，在省级以上新闻媒体刊发报道45篇，获评“全省政协联谊报宣传工作先进单位”称号，与市政协联动开展“六送下乡”活动，深入帮扶企业、持续关心群众、精准服务基层。

加强委员服务管理，举办区政协常委（扩大）履职能力培训班暨全体委员党史知识学习培训班。认真做好区政协换届有关工作，配合有关部门把好新一届政协委员入口关。深化对基层政协“基础工作薄弱、人员力量薄弱”问题的研究，有序推进数字政协建设，开展“模范机关、清廉机关”创建，着力打造“政治强、业务精、服务优、作风正、形象好”的机关干部队伍。

3月15日，“书香甬城”委员工作室成立

【专门协商机构建设】 2021年，区政协召开区政府区政协年度重点工作对接会，建立党政领导通报协商成果采纳落实情况工作机制。制定出台《关于开展“请你来协商·民生议事堂”平台建设的实施办法》，实现17个镇（乡）街道“民生议事堂”协商阵地“全覆盖”，“甬商·两新”委员会客厅获评全省首批“五星级委员会客厅”称号。全年共开展协商活动48次，其中重点协商10次、小微协商38次，建言委员和群众代表600余人次，参与人员超过1200人次。

（胡锡超）

重要会议

【区政协五届五次会议】 2021年2月1—3日，中国人民政治协商会议第五届宁波市海曙区委员会第五次会议召开。会议听取和审议政协第五届宁波市海曙区委员会常务委员会工作报告、第五届宁波市海曙区委员会常务委员会提案工作报告，并列席宁波市海曙区第十一届人民代表大会第五次会议，听取和讨论政府工作报告及其他有关报告，组织大会协商交流会，审议通过政协第五届宁波市海曙区委员会第五次会议决议。

会议期间，召开主题为“优化营商环境”的大会协商交流会，全体委员与区长，以及区政府办公室、区委改革办、区委组织部、区发改局、区经信局、区教育局、区科技局、区人力社保局、区住建局、区交通运输局等21个部门主要负责人协商交流。会议表彰中国共产党等6个界别先进集体、集士港联委会等5个联络委员会先进集体、马富强等19名优秀政协委员。

【区政协常务委员会会议】 2021年3月19日，区政协五届二十一次常委会会议召开。会议听取区政协五届五次会议提案审查立案情况，审议通过五届区政协常委会2021年工作要点，协商决定区政协委员调整事项和区政协机关相关人事事项，传达学习全国“两会”精神。

6月24日，区政协五届二十二次常委会会议召开。会议围绕当年区政协常委会重点提案“海曙地标建设”开展提案办理协商。

7月8日，区政协五届二十三次常委会会议召开。会议审议《关于加快培育新型农业经营主体的研究》常委会重点课题调研报告。

10月9日，区政协五届二十四次常委会会议召开。会议审议《推进我区乡镇（街道）社会矛盾纠纷调处化解中心规范化建设》的常委会重点课题，审议通过《政协宁波市海曙区委员会关于加强和促进人民政协凝聚共识工作的实施意见》，协商决定区政协委员调整事项和区政协机关相关人事事项。

12月30日，区政协五届二十五次常委会会议召开。会议传达区第十次党代会精神，审议通过六届区政协界别设置和委员建议名单，区政协相关人事任免事项及区政协六届一次会议主席团、秘书长、主席团常务主席、执行主席建议名单。听取区政府关于区政协五届五次会议以来提案办理情况和区政协2021年度协商、议政、监督意见建议采纳情况通报。对政府工作报告进行听取和协商，并审议五届区政协常委会工作报告、五届区政协常委会提案工作报告，区政协六届一次会议有关事项和大会筹备工作。

（胡锡超）

重要活动

2021年海曙区政协主席会议专题协商（议政、视察）活动一览表

表12

时间	活动地点	专题协商（议政、视察）活动	活动成果
3月24日	区气象局	海曙区“智慧气象”建设情况	围绕推动智慧气象体系建设、提高监测预报和服务精准度提出意见,建议
4月21日	宁波市工业互联网研究院、宁波智能技术研究院	科技创新平台建设	围绕科技创新平台的未来发展方向、成果转化途径等提出意见建议
4月28日	鄞江镇清源村、章水镇杜岙村	农村生活污水管建设运维	围绕农村生活污水管建设运维提出意见建议
6月10日	雅戈尔集团	海曙大交通建设	形成《区政协“请你来协商”海曙大交通建设专题协商会协商建议书》
6月17日	鄞江古镇	鄞江千年古城复兴	围绕鄞江千年古城复兴提出意见建议
7月2日	古林镇、望春工业园区、消防救援大队	消防安全	围绕数字改革背景下消防信息化建设、推进消防救援站建设、深化多部门联动工作机制提出意见建议
8月18日	阳光豪生大酒店	数字赋能“81890”能级提升	形成《区政协“数字赋能81890能级提升”专题协商会协商建议书》
8月19日	区政协3406会议室	大型文化设施布局与建设	形成《关于“加快推进大型文化设施布局与建设”的协商建议书》

续表12

时间	活动地点	专题协商（议政、视察）活动	活动成果
8月27日	区政协3406会议室	海曙区“无废城市”创建	形成《区政协“请你来协商”海曙“无废城市”建设专题协商会协商建议书》
9月15日	区政协3406会议室	海曙农业特色产业发展	形成《关于“我区农业特色产业发展”协商建议书》
9月23日	龙观乡	拓宽“绿水青山就是金山银山”转化通道	形成拓宽“绿水青山就是金山银山”转化通道考察调研报告

2021年海曙区政协委员恳谈会、约谈会一览表

表13

时间	会议主题	会议成果
4月16日	海曙区“设施农业用地”情况	围绕全区设施农业用地情况提出意见建议
5月28日	海曙区青年发展“十四五”规划	围绕制订培育计划、建立联动落实工作机制、打造具有海曙特色的青年文化品牌和业态等提出意见建议
7月22日	宁波临空经济示范区与自贸区协同发展	围绕宁波临空经济示范区与自贸区协同发展提出意见建议

【区政府区政协重点工作协商对接会】 2021年3月16日，区政府区政协召开重点工作协商对接会，会议听取2021年区政府、区政协重点工作，并达成共识。

【市、区政协联动民主监督活动】 2021年5月27日，市政协副主席、党组副书记叶双猛率队到海曙区，围绕高水平公交都市建设主题开展市、区两级政协联动民主监督活动，先后赴公交黄隘综合停保场地、公交鄞江站等地，实地走访公交首末站了解相关情况。通过座谈，听取区交通运输局、石碶街道、区财政局、市公交集团关于海曙区高水平公交都市建设情况现状、存在问题、下步打算及建议的汇报。

【“百年辉煌 风华正茂”庆祝建党100周年书画展】 2021年6月7日，由区政协主办、区书画院承办的“百年辉煌 风华正茂”庆祝中国共产党成立100周年书画展开展仪式在天一艺创街举行。书画展自6月7日开展，持续10日，共展出书法、国画、篆刻、油画、水彩画等多种类型的百幅佳作。

【“典·章”全国青年名家篆刻邀请展】 2021年7月19日，庆祝中国共产党成立100周年——“典·章”全国青年名家篆刻邀请展开展仪式在天一阁状元厅举行。展出时间7月19日至8月8日，共计邀请了51名全国不同区域、不同印风的青年篆刻名家展出作品。

【民主党派、工商联负责人和无党派代表人士座谈会】 2021年7月23日，区政协召开“百年风华 初心永存”全区民主党派、工商联负责人和无党派代表人士座谈会。全区各民主党派、工商联负责人和无党派代表人士围绕学习贯彻落实习近平总书记在庆祝中国共产党成立100周年大会上的重要讲话精神作交流发言，并就如何在政协平台更好地发挥各民主党派、工商联和无党派人士作用及换届工作提出许多建设性的意见建议。

【“海曙区优势农产品介绍”政协讲堂】 2021年8月6日，区政协举办“海曙区优势农产品介绍”政协讲堂，区政协机关、部分政协委员共30余人参加。讲座从粮食安全、转基因作物、农产品安全等角度，解读农业发展现状和趋势，并结合海曙区农业生产实际，介绍稻田小龙虾、优质稻米、水果玉米等区域优势农产品，使政协委员了解全区农业工作，知晓优势农产品，为向界别群众介绍海曙区农业发展现状、撰写提案和社情民意信息等履职活动打好基础。

【区政协政情通报会】 2021年8月17日，区政协举行政情通报会。区委常委、常务副区长李冠杰代表区政府通报上半年政府工作、全区经济社会发展和下半年区政府重点工作安排等情况，区人民法院、区人民检察院通报上半年工作情况。

【“突破‘卡脖子’工程，助推产业发展”专题协商会】 2021年9月9日，“甬商·两新”政协委员会客厅举行“突破‘卡脖子’工程，助推产业发展”专题协商会。会议听取区科技局介绍相关工作情况，与会委员围绕加强大院大所可持续发展、建立科技工作者交流生态圈、发挥资本力量进行积极引导、强化“单项冠军”创新主体作用、加强校企合作和中小企业专题培训等提出建议意见。省政协副主席张泽熙出席活动并进行宣讲。

【提案办理“回头看”暨民主评议会】 2021年9月10日，区政协召开2021年度提案办理“回头看”暨民主评议会。会议听取海曙自然资源与规划分局、区人力社保局、区科技局等提案承办单位全年度提案整体办理情况汇

10月26日，区政协"甬城系列"文史合集出版暨赠书仪式举行

报。与会委员围绕提案办理工作进行发言交流，并对3家承办单位进行评议打分。

【"甬城系列"文史合集出版暨赠书仪式】 2021年10月26日，区政协"甬城系列"文史合集出版暨赠书仪式在钟鼓楼举行。现场将"甬城系列"文史合集赠送给市图书馆、天一阁博物馆、区档案馆、区图书馆及区内中小学校代表。"甬城系列"文史合集是区政协历经十余年打造的文史品牌，为庆祝中国共产党成立100周年和宁波建城1200周年，汇集《甬城街巷》《甬城老字号》《甬城藏书楼》《甬城古港》《甬城千年》《甬城胜迹》6册，通过讲述真实、生动、全面的甬城故事，回顾甬城数千年的历史变迁。

【市、区政协联动"六送下乡"活动】 2021年12月31日，市政协、海曙区政协两级联动到洞桥镇举行"六送下乡"惠民服务活动。现场赠送洞桥镇群众药品、课桌椅、体育用品、生活用品等。市、区两级卫生志愿者、文化志愿者、教育志愿者、体育志愿者、科技志愿者和洞桥镇的相关部门结对，将提供"点对点"日常服务——送医入户、送教学示范课，为有需要的企业提供帮助，共计送药品、课桌椅、物资和越剧曲艺等，价值逾15万元。

（胡锡超）

重点提案

【"海曙地标建设"类提案】 2021年，区政协将"关于打造"夜海曙"消费地标，提升海曙区夜间经济氛围的建议""长远规划海曙品牌，提升海曙知名度""关于打造'夜海曙'消费地标——加快发展月湖盛园夜间经济的意见建议""关于有效规整海曙鼓楼、建构城市文化 心理新地标的建议""关于进一步建强和义大道商业地标的建议"5个提案并案处理。关于"海曙地标建设"类提案，区商务局回复：将围绕宁波建设国际消费城市，打造高端化消费载体，提升品质化消费供给，培育多元化消费热点，营造国际化消费生态，全力打造宁波都市商业核心区、特色街区集聚区、品质消费引领区，强力赋能海曙建设最具宁波城市特质和文化魅力的国际消费城市示范区，打造新消费标杆区。要构建"一芯两带多节点"商业体系，提升三江口"核心"商圈，打造标志性特色街区，打造高端化消费载体；推动零售业转型升级，丰富消费品供给，提升品牌集聚优势，提升品质化消费供给；做强夜间经济，引领消费新风尚，培育多元化消费热点；提升消费国际化水平，营造安全放心的消费环境，加强品牌宣传推广，营造国际化消费生态。

【"技能人才培育"类提案】 2021年，区政协将"关于实施新时代工匠培育工程的建议""关于进一步发挥职业技校作用支持高技能人才队伍建设的建议"2个提案并案处理。关于"技能人才培育"类提案，区人力资源和社会保障局回复：将营造职技人才新环境，继续开展"世界青年技能日"主题宣传，举办技能成果展示宣传和现场体验活动，加大技能人才政策宣传，探索创新有益于海曙区职技人才队伍建设的相关政策，构建技能型人才引得进、留得住的良好环境；创新职业培训新模式，探索各类企业培训新形式，针对海曙区急需工种、部分市场紧缺职业和新兴职业，发挥培训机构主体作用，以政府购买服务形式开展项目制培训，继续推进辖区内民办培训机构、职业院校、技工（院）校和企业联合开设"新型学徒制"模式；深化拓展职业竞赛承办、"新型学徒制"培训、实训基地建设、技能等级认定等合作内容；探索人才评价新方式，推行企业和社会培训组织开展技能等级认定工作，由企业采用"理论考核+实际操作考核"、工作业绩评定、现场作业评定、职业技能竞赛等方式开展技能人才评定；树立技能模范新标杆，推荐职技人才参加各类评选活动，宣传职技人才就业创业鲜活故事。

【关于大力发展风投事业、努力打造天使之城 助力区域经济高质量发展的建议】 2021年，区政协"关于大力发展风投事业、努力打造天使之城 助力区域经济高质量发展的建议"提案，区金融发展服务中心回复：将加快工作步伐，加大工作力度，加强担当意识，加速推进私募投资基金相关工作，推动海曙私募投资基金高质量发展。优化私募营商环境。制定区"凤凰行动"高质量发展实施意见，加大对私募机构的政策支持力度，鼓励辖区券商、银行等金融机构和会所、律所等中介服务机构，引进专业顾问、融资代理商、人力资源顾问等各类为私募机构提供配套服务的机构；大力招引私募机构，制定投资类企业准入管理办法，加强私募行业头部机构招引，吸引央企国企、国内外知名金融机构以及投行机构在海曙区设立私募投资基金；促进产业资本对接，打造私募机构和优质企业对接平台，投资和引进具备核心技术的企业落户海曙。

【关于加强住宅区内网约房（民宿、日租房）管理，为居民提供和谐的生活环境的建议】 2021年，区政协“关于加强住宅区内网约房（民宿、日租房）管理，为居民提供和谐的生活环境的建议”的提案，海曙公安分局回复：将进一步建议省公安厅或市公安局出台相关管理办法，加强顶层设计，从制度上明确平台公司、业主、住客的责任和义务，从机制上落实住建、文化和旅游、公安、应急管理（消防）、卫健等部门管理职责；进一步组织专人开展落地核查，各派出所将明确一名联络员负责网约房核查工作。属于网约房且房源比较集中的，纳入现有的出租房屋“旅馆式”管理平台管理。对较为分散的网约房，各派出所由专管员分片包干进行管理核查；进一步做好网约房智能化管理试点，积极探索宁波网约房管理新模式，实现对住客核查和方便同住人员信息实时传送后台监管及业主补登记；进一步续开展自主研发工作，开发手机App或小程序、制作房源二维码，为分散的网约房业主和住客随时上报及补登住客信息提供便利，以提升信息的及时性、完整性和准确性。

【“老旧小区改造”类提案】 2021年，区政协将“关于推进老旧小区改造工作的几点建议”“关于进一步提升老旧小区改造成效的建议”“关于完善海曙区老旧小区改造工作的建议”“关于老旧小区改造工程的几点建议”“关于老旧小区改造后建立长效机制的建议”“关于老旧小区改造与物业管理融合解决的建议”“关于对一层底商二层露天大平台住宅楼的露天大平台进行改造的建议”“关于老旧小区改造的几点建议”8个提案并案处理。关于“老旧小区改造”类提案，区住建局回复：已成立海曙区老旧小区改造领导小组，强化组织保障，细化部门分工，落实属地责任，形成“住建牵头、街道实施”的工作格局，力争“十四五”期末实现老旧小区改造城乡全覆盖；坚持“先保基础，后促提升”，结合小区实情，以“重点保障基础类改造、同步推进完善类改造和按需实施提升类改造”为工作方向，重点对小区实施道路绿化、车棚电线、“智慧安防”等改造；坚持政府主导与居民参与相结合，坚持多元投入与市场运作相结合的工作理念；将探索建立长效管理机制，完善以市场化物业管理为主、社区保障性管理为辅的小区管理模式，力争实现物业管理从无到有、从简易到专业，探索建立“质价相符”的物业收费动态调整机制，有效破解老小区物业“提价难”问题。

【关于做好新型职业农民职业技能培训的建议】 2021年，区政协关于“做好新型职业农民职业技能培训的建议”的提案，区农业农村局回复：将以《中共中央国务院关于全面推进乡村振兴加快农业农村现代化的意见》为引领，进一步完善工作机制，丰富培训形式，更快更好地推动农民培训工作顺利开展。完善政府购买服务的教育培训机制。根据农民的实际需求，以政府购买服务的形式，有针对性地委托第三方教育培训机构开展专业性培训；在当年新开展的高素质农民培训中，采用课堂教学、现场教学、线上学习、孵化指导等灵活多样的培训方式，提高农民参加培训的兴趣，提升教学效果；将依托新媒体助力教育培训宣传工作，利用“海曙”App、“农耕海曙”、“海曙最宁波”等官方双微、官方抖音号等新媒体平台，加大新型职业农民技能培训方面的宣传力度。

【关于整合盘活我区低效闲置工业土地资源的建议】 2021年，区政协“关于整合盘活我区低效闲置工业土地资源的建议”的提案，区工业园区升级改造推进管理中心回复：进一步建立健全领导体系和工作机制，专门成立村级工业园升级改造工作领导小组，组建区工业园区升级改造推进管理中心，以专班实体化运作，统筹推进全区村级工业园升级改造及低效工业用地再开发工作；根据全区“十四五”发展规划和新一轮国土空间总体规划，结合产业集聚区规划，高起点、高标准编制村级工业园升级改造专项规划。制定三年行动计划，进一步明确2021—2023年目标和任务；从“鼓励存量工业土地挖潜力”“加大工业用地保障力度，规划工业用地总量保持基本不变”“加快推进低效企业改造提升”“落实专项政策扶持办法”四方面创新机制；充分发挥先行试点的标杆引领作用，及时推广成功改造经验，形成“方法论”，在全区范围内打造可推广、可复制的升级改造模板。2021年重点打造藕池未来智慧产业园、水家产业园、秀丰产业园3个先行示范点。

【“加强青少年心理教育”类提案】 2021年，区政协将“重视和加强我区青少年挫折教育的几点建议”“关于进一步加强中小学生心理健康教育的建议”“加强我区青少年人格健全及心理健康发展的建议”“关于建立未成年人心理健康问题的联动机制的建议”4个提案并案办理。关于“加强青少年心理教育”类提案，区教育局回复：将进一步建设心理健康团队，完善心理健康服务体系。计划与宁波市康宁医院合作成立“海曙区学生心理诊疗与研究中心”，建立集心理咨询评估、心理诊断治疗和心理危机干预功能于一体的学生心理健康综合服务基地；在海侨公益、康宁医院的共同努力下，计划合作成立海曙区青少年心理救助项目，募集社会资金，开辟民间救助通道，搭建青少年心理健康社会救助机制，为需转介专业心理医疗机构且家庭困难的心理高危学生给予救助；完善中小学校心育系统，构建课程体系，健全培训体系，完善心理筛查机制，加强宣传教育。

（胡锡超）

①	④
②	⑤
③	⑥

①2月25日，省政协副主席孙景森率调研组一行来到海曙，就政协协商向基层延伸情况进行调研

②3月17日，市政协课题组开展产业技术研究院建设和发展情况调研。市政协副主席张明华，区政协主席毕东华，副主席国宇参加

③3月24日，区政协举行“智慧气象建设”主席（扩大）会议视察

④4月21日，区政协举行“科技创新平台建设”主席（扩大）视察会

⑤9月23日，围绕拓宽“绿水青山就是金山银山”转化通道主题，区政协开展主席（扩大）会议视察

⑥11月12日，区“关注森林”组织委员会赴集士港镇深溪村开展调研

纪检·监察

综　述

【概况】 2021年，海曙区纪检监察组织坚定扛起“两个维护”政治责任，紧扣习近平总书记重要指示批示精神落实情况，聚焦长三角一体化、中央环保督察整改、数字化改革、建设“共同富裕样板区”等重大部署，加强监督检查，推动各项决策部署落到实处，发送监督提醒通知书160份。建立“1+3+17”监督工作机制，在疫情防控、防台风防汛等重大突发事件中深入一线、既督又战，累计检查点位1万余个，督改问题965个。

深入贯彻党中央关于加强对“一把手”和领导班子监督的意见及省委13项实施意见，组织开展市委21项制度和“五张责任清单”落实情况专项督查检查，推动以“关键少数”引领“绝大多数”。开发“四责协同”履职应用场景，深化“三谈一评”明责、“一书三单”督责等机制，区纪委书记与新任“一把手”开展廉政谈话52人次。严肃规范精准问责，1个党组织、18名党员领导干部因履行管党治党责任不力被问责。从严从实抓好中央巡视和省委巡视整改监督，建立专班运作、分片监督、协同督办等机制，累计开展监督检查176次，推动制定完善制度23项。高标准抓好自身整改，完成中央巡视反馈的全部整改任务和省委巡视反馈的阶段性整改任务。

强化监督数字赋能，建成基层公权力大数据监督运行平台，高质量完成省纪委“揭榜挂帅”试点任务，相关做法获市纪委主要领导批示肯定；完成基层“监督一点通”服务平台试点，在全省专题推进会上作经验交流；“三公”经费监督应用场景列入省纪委“一本账SO”；开发建设智慧监督一体化平台，推动“四项监督”贯通协同、“两个责任”同向发力。

区纪委常委会带头加强政治建设，保持政治定力，坚持和完善“第一议题”制度，深学细悟习近平新时代中国特色社会主义思想，跟进学习习近平总书记重要讲话和指示批示精神，专题学习24次。在全区纪检监察系统掀起学习贯彻中共十九届六中全会精神热潮，通过理论学习中心组专题学习会、支部学习会等形式，推动每名干部学深悟透“两个确立”的决定性意义，深刻感悟党百年奋斗的重大成就、宝贵经验，坚定历史自信，汲取智慧力量。扎实开展党史学习教育，学好系列资料，上好专题党课，推进“三为”专题实践活动，以上率下推动全员深入学、办实事。组织开展微型党课比赛、党史记忆作品展等活动，营造庆祝建党百年浓厚氛围。

加强机关党建工作，推进“清廉机关”、模范机关建设，区纪委区监委机关党委获评市“五星级党组织”。以开发区（园区）整合提升为契机，配合做好临空经济示范区纪检监察机构改革工作。有序推进纪委换届，不断优化班子结构。深化全员培训，认真组织学习贯彻监察法实施条例、《中华人民共和国监察官法》，修订履职绩效考评办法，实行新进干部双向挂职、跟案学习等制度，开展“进基层、察实情、促提升”一线服务行动，编写《基层纪检监察组织查办案件实务指南》等4本工具书，进一步强基础、补短板、防“偏科”。与宁波财经学院建立校地合作关系，促进优势互补。组织开展全区纪检监察系统课题调研和特色创新项目创建，10项优秀课题和12个优秀项目获奖。“推进派驻监督高质量发展的探索与思考——以宁波市海曙区为例”课题获评宁波市纪检监察系统优秀调研成果一等奖。从严从实加强对纪检监察干部的日常监督管理，严格约束执纪执法权，坚决防治“灯下黑”。

【智慧监督一体化平台建设】 2021年，区纪委区监委聚焦监督业务核心和数据综合集成，建成投用集一个基础数据平台、四大工作中心和若干监督模块于一体的智慧监督平台，并在各镇（乡）街道、部门和纪检监察组织、巡察机构部署应用。平台设置派驻监督、巡察监督、专项监督、“四责协同”履职、“三重一大”议事决策等10余个监督模块，建立审计等监督协作机制，推动监督流程重塑和监督质效提升。

【区纪委九届七次全会】 2021年2月10日，中国共产党宁波市海曙区第九届纪律检查委员会第七次全体（扩大）会议举行。会议传达学习习近平总书记在十九届中央纪委五次全会上的重要讲话精神、中央纪委全会工作报告和省纪委十四届六次全会、市纪委十三届六次全会精神，回顾总结2020年纪检监察工作，研究部署2021年任务。全会由区纪委常委会主持，审议通过区委常委、区纪委书记、区监委主任孙骏所作题为“聚焦主业强担当、接续奋斗谱新篇，为努力建设高质量发展的现代化国内一流强区提供坚强保障”的工作报告，审议通过会议决议。3个党（工）委（党组）主要负责人报告2020年度履行党风廉政建设“第一责任人”职责情况，并接受民主测评。区纪委委员22人出席会议，列席176人。

【“进基层、察实情、促提升”一线服务行动】 2021年4月，区纪委办公室印发《关于开展纪检监察干部“进基层、察实情、助提升”一线服务行动实施方案》，以区纪委区监委机关各部门、各派驻机构和巡察机构为单位，结对联系1个镇（乡）街道，每月不少于1天下沉到问题相对突出、情况相对复杂的村（社区），通过入户走访、一线接访、参与监察工作联络站工作等方式，在实践中强化业务素养，补齐能力短板，协助基层监督提质增效。

【基层公权力大数据监督平台建设】 2021年5月，海曙区纪委区监委被确定为全省基层监督数字化改革“揭榜挂帅”试点单位。区纪委区监委坚持多跨协同、制度重构，推动区农业农村局、区政务服务办等部门出台《限额以下工程建设项目交易管理办法》《农村集体资产交易实施办法》等规定，优化完善业务流程，设计大数据监督模型和算法，实现对村级工程、资源资产等7大类小微权力“一网统管”。打通与公共资源交易系统对接，开发简易工程、资产评估智能计算器，可为村（社区）节约造价、评估等成本50%以上。引入人脸识别和区块链技术，强化镇村资金使用审批节点监管，确保资金安全。至年底，平台在17个镇（乡）街道274个村（社区）全面运行，在线项目达1.52万个，公示公开数据1.56万条。

【小微权力“监督一点通”服务平台建设】 2021年7月，海曙区纪委区监委被确定为全省小微权力“监督一点通”服务平台试点单位。区纪委区监委以基层监督数字化改革试点为契机，协同推进“监督一点通”服务平台建设，在全区各村（社区）完成“一村一码一门户”部署，实现群众扫描二维码即可进入平台反映诉求，努力将问题及时就地解决在基层、化解在萌芽。至年底，平台共接受群众投诉4002条，均已办结。

3月16日，纪检监察干部深入田间地头，重点对春耕物资发放调配、粮食耕种面积稳定等加强监督检查

【区第十届纪律检查委员会选出】 2021年12月29日，中国共产党宁波市海曙区第十次代表大会第三次全体会议举行，选举产生区第十届纪律检查委员会委员25人。随后举行中国共产党宁波市海曙区第十届纪律检查委员会第一次全体会议，选举胡文汉、汪锡超、贺海宁、蔡军波、章朝阳、陈建国、庄立敏（女）7人为区第十届纪律检查委员会常务委员会委员。其中，胡文汉当选为区第十届纪律检查委员会书记，汪锡超、贺海宁当选为副书记。选举结果经中国共产党宁波市海曙区第十届委员会第一次全体会议审议通过。

（夏　扬）

党风政风监督

【概况】 2021年，区纪委区监委出台《海曙区纪检监察系统强化监督履职三年行动计划（2021—2023年）》，实施“监督找问题、督责破难题”行动，充分发挥监督保障执行、促进完善发展作用。围绕区、镇（乡）两级换届加强监督，开展换届风气巡回督查，做好党风廉政意见回复，确保换届风清气正。

持之以恒落实中央八项规定精神，联查联治顶风违纪行为，开展茶叶领域、酒驾醉驾等背后“四风”问题专项治理，共查处享乐主义、奢靡之风问题13个，批评教育帮助和处理20人，其中党纪政务处分7人。综合运用日常监督、明察暗访、精准问责等手段，深入整治贯彻重大决策部署只表态不落实、维护群众利益不担当不作为等突出问题，共查处形式主义、官僚主义问题13个，批评教育帮助和处理15人，其中党纪政务处分7人。试行专业市场文明创建“一件事”模拟问责，防止出现工作错位缺位、推诿扯皮问题。实施基层减负专项监督，常态化落实“基层点、上级改”工作制度，建立4个作风建设基层观测点，推动解决加重基层负担问题。开展影响亲清政商关系突出问题专项治理，聚焦违规持股、违规房产交易等重点，督促全区领导干部开展自查检视、及时纠改。

牵头开展漠视侵害群众利益问题专项治理，常态化开展扫黑除恶“打伞破网”，聚焦村庄撤并、基层财政安全、农村“三资”管理、农村乱占耕地建房等领域，查处群众身边腐败和作风问题36个，党纪政务处分25人。

完善派驻机构运行机制，全面推行轮驻监督、第三方参与监督，派驻监督质效明显提升，处置问题线索数、立案数比上年分别增长30.1%、53.3%。深化镇（乡）街道纪检监察工作规范化建设，建立重点村（社区）提级监督、“三谈三见”廉政谈话等制度，开展村（社区）监察工作联络站“四有四亮”规范化建设，细化完善廉情直报、廉情发布等制度，抓实监察联络员、信息员等力量配备，推动基层监督提质增效。

【村（社区）主要负责人提级监督】2021年4月，区纪委区监委出台《关于对部分村（社区）主要负责人开展提级监督实施办法》，并入选浙江省纪委首批基层监督特色应用场景。坚持问题导向，结合村（社区）集体“三资”规模较大、信访问题突出、“两委”成员违纪违规问题多发等重点指标，精准圈定提级监督范围，建立提级报告约谈、提级监督执纪、提级督促整改、提级廉情直报“四个提级”工作机制，对20个重点村（社区）主要负责人上提一级强化监督，充分发挥“上对下监督”的组织优势和“面对面监督”的距离优势。

【漠视侵害群众利益问题专项治理】2021年5月，区纪委区监委出台《海曙区漠视侵害群众利益问题专项治理工作方案》。按照“一领域一专项”原则确定16个专项治理项目，建立情况沟通、线索移送、问题查处、公开通报等协作机制，推动解决群众“急难愁盼”问题。累计督导检查80次，查处问题14个，处理19人。

【“三谈三见”廉政谈话】2021年5月，区纪委区监委制定《“三谈三见”廉政谈话实施办法》，通过廉政谈话防范预警作用，进一步传导责任和压力。针对新上任的、任职5年以上以及个别“三资”管理混乱、村（社区）干部违规违纪问题突出的村（社区）党组织书记，分层分类开展“点拨式”“防范式”“督改式”廉政谈话136人次，现场移交责任清单、风险清单、问题清单和履职禁令316份，切实把管党治党责任延伸到基层末梢。

【专业市场文明创建“一件事”模拟问责】2021年9月，区纪委区监委联合区文明办，以专业市场及周边文明创建工作为试点，推出《海曙区专业市场文明创建“一件事”模拟问责清单》，通过对可能需要问责的情形进行提前研判、警示提醒，防止出现工作错位缺位、推诿扯皮等问题。梳理出可能出现的专业市场及周边区域10类27种常见问题，逐一将问题分解落实到7个部门和7个属地镇（街道）、市场区管理中心，并细化落实到具体责任科（所、队），层层压实责任。针对文明创建中推诿卸责、抵触并妨碍创建工作、影响文明城市创建工作等8种情形，分别列明对相关责任人的处理方式，用模拟问责倒逼“全国文明典范城市”创建责任的落实。

8月31日，派驻纪检监察组下村检查了解基层减负和清廉村居示范点建设情况

【“监督找问题、督责破难题”专项行动】2021年，区纪委区监委实施“监督找问题、督责破难题”专项行动，开展重大项目建设、基层减负、村（社区）新班子规范履职、老旧小区改造、国有企业管理、公共资源交易、部门职责交叉不清、行政争议、农村保洁服务外包九大专项监督，紧盯职责履行及干部作风，督促破除各类障碍与症结，保障各项部署要求落地见效。累计下沉调研、督促检查301次，推动解决问题206个，督促完善制度62项，形成区委工作专报6篇。

（夏　扬）

纪律审查和监察调查

【概况】2021年，海曙区纪检监察组织坚持“严”的主基调，保持惩治腐败高压态势，共立案160件，党纪政务处分142人。在高压震慑和政策感召下，9人主动投案。系统推进中央纪委和省、市纪委部署的政法、国企、教育、医疗、园区、供销社、粮食购销等重点领域腐败问题整治，坚决减存量遏增量。始终把纪律和监督挺在前面，共运用“四种形态”处理397人次。扎实推进纪法贯通、法法衔接，修订区委反腐败协调小组工作规则，新增2家成员单位，强化协作配合。建立全覆盖案件质量评查机制，严把案件审理关、质量关。

出台《关于深化“一案五必须”制度落实的实施办法》，延伸细化4类案件适用范围，共发出纪检监察建议书24份，推动开展全区经营性国有资产和单位内控管理工作自查自纠、基层财政安全监督等行动，推动出台规范镇（乡）街道财政管理、行政事业单位内部控制等制度办法。坚持严管厚爱、激励约束并重，4名受处分干部重新被提拔使用，为10名受到失实检举控告的党员干部澄清正名，“三阶式”回访教育获第二届基层清廉建设（浙

依托基层公权力大数据监督平台进行村级廉政风险研判

江）十大经验创新提名奖。

开展涉纪信访工作规范化提升行动，建立完善“三督三提”、联审月结等工作机制，编制《处理检举控告工作规范化手册》，共接受信访举报217件，其中检举控告166件、重复举报47件。

【处理检举控告工作规范化】 2021年1月，区纪委区监委编制《处理检举控告工作规范化手册》，对照上级工作规则和要求，全面梳理检举控告的接收受理、调查办理、结果反馈、事实澄清等事项，形成一整套贴合实际的制度和流程，为基层处理检举控告工作提供履职“一本通”。同步编制《处理检举控告工作操作手册》，绘制检举控告处置、报结等工作流程图，制作检举控告受理告知单、谈话笔录、调查情况报告、了结报送单等10余种常用文书模板，使检举控告处理更加规范高效。

【供销系统腐败和作风问题重点整治】 2021年2月，区纪委区监委制定《海曙区供销系统腐败和作风问题重点整治工作计划》，将供销社党组织在履行主体责任方面问题等五方面内容纳入整治重点，明确自查自纠、集中整治、成果巩固等三个阶段10项任务，推动“清廉供销”建设走实走深。督促区供销社梳理权力清单、问题清单，查找廉政风险点，制定防控措施。推动供销系统抓好所有下属企业、基层供销社的问题整改，强化跟踪问效，确保真改实改。累计发送监督提醒书2份，督改问题29个，推动完善制度4项。

（夏　扬）

廉政宣传教育

【概况】 2021年，区纪委区监委组织协助区委制定《关于纵深推进清廉海曙建设的意见》，同步出台《关于落实监督责任为纵深推进清廉海曙建设提供政治和纪律保障的通知》，督促推动各牵头部门健全清廉单元建设主抓直管机制，细化目标措施，打造示范标杆。

大力培树新时代新风正气，编制《海曙区清廉文化地图》，拍摄清廉文化专题片，“书香湖语”天一阁·月湖廉景线等3个阵地获评第二批宁波市清廉教育基地，持续擦亮“曙色廉韵”清廉文化品牌。开展全区“警示教育月”活动，高标准实现警示教育全覆盖。制作“海纪微课”，优化微信公众号“廉测试”栏目，组织开展区管领导干部任前廉测5批102人，分层分类加强对“关键少数”、年轻干部等群体的廉政教育。

在《海曙新闻》报纸、客户端开设“清廉海曙”专版专栏，推出作风建设等系列主题报道，展现监督执纪中的举措成果和工作思考，获得较好反响。加强与主流媒体沟通联系，在上级主流媒体刊发新闻稿件501篇，讲好正风反腐的海曙故事，营造良好的舆论氛围。

【清廉文化地图】 2021年，区纪委区监委立足全区清廉教育基地，串联革命教育类、警示教育类、基层实践类、清廉文化类4类20个精品点位，绘制印发《海曙区清廉文化地图》3000册，并在线上开设“清廉教育基地巡礼”栏目，为各级党组织开展党员教育活动提供指引。

【“书香湖语”天一阁·月湖廉景线】 2021年，区纪委区监委、天一阁·月湖景区管委会挖掘景区红廉文化资源，改造提升“书香湖语”天一阁·月湖廉景线。5月，此廉景线获评第二批宁波市清廉教育基地，6月始，面向社会各单位、团体预约开放。廉景线提炼浓缩国家AAAAA级旅游景区清廉历史文化，形成11个清廉景点，如书藏古今的天一阁博物院、“帝师故居”银台第、浙江省最早的水文观测站水则碑、宁波“院士之乡”的缩影——院士林、被誉为宁波革命摇篮的鄞县女子中学（宁波二中）等。配套编印的《“书香湖语”天一阁·月湖清廉文化地图》还涵盖廉政景点、廉政人物、廉政家风家训、廉政诗句等内容。

【“警示教育月”活动】 2021年9—10月，区纪委区监委协助区委在全区开展“警示教育月”活动，营造风清气正政治生态，推进“清廉海曙”建设。9月25日，全区警示教育暨“警示教育月”启动大会召开，观看党员领导干部违纪违法案件警示录，部署“警示教育月”活动任务。区委书记徐强出席会议并讲话。9月28日，四套班子领导、临空经济示范区管委会班子领导、区人民法院院长、区人民检察院检察长和其他区级领导等赴浙江省法纪教育基地，通过现场参观、观看教育片等方式开展警示教育活动。“警示教育月”活动包括“以案为鉴、鸣钟示警”“学廉思廉、行廉尚廉”“谈心交心、提神醒脑”“头雁领航、群雁齐飞”“清风传家、严以治家”“排险除患、亮底亮剑”“清廉创建、全域提升”七大行动20项具体活动，取得良好成效。

（夏　扬）

民主党派·群众团体

中国国民党革命委员会宁波市海曙区基层委员会

【概况】 2021年，中国国民党革命委员会宁波市海曙区基层委员会（简称"民革海曙区基层委员会"）下辖支部8个。新发展党员4人，累计党员120人。其中，有中高级职称67人，具有硕士以上学位29人，各级人大代表、政协委员25人。第一家由专委会和基层支部共同筹建"党员之家"在海曙南塘老街揭牌成立，至此，民革海曙区基层委员会拥"党员之家"5个。七支部被民革中央授予民革示范支部，一支部获评省级民革示范支部，八支部评为市级民革示范支部，海曙一支部、六支部、七支部获评市委会参政议政集体二等奖、三等奖。

【民革海曙区基层委员会参政议政】 2021年"两会"期间，党员中的市、区人大代表向大会提交建议12件，市、区政协委员向大会提交提案22件，其中区政协大会集体提案1件，提交的集体提案《关注粮食安全，提升仓储体系建设》获评区"优秀提案"。2件建议、提案被区人大（政协）评为"优秀建议（提案）"。党员撰写社情民意55篇，中央层面录用2篇，省级层面录用3篇，市级层面录用24篇，其中郑烨的《加快规范我国宠物交易市场，警惕成为第二波疫情发源地》被全国政协录用，周琰忻的《新时代下国家保障安全工程中安置房屋管理及分配相关问题亟待重视》被民革中央录用。共征集年度调研课题10项，其中4项课题列为市委会重点调研课题，2项列为市统战部自定义调研课题，1项入选民革中央第四届莫干山会议论文。郑旭东《高效激发土地活力、坚守耕地保护红线》、江筱婷《数字法制的基层实践探析——以云调节在基层的应用为例》入选省委会参政材料汇报，郑旭东《高效激发土地活力、坚守耕地保护红线》、李霞《关于社区和居家适老化改造的建议》转化为市委会集体提案。

【民革海曙区基层委员会社会服务】 2021年，民革海曙区基层委凸显民革社会服务品牌，深入做好各项服务资源合理调配，相互搭台，形成头部效应。注册山货下山等特产食品类商标，连续5年开展"山货下山"精准帮扶活动，销售山货17万元，《团结报》、《宁波日报》、宁波电视台等媒体专题报道；"畅想哆来咪"关爱流动人口子女活动为60名学生送上雅马哈竖笛，并由专业音乐老师开展竖笛启蒙课；"寻渊它山 同心筑梦"活动，进鄞江镇建岙村开展义诊服务1次，开展书法（篆刻）类公益讲堂9次；提供法律援助，开展讲座20余场，发布民法典普法小视频100余条，点赞人数超过20万，流量超过2000万，粉丝超过10万；组织"乡村振兴"之技能帮扶、结对前虞、林特产业技术管理服务、光明行等社会活动，产生良好社会反响。

（朱俊帅）

2月4日，民革海曙基层委开展"山货下山"社会服务，进行销售款发放仪式

中国民主同盟会宁波市海曙区基层委员会

【概况】 2021年，中国民主同盟海曙区基层委员会（简称“民盟海曙区基层委员会”）发展盟员3人。至年底，实有盟员101人，分属4个支部。盟员中有市人大代表1人、市政协委员1人、区人大代表3人、区政协委员4人。

【结对帮扶深溪村】 2021年，民盟海曙区基层委员会持续结对帮扶集士港镇深溪村。在多次实地勘察、与村委班子充分交流的基础上，挖掘村自然景观资源，发挥界别、专业优势，在政策争取、规划设计、景观提升、文化引流、招商引资等多方面搭建平台，助力打造深溪村品牌文旅产业。6月，基层委获评“民盟浙江省委会脱贫攻坚先进集体”称号。

【“同心汇”知识产权保护志愿服务基地成立】 2021年，民盟海曙区基层委员会联合区人民法院，成立“同心汇”知识产权保护志愿服务基地。4月23日，在区人民法院举行基地成立签约揭牌仪式。区人民法院副院长曹建波与民盟海曙区基层委员会主委柳竹青当场签署《合作框架协议》。基地成立以来，以助力企业规范知识产权管理、优化知识产权结构以及提升抗风险能力为目标，汇集一批盟员法律工作者和法院干警，通过走访调研相关企业挖掘行业保护需求、开展多项线上线下宣传活动促进法制意识等多项活动，全年开展志愿服务、走访调研活动5次。

（朱俊帅）

中国民主建国会宁波市海曙区基层委员会

9月18—20日，民建海曙基层委再次承办“农夫市集”活动

【概况】 2021年，中国民主建国会宁波市海曙区基层委员会（简称“民建海曙区基层委员会”）发展新会员6人，转出人员7人（因宁波工程学院新设支部转出人员5人）现有会员123人。下设5个支部，并设参政议政、调研宣传、社会服务、会员服务四个专业工作委员会和民建海曙公益促进会。会员中有1名省政协委员、4名市人大代表和政协委员、14名区政协委员和人大代表。制定了《民建海曙区基层委员会会员考核办法》、《民建海曙区基层委员会新会员发展工作制度》，加强会员队伍建设。2021年，民建海曙区基层委员会获评“浙江民建为全面建成小康社会作贡献成绩突出集体”称号。三支部获评“民建宁波市先进支部”称号，二支部、三支部获“民建宁波市信息工作先进集体”称号。

【民建海曙区基层委员会参政议政】 2021年，民建海曙区基层委员会上报社情民意信息29篇，提案、议案23篇，其中被全国政协、民建中央单篇录用2篇，被省委统战部、省委会录用4篇，被市委会录用17篇，在省政协大会提交提案1篇，在市人代会上提交代表建议4篇，在市政协大会上提交提案2篇，在区人代会上提交代表建议1篇，在区政协大会上提交提案合计20篇，参与市级民主协商并被采纳意见1条。其中基层委主委曹云在市人代会提交的《关于整合盘活我市低效工业土地资源的建议》被列为市人大常委会余红艺主任的重点督办建议，区政协大会公布的8件区政府领导领办重点提案中，有3件来自民建海曙区基层委。尹继群获“浙江省民建社情民意工作积极分子”；陈胤杰获评“2021宁波民建参政议政年度人物”；陈胤杰《对政府工作报告意见建议》获评“宁波民建参政议政理论成果”二等奖；曹云《关于全面推进数字乡村建设的建议》被全国政协、省政协录用，获评“宁波民建参政议政理论成果”三等奖；新会员蔡莎艺获评“2021年宁波民建新闻宣传工作”一等奖。主委曹云参加民建中央信息工作培训班。

【民建海曙区基层委员会社会服务】 2021年，民建海曙区基层委员会发动会员投身抗台、抗疫一线，并通过多种渠道捐款捐物，累计312.3万元。结对10名贞丰县鲁容乡纳翁村贫困学生、11名章水镇困难学生和铁路宁波站“蓝精灵”志愿服务队。与民建嘉兴工商联总支部、民建宁波高新区智创支部、民建宁波镇海二支部、民建宁波工程学院支部缔结友好支部，开展互访互学；各支部与民建海曙老年支部结对，走进敬老院、乡镇老人、困难老会员、困难学生家庭慰问帮扶。保持与蜜岩村密切联系，承办第四届“农夫市集”，打造助推“乡村振兴”、增加乡村农民收入的社会服务品牌。公益促进会召开一届九次理事会。

（朱俊帅）

中国民主促进会宁波市海曙区基层委员会

【概况】2021年，中国民主促进会宁波市海曙区基层委员会（简称“民进海曙区基层委员会”）发展新会员9人；累计会员180人，平均年龄55.1岁。其中，女性会员116人，男性会员64人；在职会员117人，占比65%；副高及以上职称61人，占比33.8%。会员中有市人大代表、政协委员3人，区人大代表、政协委员10人。基层委员会下设6个支部。

【民进海曙区基层委员会参政议政】2021年，区政协委员人大代表共提交包括《关于开展无毒无臭垃圾房改造建设的建议》《关于贯通姚江南岸高桥段防洪堤的建议》在内的提案建议18件。基层委员会集体提案《关于全面推进海曙教育品牌发挥未来核心区位优势的建议》被评为区级优秀提案。黎丽被评为市政协参政议政积极分子，周含被评为区级优秀政协委员，陈少华被评为区级提案撰写积极分子。全年举办8期“智汇+”信息采集活动，专题研讨收集社情民意信息。上报社情民意60余篇，其中包括《建议民法典“第一案”进行系统搜集、认定》《工业厂房改建为公寓存“四问题”亟待分类整治》在内的12篇信息被民进中央录用，19篇信息被省委会录用，47篇信息被市委会录用，基层委员会获评“民进全国反映社情民意信息先进集体”。完成周含主持的《关于加快文旅农深度融合赋能四明山区域（以海曙区为研究样本）整体发展的建议》、严海波主持的《关于加强基层农业技术推广体系建设的建议》、二支部共同完成的《线上模式中协议管辖的隐性霸权与限制规则》及陈振总主持的《通过馆校合作打造新型学习空间》4个民进市委会课题。

【民进海曙区基层委员会社会服务】2021年，民进海曙区基层委发起“爱心助农”活动，为鄞江镇葡萄种植农户解难纾困，帮助销售葡萄884箱5304斤、销售额2.65万元。民进海曙区基层委的幼教支部在民进市委会和海曙统战部的领导下，开展“山货下山、同心帮扶”活动，帮助大皎村村民销售羊尾笋1.2万斤，销售金额15.6万元。由陈少华副主委创办的“民进社会服务实践基地”——21世纪车间共举办5次主题活动，服务社区小公民108人次。

（朱俊帅）

中国农工民主党宁波市海曙区基层委员会

【概况】2021年，中国农工民主党宁波市海曙区基层委员会（简称“农工党海曙区基层委员会”）团结带领全体党员不断提高政治站位。物色各优秀人才加入党派，吸收新党员9人，累计党员88人。基层委被农工党省委会评为“2021年度庆祝中国共产党成立100周年活动先进集体”；被农工党市委会评为2020—2021年度先进基层组织，2020年度调研、信息、宣传工作先进集体。

【农工党庆祝中国共产党成立100周年活动】2021年，在区委统战部的领导下，农工党海曙区基层委员会17名党员参与“与党同行 追寻红色足迹”健步走活动，向烈士致敬献花，重走红色路线。组织班子到鼓楼党章学堂召开扩大会议，在中山公园实地参观明州双英亭和甬籍优秀女共产党员图片展。6月初，组织基层委30余名党员赴余姚梁弄开展“同心向党 铭记初心”为主题的中共党史教育活动。参加市农工党市委会、区委统战部组织的庆祝中国共产党成立100周年活动。

【农工党海曙区基层委员会参政议政】2021年，基层委15名党员围绕多个重点领域撰写相关课题，46篇材料被农工党市委会录用；18篇材料被农工党省委会录用；协商建言有高度。易娟《关于加快发展生物可降解塑料产业提升我省绿色引领水平》的建议获省委副书记、省长郑栅洁批示，《关于将杭州湾港区纳入宁波舟山港总体规划》的建议获省委书记袁家军，省委副书记、省长郑栅洁批示，薄丁旖《关于加速生物医药产业发展 尽早迈入“千亿级”新赛道》获市委副书记、市长裘东耀，副市长陈炳荣、沈敏批示。基层委集体提案被区政协评为优秀提案。

【农工党海曙区基层委员会社会服务】2021年，赴高桥镇民乐村开展“情系桑榆 健康下乡”慢病老人身心健康养护项目签约仪式暨专家义诊活动等各类活动11次；在党员企业大医集开展

3月31日，农工党海曙基层委赴高桥镇民乐村开展“情系桑榆 健康下乡”慢病老人身心健康养护项目签约仪式暨专家义诊活动

"关爱女性 共享和美"女性健康检查活动；在古林镇俞家小学开展"传递爱心 送教下乡"活动；积极参与"山货下乡"服务，帮助章水镇梅陇村销柿子。2021年3月，党员赵虹被省妇联、省卫健委授予"三八红旗手"称号，5月，党员王卫亚和王艳芳被评为省级"优秀家庭医生""先进工作者"。

（朱俊帅）

中国致公党宁波市海曙区基层委员会

【概况】 2021年，中国致公党宁波市海曙区综合总支部升格为致公党宁波市海曙区基层委员会（简称"致公党海曙区基层委"），新发展党员4人，累计有党员64人。党员中有市人大代表2人、市政协委员2人、区政协委员6人。基层委被省委会评为2020年度社会服务海外联谊工作先进集体、2021年度宣传思想工作先进集体，被市委会评为2020年度先进集体。倪耀夫获致公党中央授予的"2021年度中国致公党脱贫攻坚先进个人"称号，徐卫民获致公党省委会授予的"2021年风采人物"称号，张纯熠获致公党省委会授予的"2021年度宣传思想工作先进个人"称号，华骋珅获区政府授予的"争做全国文明城市"六连冠"工作表现突出个人"称号。

完成基层委换届工作，按照市委会的要求积极开展"基层组织规范建设年"活动，对班子建设、活动开展、党员管理、档案管理和经费使用进行规范。制定出台《海曙区基层委班子分工的通知》《海曙区基层委课题调研、社情民意调研领导小组的通知》等。推进党员信息系统数字化改革。顺利完成统战系统和市委会党员履职统计信息系统信息录入和核对工作。

【致公党海曙区基层委员会升格】 2021年1月30日，致公党宁波市海曙区综合总支部升格为致公党宁波市海曙区基层委员会（简称"致公党海曙区基层委"），倪耀夫当选为主委。下属4个综合支部，各支部设有主任委员1人，副主任委员2人，委员2人。

【致公党海曙区基层委员会参政议政】 2021年，致公党海曙区基层委专门成立参政议政工作领导小组，下设调研课题小组与社情民意小组，定期召开参政议政研讨会议，交流心得和技巧，同时，邀请市委会领导为党员们开展"如何写好调研报告和社情民意信息"的专题讲座，提升基层委整体团队的参政议政水平，提高参政议政文章的质量和录用率。在年初的市、区"两会"上，基层委提交市、区两级议案、提案10余篇，其中"关注青少年挫折教育的提案"被列入区政协2021年重点督办提案。课题调研、社情民意信息有所突破。6个调研报告立项被列入市委会重点课题。报送社情民意信息共12篇，其中《建议整合河姆渡、井头山等遗址资源 申报世界文化遗产》等3篇被市委会采用，并被评为"高质量信息件"。

【致公党海曙区基层委员会社会服务】 2021年，致公党海曙区基层委优化和创新"致爱驿站"社会公益品牌，借助基层委党员各方力量和优势，充实社会服务内涵，提升党派的社会影响力。另外，配合市委会及海外联谊会，充分发挥基层委的侨海资源，积极参与海外留学人才交流活动。党员江秉泽代表单位捐款20万，在青海开展慰问贫困儿童活动。在"烟花"台风过境期间，海曙区基层委联合市委会社会服务处携手洞桥镇总工会开展"心系灾情，共克时艰"灾后公益捐赠活动，向辖区内受灾影响严重的企业和保洁人员送上总价值10万余元的300床"爱心"夏凉被。与宁波市第一医院联合拟在鼓楼文昌社区设立关爱老年人身体健康的致公社会服务点，开展定期的捐助和健康义诊讲座活动。基层委筹备在文昌社区建立"致爱驿站"社会服务基地，开展系列社会公益服务。引导党员投身抗"疫"一线，戴燕娜带领医护团队奔赴镇海支援疫情防控工作，唐倩如带领团队开展核酸实验室检测等一线工作。

（朱俊帅）

九三学社宁波市海曙区基层委员会

【概况】 2021年，九三学社宁波市海曙区基层委员会（简称"九三学社海曙区基层委"）吸纳3名入社积极分子，累计有社员73人。社员中有1名省政协委员、2名市人大代表和政协委员、8名区政协委员和人大代表。基层委员会下设3个支社。九三学社海曙区基层委被九三学社浙江省委员会评为"先进基层组织"。

【九三学社海曙区基层委员会参政议政】 2021年，市政协委员施惠祥在市政协十五届五次会议上提出《关于推动我市高等级生物安全实验室共建共享的建议》；区政协委员童若飞在区政协五届五次会议上提出《关于免费开放梁祝公园提升姚江新城活力的建议》《关于在海曙中心城区按人口比例加强青少年体育文化场所配置的建议》2件提案。海曙区基层委员会提交集体提案《关于推进海曙区社会矛盾纠纷调处化解中心建设的建议》。海基委副主委、一支社主委童若飞开展《关于未来社区建设背景下老旧小区低碳化改造的建议》研究，参加2021年度社市委参政议政立项课题中期成果研讨会，提交调研成果；海基委调研委员、一支社副主委丁燕君开展《助力中小微民营企业积极融入双循环新发展格局的建议》研究；海基委科技委员、三支社组织委员裴磊撰写的《公厕建设改造应增设儿童卫生设施》与海基委青年委员单赢撰写的《关于加快从法律层面建立我国"吹哨人"制度的建议》被全国政协录用；一支社科技委员黄素文与和鄞州基层委员会四支社吕晓玲联合申报《关于进一步加强宁波外来生物监测的建议》调研课题，并与社市委调研室在市农业农村局开展调研，共同起草《关于做好宁波外来入侵生物普查的建议》的提案。

【九三学社海曙区基层委员会社会服务】 2021年"烟花"台风过境期间，社员

5月17日，九三学社海曙基层委赴余姚市梁弄镇、泗门镇开展"铭初心、跟党走"学习教育活动

们积极抗台风，主动前往抗击台风一线，转移疏散受灾群众，指挥受灾路段交通等；自行采购皮划艇等物资支援救灾工作，积极号召社会各界人士参与抗洪救灾；捐款15100元支持海曙灾后生产生活秩序恢复。社员们发挥自身的特长，送知识送服务下乡、进社区，组织形式多样的社会服务活动。出杨社员入选社市委阳光心理专家团首批成员，通过社市委"甬九同心营"开展心理健康社会服务。社员虞益军、入社积极分子王棣参加区委统战部组织的"农夫市集"公益展销会志愿活动，助推"乡村振兴"。吴文波带"家庭教育科普培训"进农村活动。社员积极参与海曙区民主党派、无党派人士庆祝建党100周年系列活动之"与党同心、为民服务"社会服务活动：任仁耀为社区居民带去法律咨询服务；陈炜炜、王科为社区带去医疗服务。

（朱俊帅）

海曙区总工会

【概况】 2021年，海曙区有基层工会组织2337家，其中单建企业工会2078家、联合工会259家；覆盖企业1.56万家，职工入会率达97.6%。全区有工会会员36.25万人，其中农民工23.71万人。区总工会在市总工会年度重点工作考核中取得特等奖。

深入推进产业工人队伍建设改革。打造符合海曙产业需求的知识型、技能型、创新型劳动大军，在"雅戈尔"、"君禾泵业"、古林镇作为省、市试点单位的基础上，确定国骅集团、"星箭航天"等20家单位为区级试点企业，确定合一生活文创园区为区级园区试点单位，做好各项改革措施衔接落地。广泛开展符合区域性、产业性特点，具有引领性、创新性、示范性的各类劳动竞赛和技能比武活动，开展茶艺、养老护理、电子商务等职工技能精英赛群英赛14场次、重点工程"立功竞赛"29个，安康杯竞赛各类参与企业数5235家。10月下旬，在洞桥镇举办全市首届数字化设计与技术应用精英赛。实施海曙劳模工匠培养选树计划，开展第五批"海曙工匠"评选，创建"劳模工匠"创新工作室5家，推选"宁波市五一劳动奖状"5家、"宁波市五一劳动奖章"8名、"宁波市工人先锋号"6家、2021年"浙江工匠"6人、市第五批"港城工匠"4人。劳模工匠志愿服务队深入参与抗台救灾和灾后帮扶志愿服务活动，发挥劳模工匠示范引领和辐射效应。

组织海曙区第六轮"和谐企业"创建，累计完成"和谐企业"星级评定40%以上，完成3家特色小镇区域性创建。加强劳动关系预警化解工作，区劳动争议调解中心总工会分中心、鼓楼街道"夏蓉菁工作室"被评为"宁波市金牌劳动争议调解组织"。开展"劳动用工法律体检"公益活动，组织开展"尊法守法、携手筑梦"公益法律服务行动15场，免费心理服务讲座41场。全区各级调解中心共接待调解成功劳动争议案件481件，为职工挽回损失1600余万元。完成劳动争议调解员、工会法律监督员培训110人，宁波阿帕奇电器科技股份有限公司等6家单位被评为"宁波市集体协商精细化示范企业（行业）"，段塘街道开展全区首场街道级工资集体协商比赛。

安排资金34.4万元，开展"两节送温暖"、困难职工慰问、"金秋助学"等活动；"夏季送清凉"慰问职工62862人，总金额205万元；在古林镇、集士港镇等地举办"春风送岗"人才招聘会；推出线上"五一卡"普惠活动55场，参与职工近万人，惠及职工2000余人；分12批次为全区1500名企业一线职工送去免费的健康体检，医疗互助保障参保23.33万人次；全区创建各类"劳动者户外驿站"45个，其中11家被评为市级"示范户外驿站"；华茂集团职工食堂被评为十级"职工示范食堂"，海曙职工"新婚有约"被市总评为第三批"工会女职工特色工作品牌"。组织做好职工疗休养活动，启动新一轮凉山州喜德县对口支援，推动实施消费帮扶支持对口支援地区"乡村振兴"行动计划。

开展"聚焦八大员，集中抓组建"专项行动。吸纳新就业形态劳动者会员8210人，为会员推出"2+6+N"专享服务礼包，举办"为人民歌唱"新就业形态劳动者专场演出等。做好全区工会"推优入党"工作，向党组织推荐优秀工会会员127人。推动全区"四星级活力基层工会"建立"职工说事"制度，发挥"模范职工之家"示范引领和辐射作用，"华缘新材料"压制车间工会小组获"浙江省模范职工小家"。推进数字化改革相关工作，延伸打造海曙区基层工会活力指数评"家"体系，持续赋能工会创新发展。推进"模范机关、清廉机关"建设，常态化开展

10月23—24日，2021中国（宁波）首届数字化设计&技术应用精英赛在海曙举行

"当一周工人，体工会初心"主题实践活动。坚持加大工会经费支出向基层工会、向重点工作、向职工群众倾斜的力度。抓好审计整改，规范资金存放、强化资产管理、推动工会经费更好服务职工、服务基层。

【"520向幸福出发·致爱婚典"活动】 2021年5月20日，区总工会围绕"千年曙色 百年梦圆"为主题，举办"520向幸福出发·致爱婚典"暨"梁祝蝶恋江南爱情诗会"。活动以梁祝爱情文化为主轴，整合政府、群团、社会组织各方服务平台和服务力量，合力为宁波职工打造"婚恋、婚嫁、婚姻"一站式幸福基地。当天，25对新婚夫妻和25对已婚夫妻参加集体婚礼。时任区长徐强为在场新人致证婚词，市民政局局长周忠贤、市总工会副主席宋雁等为25对新婚夫妻颁发"幸福曙于你"520致爱婚典纪念证书。区人大常委会副主任、区总工会主席林兵为10名海曙区"工会幸福家公益红娘"颁发服务聘用证书，并在"工创家+7"号开展"520公益红娘"专场服务对接会。

【房建孟一行到海曙走访慰问企业及职工】 2021年5月21日，中央纪委国家监委驻全总机关纪检监察组组长、全总党组成员房建孟一行到海曙区走访慰问企业及职工。房建孟先后到宁波顺丰速运有限公司慰问职工并送上慰问金，到宁波市凹凸重工有限公司慰问劳模，并至雅戈尔集团股份有限公司参观5G智能车间、产品展示厅等，随后慰问雅戈尔困难职工。省、市、区相关领导陪同慰问。

【区总工会机关支部七一系列活动】 2021年6月30日，区总工会机关一支部开展"学党史·迎七一·庆百年"主题党日活动。党员集体参观区"红色基地"——鼓楼党群服务中心，重温入党誓词。区总工会党组副书记、副主席，支部书记顾妮妮围绕"百年新起点，工会新发展"作专题党课宣讲。全国先进工作者、"匠道"工会志愿服务中心主任胡道林围绕"学党史、悟宗旨，做好工会志愿服务"作主题宣讲，现场还开展党史知识大过关活动。当天，区总工会机关一支部和二支部共同走访退休党员，并颁发"光荣在党50年"纪念章。

【工会会员"2+6+N"订制礼包发放】 2021年，区总工会对新吸纳的3000名灵活就业群体会员发放"2+6+N"订制礼包，内容包括提供法律援助、素质技能提升、职工疗休养、帮困送温暖、文体活动等。首批享受服务礼包的3000名灵活就业群体会员，涵盖"网约车"司机、保安员、商场信息员、房产中介员、家政服务员、护工护理员、货运驾驶员等新经济"八大员"。

【2021中国（宁波）首届数字化设计&技术应用精英赛在海曙举行】 10月23—24日，为期两天的"2021中国（宁波）首届数字化设计&技术应用精英赛"在宁波市第二技师学院举行。大赛由市总工会、海曙区人民政府主办，区总工会、洞桥镇人民政府、宁波市智能制造技术研究院、海曙区经信局、海曙区科技局、海曙区人力社保局等单位承办。大赛以"数字赋能产业，技术加速创新"为主题，围绕产业结构转型升级和制造企业发展需要，以工业数字化应用为着力点，旨在深化推进产业工人队伍建设改革，促进数字化设计与实体制造协同发展。中国工程院院士谭建荣以视频方式为比赛致辞。海曙区企业——宁波星箭航空机械制造有限公司摘得大赛金奖。

（李　颖）

共青团海曙区委员会

【概况】 2021年，海曙区有基层团委46个、基层团工委11个、团总支25个、团支部985个，专职团干部728人、兼职团干部1263人，团员15427人。有官方微博"海曙共青团"、微信公众号"海曙青年"、视频号"海曙青年"、抖音号"海曙小青"、一直播"海曙共青团"，统筹发布各类信息要讯。承接国家级和省级试点5个、市级试点3个。荣获省级以上个人和集体荣誉20项、市级荣誉23项。承办省市共青团活动5场，团省市委领导调研海曙共青团工作7次。相关工作在全国级媒体报道42次，省级媒体报道19次，得到区委领导批示肯定8次。以全国县域共青团基层组织改革扩大试点为统揽，纵深推进少先队、青联、中长期青年发展规划等"四合一"改革试点，成为实现全市唯一实现共青团各领域改革试点全覆盖的两个县（市、区）之一。加强顶层设计，编制出台《海曙区中长期青年发展规划》。以"青年之家"全域建设为重点，探索共青团变革型组织新形态。在城隍庙中医药特色文化街区建成区级"青年之家"枢纽站，新增实体"青年之家”功能站26个，连续4个季度获评全省“闪亮青年之家”称号。成立海曙区青春智库团，吸纳青年教授、律师、“网络大V”等各领域专家52人。成立“00后青年曙说”宣讲团，以“情景再现”的沉浸式宣讲方式讲好海曙红色故事、传播海曙红色文化，相关工作被《中国青年报》报道。在全团系统率先原创开发红色剧本杀《梅园旧事》，获得年度全区宣传思想文化工作创新奖。持续做强“85后”青年孙嘉怿“我为烈士来寻亲”红色品牌，聚焦海曙四明山红色资源打磨形成海曙青年“红色IP”。承接宁波市首批暑托班试点工作，联合区教育局面向全区小学生开设“亲青课堂”公益暑托班两期累计14天，26个办班点实现区域全覆盖，服务学生3053人次。该工作得到中央电视台《新闻周刊》《朝闻天下》《24小时》的专题报道。

在翠柏里创新街区新建2家驿站（郎官驿驿站、好梦驿驿站）。搭建青年创业创新平台，挂牌成立“翠柏里青年创新社区”。集士港微创业管家项目再度获评“全国青年文明号”称号。培育“新锐浙商·科创先锋”黄莹之、“中国青年创业导师”朱帅等“创客”先锋，“智慧城市”“绿蚁投乐”两个项目入围“创青春”浙江省青年创新创业大赛百强，孵化培育“白云点翠文化创新园”等3家市级筑梦空间。融入乡村共谋发展，组建青年农创客联盟，在高桥镇打造海曙区青创农场产品展销中心，开展青春直播团购会，联合区农业农村局开设青年农创客培训班。邵将炜、张云入围“市青牛奖”10强、浙贝故里青创农场、甬福青创农场入围市级“示范性青创农场”。“高桥镇长乐地铁口节点提升”项目入围“宁波市乡村振兴青年设计创新大赛”30强。实施“共青团到社区去”专项行动，建立高校团委和社会组织结对村社机制，通过常态化、机制化开展弱势青少年群体帮扶和助老助残等工作，建设“全龄友好型社区”。白云街道安丰社区入选团中央首批“社区青春行动”试点，段塘街道洞桥（小漕社区）北宸府小区成立全市首家青少年理事会。

【企业留甬员工新春慰问活动】 2021年1月29日至2月4日，海曙团区委机关干部分别走访慰问“顺丰速运”、市政集团、雅戈尔集团、东海集团、广博集团、博洋集团和中都置业等本地企业，为企业员工送去春节慰问品，关心关爱留甬员工。同时，发动各级团组织开展各种关心留甬员工的慰问活动，包括召开员工座谈会、发放交通补贴、现金红包和过年慰问品，为留甬过年员工提供各种便民服务等。

【共青团宁波市海曙区十四届三次全委（扩大）会议暨共青团系统党史学习教育推进会】 2021年4月14日，海曙团区委组织召开共青团宁波市海曙区十四届三次全委（扩大）会议暨共青团系统党史学习教育推进会。团区委委员、候补委员、各镇乡（街道）区直属团组织负责人等60余人参加会议。会议通过《团区委委员卸职递补确认案》，总结2020年工作，研究部署2021年全区共青团各项工作以及共青团系统“学党史、强信念、跟党走”学习教育活动专项工作任务。

10月11日，“海曙未来　由你定义”青春智库话海曙发展主题座谈会现场

【“学党史、强信念、跟党走”海曙区优秀青年代表座谈会】 2021年4月29日，海曙团区委组织召开“学党史、强信念、跟党走”海曙区优秀青年代表座谈会。会议邀请各界优秀青年代表、团区委书记班子、各镇乡（街道）区直属团组织负责人等70余人。会上，优秀青年志愿者代表、“我为烈士来寻亲”志愿团队负责人孙嘉怿，海归创客代表、宁波希诺赛生物科技有限公司总经理黄莹之，战疫青年医师代表、浙江省援冀医疗队队员徐雄峰，农创青年代表、海曙区浙贝母生产协会会长邵将炜，青年人才代表、宁波芯然科技有限公司董事长徐晨，少先队辅导员代表、中原小学少先队大队辅导员林舒萳，青年企业家代表、浙江四明山经贸有限公司董事长吴良浩，青年村社干部代表、江厦街道郡庙社区党委书记沈顺吉依次作交流分享。时任海曙区委书记、到区交流学习的湖北省襄阳市襄城区区委吉虹书记、区委常委、统战部陆利明部长以及相关区直部门主要领导出席座谈会。

【原创本土红色素材“剧本杀”首发】 2021年4月29日，取材海曙本土红色素材的“剧本杀”《梅园旧事》在梅园革命史迹陈列馆陈晓云教室“首站发车”，高校学生、企事业单位职工、社会组织负责人等来自海曙区不同领域的青年代表换上特定人物服饰，参与“首车”体验。《梅园旧事》以宁波沦陷后梅园乡建岙村发生的历史故事为背景，依据陈晓云、边春甫、周飞等人的革命故事改编创作而成。体验者以角色扮演的方式参与其中，通过情景还原、现场搜证、集中推理等方式揭开故事真相，了解梅园地区的革命历史，“沉浸式”学习党史。

【“红船杯”2021年宁波市共青团党团知识竞赛在海曙举行】2021年5月20—21日，由共青团宁波市委主办，共青团宁波市海曙区委承办的“红船杯”2021年宁波市共青团党团知识竞赛在海曙文体中心举行。各县（市、区）团委书记、各条线团组织代表、青年代表等210余人到现场观摩。活动现场，发布宁波市“青马3315计划”，作为“青马工程”的升级版，重点面向全市高校、企业、农村、社会组织等各领域优秀青年，分类开展专题培训，努力为党培养和输送青年政治骨干。最终，阳明故里新青年队（余姚代表队）获特等奖。

【青年发展“十四五”规划委员恳谈会】2021年5月24日，“海曙区青年发展‘十四五’规划”委员恳谈会召开。区政协委员、青年代表、专家教授和团区委负责人面对面，共商海曙青年发展大计。区政协副主席吴军良出席活动。与会人员实地视察“创客157”创业创新园，与企业负责人深入交谈，了解其运营模式、入驻企业、配套服务等情况。座谈会上，团区委负责人作《海曙区青年发展“十四五”规划》编制情况报告，系统介绍“十四五”规划的编制背景、总体要求和保障措施，阐释青年思想道德、青年教育等10项发展目标和重点举措，及“海曙青年说”“海燕归巢”等十大重点计划。与会人员围绕协商主题各抒己见，深入交流全区青年工作的发展现状、存在问题和规划编制建议。

【海内外青年人才实习实践活动】2021年7月18日，由中共区委组织部、团区委、区侨联、区人力社保局联合主办的2021“海燕归巢·曙你未来”海内外青年人才实习实践启动仪式在区文体中心举行。来自中国人民大学、浙江大学、上海交通大学、南京大学、湖南大学、华东师范大学、牛津大学、悉尼大学等海内外56所高校的160余名师生参加活动启动仪式。活动现场，区人力社保局、团区委分别与中国人民大学、南京大学、湖南大学、华东师范大学4所高校揭牌成立校地共建实习实践基地，并为南京、长沙、天津、重庆、德国柏林等“海燕归曙”青年联盟第二批城市分会进行授牌。160名实习实践学子分别组成红色寻访、数字化改革、乡村振兴等6支小分队，参与党建团建、社会治理、文明创建等基层工作。此次实习计划共吸引300余名高校学子网络报名，经过学校推荐、简历筛选等环节，160名学子脱颖而出。

图为段塘街道“亲青课堂”公益暑托班

【小学生“亲青课堂”公益暑托班开班】2021年7月19日，2021年海曙区小学生“亲青课堂”公益暑托班开班。作为全市小学生暑期托管工作试点地区之一，覆盖全区17个镇（乡）街道，两期共开设17个办班点27个班，累计招收学员445名。此次公益暑托班以“公益+志愿”理念，提供公益看护、课业辅导、红色教育、劳动实践等服务。坚持素质教育，坚持不上新课，促进未成年人健康成长。

【大连团市委调研宁波海曙青年人才驿站（郎官驿店）】2021年9月3日，大连团市委书记李光一行6人，赴宁波海曙青年人才驿站（郎官驿店）调研海曙区共青团组织改革工作。宁波团市委、海曙团区委相关负责人陪同。大连团市委一行在海曙青年人才驿站团工委负责人的陪同下，参观郎官驿的住宿区域、创业区域及活动区域，了解人才驿站的运作方式、服务内容及郎官驿店的基本情况。宁波青年人才驿站致力于打造集拎包入住、创业辅导、就业培训、情感沟通、思想交流、休闲娱乐于一体的“宜居+宜业+宜创”为主题的“青年社区”，解决就业创业青年“住宿难、求职难、融入难”等问题。

【“城市萤火虫”换书大会首次亮相浙江书展】2021年10月9—11日，海曙区十大阅读品牌之一的“城市萤火虫”换书大会首次亮相于宁波国际会展中心举办的“浙江书展”。此次换书大会以“遨游星空 阅享无界”为主题，场馆以深蓝色为主色调，营造浩瀚宇宙的氛围，让前来参加活动的人仿佛置身于宇宙，化身“宇航员”。活动区域集换书娱乐休闲于一体，带领“宇航员”在书籍的宇宙中自由探索。自2014年始，团区委连续8年举办10届“城市萤火虫”换书大会，粉丝群体从最初的千余人扩大至2万余人，累计交换3万余册书籍。

【“海曙未来 由你定义”青春智库话海曙发展主题座谈会】2021年10月11日，海曙团区委组织召开“海曙未来 由你定义”青春智库话海曙发展主题座谈会，邀请海曙区内经济社会发展领域相关专家学者、各行业领域优秀青年代表、基层团干部等60余人齐聚一堂，共话海曙未来。座谈会上，各行业领域专家学者和青年代表围绕海曙经济发展、产业转型、文化品质、城乡融合等领域，结合自身工作，聚焦海曙未来5年的目标与愿景发言交流。

【浙江共青团助力“双减”常态化托管志愿服务观摩活动在海曙举行】 2021年11月11—12日，浙江共青团助力“双减”常态化托管志愿服务观摩活动在海曙区举行。与会人员参观调研宁波市青少年宫、宁波市海曙区白云街道安丰社区及宁波市古林镇中心小学。各市团委分管书记、各省属高校团委负责人、部分县（市、区）团委负责人参加。期间，召开浙江共青团助力“双减”常态化托管志愿服务工作部署会。省、市、区团委相关领导应邀参加活动。

（郑思莹）

海曙区妇女联合会

【概况】 2021年，海曙区有镇（乡）街道妇联17个、机关（园区）妇委会10个、村（社区）妇联268个。36个党政工作部门中，28个部门的领导班子配备女干部43人，占总数的77.8%，其中正职女干部14人；17个镇（乡）街道中，4个镇（乡）街道领导班子配备正职女干部4人，占23.5%。1月31日，海曙区村（社区）妇联换届全面完成，妇联主席100%进村（社区）进党（支）委、村（居）委（简称“两委”），实现女村（居）民代表占三分之一，女委员专职专选、妇联主席100%进“两委”、村社妇联执委不低于7人的目标任务。

围绕共同富裕，聚焦灵活就业女性就业技能培训，开展“创业就业培训直通车”进文化礼堂、进街区活动，将母婴护理、直播带货等技能送到妇女家门口。4月，启动“巾帼金牌导游代言”行动，以“云推介”方式推荐6条“巾帼特色网红线路”，展示海曙风土人情和女性创业故事。实施“巾帼岗位建功行动”，全区各领域妇女立足岗位争先创优氛围浓厚，区人民检察院第二检察部获评“全国巾帼文明岗”，女企业家戴如希丹获评“全国巾帼建功标兵”，15家单位创建为市级岗、18家单位创建为区级岗。深化与四川省喜德县妇联常态化沟通交流机制，发动女企业家等爱心企业认购彝绣产品1万元。

全年区妇女儿童维权窗口共接待群众来电来访69件。开展“12338”热线主席接访日工作12次。依托“海曙女性”公众号，发布“平安家庭”各类信息23条、“以案说法”5期，总阅读量1.53万。编印发放“平安家庭”“反家暴”等宣传册6.3万份。组织金石榴女律师维权服务站海曙分站志愿者结对下沉镇（乡）街道，开展巾帼普法宣讲20场。

【“美丽庭院”建设】 2021年，区妇联出台《海曙区高水平创建美丽庭院三年行动计划（2021—2023）》，在鄞江镇举办“美丽庭院”创建工作现场推进会，成立创建专家指导团和民间顾问团。11月，区妇联通过听取汇报和现场走访方式，对各涉农镇（乡）街道妇联“美丽庭院”创建进行验收检查。至年底，共创建市级“美丽庭院特色带”2条、示范村2个、“最美庭院”10户，区级“二星级美丽庭院示范村”13个、“一星级美丽庭院示范村”9个，“美丽庭院达标户”6000户、示范户50户。

【家庭文明建设】 2021年，区妇联联合海曙自然资源和规划分局、区文明办，评选认定区级“绿色家庭”100户、区级“书香家庭”110户。全区1户家庭获评“全国最美家庭”、3户家庭获评省级各类“特色家庭”、25户家庭获市级荣誉。开展海曙区“把爱带回家”寒假儿童关爱服务活动之“送家风故事”“送法治安全”“送社会关爱”系列活动，组织全区各单位“一把手”家属代表近20人，开展海曙区“清风相伴·廉洁齐家”家庭助廉主题活动。举办三八妇女节系列之“我请妈妈看电影”活动。持续推进“小海狸”亲子阅读项目，聚焦“全民读书月”等节点，组织开展海曙区“亲子共读 书香润曙”晒书房活动、“亲子共读红色经典 争做红色传人”亲子诵读活动。全区4家单位获评“宁波市亲子阅读体验基地”。研发推出以“‘双减’背景下家庭教育理念更新、实施有效陪伴”为主题的“海岸线”家庭教育线上课程6堂。起草《认真学习贯彻〈关于进一步加强家庭家教家风建设的实施意见〉的通知》，并以区委名义印发《认真学习贯彻〈关于进一步加强家庭家教家风建设的实施意见〉的通知》。联合区民政局推动“儿童之家”建设，累计建成区级“基础型儿童之家”198家，区级“示范型儿童之家”41家，其中2家被命名为“浙江省示范儿童之家”、34家被命名为“宁波市示范儿童之家”。

6月3日，海曙区“美庭院·幸福家+”美丽庭院创建工作现场推进会在鄞江镇文化中心召开

【未成年人保护】 2021年，区妇联开展海曙区“与曙童行 携手成才”圆梦行动暨未成年人安全教育进校园活动，帮助高桥镇成才学校391名孩子完成“微心愿”。开展“巾帼普法进校园”活动，促成律师妈妈团——高桥镇成才学校、金石榴女律师分站——古林镇礼嘉桥小学的结对共建。启动海曙区未成年人性侵危机干预与心理援助及援助团队督导、成长项目，开展危机干预与心理援助32次、督导2次、未成年人家庭教育服务40次。依托海曙区“花季关护”讲师团力量，开展“预防性侵未成年人”专题宣讲进校园活动7场。

【海曙区妇联十一届六次执委（扩大）会议暨综合素质培训班】 2021年1月15日，海曙区妇联十一届六次执委（扩大）会议暨综合素质培训班开班。区委副书记、区政法委书记张启表出席会议并讲话，区妇联党组书记、主席刘燕作工作报告。随后开课，进行综合素质培训。区妇联十一届全体执委，全区各镇（乡）街道妇联主席、副主席，党委部门（机关）妇（工）委会主任（负责人），区妇联机关全体干部等70余人参加会议。

【基层妇联干部上岗第一课培训班】 2021年4月23日，海曙区妇联领头雁成长计划——基层妇联干部上岗第一课培训班在市委党校开班，各镇（乡）街道妇联主席及副主席、全体新任村（社）妇联主席、连任村（社）妇联主席代表等200余人参加培训。培训班开展“学习党的历史，坚定党的领导”“儿童主任履职培训”“私家美丽庭院，让生活更惬意”“充分发挥妇联干部在基层社会治理中的作用”等方主题学习。

【陆英到海曙调研“四必访”工作】 2021年8月9—10日，浙江省妇联党组成员、副主席陆英一行到海曙区调研基层妇联组织“四必访”工作，实地考察甬尚特色街区“妇女之家联盟”、望春街道清风社区等阵地建设情况，并开展“四必访”工作座谈会。市、区妇联相关领导陪同调研。

【“益起助”妇女儿童关爱项目成立】 2021年，区妇联与区红十字会共同成立“益起助”妇女儿童关爱项目。区妇联党组书记、主席刘燕，区红十字会党组书记、副会长施剑萍共同签订《捐赠协议书》。项目定向用于海曙区因疾病、意外导致生活困境且暂未获赔偿、救助或救助后仍困难的妇女儿童及其家庭。首批捐赠资金61543元。“烟花”台风侵袭后，对受灾妇女儿童进行慰问，使用资金近万元。

【“巾帼金牌导游代言”行动】 2021年，区妇联启动“巾帼金牌导游代言”行动，挖掘海曙特色历史商业街区等的“巾帼”资源，选取最具特色的美食、美物、美宿、美景、美购，串点成线，形成“妈妈的一天”“妈妈的陪伴”“妈妈的故事”“妈妈的梦想”“妈妈的手作”“妈妈的味道”6条“巾帼网红”线路。组建一支“巾帼”金牌导游队伍，以短视频为载体，微信视频号为推广平台，集中推荐线路中的“巾帼创业街”、“巾帼民宿”、“妈妈的味道”美食、“妈妈的手作”美物等，讲述女性创业者背后的故事，展示海曙风土人情，提升品牌影响力。

（翁赛娟）

4月，海曙区启动“巾帼金牌导游代言”行动

海曙区科学技术协会

【概况】 2021年，区科协结合区域特点，有效整合相关资源，科技经济融通平台建设初见成效，宁波林泰创业园有限公司被评为“科创中国”宁波创新基地，海曙区入选全市唯一的“科创中国”省级试点区。把院士工作站（院士科创中心）作为引进高层次人才、增强企业科技创新能力的重要平台和抓手。新建市级院士工作站2家、院士科技创新中心1家，转建院士科技创新中心1家。配合相关单位成功推荐国家级科技领军人才1人、国家级引才计划2人、省级引才计划2人、海外工程师7人、市“甬江引才”系列项目人才团队9个，申报国家级引智项目5项、市级引智项目4项。宁波三生生物科技股份有限公司首席科学家、企业科协主席翁士乔获得“国家技术发明二等奖”。

推动基层科协组织建设，新建企业科协5家、园区科协1家，宁波春华科技创业服务有限公司被评为全市首批“科技工作者之家”。挖掘科技工作者优秀事迹，涌现出一批先进典型，镇明中心小学陈少华老师被评为“2021年度长三角优秀科技志愿者”，宁波三生生物科技股份有限公司周立明成为“宁波市最美科技追梦人”提名人物。王升大科普教育基地讲解员陈麟获得2021年度浙江省科普辅导员职业技能竞技展品辅导赛三等奖，系区内首次受奖。

以常态化院士综合服务保障为依

7月5日，海曙区白云街道丽雅社区组织青少年到气象科技馆开展科普研学活动

托，细化服务体系，逐步建立围绕高层次人才创新创业、联络联谊、生活接待等各方面的服务保障机制，健全人才住房、医疗、子女就学等多层次全要素服务体系，持续营造“最具温度、最有深度”的良好氛围，提升“归曙感”。

【科普活动】 2021年，区科协整合全区资源，围绕各类主题，开展一系列特色活动。3月，举办中国女科技领军人才研修班海曙行活动，来自全国的28位高层次女科技领军人才齐聚月湖。5月，组织开展2021年国际生物多样性主题科普宣传，开启建设华东地区规模最大的生物多样性基地新篇章。同月，第五届全国纺织机器人应用高峰论坛暨服装产业智能化推进大会在宁波智尚国际服装产业园举行；8月，首届科技领军人才交叉创新荟活动顺利举行，由中科院院士柴之芳、朱美芳领衔，来自全国材料相关领域的院士、国家科技领军人才、企业家、投资人等共计200余人参加活动。先后两次邀请中国自动化学会秘书长张楠赴宁波市智能制造技术研究院（中国自动化学会海曙服务站）考察调研，密切合作关系，整合创新资源，为国家级学会落地、服务区域创新发展提供海曙样板。

【科普教育基地建设】 2021年，海曙区不断探索学校教育与课后科普相结合的有效途径，推动基层科普基地建设。屠呦呦旧居陈列馆先后入选中国科协“科学家精神培育基地”、浙江省“双千”助力“双减”科普专项行动科普教育基地及宁波市干部教育培训现场教学点。至年底，王升大粮油工艺博物馆和宁波尚善口腔医疗科普教育基地入选浙江省第二批“双千”助力“双减”科普教育基地。

【科普“五进”惠民行动】 2021年，区科协围绕“节约能源资源、保护生态环境、保障安全健康、促进创新创造”，开展科普“五进”惠民行动。组织镇（乡）街道新建具有当地特色的农村标准科普画廊，全区128座标准科普画廊展示内容实行定期更新；联合海曙移动、民生银行、“贝壳公益”、“阿里小棉袄”实施中老年人智能手机普及工程，惠及老年人3800人次。

【文化科技卫生“三下乡”活动】 2021年3月5日，2021海曙区文化科技卫生“三下乡”活动暨“3·5”学雷锋志愿服务广场活动在古林镇文化广场举办，海曙区各单位结合工作职能开展送理论、送文明、送服务、送人才等服务。区科技局、区科协党员志愿者及宁波优视佳视力保健有限公司人员组成的“企铭星”科技服务志愿者，为群众免费提供眼部热敷护理服务，现场赠送科普历书、健康科普杂志等，并提供磨剪刀、修鞋底、补旧衣、测血压、学急救、配钥匙、剪头发等服务。活动共邀请志愿者150余名，服务群众近2000人次。

【2021年国际生物多样性主题科普宣传】 2021年5月22日“国际生物多样性日”，全市首个生物多样性体验基地在龙观乡启动建设。仪式现场，中国林学会理事长、中国自然教育总校校长赵树丛等领导和专家，向由宁波自然教育师资乡土专家讲师团、龙观乡团委、985高校联盟华农讲师团和“行业大咖”组成的师资力量授旗，专家们还向龙观中心学校学生进行昆虫标本展示和知识讲解。主题宣传活动串联“爱鸟周”“生物多样性日”“世界海洋日”“全国海洋宣传日”等重要节日，邀请本地生物爱好者、省多样性保护志愿者及媒体记者共同参与，以“走进自然、贴近生物多样性”为主题，开展形式多样的科普宣传，参与活动超5000人次。

【第五届全国纺织机器人应用高峰论坛暨服装产业智能化推进大会】 2021年5月22日，第五届全国纺织机器人应用高峰论坛暨服装产业智能化推进大会在宁波智尚国际服装产业园举行。大会由中国纺织工程学会主办，国内机器人制造企业、纺织服装制造企业、纺织机械企业，智能制造、智能自动化等领域专家、企业高管参加活动，共同探讨服装产业智能化发展趋势。会议期间，专家们就目前面临的产业转型升级的技术突破、智能化纺织机械控制中生产过程智能化、数字化、智能化面向中小企业、面向产业互联网等问题开展学术交流。活动现场还为“一带一路”国际纺织科技联合体培训中心、中国纺织工程学会技术研发中心授牌。

（沈雷雄）

海曙区工商业联合会

【概况】 2021年，区工商业联合会有会员1956人，有镇（乡）街道、园区商会共18家，注册异地商会3家，注册村级商会7家。获评2020—2021年度全国“五好”县级工商联、2021年调查点工作先进基层单位，高桥镇商会获评全国“四好”商会。《强基固本 打造商协会改革海曙样本》入选2021年度第三季度浙江省工商联服务“两个健康”优秀案例，高桥镇商会入选浙江省首批“亲清直通车”试点单位。

加强统战工作向商会覆盖，重点在北上广深等一线城市整合资源，推进海曙异地商会建设。3月成立深圳市宁波商会海曙分会，实现异地商会零突破。积极发挥异地商会桥梁纽带作用，发现更多关心海曙发展的优秀企业家和优秀人才，搭建互联互访、资源共享、合作共赢平台，推动两地经济社会发展。

健全“亲清”政商关系体系。定期举办“亲清直通车·政企恳谈会”，健全政企互动机制。探索开展“亲清直通车”基层站点建设，高桥镇商会入选省工商联试点创建单位，在省联统筹指导下，开展“五个有”标准化建设（有标识、有场地、有活动、有制度、有评价），打造成为政企沟通、凝心聚力、联系群众的新平台。召开全区清廉民企建设推进会，深入推进“清廉民企”建设，营造风清气正政治经济生态，17家企业、2家商会（高桥商会和古林商会）参与创建。以“亲清家园”为样板，总结提炼亲清政商关系的经验做法，申报全省“亲清”政商关系的优秀案例。求是《小康》杂志社华东新闻中心赴古林镇开展专题调研采访，总结提炼“亲清家园”反映企业呼声、帮助解决中小企业“最后一公里”做法，10月27日，作为浙江省基层治理典型案例在中国小康网、“学习强国”学习平台进行宣传和推广。围绕组织一次集体谈话、开展一次参观学习、下发一份倡议书、召开一次恳谈会、送出一份大礼包、践行一张正负面交往清单等“八个一”主题开展“亲清”政商关系百日宣传教育活动。在换届后集中1～2个月时间到各基层商会和会员企业开展“下基层、访企业、听问题、办实事”大走访活动。在已建成的古林镇、高桥镇、横街镇、洞桥镇、石碶街道5家“亲清家园”的基础上，计划再设立3～5个亲清政商关系教育阵地，打造“亲清地图”。该项做法得到区委书记批示。

培育和发展基层商会组织。以“商会党建全覆盖攻坚”专项行动，推动工商联所属商会党建工作。继续深化商会改革，按照“四好”商会、示范商会标准，加强商会规范化建设；按照“一会一品”发展思路，打造海曙商会特色品牌。提升商会服务兴会的能力水平，在预防电信诈骗宣传、疫苗接种、安全生产、税费培训、知识产权保护等方面发挥积极作用，累计举办培训50余场，惠及10000余人次。办好“浙江商会周”活动，发动全区15家基层商会参与活动。

4月28日，海曙区新生代企业家学院揭牌仪式举行

完成全省数字工商联顶层设计，由各方协调，省、市、县三级联动，重点推进十大数字化系统N个应用场景建设，协助上级完成总体框架体系建设，开展“浙统云”人物库1000条数据采集，完成浙江商会码、亲清日志填报和维护。

全年报送社情民意10余条，调研课题1项，区工商联界别集体提案1件、个人提案17件，集体提案《推动民营经济融入新发展格局应关注的几个问题》，得到区委书记批示。配合市联开展“问千家、进百企”座谈调研活动，收集整理春节复工后企业生产经营中遇到的问题困难，反映到政府制定政策和决策中去。开展民营企业调查点工作，做好每季度上级工商联各类问卷调研，完成上规模民营企业问卷调研26份、社会责任问卷调查140份、“万企评法院”问卷调查900份、万企评营商环境152份等。区工商联被全国工商联评为“2021年调查点工作先进基层单位”，被浙江省工商联评为“2020年度上规模民营企业调研先进单位”。

【海曙区首家异地商会在深圳成立】 2021年3月27日，深圳市宁波商会海曙分会成立大会在深圳君悦酒店举行。区委常委、统战部部长陆利明，区委常委、区政府党组成员薄慧敏出席成立大会，区委统战部副部长、区工商联党组书记陈翔主持。区委组织部、区委统战部、区经合局、区工商联等单位领导、深圳市宁波商会会长、海曙企业家、乡贤代表等30余位嘉宾参会，见证深圳市宁波商会海曙分会成立。

【区“新生代企业家学院”揭牌】 2021年4月28日，海曙区新生代企业家学院揭牌仪式在宁波财经学院隆重举行。海曙区委常委、统战部部长陆利明，宁波财经学院校长王云儿出席揭牌仪式并共同为海曙区新生代企业家学院揭牌。海曙区新生代企业家学院是由海曙区委统战部、海曙区工商联、宁波财经学院、海曙区“创二代”青年企业家联谊会共同举办，旨在发挥高校资源优势，面向海曙区新生代企业家群体开展系统培训，提升新

10月26日，工商联换届大会闭幕，顺利完成换届

生代企业家的创新意识和管理水平，更好地推进企业代际传承和高质量发展。

【“亲清直通车·政企恳谈会”】 2021年8月27日，区工商联、区商务局联合举办以“融入新格局 助力双循环”为主题的“亲清直通车·政商面对面”恳谈会。区工商联、区商务局、区三服务办相关负责人及10名企业家代表参加。会上围绕“模式统一，三级联动”“以企业为主，为企业服务”“亲清直通，政企互动”“闭环管理，抓好落实”“常态举办，久久为功”5个方面，介绍“亲清直通车·政企恳谈会”有关情况，解读2021年度海曙区内贸政策、外经贸政策，10名企业负责人介绍各自企业的基本情况，并就当前海运费及原材料上涨、外贸优惠政策、企业转型、海外仓建设等与企业发展息息相关的问题进行互动交流，并提出意见和建议。

【工商联换届】 2021年10月26日，海曙区工商联（商会）第五次会员代表大会召开，顺利完成换届，选举产生第五届工商联（商会）执委会。指导下属基层商会做好换届工作，章水、鄞江、高桥、望春、鼓楼、江厦等多家基层商会顺利完成新一轮换届。配合宁波市工商联做好换届工作，协助做好现任执常委的履职评价，做好新一届市联执常委人选提名、考察、推荐等有关工作。

【海曙区工商业联合会（商会）第五次会员代表大会暨海曙区光彩事业促进会第三次代表大会】 2021年10月26日，海曙区工商业联合会（商会）第五次会员代表大会暨海曙区光彩事业促进会第三次代表大会召开。会议审议通过区工商联（商会）第四届执委会工作报告、区光彩事业促进会第二届理事会工作报告，选举产生区工商联（商会）第五届执委会、区光彩事业促进会第三届理事会。区委书记徐强出席大会闭幕式并讲话，市委统战部副部长、市工商联党组书记陈少春，区委副书记、代区长叶枝利出席开幕式并讲话。

【新任执（常）委学习培训会】 2021年12月1日，海曙区工商联第五届新任执（常）委学习培训会成功举办，50余名新任执（常）委参加学习培训。区委统战部副部长、区工商联党组书记、常务副主席陈亮作动员讲话，区工商联党组成员、副主席倪容、陶香永参加。

【“企业家永远跟党走”系列主题活动】 2021年，区工商业联合会带领企业家实地参观鄞江、横街红色革命基地，聆听老党员上党课，走访慰问困难党员，党员同志重温入党誓词；举办书画和篆刻展，重温经典“习言习语”，用艺术创作祝福祖国；举办新老企业家座谈会，回首创业历程、坚定发展信念；做好党史知识宣传，回顾革命岁月、弘扬优良传统。引导民营经济人士履行社会责任，助力“乡村振兴”，坚定走共同富裕道路。区工商联副主席企业与古林镇人民政府联合成立全市首个共同富裕基金，资金规模1000万元，以留本存息的方式每年向慈善总会捐赠50万元，定向用于扶助章水镇、龙观乡两地的芳香本草类种植技术、展销推广、品牌宣传、标准建立、科普教育、文化旅游等全产业链发展项目，帮助山民共同富裕。做好浙商“青蓝接力工程”，“创二代”青年企业家联谊会与宁波财经学院联合成立海曙区新生代企业家学院。组织开展工商联第五届新任执（常）委学习培训会，通过理论学习和参观考察相结合的方式，加强思想政治引领，聚焦主责主业，弘扬企业家精神。

（顾 盈）

海曙区文学艺术界联合会

【概况】 2021年，区文联在城南书院挂牌成立海曙区文艺创新中心、海曙区“文艺两新”活动中心，在全省率先打造创新型、服务型海曙“文艺之家”。

围绕“中国共产党成立100周年”“宁波建城1200年”主题，精心组织一系列主题性文艺创作和展览展示活动。先后举办“风云际会 百年荣光”——庆祝中国共产党成立100周年征文大赛、“翰墨丹心”庆祝中国共产党成立100周年海曙区百幅书法作品展、“海曙印象”——海曙美协庆祝宁波建城1200年小幅油画学术展、纪念中国共产党成立100周年——“典·章”全国青年名家篆刻作品邀请展、“百年潮涌红歌演唱青春”快闪活动、“曙色辉煌”庆祝中国共产党成立100周年暨纪念宁波建城1200年海曙区美术书法摄影展等。

【文艺精品创作】 2021年，区文联立足本土，坚持原创，完善精品人才扶持奖励机制，联合区委宣传部制定出台《海曙区优秀文艺作品、文艺人才奖励和扶持管理办法（试行）》，重点扶持林绍灵在北京炎黄艺术馆举办“绰约江南”江南水彩画展和毛燕萍在浙江省美术馆举办“匠心之美 清境入善”扇面书画作品展。文艺精品和文艺人才再获“丰收”，10余件（部）作品获市级以上文艺奖项。其中，公益广告片《好人》获得2020“讲好中国故事”大赛一等奖；微电影《破晓》获全国机要和保密微电影大赛一等奖；舞蹈《脚脚会唱歌》获得第三届“小荷初放 舞悦浙江”浙江少儿舞蹈展演暨第十一届“小荷风采”全国少儿舞蹈展演浙江选拔赛金奖；4人获得浙江省第十六届水彩粉画展“学术提名”奖；在“舞彩宁波 同心向党”全市舞蹈展演中，《战地山花别样红》获最佳表演奖，《蓝色母亲海》荣获最佳创意奖；在“赞唱颂党”新宁波人歌唱大赛中，区文联选推的新文艺群体歌手韩汝婷获金奖。在2021年度“红杜鹃”宁波市基层文艺社团风采大展示健康广场舞比赛中，海曙区获得2个“红杜鹃”奖，区文联获优秀组织奖。

【文艺家协会党组织建设】 2021年4月，区委组织部、区文联党组联合印发《关于加强文艺家协会党建工作的实施意见》，启动文艺家协会党组织建设工作。6月，文艺家协会党委和12个文艺家协会功能型党支部成立，实现全区文艺系统党建工作全覆盖。8月，召开区文艺家协会党委工作会议暨党史学习教育专题党课，学习贯彻习近平总书记“七一”重要讲话精神，对如何做好协会党建工作进行业务培训。

【“曙色辉煌”美术书法摄影展】 2021年11月19日至12月16日，“曙色辉煌”——庆祝中国共产党成立100周年暨纪念宁波建城1200年海曙区美术、书法、摄影展在宁波美术馆开展。此次展览由海曙区政府、市文联主办，区委宣传部、区文联承办。共展出作品120件，从不同角度展示宁波建城、海曙建区以来在经济、社会和文化发展取得的成就。展览形式突破常规，大胆创新，首次在专业美术馆中采用沉浸式展陈布置。设置梁祝文化情景式表演、古琴演出、天一阁藏书文化情景式演出、现场古画修复技艺展示及以宋画、宋代雕刻、宋代香道等宋代技艺为内容的宋韵文化展示。

【“艺心向党”新时代文明实践活动】 2021年，区文联结合“我为群众办实事”主题实践和“三服务”活动，开展“艺心向党”新时代文明实践活动。春节期间，开展“送福送春联”进基层志愿服务活动21场；3月，组织摄影志愿者参加文化科技卫生“三下乡”学雷锋志愿服务活动；4月，联合市文联开展“学党史 传精神 跟党走”文艺志愿者走进高桥镇长乐村书画创作交流活动；5月，在集士港镇文体广场举办“5·23”中国文艺志愿者服务日海曙文艺志愿者在行动集中服务活动，12个文艺家协会和2个社会公益组织共设置10余个服务摊位，181名文艺志愿者参与，服务当地群众1000余人次；6月，结合“我们的节日·端午”组织民间文艺家走进浙江工商学院，在留学生班开展中华传统民间民俗工艺互动体验活动；9月，在广济中心小学举办“用戏曲之美浸润童心”送戏进校园活动；10月，在月湖街道举办“中国梦·梨园情”暨“曙色戏韵”重阳专场演出。

【“艺说党史”文艺宣讲】 参见“专记”类目“海曙区党史学习教育活动”分目

（毛　培）

11月19日在宁波美术馆举办“曙色辉煌”——庆祝中国共产党成立100周年暨纪念宁波建城1200年海曙区美术、书法、摄影展

海曙区残疾人联合会

【概况】 2021年，海曙区有持证残疾人18073人，其中视力残疾2827人、听力残疾2789人、言语残疾344人、肢体残疾6979人、智力残疾1842人、精神残疾2677人、多重残疾615人。

发放困难残疾人生活补贴2739人、重度残疾人护理补贴9064人；发放残疾人生活补助金45580人次、残疾学生和残疾人子女助学补贴391人；发放城镇职工养老保险补贴1126人、城乡居民养老医疗保险补贴2306人。为317名残疾儿童少年开展康复服务，包括听觉言语康复、孤独症康复训练等，GMS（全身运动）康复训练25人。家庭医生签约16847人，签约服务率达91.49%，“三类”重点人群（0~6岁残疾儿童，肢体一、二级残疾人，精神类残疾人）家庭医生在签人数2771人，签约服务率65.48%。完成残疾人辅具配送545件，完成7名脊髓损伤等重度肢体残疾人功能评估及适应性训练。为75名重度肢体残疾人开展辅具租赁服务，完成盲人智能眼镜适配13台。实现系统内服药近2000人，补助服药经费83.15万元。对52名患住院精神残疾人进行补贴，共补助14.12万元。

完成残疾人家庭无障碍改造65户，特殊困难残疾人家庭“净居亮居”12户，创建省级“无障碍社区”1个，“康复体育进家庭”300余户。启动海曙区“千户万灯”公益项目，为100户困难残疾人开展家庭照明电路改造。5月，海曙区残疾人电路改造项目获央视报道。

深入培育11个社会助残创新项目，开设各类残疾人特色社团和公益课堂8个。联合海曙区攸宁心理服务中心推出公益心理咨询服务，服务残疾人65人次；携手海曙区和义社工师事务所开展“焕然医新”——医疗救助家庭社会工作服务项目，电访困难残疾人1595人次、走访90户，回应服务对象救助政策、辅具适配、机构托养等咨询150件，以“微心愿”形式为136户残疾人家庭对接各类康复、营养、护理、生活等用品，为10户链接医疗志愿者团队上门提供康复指导；联合市图书馆、宁波诺丁汉大学等志愿团队，开展“糖宝”公益趣味运动亲子活动、“阳光心灵”——心理健康绘画沙龙等活动；联合区红烛工作室开设志愿者非洲鼓演奏课培训新课程；联合区疾病预防控制中心、区第三医院共同推出“广德家园”精神康复同伴支持活动。持续开展助残微心愿认领活动，自2016年始，全区广大党员干部及社会各界帮助残疾人群众对接“微心愿”1500余例。

宁波市“两会”直播首次引入手语播报，区残联工作人员、手语高级翻译蒋静为全市3.3万名听障人士第一时间共享大会盛况。3月2日，海曙区五谷画坊创意助残中心被授予“全国残疾人文化创意产业基地”称号，系宁波市唯一。7月，区残疾人工作委员会（简称“区残工委”）获评“全国残疾人工作先进单位”。同月，区残联在全省残联系统数字化改革工作推进会上作典型发言。全国残运会和特奥会期间，海曙区运动员获8金、8银、12铜，并打破一项世界纪录、一项全国纪录。

【残疾人就业帮扶】 2021年，区残联在海曙区设立7家残疾人扶贫基地、21家“残疾人之家”、6家工疗车间，与近400家用人单位建立联系，为残疾人提供就业岗位。实施就业优先政策，推动按比例安置残疾人职工100余人；通过福利企业、工疗车间形式集中就业300余人。22名残疾人实现自主创业。

表14

2021年海曙区残疾人农业就业基地一览表

序号	名称	序号	名称
1	宁波市海曙蓝宝石果业专业合作社	5	宁波市海曙龙观原享农场
2	宁波市海曙民创粮蔬专业合作社	6	宁波市海曙秀章花木场
3	宁波市海曙浩凯果业专业合作社	7	宁波市海曙石碶银恩家庭农场
4	宁波市海曙糖街西瓜专业合作社		

表15

2021年海曙区“残疾人之家”一览表

序号	名称	序号	名称
1	宁波市海曙区段塘街道怡情残疾人服务中心	12	宁波市海曙区集士港晨阳阳光家园
2	宁波市海曙区月湖街道县学社区银杏残疾人服务中心	13	宁波市海曙区章水镇助残服务中心
3	宁波市海曙区满天星残疾人服务中心	14	宁波市海曙区君乐阳光家园
4	宁波市海曙区白云街道云乐社区添翼助残服务中心	15	宁波市海曙区望春街道徐家漕社区绿森林阳光家园
5	宁波市海曙区西门街道彩虹桥残疾人服务中心	16	宁波市海曙区南门街道尹江岸社区快乐鸟残疾人服务中心
6	宁波市海曙区鼓楼街道博爱残疾人服务中心	17	宁波市海曙区鄞江镇敬老院
7	宁波市海曙区广安养怡院	18	宁波市海曙区龙观乡敬老院
8	宁波市海曙区孔舍残疾人康复服务中心	19	宁波市海曙区甬恒阳光家园
9	宁波市海曙区卓远愈养中心	20	宁波市海曙区江厦街道享复残疾人服务中心
10	宁波市海曙区聚乐阳光家园	21	宁波市海曙区白云街道安丰社区爱智链助残服务中心
11	宁波市海曙区洞桥镇敬老院残疾人阳光家园		

表 16

2021 年海曙区工疗车间一览表

序号	名称	序号	名称
1	宁波奇卓家居用品有限公司	4	宁波市启福龙鞋业有限公司
2	宁波茂迪塑业有限公司	5	宁波市海曙天娇针织有限公司
3	宁波弘顺工艺品有限公司	6	宁波市海曙新艺洁具有限公司

【残疾人民生实事项目】 2021年，区残联完成省政府民生实事项目（定点儿童康复机构规范化提升建设、“残疾人之家”规范化建设提升）任务指标，做好各类助残机构新建和星级提升工作。依托康复定点机构，实施儿童抢救性康复。做好2家省定残疾儿童康复机构（宁波市妇女儿童医院和海曙区朵朵云培训学校）规范化提升建设。对海曙区童年同梦儿童康复教育培训中心、海曙区星梦残疾人康复教育中心2家市级智力、孤独症儿童康复机构做好定点准入、协议管理、动态退出等工作；依托“残疾人之家”，做好心智障碍人员照料服务。联合财政、税务、人社四部门出台《关于推进海曙区“阳光家园”建设工作的意见》。全年新建2个“残疾人之家”、提升功能6个，超额完成省定任务。开展“残疾人之家”星级评定工作，21家机构中获评五星级1个、四星级10个、三星级10个，数量和质量均走在全市前列。对接社会资源，结合社区治理、辅助性就业、志愿者服务等活动，将“残疾人之家”服务半径延伸至社区和残疾家庭。通过将“残疾人之家”与工疗企业结合，为160余名托养学员缴纳社保和发放工资。卓远愈养中心作为全国首家无烟化管理机构、省首批五星级机构，实现“康养一体”。

【残疾人应急保障工作】 2021年抗台期间，区残联抓好各类助残机构疫情防控和灾后恢复运营。闭歇各类残疾人农业就业基地、“残疾人之家”、日间照料机构等，做好全日制残疾人托养机构防灾救灾指导。开展多部门联动，组织爱心助农活动；开展灾后重建，全力保障灾后残疾人农业就业基地、涉残机构等有序复工复产。机关全体党员下沉基层，分赴高桥镇、段塘街道、鼓楼街道开展防台防汛工作。组织镇（乡）街道残联紧急排查独居残疾人的居家安全状况；开展巡逻检查、排摸隐患、搭建临时便民桥转移受灾群众；落实24小时专人值班，密切关注风情、雨情、水情、潮位等预报预警；持续推出“12385”残疾人帮扶呼叫热线，涉及盲人按摩机构复工复产、政策咨询、心理咨询等，及时落实“代跑代办”，平均每月夜间响应20余起，获群众好评。

3月20日，区智力残疾亲友协会、区柠檬树唐氏儿家长互助中心、宁波诺丁汉大学联合举办“糖宝”公益趣味运动亲子活动

【区五谷画坊创意助残中心被授予全国级称号】 2021年3月2日，中国残联发文确定102家机构为第二批“全国残疾人文化创意产业基地”。区五谷画坊创意助残中心等4家机构被授予“全国残疾人文化创意产业基地”称号，系宁波市唯一。文创助残基地全年营收140余万元，确保残疾人文创从业者稳定增收。

【区残工委全体（扩大）会议暨区残联六届主席团四次会议】 2021年5月14日，区残工委全体（扩大）会议暨区残联六届主席团四次会议召开，会议对“十三五”期间全区残疾人工作先进单位20个、先进个人65人，“扶残助残贡献奖”21个，“自强之星奖”10人进行表彰，总结回顾“十三五”工作经验、研究部署“十四五”重点任务。区残联党组书记、理事长邱少军代表区政府残工委秘书处和区残联执行理事会作工作报告。

【区残工委获评国家级先进】 2021年7月22日，第六次全国残疾人事业工作会议在北京召开。会议上，国务院残工委表彰“十三五”期间残疾人工作先进单位和先进个人。海曙区人民政府残疾人工作委员会获评“全国残疾人工作先进单位”，系宁波市唯一。

【区残联在全省残联会议作典型发言】 2021年7月，浙江省残联系统数字化改革工作推进会在杭州召开。区残联党组书记、理事长邱少军就海曙区推进残疾人“一件事”场景应用作路演汇报。介绍区残联以数字化改革为契机，以全领域，全生命周期一证通办为目标，探索“1+14”多跨协同数字化系统应用，优化群众体验和工作效率的工作经验。

【区首例残疾人证“跨省通办”】 2021年8月2日，区残联完成首例残疾人证“跨省通办”业务。实现残疾人证“跨省通办”，使整个审核审定流程实现就近办、异地办。除残疾人证换领以外，残疾人证的新办、迁移、挂失补办、注销、残疾类别（等级）变更不再受户籍地限制，申请人只需持本人身份证、户口簿、免冠照片和经常居住地有效居住证便可在居住地提出办理申请。

【海曙残疾人获全国级运动会奖牌】 2021年10月，全国第十一届残运会暨第八届特奥会期间。6名海曙运动员参加5个大项比赛，获得6金、1银、7铜。达敏学校6名运动员作为浙江特奥田径代表队的成员出征，获得2金、7银、5铜。两项合计共获得8金8银12铜。其中，华栋栋在混合泳接力赛中，打破世界纪录；在聋人篮球女子组决赛中，海曙运动员杨代琼代表浙江女篮取得全国残运会女篮四连冠。此外，在武汉举行的群众性项目轮椅舞蹈比赛中，海曙代表浙江队出征的运动员杜敏获得“混合标准舞三项”和“混合标准舞五项”2枚铜牌。

（孙燕燕）

海曙区红十字会

4月8日始，区红十字会走进区新冠疫苗方舱接种点，传播普及应急救护、“造干”等方面知识，广泛动员招募爱心“造干”捐献志愿者

【概况】 2021年，区红十字事业进一步发展。在区委、区政府和上级红十字会的领导指导下，紧紧围绕中心服务大局，坚持人道优先，聚焦主责主业，推进改革创新，增强能力实力，全面参与到“三服务”活动和基层社区治理当中，充分发挥红十字会的独特作用。发布区红十字事业发展“十四五”规划，召开区红十字会七届四次理事会，制定《宁波市海曙区红十字会监事会工作规则（试行）》。全年接受社会资金捐助267.6万元、物资131.7万元，全区发展新增成人红十字会员3384人，执证救护员培训5129人次，普及培训5.7万人。实现人体器官捐献9例、角膜捐献18 例、遗体捐献8例。

推进社区（村）红十字组织建设，村（社区）建会率100%。与浙江工商职业技术学院合作共建共享“海曙区红十字救护师工作室”，发挥应急救护教学名师示范引领作用。成人会员数量占区常住人口的1.24 %，完成个人会员服务的入会、转会、退会申请以及团体会员服务的入会、退会申请等两类5个事项的认领工作。红十字注册志愿者人数2610人，超过区常住人口的0.25%。

区、镇（乡）街道、社区（村）和学校红十字会利用“学雷锋日”、“5·8”世界红十字日博爱周、“世界急救日”、“防灾减灾日”等契机，采用横幅、移动宣传栏、散发公益宣传册、网络微信等形式，及时宣传疫情防控、防灾救灾、爱心救助、志愿服务、救护培训、无偿献血、志愿捐献等工作。依托区全媒体中心讲好红十字故事，感人事迹被浙江新闻、甬派、数字海曙等媒体采用。征集、策划、制作“红十字心向党”微视频，积极推进志愿服务项目申报、年度新闻发布选题、红十字基层组织优秀案例、区“暖巢志愿者”服务工作宣传、优秀共产党员暨红十字工作者事迹推荐工作。加强对社会捐赠款物、年度审计报告等公开公示，回应社会关切；贯彻落实《中华人民共和国红十字会法》宣传，参加《中国红十字会报》报道及全国红十字防灾避险知识竞赛活动，获得2021年度中国红十字会报道宣传先进集体。

学校红十字会加强青少年素质、德育、健康教育引领，宣传传播红十字文化和精神。针对青少年特点，开展普及性应急救护培训、防灾救灾演练、红十字文化、心理健康、青春期教育、艾滋病预防、远离毒品等具有红十字特色的活动和教育。举行避震减灾逃生演练，提高师生处置应急能力。雅戈尔中学作为红十字青少年人道法实践阵地，组织夏令营和红十字文化进学校宣传等活动，初二年级学生完成全年82课时的教学计划，并对辖区其他学校进行人道法实践教学经验推介。

【红十字志愿服务】 2021年，区红十字会完善红十字志愿者队伍建设，红十字注册志愿者人数2610人，超过区常住人口的0.25%。区各级红十字志愿者以实际行动踊跃投身无偿献血行列，积极推进惠民服务工作，开展了疫情防控、抗台风防灾、关爱空巢、困难救助、志愿者招募、救护知识培训等便民服务。持续推动造血干细胞、器官、遗体（角膜）捐献工作，号召更多爱心人士加入红十字志愿者行中来。开展“红心向党 医路跟党”捐献活动，招募志愿者124人。制作“红十字心向党”微视频，落实红总会年度应急救护知识竞赛活动，积极发挥红十字志愿者的资源力量。

【三救三献】 2021年，区红十字会与区应急局签订联动合作机制，完成64个社区（村）配置赈济救灾装备检测，区红十字山岳应急救援队为应对台风“烟花”灾害出动57人次，疏散转移群众近百人，全年出勤次数达30余次。区教育系统救护师资41人、2650名青少年参与急救知识学习；960名市交警新入职辅警获得“CPR+AED”（红十字应急救护）证书，1250名辅警参与救护知识学习；应急救护技能大提升进20家企业，开展培训74场、培训人数4365人次；结合疫苗接种实操演示、视频播放等途径，20000余人参与救护知识普及。完成应急救护员培训105期，年度新增应急救护员培训率0.79%、普及率8.95%。“造干”捐献志愿登记入库154人，器官、遗体（角膜）捐献志愿登记者1146人，实现器官捐献9例、角膜捐献18例（其中6例为器官捐献者）、遗体捐献8例。全年安装AED（自动体外除颤仪）22台，新增配置率0.34台/万人，累计配置率1.22台/万人。博爱公益项目送关爱投入款物11.85万元，惠及2000人；市红十字应急救护技能大赛获组织三等奖，区红十字应急救护队获团体优秀奖、获多项单项奖。

【红十字博爱家园建设】 2021年，区红十字会持续推进红十字博爱家园建设。新申报市级“博爱家园示范点”4家，其中洞桥镇沙港村、南门街道万安社区各获市级彩票公益金项目支持3.5万元，集士港镇岳童村、古林镇枫园社区各获区红十字会项目支持经费2万元。区红十字会制作《海曙区红十字博爱家园工作册》、仓库物资管理册、“最多跑一次”服务册等记录操作手册，规范红十字博爱家园管理，每季更新、及时录入创建数据。

【红十字公益募捐】 2021年，区红十字会开展腾讯“99公益日”活动，发起“自动除颤仪护老前行”项目，全区“99公益日”平台共筹款13万余元，线下筹款37380元、腾讯配捐3186元，捐赠者3463人次，排名位列全省第六、全市第一。开展台风“烟花”防台风救灾工作，及时发布社会捐赠公告，接受捐款175.64万元，全部用于灾后恢复和重建工作。接受上级拨付物资48.74万元，及时开展物质使用回访工作，回访救助家庭100户，占总数的10%。

4月26日，在第一医院“红心向党 医路跟党，捐献造血干细胞 传递生命新希望”造血干细胞捐献登记志愿者招募主题活动

【“益起助”关爱项目】 2021年，区红十字会联合区妇联设立红十字会“益起助妇女儿童关爱项目”。项目由区妇联系统捐赠资金设立，资金来源于“我为贫困患病姐妹捐10元”的爱心捐款活动募集款项。项目针对海曙区内户籍或取得区内（临时）居住证的困难妇女（65周岁以下）和未成年人（18周岁以下在学），因疾病、意外导致生活困境且暂未获赔偿、救助或救助后仍困难的妇女儿童及其家庭。按照协议，单次救助原则上不超过3000元；特别困难的，由区妇联、区民政局提出建议意见，可给予3000～8000元救助。对患有轻度精神症状的妇女儿童提供心理辅导，每人次原则上不超过1000元。项目首笔捐赠资金61543元，在协议签定后缴入区红会捐赠账户。

【造血干细胞捐献招募】 2021年，为招募社会爱心捐献力量，区红十字会与市红十字会、市第一医院共同举办“红心向党 医路跟党，捐献造血干细胞传递生命新希望”主题活动，动员招募医务工作者成为造血干细胞捐献登记志愿者。全市造血干细胞捐献者、志愿者和第一医院医务工作者代表100余人参加活动。活动现场，第33例捐献者曹幼君、第60例捐献者王蕾、第83例捐献者彭科伟面向医务工作者发出捐献造血干细胞倡议，123名医务工作者积极响应，并在《造血干细胞捐献登记表》上郑重签名，获授造血干细胞捐献登记证书。

（孟令震）

相关链接：

“1+14”多跨协同数字化系统： “1”为残疾人证管理，以残疾人证的新办、变更、迁移、注销为全周期涉残事务的触发点；“14”为围绕残障人士全周期服务的各类社保补贴、助学、创业、康复、无障碍、辅具适配、访视等14个业务。

法治·军事

政法委及综治

【概况】 2021年，区委政法委以维护国家政治安全和社会大局稳定为首要任务，充分发挥职能作用，做好全区平安政法工作，全力以赴保安全、护稳定、促发展。累计落实等级响应144天，组织会商研判96次，圆满完成建党百年、中共十九届六中全会、各级“两会”等重要时段维稳安保任务。落实专门力量推进重大政策决策顺利实施，及时协调化解矛盾隐患，全力保障重大项目有序推进、重大决策平稳落地，协调处置涉工程矛盾隐患45个，指导办理各类风险评估事项149件，妥善处置群体性涉稳问题89个，有效化解市级挂牌督办件16件。海曙区全年未发生暴力恐怖事件、危害国家安全和政治稳定事件，未发生“一票否决”事项，连续17年获评省级“平安区”。

牵头组织全区政法队伍教育整顿。围绕“四项任务”（筑牢政治忠诚、清除害群之马、整治顽瘴痼疾、弘扬英模精神）开展“三个环节”（学习教育、查纠整改、总结提升）工作，诚心接受督导、精心组织发动、虚心开门整顿、尽心整改提升。统筹开展一场党史知识竞赛、重走一条红色之路、召开一次习近平法治思想讲座、铭记一段“凡人善举”人物事迹、举办一场演讲比赛、组织一次心得体会征文等“六个一”活动，学习教育相关做法被中央级媒体“长安评论”刊用，并在“学习强国”学习平台刊登。查纠整改成效显著，完成各层级谈心谈话，有效线索销号清零，线索处置规则、律师家属回避、社会监督码等做法被省委简报录用。收集并反馈各类意见建议400余条，全区群众对教育整顿满意度98.7%，位居全市第三。

【“平安海曙”建设】 2021年，海曙区平安建设水平稳步提升。建立健全区委建设“平安大区”领导小组及其专项制度，区委常委会多次听取专题汇报，组织召开全区平安建设考核部署会，及时研究解决重难点问题。牵头抓好省平安考核争先进位工作，制订平安海曙建设“攻坚提质”行动计划、“争先进位大比拼”活动方案，谋划“平安小区”“平安校园”“平安医院”等22个领域基层平安系列创建活动，建立村（社区）平安护航队，组织区级平安暗访，加大对电信网络诈骗、消防火灾、道路交通等薄弱环节的督导力度。深入推进“民安一号”电信网络诈骗违法犯罪打防治理，整体绩效全市第一，创新建立“校园反诈联盟”“反诈研究院”“警营快速联动”等反诈模式，全区电诈发案比上年同期下降6.9%。抓好平安宣传，平安宣传标语随处可见，平安主题一封信送至每家每户，红袖章小喇叭巡逻覆盖全区，“1+10”星火相传活动扩大受众面，线上平安小视

6月18日，海曙区参加宁波法院司法警察队伍平安护航迎建党100周年安保誓师大会

频持续转发，移动短信点对点推送至个人，全方位、多层次、立体化、全覆盖营造平安建设浓厚氛围。常态化开展扫黑除恶斗争，共起诉、审判涉恶案件12件，加强重点行业监管，助力“平安海曙”建设。海曙区年度平安考核获全省第36名、全市第3名成绩。

【数字法治系统建设】 2021年是数字化改革元年，区委政法委牵头推进全区数字法治改革。编制完成具有海曙区辨识度的“1338”建设方案，圆满完成省市交办的24项改革任务，门户完成2.0迭代优化，综合应用功能上线率100%，改革成效明显，年度考核取得全市第二的优异成绩。梳理储备18个应用场景，步态识别技术对象管控应用被列入全省数字化改革重大应用子应用，并被公安部列入“双十计划”全国推广；综合执法移动端应用被列入全省数字化改革重大应用子应用，并被省政府办公厅评为“县乡法治政府建设‘最佳实践’优秀项目”；“智慧矫正项目”获司法部、省司法厅高度肯定，并在海曙区召开全省推进部级“智慧矫正中心”现场会；“视频治理与共享应用（视管家）”获得省政府督察激励事项奖励资金补助；“公安下行案件智慧监督系统”获评《法治日报》“2021年政法智能化建设智慧检务创新案例”；“智慧化执法赋能城市精细化管理”经验在全市推广；海曙区“群租房安全隐患整治一件事”集成改革做法被新华网、中国新闻网刊用。

【政法执法监督】 2021年，区委政法委完善政法一体化办案体系，深化单轨制协同办案模式，全年源头数字化率及单轨制协同办案比例均保持省市前列，基本实现刑事案件单轨办案协同全覆盖。加快构建规范高效司法监督体系，建立健全执法监督工作联席会议制度，完善涉法涉诉信访工作机制，部署开展涉法涉诉信访案件清查工作，全年化解43件重点信访案件。推进诉源治理，巩固“社会调解优先，法院诉讼断后”的递进式矛盾纠纷分层过滤体系，促进矛盾化解从终端裁决向源头防控延伸。制定出台《党委政法委执法监督与检察机关法律监督衔接配合工作实施细则》，实现信息共享、成果共用。牵头开展“打击治理跨境网络赌博”法律组工作，梳理、研究突出法律问题，集中会商6件重点案件，依法从严惩治跨境赌博违法犯罪。

【区委政法工作会议】 2021年2月5日，区委政法工作会议召开。各镇（乡）街道副书记、政法委员，全区政法各单位全体领导班子成员，相关部门分管领导参加会议。会议学习传达习近平总书记对政法工作重要指示精神，贯彻落实中央和省委、市委政法工作会议精神，总结2020年度工作，分析当前面临形势，研究部署2021年全区政法工作。

【区委政法委（扩大）会议暨“平安护航建党百年”工作总结会议】 2021年7月19日，区委政法委（扩大）会议暨“平安护航建党百年”工作总结会议召开。区平安建设领导小组部分成员单位分管领导约60人参加会议。副区长、公安分局局长宣业靖主持会议，部分镇（乡）街道、相关部门做交流发言，区委副书记、政法委书记罗仙兵就“平安护航建党百年”工作做点评讲话。

【全区平安信访工作培训会】 2021年9月26—27日，全区平安信访工作培训会召开。培训会分4个阶段开展，各镇（乡）街道副书记、政法委员，区委政法委及区信访局全体班子成员、相关责任科室负责人，相关部门分管领导参训。第一、第二阶段会议开展交流分享，部署全区诉源治理工作及省平安考核攻坚冲刺具体任务，区委副书记、政法委书记罗仙兵出席并讲话。第三、第四阶段会议分别解读反邪教工作和信访工作及基层治理“四平台”工作。

（应欣芷）

依法治区

【概况】 2021年，海曙区把依法行政贯穿政府工作始终，有力促进全区经济平稳健康发展和社会和谐稳定。2021年4月，海曙区获评首批“法治浙江（法治政府）建设示范单位”，并连续3年获评“法治浙江（法治政府）建设先进单位”称号。

【法治政府建设】 2021年，区司法局切实履行区委全面依法治区委员会办公室统筹协调职能，组织召开区委全面依法治区委员会第三次（扩大）会议，压实《2021年法治海曙建设重点工作清单》8个方面51条工作任务。高标准开展“法治浙江（法治政府）示范地区”创建活动，指导鄞江镇、南门街道创建为全市第一批“法治建设示范乡镇（街道）”。配合省、市开展“法治浙江（法治宁波）”建设15周年各类纪念活动。将“深化法治海曙建设”纳入海曙区“十四五”规划远景目标纲要，部署推进法治建设六大抓手工作。常态化开展对部门和镇乡街道“法治政府”建设任务落实情况监督检查，运行法治督察与巡视巡察结合机制，落实落细法治政府考核。推进全区政府部门、镇乡（街道）重大行政决策目录化、清单化管理、备案，修订完善全区机关合同管理规定和法治审核流程。深入贯彻实施《乡镇（街道）合法性审查规范》，在全覆盖、标准化基础上，审查事项从行政合同为主向行政决策等进阶，审查模式从线下向线上转化，创新建立的“线上三联审查”便捷模式获省委改革办“竞跑者”微信公众号推广。全区各镇乡（街道）共审查党的规范性文件、行政规范性文件、行政机关合同、重大行政决策等3555个事项。

【行政复议】 2021年，海曙区行政复议发案量74件，比上年同期下降27.45%，办结行政复议案件84件（包括2020年结转案）；行政诉讼发案量145件，下降13.17%，行政诉讼案件败诉率下降5.73个百分点。开展行政复议“以案治本”专项行动，编制行政复议“白皮书”，对行政复议和诉讼情况进行案件回访、每月通报、红灯警示并同步向区委区政府主要领导报告。常态化运用“行政复议预审预调”制度，坚持“每案必调”，区行政复议局共调撤复议案件43件，调撤率达59.72%，比上

5月14日，省委依法治省办成员、省司法厅党委委员、副厅长蒋建森一行到海曙区调研指导法治建设工作

年提升1.54个百分点。实行行政复议诉讼“滥诉甄别”机制，畅通行政争议化解渠道，在“浙里办”App开通海曙区行政复议网上办理平台，增设高桥行政复议基层受理点，推动行政争议就地化解。

【行政执法监督】2021年，海曙区围绕数字化监督，持续推进“省统一行政处罚办案系统”和“互联网+监管”平台有效应用，重点关注市场监管、民政、应急、住建四大执法部门，每月汇总全区执法部门行政行为数据并进行通报。全年，全省统一行政处罚办案系统应用率为67.83%，数字化行政执法监督平台线索办理率达100%。加强专项执法监督，首次开展对水利系统的行政执法质效评议，并对综合行政执法事项划转实施过程中有关部门执法监管职责履行情况进行专项监督。强化行政执法数据分析，开展执法案卷线上线下评查，针对性向教育、市场监管、农业农村等部门制发“行政执法监督通知书”并落实整改。落实法治督察与监察巡察相结合工作机制，败诉败议案件移送区纪委监委，向15个重点单位制发“行政执法监督问责建议书”。严格落实“四级”立法意见征求，完成15件立法意见征求工作和2件立法后评估工作。累计召开立法座谈会1500余次，300余个村社的6000余人参与立法意见征求，共反馈立法意见和建议70余条。

【行政规范性文件管理】2021年，区府办加强行政规范性文件系统化管理。提高规范性文件审核效率，审核区政府行政规范性文件15件，提出书面意见75条，意见采纳率达100%。加强与市场监管部门协调配合，推进公平竞争审查与合法性审核的有效衔接。进一步完善备案监督机制。区政府及区政府办公室制发行政规范性文件14件，均按规定向市政府和区人大报备，未发生备案纠错文件。区内备案数据逐年上升。编印《海曙区行政规范性文件管理工作资料汇编》，举办全区行政规范性文件合法性审核业务培训班，提升审核人员业务能力。完成区政府行政规范性文件全面清理，有序开展涉及行政处罚内容、“烦企扰民”规定等领域的专项清理工作。经过清理，区政府行政规范性文件废止17件，修改2件。

（姜一寅　周　敏）

社会矛盾调解

【概况】2021年，区社会矛盾纠纷调处化解中心将“最多跑一地”改革向社会治理领域延伸，做优一窗受理，做强多元化解，做实闭环管理，确保实现群众诉求反映、矛盾纠纷化解“一站式接收、一揽子调处、全链条解决”，把各类矛盾风险防范于早、化解于小。区、镇（乡）街道两级矛调中心受到各类矛盾纠纷事项总数19359件，比解率为98%。区中心接待群众5484批次9308人次，受理事项14928件，化解率99%。

放大“基层治理四平台”中枢功能，强化人工智能技术、数据归集赋能和“一件事”支撑模块建设，打造集线上流转办事、动态管理、调度指挥、预测预警、精准决策于一体的县域社会治理“智慧大脑”。推动社会治理数字化变革实现新突破，推动“群租房安全隐患整治一件事”场景应用，升级“警网融合”数智平台，构建人工智能感知应用场景。

【“基层治理四平台”建设】2021年，区矛调中心强化“基层治理四平台”品牌。建立完善区—镇街—村（社）综合信息指挥中心（室），负责事件受理、协调、处置和督导。出台《海曙区迭代升级“基层治理四平台”完善基层治理体系实施方案》等管理办法，推动平台管理科学化、统一化、数字化。全年“基层治理四平台”流转各级事件11.05万起，办结约11万起，其中一级事件7.4万起，二级事件0.6万起，三级事件2.95万起，四级事件0.02万起，事件有效处置率达97.38%，满意率99.79%，合格率97.35%。同时，在原有4个功能性平台的基础上升级调整整体构架，综合执法、市场监管合并成监管执法平台，依托镇（乡）街道应急管理所、消防站等工作力量新增应急管理平台，整合便民服务中心、社会事务办等工作力量扩充公共服务平台，探索党建统领和经济生态模块。持续扩大数据对接平台数量，实现与人大督事平台、纪委监督平台、数字城管智慧平台、警务平台等信息共享、业务协作，构建区、部门、镇（乡）街道、村（社）及网格五级社会治理的工作闭环机制。全年与人大督事平台双向互推和处理案（事）件54件，接收处置纪委监督平台推送事件799件，拓宽信息渠道，优化矛盾纠纷源头治理。组织开展VR教学、点对点指导、以会代训等网格培训21次，开展“文明典范”城市创建、非法行医排查、“小门管控”等网格专项拉练15次。评选社会治理优秀信息154篇，表彰市级“网格之星”74人、区级“网格之星”80人。探索网格队伍专职化，确定石碶街道、集士港镇等作为网格专职化工作试点单位，完成网格调整工作。

【“警网融合”数智平台升级】 2021年，区矛调中心升级“警网融合”数智平台，构建以“网格+警格+平台”为核心的全系全景感知图，建立以重点人员管控、热点问题识别、高发问题分析为核心的防控模型，搭建以预警分析、分类治理、多方联动为核心的矛盾化解体系。全年依托“警网融合”数智平台受理社会风险问题5223件，办结4975件（警务平台转四平台事件4169件、“基层治四平台”转警务平台806件），办结率达95.25%。“警网融合”数智平台工作成果被《浙江信息》刊登采用。

【“群租房安全隐患整治一件事”场景应用】 2021年，区矛调中心聚焦基层治理中重要、高频、急迫的多跨事项，明确“群租房安全隐患整治一件事”场景应用。通过数据共享、制度重塑、流程再造开发场景应用。此场景被纳入海曙区“育星台”“宁波市基层治理一件事”上线场景，实现一地开发、全市通用，得到宁波市副市长沈敏、区委书记徐强批示肯定。10月始场景运行，发现上报事件229件，处置179件，办结率达78.16%。

【人工智能感知应用场景搭建】 2021年，区矛调中心依托“基层治理四平台”（综治平台、市场监管、综合执法、便民服务），搭建人工智能感知应用场景。配备人工智能设施，赋予前端感知设备自动分析功能，实现违规停车等9类高发问题自动识别。通过明确高发问题部门职责、工作流程，实现发现、匹配、流转快速响应，事件平均处置为30分钟。此应用场景在石碶街道、西门街道、段塘街道实施运行，共自动识别事件1229件，办结1229件，办结率达100%。

【矛盾纠纷化解“最多跑一地”】 2021年，区矛调中心持续推进矛盾纠纷化解“最多跑一地”。“一个窗口”受理群众提出的纠纷化解和信访诉求事项，以“省矛调协同应用系统”为切入口，有效对接“基层治理四平台”及法院、信访、人社、司法等部门业务系统，准确区分群众反映事项类型，分类流转导入办事程序，形成线上“专人专档—专员专办—办结反馈”全流程。全年区、镇（乡）街道两级矛调中心受理各类矛盾纠纷事项总数1.94万件，化解率98%。其中，信访3376件，诉讼、调解5322件，法律服务3865件，法律援助639件，其他类4272件。区本级接待群众5484批次9308人次，受理事项1.49万件，化解率99%，完成协同案件268件。

“警网融合”数智平台

【“曙调”品牌建设】 2021年，区矛调中心整合优势调解资源，打造“曙调”特色调解品牌，做精做强“敬民”调解、巡回调解、行业性专业性调解、社会组织调解等职能。调解矛盾纠纷212件，成功率93.33%。形成多部门联系对接机制，联合公安、法院、司法、信访等进驻部门，运用联席联合调解等方法，合力推进重大纠纷“攻坚”化解，成功调处教育培训机构倒闭拖欠课时费、非正常亡人等敏感社会事件10余起。与人大、政协联系对接，以人大代表联络站为依托，推动54件民生事项得到解决。与区人民法院构建“调诉联盟”，开启“调解优先、诉讼断后”治理模式，区矛调中心调解受理专窗“反向”入驻区人民法院，统一接收诉源案件，实现非诉讼机制挺在诉讼前，源头上减少诉讼增量。平均每月有60件诉前调解案件进行轮动，化解率达92%。联合区司法局、团区委建立“小曙调”青年法治实践基地，增强中心青年调解力量，提升矛调中心法治宣传平台作用。

（张　颖）

公　安

【概况】 2021年，海曙公安分局以中国共产党成立100周年、中共十九届六中全会维稳安保，服务保障高质量发展建设共同富裕示范区为主线，全方位推进各项公安工作，有力维护海曙社会大局持续稳定。全局共破获刑事案件1247起，抓获犯罪嫌疑人1082人。命案发4破4，连续7年全破、五类案件42起首次实现全破。成功侦破国督“122浙934”“徐剑开设赌场案”等一批大要案件，打掉恶势力犯罪集团8个，扣押、冻结非法资产1.1亿元。深入推进社会化禁毒治理，综合绩效居全市第一，毒品问题严重地区预警提醒顺利整改摘帽。全年，海曙分局公安主要业务工作排行榜、综合绩效均居全市第二，获评全市优秀公安局。第三方测评的群众安全感和对公安工作认可度居全市第一。1个集体、2名个人受到国家级表彰，8个集体、17名个人受到省级表彰，3名民警记个人二等功。

在全面开展学习教育的基础上，聚焦政治站位、纪律作风、执法规范，充分运用"自查从宽、被查从严"政策，组织开展自查自纠、组织查处和专项整治。教育整顿期间，共核查问题线索104条，对4人作出党纪政务处分，运用第一种形态处置5人，印发通报3起。同时，针对"十大顽瘴痼疾"开展专项整治，相继制定出台《强化党风廉政建设主体责任层级管理办法》《整治执法方面十种顽瘴痼疾的五条刚性措施》等党风廉政建设、执法规范等5个方面27项针对性的制度机制，切实形成长效常治格局。

6月25日，石碶派出所在街道开展反诈和防溺水宣传活动

【刑事侦查】 2021年，海曙公共分局推进"民安一号"电诈打防治理，创新建立"校园反诈联盟""反诈研究院""警银快速联动"机制，重点挂牌地区和镇（乡）街道顺利摘帽，打击电信诈骗工作绩效居全市第一。全年电信诈骗立案2459起，比上年同期下降5%，达到既定目标，电信网络诈骗案件高发态势得到初步遏制。

成立扫黑除恶大队，落实线索摸排"零报告"、"四长"责任制和核查"三长"责任制。构建扫黑主导、多警参与的打击有组织犯罪新体系，侦办恶势力犯罪集团5个，抓获犯罪嫌疑人48人，破获案件61起；打掉裸聊、敲诈、勒索等犯罪团伙6个，抓获犯罪嫌疑人28人，破获案件30起；打掉新型"套路贷"犯罪团伙1个，抓获犯罪嫌疑人7人；3名公安部督捕"漏网之鱼"目标逃犯清零，抓获涉黑恶境外逃犯2人。

对现发命案等严重暴力犯罪案件落实破案责任，集中警力，强化同步上案，坚持快侦快破。故意杀人、伤害致死案发4起，破4起；抢劫案件发1起，破1起，抢夺"零发案"，破案率100%；五类案件破案率67.7%。破获"2004·6·19集士港故意杀人案"命案积案、"2004·11·9古林蒋加友被绑架案"积案，抓获外地命案逃犯1人。

开展集群会战、全链攻坚，推进打击治理跨境赌博工作，抓获违法犯罪嫌疑人283人，采取强制措施166人、行政处罚117人；逮捕89人，移诉109人，考核绩效位列全市第一梯队。成功侦破"934"专案，破获案件119起，抓获嫌疑人1340人，查清涉赌资金2000亿余元，移交线索17.4万余条，移送审查起诉281人，被评为"全国全链条打击最彻底的典型案例"。同步推进行业治理，及时移交违规违法线索3条，注销空壳公司10余家。

强化"现案快破、视侦串破、大案力破"三项举措，保持对传统侵财犯罪严打高压态势。破获"四川古蔺籍"入室盗窃案、"石碶、古林系列性盗窃保险箱案"、"刘飞、孙加利、韩金华等系列性盗窃电瓶案"、"陈朝旭系列性盗窃电摩案"、"鄞江团伙盗窃蜂蜜案"等一系列社会关注度高的案件。起诉盗窃、抢劫、抢夺、接触性诈骗、掩饰隐瞒罪所得犯罪嫌疑人639人。推进打击整治文物、医保诈骗，移送起诉文物犯罪嫌疑人95人、医保诈骗犯罪嫌疑人5人。

侦破涉毒违法犯罪案件155起，破获团伙案件14起，抓获犯罪嫌疑人63人，移送起诉65人，缴获各类毒品500余千克，查处吸毒人员126人。全局涉毒刑事抓获、查吸"二项打处"位列全市第一，为期半年的毒品问题严重地区预警提醒整改顺利摘帽。侦破"2021-44"公安部目标案件，摧毁1个涉及全国27个省（市）的贩卖、制作、运输含有国家管制的γ—羟基丁酸的催情液犯罪团伙，抓获犯罪嫌疑人30余名，梳理相关线索近500条，扣押含有γ—羟基丁酸的女用催情液约450千克（含包装），追缴扣押涉案资产约400万元。

强化利用互联网实施食药环犯罪案件的打击，特别是严厉打击破坏森林资源和非法买卖、食用野生动物及其制品的违法犯罪行为。对跨区域、系列性、团伙性食药环案件实施全链条打击。移送起诉涉食药环犯罪案件91人。组织开展"剑锋"系列收网行动、"昆仑2021"专项行动，侦破一批大要案件。

【公安数字化改革】 2021年，海曙公安分局创新推进数字化改革。"步态识别"项目列入公安部刑事技术"双十计划"重点推广项目，应用组件率先在省"数字化改革"组件超市上架，被评为全省公安数字化改革"好应用"。"视管家"项目获省政府督查激励事项奖励。推动"全区群租房管理一件事改革"，场景应用被列为数改市级试点项目。优化"警情清零"工作机制，健全党政"双交办"、落实矛盾纠纷"一警情三推送”模式，九类重点警情得到有效处置。探索“全时空”智慧巡控新模式，智慧巡控和防暴小队建设经验被全市推广。推出老旧小区智安改造的“海曙解法”，全年新增建成“智安小区”50个，覆盖市民3万余户。

【公安政务服务2.0平台应用】 2021年，海曙公安分局推进政务服务2.0平台应用，实现网上办、自助办、窗口办融合。1月11日召开全市现场会推广，上线86个服务事项，综合收件量列全市公安机关第一，“好差评”主动评价率列海曙区各政府部门第一，网办率达99.9%。在窗口覆盖、场景拓展、“共享清单”、减证下放四方面推动“无证件（证明）办事”改革，全面提升便民服务水平。村（社）级及公证处纳入“无证件（证明）办事之城”改革体系，省厅规定的105个权属分局的高频事项全部接入政务服务2.0系统。推广应用“公安综合服务一体机”和“政务综合服务一体机”，方便群众就近办、自助办。

【破获17年前谋杀案】 2021年1月，海曙公安分局抓获犯罪嫌疑人尹某，破获17年前谋杀遗案。2004年6月19日上午9时许，集士港镇陆某被杀死在家中，系嫌疑人潜入死者家中用自备刀割破气管致其死亡，嫌疑人负案在逃。此后17年间，该案件嫌疑人作为重点缉捕对象。2021年年初，海曙公安分局运用指纹比对等各种侦查取证手段，辗转武汉、襄阳多地，最终确定嫌疑人真实身份为湖北省嘉鱼县人尹某，并获知其藏匿于湖北省嘉鱼县鱼岳镇沙阳大道。2021年1月27日16时许，海曙公安分局组织抓捕力量，在嘉鱼县公安局刑侦大队配合下，成功抓获在鱼岳镇沙阳大道77号网吧上网的尹某（男，33岁，湖北省嘉鱼县人）。

【破获“中油溢家”系特大非法吸收公众存款案】 2021年3月12日，海曙公安分局对“中油溢家”胡某益等人涉嫌非法吸收公众存款立案侦查，并将犯罪嫌疑人缉捕归案。2018年犯罪嫌疑人胡某益自2018年始，在宁波、北京、内蒙古等地开办中油溢家资产管理有限公司、中油溢家能源科技集团有限公司及“中油溢家”系分公司、分支机构，以合作开发油井为名对社会宣传，吸收公众存款数额特别巨大，合计约150余亿元。海曙公安分局受案后，对胡某益等人展开调查，发现投资人数约1800余人（不包括拼单投资人数），总投资金额约150余亿元，未兑付人数约1000余人，未兑付资金约45余亿元。海曙公安分局侦查终结后，对非法吸收公众存款犯罪嫌疑人胡某益、闫某花、葛某明、张某琴、王某芬、朱美某英、胡某珠移送起诉。

（李鹏展）

检　察

【概况】 2020年，区人民检察院围绕区委中心工作，履行法律监督职责，各项工作取得新成效。先后获评全国维护妇女儿童权益先进集体、全国巾帼文明岗、全省先进基层检察院等省、市级以上先进荣誉42项，一案例入选最高人民检察院指导性案例，22件案事例被评为省、市级以上精品、典型案事例，2人荣立三等功，有关工作获各级领导批示肯定17件次。

【刑事检察】 2021年，区人民检察院共批准逮捕各类刑事案件603件809人、提起公诉1547件2148人。推进扫黑除恶专项斗争常态化，批准逮捕涉黑恶犯罪8人，审查起诉34人。对黄赌毒、盗抢骗等危害社会安定、人民安宁犯罪保持高压态势，起诉1298人，对非法集资、集资诈骗、网络赌博等涉众型经济犯罪，起诉418人。依法办理电信网络诈骗案件56件91人及涉“两卡”犯罪（非法出租、出售、买卖手机卡和银行卡违法犯罪活动）案件210件310人，在一起诈骗案中为被害人追赃挽损580万元。全力保护群众的“菜篮子”“药箱子”，起诉危害食品药品安全犯罪11件16人，对6起生产、销售不符合安全标准食品的被告人主张惩罚性赔偿金45万元。审慎办理涉未成年人犯罪，依法不捕7人、不诉18人；严厉打击侵害未成年人权益犯罪，起诉暴力伤害、性侵未成年人等犯罪22人。

加强刑事侦查监督，共监督立案、追捕漏犯、追诉漏犯141人。加强刑事审判监督，对认为确有错误的刑事裁判依法抗诉或建议再审3件，法院改判2件。加强刑事执行监督，做实监管场所派驻检察，针对监管场所监管不规范等问题制发纠正违法通知书48份。

注重宽严相济，依法对轻罪案件不批准逮捕233人、不起诉404人，比上年同期分别上升4.3%、29.07%。发挥认罪认罚从宽制度积极作用，依法对认罪认罚的2158名犯罪嫌疑人提出从宽处理建议，全年适用率达91.2%，一审服判率接近100%。

【民事行政检察】 2021年，区人民检察院全面贯彻落实民法典，受理生效裁判监督案74件，审判程序监督案件116件，执行监督案件119件。对认为确有错误的判决裁定提请市院抗诉14件，针对审判程序违法、执行程序违法等问题制发检察建议229件。对法院正确的裁判，依法不支持监督申请7件，并及时做好释法说理、息诉服判工作，维护裁判权威。认真做好行政检察工作，向司法机关、行政执法机关、乡镇（街道）制发检察建议57份，均被采纳，从源头上促进行政机关依法行政。常态化开展行政争议实质性化解，加强与法院、行政机关的沟通，实质性化解行政争议9件。

【公益诉讼】 2021年，区人民检察院受理公益诉讼案件64件，制发诉前检察建议62份，其中办理重特大案件23件。发挥检察职能，汇聚保护古树名木的合力，联合综合行政执法局、自然资源和规划局对辖区607棵古树名木开展专项保护，用“检察蓝”守护“生态绿”。严厉打击某采石场超底盘开采136万吨矿石资源犯罪，并及时报请上级检察机关依法提起民事公益诉讼，挽回环境资源经济损失2200余万元。会同退役军人事务局等部门开展“守护红色军事文化史迹”专项行动，为革命历史资源和文化遗产撑起司法“保护伞”。

【检察参与区域社会治理】2021年，区人民检察院积极践行新时代“枫桥经验”，全面落实“群众来信来访件件有回复”工作要求，灵活运用刑事和解、信访调处等多种举措推动诉源治理，办结上级院交办的重复信访积案22件。坚持“少捕慎诉慎押”刑事司法政策，谦抑审慎善意办理涉企刑事案件，依法对民营企业人员不起诉135人。坚持发挥检察机关依法保护市场主体的积极作用，推进企业合规考察制度探索，对3家涉罪企业经过合规考察做出不起诉处理。着力优化法治营商环境，深化知识产权专业化办案组“三合一”工作机制建设，联合海曙公安分局等4家单位出台《关于加强协作配合依法办理知识产权案件的实施办法》，办理知识产权刑事案件24件31人，为企业追赃挽损171万元，获评全省知识产权保护工作成绩突出集体。

深度推进未成年人司法综合保护中心机制建设，联合海曙公安分局等7家单位出台《海曙区侵害未成年案件强制报告制度实施细则（试行）》，完善未成年人司法保护社会支持体系。严格落实密切接触未成年人行业入职查询制度，对辖区从事教育培训等行业的1万余名人员进行信息查询，对3名有性侵或涉黄前科的人员通知教育部门予以解聘。协力推进无障碍城市建设，联合市区两级残联对宁波高铁站及周边附属无障碍设施进行检查督改，让城市文明更有温度，相关做法在央视《今日说法》栏目公益系列专题片中播出。

【司法为民】2020年，区人民检察院坚持发挥党员先锋模范作用，抽调16名干警积极参与新冠疫情联防联控，组建“红海突击队”第六临时党支部参与台风“烟花”“灿都”抗台风防汛，提升基层党组织核心战斗力。深入开展“我为群众办实事、我为企业解难题、我为基层减负担”专题实践活动，办理各类“检察实事”68件次，不断增强人民群众获得感、幸福感、安全感。扎实开展检察环节公开听证，组织开展公开听证12件，真正让人民群众在每一起司法案件中感受到公平正义。做好“群众来信件件有回复”工作，畅通“12309”检察服务热线、构建线上线下检察服务中心和推行远程视频接访系统。强化律师执业保障，通过“浙江检察”App提供律师在线阅卷服务933次。

【“服务保障民营经济发展”检察开放日】2021年10月27日，区人民检察院在该院知识产权检察保护工作站开展以“服务保障民营经济发展”为主题的检察开放日活动，与民营企业家代表面对面互动交流，现场解疑释惑、解难帮困，发布民营企业保护典型案件集，护航民营经济健康发展。

（丁学坤）

11月16日，检察院干警在日湖公园进行无人机培训，展示无人机取水后检测水质全过程

法　院

【概况】2021年，区人民法院受理各类案件22833件，办结22249件，比上年同期分别上升4.7%和0.56%。一线法官人均结案数451件，居全市第二，执行法官人均结案数761件，上升22.5%，居全市第一，全省第五。司法警察大队被最高人民法院授予“人民法院司法警察先进集体”称号，该院获评全省“六专四室”规范化建设优秀单位，刑事法庭获评“全省扫黑除恶专项斗争先进集体”，6名干警获得省级荣誉。

扎实开展队伍教育整顿。开展两轮自查填报，166人主动填报问题1096个，在编干警问题填报率为99.4%，经核查，1人被警告处分，2人被诫勉谈话。建立律师家属回避“三主动一公开一抽查”制度，6名干警主动申报案件66件，4名干警主动回避案件13件，该项机制获省委政法委肯定。引导干警向身边典型学习、向英模榜样看齐，设置院务会“微表彰”环节和内网“海法先锋榜”专栏，每月发布先进典型人物，更新法官长廊，编发“海曙法官月历”，营造争先创优的良好氛围。

深入开展诉源治理。建立区域成讼数据反馈机制，每月将各镇（乡）街道收案数、主要案件类型等信息反馈给区矛调中心，方便其及时掌握并采取针对性举措。继续发挥金融调解工作室的优势，为当事人提供“诉前调解+司法确认”的一站式司法服务。全年一审民商事收案数比上年同期下降6.1%。

诉讼服务更贴心。严格落实“首问责任制”，搭建“海法一键通”电话平台，配备专职接线员，全年共接听和主动回复来电11995次，确保接听反馈率100%。探索建立适老型诉讼服务机制，组建由人民陪审员组成的志愿者导诉岗，发挥人民陪审员来自群众、熟悉群众的独特优势，全流程、多角度提升老年人群体司法获得感。扩充法律援助窗口驻点律师队伍，共有来自21个律所的69名律师在窗口轮值，月均服务当事人400余次。

普法宣传更亲民。汇编弘扬社会主义核心价值观十大案例、机动车交通事故责任纠纷典型案例，以公正裁判传导社会价值，统一裁判尺度。线上线下双轨并行，线上推出“董点点”系列宣传《中华人民共和国民法典》对个人权利的保护，线下安排法官进企业、进村镇、进社区开展普法讲座。加强青少年法治教育，发布由真实案例改编的微电影《青春迷途》，出版涉未成年人审判专著，以“四明云法庭”平台为载体开展“开学法治第一课”，不断用实绩擦亮“海法护航”特色品牌。积极响应中院“百千万”专项活动，全年走访并邀请代表委员参加庭审旁听、见证执行等活动100余人次，向民营企业发放并收回司法审判工作满意度调查问卷629份。

基层治理更深入。持续优化法庭布局，2021年5月，古林巡回审判点试运行，为临空经济示范区建设提供有力的司法保障。西郊法庭物业纠纷集中审理模式，通过反向审查、适时公告、引入多元解纷力量等方式，累计清理物业欠费5600余户，实现27个小区欠缴清零，相关经验在全省“法官论坛”上作交流。鄞江法庭挂牌设立“海曙区关心下一代教育基地”，集中开展未成年人审判及法治宣传教育工作。望春法庭与调解组织对接融合，引入乡镇调解员参与纠纷调解，如高桥镇下辖28个村社的调解员自7月起分批入驻望春法庭，累计参与调解案件100余件。石碶法庭深入推进道交案件分机构分时段集中调解机制，召开道交案件审判交流座谈会，发布机动车交通事故责任纠纷典型案例和白皮书。

【刑事审判】 2021年，区人民法院受理一审刑事案件1337件，审结1316件，判处罪犯1804人。推动扫黑除恶常态化运行，共受理并审结涉恶案件12件32人。严厉打击“套路贷”等行为，构成犯罪的及时移送公安机关。保持反腐败高压态势，审结中纪委督办的宁波市中轻进出口有限公司原总经理乔某平等人贪污、受贿、国有公司人员滥用职权案。加大对电信网络诈骗及其上下游犯罪的处理力度，审结电信网络诈骗犯罪、帮助信息网络活动犯罪等案件191件，审结涉跨境网络赌博犯罪案件106件。

4月15日，民营企业司法服务联络站揭牌

【民商事审判】 2021年，区人民法院受理一审民商事案件14168件，审结14040件，比上年同期分别下降0.6%和1.7%。维护和谐稳定的家庭关系，审结婚姻、继承等家事纠纷案件757件。保护劳动者合法权益，审结劳动争议案件393件，为402名务工人员追回劳动欠薪1204.6万元。助力房地产市场健康发展，审结房屋买卖、租赁、建设工程等纠纷案件1160件，以判促调稳妥化解因旧城改建地块征收引发的南门旧货市场租户集体腾退等系列纠纷。保障电商、物流等新业态良性发展，审结网络购物合同、运输合同纠纷案件74件。

【行政审判】 2021年，区人民法院新收一审行政诉讼案件126件，审结120件。判决行政机关败诉7件，败诉率5.8%。受理行政非诉审查案件157件，裁定准予执行153件。邀请领导干部“云旁听”典型案件公开庭审，参与庭后分组研讨、法律点评，不断增强领导干部的法治思维和法治能力。建立行政败诉预警机制，适时发送《败诉风险提示书》，提升行政执法规范化水平。

【案件执行】 2021年，区人民法院受理执行案件6825件，执结6546件，执行到位金额9.94亿元，比上年同期上升24.3%。深化终本案件接续管理机制，常态化开展“回头看”工作，恢复执行到位金额4.77亿元，上升93.1%，相关经验获得省高院领导的批示肯定。活用劳动报酬执行周转金，全年循环使用156万元，惠及184名劳动者。厚植“善意执行”理念，深化信用修复制度，引导被执行人自动履行8362.9万元。对2502人作出罚款决定，纳入失信被执行人名单5083人次，限制高消费5439人次。

【优化营商环境】 2021年，区人民法院建立30万元破产援助基金，制定《破产援助专项基金管理和使用暂行办法》，帮助30名破产管理人解决无产可破情况下缺乏报酬、启动资金等问题。因企施策，靶向重整，处置破产债权9.53亿，清偿金融债权1601万余元，释放厂房等不动产资源1.56万平方米。完善个人债务清理制度，审结全区首起个人破产案件，清偿债务48.33万元，化解纠纷7件。与区工商联设立“民营企业司法服务联络站”，健全协调联动机制，助力民营企业健康发展。

【保护知识产权】 2021年，区人民法院严厉打击侵犯知识产权犯罪，激发市场创新活力。审结各类侵犯知识产权犯罪案件16件17人。通过类案合并、示范判决，倒逼侵权主体与权利人协商一揽子解决方案。如促成宁波日报报业集团与多家公司签订“适用许可协议”，化解潜在诉讼纠纷近千起。联合民盟海曙区基层委员会成立“同心汇”知识产权保护志愿服务基地，精准发力提升企业知识产权管理能力。

【“当事人一件事”集成改革】 2021年，区人民法院以减轻当事人诉累、节约司法资源为导向，推行审判领域“当事人一件事”集成改革，争取以最少程序、最优服务一揽子解决矛盾纠纷。健全工作机制，出台《宁波市海曙区人民法院关于“当事人一件事”集成改革工作实施方案》，把合并诉讼分为4种类型、11种案由，因案施策引导合并。改革推进后，通过合并审理案件34件，实际解决纠纷278件，诉前化解纠纷490件。

【“共享法庭”建设】 2021年，区人民法院出台《海曙区“共享法庭”建设实施方案》，推动海曙区“共享法庭”建设推进会顺利召开，推动形成党委政法委牵头、法院主推、司法行政等部门支持配合、基层和社会组织广泛参与的建设大格局。10月以来，设立“共享法庭”点位133个，实现镇（乡）街道全覆盖，指导调解47次，累计在线化解纠纷81件，开展普法宣传7场，受众3050人。

【法律职业共同体建设】 2021年，区人民法院出台《关于支持律师依法履职的意见》20条，从诉讼服务、制约监督、交流合作等角度营造良性的律法关系，并在全市推广。通过新入职律师集中与法官见面、辖区律所走访全覆盖等形式，完善律法沟通联络机制，全年发布律师联络专刊12期，走访律师事务所5家，为律师授课2次。

（何苏骏）

司法行政

【概况】 2021年，海曙区监管社区矫正对象共932人，无脱漏管现象发生。开展矛盾纠纷排查1125次，主动调解案件量较上年同期提升19.7%，调解各类案件13947件，成功率达99.7%。办理法律援助案件795件，为群众、企业挽回经济损失890万元；海曙区三级公共法律服务平台共接待来电来访法律咨询15596人次，其中来访群众4356人次，接听来电咨询及视频咨询11240个，办理认罪认罚法律帮助案件1902件，办理群体性劳动纠纷案件22件379人次，挽回经济损失890余万元。

开展法治讲座（培训）310余场、广场普法活动260余场、“送法进村（社区）”350余次，发放普法宣传资料16万余份（册）。加强新媒体普法力度，建成区级“鼓楼沿”普法直播间，共播出2期，“海曙普法”微信公众号发布微信250余期574条。新增省级“民主法治村（社区）”13家，累计有“全国民主法治示范村”2家、省级51家、市级165家。

做好社会普法工作的规划引领，高标准完成“八五”普法规划编制工作。落实普法责任制，印发《2021年海曙区普法依法治理工作实施意见》《2021年全区法治宣传教育责任清单》。开展社会化大普法“六优”培育行动，打造“阿拉普法宣讲团”、“绿丝带”德恒青年普法工作室、“观·法”法治文化旅游线、“小獬豸”系列文创产品等一批具有海曙印记的普法品牌，建立“校所合作普法”制度，“司法蓝拍一拍红领巾”“校园法治嘉年华”等一系列校园普法活动持续开展。结合疫情实际，持续推动线上融媒体建设。推出“鼓楼沿”普法直播间，线上开展“习近平法治思想”宣讲、领导干部旁听案件庭审等活动，并在“法治海曙”微信公众号线上开展新任区管领导干部任前学法考试，参考率、合格率均达100%。

坚持“招商引所”“扶弱培强”相结合，实施律师行业“三名工程”“扬帆行动”和行业整顿教育行动等，促成“杭州六和”“北京万慧达”等优秀律所落户海曙。至年底，海曙区累计有律所18家、专职律师345人、兼职律师6人、实习律师69人、公职律师72人，每万人律师比达4.02；全区律所营收25228万元，比上年增长14.49%，1名法律人才入围市级引才工程。加强“红色律师”品牌行业党建规范化运行，新成立3个律师党支部，牵线律师行业党支部与属地商圈党组织结对共建，“锋领律师驿站”项目入选全市首批律师公益服务品牌，培育律所服务品牌项目6个。持续开展企业法律服务，开展企业专场法律咨询100余场，线上线下为1900余家企业提供法治体检。

【人民调解】 2021年，海曙区建有调解组织312个，有调解员1352人、专职调解员377人，其中特级1人、一级11人、二级25人、三级26人。主抓“人民调解工作组织队伍专业化建设”与“人民调解项目品牌化运作”两

3月21日，区法治宣传服务协会到章水开展“法雨春风”法治乡村行活动

7月23日，推进部级“智慧矫正中心”创建工作现场会在海曙区召开

项重点任务，出台《关于加强新时代调解工作的若干意见》，纳入全区督查检查事项。结合年初村社调委会换届选举，配足村社调委会专兼职人民调解员，并新聘3名专职人民调解员，实质性承担区调委会工作，运行首席调解员选树管理制度。加强品牌调解工作室建设，主推区“敬民”调解工作室，并建立镇级品牌工作室培育梯队。建立“小曙调”青年法治实践基地，与宁波高等院校签订合作协议，以人民调解工作为指导开展寒暑期大学生社会实践活动，2021年暑假，基地接收并安排14名大学生到9家基层调委会参加实践。

【社区矫正】 2021年，区社区矫正管理局注重协同推进“智慧矫正中心”试点工作、创建工作和数字化改革，对标司法部部级智慧社区矫正中心建设规范，全面改造区矫正中心，完善各区域、功能室布局，新增图书阅览室、技能培训室、案件管理室、警务联络室、驻检室等。严格对标部级“智慧矫正中心”考核标准，对区社区矫正中心进行智慧化升级，实现自助矫正终端及智能物联网设备、语音转录平台、步态识别、心理分析系统4个项目落地并应用，完善政法一体化单轨制协同办案系统功能，社区矫正智慧化水平进一步提升，形成管理智能、管控精准、管教便捷、协同高效的全领域智慧矫正生态链。教育方面，以“启新之家”为综合平台，社会力量多方协作，开展社区矫正项目新模式。全年，监管社区矫正对象932人，联合共建26个社区服务和活动基地，组织开展教育活动85场，参与7200人次。

【公共法律服务】 2021年，区司法局以智慧型法律服务机制为统领，持续做好公共法律服务项目规范管理。重新梳理律师值班制度，优化镇（乡）街道公法服务站、部门联络站律师值班工作规范，制定律师签到、接待、网上录入以及认罪认罚案件归档书面标准，规范律师值班补贴发放；建立法律援助案件质量评估标准体系，制定《法律援助案例录用奖励办法》，形成案前统一标准、案中实时跟踪、案后回访激励的闭环评估机制；赋强公共法律服务绿色动能，积极开展“法雨春风”“E+法援”服务等专项活动，大力推介宣传线上公证服务，与天一公证处积极联动，在服务点位设置、人员培训上岗、线上业务办理等方面全面提质增效。

【推进部级“智慧矫正中心”创建工作现场会在海曙举行】 2021年7月23日，推进部级“智慧矫正中心”创建工作现场会在海曙区召开。司法部社区矫正管理局副局长刘晔、省司法厅党委委员、副厅长、一级巡视员劳泓等出席现场会，来自司法部、省司法厅、浙江省内市、县（区）司法局及北京、上海等10余个省（市）的社区矫正相关负责人参加会议。区社区矫正中心和石碶司法所作为司法部“智慧矫正中心”建设考察点，迎接省内外100余名会议代表到点参观，得到司法部、省司法厅领导的充分肯定，数字赋能智慧矫正工作得到市委常委常务、副市长陈仲朝批示肯定。

【洞桥司法所事迹在中央电视台宣传】 2021年10月24日20点15分，中央电视台《从心开始》栏目取材于洞桥司法所拍摄的纪录片《司法所的故事》在CCTV—12“社会与法”频道播出。《司法所的故事》是中央电视台与司法部合作拍摄的特别栏目。近年来，洞桥司法所秉持“洞见法理、桥牵民心、智慧司法、法治洞桥”初心理念，建设成“一所五站点”（公共法律服务站、公证E通联系点、立法民意收集点、合法性审查点、行政复议受理点）的综合性司法所，获评省级“公共法律服务先进集体”、省级“金牌人民调解工作室”、市级“文明规范公正”司法所等荣誉。

（姜一寅）

人民武装

【概况】 2021年，区人武部围绕“抓大事、补短板、创特色”工作思路和“备战、开局、改革、强党”建设重点，谋深做实各项工作。组织系统学习百年党史，开展党性分析、查摆解决问题15个。机关人员全部完成10本必读书目学习任务，撰写个人体会文章57篇。党委每季度进行党风廉政形势分析，2次组织纪律党课教育，对照国动部、省军区、自查自纠5个方面19条问题，举一反三抓好整改。组织重要岗位人员政治考核。

补充更新民兵应急装备物资。深化民兵情报信息员队伍建设，上报信息379条。落实首长机关军事体技能训练，按纲开展国防动员业务技能学习。召集镇（乡）街道专武部长专题召开小型作战会议专题部署任务，推动各项准备向末端落实。出动区民兵后装保障分队医疗救护组参加军分区紧急出动演练。先后完成民兵应急连、保交护路连、公路运输连等分队的训练任务，组织民兵应急连“一个过程”拉动演练，参加军分区第三届群众性练兵比武活动。

开展征兵宣传“三进”活动，激发适龄青年参军报国热情。制作征兵微课，被军委国防动员部评定为军事职业教育“三星”级微课。按征集计划完成青年兵役征集任务，无1例退兵、无1人违反廉洁征兵纪律。

积极参与抗台抢险救灾。深入全民开展“迈向强国新征程，军民共筑强军梦”国防教育活动，结合民兵训练、兵役征集、抢险救灾等活动，先后在中央电视台、《解放军报》、《钱塘兵事》等区级以上媒体发表文章22篇。配合退役军人事务局，解决“三后”（后代、后路、后院）问题。完成全区261个村（社区）规范化建设任务，石碶街道武装部和石碶街道新区社区民兵连作为区武装工作“窗口单位”，先后迎接福建省军区有关领导和全市集训专武干部的检查指导和观摩。推进人武部正规化建设工作，统筹开展党组织规范化建设。彻底清查摸排历来枪支弹药存放点，逐人走访历任涉枪涉弹人员，组织签订枪支弹药零持有承诺书。严格执行财经纪律，开展后勤重点行业领域整肃治理，开展资产清查活动，确保经费开支（报销）合理、合规。

【练兵备战】 2021年，区人武部开展国防动员潜力核查统计，拟制完成国防动员“1个总案”和“7个配套案”，筹划展开局部动员、参加作战行动、配合作战行动、对口保障、区域保障5项任务，落实各类动员力量。积极组织现役军官、文职人员和专武干部参加“一人讲、大家评”活动和各类集训与考核。召集17个镇（乡）街道专武部长专题召开小型作战会议专题部署任务，推动各项准备向末端落实。1月初，组织部机关和民兵应急连参加军分区统一组织的2021年度开训动员。6月中旬，分别组织区民兵应急连和应急排阶段集中训练，以抗洪抢险、森林（草原）灭火、轻武器射击水上分队等专业训练和任务行动训练为主，统一计划、统一训练、统一考核。

【民兵调整改革】 2021年，区人武部分别召开本级任务部署会及培训会，针对上年工作中存在的思想认识有偏差、潜力核查有“盲区”、队伍建用有脱节、基层建设有欠账等问题，提出具体措施要求。组织学习军委国防动员部2020年民兵调整改革检查通报、上级党委扩大会议精神和浙江省《关于加强和规范基层人民武装工作的意见》精神等文件，推进民兵分队整组工作。

【军委国防动员部巡察组到海曙巡察】 2021年5月，军委国防动员部巡察组到海曙巡察，对区人武部工作进行逐条逐项检查督导，并反馈检查中发现的问题。接受检查后，区人武部召开党委会进行专题讨论，剖析反思，并同步展开整改落实。主要对照国动部、省军区、军分区和自查自纠四方面建立问题清单、措施清单、责任清单、时间清单，分类处置、对账销号，举一反三抓好整改。

【省军区工作组到海曙检查考评民兵工作】 2021年12月29日，浙江省军区国防动员局大校局长赵存志带工作组一行赴宁波军分区、区人武部，围绕民兵工作落实成效、民兵队伍能力素质、前期“回头看”问题整改情况三方面展开检查考评，要求通过检验民兵工作质效和民兵队伍素质，为深化民兵调整改革、推动“十四五”民兵建设高质量起步开局。

（张洋铭）

人民防空

【概况】 2021年，区人防办做好人防指挥部常态化建设，在“5·12防灾减灾日”、“9·18警报试鸣日”组织2次警报试鸣。开展结建人防工程维护管理大检查和整改活动。开展人防宣教活动，“3·1国际民防日”“9·18”期间，开展线上、线下人防宣传活动；在“全国法制宣传日”开展人防法制宣传。

5月，按省、市人防指挥部要求，完成年度人防专业队伍整组。5月8日，组织月湖街道70余人在银亿时代广场开展“5·12”人员疏散演习活动；5月10日，组织南门街道60余人在南塘老街开展“5·12”人员疏散演习活动；5月12日，区人防指挥部指挥长、副指挥长及各保障组组长参演并观摩全省“5·12”人员疏散掩蔽演练；9月、10月，分别组建区人防指挥信息保障队伍和人防指挥工程维护管理队伍。落实人防数字化改革任务，在宁波数字化改革工作平台上完成“高质量构建防护工程体系”指标维护。对全区结建人防工程进行检查和整改，规范人防工程维护管理工作。向各人防工程管理维护单位发放人防工程维护管理操作手册，完善工程维护管理长效机制。

【人防宣传】 2021年3月1日“国际民防日”，区人防办开展线上线下联动宣传活动。线上，通过区人防系统公众号推广“‘3·1民防日’一起来答题集勋章”活动，设置民防相关知识答题，以答题转发形式引导群众参与活动；线下，依托区民防体验馆进行民防日活动宣传，志愿者为参观群众进行人防民防相关知识讲解、技能操作体验，分发宣传手册，引导参观群众参与线上答题活动。同时，在镇（乡）街道社区开展活动宣传，通过在广场、宣传栏、机关大厅等区域布置横幅，设置宣传海报，分发宣传手册等形式进行宣传教育。9月18日，结合防空警报试鸣工作和全民国防教育日，开展线上线下答题活动，普及国防知识与防空防灾知识。在微信公众号平台举办有奖知识竞赛，在街道、社区设置人防宣传活动点，开展现场宣传和互动答题活动。12月4日，在鼓楼开展“12·4”《中华人民共和国人民防空法》宣传教育活动。

【防空警报试鸣】 2021年5月、8月、9月、12月，区人防办分别组织技术力量做好全区防空防灾警报的测试、检查和维修工作，并到警报点为警报管理人员讲解警报器操作方法及注意事项。5月12日上午、9月18日上午，通过防空警报器信号独立统控发放，顺利完成“5·12”和“9·18”警报试鸣任务。

（叶　存）

① 4月23日，知识产权保护成果展暨同心汇知识产权保护志愿服务基地成立
② 6月21日，海曙区举行国际禁毒日主题宣传活动
③ 7月15日，海曙区在宁波财经学院举行“校园反诈联盟”暨反诈研究院成立启动仪式
④ 5月28日，古林巡回法庭揭牌
⑤ 12月3日，“鼓楼沿”普法直播间第二期——海曙区2021年“宪法与浙江”主题宣传月暨“12·4”国家宪法日活动启动

农业·农村·水利

综　述

【概况】 海曙区拥有蔺草、茶叶、贝母、竹笋、樱花、锦鲤等特色主导农业产业，先后获蔺草、贝母、桂花、竹笋、樱花等5项“中国特产之乡”称号。“宁波蔺草”“樟村浙贝”获原产地保护标记；“大雷黄泥拱笋”和“樟村浙贝”获得国家地理标志证明商标；“古林蔺草”获农产品地理标志登记证书。

2021年，海曙区下辖9个涉农镇（乡）街道、164个行政村。全区农经统计范围内共有股份制村经济合作社178个（其中集士港19个、古林24个、高桥20个、横街28个、鄞江12个、洞桥19个、章水18个、龙观10个、石碶16个、望春10个、段塘2个），其中164个为村股份经济合作社，15个为社区股份经济合作社。在册股东人数28.7万人。

全区水域主要为河道、湖泊、人工水道、水库、山塘、其他水域六类，水域面积共约36.1平方千米，水域面积率为6.1%。共有山塘96座，水库24座。其中，大型水库2座（周公宅水库、皎口水库，由宁波市水利局管理）、中型水库1座（溪下）；平原河道364条，总长度771千米，其中市级河道6条、区级以上河道14条。

【集士港镇山下庄村入选国家级示范村】 2021年9月，中央农村工作领导小组办公室、农业农村部等多部委印发《关于公布第二批全国乡村治理示范村镇名单的通知》，认定994个村为第二批“全国乡村治理示范村”，集士港镇山下庄村成为继高桥镇民乐村后，全区第二个入选该名单的农村。山下庄村地处集士港镇北部，距离宁波市区10千米，总面积3.9平方千米，下辖6个自然村，全村总人口1833人。山下庄村以“居善地、言善信、事善能、政善治”为主线，通过村民参与基层治理和村庄发展建设的模式，开展村庄整理式改造，提升文化风貌，改善人居环境，全村基本完成整理式改造。

集士港镇山下庄村

【孙健获全国表彰】 2021年12月21日，农业农村部表彰一批全国粮食生产先进集体和先进个人，区农业农村局下属农业技术管理服务站站长孙健被授予“全国粮食生产先进个人（先进工作者）”称号，系宁波市唯一（全省共5人）。孙健长期从事农技推广工作，先后入选“宁波市领军人才培养工程”，第一、第二届浙江省粮油产业技术创新与推广服务团队产品组专家成员、省“粮食和生猪增产保供成绩突出个人”。多年来，带领全区及各镇（乡）农技人员开展各类试验示范推广及重大项目研究，先后开展“水稻—澳洲小青龙综合种养”技术示范与推广、优质稻米品种筛选和产业化开发等项目，农技推广、科研成果转化成绩显著。由其带头实施的“稻—渔综合种养”在2020年首期水稻亩产达520千克、小青龙亩产100千克以上，亩产收入2.1万元，净利润1.5万元。

（厉迪桑）

农业经济

【概况】 2021年，海曙区实现农林牧渔业增加值17.18亿元，比上年同期增长1.1%。实现农林牧渔业总产值23.48亿元，其中农业产值19.62亿元。总产值23.48亿元，增加值17.18亿元，增长1.1%，其中农业产值19.62亿元。

在遭受“烟花”台风灾情后，全区粮食生产播种面积和总产量仍完成上级下达的生产目标任务。粮食种植面积共16万亩，全年产量1.26亿斤。其中，小麦2.87万亩、油菜0.55万亩、早稻1.26万亩、晚稻9.83万亩、油茶0.01万亩。

茶园面积1.8万亩，其中可采摘面积1.05万亩，产量420吨，产值2400万元。以杨梅、葡萄、柑橘、水蜜桃和蜜梨为核心的果树种植面积1.52万亩，果树产业总产量18956吨，总效益1.35亿元。毛竹种植面积11.03万亩，毛竹笋产量8100吨；雷竹面积0.3万亩，产量4500吨，总产值4300万元。

牧业产值0.58亿元。有畜禽养殖场12家，其中猪场7家、牛场1家、蛋鸭场2家、蛋鸡场1家、羊场1家。生猪出栏1.96万头、牛出栏208头、羊出栏0.11万只、家禽出栏7.65万羽。

渔业产值1.4亿元。淡水养殖面积2625亩，水产品总产量2050吨。形成锦鲤、甲鱼、光唇鱼、脊胸蛙等特色品种繁养一体化养殖模式，有国家级“水产养殖健康示范场”1家，省级“水产养殖健康示范场”2家。

【“十佳好稻米”评选活动】 2021年10月，海曙区举办全区“十佳好稻米”评选活动，各镇（乡）街道选送的30个优质稻米品种参选。经过市、区、镇三级农业专家、种粮大户共同品鉴，洞桥立平农场、横街积庆农机专业合作社、岐阳农机专业合作社等10家单位选送的稻米品种入选名单。入选名单中不乏再生稻、旱稻、稻渔综合种养等具有海曙特色的稻米。“海曙区十佳好稻米”评选活动为全区优质稻米种植品种的选择和栽培模式研究提供依据。

【郭斌养鲤场锦鲤获评全国大赛冠军】 2021年12月，由海曙区郭斌养鲤场选送的一尾长1.03米的红白锦鲤获第二十一届中国锦鲤大赛冠军。该赛事举办21年以来，首次由“国产锦鲤”夺冠。郭斌养鲤场是集锦鲤繁养一体化的生产企业，养殖场建成养殖基地160亩，引入新型设施循环水养殖模式，长期坚持选种育种、精心培育。2015年被中国渔业协会授予“亚洲最佳锦鲤场”称号，是国内为数不多的参与世界顶端商品鲤市场竞争的养殖场之一，在国际上具有一定知名度和影响力。锦鲤产业也成为海曙区农业特色产业的名片之一。

（厉迪桑）

郭斌养鲤场

农业执法

【概况】 2021年，海曙区农业综合行政执法队组织开展“绿剑”、种子等专项农业执法行动，对种子、农药、肥料、兽药、饲料和饲料添加剂等各类农业投入品实现全覆盖执法监管，净化农资市场。共出动执法人员236人次，检查企业160家次，发出责令改正通知书1份，完成行政处罚案件16起，全部结案，罚没款4.73万元。

以“蓝盾”和“扫雷”系列行动为主线，开展畜牧兽药领域专项执法行动。共检查养殖主体154家次，出动执法人员381人次，查处违法行为11起，办理案件11件，其中轻微违法案件3件。区动物卫生监督所检疫申报点成为省级基层动物卫生监督规范化所站。

组织开展打击内河非法捕捞执法行动212次，出勤执法人员783人次，立案查处违法捕捞案件9起，其中结案8起（共罚款0.95万元）。检查各类渔业养殖基地及经营单位14家，涉及脊胸蛙、海马、珊瑚、娃娃鱼、黄缘闭壳龟及渔种类的溪石斑和观赏类的锦鲤等，并对5家养殖基地的8种样品进行监督抽样。

【海曙区创建为省级“肥药两制”改革试点县】 2021年，海曙区创建成为全省首批“肥药两制”改革综合试点县（全市共3个）。成立“肥药两制”工作专班，摸清全域底数，确定18家农资示范店和108家培育主体创建名单，实行清单式管理，制定出台《海曙区农技推广专项资金管理办法》《海曙区农产品质量认证扶持办法》《海曙区生态循环农业扶持办法》等扶持办法，落实财政扶持资金1.73亿元，重点投入省级“肥药两制”农资示范店和培育主体创建、肥药定额制示范区建设等领域。进一步推动“肥药两制”改革数字化管理系统建设，制定海曙区农作物肥药定额施用标准及技术指导意见，借助“浙样施”智慧施肥系统，开展全域测土配方施肥及病虫害精准测报信息推送，指导农户肥药定额精准施用。同时,探索海曙特色应用场景打造,完善海曙区“肥药两制”多跨场景数字化监管平台建设方案,初步完成系统框架设计。

【农业生产废弃物无害化处置监管】2021年,海曙区围绕“田间无废弃物”工作目标,全面实行农业生产废弃物收集处置区域全覆盖、回收种类全覆盖。截至年底,集中收集农业生产包装废弃物125.18吨,其中收集农药废弃包装物26.46吨、废旧农膜95.06吨;处置农业生产包装废弃物96.99吨、农药包装废弃物26.46吨,切实维护农田生态安全。

(厉迪桑)

仗锡樱花园

农业产业化

【概况】2021年,古林镇被列入2021年国家级农业产业强镇创建对象。“鄞蛟省级现代农业园区”和“龙观茶果特色农业强镇”通过浙江省粮食安全和推进农业现代化领导小组农业“两区”办公室验收。新增农业产业化国家重点龙头企业1家(“梁桥米业”)、市级农业龙头企业2家(“荣幸食品”“陆宝食品”)。海曙区凭借杖锡山万亩樱花被列入“浙江省特色农产品优势区”。打造市级樱花和竹笋产业化共富联合体2个。

【古林镇入选“国家农业产业强镇”创建名单】2021年4月28日,农业农村部、财政部联合下发《关于公布2021年农业产业融合发展项目创建名单的通知》,古林镇入选“国家农业产业强镇”创建名单。古林镇2020年农业产值3.25亿元,农产品加工业与农业产值比3.08,以蔺草为主导产业,是中国蔺草产业发源地与核心产区,被评为“中国蔺草之乡”、中国草编基地、省级“非物质文化遗产、中国凉席品牌之都”,获原产地标志认证和地理标志证明商标,拥有全市唯一的中国重要农业文化遗产“黄古林蔺草—水稻轮作系统”。全镇培育各类农业企业14家,其中市级以上农业龙头企业5家、国家级和省级农业龙头企业各1家;培育农民专业合作社29家,其中省示范性合作社2家、市示范性合作社1家;有各类家庭农场30家、新型职业农民50余人。开发出草编制品、仿草制品、草竹混编制品、草藤制品等10个系列100余个新品种。

【新增1家国家级农业龙头企业】2021年,宁波梁桥米业有限公司入选第七批“农业产业化国家重点龙头企业”,系全市唯一。“梁桥米业”位于洞桥镇,是一家集稻谷收购、大米加工、销售于一体的骨干农业龙头企业,日加工粮食能力750吨,年加工粮食能力20万吨。拥有环保型稻谷储藏仓15只,储备能力20余万吨。稻谷烘干承载能力1600余吨,先后获评“全国放心粮油进农村进社区示范工程示范加工企业”“浙江省省级粮食应急中心骨干企业”等荣誉,对全市“米袋子”供应保障起到积极作用。

【海曙区获评“浙江省特色农产品优势区(樱花)”】2021年,海曙区凭借杖锡山万亩樱花产业被省农业农村厅等七部门列入2021年浙江省特色农产品优势区。海曙四明山地区为原生樱花的适生地,其中章水镇杖锡村由于地处于四明山心,拥有独特地理条件,经过多年发展,成为国内樱花的主产区和“中国樱花之乡”。截至年底,杖锡拥有樱花种质资源库6.67公顷,种质102份,保有量居全国领先;在苗木产业和种质资源基础上,先后开展樱花园观光旅游、樱花农庄建设,发展樱花加工产业,连续举办14届杖溪樱花节,注册“元樱”“四明山心”“杖锡山樱花”等特色农业产业商标。

【鄞蛟省级现代农业园区建设】2021年,海曙区鄞蛟省级现代农业园区通过浙江省粮食安全和推进农业现代化领导小组农业“两区”办公室验收。农业园区于2018年被列入省级创建名单,总面积47.8平方千米,其中核心区面积15.47平方千米,主导产业为蔺草和果蔬。核心区包括“三村”“三河”“六园”(鄞蛟村、茂新村、前虞村;龙港河、千丈镜河、西洋港河;国家级数字农业园、国家级自然农业园、省级水稻超高产示范园、农业综合服务园、农业双创园、彩绘田园),开展全产业链价值提升项目、宜居宜游美丽乡村改善提升项目、农旅配套设施建设项目和公共服务提质增效项目四大类建设,累计完成投资5.48亿元。

【“龙观省级茶果特色农业强镇”建设】2021年,“龙观省级茶果特色农业强镇”创建通过浙江省粮食安全和推进农业现代化领导小组农业“两区”办公室验收。龙观乡地域面积73平方千米,于2019年入选“浙江省特色农业强镇”创建名单，龙观乡围绕“两环三区六基地多点”总体规划结构，实施主导产业农旅融合提升、农旅融合旅游路线重点建设和公共服务等7个项目，计划投资5550万元，实际投入5636.51万元，超额完成投资计划。基本形成“春赏桃花采茶忙，夏尝蜜桃研学季，秋冬品酒户外游”的发展路径。依托茶叶、水果两大主导产业，形成集生产、加工、营销、旅游于一体的全产业链，为农民提供较丰富创业就业机会，有效扩大农民收入来源，农民人均可支配收入年均增幅超8%。人居环境得到有效改善，走出一条生产发展、生活富裕、生态良好的文明发展道路。

（厉迪桑）

蜃蛟省级现代农业园区

农业机械化

【概况】 2021年，海曙区水稻耕种收综合机械化率达90.5%，农机总动力达13.8万千瓦。

全区拥有农田作业拖拉机418台，水稻插秧机284台，农用植保无人机100台、联合收割机210台、谷物烘干机262台，粮食批次烘干能力达4138吨，粮食机械化烘干率达90.7%。有国家级农机示范专业合作社2家（宁波市海曙粮人粮机专业合作社、宁波市海曙南瑞粮机专业合作社），省级农机示范专业合作社8家（华丰粮机专业合作社、绿光粮机专业合作社、岐阳农机专业合作社、粮人粮机专业合作社、南瑞粮机专业合作社、横涨粮草专业合作社、西杨粮机专业合作社、顺吉粮机专业合作社）。

【海曙区获评省首批农业“机器换人”高质量发展先行县】 2021年，海曙区入选省级特色产业（水稻）农业“机器换人”高质量发展先行县名单，系宁波市唯一。海曙区制定“机器换人”高质量发展实施方案，全面提升水稻主导产业机械化水平，研究出台农机购置补贴政策，完善农机报废更新、农机政策性保险、新型农机试验示范与推广项目、农作物秸秆综合利用补贴、农机服务体系创建项目、农机化科技创新示范项目等政策支持体系。全区水稻耕种收综合机械化率达90.5%，高效植保机械化率98.9%，机械化烘干率90.7%，秸秆处理机械化率98.6%。利用国家级数字农业项目优势，对项目进行提质扩面，新建农业“四情”监测点3个；加大水稻生产农机、农技人才培训力度，年培训农机从业人员300余人次；建成水稻产业农机区域综合服务中心3家，水稻耕种收、植保、烘干社会化服务覆盖率超80%。为进一步打造“种植大脑+未来农场”模式夯实基础。

【粮人粮机专业合作社入选全国典型案例】 2021年1月，农业农村部公布第二批40家全国“全程机械化+综合农事”服务中心典型案例名单，海曙区粮人粮机专业合作社入选，成为海曙区首家。该合作社位于古林镇蜃蛟片省级现代生态农业综合区内。开展耕种管收、产地烘干、产后加工等“一条龙”农机作业服务延伸，服务内容向农资统购、技术示范、咨询培训、产品销售对接等“一站式”综合农事服务拓展，并带动当地农业增产和农民增收。同时，充分利用承担农业部数字农业项目的契机，以“信息+知识+智能装备”为核心，全方位、全角度、全链条数字化改造农业，打造一个装备高端化、作业自动化、管理信息化、经营组织化的智慧农机装备应用示范基地。先后获得全国农机合作社示范社、省级农机合作社示范社、市级区域性农机化综合服务中心称号。

【粮食运输汽车购置补助政策首创】 2021年5月，海曙区全面完成变型拖拉机提前报废淘汰工作。为解决辖区内粮食运输困难实际问题，全力保障粮食生产，区农业农村局联合区财政局及时制定政策，首创全省粮食运输汽车购置专项补助政策。根据政策内容，补助对象为承包土地500亩及以上的种粮户，按车辆购置价格的50%给予补助，单台最高补助7万元，最高补贴3台。同时，坚持“自主购机、镇乡初审、区级复审、直补到卡（户）”的补贴方式，加大对申报对象的审核、公示、复核力度，确保补助资金发放工作受群众监督，做到公平、公正、透明。截至年底，全区申请车辆38台，共发放粮食运输汽车购置补助资金216.89万元，惠及农户26人。

【“优质高效水稻大田种植数字农业技术集成示范项目”通过省级验收】 2021年12月，海曙区“优质高效水稻大田种植数字农业技术集成示范项目”通过省农业农村厅等组织的竣工验收，成为华东地区唯一大田种植数字农业项目。项目建设总投资2500余万元，打造了726.67公顷的规模化水稻种植数字化技术集成示范基地。通过合理利用农业资源和提升农业机械化水平，劳动力用工成本减少20%，单产提高2%以上，项目区综合效益每年增加约120万元；实现节水10%，减少肥料施用15%，减少农药25%，通过建设生态拦截沟和建立秸秆回收机制、农用废弃物处理机制，降低农业面源污染的风险，改善生态环境；通过实施水稻种植数字农业集成示范，促进农艺、农机和信息化的深度融合，带动周边区域水稻种植自动化、智能化和精准化水平，对全国和长三角地区的水稻种植具有示范带动意义。

（厉迪桑）

农村经营管理

【概况】 2021年，海曙全区农经统计范围内共有合作社136家，其中区级规范化合作社38家、市级示范性10家、省级示范性4家、国家级示范性1家。拥有示范性家庭农场47家，其中区级示范性家庭农场29家、市级示范性家庭农场23家、省级示范性家庭农场10家。

截至年底，全区村级集体经济组织总资产191.4亿元，比上年同期增幅5.8%。其中，货币资金存量47.6亿元，与上年基本持平；村级集体经济总收入13.2亿元，增加6.3%，其中经营性收入7.55亿元，增加4.9%；全部行政村经营性收入均在15万元以上。

【村账网络审批推行】 2021年，海曙区在农村经营管理审批工作中推行“数据多跑腿，人员少跑腿”的工作模式。各村（社）共完成8647笔网络审批，审批金额5.48亿元。支付前，由村出纳将支付事由、对象、金额、方式和附件上传系统，选择相应的审批流程，各级审批人员在“浙政钉”App上逐级审批，经审批同意后方能支付。网络审批的应用确保“先审批、后付款”财务流程的彻底落实，进一步推动基层治理体系和治理能力的数字化。

【农民专业合作社提升】 2021年，海曙区全面排查部分农民合作社存在的有名无实、运作不规范、辐射带动能力弱等问题，着重清理一批“休眠社”和“空壳社”，规范一批有经营活动但运作不规范的合作社。在此基础上，分别建立合作社正常经营、异常经营和示范社目录，实行分级分类动态管理。梯次开展市、省、国家三级示范社创建调研指导工作，引导拟创建示范社优化内部运行机制，完善规章制度，增强自我发展能力，提升带动辐射能力。年内，完成3家区级规范化合作社的验收，向上级部门申报2家市级示范性合作社与3家省级示范性合作社。

【低收入农户数字化“健康帮扶”】 自2021年4月起，海曙区以龙观乡大路村、山下村为区级试点，针对低收入农户开展数字化“健康帮扶”。由区农业农村局与大路村和山下村、中国电信宁波分公司海曙分局签订《数字乡村结对帮扶三方战略合作协议》，为两个村的15户低收入农户家庭免费安装健康管理系统，帮助建立“一站式”“互联网+”健康管理体系。被帮扶村的低收入农户多为老、弱、病、残，电信部门通过在农户家中安置人体红外线感应器和拉绳SOS报警器，帮助农户家人、帮扶干部在后台及时掌握居家安全情况。此举措为海曙区“产业帮扶”“健康帮扶”“结对帮扶”“数字帮扶”等成果外的有效补充。

（厉迪桑）

天胜“四不用”农场

“全域推进美丽乡村”建设

【概况】 2021年，海曙区对照“全域推进美丽乡村”的创建目标，因地制宜开展“美丽乡村”示范创建。整体打造镇域内的行政村，实现“村村美丽”目标，新培育市级“新时代‘美丽乡村’示范乡镇”2个。按照有“一个规划、一条干线、一个主题、一链产业、一批美村”要求，新培育“宁波市乡村振兴示范带”2条。拆、改、建、保相结合，创建市级“新时代‘美丽乡村’梳理式改造村”26个。坚持“巩固一批、创建一批、培育一批”思路，创建省级“新时代‘美丽乡村’精品村”17个。围绕“人口集中、产业集聚、要素集约、功能集成”要求，新培育市级“新时代‘美丽乡村’小集镇式中心村”2个。

【“美丽庭院”创建】 自2021年始，区妇联、区农业农村局、区文明办在全区农村开展为期3年的“美丽庭院创‘星’三年行动”。重点在拓展创建覆盖面、提升创建专业化、激发创建参与度上下功夫，截至年底，创建“美丽庭院”示范户50户、达标户6000户。在此基础上，把“美丽庭院”与“美丽手作”“美丽民宿”“美丽特产”等产业串联起来，形成系列载体、系列品牌，全方位打造“乡村振兴”全产业链。11月17日始，相关单位对当年度“美丽庭院”创建活动进行验收。

【农村人居环境整治】 2021年，海曙区着重完善建设农村生活垃圾的集成投放、分类收集、分类运输、分类处理的垃圾处理系统，推进城乡一体的生活垃圾减量化、资源化和无害化处理。新建省级“高标准农村生活垃圾分类示范村”章水镇章溪村、省级“固提升村”石碶街道冯家村等41个，市级“农村生活垃圾分类示范乡镇”章水镇、市级“农村生活垃圾分类示范村”章水镇章溪村等4个。推进农村公厕“所长制”，健全内部管理和日常保洁责任制度，新建成省级星级公厕21个，其中省级示范性公厕2个。

（厉迪桑）

石碶街道冯家村

水　利

【概况】 2021年，海曙区全力推进重点水利工程。计划投资8.1亿元，截至年底，完成投资8.21亿元，完成年度投资的101.39%。其中，鄞江堤防整治工程实际完成投资7.6亿元，完成考核任务指标的109%；一期、二期工程共分8个标段，8个标段全面开工建设，一期工程完成工程量的80%；二期工程完成工程量的30%。樟溪河干流整治工程（龙王溪段）完成投资1020万元，完成年度投资的102%。

新开工项目中，沿江泵排工程群建设项目（一期）叶家碶完成监理、施工招标。清水环通一期工程（海曙段）完成投资510万元，完成年度投资的102%，其中，行春碶泵站处于桩基施工阶段。

【农村饮用水管理】 2021年，区水利局协调处理章水镇与区水投公司独立水站的“区级统管”交接，协助区卫生健康部门做好水质监测。通过原水源地清淤、新接水源等举措，解决章水镇梅龙村梅岭水站饮用水水量不足问题。实施横街镇大雷村应急供水工程（甘童水库至里岙的水源补充应急工程），解决大雷村村民饮用水问题。开展实施水站视频监控和千人以上水站水质在线监测项目，其中9个独立水站视频监控项目完成验收。7座千人以上水站在线监测项目通过区大数据中心批复，并委托区国投集团开展实施。同时，指导相关镇（乡）街道提升独立水站安全运行管理，督促镇（乡）街道做好水费收缴等工作。

【水环境治理】 2021年，海曙区完成古林镇西洋港河、横街镇长河塘河、洞桥镇梁桥河、高桥镇施家漕河、石碶街道千丈镜河等河道的清淤工作，累计河道清淤量约24.6万立方米，提前完成当年宁波市对海曙区8万立方米的考核任务。洞桥镇李家新河生态整治工程基本完工，古林镇千丈境河—里龙港河—照天港河二期生态河道整治工程通过完工验收，累计完成中小河流治理4.38千米。西洋港河、照天港河及其水系通过“美丽河湖”联合验收。

【水资源管理】 2021年，海曙区严格落实水资源有偿使用制度。开展水土保持监督检查74次，办理水土保持审批135件，水土保持设施验收备案29个。办理自备水取水许可47个，其中新办23个、延续18个、变更6个。截至年底，全区累计办理取水许可77个；新安装取水监控12台，累计实现

溪下水库

取水监控28家。完成年取水量1吨以上自备水取水户取水计量监控50%的要求，收取水资源费330.17万元、水费746.64万元。

【水政执法】 2021年，海曙区持续推进“河湖清四乱”常态化管理，遏新增、清存量，发现一处，整治一处，实现“四乱”问题动态清零。全年完成省水管理平台湖泊河乱建问题销号1个。开展日常河道巡查、涉河涉水建设项目检查88次，对环城南路西延工程（1—Ⅴ标段）、宁波轨道轨道交通5号线、鄞县大道综合整治工程等项目开展专项检查，组织对南塘河、中塘河、前塘河、西塘河、千丈镜河、鄞江等区级河道的汛前行洪安全检查15次，处理水事案件9起，下发责令改正违法行为通知书6份，并组织“回头看”，督促完成整改。

【防汛防台风抗旱保障】 2021年，海曙区重点做好省政府民生实事工程——水文“5+1”工程，主要包括新（改）建布政、章水、龙观、洪水湾、竹丝岚等10个水位的雨量站点。截至3月底，完成所有建设任务，水文数据上传至浙江省、宁波市防汛信息平台。在汛前、汛中、汛后，分别对全区71个水雨情遥测站点进行集中检查、清洗和维护，并建立每月2次实地巡查、每天1次网上数据巡检、故障2小时响应的常态化运维机制，水文资料整编做到日清月结，为全区水旱灾害防御工作做好基础数据支撑。

自2020年10月以来，海曙区降雨明显偏少，与常年同期相比偏少六成以上，由于长时间无有效降水，山区溪坑几近干涸，水库蓄水明显偏少，供水形势紧张。通过与市、区气象部门沟通对接，根据天气趋势，于2021年1月18日在全区发布水利旱情蓝色预警，同时落实抗旱应急物资保障，紧急采购60只3T水塔桶及600只普通水桶，送至横街、章水、龙观等缺水的山区乡镇，缓解群众储水和取水困难。加强与市水利局对接，保证皎口水库每天10万～12万立方米以下泄水量，确保章水、龙观、鄞江3个乡镇自来水厂的水源。多举措加大向姚江的引水力度，确保平原河网保持中高水位，保障农业用水需求。6月10日，海曙区入梅，结合前期降雨情况，经综合研判，解除全区水利旱情蓝色预警。

2021年，受第6号台风“烟花”、第14号台风“灿都”的直接影响，全区雨量、水位、潮位等各项数据均超历史极值，区水利、防指、气象等部门沟通会商，提前布置预泄预排，及时调度各水利工程采取滞洪、强排等措施，有效减轻区域内涝程度和时间。

【溪下水库首次向宁波中心城区供水】 2021年1月27日上午9时整，位于横街镇溪下村的溪下泵站启动试运行，四台泵组中的一号泵组通过加压供水，将溪下水库优质原水源源不断输送至桃源水厂。溪下泵站的启用，标志着溪下水库实现向宁波中心城区供水，日供原水量7万立方米。溪下泵站作为重要的应急保障措施，可缓解西线原水与毛家坪水厂联通应急工程割接施工期间的原水供应压力，保障“多水库联合调度，多管道联网供水，多水源互为应急安保”的原水供应体系稳定运行。

（厉迪桑）

相关链接：

水文“5+1”工程：2019年，浙江省政府提出浙江水文走前列“五大工程”，2020年又新增“水文补短板工程”。其中，“五大工程”是指预报双提升工程、通信双保障工程、站网优化工程、直属站示范工程和综合平台工程；“水文补短板工程”是浙江水文应对超强台风暴雨洪水的能力提升工程。

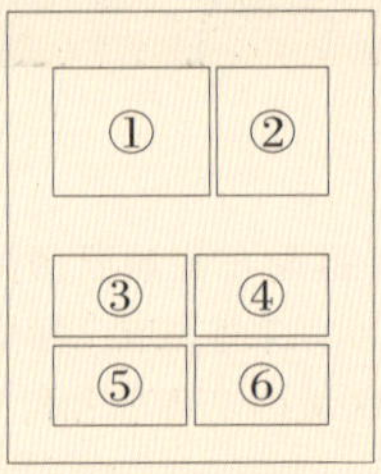

① 八戒西瓜
② 李家坑“番薯枣子”
③ 章水镇浙贝母
④ 水磨年糕
⑤ 樟村盘面
⑥ 五龙潭茶叶

工业·建筑业·房地产业

工业经济

【概况】 2021年，海曙区聚焦传统制造业改造提升和数字经济发展两条发展主线，突出数字化改革引领，工业经济主要指标保持平稳、较快增长的势头，实现工业增加值345.4亿元，比上年同期增长10.5%。其中，实现规模以上工业增加值248.9亿元，增长10.9%。

完善区域制造业高质量发展工作体系，成立海曙区制造业高质量发展领导小组，召开首次全区制造业高质量发展大会，制定出台《海曙区纺织服装产业链提升行动方案（2021—2025年）》《实施“新工网”计划打造制造业数字化“中心引擎”(2021—2023)》《海曙区深化推进传统制造业改造提升2.0版实施方案（2021—2023年）》等重要文件，营造支持制造业高质量发展的氛围。2个项目入围“2021年浙江省重点技术创新项目计划”。1个产品被列入“2021年度省内高端装备制造业重点领域首台（套）产品”。2个项目入围“2021年度浙江省首台（套）工程化攻关项目”。6个软件被列入“2021年宁波市重点首版次软件名单”。

加大制造业优质市场主体培育力度，首次遴选出55家企业作为培育对象。5家企业进入宁波市“大优强”企业培育名单。新增1家国家级“单项冠军”示范企业、7家国家级专精特新“小巨人”企业、11家市级专精特新“小巨人”企业，49家企业进入“2021—2022年全市专精特新中小企业培育库”。新上规模的小微企业数量达到139家，创历年新高。

提升制造业智能化、绿色化、服务化发展水平。围绕重点行业和重点领域，完善构建智能制造体系，推动制造业企业的数字化转型，新增各级数字化车间（“智能工厂”）3个，年度“两化融合”（信息化与工业化融合）备案项目数量达43个，新增市级以上新智造项目计划8个，备案智能制造工程服务公司14家，17家企业列入宁波市“5G+工业互联网”试点项目计划。

建立星级绿色工厂分层次动态培育机制，新增13家四星级绿色工厂，11家企业完成自愿性清洁生产审核。围绕新一轮制造业“腾笼换鸟·凤凰涅槃”攻坚行动，整治提升“低散乱”企业212家，帮扶提升低效企业90家。腾出用能空间25.6万吨标准煤，分别占宁波市、浙江省2021年度计划腾出用能量的一半、近1/7，提前完成高耗低效企业整治目标任务。腾出用地1078.47亩，提前完成全年任务。

推动服务型制造业和生产性服务业发展，太平鸟时尚中心被评为国家级工业设计中心，博洋创客157园区晋级全国首批“纺织服装创意设计示范园区”，2家企业的产品获评宁波工业“和丰奖”，4家企业获评首批市级“服务型示范培育企业（平台）”称号。

数字经济系统门户完成迭代升级，新上线产业地图、工业碳管家、企

博洋“创客157”创业创新园

业画像、产业链图谱、“亩均论英雄”等子应用。推出“一链助企”数字化企业服务品牌应用，作为6个地方创新应用之一，在全省数字经济综合门户上线展示。数字经济系统建设考评成绩位居全省第三、全市第一。深化“亩均论英雄”改革，获得浙江省政府督查激励表扬，完成年度“亩均论英雄”综合评价工作，出台《海曙区工业企业差别化电价实施细则（试行）》，加大反向倒逼力度，促进不同企业的改造提升。加大小微企业园和中小企业公共服务平台建设，新增2家省级认定小微企业园，2家中小企业公共服务平台获评省级示范。

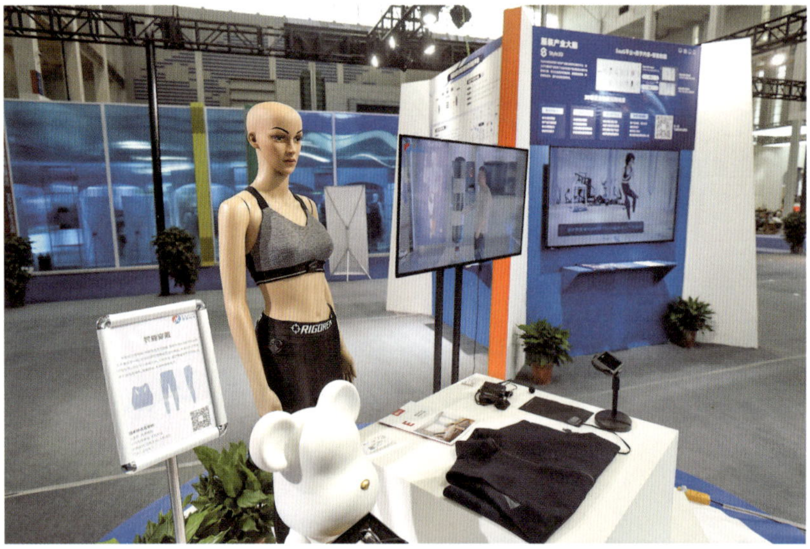
10月，在宁波时尚节搭台展示的“服装产业大脑专区”

【制造业高质量发展大会】 2021年5月24日，海曙区制造业高质量发展大会举行。会议通报海曙区制造业高质量发展先进单位名单，与8家金融机构签订战略合作协议，向服装行业“5G+工业互联网”创新中心、海曙区“5G+工业互联网”产业联盟授牌，区经信局、区科技局、区工改中心、宁波三生生物科技有限公司、寰采星科技（宁波）有限公司、狮丹努集团股份有限公司、宁波工业互联网研究院等单位、企业负责人作表态发言。

【深化“亩均论英雄”改革工作获省政府督查激励】 2021年5月，省人民政府办公厅对2020年落实有关重大政策措施真抓实干、成效明显的地方予以通报，海曙区凭借“深化‘亩均论英雄’改革工作成效显著”获得督查激励。海曙区将深化“亩均论英雄”改革作为破解辖区受资源要素制约困境的重要途径。2020年，实现规模以上工业亩均税收每亩49.7万元，比上年同期增长15.9%；亩均增加值每亩244万元，增长18.5%；单位能耗工业增加值每吨标煤3.21万元，增长40.8%；单位排放工业增加值每吨6994.5万元，增长133.7%。四项指标的增速均位居宁波市前列，分别高出浙江省平均增速18.4、10.6、40.1、120.2个百分点，超额完成改革目标。

【三星级（区级）“绿色工厂”评选首次开展】 2021年上半年，为加快推进绿色制造体系建设，打造绿色制造先进典型，发挥示范引领作用，全区企业参与首批三星级（区级）绿色企业评选。截至10月，经企业申报、属地镇（街道）和园区初审并推荐、专家评审、名单公示等程序，以及近三年内通过清洁生产审核验收和市级节水型示范企业可直接认定为三星级“绿色工厂”标准，宁波南方塑料模具有限公司等29家企业被评为海曙区第一批三星级（区级）绿色工厂。评选结束后，继续针对评选中发现的“绿色工厂”建设薄弱环节，要求相关部门和属地镇（乡）街道、园区加强绿色制造体系创建指导。鼓励有关企业要持续强化用地集约化、原料无害化、生产洁净化、废物资源化、能源低碳化等方面工作，补齐短板，进一步提升绿色制造水平。

【海曙区入选全省首批行业产业大脑建设试点】 2021年7月，浙江省第一批行业产业大脑建设试点“揭榜挂帅”项目名单公布，海曙区的“服装产业大脑”项目上榜。此项目系宁波市唯一独立建设项目，主要由数据中枢系统、政府侧数仓、企业侧数仓等要素构成，构建工业全要素、全产业链、全价值链的全面连接，推动生产方式、产业链组织、商业模式、企业形态的重构。产业大脑以supOS工业操作系统为底座，以宁波雅戈尔集团现有的服装云平台为基础，汇聚行业资源要素、产业链、创新链、供应链、贸易流通等数据，将其转化成为智能研发、生产协同、物流调度、能源管理、智能化决策等14项产业大脑的能力。

【“一链助企”多跨应用场景入选浙江省创新应用名单】 2021年8月18日，海曙区开发的“一链助企”多跨应用场景入选浙江省9个地方创新应用名单，系全市唯一。“一链助企”多跨应用场景是海曙区基于地图可视化、实现产业综合决策分析而开展的数字化创新探索。借此打通政企直连通道，实现政府内部工作清单化、企业服务精准化和工作提质增效，打破企业与部门业务科室间的数据壁垒，并在闭环服务过程中实现业务数据的积累和沉淀，丰富企业画像，构建“看得见”的全区工业企业大数据库。

【“培源股份”入选国家级制造业单项冠军】 2021年12月，第六批国家级制造业单项冠军名单发布，海曙企业宁波培源股份有限公司入选。“培源股份”以汽车减震器连杆及配件的研发和生产为主。企业建设技术研发中心，组建一支由高级工程师、硕士研究生及专业工程技术人员组成的研发团队，以自主创新为企业提供发展底气，主持制定《内燃机用硅油风扇和离合器技术条件》行业标准。近三年来，“培源股份”每年的研发投入占销售收入比重达4%，拥有专利近40项。2020年，培源股份产值超3亿元，稳居国内汽车减震器活塞杆专业配套市场第一，实现从市级制造业单项冠军示范企业向国家级单项冠军企业的跃升。

【辖区两企业获评“全国纺织工业先进集体”】 2021年12月，人力资源和社会保障部、中国纺织工业联合会联合印发《关于表彰全国纺织工业先进集体劳动模范和先进工作者的决定》，海曙区博洋控股集团和太平鸟时尚服饰股份有限公司获评“全国纺织工业先进集体”，全省5家企业获此殊荣。该奖项每5年评选表彰一届，代表着国内纺织行业最高荣誉。

（蒋翠清）

工业园区升级改造

【概况】 2021年，海曙区以工业园区升级改造为着力点和突破口，系统优化区域工业布局，全面带动低效工业用地再开发，统筹产城人文融合发展。截至年底，启动实施工业园区升级改造项目101个，涉及成片工业园27个、零散工业用地42个，升级改造面积224.67公顷，产业提升取得初步成效。纳入“亩均改革”整治名单的130家低效企业完成达标提升目标，全年完成工业投资超过30亿元（其中制造业投资超过20亿元）。

根据不同开发主体情况与企业主体意愿，灵活运用“带方案出让+配建村级资产”“村级自主开发模式”“调产安置或货币补偿”等七大运作模式，允许土地挂账收储后在新建园区集中配建集体资产，鼓励相邻企业联合升级改造，探索推进“工改商”“工改住”项目反哺“工改工”“工改公共设施”项目的利益平衡机制，保障村集体、农民（股民）、厂房业主、企业经营者等权益主体的合法权益。推进上水碶、黄隘（临江）、梅园、郭夏等工业园升级改造的前期工作，加快编制白岳、岐湖（民乐）、秀丰等工业园升级改造实施方案。

【工业园区升级改造规划编制】 2021年，海曙区加强对各类工业园区升级改造的顶层设计，健全工作体制，在摸清家底基础上，根据全区“十四五”发展规划，充分衔接海曙区新一轮国土空间总体规划，结合产业集聚区规划，编制《海曙区工业园区升级改造专项规划》。该文件对全区现状工业用地基本明确“工改工”“工改城”“复垦（清退）”改造方向。制定《海曙区工业园区升级改造三年行动计划（2021年6月至2024年6月）》，要求各镇（乡）街道挂图作战，销号管理，强化问题闭环管理。

【工业园区升级改造“一园一策”模式】 2021年，采用“挂账收储（房屋置换）+带方案出让+国有平台摘地+统一运营”模式的古林镇藕池未来智慧园（一期）开工建设。项目以数字经济为核心，规划引入大数据、区块链、智能制造等产业，打造集“管理数字化、运营智慧化、硬件智能化、服务平台化”于一体的未来工业园，达产后预计年产值超过3.2亿元、年税收超过3200万元。采用“村级自主开发”模式的横街镇水家工业园（一期）领取施工许可证，规划打造以铝制业为核心、饰品包装设计产业和新能源电子科技产业为侧翼的“一核两翼”时尚智造产业园，达产后预计年产值每亩500万元、年税收达每亩50万元。

【《海曙区村级工业园升级改造政策扶持试点办法》制定】 2021年，海曙区在村级工业园升级改造过程中，强化财政补助激励，制定出台《海曙区村级工业园升级改造政策扶持试点办法》，明确拆旧、建新、整理式改造、贴息、担保等9项补助政策，充分保障村集体、农民、厂房业主、租户等四方权益。拆旧补助方面，对连片拆除面积25亩（含）以上的，原则上对一类（含城区街道）、二类、三类镇（乡）分别给予每亩25万元、20万元、15万元的拆旧补助，用于解决拆迁补偿、租期解约、搬迁过渡等资金问题。建新补助方面，对新增建筑面积2.5万平方米（含）以上的，按照容积率不同，给予每平方米100～200元建设补助。复垦补助方面，对土地复垦的，按照不低于土地整治政策补助，补助资金专项用于购置“飞地安置”的经营性资产或入股。截至年底，拨付古林镇、横街镇、区国投集团财政补助资金2000余万元用于项目建设。同时，辅以镇（乡）街道及国有平台激励、金融合作、央企及地产基金战略合作等机制，拓展资金渠道，与9家金融机构建立战略合作关系。

【产业用地管理创新】 2021年，海曙区创新产业用地管理，推出多项举措，破解用地指标少问题。制定出台《海曙区工业园区升级改造用地操作指引》，提出区属国有平台建设的小微产

水家工业园改造效果图

业园工业用地可分割登记、鼓励相邻多宗地整体开发等工业用地举措。同时，探索“先租后让、租让结合”的供地方式，让产业用地有效配置给有真实需求的企业，有利于引进高科技骨干企业，实现共赢格局。其中，望春工业园区WCH—06—q1—c地块采取“定制+租赁+转让”的产业供地模式，系全市首例，该地块约42亩，由海曙工业投资有限公司摘得，并与辖区高新技术企业寰采星科技（宁波）有限公司签订“先租后让”供地合作协议。

采用“国有平台拍地”模式的横街镇林村“两山”地块项目完成桩基施工，总投资约1亿元，结合四明山区域生态发展，规划打造以竹制品产业为主的工业园。采用“企业自主开发”模式的秀丰工业园八方、敖达等6家企业通过获批增容，其中，八方地块完成3个新兴产业项目的导入投产，预计年产值4亿元，可新增年税收5000万元。

【工业园区升级改造全生命周期运营机制建立】 2021年，海曙区出台《海曙区工业园区升级改造项目入园标准操作指引》。文件强化全生命周期运营指导，从规划符合性、合法合规性、亩均效益、生态、安全、环保等方面，科学建立入园项目评价指标，构建前期评估、决策和联审机制，把好项目投资强度、纳税强度等指标关，明确各园区重点发展或引入的产业方向，打造特色优势产业集群。横街镇水家工业园一期重点打造时尚化妆品产业，古林镇藕池工业园一期重点打造未来智慧产业，洞桥镇上水碶村工业园一期重点打造电子信息与智能装备产业。

（李科杰）

宁波望春工业园区管委会

【概况】 2021年，望春工业园区核心区域开发面积6.8平方千米，涉及集士港（3.7平方千米）和古林（3.1平方千米）两个镇。在浙江省新一轮开发区（园区）整合提升工作中，园区得以保留。截至年底，园区注册企业近1600家，其中规模以上工业企业79家、高新技术企业55家。

完成地区生产总值30.8亿元，比上年同期增长7.50%。完成规模以上工业增加值24.4亿元，增长8.7%；规模以上工业产值129.3亿元，增长19.5%，增幅在30%以上的规模以上工业企业20家。完成固定资产投资9.74亿元，增长20%，其中工业投资8亿元，增长2%。完成财政总收入4.97亿元，增长24.4%。完成一般公共预算收入2.76亿元，增长21.5%。

5月28日，园区两宗土地完成出让，分别是同创华毅（宁波）实业有限公司和寰兆星（宁波）科技有限公司，占地面积分别达2.2公顷和2.8公顷。12月16日，继续完成一宗土地的出让，由宁波狮丹努云尚科技有限公司获得，占地面积2.38公顷。

【丹尼爱特大中华区总部项目开工】 2021年10月10日，同创（宁波）丹尼爱特中心项目开工。项目总投资2亿元，集设计研发、智能制造、采购供应链、智能物流、跨境及国内电商、全国结算、销售展示及培训等功能于一体，该项目建成后，规划成为国际时尚品牌“DANIEL HECHTER”大中华区总部。望春工业园区和区招商部门探索时尚服装产业招商路径，聚焦国际顶尖品牌，落实招引方向，发挥重点城市招商小分队、社会中介机构、区内龙头企业、地方商会等渠道作用，深度挖掘国际品牌“关系网”，推动一批国际顶尖时装品牌相继在园区落户。

【望春工业园区获评省“商业秘密保护示范区”】 2021年11月，浙江省商业秘密保护基地名单公布，望春工业园区获评省“商业秘密保护示范区”，园区企业宁波思明汽车科技股份有限公司、宁波鸿腾精密制造股份有限公司2家企业获评省“商业秘密保护示范指导站（点）”，实现海曙区在此领域零的突破。截至年底，园区有高新技术企业和区级以上工程中心近100家。园区自成立之始，就成立知识产权综合服务中心、商业秘密保护工作小组，设立商业秘密保护培训基地，企业负责人受训人数超千人次，企业受训率达100%，全方位拓面提质知识产权保护服务。

【寰采星科技高端金属掩膜版项目开工】 2021年12月1日，海曙区高端金属掩膜版项目在园区开工建设。该项目系海曙区2021年亮点工程之一。地块用于为寰采星科技（宁波）有限公司的二期扩产项目。东至聚才路，南至前塘河河流绿化用地，西至地块界限，北至科研路，总用地面积近3公顷，总投资约3亿元，建设总规模约

10月10日，同创（宁波）丹尼爱特中心项目开工

4.7万平方米，计划工期450天。项目建成后，可进一步扩大高精度金属掩膜版产线，助力寰采星科技打造成为国内金属掩膜版产业里的标杆企业，并为区域产业转型升级提供重要产业支持。

（洪　璐）

9月，海曙区建筑业“质量月”活动开展

建筑业

【概况】 2021年，海曙区有资质内建筑业企业275家，建筑业总产值超过500亿元。其中，在浙江省外完成产值超过100亿元。主营业务收入388.71亿元，比上年同期下降14.10%。利润总额8.68亿元，下降5%。房屋建筑施工面积2999.13万平方米，下降12%，其中，新开工面积1009.32万平方米，下降18%。区建筑企业承建的11项工程获2021年度浙江省建设工程“钱江杯”。

制定《2021年度安全生产目标责任制考核细则》，签订《2021年度安全生产目标管理责任书》。受理安全质量监督项目85个，竣工备案76个，受监项目240个，在监项目总面积1510万平方米。警示约谈企业102家，通报表扬与企业的分别为24家、43家，提交行政处罚项目15个，暂停承接业务企业2家。住宅样板房验收15个项目、34套。

11个项目被评为“宁波市工程结构优质奖”，获评省、市“安全文明施工标化工地”的数量分别为3个、8个。2个项目被评为“浙江省平安工地示范工程”。

【装配式建筑项目管理】 2021年，海曙区累计落实装配式建筑项目面积超过636万平方米。其中，新备案面积186.20万平方米，完成年度目标任务（180万平方米）的104.7%。区住建局通过以点带面、示范引领、面上推动，推进以装配式建筑为代表的新型建筑工业化，助力区内装配式建筑发展提速增效。同时，严格执行全市钢结构装配式住宅试点要求，以政府（国有）投资的住宅项目和房地产开发住宅项目为试点，新备案宁波市长乐东地段HS03—01—08地块等6个钢结构装配式住宅项目，面积7.8万平方米。

【工程建设领域保证金制度改革】 自2021年1月始，区住建局全面落实工程建设领域保证金制度改革，以工程保函形式替代保证金，健全“工程保函+信用”挂钩机制，大幅降低保证金缴纳金额，切实减轻建筑业企业负担。截至年底，办理农民工工资在保企业109家，以保函形式释放农民工工资保证金7220万元。

【建设工程“百日攻坚”行动】 2021年3月30日至6月底，海曙区开展全区建设工程安全生产和文明施工“百日攻坚”专项治理行动。行动分自查自纠、集中攻坚、总结提高3个阶段。要求建设工程各参建主体要结合本企业、项目部施工安全和文明施工的实际，找准突出问题和薄弱环节，针对事故易发部位和环节，确定重点排查的对象和内容，全面开展排查与整治。重点严查“四类企业”“五类工程”“十种行为”。

【建筑工程安全应急演练】 2021年6月18日，海曙区深入开展全国第二十个“安全生产月”活动，以“落实安全责任、推动安全发展”为主题，在南门街道宁波市建设集团股份有限公司承建的HS16—02—12地块（工业互联网项目），举办海曙区建设工程生产安全事故应急救援演练暨建筑施工标准化现场观摩会。演练重点检验和评估全区建筑施工领域安全生产事故应急处置的科学性和可操作性，规范应急指挥、应急处置运行程序和方法，锻炼应急救援队伍快速反应和协调作战能力，提高全区建筑施工领域处置生产安全事故的能力。

【建筑业“质量月”活动】 2021年9月，海曙区开展建筑业“质量月”活动。区住建局聚焦住宅质量通病治理、提升人民群众获得感，通过加大住宅工程检查力度，标杆工地示范引领，召开质量专题教育培训等活动，宣传国家、省市关于质量方面的要求，进一步提高企业质量意识。

（江亦海　黄驿雯）

房地产业

【概况】 2021年，海曙区房地产开发完成投资235.16亿元，比上年同期增长35.8%。商品房销售面积125.16万平方米，增加14.8%，其中住宅成交108.54万平方米，增加24.9%。

完成2件房地产开发企业暂定级资质核准、14件暂定级房地产开发企业资质到期重新核定及7件房地产开发企业暂定级资质变更。完成33个批次的房地产开发项目预售许可审批，9个房地产开发项目现售备案审批，落实《宁波市海曙区建立和完善房地产市场平稳健康发展长效机制工作方案》。

海曙区房地产经纪机构备案新增114家，累计在册550家。房屋租赁合同备案累计办理842件。完成租赁企业开业申报27件。完成房产交易合同备案11269件，核查购房资格10901户。

开展房地产常态化整治工作，对辖区26个在建项目落实清单化自查自纠。整治期间，制定整顿规范情况表，要求房企健全商品房销售信息公示、销售方式和售后服务机构制度。

【住房租赁市场整顿】 2021年上半年始，区住建局根据《海曙区治理规范长租公寓市场专项行动方案》，通过排摸调查，将辖区内3家相关企业列为中风险企业，上报市住建局，同步向属地镇（乡）街道、区公安、区市场监管进行通报，联合多部门加强对风险企业的管控。11月，出台《宁波市海曙区人民政府办公厅关于加快培育和发展住房租赁市场的实施意见》，要求大力培育和发展住房租赁市场，加快建立多主体供给、多渠道保障、租购并举的住房制度，推动全区房地产市场平稳健康发展。

【房地产党建联盟工作会议】 2021年3月2日，海曙区召开"房地产党建联盟"工作会议。会议审议通过《2021年房地产党建联盟活动方案》，区住建局与雅戈尔置业控股有限公司、宁波万科企业有限公司、北辰地产集团有限公司宁波城市中心、招商蛇口宁波公司、中铁房地产集团华东有限公司宁波事业部、中海地产宁波公司成员单位共同签订《党建联盟共建协议书》。党建联盟建立后，以党建与行业管理相融合为抓手，深化政企联动，重点围绕扩大党建联盟阵容、精准服务企业、红色主题党日活动、精准扶贫4个方面开展工作，推动海曙区房地产市场持续健康发展，致力形成房地产行业"大党建"工作格局。

【购房新政落实】 2021年4月和5月，宁波市执行的房地产限购政策经历2次政策调整升级，区住建局行政窗口迅速落实宁波购房政策的调整和升级，及时组织窗口工作人员学习新政策，统一对外提供窗口购房资格核查服务，同时开通商品房购房资格核查专窗，落实购房新政，为辖区商品房交易正常开展保驾护航。

【房地产项目风险防控智治】 2021年11月8日，海曙区制定《海曙区房地产项目风险防控智治工作实施方案》。11月25日，风险防控智治工作小组组建，26个在建在售房地产项目参加。组建工作群，发布指令和月工作简报方式进行"晾晒比"。实施1个月，受理指令12件，受理数量比上年同期减少20%。

（邵　燕）

住房保障及棚户区改造

【概况】 2021年，海曙区住房保障实行"公共租赁住房保障为主，实物保障与货币补贴并举"的保障方式，稳步提高公共租赁住房补贴保障比例，扩大住房保障覆盖面，实施定向精准保障，逐步构建城乡一体化住房保障体系。加强城镇房屋使用安全管理，推广"保险+服务"安全监管模式，逐步完善农村困难家庭危房改造补助机制。

全面完成年度公租房补贴家庭年审工作，共计243户不符合条件的家庭退出公租房保障，使有限的保障资源合理分配到最需要的家庭。

加快原高塘三村棚改已清零土地收储入库，作为全市2021年度"两集中"供地项目出让。原新芝路8号南侧地块，肖家巷危旧房改造地块完成土地污染调查、围挡设置、管线迁移等土地出让收储入库的相关手续办理工作。稳步推进2020年4个棚改计划项目，申报2021年棚改专项债券。

【棚户区改造计划项目】 2021年，海曙区稳步推进石碶街道后仓城中村改造安置房（一期）、石碶街道黄隘城中村改造安置房、集士港镇董家桥地块安置房、望春街道信谊小学东安置房4个纳入2020年棚改计划的安置房新开工项目。截至年底，后仓、黄隘项目进入装饰装修工程阶段，董家桥地块进入主体施工阶段，信谊小学东基础施工基本完成。同时，此4个项目申报2021年棚改专项债券，共申报获得棚改专项债券9.4亿元。

【房屋使用安全管理】 2021年，海曙区完成8幢在册城镇危房解危工作，建筑面积约1.75万平方米。完成农村房屋安全隐患排查鉴定整治，共排查农村房屋120869户，完成4206户农村房屋安全鉴定，完成8处农村危房治理工作。完成自然灾害综合风险普

11月，石碶街道后仓城中村改造安置房项目

查房屋建筑调查录入，共录入房屋数量21.66万幢，建筑面积9577.63万平方米。做好农村困难家庭危房改造即时限时救助，发放2020年困难家庭危房改造补助资金16.5万元，完成新增8户困难家庭危房的解危工作。做好“安居示范村”创建工作，全区创建27个“安居示范村”。

【公共租赁住房保障】 2021年，海曙区新增公共租赁住房保障家庭2607户，其中配租家庭445户，租赁补贴家庭2162户，共发放租赁补贴2802.28万元。截至年底，全区共有公共租赁住房保障家庭8885户，其中租赁补贴家庭4191户，实物配租家庭4694户。

【住房困难家庭精准保障】 2021年，海曙区主动保障低保、低保边缘家庭112户，新增外来务工人员保障254户。进一步优化公共租赁住房政策体系，出台《关于解决一线环卫工人住房困难的通知》，对全区环卫职工启动精准保障。

【住房保障一网通办】 2021年，海曙区做好住房保障网上办、掌上办、证办，推进公租房线上申请办理工作，及时做好信息公开。新增受理事项2739条，其中线上办理数量为2463条，网办受理率达89.9%。

【历史建筑测绘建档完成】 2021年年初，海曙区通过公开招投标，选聘宁波易旸建筑规划设计有限公司、杭州禾玺建筑规划设计有限公司、宁波大汉古风建筑设计有限公司和宁波冶金勘察设计研究股份有限公司4家单位对全区范围内326处历史建筑开展历史建筑测绘建档。在测绘过程中，运用三维激光扫描、倾斜摄影、全景影像采集等数字化技术，构建历史建筑720度全景三维影像，给历史建筑留下最全面和准确的现状资料。测绘和建档工作于年底完成，并通过省住建厅专项验收。

（孙凯丽　吴胜天）

改造后的月湖人家小区

老旧小区改造

【概况】 2021年，海曙区完成82个老旧小区改造，改造面积约450万平方米，总投资约11亿元，涉及居民约4.70万户，改造范围逐步延伸至乡镇地区。同步开展雨污分流改造、低洼地改造、“绿色社区”创建等工作，坚持“统筹改一次”。

【“绿色社区”创建】 2021年，海曙区完成41个“绿色社区”创建，全区40%以上的社区建设达标，涉及37个中心城区社区和8个乡镇社区。编制《海曙区绿色社区建设行动实施方案》，明确至2022年年底，基本实现社区人居环境整洁、舒适、安全、美丽的目标。

【无障碍设施和适老化改造】 2021年，海曙区坚持“先民生、后提升”改造原则，在满足基础类改造的前提下，拓展公共空间、邻里花园、居家养老等提升类、完善类改造项目，新增既有住宅加装电梯42台，新建无障碍设施29处，建设适老化小区30个。鼓楼街道文昌花园小区列入住建部“我为群众办实事”基层项目联系点。

【城镇老旧小区改造工程】 2021年3月，2021年度海曙区老旧小区改造工程完成立项，改造项目涉及面积约450万平方米，总投资约11亿元。6月始，陆续进场施工，项目主要内容涉及外墙粉刷、道路修补、飞线整治、绿化治理、安防升级等。建立老旧小区施工许可机制，开展现场督查项目15次，发现并整改问题15个，发放建设工程安全质量停工整改通知书4张。12月底，82个改造项目全面完工，惠及居民4.7万户。

【老旧小区低洼地改造工程】 2021年12月20日，南门街道柳汀新村低洼地改造工程项目竣工验收。该项目于2020年12月22日进场施工，结合老旧小区改造同步实施，包括新建雨水泵站1座，雨水管道改造约3000米，住宅楼外墙面立管改造约3000米。12月23日，西门街道汪弄小区低洼地改造工程项目竣工验收，项目结合老旧小区改造同步实施，于2021年6月17日进场施工，完成局部雨污分流改造483米，外墙立管更换约10000米。

（黄佳宁）

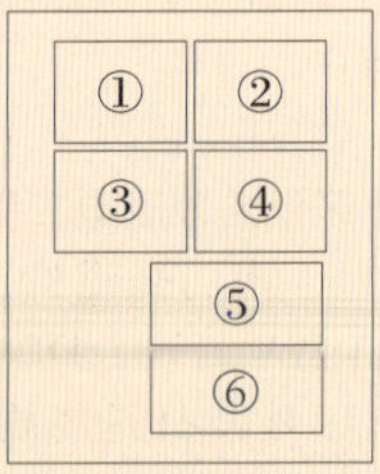

① 南苑社区南区屋顶“平改坡”
② 南雅社区道路改造
③ 南雅社区垃圾房改造
④ 南雅社区运动健身场所改造
⑤ 文昌花园休闲步道改造
⑥ 文昌花园无障碍设施改造

商贸·经济合作

现代服务业

【概况】 2021年，海曙区服务业增加值956.7亿元，比上年同期增长9.4%，占地区生产总值的比重由63.9%上升至68.6%，商贸业、金融业规模保持在全市前列，3个商业综合体建成投用，5家企业上市，两个国企集团组建壮大，相继创建省级“夜间经济新服务样板区”“数字生活新服务样板区”。

金融业增加值占GDP比重保持在10%左右，金融业税收占一般公共预算收入保持在15%左右。创新平台实现由集聚到壮大，启动建设“翠柏里”创新街区，五大产业技术研究院创新赋能作用明显，新建创新平台34个，孵化创新企业37家。促进文旅体消费升级，承办宁波市级活动——2021宁波文旅消费季春季活动，开创文旅产业“体验式消费”新模式。梁祝文化公园凤凰塔高空运动休闲综合体入选；“清新龙观运动体育旅游精品路线”入选2021年度长三角地区精品体育旅游线路。

外向型经济发展新政出台实施，全省首个国际贸易发展联盟组建运营，获评“浙江省外贸十强区（县）”。引进亿元以上项目238个，68家总部企业相继落户，累计完成宁波大市外内资715亿元、“浙商回归”资金365亿元、实际利用外资12亿美元。国家级临空经济示范区获批，基地航空公司2家。

持续推进“夜海曙”地标塑造、古城畅游、集市重展、书香品味、美食专享等八大工程，发展购物、美食、娱乐、旅游、文化、体育等六大业态。出台促进夜间经济发展政策，主要广场、街区举办夜间经济活动超过20场。引导商业广场、购物中心、街区进行品牌调整、业态升级，天一广场、和义大道、南塘老街等引进零售、餐饮、文创、美容等全球首店1家，华东首店2家，浙江首店2家，宁波首店55家，以品牌效应带动消费升级。

（韩舒格）

落户和义大道的lululemon宁波首店

商贸流通

【概况】 2021年，海曙区围绕“宁波国际消费示范区”和“宁波夜间经济先行区”建设目标，努力打造“新消费标杆区”，获评省首批“夜间经济样板城市”。商品销售总额同比增长20.7%；社会消费品零售总额844.10亿元，比上年同期增长7.4%；餐饮业营业额增长31.9%。年度全市商贸流通业评价中，海曙区被评为“商贸流通工作综合二等次”“商贸创新发展工作一等次”“商贸管理工作一等次”“商贸民生发展工作二等次”。

以省级高品质步行街改造提升试点、“智慧商圈”试点、都市商圈提质增效改革试点等工作为牵引，开展商圈提质行动，进一步提升商贸能级。加快推进中医药特色街区、和义大道、鼓楼沿历史文化街区等改造提升，争创宁波“精特亮”工程。完善“一芯两带多节点”的商业体系，强化泛三江口商圈辐射带动作用，加快推进商贸设施西拓、南延，实施星悦城、南站里、新星商业中心1号地块、龙湖天街、江汇城等项目建设；推进宁波杉井·奥特莱斯未来商圈试点，推进商圈服务便利化、智慧化、人性化、特色化、规范化发展。

以省“夜间经济”试点、“消费促进月”、“首店经济”为牵引，发布《海曙打造消费体验高地倡议书》。持续推进“夜海曙”地标塑造，出台促进“夜间经济”发展政策，主要广场、街区举办“夜间经济”活动超过20场。发挥空港优势，引入时尚奢侈消费品、生物医药产品等进口品牌商品。持续引进国际知名购物中心、高端特色主题商场、国际一线品牌体验店等高端业态，聚焦“首店、首牌、首秀、首发”，打响“消费在海曙”品牌。组织开展“新风尚·最海曙”为主题的2021风尚购物消费季活动，“约惠”鼓楼沿优惠促销活动评为“2021宁波购物节十大亮点活动”，区商务局获评优秀组织奖。加强“菜篮子”生产能力，市场流通，质量安全，调控保障方面的组织领导和政策支持，提升“菜篮子”工程建设水平，获评“菜篮子市长负责制考核优秀单位”。

【海曙恒一城市广场开业】 2021年1月15日，海曙恒一城市广场开业，广场在前身富茂大厦的基础上改造而成，含主楼、附楼、商业裙楼，构建“潮玩购物中心+精英公寓”的组合模式，总建筑面积85200平方米，商业面积56400平方米，商铺数量130余家。广场客群定位瞄准于年轻时尚都市新青年，全方位打造符合年轻人追求和消费习惯的体验式商业广场，侧重“潮流、新鲜、体验”，满足都市新青年对生活品质、精神文化的追求，释放其消费能力。

【2021风尚购物消费季活动】 2021年4月30日，以“新风尚·最海曙”为主题的“2021海曙区风尚购物消费季”活动启动。启动仪式上，商家代表共同签署《海曙打造消费体验高地倡议书》，营造海曙良好的消费环境。消费季集中梳理各类主题体验和促销活动40余大项超100小项。活动持续到至5月17日。其中，4月30日至5月5日小长假期间，区内19家购物中心、百货、超市、家电卖场实现销售额5.25亿元，比上年同期增长11.3%，阶段性成效显现。

【两企业列入省首批内外贸领跑企业培育名单】 2021年6月10日，省商务厅公布全省首批内外贸一体化“领跑者”企业、改革试点产业基地培育名单，109家企业成为首批内外贸一体化“领跑者”，海曙区的宁波宁兴控股股份有限公司、广博集团股份有限公司列入其中。宁兴控股作为海曙区老牌国际化、多元投资经营控股型集团，在跨境电商、农业科技、船舶制造等方面跨行业多领域发展，以产品为中心推进专业化经营，兼顾国际、国内两个市场，加快培育外转内、内转外确立和加强内外贸、贸工研、产学研一体化的模式，在细分市场建立内外贸一体化发展的优势和专长。广博集团作为国内第一家文具A股上市企业，在中国及境外17个国家或地区注册商标，获评“浙江出口名牌及国家文化出口重点企业”，“同线同标同质”产品在所有产品中占比20%，属业内较高标准，作为“国家高新技术企业”，拥有省级企业研究院、省级企业技术中心等研发团队，并获得5项发明专利和48项实用新型专利。

龙湖天街

【凉山彝族自治州消费推介活动在海曙举行】 2021年9月17日，四川省凉山彝族自治州（宁波）消费协作推介活动启动。按照宁波、凉山两地商务局签署的合作协议，搭建消费协作平台，畅通“凉山产、宁波销”渠道，推动形成消费帮扶发展新格局的具体实践。其间，在鼓楼沿历史文化街区举行的为期3天的“凉山州彝族自治州名特优农产品展销会”成为活动重点，近50家凉山企业和宁波市内经销企业带着特产风物参与。

【国庆期间消费市场活动】 2021年国庆期间，海曙区19家购物中心、百货商场、家电卖场、大型超市累计实现总销售额3.19亿元，较2020年同期下降7.7%，较2019年同期增长34.6%。其间，各大广场、街区推出各类主题活动，天一广场在国庆首日的客流突破36万人次。宁波杉井·奥特莱斯广场推出“中国力量·奥莱同行”国庆长假主题活动——“逐梦航天太空宇航展”，7日客流量达52.4万人次，比上年同期增长1.7%；累计销售额超1亿元，增长3.7%，其中夜间销售额增长5.5%。各商场通过组合式促销互动拉动消费，宁波第二百货结合黄金周婚嫁乔迁旺季特色，实现销售额2646万元，增长3.4%；“苏宁易购”推出全品牌、全品类家电消费补贴券，销量增长9.6%；“五星电器”7日销售额增长2.3%。

12月，海曙区上榜首批“夜间经济样板城市”名单，图为天一广场

【两企业上榜省级“绿色商场”】 2021年12月13日，浙江省商务厅公布“2021年浙江省绿色商场”名单，覆盖11个地市的73家商场，海曙区的国际购物中心、酷购商城上榜。截至年底，全区累计有和义大道购物中心、银泰百货东门店等5家省级“绿色商场”，数量居全市首位。

【新增4家“宁波老字号”企业】 2021年12月13日，宁波市商务局公布首批“宁波老字号”认定结果。宁波豆制品有限公司、宁波东海集团有限公司、宁波老席匠编织品有限公司、宁波市海曙当代画廊4家海曙区企业上榜。截至年底，全区累计有21家老字号企业、23个老字号品牌，其中，“中华老字号”4个、“浙江老字号”15个、“宁波老字号”4个。

【海曙区获评省首批“夜间经济样板城市”】 2021年12月27日，省商务厅公布省首批“夜间经济样板城市”名单，海曙区上榜。海曙区出台《海曙区加快发展夜间经济实施方案》，明确提出加快建设“宁波夜间经济先行区”的发展目标。发挥区位优势明显、消费势头强劲、夜间业态丰富、发展格局合理等特点，通过加强领导、规划引领、政策引导、项目建设、品牌引进、活动带动、氛围营造等方式，实施地标塑造等八大工程，发展夜间购物、美食、娱乐、旅游、文化、体育六大业态，加快形成规划合理、设施完善、业态多元、管理规范的夜间经济发展格局，逐步打响“消费在海曙”“夜海曙”品牌。

（施丽英　赵士坤）

石碶市场区

【概况】 2021年，石碶市场区商品成交额为39.53亿元，比上年同期下降8.18%；上缴税收123万元，下降76.5%。市场区收入总额为3490.22万元，上涨15.4%。

轻纺城市场增装无线智能烟雾报警器点位502点，新安装监控点位27只，安装漏电保护欠压自动脱扣开关3100只。更换灭火器1560只、烟感与温感喷淋65只、疏散灯80只、应急指示灯75只。新开辟非机动车位200个。

6月16日、11月10日，先后开展2次消防疏散逃生演练，参与商铺约700家，人数近2000人。7月29日，开展电梯疏散逃生演练。

围绕建立“诚信市场”“和谐市场”目标，严格按照有关法律法规，维护消费者合法权益。受理各类投诉55起，结案率100%，为消费者挽回经济损失89463元。

【宁波轻纺城市场形象更新】 2021年4月，宁波轻纺城市场对西饮街51间店铺的招牌广告进行改造，规范统一设置风格。建造2间约15平方米的保洁工具房，供经营户摆放拖把。新增2台清洁机、1台清洗机，提高城内保洁效率。投入100万余元，更新轻纺城主楼正大厅约100平方米的户外信息发布屏，滚动式播出党史学习教育、疫情防控、“文明典范城市”创建、“共同富裕”、“平安建设”相关视频和公益广告等内容，提升传播效果。

【电梯智能阻车系统引进】 2021年5月，石碶市场区投入约3万元，升级9部电梯硬件系统，安装AI智能监控设施，通过加载智能识别率，自动识别电动车、自行车、婴儿车等。系统安装后，电梯使用管理安全效果显著，原市场内每天发生600余次的电动车上下楼事件，安装后降为0次。

（李含笑）

粮食流通

【概况】 2021年，区粮食和物资储备局与区发改局采取合署办公模式，区发改局内设粮食物资科，负责全区粮食安全保障体系建设，包括粮油供需平衡、粮食市场调控、订单粮食收购、储备粮油管理、仓储设施建设、物资储备及流通统计和质量监管在内的行政执法监督管理。下辖国有独资粮食收储企业——宁波市海曙粮食收储有限公司，公司有粮库1个、粮站7个、资产管理分处6个，干部职工68人。

全区粮食作物播种面积14.84万亩，粮食产量1.27亿斤。完成1.76万吨年度储备粮的轮换和4250余吨储备粮的新增任务。截至年底，储备粮规模达36450吨（含4100余吨应急成品粮）、储备油规模达130吨。

严格执行最低价粮食收购政策，落实三季地产粮食收购，收购入库26542.9万吨，其中小麦1803吨、早稻4564.40吨、晚稻19427.8吨、糯稻谷747.7吨。执行粮食订单指导性计划，规模稳中有升，年订单规模达24102.1

万吨，比上年同期增加10%，实现早稻订单全覆盖，其中小麦1593.2吨、早籼稻谷4564.4吨、优质晚籼稻谷14560.6吨、粳稻谷2636.02吨、糯稻谷747.7吨。

【小麦收购】2021年6月，全区小麦收购工作基本结束，国有企业累计收购小麦1803吨。由于天气适宜，质量相对较好，绝大部分小麦达到中等收购标准以上。小麦收购价格（中等质量标准）为每50千克115元，订单小麦每50千克另加价外补贴23元，对种粮大户（生产经营面积和全年粮食种植面积均在50亩以上）投售订单内小麦实行直接补贴，每50千克补贴7元。站点为农户提供免费上门服务，帮助农户调节烘箱水分、温度、除杂，指导解决烘箱故障。收购站点延长收购时间，方便农户快速售粮。

夏粮收购入库

【夏粮收购】2021年8月，海曙区完成年度夏粮收购任务，共收购入库早稻4564.4吨，其中订单4564.4吨，实现早稻订单全覆盖。早稻收购价格为每50千克125元，订单早稻每50千克另加价外补贴30元，对种粮大户（生产经营面积和全年粮食种植面积均在50亩以上）投售订单内早稻实行直接补贴，每50千克补贴8元。为保证收购进度，粮食储备收购站点与农户通过电话、微信等方式对接，实时掌握收购时间、售粮排队程度、收割和烘干进度，农户根据实际情况合理安排收割、烘干、售粮等各环节的工作。20余天收购期内，粮站收购人员从上午7点前开秤收粮，下午至烘干粮食全部入库下班，夜间安排职工管理烘箱，提供24小时代烘干服务。

【中晚稻收购】2021年12月，海曙区完成中晚稻收购任务，共收购入库中晚稻20175.5吨，其中晚籼稻谷16585.5吨、粳稻谷2842.3吨、糯稻谷（优质品种）747.7吨。为确保中晚稻收购平稳有序进行，区粮食部门精心组织谋划，加强调研，摸清中晚稻生产情况，通过调销腾并、清空库存，提前备好备足仓容和收购资金，满足农民出售余粮的需要；合理设置收购网点，做好收购服务工作，以方便农户售粮；推广“一站式”服务，入库全部采用散粮机械化流水线入库，方便售粮农户；在各收购点备足收购仓容、机械设备、收粮人员，收粮期间早开门晚关门，做到“人等粮、仓等粮、钱等粮”。同时，主动联系中央储备库和其他县、市的粮食部门，做好粮食的余缺调剂。

【粮食安全与应急保障能力建设】2021年，海曙区致力提升食安全与应急保障能力，修订完善《宁波市海曙区粮食供给应急预案》和“粮食应急操作手册”，落实粮食应急加工企业2家、应急供应网点55家、应急配送中心2家和应急运输企业1家。配备应急发电机能力1200千瓦，应急日加工能力达到每日1050吨（梁桥米业750吨、米氏实业300吨）。完善粮食应急制度，落实民营企业最低粮食库存保持在4500吨以上。冬季于辖区高山地区4个供应点囤放大米1.7万斤，用于保障严寒冰冻气候山区居民口粮。

【粮食“五优联动”工作模式】2021年，海曙区出台《海曙区“五优联动”试点工作方案》，深入实施粮食“五优联动”（优粮优产联动、优粮优购联动、优粮优储联动、优粮优加联动、优粮优销联动）提质扩面。方案以海曙区的优势传统产业——糯稻米产品为切入口，通过加大龙头企业、科研机构、粮食生产主体三方合作力度，对粮食的良种选育、组织生产、收购仓储、产品加工到品牌营销，进行全产业链融合推进。全年全区“五优联动”种植面积达460公顷，其中，单独安排政策性专项订单推广的糯稻谷种植面积166.7公顷。

（韩舒格）

供销合作

【概况】2021年，区供销社有下属事业单位1家、全资企业2家、参股企业1家、基层供销社6个、新型基层社3个、参股资金互助会1个。领办参办的专业合作社18家、管理指导的村级综合服务社59家、农村农资经营加盟店51家。以函询方式召开第一届理事会、监事会第二次会议。调整后，区供销社第一届理事会共有理事7名，第一届监事会共有监事3名。

持续推进供销社建设和“三位一体”农合联改革，区供销社获评“浙江省2021年度全省20强县级社”“2021年度浙江省供销社系统考核优秀单位”，望春供销社获评“浙江省2021年度全省百强基层社”，龙观乡农合联现代农业服务中心被认定为第五批省级现代农业综合服务中心，贝母产业农合联被认定为省第三批产业农合联，章水镇农合联获评省第一批示范性乡镇农合联。

推进镇级现代农业服务中心和产业农合联实体化运作。深入挖掘平台功能，按照省级示范创建标准，指导镇级现代农业服务中心和产业农合联服务升级。探索高桥镇现代农业服务中心与区葡萄产业农合联联合运营的模式，联合建设兼具“三位一体”服务功能和产业特色的为农服务综合性网络。

加强社有房产管理，规范房屋招租的审批手续，确保房屋招租全程公正、公平、公开，发布招租信息12条，新签订租赁合同18份，租金增长60.99万元，较上一轮涨幅达16.99%，超预期完成租金增长目标。

【农资供应服务】 2021年春耕期间，区现代农业服务中心的育秧中心帮助农户育秧叠盘暗出苗115208盘，机械插秧3490亩，直播催芽稻谷37580斤；烘干中心帮助农民开展小麦烘谷35万斤，累计烘谷量达155万斤。区内2家主要农资企业发挥农资供应主渠道作用，在春耕、“双夏”期间，共储备各类化肥10000吨，农药600吨，农膜56吨，并以“甬创慧”平台为依托，开展农资优惠供应活动，按照“低进低出”的原则，优惠供应农资，总让利金额超21万元。区供销社指导农资公司提供统防统治、配方施肥等生产服务，开展配方施肥76000亩次，统防统治25000亩次。发挥庄稼医院的技术服务优势，提供科学有效的解决方案，邀请农技专家深入田间地头，现场指导农民合理施肥用药10余次，召开种植大户培训会及农技讲座10余次，免费发放农技书籍、安全用药等资料500余份。

【涉农信用贷款贴息补助项目】 2021年，区供销社加强与辖区各大金融机构合作，开展的“农合贷”“丰收农合贷”项目为农合联会员发放贷款总计超过2.33亿元。提质扩面农资贴息服务，将农资专用信用贷款纳入贴息补助范围，全年该类型贷款金额超过1000万元，惠农贷款项目成效显著。

【区第三届开茶节】 2021年3月7日，由区农合联等单位联合主办的海曙区第三届开茶节在龙观乡五龙潭茶叶生态茶园举行。活动以“以茶之名，来自春天的邀约”为主题，开展茶文化表演、茶艺交流、茶知识分享等活动，受到“人民网”、《浙江日报》、《宁波日报》等多家主流媒体关注。

【助力春笋销售】 2021年春笋销售期间，区供销社组织党员干部前往横街、章水等春笋产销重点乡镇，及时掌握春笋加工生产情况、加大经费保障，并多方对接区内外笋企，助力农户销售春笋1497.5万斤。针对群众反映的笋壳处置难问题，与饲料加工厂、养殖场和交通运输部门协调对接，解决笋农笋企的后顾之忧。

【区首届“庆丰收、共富裕”农产品展销会】 2021年10月30日，由区农合联、区供销社主办的全区首届“庆丰收、共富裕”农产品展销会在宁波杉井·奥特莱斯广场举行。现场15个摊位展示海曙小青龙、虾稻米、樟村切面、董香茂炒货等本地农特产品和对口协作地区四川省凉山彝族自治州喜德县的农特产品。现场开展海曙区优质稻米评比大赛，邀请市民品评不同种类的本地稻米，为稻米品种种植选择提供参考。

（刘佶松）

总部经济

【概况】 2021年，海曙区新增总部企业20家，包括中交四公局华东总部、五矿证券浙江分公司、宁波城建投资控股、虎渡能源科技等优质项目。顺丰华东创新产业总部基地在海曙区奠基。68家总部企业入选宁波市首批总部企业。

丁家地块启动预招商工作，拟建设一批高品质的“AAAAA”级“AAAAAA”级楼宇，吸引国际国内知名企业设立区域型总部或职能型总部。

【68家总部企业入选市首批“总部企业”】 2021年4月21日，市工商联公布全市首批“总部企业”名单，共计418家总部企业。雅戈尔集团股份有限公司、太平鸟集团有限公司、维科控股集团股份有限公司、阿里巴巴（宁波）有限公司等68家海曙区“总部企业”入选。上述68家企业在海曙的税

10月30日，全区首届“庆丰收、共富裕”农产品展销会在宁波杉井·奥特莱斯广场举行

收贡献占全区的比重超过16%，总部经济呈现“聚势成峰”的良好状态。

【中交四公局华东总部落户海曙区】2021年9月27日，经过近一年的洽谈、协商，中国交通建设股份有限公司第四公路工程局有限公司华东总部落户海曙签约仪式举行。该公司是“世界500强企业”——中国交通建设股份有限公司的三级公司，项目遍布格鲁吉亚等国家和地区。落户后，有望提升海曙区建筑、交通、水利等领域的发展能级，预计能带来32亿元的年营业收入、45亿元的年度新增项目合同金额、5000万元以上的年纳税额。

【顺丰华东创新产业总部基地奠基】参见“镇（乡）街道”类目“古林镇”分目。

（丁　彬）

电子商务

【概况】2021年，海曙区实现网络零售额445亿元，绝对值排名全省第16，比上年同期增长27.6%，增幅排名全市第一，全省第14。“太平鸟电子商务”“唐狮网络科技”“博洋控股集团”3家重点电商企业分别实现网络零售额21.83亿元、12.69亿元、10.41亿元，网络零售额规模排名全区企业前三。

围绕电商新业态、本地数字化发展两大方向，依托“阿里中心”“嘉乐淘宝大学”等重点项目，基于宁波当地的产业带、商家学习需求，研发和配置更具区域产业特色的教学体系，开设人才培训课程，培养优质的电商实战人才，积极动员“甬江引才工程”电子商务领域的申报。

【电商园区提升建设】2021年，海曙区引导各类电商园区、产业基地、电商村、重点企业等不断完善功能、优化经营，进一步提升功能载体能级。引导园区积极申报电子商务产业基地等级评定，经推荐申报，共有省级电商产业基地8家。其中，宁波（国际）电子商务产业园获评AAAAA级，富港电商城获评AAAA级，“集仕芯谷”等5家园区获评AAA级。洞桥镇、高桥镇、古林镇、集士港镇获评省级“电商镇”，16个村获评省级“电商专业村”。“三江购物”“太平鸟”“雅戈尔”“广博”4家企业获评省级“新零售企业”。

【省级“数字生活新服务样板区”创建】2021年1月，海曙区创建成为浙江省首批“数字生活新服务样板区”。创建活动以来，海曙区围绕在数字商贸、数字学习、数字出行、数字文旅、数字健康和数字政务六大领域开展探索和实践，发布《海曙区创建省数字生活新服务样板区实施方案》，成立创建工作领导小组，明确创建任务清单、项目清单，定期组织召开数新领导小组工作例会，及时分析研判各领域创建形势和任务完成情况，解决存在问题。

（成振江）

宁波（国际）电子商务产业园

【概况】2021年，宁波（国际）电子商务产业园聚焦数字经济等相关产业，挖掘优势资源，围绕引育、服务、攻坚三大重点，加快数字经济产业园区发展速度，获评“浙江省电商产业基地十强”“宁波市特色产业园”（第一批）等。借助阿里巴巴国际站发布会、中国（宁波）出口跨境电商博览会等招商推介载体，新引进企业252家，实现人民币注册资金7.38亿元，美元注册资金14.49万元。邮路口岸跨境电商出口货值4100万元，比上年同期增长65%。宁波国际邮件互换中心项目工程竣工验收，获评“2021年度宁波市建设工程结构优质奖”。

与高校签订合作框架协议，通过“高校教师+企业师傅”双导师联合授课模式，提升校企合作实效，为宁波小吉电子商务有限公司、浙江综迅数码产品有限公司、宁波唐狮电子商务有限公司输送4个班次共100余名订制人才。开设跨境电商孵化班、进阶班、短训会等，近450人参与，培养成为传统企业转型的“领路人”和初创企业发展的“护航员”。

【现代学徒制开班】2021年3月19日，宁波（国际）电子商务产业园与浙江工商职业技术学院签订《宁波数字经济产业园合作框架协议》，园区内多家企业与浙江工商职业技术学院签订《现代学徒制班合作协议》，并举行“现代学徒制人才培训基地”授牌仪式，旨在采取“校企双主体育人、双导师教

集仕芯谷电子商务产业园

学”模式，培养电商专业技能人才切实解决学校育才难、企业招工难等问题。2021年，学校在3家企业共设立6个订单班，共计150人左右。

【宁波国际邮件互换中心项目竣工】2021年12月底，宁波国际邮件互换中心项目工程竣工验收。该项目位于古林镇金莲路55号，主体项目占地面积约5.3公顷，总建筑面积近7万平方米，其中地上6.3万平方米，地下0.7万平方米。规划建设国际邮件处理中心、快件监管中心、跨境贸易产业集聚区三大功能体系，布局进出口作业区、跨境电商前置仓、通关大厅及公共配套用房等设施。项目作为宁波市唯一邮路口岸，对推动宁波市跨境电商综试区建设，发挥国内国际双循环节点有重要意义。

（彭宇轩　周梦迪）

对外经济贸易

【概况】2021年，在成本上升、运价高企、汇率波动等国内国际背景下，海曙区稳住外贸基本盘，进出口贸易实现两位数增长。有进出口实绩企业2809家，进出口总额844.60亿元，比上年同期增长14.6%。其中，出口额741.3亿元，增长15.4%；进口额103.30亿元，增长9.6%，进出口规模居全省第12位。

参加中国进出口商品交易会线上展（“线上广交会”）、中国华东进出口商品交易会线上展（“线上华交会”）两大传统展会的区内企业达264家次，共747个展位。参展商品涉及家用电器、机械设备、餐厨家具、玩具、服装、办公用品、户外休闲用品等。参加第二届中国—中东欧博览会暨国际消费品博览会，邀请专业采购企业76家，办理各类证件83张，完成中东欧国家2.06亿元、欧洲国家0.48亿元的采购任务。参加第四届中国进口博览会。全区有“浙江省重点出口名牌”16个、“宁波市出口名牌”12个。

对北美洲国家市场出口比上年同期增长19.4%，拉丁美洲增长32%。

捷时进出口有限公司的英国FDS仓

其中，机电产品出口增长19.9%，纺织服装出口增长9.4%。境外投资核准中方投资额20150.08万美元，完成考核指标任务的100.6%。境外承包工程营业额25235万美元，完成年度考核指标任务的113.93%。中东欧进口业务高速增长，增长达74%。

全区服务贸易进出口总额113.6亿元，比上年同期增长30.8%，增幅居全市第一位。

全区跨境电商“9610”“9710”“9810”出口总额34.9亿元，完成市对区年度考核指标的602%，绝对值和指标完成率均居全市第一位。

【海外仓建设】2021年，海曙区稳步推进海外仓建设，全区8家企业在美国、英国等地设立的海外仓面积12.7万平方米，服务国内卖家超过300家。其中，宁波捷时进出口有限公司的英国萨福克仓被评为年度省级公共海外仓（全省共13个）。

【海曙区入围省数字经济系统应用场景示范点】2021年，海曙数字外贸平台作为宁波市唯一一个数字展览类项目，入围“全省数字经济系统数字贸易子系统第二批应用场景示范点”。根据上线一年以来平台的实际应用反馈意见及政企服务数字化改革趋势，海曙区对原有的数字外贸平台进行深度优化升级。截至年底，区内708家外贸企业在平台注册上线，并上传各自企业产品展示信息，共计17641项。其中，买家推荐40079次、数字商洽860场次，建群沟通416个，商洽意向订单数675个。

【1家企业获评省级示范型外贸综合服务平台】2021年，宁波宁化通国际贸易有限公司在上年获评成长型外综平台的基础上，新获评省级示范型外贸综合服务平台。加之原有的宁波宁兴贸易集团有限公司，辖区省级示范型外贸综合服务平台累计2家。

【“易跨保”金融服务推出】2021年，针对辖区跨境电商卖家普遍重运营轻资产，银行无法获得卖家真实客观交易数据、融资难等现实问题，海曙区联合中国出口信用保险公司（简称“中国信保”）宁波分公司，面向电商卖家及其产品和服务供应商推出“易跨保”金融服务。“易跨保”围绕跨境电商B2B2C全流程，通过中国信保提供的短期出口信用保险、国内贸易信用保险和海外投资保险三大类核心产品及融资增信服务，以跨境电商卖家及其产品和服务供应商提供全套风险保障和融资支持。“易跨保”金融服务方案贯穿整个跨境电商全产业链，除中国信保以外，还包括跨境电商卖家、跨境供货商、跨境物流供应商、海外仓服务商、外贸综合服务平台和融资银行等。

【海曙区国家外贸转型升级基地（汽车零部件）获认定】 2021年7月，《关于公示2021年度国家外贸转型升级基地考核认定名单的通知》发布，海曙区国家外贸转型升级基地（汽车零部件）获商务部认定。国家外贸转型升级基地是国家重点扶持和发展的集生产、出口功能于一体的产业集聚地，是促进外贸发展方式转变、培育竞争新优势的重要举措。海曙区全力推进先进制造业产业集群建设，以“数字经济”为引领，围绕纺织服装、汽车零部件等主导产业，大力实施外贸转型升级行动。此次汽车零部件获评国家外贸转型升级基地，是继2018年获评纺织服装基地后，海曙区第二张国家外贸转型升级基地名片。

【中国国际贸易促进委员会宁波市海曙区委员会第一届委员大会】 2021年8月17日，中国国际贸易促进委员会宁波市海曙区委员会第一届委员大会在海曙区召开。40名区级涉外综合管理、科技等部门和有关单位的相关负责人参加。会议介绍区贸促会筹备情况，并从紧扣国内国际双循环主题、突出高效规范服务企业主线、强化推动贸促事业健康发展主旨等三方面展望此后5年工作。会议选举第一届海曙区贸促会会长、副会长、专职副会长等人选。

【海曙区获评省级“产业集群跨境发展试点示范类区”】 2021年8月，海曙区获评2021年度省级“产业集群跨境发展试点纺织服装示范类区县（市）”。海曙区结合辖区外贸产品特点，依托国家级外贸转型升级基地（服装），强化与金融机构、物流企业、平台资源的合作力度，推动辖区纺织服装产品的跨境出口占比。全区纺织服装产品跨境直报出口额达76.7亿元，占到全区跨境出口总额的49.1%。

（方　强　赵　伟）

招商引资

【概况】 2021年，海曙区大市外内资累计到位资金160.35亿元，完成年度考核任务的118.8%。“浙商回归”累计到位资金89.69亿元，完成年度考核任务的119.6%。

新引进企业6266家（不包含自然落户企业），注册资金832亿元。其中，注册资金1亿元以上24家。新引进各类外资企业65家，全区完成合同利用外资12.99亿美元，居全市第一位。

龙观抽水蓄能电站项目选址在龙观乡外排楼水库

【“虎渡科技”项目运营】 2021年上半年，“虎渡科技”项目正式更名宁波虎渡能源科技有限公司，整合北京、安徽马鞍山、广东佛山多个分公司，整体搬迁至望春工业园区。项目由北京市高新技术企业北京虎渡能源科技有限公司投资并实施，总投资6亿元，拟建设高速高效电机及高端成套设备的研发与智能制造基地。海曙区在企业落户前期，积极给予基金扶持、财政政策补助、人才政策支持等一系列政策配套。8月底，企业完成租赁厂房的装修工程，完成搬迁，并开展业务工作。

【“双招双引”专题培训班】 2021年8月9—13日，区委组织部（人才办）、区经合局组织2021年海曙区“双招双引”专题培训班，各镇（乡）街道、有关部门及产业平台负责招商业务和人才工作负责人参加培训。培训班邀请省委组织部人才办副主任、浙大计算机科学与技术学院副院长等多位优秀讲师，分享“人才强省”建设要求与经验、人工智能与产业集聚等内容。集体考察杭州趣链科技有限公司、中控技术集团有限公司和杭州海康威视数字技术股份有限公司，参观学习智能物联、智能制造、生态环保集聚发展的经验。

【龙观抽水蓄能电站项目签约】 2021年11月15日，海曙区龙观抽水蓄能电站项目建设合作意向书签约仪式举行。项目由市能源集团股份有限公司投资约90亿元，拟在龙观乡观顶水库（上水库）和外牌楼水库（下水库）流域兴建。估算建设装机容量约150万千伏安，年上网发电量21亿千伏安，建设周期5—6年。投运后，年营业收入预计可超过15亿元，年税收超过2亿元。此项目为海曙区在紧抓能源环保产业，加快向低碳环保领域延伸、深入谋划重大能源项目方面取得的新成果。

【宁波与“一带一路”国家贸易投资对接会暨重大项目签约仪式】 2021年11月6日，宁波与“一带一路”国家贸易投资对接会暨重大项目签约仪式在上海虹桥举行，会上共有14个项目正式签约，其中总投资3.5亿元的时尚服饰高端制造研发项目与海曙区签约。

项目由香港富泰国际有限公司投资，拟用地约2.33公顷，厂房面积约5.5万平方米，拟打造数字化智能工厂，开展自有服装品牌的创意研发、时尚设计和高端制造等一体化业务。

（史颖昭　杨妍榅）

东西部协作

【概况】 2021年4月，海曙区与四川省凉山彝族自治州喜德县确立东西部协作关系。6月11日，召开全区对口及山海协作领导小组会议，明确布置全年工作目标任务，印发《2021年海曙区与喜德县东西部协作工作计划及任务分工》。6月17—19日，区委主要领导带队赴喜德县开展东西部协作。11月8日，区委书记办公会议专题听取东西部协作工作汇报，部署2021年考核工作。11月9日，区政府常务会议审议通过《海曙区促进东西部协作和山海协作的招商引资、劳务合作及消费协作的实施办法》。11月16日，海曙区—喜德县东西部协作"结对云签约"会议召开。

面向对口协作地区，海曙区继续实施专项协作激励机制。兑现2020年招商引资及劳务协作政策补助资金，贵州省贞丰县、义龙新区、海曙区9家企业获得奖励资金119.4万元。实施《海曙区促进东西部扶贫协作和山海协作的招商引资、劳务合作及消费扶贫实施办法》，鼓励引导辖区各类企业赴对口地区投资，并给予最高30万元的补助。

【东西部协作消费帮扶】 2021年，区商务局、区总工会联合发文认定"海曙区消费协作企业"33家。组织召开喜德县—海曙区农特产品品鉴推介会，辖区20家消费协作企业与喜德县10家农特产品加工销售企业洽谈合作。海曙区开设宁波—凉山消费协作馆，在南塘老街布置开设喜德县农特产品展销馆。两馆结合产品销售展示、文化互动、餐饮品尝三位一体，主推喜德县农特产品和凉山特色餐饮。采购四川省农特产品消费金额6694.5万元，

2021年海曙区"东西部协作及对口工作"资金拨付情况一览表

表17

时间	拨付单位	拨付款项
3月	新疆库车	库车馆项目资金补助30万元
7月	喜德县	追拨喜德县帮扶资金200万元
9月	喜德县	东西部协作挂职干部工作经费50万元
11月	新疆库车	援疆挂职干部工作经费10万元

其中凉山州相关产品4674.3万元，超额完成年度目标。推进设立宁波—凉山两地物流仓，实现两地产品有效对接，降低物流成本，缩短物流时间，畅通两地产品的运输渠道。

【吉林省延吉市经贸代表团到海曙考察】 2021年6月16—17日，吉林省延边州委副书记、延吉市委书记带领当地经贸代表团到海曙区考察交流。代表团先后到宁波工业互联网研究院、博洋集团、雅戈尔集团考察学习，并与海曙区政府就招商工作经验进行交流。其间，延吉经贸代表团学习海曙先进的政府服务理念以及党员干部积极谋事、干事创业的工作作风，并寻求进一步合作发展新路径，计划在以往对口帮扶基础上，通过跨地区的交流，持续深化合作。

【海曙区委考察团赴喜德县考察帮扶】 2021年6月17—19日，海曙区委书记带队赴四川省凉山彝族自治州喜德县开展东西部协作，考察冕山镇民主村、光明镇彝欣社区和鲁基乡相关项目，召开海曙区—喜德县东西部协作党政联席会议，签订教育帮扶协议、卫生帮扶协议、劳务协作协议等一系列帮扶协议和捐赠协议。

【喜德县考察团到海曙考察】 2021年7月15—17日，喜德县委副书记、县长率代表团到海曙考察，考察宁波电子商务产业园、海曙数字农业项目，集士港镇深溪村等，并召开海曙—喜德东西部协作联席会议。

【东西部协作"云签约"】 2021年11月16日，海曙区—喜德县东西部协作结对云签约会议举行。现场，海曙区的24个村（社区）、企业与喜德县的19个村（社区）结对。签约分为"村—村"结对、社区结对、社会组织结对、村企结对和党建联盟5种类型。村企

11月16日，海曙区—喜德县东西部协作结对云签约会议举行，海曙区的24个村（社区）、企业与喜德县的19个村（社区）结对

结对帮扶协议期限为3年，通过产业合作、劳务协作、消费协作、资金帮扶等方式，推动喜德村（社区）集体经济壮大和产业发展，吸收劳动力到企业就业，拓展当地农特产品销售渠道，帮助农民增收。海曙区望春街道清风社区、狮丹努集团股份有限公司、海曙区和义社工师事务所同喜德县光明镇彝欣社区签订“党建联盟助力乡村振兴协议”。通过组织共建、队伍共育、资源共享，推进喜德县基层党组织创先争优，不断增强党组织的创造力、凝聚力和战斗力，以支部共建深化创新，以党建创新助推乡村振兴。

（陈吟佳）

“山海协作”对口帮扶

4月20日，“山海协作·宁波（海曙）万人游庆元启动仪式暨庆元旅游海曙推介会”在海曙区举行

【概况】 2021年，海曙区与浙江省丽水市、衢州市的山海协作产业合作项目（含3年续建项目）共6个，实际到位资金2.2亿元（完成年度任务的146%）。其中，与丽水市合作项目5个、到位资金约2亿元；与衢州市合作项目1个、到位资金约0.24亿元。落实援建资金525万元，其中财政资金450万元、社会帮扶资金75万元；实现消费帮扶总金额886万元。3名干部、2名专技人才在丽水市挂职。

海曙区对丽水市庆元县完成援建项目6个，到位资金约450万元，超额完成省定目标任务的288%。分别是该县蔡段村、银田村2个乡村振兴点和龙溪乡高山生态茶园生物技术防治、黄田镇朱黄村亮化工程、贤良镇石川村公厕建设、蔡段生态农业园建设基础设施配套4个项目。完成社会帮扶资金75万元，超额完成60万元的年度任务。完成消费帮扶886万元，超额完成700万元的年度任务。庆元县淤上乡银田村新增成为“乡村振兴帮扶点”。

加强海曙、庆元两地之间的经贸合作交流。区相关部门对辖区内有投资意向的企业摸底调查，组织3批次25名企业家赴丽水、衢州投资考察，组织开展产业项目洽谈和项目签约会3次，达成签约产业合作项目6个，分别为智慧客服中心、庆元县蔡段村现代生态农业园建设、蔡段村甜橘柚基地、智慧汽车产业园、智慧安消、山海机械技改节能。区山海协作办赴庆元调研，召开座谈会，双方就乡村振兴、旅游合作、企业交流、农产品合作等进行探讨与谋划，考察2个乡村示范点。重点研究谋划丽水庆元—宁波海曙“科创飞地”，双方就布局、建设、招商等事项达成初步合作意向。第二届中国—中东欧国家博览会期间，庆元县组织人员到海曙区调研考察，开展项目对接。

加大科技、教育、文化、卫生、体育、旅游、社会事业等各领域的协作帮扶力度。签订科技援助项目——盛产期余村蜜橘高效稳产栽培技术研究和示范。签订教师培训创新合作协议，庆元相关部门到海曙区调研“书香海曙”和城市阅读书房建设，对接山海协作艺术交流协作事项。区卫生健康局赴庆元开展卫生健康山海协作工作交流，召开医共体座谈会、签订中医特色专科联盟协议，开展专家坐诊活动；组织开展为期5天的“宁波海曙名医山海协作庆元行”大型义诊活动。庆元县足球协会组织开展赴宁波考察交流活动。举办“山海协作”宁波（海曙）万人游庆元启动仪式暨庆元旅游推介会。重阳节期间，区慈善总会为庆元县部分70岁老人送上慰问金和慰问品。

2021年海曙区“山海协作”资金拨付情况一览表

表18

时间	拨付单位	拨付款项
5月	庆元县	年度援建资金250万元
11月	庆元县	省级结对乡村振兴重点帮促淤上乡银田村结对帮促资金200万元
11月	庆元县	山海协作年度工作经费10万元

【庆元县党政代表团到海曙考察】 2021年，丽水市庆元县考察团到海曙区开展“山海协作”考察交流。考察团先后考察海曙区非物质文化遗产保护中心、集士港镇山下庄村，详细了解海曙区文化产业建设和新农村建设情况，赴海曙区企业开展“双招双引”活动。召开海曙—庆元“山海协作”联席会议。考察团听取海曙区经济社会发展情况介绍和健康医养产业合作项目汇报，与会代表围绕进一步加强交流合作，深化产业协作、乡村振兴、消费帮扶及社会事业合作等内容交流座谈。

（陈吟佳）

交通·邮政·口岸

交通建设

【概况】 2021年，区交通运输局推进《海曙区“十四五”时期综合交通发展规划》至最终完善阶段，并配合宁波市级开展宁波西枢纽概念性规划交通专篇专项研究。全力减轻新冠疫情和“烟花”“灿都”台风灾害对海曙交通建设的影响，推进重点项目建设，全年累计完成交通固定资产投资2.85亿元，完成率达154%，促投资稳增长作用显著。

联丰路西延（环镇路—桃源书院段）新建工程完工通车；四明山环线公路开工建设；规划228国道海曙段、荷梁线等储备项目前期工作稳步推进。

【四明山环线公路建设启动】 2021年6月26日，海曙区四明山环线公路启动仪式在章水镇举行。根据海曙区“十四五”综合交通规划，四明山区将打造“1+4+6”（一个大环、四个小环、六条外界连接线）道路路网布局，全长约185千米，其中四明山环线公路总里程约64千米。此次启动的环线公路是通过对四明山区现有路网及旅游资源的整理利用，打造一条环四明山区域公路，缓解四明山区在旅游旺季高峰时段车辆拥堵情况。

【细北线改造提升工程开工】 2021年10月8日，海曙区细北线改造提升工程开工，是四明山环线工程首个开工项目。工程全长13.5千米，计划工期16个月，概算总投资10852.65万元。起点于章水镇细岭村洪溪桥桥头，终点至茅镬大桥，为四级公路，路基宽度为7米，设计速度20千米/小时。细北线等环线重要组成通道的改造提升，可有效提升四明山革命老区居民出行水平，进一步促进四明山革命老区全面发展。

【四明山革命老区环线生命安防公路工程开工】 2021年12月28日，四明山革命老区环线生命安防公路工程暨四明山环线一期连通工程在龙观乡项目起点处动工。此工程是海曙区打造四明山“1+4+6”环线路网的重要组成部分，对进一步完善四明山区域路网结构、促进四明山区的经济发展有重要意义。项目全长11.1千米，总投资7.6亿元，包含2座全长5.1千米的隧道和1座735米长的大桥。项目建成后，可打通龙观乡雪岙村到章水镇茅镬村的阻隔，成为连接四明山区和海曙城区之间快捷、高效的公路运输通道，山区腹地抵达中心城区车程缩短30分钟以上，促进革命老区“人便其行，货畅其流”目标的实现。

【联丰路西延新建工程通车】 2021年12月，省级重点工程项目联丰路西延（环镇路—桃源书院段）新建工程主体工程正式完工并通车。工程位于横街镇域内，全长2.26千米，采用一级公路设计标准建设，兼顾城市道路功能，设计速度60千米/小时，为双向四车道，总投资4.25亿元。项目建成后，可加

四明山革命老区环线生命安防公路工程暨四明山环线一期连通工程效果图

联丰路西延新建工程

强横街镇、四明山区及桃源湾地块与主城区的联系，缓解机场路以西区域堵车严重问题。

（王一波）

运输管理

【概况】 2021年，区交通运输局继续加大运输市场监管力度，相继开展客运市场整治、治超非现场执法、公路路域环境整治等多个专项行动，办理交通行政执法案件3556件，处罚金额1141万元。完成春节、清明、“五一”“十一”等重大节假日运输及雨雪冰冻天气公路保畅任务，累计保障旅客出行70余万人次，未发生重大安全责任事故。

【重大节假日交通运输保障】 2021年，受新冠疫情持续影响，海曙区道路客运市场人流下降明显。春运期间（1月28日至3月8日），全区公路客运旅客运输发送量38.23万人次；“五一”节假日期间（5月1—5日），公路客运旅客运输发送量17.38万人次；国庆节假日期间（9月30日至10月7日），公路客运旅客运输发送量16.63万人次。全年均没有出现旅客滞留现象，运输市场秩序总体安全平稳。区交通运输局（区春运办）获评“2021年度省春运工作成绩突出单位”。

【客运市场整治】 2021年，区交通运输局以“利剑2021”专项执法行动为载体，以宁波汽车南站、客运中心站、宁波栎社国际机场等交通枢纽场站周边运输秩序整治为重点，通过联合执法、科技执法等方式严厉打击非法营运、违规网约车及违规客运车辆。通过开展常态化“站外上客”专项整治行动，凌晨5点至8点，不间断错峰执法，震慑“站外上客”违规行为。全年累计查处道路客运违章行为1304起，其中非法营运603起（含大客车、私家车、无证网约车）、大客车违章234起、巡游出租车违章355起、网约车其他违章112起。

【“治超”非现场执法】 2021年，海曙区继续推进“治超”（对货运车辆载货长度、宽度、高度和载货质量超过规定限度的违法行为进行治理）非现场执法。依托12个非现场“治超”点位，通过非现场数据研判和应用，9月查获两起超限“百吨王”。同时，执法人员不断创新“治超”非现场执法处罚监管模式，通过拓宽告知渠道和分级分类存量数据，整体处罚率较改革前大幅提升，同步推出处罚预约服务制，极大提提高处罚办理效率。

【公路路域环境整治】 2021年，区交通运输局全力开展公路路域环境专项整治行动，牵头海曙公安、交警、城管、属地政府等部门建立联合治理机制，编制并发布《全区公路路域环境专项整治行动实施方案》，以专班化运作机制推进整治行动高效落实落地。全年累计排查并完成整改问题点位227个，其中省道公路93个、县道公路134个。累计拆除非公路标志牌75块，马路市场管理55次，完成桥下空间整治5处，查处滴漏撒污染路面116起，并有序推进实施桥下空间围网工程。

（王一波）

铁路宁波站

【概况】 2021年，铁路宁波站发送旅客1516.53万人次，到站旅客1541.47万人次，日客流量8.38万人次。全年火车站区域共查处非法营运（含网约车）车辆326辆、出租车违法65起、大巴车违法21起；清理户外广告111处，教育纠正占道跨门经营1560起，规范共享单车停放13200辆次，违停抄告44辆次；机动车违停抓拍5809起，现场处理交通违法案件13026起。

区南站综管办牵头完善疫情防控、运输保障、防台风防汛等相关应急预案，做好铁路宁波站区域的旅客疏运、交通组织、环境保洁、执法保障等各项工作。春节、国庆等重大节假日期间，统筹协调铁路宁波站、汽车南站、宁波轨道交通等部门，联勤联动，完成节假日保障任务。

【“同一片海”党建志愿服务品牌】 2021年，宁波站区域党群志愿服务中心扩大“同一片海”品牌影响力，联合铁路“12306”、汽车南站“3561”、轨道交通“畅行服务队”等志愿团队及社会爱心团体，共同开展志愿服务。增设“党员先锋岗”，每周二、四上午安排党员干部值班坐岗，提供服务。全年服务中心与13个社会组织和大学生团队签订志愿服务协议，为大学生提供有效打卡383次，合计时长11879.5小时。365天不间断为旅客提供问询指引、失物招领、困难帮扶等10余项服务，共解答旅客咨询36407人次，帮助特殊困难旅客145人次。

【"畅行南站"建设启动】 2021年，南站综管办响应省委统一部署和市委、区委关于"整体智治"、数字化改革的工作要求，结合区域实际，围绕通畅、舒畅两大主题，建设"畅行南站"数字化驾驶舱概念。依托宁波"城市大脑"和自有数据，运用大数据运算、研判、分析等技术手段，计划建设数智导流、数智换乘、数智治违、数智停车、数智防疫、数智服务、数智物管、数智效能8个场景，用数字化手段改善旅客出行体验。截至年底，完成初步场景应用和功能模块设计。

【南站区域"文明典范城市"创建】 2021年，南站综管办总结宁波文明城市"六连冠"及"席地而坐"城市客厅创建经验，做好"全国文明典范城市"创建及迎检工作。出台《南站综管办文明城市创建工作实施方案》，细化工作流程，划分7块126处重点内容，成立协调督查组、环境提升组、文明倡导组、秩序维护组，通过动态化督查、网格式管理，提高保洁频次、延展清卫范围，形成闭环管理模式，确保创建不留死角、不留盲区。同时营造"升级版"文明氛围，全面升级辖区内所有无障碍设施，各志愿服务台提供助听器、盲文引导册、老花镜、写字板等信息无障碍设备，提升窗口区域文明程度。

【综合秩序百日专项整治行动】 2021年4月23日至7月31日，南站综管办牵头铁路宁波站地区公安分局、区交通执法局等单位，在火车站区域联合开展综合秩序百日专项整治行动，聚焦整治"黄牛"接拉客、"黑车"非法营运、"电的"非法载客等顽疾难点，加强铁路宁波站区域秩序管理。其间，共教育"黄牛"55人次，"黄牛"罚款处罚74人次，拘留9人次，处理治安纠纷91起；查扣非法营运嫌疑"黑车"100辆，查处出租车、网约车违规营运40起，查处客运车辆违规营运33起，执法检查车辆5708辆次；处理各类交通违法2649起；规范"共享单车"停放3256起，教育劝阻流动乞讨27人次，教育查处跨门占道经营41起。

【铁路宁波站疫情防控】 2021年，铁路宁波站常态长效做好区域疫情防控工作。健全工作机制，出台《铁路客运站疫情防控工作任务清单》，明确各单位任务分工，推动联防联控。落实属地责任，打好涉镇海、萧山、上虞等省市重点地区疫情防控阻击战。加强防疫宣传，对旅客进行引导提醒。截至12月31日，一线连续战"疫"1年342天。

（刘妍琦）

9月28日，"同一片海"志愿者在铁路宁波站南广场开展"你我同参与，城市更美丽——志愿服务爱心兑换"活动

汽车客运中心

【概况】 2021年，宁波市汽车客运中心站日均发车168班次，日均发送旅客1466人次。城西客运站日均发车6班次（含配载），日均发送旅客42人次。

客运站综管中心联合古林派出所，在客运中心区域开展"黄牛"专项整治11次，传唤惩治"黄牛"33人次，劝离350余次。强化"人、证、票"三合一查验力度，准确核实每一名旅客的身份信息。为旅客找到遗失物十余件，其他群众服务300余起。

结合"五整顿两提升"的工作要求，对辖区盲点进行精细化疏理整改。处置无照经营15起，跨门经营23起，人行道机动车违停抄告225辆，"智慧城管"处理案件29件，督促辖区单位补种绿化32处，停车场违规整改5起，拆除违规店招广告9块，规范"共享单车"停放1100余辆次，清理乱张贴、乱涂写90余处，劝离无证摊贩21起，垃圾分类宣传和督导检查95余人次，辖区内无明显违规现象，绿化市政养护整改及时。

交通执法与公安部门人员联合执法，重点开展非法网约车、"黄牛"喊客拉客整治专项行动，打击无证经营、超范围经营等违法违规行为。共查纠出租车违章115起，移交违章处理室2起，查纠大巴车违章26起，移交违章处理室4起，查处网约车10起；辖区内劝离私家车违停1200余次，教育劝离"残的"320余次。

【客运中心春运保障】 2021年春运期间，汽车中心站发车4737班次，发送旅客39562人次；城西客运站发车145班次，发送旅客1500人次。客运站综管中心完善春运各项工作方案、落实值班制度、畅通信息渠道、建立物资储备库，做好旅客疏导、转乘服务、维稳应急保障等工作，落实区域执法管理力量，强化巡查管理。处置"黄牛”拉客52人次，接群众求助15起，现场处理纠纷17起。联合交通执法部门整治“黑车”非法营运等违法行为，规范大客车营运7起，劝导教育违规出租车69起；处理机动车违停23起，规范“共享单车”、非机动车停放355辆次；纠正占道、跨门经营9起，驱离流动摊贩11起；联合区交通、城管及高校、社会爱心团体，组织志愿者165人次，服务旅客2.5万人次。区域内交通安全事故“零发生”，文明执法“零投诉”。

【汽车中心站疫情防控】 2021年8月，汽车中心站与区南站综管办联合成立铁路站（汽车站）防控工作专班，明确区域内各单位责任分工，定期开展“周会商、月例会”，提升疫情防控应急防控能力。

（成方州）

3月5日，汽车南站“3561”班组志愿者在自助服务区引导旅客自助购、取票

宁波汽车南站

【概况】 2021年，受新冠疫情和极端天气影响，宁波汽车南站的部分线路多次停运，全年运输旅客266.10万人次，其中，“五一”、国庆等节假日期间共保障旅客出行63.06万人次。12月，舟岱大桥建成通车，汽车南站至岱山班线行程缩短至100分钟。

车站以“守好小门”和疫情防控不放松为前提，努力做好保运营、谋发展，有序推进车站各项工作安全平稳发展。

细化各项工作措施，筑牢安全生产防线。进一步规范进站人员的液体查验和人检标准，全力做好安全保障工作。严格落实“三不进站、六不出站”管理规定，做好旅客行李的“三品”检查及班车出站时的超员、超载检查。组织开展各类消防知识培训及反恐演练、“水电控制应急”培训，以提高应急处置能力。培训微型消防站队员并开展消防应急实操演练，切实提升微型消防站的灭火救援能力。开展以学习贯彻落实安全法律法规和企业各种规章制度为素材的各层次安全会议及教育培训学习会议146次，共计参加1319人次。

在车站营造庆祝建党百年的浓厚氛围，车站电子显示屏循环播放建党宣传标语，微信公众号发布党史故事连载。

【汽车南站“文明典范城市”创建】 2021年，宁波汽车南站对照测评体系，修剪整改场站绿化，更新车站部分指引标志，翻新站前广场座椅，站容站貌得到进一步提升。及时更新厕所蹲位感应器，完善智慧化设施设备；打造“情系母婴，温馨旅途”四星级母婴候车环境，增设沙发、婴儿床、温奶器、热水器等系列硬件设施；站前广场新增“社会主义核心价值观”景观小品公益广告，在售票大厅、候车室等显著位置设立“关爱未成年人”“文明旅游”等公益广告，利用服务台广播、显示屏、微信公众平台等方式传播防疫、文明创建公益广告。加强志愿服务建设，“WE志愿服务站点”上墙，明确志愿服务制度和工作职责，展现志愿者风采。

【汽车南站出行智能化建设】 2021年，宁波汽车南站继续大力推动客运出行服务智能化与便捷化工作。在铁路宁波站到达层新增2台触屏式自助购票机，并在汽车站的售票大厅更新10台自助服务机。同时，增加自助服务区域的引导人员数量，提升服务品质，满足群众快速便捷的出行需求。11月，配合做好电子客票系统升级及与上级相关网络的对接，规范统一乘车凭证格式，进一步扩大购票渠道，提升旅客出行体验感。

【深化“3561”服务品牌建设】 2021年，宁波汽车南站深化“3561”服务特色品牌建设，创建“沈霞波劳模创新工作室”，通过先进模范示范引领，尽职履行窗口单位的社会责任，获评第七批“宁波市劳模创新工作室”。以“最多跑一次”理念推动服务质量大提升，旅客满意度和驾乘人员满意度均达到99.6%，获评年度“宁波市五一劳动奖状”。

（李　佳）

宁波栎社国际机场

【概况】 2021年，宁波栎社国际机场完成旅客吞吐量946.25万人次，比上年同期增长5%；完成货邮吞吐量11.27万吨，下降5%；航班起降7.77万架次，增长3%。年旅客吞吐量全省排名第二，全国排名第32。国际及地区旅客吞吐4.5万人次，下降71%；国际货邮吞吐量5.13万吨，增长

12%；国际及地区起降2468架次，下降24%。

新增拉萨、忻州、安顺等11个国内通航城市，实现华东地区外，国内所有省级行政区的民航客运航班全覆盖，澳门、首尔和香港3条国际（地区）客运航线恢复正常和阶段性运营。截至年底，机场共开通客运航线116条，其中国内航线113条、地区航线2条、国际航线1条；客运通航城市88个，其中国内航点85个、地区航点2个、国际航点1个；参与运营的客运航空公司共37家，平均每日超过212架次航班在宁波栎社国际机场起降。

机场安全运行态势总体平稳，在省内机场首创“五零三优”正向激励考核目标，考核实施以来，责任区鸟击为零，鸟害防治经验被民航华东地区管理局和民航浙江安全监督管理管局发文推广，中国民用航空局作专题研究后推广经验。开展安全督查110次，发现隐患68项，全部整改闭环，实现第37个“安全年”，并连续7年通过“平安民航”考核。在民航华东地区管理局年度安全考核中，宁波机场在15个千万级机场中以第一名且唯一分数破百的历史性佳绩获评优秀单位，在“平安单位”建设中，宁波机场获评省级“平安单位”暨省级“智安单位”。宁波机场阳光服务在“全国巾帼文明岗”“全国工人先锋号”基础上，再获“全国青年文明号”称号，实现全国级荣誉大满贯，并入选全国机场服务品牌建设实践举措推广案例，得到行业内高度肯定。

重新审视机场四期的功能与定位，全力配合地方政府推进宁波西枢纽建设，以全新的视角启动新一轮《宁波栎社国际机场总体规划》修编。

【宁波机场疫情防控】 2021年，新冠疫情防控常态化背景下，针对国际（地区）客运航班，由宁波市国际防疫专班进驻机场TOC指挥部。全年累计保障国际（地区）入甬航班1174架次、货运量2.16万吨、旅客2.2万人次，宁波机场集团有限公司被授予“浙江省机场集团抗击新冠疫情先进集体”称号。同时，机场充分对接宁波市、海曙区两级疾控部门，研究制定《防控新冠疫情应急处置预案》和5项分预案。先后组织开展突发疫情应急处置桌面演练和实战演练，全流程检验应急处置程序适用性和可操作性。12月，宁波市镇海区本土疫情暴发后，机场迅速完成平战转换，有效杜绝疫情外溢。

【宁波—义乌机场异地货站项目签约】 2021年4月29日，宁波机场与义乌机场互为异地货站项目在义乌幸福湖国际会议中心签约揭牌。项目依托省内机场业务互通、优势互补的有利条件，义乌机场成为继杭州机场后，第二家与宁波互为有异地货站的机场。

【“宁波·布达佩斯”客改货航线开通】 2021年5月26日，“宁波·布达佩斯”客改货航线开通。该航线是宁波首条直达中东欧国家城市的货运航线，推进宁波与中东欧国家空中货运走廊的搭建。除该航线外，宁波机场还先后开通“普吉—宁波—曼谷”“宁波·雅加达”“宁波·胡志明”等货运航线。

【宁波机场——春秋航空战略合作协议签订】 2021年6月3日，宁波市政府与春秋航空股份有限公司（以下简称“春秋航空”）签署战略合作框架协议。签约现场，宁波机场集团总经理同春秋航空总裁王志杰签订合作协议。根据协议，春秋航空在宁波设立分公司，培育发展现代航空产业，助推宁波民航事业加快发展，至2025年年底，累计投入运力不少于28架，宁波空港成为春秋航空全国重要的核心枢纽。

【宁波机场工程获中国建设工程鲁班奖】 2021年12月，宁波国际机场三期扩建工程最主要的两个单体建筑——T2航站楼、交通中心工程获2020—2021年度“中国建设工程鲁班奖（国家优质工程）”，成为年度宁波地区唯一入选的工程项目。机场三期扩建工程总建筑面积16.5万平方米，工程总造价20亿元，由T2航站楼、交通中心两个合同段组成。T2航站楼建筑面积11.24万平方米，是T1航站楼的2.5倍，包括地下1层、地上3层，登机口由原先航站楼的15个增加到28个，机位由原来的26个增加到60个。交通中心建筑面积5.5万平方米，无缝连接宁波轨道交通2号线栎社机场站与T2航站楼，包括地下2层、地上2层，设泊车位1048个，集停车和换乘功能于一体。项目于2015年12月动工，数千名人员参与工程，历时4个寒暑，于2019年12月正式投用。

【宁波机场机坪塔台独立运行】 2021年11月9日，宁波机场全面接管机坪塔台，成为浙江省内第二家实现机坪

5月26日，宁波机场开通首条直达布达佩斯货运航线

塔台独立运行的机场。根据民航局《航空器机坪管制移交工作总体方案》的要求，宁波机场与民航有关部门紧密协作，完成运行指挥员培养、机坪塔台建设、运行程序制定、工作协议签订、风险评估等移交前各项准备工作。

【“易安检”服务上线】 2021年12月21日，宁波机场“易安检”服务上线。旅客可以在航班起飞前48小时内随时预约安检服务，也可在机场临时购票、当场注册、即时预约、立等使用“易安检”服务。使用“易安检”服务的旅客安检效率提升约30%，缩短过检时间。旅客可以更快捷地通过安检，便利出行。

【进离场分离飞行程序运行】 2021年12月30日6时40分，宁波飞往兰州的春秋航空9C6327航班起飞。自此航班始，宁波栎社国际机场进离场分离飞行程序正式运行，宁波机场从此结束“单通道”运行模式，正式迈入“双通道”时代。实施新的飞行程序，能有效缓解宁波机场春运、暑运等航班大流量及日益增长的航班量与宁波空域有限条件的矛盾。2021年，宁波机场放行正常率83%，较2019年提升11%。

2021年宁波栎社国际机场主要航空公司基本情况一览表

表19

航空公司	旅客运输量		货邮运输量		平均客座率（%）
	实际（万人次）	同比增长率（%）	实际（万吨）	同比增长率（%）	
中国东方航空公司	193.7	3.5	1.3	−9.6	69.0
春秋航空公司	186.8	27.3	0.7	−12.8	80.5
中国南方航空公司	110.7	−1.5	1.0	0.8	73.8
中国国际航空公司	64.3	13.3	0.4	−10.8	72.8
浙江长龙航空公司	62.0	−5.3	0.4	−17.3	74.7
四川航空公司	53.1	0.9	0.4	−38.9	75.5
海南航空公司	50.9	−10.8	0.3	−28	71.6

2021年宁波栎社国际机场新开通的部分国内航线一览表

表20

航空公司	航线	开通日期	航班号	机型	班期
福州航空	宁波⇌安顺	3月28日	FU6710	737	周一三五日
长龙航空	宁波⇌巴中	3月28日	GJ8929	320	周一三五日
成都航空	宁波⇌岳阳	3月28日	EU1946	ARJ	每日一班
重庆航空	宁波⇌重庆⇌拉萨	3月28日	OQ2165	31C	每日一班
长龙航空	宁波⇌榆林⇌西宁	3月28日	GJ8545	320	周一三五日
龙江航空	宁波⇌忻州⇌哈尔滨	3月28日	LT4344	320	每日一班
长龙航空	宁波⇌成都天府	11月2日	GJ8033	320	周二四六
青岛航空	宁波⇌铜仁⇌凯里	7月2日	QW6139	320	周一三五日
春秋航空	宁波⇌兰州⇌伊宁	8月1日	9C6745	320	周一三五日
春秋航空	宁波⇌阜阳⇌银川	10月31日	9C6913	320	周一三五日
长龙航空	宁波⇌西昌	10月31日	GJ8863	320	周一三五日
重庆航空	宁波⇌十堰⇌重庆	12月1日	OQ2138	320	周一三五日

（周　虹）

轨道交通建设

【概况】 2021年，宁波市海曙区轨道交通建设推进管理中心继续协助、配合各区级部门做好轨道交通建设及运营开发过程中的房屋拆迁、政策处理等各项工作，做好项目建设的要素保障和资金管理工作，确保海曙区轨道交通建设推进顺利。面对疫情防控和项目争速的双重压力，轨道中心密切联系市、区各有关单位，完成一大批制约轨道交通建设的政策处理和征地拆迁等要素保障工作，获得“宁波市轨道交通工程立功竞赛先进集体”“宁波市轨道交通5号线一期工程开通先进集体”“宁波市轨道交通工程立功竞赛先进个人”等荣誉称号。

宁波轨道交通5号线一期工程在海曙区的各项政策处理和征迁工作按计划全部完成，12月28日通车运营。开展宁波轨道交通6号线一期、8号线一期开工建设前的各项准备工作，签订征地拆迁委托协议和政策处理框架协议，并按协议拨付部分政策处理启动资金，为征迁及政策处理工作的推进提供政策和资金保障。加快宁波轨道交通1号线、2号线、4号线结账扫尾工作。其中，通过1年的跟踪扫尾，基本完成4号线所涉及的大公馆小区临时借地归还及停车补偿，柳西站天海华庭临时借地及安保补偿费，兴宁桥西站、柳西站佳酿桥及铁路宁波站的南站北广场站点绿化恢复等系列扫尾工作。

【宁波轨道交通6号线海曙段前期工作启动】 2021年，海曙区启动宁波轨道交通6号线一期所涉辖区站点的前期工作。工程总里程39.8千米，全部为地下线，设站24座。其中海曙段主要沿集古路、望童路、通途路敷设，线路长19.63千米，设站11座，平均站间距1.86千米。经初步测算，站点、场段及区间共需征迁房屋面积约34万平方米。截至年底，区轨道中心完成站点地质勘探协调、站点设置方案论证、沿线乡镇街道征询意见及征迁调查摸底等各项前期工作，为后续方案优化提供大量的基础资料。

【宁波轨道交通8号线海曙段征迁工作启动】 2021年8月23日，宁波轨道交通8号线一期工程所涉海曙区的项目征迁工作正式启动。8号线一期总里程23.14千米，设站19座，其中海曙段8.18千米，设站7座，途经望春、白云、段塘3个街道，涉及拆迁面积30552平方米，需拆迁资金约6.5亿元。区轨道中心提前启动相关站点的拆迁摸底和调查工作，多次组织市轨道集团、轨道设计院等相关部门，对拟设置的站点出入口和配套设施进行实地勘察调研、分析研判，结合属地街道、社区意见，不断优化设计方案。截至年底，协调完成8号线一期天一家园西站的拆迁和天胜花鸟市场临时借地协调工作，启动青林湾站、丽园北路站、丽园南路站至南苑站区之间的征迁工作，推进先行施工站点丽园南路站、丽园北路站点的临时借地、道路导改、绿化移植、管线迁移等相关工作。

12月28日，宁波轨道交通5号线一期开通

【宁波轨道交通5号线开通运营】 2021年12月28日，宁波轨道交通5号线一期工程开通运营，至此，全市轨道交通运营里程达183千米，全面迈入5线并行的网络化、数字化运营新时代。5号线是全省首条全自动运行的轨道交通线路，一期工程西起海曙区布政站，止于镇海区兴庄路站，全长27.9千米，共设车站22座，均为地下站。与既有线设换乘站5座，与未来建成的6、7、8号线及市域（郊）线均留有换乘接口。线路设经堂庵跟车辆段、前殷停车场“一段一场”。5号线一期在海曙区内设有5个站点，分别为布政站、张家谭站、同德路站、石碶站及雅渡站，其中石碶站可换乘2号线。自5号线开工以来，区轨道中心重点完成经堂庵跟车辆段临时借地范围内涉及包家村、张家潭村河道填河政策处理，经堂庵跟车辆段施工现场环保检查验收，雅渡站施工影响福来顿酒店正常营业相关补偿，经堂庵跟车辆段包家村村道改迁及道路升级改造，精品路线涉及5号线相关站点的整治协调，布政站出入口接驳道路实施等工作。经统计，5号线在海曙区域内累计拆迁建筑物面积5.7万平方米，征用土地43.33公顷，支付征迁及政策处理等费用约8.7亿元。

（张　丹）

公共停车管理

【概况】 2021年，海曙区有独立、配建、结合地块建设、临时建设及学校、医院、机关企事业单位等各类公共停车场400家，泊位57553个，公共停车场面积115.11万平方米。当年新增非机动车泊位52068个，修复18756个；全区非机动车总泊位234944个。

2021年海曙区公共停车场数量一览表

表21

序号	单位	停车场数量（家）	泊位数量（个）	面积（万平方米）
1	江厦街道	60	9689	19.378
2	月湖街道	20	4136	8.272
3	鼓楼街道	47	2966	5.932
4	西门街道	10	1690	3.38
5	南门街道	103	12027	24.054
6	白云街道	19	2005	4.01
7	望春街道	37	8025	16.05
8	段塘街道	7	585	1.17
9	石碶街道	26	3883	7.766
10	古林镇	12	1505	3.01
11	高桥镇	12	3661	7.322
12	鄞江镇	1	375	0.75
13	集士港镇	2	2114	4.228
14	洞桥镇	33	4339	8.678
15	章水镇	2	90	0.18
16	龙观乡	8	428	0.856
17	横街镇	1	35	0.07
合计		400	57553	115.106

【咪表管理】 2021年，海曙区438个咪表车位全面升级改造为“智慧停车”泊位，4月15日始，咪表全部停用，并逐步拆除，退出宁波市道路停车的历史舞台。

【智慧泊车】 2021年，海曙区新建“智慧停车”泊位1816个。其中，一级收费区域路段40条，泊位608个；二级收费区域路段45条，泊位1208个。

2021年海曙区新建“智慧停车”泊位情况一览表

表22

序号	路名	所属街道	收费等级	建设泊位	数据采集模式
1	中山西路1182弄（澄波街—泗水河）	望春街道	二级	33	高位视频
2	沁园街（丽园北路489弄—丽园北路）	望春街道	二级	24	高位视频
3	沁园街（机场路—丽园北路489弄）	望春街道	二级	6	高位视频
4	澄波街（环城西路—丽园北路）	望春街道	二级	39	高位视频
5	澄波街（机场路—望春路82弄）	望春街道	二级	37	高位视频
6	澄波街（中山西路1182弄—丽园北路）	望春街道	二级	14	高位视频
7	环城西路北段209弄（环城西路—澄波街56弄）	望春街道	二级	14	高位视频
8	环城西路北段209弄（澄波街56弄—至西）	望春街道	二级	4	高位视频
9	环城西路北段245辅路	望春街道	二级	11	高位视频
10	悠云路（广安路—永丰西路）	望春街道	二级	39	高位视频
11	悠云路（广安路—海全路）	望春街道	二级	24	高位视频
12	悠云路（青林湾街—姚江东路）	望春街道	二级	59	高位视频
13	范江岸路（江星路—丽园北路）	望春街道	二级	11	高位视频
14	丽园北路（青林湾街—姚江东路）	望春街道	二级	36	高位视频
	小计泊位数			351	

续表22

序号	路名	所属街道	收费等级	建设泊位	数据采集模式
15	后河巷（文化路—翠柏路）	西门街道	二级	15	高位视频＋地磁＋巡检车
	小计泊位数			15	
16	宝善路143弄	白云街道	二级	16	高位视频
17	益民街（安泰街—夏禹路）	白云街道	二级	25	高位视频
18	安泰街（益民街—环城西路）	白云街道	二级	19	高位视频
19	安泰街（丽园南路—益民街）	白云街道	二级	37	高位视频
20	白云街（民丰街—环城西路）	白云街道	二级	21	高位视频
21	白云街（丽园南路—民丰街）	白云街道	二级	28	高位视频
22	民丰街（白云街—南）	白云街道	二级	4	高位视频
23	民丰街（蓝天路—白云街）	白云街道	二级	19	高位视频
24	前丰街（周江岸路—蓝天路）	白云街道	二级	22	高位视频
25	前丰街（中山西路—沁园街）	白云街道	二级	14	高位视频
26	周江岸路（前丰街—环城西路）	白云街道	二级	14	高位视频
27	沁园街（前丰街—环城西路）	白云街道	二级	20	高位视频
28	沁园街（丽园北路—前丰街）	白云街道	二级	32	高位视频
29	丽园北路489弄（蓝天路—沁园街）	白云街道	二级	43	高位视频
	小计泊位数			314	
30	鄞奉路（澄浪堰路—鄞奉路）	南门街道	一级	10	高位视频
31	南永宁巷（兴宁路—尹江路）	南门街道	一级	18	高位视频
32	澄浪堰路28弄	南门街道	一级	9	高位视频
33	澄浪南路（鄞奉路—尹江路）	南门街道	二级	29	高位视频
34	船埠巷（尹江路—鄞奉路）	南门街道	二级	37	高位视频
35	甬水桥路（三支街—三市路）	南门街道	二级	8	高位视频
	小计泊位数			111	
36	镇明路（迎凤街—柳汀街）	月湖街道	一级	73	高位视频
37	偃月街（中山西路—迎凤街）	月湖街道	一级	11	高位视频
38	偃月街（马衙街—柳汀街）	月湖街道	一级	24	高位视频
39	广济街（镇明路—解放南路）	月湖街道	一级	19	高位视频
40	章耆巷（镇明路—解放南路）	月湖街道	一级	17	高位视频
41	冷静街（仓桥街—解放南路）	月湖街道	一级	5	高位视频
42	县学街（镇明路—解放南路）	月湖街道	一级	6	高位视频
43	长春路（共青路—三支街）	月湖街道	一级	10	高位视频
	小计泊位数			165	
44	大梁街（解放南路—开明街）	江厦街道	一级	14	高位视频
45	碶闸街（药行街—药行街）	江厦街道	一级	15	高位视频
46	老实巷（大梁街—小梁街）	江厦街道	一级	10	高位视频
47	开明街130弄（开明街—大来街）	江厦街道	一级	15	高位视频
48	碶闸街25弄（大来街—碶闸街）	江厦街道	一级	20	高位视频
49	碶闸街（竺家巷—大沙泥街）	江厦街道	一级	10	高位视频

续表 22

序号	路名	所属街道	收费等级	建设泊位	数据采集模式
50	竺家巷（碶闸街—狮子街）	江厦街道	一级	16	高位视频
51	君子街（狮子街—碶闸街）	江厦街道	一级	20	高位视频
52	大来街碶（闸街 25 弄—大沙泥街）	江厦街道	一级	10	高位视频
53	元吉巷（竺家巷—大沙泥街）	江厦街道	一级	7	高位视频
54	石板巷（君子街—竺家巷）	江厦街道	一级	5	高位视频
55	狮子街（药行街—大沙泥街）	江厦街道	一级	20	高位视频
56	小沙泥街（狮子街 58 弄—五台巷）	江厦街道	一级	8	高位视频
57	解放南路（解放南路与开明街路口路中三角地）	江厦街道	一级	22	高位视频
58	莲桥街（狮子街—莲桥巷）	江厦街道	一级	28	高位视频
	小计泊位数			220	
59	云霞路 126 弄（云霞路—月季苑小区）	段塘街道	二级	18	高位视频
60	云霞路（恒春街—北粮丰街）	段塘街道	二级	55	高位视频
61	恒春街 46 弄（苍松路—恒春街）	段塘街道	二级	16	高位视频
62	苍松路（夏禹路—环城西路）	段塘街道	二级	47	高位视频
63	北粮丰街（新典路—云霞路）	段塘街道	二级	22	高位视频
64	粮丰街（南苑街—环城南路）	段塘街道	二级	52	高位视频
65	粮丰街（新典路—南苑街）	段塘街道	二级	48	高位视频
66	启文路（新典路—至南）	段塘街道	二级	20	高位视频
67	新典路（粮丰街—启文路）	段塘街道	二级	25	高位视频
68	新典路（环城西路—粮丰街）	段塘街道	二级	29	高位视频
69	新典路（环城西路—粮丰街）	段塘街道	二级	37	高位视频
70	南苑街（环城西路—鄞奉路）	段塘街道	二级	69	高位视频
71	南苑街（通达路—环城西路）	段塘街道	二级	16	高位视频
	小计泊位数			454	
72	府桥街（孝闻街—解放北路）	鼓楼街道	一级	13	高位视频
73	呼童街（中山西路—尚书街）	鼓楼街道	一级	17	高位视频
74	呼童街（永寿街—西河街）	鼓楼街道	一级	7	高位视频
75	开明街（中山东路—苍水街）	鼓楼街道	一级	14	高位视频
76	西北街（西河街—永丰路）	鼓楼街道	一级	21	高位视频
77	永寿街（呼童街—孝闻街）	鼓楼街道	一级	9	高位视频
78	永寿街（望京路—文昌街）	鼓楼街道	一级	10	高位视频
79	广堂街（县前街—苍水街）	鼓楼街道	一级	26	视频桩视频
80	中宪巷（望京路—效实巷）	鼓楼街道	一级	11	高位视频
81	国医街（仓水街—县前街）	鼓楼街道	一级	12	高位视频
82	乌舍巷（文昌街—孝闻街）	鼓楼街道	一级	14	高位视频
83	法院巷（中山西路—府桥街）	鼓楼街道	一级	8	高位视频
84	法院巷（府桥街—尚书街）	鼓楼街道	一级	16	高位视频
85	法院巷北端无名路（法院巷—尚书街）	鼓楼街道	一级	8	高位视频
	小计泊位数			186	
	合计泊位数			1816	

（林桂玲）

邮　政

【概况】 2021年，中国邮政集团有限公司海曙区分公司（以下简称“海曙邮政”）有邮政从业人员482人，设有26个邮政营业点、18个金融网点、13个揽投部、3个特快揽投部。

全年业务收入8418.27万元，比上年同期增长19.63%。其中，代理金融业务收入4693万元，增长22.9%。函件业务收入122.66万元。报刊业务收入724.28万元，增长7%。

寄递业务完成业务收入2778万元，比上年同期增幅49.2%，完成率104.5%。国内特快完成业务收入1266万元，增幅44.1%，完成率106%。其中，传统特快完成业务收入518万元，电商特快完成业务收入745万元，快递包裹完成业务收入1232万元，国际业务完成业务收入214万元，物流业务完成业务收入64万元。

投递特快邮件45.76万件，妥投43.54万件，共投递快递包裹559.43万件，妥投551.50万件。针对7、8月“烟花”“灿都”台风对海曙造成的严重影响，辖区各邮政网点、机构克服困难，尽早恢复正常营业，其中投递部门积极开展夜投，在最短时间内完成快件的消化滚存。加强法院专递的服务保障，及时投递率达99.36%，回执返回率99.1%。

【邮政丽雅苑金融网点探索获客新途径】 2021年，中国邮政海曙区分公司丽雅苑金融网点不断增强客户与网点的黏合度，努力提高网点最终收入。将客户管理关系（CRM）与“云平台”推进工作结合，对不同的客户给予不同资产配置；坚决贯彻市邮政公司的“进门三问投资三问”方针，通过柜面“一句话营销”，紧抓高效中间业务。网点全年折扣保费年增880万元，完成既定目标任务的144%。其中，期交保费年增138万元，达成226%；理财保有量年增176万元，达成143%；非基金全年销售额298万元，完成率126%。

（费晓春）

海　关

【概况】 2018年年底，经国务院及海关总署批准，整合原宁波海关现场业务处与宁波海关关税处集中验估现场、原宁波出入境检验检疫局国航办事处和甬城办事处，成立海曙海关。海曙海关的主要业务包括宁波关区海港（单证）通关、宁波关区集中验估和涉及稽查补税的税收征管要素审核、宁波市海曙区（除栎社海关辖区外）的海关属地监管工作。截至年底，内设办公室、综合业务科、进口科等13个科室；有干部职工147人。

作为宁波关区最大的通关业务现场，海曙海关承担宁波关区75%以上的报关单量、约40%的税收量以及约35%的原产地证签证量。落实因新冠疫情不可抗力出口退运货物的各项税收规定，帮助企业减少因疫情导致的损失。自12月以来，应对宁波镇海、北仑疫情影响，承接部分镇海、北仑海关的应急通关业务，全力保障宁波口岸通关顺畅。

发挥职能优势，加强对属地企业的帮扶指导，支持地方外贸发展。建立党委委员对口联系企业制度和重点企业户管员制度，帮助企业解决急难愁盼问题；推进企业资质管理便利化，将报关企业注册登记纳入“多证合一”管理，海曙海关辖区新增企业注册595家，注销241家，变更679家。深化信用管理体系建设，提供信用预警和认证培育服务，2家辖区企业申请成为“高级认证企业”，完成3家“高级认证企业”重新认证工作，信用培育企业13家。推进杭甬两关高新技术货物布控查验协同试点，让企业享受查验便利。

海曙海关获评国家税务总局、公安部、海关总署、中国人民银行“打击虚开骗税违法犯罪两年专项行动成绩突出集体”“宁波市‘225’外贸双万亿行动突出贡献集体”“宁波市复工复产工作成绩突出集体”“浙江省海港‘凝聚硬核力量、争创优异成绩’立功竞赛优胜班组”等荣誉。海关政务服务“好差评”系统评价率和好评率均为100%。

【海关检验检疫工作】 2021年，海曙海关提升危险化学品、资源性商品、医疗器械等重点敏感货物的监管水平，提高不合格检出率。关注敏感、重点商品，尤其是儿童消费品、压力容器及医疗器械的检验监管工作，提升进口工业品质量管理的有效性。严把国门生物安全关，加强出境竹木草制品分类监管，完善进境动植物及其产品生产、加工、存放单位监管机制，进一步推动落实企业主体责任，共检出一般性有害生物80种次，检疫性有害生物2种次。加强食品安全工作，严格执行海关总署和宁波海关抽样检验和风险

6月30日，海曙海关关员在国际会展中心实地监管中东欧商品进口

监测计划，组织开展食品安全宣传周活动，强化食品安全社会共治，共检出11批不合格进口食品和食品接触产品货物，完成监督抽检和风险监测4批次、14项次。

【海关综合治税】 2021年，海曙海关优化重点税源企业的管理服务，开展主税源商品调研，提升税收征管质量。试点开展属地纳税人管理制度，探索建立“双特”（特许权使用费、特殊关系）台账，叠加集中验估优势，对宁波金田铜业（股份）有限公司的进口再生铜的估价作业推出“价格备案”模式，进一步提高税收征管效能。根据国家政策导向和地方产业实际，开展税政调研，通过问卷、约谈等形式广泛吸收企业意见建议，提出优化方案，积极为企业争取税收政策支持。

【打击走私违法行动】 2021年，海曙海关加强全员打私力度，打通验估、稽查科室内部协作，形成整体打私合力。强化风险研判，落实“国门利剑2021”行动要求。持续开展打击“洋垃圾”入境稽查行动，开展3轮专项稽查行动，推进打击跨境电商进口走私“断链刨根”专项整治行动。

【外贸统计监测】 2021年，海曙海关推进统计研究工作，发挥统计监测预警作用。强化贸易统计数据审核基础工作。加强统计监测预警分析，上报监测预警分析文章69篇，增长15%。抓好统计调查和业务统计工作落实，督促辖区5家样本企业做好中国外贸出口先导指数月份问卷常规调查，持续提升业务能力。

【海关验估“全审全控”模式探索】 2021年，海曙海关发挥集中验估作业模式的优势，探索验估“全审全控”工作机制，加强事后自主验估，建立“云擎”系统模型42个，配合海关总署税管局开展错位管理。创建“宁波验估”模式，在液化丙烷、龙眼干、再生资源的专项验估方面成果显著。组织开展宁波关区综合业务岗到验估岗跟班交流工作，17个隶属海关的6批次18人参加，与综合业务岗建立沟通配合机制。

6月11日，海曙海关关员在国际航运中心通关大厅做跨境电商政策咨询

建立对通关作业、稽核查作业的税收征管要素审定机制，处置税收征管要素复核认定联系单418份，其中对37份进行规范，防范化解行政争议。发挥验估专家关税技术优势，加强对重点企业帮扶力度，加强海关政策宣传和技术指导，以优质服务稳固和吸引税源。

【原产地签证服务】 2021年，海曙海关依托数字赋能，加快推进“智慧海关”建设，持续落实各项原产地签证便利举措。推广“不见面”签证服务，为企业减负增效，做好自助打印纳入“最多跑一次”办事自助服务终端宁波地区的推广工作。推出原产地证书签发邮寄服务，稳步推进原产地证书智能审核，中小企业享惠感显著增强。

【通关便利化推广】 2021年，海曙海关推广通关便利化措施，持续推广“两步申报”、提前申报、汇总征税等进出口便利化举措，最大限度地提升查验后续处置环节作业效率，进出口整体通关时间不断压缩。进一步简化手续，优化流程，推进标准化、规范化通关业务操作。深化“通关我帮您”服务品牌建设，确保“大通关加班服务”承诺履行到位，充分利用关企QQ群、微信群等平台，帮助企业解决通关疑难，推动稳外资、稳外贸工作落实落细。

（赵悦辰）

相关链接：

四明山“1+4+6”环线路网：即1个大环、4个小环、6条外界连接线。1个大环为四明山环线公路；4个特色小环为横街、龙观、章水、鄞江4个乡镇特色公路小环；6条外界连接线为荷梁线（通往余姚、鄞州两个方向）、望童线、龙溪线、上大线、章毛线。

三不进站：指危险品不进站、无关人员不进站(发车区)、无关车辆不进站。

六不出站：指超载营运客车不出站、安全例行检查不合格营运客车不出站、旅客未系安全带不出站、驾驶员资格不符合要求不出站、营运客车证件不齐全不出站、“出站登记表”未经审核签字不出站。

验估：根据海关总署税收征管局指令，为确定进出口报关单商品的归类、价格、原产地等税收征管要素，对实施的验核进出口货物单证资料或报验状态，对涉税要素申报的完整性和规范性进行评估的行为，主要分为放行前验估（事中）和放行后验估（事后）两个作业环节。

两步申报：在“两步申报”通关模式下，企业不需要一次性填报所有的申报项目，可分为概要申报及完整申报。第一步，企业概要申报后经海关同意即可提离货物；第二步，企业在规定时间内完成完整申报。

数字海曙建设

数字经济发展

【概况】 2021年，海曙区聚焦数字经济和新制造业双引擎，以数字经济系统建设为改革抓手，以数字经济产业高质量发展为根本，全力推动数字技术赋能区域产业转型升级。

在全市率先发布首个区级工业互联网三年行动计划《实施“新工网”计划，打造制造业数字化“中心引擎”(2021—2023)》，打造工业互联网引领示范区。编制形成《服装产业大脑场景应用改革实施方案》，形成以supOS工业操作系统为基础底座的“1+3+N”服装产业大脑总体框架，聚焦产业生态，新智造和共性技术三大领域，谋划产业地图、产业链图谱、协同制造、协同设计等9个子场景应用，并成功“揭榜挂帅”全省行业产业大脑试点建设。体系化推进新智造集群试点建设，时尚纺织服装产业集群入选全省首批36个产业集群(区域)新智造试点名单。编制《海曙区纺织服装产业链提升行动方案(2021—2025年)》，重点实施四大专项行动。全区累计创建“数字化车间”/“智能工厂”13家，3家企业入选省级“数字化车间”/“智能工厂”。雅戈尔服装制造有限公司列入全省首批“未来工厂”培育名单和国家工信部工业互联网试点示范项目，参与全省《“未来工厂”建设导则》标准编制。94家规模以上企业实现增加值20.69亿元，比上年同期增长9.3%。加强数字经济核心产业软件业，全区互联网及软件信息服务业主营收入16.35亿元，增长值达136.9%。

围绕打造全省首个“5G综合应用示范区”的目标，各级联动增强工作合力，攻坚克难深挖建设潜力，产业推动形成发展动力，全面推进5G基础设施建设和产业发展。组织召开全市“5G+工业互联网”试点工作推进会暨工业互联网发展行动部署会，成功发布服装行业工业互联网平台和supOS工业互联网平台体系计划。成立海曙区“5G+工业互联网”产业联盟、服装行业“5G+工业互联网”创新中心。21家企业列入全市“5G+工业互联网”试点项目计划。

【数字化改革】 2021年，海曙区成立数字化改革数字经济组，主动承接省、市数字化改革规定动作，做好跑道上线和重大应用场景集成。持续对应用展示页面更新完善，是最先与市数字经济系统完成贯通对接的门户，全市率先建成数字经济系统综合应用门户3.0版，集成上架“一链助企”“数字外贸平台”“81890企业通”等一批具有海曙味道又有实际应用意义的重大应用。在2021年全省数字经济系统考核评价中，取得全省第三、全市第一的成绩。

【5G基础设施建设】 2021年，海曙充分发挥5G基础设施建设联席会议机制动力，专项编制《关于配合做好5G基站及附属设施建设工作的函》，要求各部门和属地在站点的选址、落地、配套上投入更多资源和精力。针对海曙西部乡村及山区地广人稀的特点，探索单个站点覆盖面更广的700兆频段5G基站试点工作，覆盖范围涵盖横街、石碶、鄞江、高桥、集士港、古林等城西乡镇街道。全年新建成5G基站539个，完成年度目标，实现5G信号主城区全覆盖，乡镇重点区域基本覆盖。

【宁波市“5G+工业互联网”试点工作推进会】 2021年6月3日，宁波市“5G+工业互联网”试点工作推进会暨工业互联网发展行动部署会在海曙区召开。会议围绕“5G+工业互联网”试点情况和工业互联网发展行动方案及supOS工业互联网平台体系推进工作计划、政策等展开。会上，海曙区纺织服装行业工业互联网平台正式发布，区政府主要领导出席发布仪式并对平台进行推介。supOS工业互联网平台体系“百业千企行”系列推广活动于会上启动，第一批“标杆培育企业”和浙江蓝卓签署框架合作协议，海曙区重点企业宁波金鸡强磁股份有限公司代表作表态发言。

【海曙企业参与世界数字经济大会】 2021年10月15日，2021世界数字经济大会暨第十一届智慧城市与智能经济博览会举办。海曙企业浙江蓝卓工业互联网信息技术有限公司与10家宁波市内外部门单位及制造企业签约，在智能制造、综合园区建设方面展开合作。此届大会围绕“数字驱动、智能发展”主题，进一步聚焦数字产业化、产业数字化、城市智慧化的新变化，以线上线下联动方式举办论坛会议、展览展示、产业对接、成果发布、专家咨询会、信息消费体验日、双创大赛、新品发布等系列主题活动，集聚数字经济发展要素和创新资源，深化全方位合作，打造数字经济展示交流合作国际级大平台。论坛还举办5G+北斗高精度定位行业大会、5G+工业互联网（未来工厂）创新发展论坛等6场高层次主题论坛，产业数字化转型高层论坛、人工智能与“碳中和”战略融合发展论坛等系列分论坛（研讨会）以及宁波市制造业高质量发展与智能经济战略咨询专家咨询会。

【雅戈尔“5G+数字孪生”项目入选工信部实践案例】 2021年12月，工信部印发《第二批“5G+工业互联网”十个典型应用场景和五个重点行业实践的通知》，雅戈尔集团与中国联通合作的“5G+数字孪生”项目入选纺织行业4个实践案例，系全市唯一。“5G+数字孪生”项目依托数字孪生技术和低延时的5G网络，可实现西服工厂在地理信息、物理信息、运行逻辑上的1:1虚拟还原，以及对生产运行状态的实时检测、分析和报警。同时，借助该技术，管理者能够直观、可视化地远程掌握工厂生产、物流、设备等全局信息，通过系统解决生产经营环节易发高发的相关问题，生产效率将提升25%，订单交付周期可缩短10%。

（蔡　哲）

大数据发展与服务

【概况】 2021年，海曙区大数据发展服务中心统筹推进全区大数据发展工作，指导数据资源安全体系建设，加强公共数据高质量供给，推进大数据基础设施建设和管理，聚力打造海曙智能公共数据分平台，聚焦多跨场景与特色应用，为海曙各领域数字化改革提供有力支撑。

加强公共数据高质量供给。全面开展数据普查归集。完成130个系统普查，1900余条目录编制，按需归集34个部门本地特色数据350张表，重点打造“城建住房”“社会救助”“生活服务”3个特色专题库，推动数据共建共享。

推进应用体系建设，优化政府政务服务。推进数字化改革门户建设，上线总门户和五大综合门户集成，实现省、市、区三级贯通。构建数字驾驶舱六大集成应用板块，实现“一屏通览”。全面应用“浙政钉2.0”，实现用户激活率100%，日用户活跃度超83%。推动“一网通办”改革成效向基层延伸扩面。全区依申请事项、办件“一网通办”率均超过85%。聚焦数字化改革重点领域，打造多跨协同应用场景，其中6个应用被列为省级典型应用或示范。

提升基础设施支撑和安全能力。推进政务网络基础设施改造提升，实现部门及社区全千兆接入。开展安全审计和运维效果评估，着力构建安全管理、网络运维、安全审计三维一体的网络安全防护体系。

【网络基础设施建设】 2021年，海曙区加快改造提升基础网络，实施网络接入光纤提速，带宽统一提速到千兆，实现部门及社区全千兆接入。推进应用系统等级保护备案工作，分类分级明确应用系统安全等级，完成34个区存量自建应用系统等级保护定级备案工作，等保备案率提升至100%。全面提升网络数据安全防护水平，开展“三高一弱”（高危漏洞、高危端口、高风险外联及弱口令）安全专项检查、外包服务提供商安全专项检查和互联网出口专项检查。开展安全审计和运维效果评估，着力构建安全管理、网络运维、安全审计三维一体的网络安全防护体系。

【公共数据高质量供给提升】 2021年，海曙全面开展数据普查归集，完成130个系统普查，1900余条目录编制，实现数据目录化、目录全局化、全局动态化。攻坚数据归集，新增100余个数据信息归集，数据量超2亿条。开通数据服务前置机，按需归集34个部门本地特色数据350张表，入仓296张，数据量约2.2亿条。推进一体化资源系统（IRS）的普及应用。在IRS建档82个应用，应用建档提交率、终审通过率达100%，数据目录被应用关联率、云资源实例被应用关联率均达100%。重点打造“城建住房”“社会救助”“生活服务”3个特色专题库，81890求助服务中心、区住建局、区民政局、区残联等6个部门批量共享专题库。

【政府信息化项目建设】 2021年，海曙区统筹安排全区政府信息化建设项目132个，其中新建项目55个。重点推进小微权力运行监督系统、重大项目前期服务等政府运行领域数字化应用、步态采集与识别应用场景、智慧执法平台等社会治理领域数字化应用；服装产业大脑等经济治理领域数字化应用建设；“81890生活惠通”应用场景、“甬信培”等民生治理领域数字化应用。以数字化改革特色性应用场景为重点，推进优秀多跨协同应用场景项目落地。

【“一网通办”改革】 2021年，海曙区推动“一网通办”改革成效向镇（乡）街道、村（社区）延伸扩面，全区依申请事项、办件“一网通办”率均超过85%。推进网上政务服务“好办、易办”“浙里办”海曙专区建设，上架“81890生活惠通”“甬健通”“甬信培”3个应用。全面应用“浙政钉2.0”，推进政务办公、决策、治理类应用整合。“浙政钉2.0”用户激活率达100%，日用户活跃度超83%，OA协同办公、整体智治“81890”、疫情防控、“甬健通”、“数字人大”、“智慧后勤”等8个应用上架。

（陈　沁）

财税·金融

财　政

【概况】2021年，海曙区财政总收入225.31亿元，比上年同期增长19.9%，其中，一般公共预算收入129.70亿元，增长12%，占全区财政总收入的57.6%。全年税收收入119.97亿元，增长20%，税收收入占一般公共预算收入的92.5%。全年非税收入14.35亿元。全年完成一般公共预算支出113.89亿元，增长11.7%。

全年减税降费15.7亿元。继续实施降低增值税税率等制度性减税政策，政策叠加效应持续释放，落实阶段性减税降费政策和结构性减税政策，强化小微企业税收优惠，支持制造业和科技创新，继续阶段性降低失业保险、工伤保险费率，加大各类违规涉企收费整治力度，确保落实落细减税降费政策。

科学预判疫情和减税降费影响，防范因收入波动带来的财政运行风险。统筹上级和本级财政资金，发挥财政在制度、政策、资金等方面的支持作用。进一步压减“三公”经费、会议费、培训费，节省资金统筹用于民生领域的经费保障。落实常态化财政资金的“直达”机制，确保资金精准高效落地，第一时间将中央直达资金3亿元及宁波市配套资金0.45亿元分配下达至相关部门、项目，并安排区级配套资金1.72亿元，形成资金叠加放大效应。统筹落实各项惠企利民政策，资金范围基本实现民生补助资金全覆盖，涉及教育、卫生、社会保障、老旧小区改造、住房保障等领域60个项目，惠及群众超83.6万人。

【财政管理改革】2021年，海曙区深化财政数字化改革，推进预算管理制度改革，全面启用“智慧财政”系统。进一步理顺区、镇两级财政分配关系，完成新一轮区与镇（乡）街道、园区财政管理体制改革。不断提升财政财务管理水平，防范违法违纪风险，推进区级行政事业单位内控建设，强化镇（乡）街道财政财务规范化管理，建立“1+6+X”管理制度体系。推进财政电子票据改革，深化完善国库支付电子化改革，规范单位银行账户和公款竞争性存放管理。推进政府投资项目引入社会资本。推进融资平台公司实体化、市场化转型，统筹资产资源整合。推进“证照分离”改革，审批事项实行告知承诺制度，进一步便民利民。建立会计人员诚信管理体系，强化对全区会计人员的监督管理。

【重大产业项目财政支持】2021年，海曙区大力通过财政支持宁波市临空经济示范区建设，保障宁波国际邮件互换中心运营。保障宁波栎社国际机场四期安置房建设，加快推进丁家湾区块开发，支持鄞江堤防工程、海曙中医药特色街区改造等重点领域重大基础设施建设项目。深入实施“百创汇海”“菁英汇海”“匠心汇海”三大引才计划，引进重点支持数字经济核心产业领域的团队和人才。建强重大创新平台，支持关键核心技术攻关，重点实验室建设，扶持领军企业、研究机构发展。深入实施新时代美丽乡村、乡村产业振兴等各项行动，持续深化农村集成改革，不断健全财政转移支付和生态补偿机制。

【民生领域财政保障】2021年，海曙区民生领域财政支出81.56亿元，比上年同期增长12.7%，占一般公共预算支出的71.6%。其中，教育支出21.92亿元，主要用于推进学前教育优质普惠，扩大学前教育资源供给，健全学生资助政策，实现所有学段、公办民办学校、家庭经济困难学生全覆盖。卫生健康支出8.92亿元，主要用于促进医疗卫生品质提升，持续推进医联体“一体化”医疗体系建设，不断提升基本公共卫生服务能力水平。社保和就业支出12.36亿元，主要用于落实就业优先政策，继续阶段性降低失业和工伤保险费率，不断健全就业体系，强化就业创业政策资金保障；加快推进住房租赁市场发展，加强住房保障；支持居家养老服务机构建设运营、社会养老服务体系建设等，养老体系不断健全；加强社保基金资金保障，全力支持社保各项改革措施，持续实施全民参保计划，困难群众医疗保险实现全覆盖。此外，深入实施“百川工程”等文化惠民活动，开展农村文化礼堂建设，支持“中医药文化传承生态保护区”创建、省级“公共文化服务体系示范区”创建等，不断完善公共文化服务体系。继续推进城乡交通路网体系优化、“四好”农村公路建设、“美丽城镇”创建和农村污水治理等工程，促进城乡共同富裕、协同发展。

【“政采贷”金融服务推广座谈会】 2021年6月18日，全区“政采贷”金融服务推广座谈会召开。会议邀请各银行业务负责人、采购单位、采购代理机构参加会议。银行业务负责人介绍“政采贷”产品及推进情况，各采购单位介绍年度重大采购项目基本情况，采购代理机构关于推广“政采贷”作表态发言。各单位通过沟通交流，认识开展“政采贷”金融服务对于促进中小微企业发展的重要性，开展宣传推广、信息共享、数据核实，确保“政采贷”工作稳妥有效开展。

【镇(乡)街道财政管理工作会议】 2021年7月2日，区财政局组织各镇(乡)及石碶街道财管办主任、城区街道主办会计召开财政管理工作会议。会议传达2022年预算编制工作主要内容，详细解读《关于进一步强化和规范镇(乡)街道财政管理的实施意见》《关于进一步加强行政事业单位内部控制建设的实施意见》，就基层财政工作中存在的问题提出针对性要求及指导，并部署下阶段内控自查自纠工作。

【新工会会计制度培训班】 2021年11月至12月间，区财政局联合区总工会，分6期对全区企事业单位1031名工会会计人员进行新工会会计制度培训。培训邀请杭州云朵科技有限公司，详细讲解工会新旧会计制度衔接及财务管理平台应用相关知识。

（高　瑜）

6月18日，全区“政采贷”金融服务推广座谈会召开

税　务

【概况】 2021年，海曙区累计组织税收收入221.49亿元，比上年同期增长24.22%，增幅位居全市第一。组织社保基金收入93.77亿元，增长46.18%。按期完成土地出让金等6项非税收入征管职责划转，组织非税收入5.28亿元，增长17.68%。职业年金6.44亿元，增长30.67%。办理出口退税75.98亿元，增长27.55%。

通过广泛宣传、精准推送，推动政策红利直达市场主体，累计新增减税降费15.7亿元。其中，落实研发费用加计扣除新政减免3.92亿元，支持疫情防控减免税3.7亿元，社保收入减免2.4亿元。不折不扣落实制造业中小微企业延缓缴纳部分税费政策，惠及企业11055户，缓税2.92亿元。

推进发票电子化改革，推广试点纳税人4520户。依托“一户式2.0”工作平台，推进增值税发票风险全链条管理。推进主附税合并申报，推行房土两税预填式申报，实行“交房即领证”模式，畅通非税收入退付管理服务流程，推动办税缴费更为便利。优化城乡居民“两费”(城乡居民基本养老保险费、城乡居民基本医疗保险费)征缴服务体系，实现自然人社保费跨部门业务线上“一窗联办”，实现“就近办”“掌上办”等多渠道缴费。加强“退税云管家”服务平台建设，服务辖区出口企业3542户。完成企业所得税清缴工作，2020年度应纳所得税额94.84亿元，比上年同期增加32.99亿元。双线并行抓好“四分”(分类、分批、分策、分责)引导，完成个人所得税汇算清缴工作，专项辅导大型用工单位、集团公司等重点服务对象38户。2020年度个人所得税综合所得汇算清缴期间(2021年3—6月)，辖区内实际参与综合所得年度汇算的扣缴单位1.49万家，实际纳税申报人数26.13万人。

以“优化执法服务·办好惠民实事”为主题，连续8年开展“我为纳税人缴费人办实事暨便民办税春风行动”。疫情形势下，引导纳税人缴费人“非接触式”办税缴费，加快构建“网上办税为主、自助办税为辅、实体办税兜底”的便民办税格局，打造“一次不用跑、税事全办好”的税务服务品牌。联合区工商联、区市场监督管理局，开展助力辖区小微企业发展的“春雨润苗”专项行动，打通企业新办、经营开票、诉求响应三大堵点，护航小微企业。开展“银税互动”线上直播活动，搭建“税务贷超市”服务平台，帮助2662户小微企业“以信换贷”超过10亿元。成立“千帆聚海”大企业工作室，集聚精干力量，为辖区重大企业提供高质量的税收个性化服务，举办“优化大企业个性化服务、共话税收遵从提升暨《海曙税务大企业直通车》首刊仪式，邀请8家全国千户集团企业代表面对面交流，编写、刊印、发放《拟上市企业“套餐式”服务指南》100本，涵盖常见涉税问题6类20个。支持“一带一路”建设，借助中东欧国家博览会向参展企业宣传税费优惠政策，并持续为76户“走出去”企业提供税收确定性服务。

2021年，区税务局获得“全国级青

年文明号”“宁波市五一劳动奖状”“宁波市五星级基层党组织”等多项荣誉称号。

【“依法治税”工作】 2021年，区税务局进一步实现“应收尽收、应减尽减、应退尽退”的依法治税目标，在确保税费安全的同时，守住不收“过头税”的底线。通过完善“三项制度”建设，开展“说理式执法”试点工作、落实执法资格管理和持证上岗制度，推动规范公正文明执法再上台阶。开展执法全过程音像记录400余户次。参与区司法局牵头组织的行政执法案卷评查工作。落实税务司法协作机制，办理区人民法院税费协作案件25件。通过制定专门管理办法、搭建中青年梯度团队、组织案例处置研讨等形式，完善局内公职律师队伍建设，为依法治税提供人才保障。截至年底，区税务局共有13人拥有法律职业资格证书，其中7人为公职律师。

【税收征管改革】 2021年4月21日，区税务局专题成立领导小组，构建工作机制，分步、分类推进《关于进一步深化税收征管改革的意见》实施和任务落地。依托政企恳谈会、网络货运平台建设企业问需会等活动，第一时间开展宣讲解读，回应社会各界理解与支持。通过全面落实“三项制度”和长三角区域税务轻微违法行为“首违不罚”清单、开展“说理式执法”试点、组织新修订《中华人民共和国行政处罚法》专题培训等，推动税务精确执法。通过深化“便民办税春风行动”、成立“千帆聚海”大企业工作室专家团队、创办“海曙区新设法人课堂”等，推动精细服务更有广度。实施以“信用+风险”为基础的新型监管模式、推进发票电子化改革、加强重点领域和重点环节风险管理等，推动精准监管更有力度。联合区医疗保障局等部门，开展全区城乡居民医保集中征缴业务培训；联合海曙自然资源和规划分局，开展房地产一体化交易业务研讨；联合区工商联及区市场监督管理局等部门，推进“春雨润苗”专项行动、联合81890求助服务中心，举办多次政策辅导直播；联合各税务所、事务所，组建电子税务局党员讲师团等，推动精诚共治更有深度。

6月9日，区税务局服务团队走进第二届中国—中东欧国家博览会暨国际消费品博览会现场，向参展企业宣传“一带一路”税收优惠政策

【便民办税“春风行动”】 2021年，区税务局以“优化执法服务·办好惠民实事”为主题，连续8年开展“我为纳税人缴费人办实事暨便民办税春风行动”。结合庆祝中国共产党成立100周年“我为群众办实事”实践活动，围绕群众诉求快响应、优惠政策直达享、便捷办理优体验、分类服务解难题、执法维权显温度、规范执法提质效、信息互通减资料、部门协作促联合、国际合作求共赢、诚信纳税予激励10个方面，落实国家税务总局30项100条便民利民惠民措施。对标“春风行动”“办实事”的主基调，紧扣纳税人缴费人的实际需求，巩固拓展本地创新事项，推出10类27项54条细化措施及12条创新措施，打造“一次不用跑、税事全办好”服务品牌，展现争当“重要窗口”税务模范生新气象。

（赵佳莉）

金融监管

【概况】 2021年，海曙区按“还政予政”原则，将原区金融服务中心的内设机构地方金融科及其承担的行政职能划转至地方金融监督管理局，区金融服务中心更名为“海曙区金融发展服务中心”。建立地方金融组织分类监管机制，依托年审、现场检查等加强行业监管，对经营情况、内部控制等进行综合评价，督促地方金融组织合规经营。

开展全区私募投资基金风险防范处置、第三方财富公司专项排查工作，累计排查企业908家。加强风险核查，各部门协同联动，结合上门走访、高管约谈等措施对63家预警企业线索进行核查，通过挤压，5家风险机构注销或搬离海曙区。

【地方金融组织监管】 2021年，区金融发展服务中心主要承担小额贷款、融资租赁、融资担保、典当行、商业保理、地方资产管理等金融机构的申报组建、业务指导和行业发展等工作。监管员列席各小额贷款公司股东会、董事会、监事会3次，走访地方金融组织累计60家次，协助处理信访投诉件12件。

【互联网金融风险专项整治】 2021年，海曙区推进P2P整治后续工作。探索P2P网络借贷机构立案后续资产和债权处置方式，聘请专业律师团队追缴涉案资产，组织律所和经济侦查部门召开工作推进会，讨论工作问题和难点，首个案件成功调解，涉及金额73万元。推动恒隆中心金融风险网格化排查市级试点工作，建立区、镇（乡）街道和网格三级立体化排查体系，落实“地毯式”扫楼扫街排查，建立“一企一档”，建设机防为主、人防为辅的金融风险预警监测机制。

（杜颖姗）

金融服务

【概况】 2021年，海曙区金融业实现增加值126.64亿元，比上年同期增长4.50%，占全市金融业增加值的11.9%，占全区GDP的9%；金融业贡献税收19.13亿元，增长1.62%。截至年底，全区银行机构人民币存款余额3244.72亿元，较年初增加761.9亿元，比上年同期增长9.76%；全区人民币贷款余额3327.08亿元，较年初增加580.11亿元，增长10.36%。全年保险保费收入64.8亿元，增长6.95%；保险累计赔付35.02亿元，增长3.94%。

【全市首创农村公路险】 2021年，海曙区在宁波市内创新推出“农村公路险”。该保险项目借鉴宁波市国省道巨灾保险试点运作经验，结合海曙区农村公路风险状况及管养工作中存在的痛点、难点问题，提出“专业服务+科技赋能”为核心的运作模式。参保后，保险公司将提供全方位承保服务、农村公路巡检服务、闭环管控服务、专职巡查员服务，并搭建农村公路保险管理平台，提升海曙区农村公路管养市场化、专业化水平。

【海曙区与8家银行签署战略合作协议】 2021年5月24日，海曙区制造业高质量发展大会召开。会上，海曙区与国家开发银行宁波市分行、中国银行宁波市分行、中国农业银行宁波市分行等8家银行签署战略合作协议，建立长期战略合作关系。根据协议，各银行将围绕海曙区“十四五”时期经济社会发展主要目标，聚焦产业升级、城乡发展、公共事业、基础设施等重点领域及重大项目，通过创新服务理念、丰富金融产品、创新金融服务，为辖区重点行业、重点项目、重点企业提供包括顾问咨询、信托证券、担保融资等多元化综合金融服务。将特别聚焦以数字经济、临空经济和流量经济等为支撑的先进制造业和现代服务业，全力支持海曙区实施制造业“双三十”头部企业梯队培育三年行动计划，助力“专精特新”企业和单项冠军企业发展，为海曙区企业拓展多元化的融资渠道；将加强与辖区中小微企业的对接合作，根据法律法规和企业实际情况，适当加大对中小微企业的金融支持力度，提高融资便利性，解决“融资难”问题，促进海曙区中小微企业和特色产业的发展。

4月19日，区公路与运输管理中心和中国太保产险宁波分公司签署海曙区农村公路综合保险项目合作协议

【虾稻共作红螯螯虾养殖保险首单签订】 2021年7月21日，人保财险宁波市海曙支公司签出首单虾稻共作红螯螯虾养殖保险，为海曙区养殖户胡某提供27万元的风险保障，这是试验区又一全国首例农业保险创新。险种涵盖风灾、暴雨、高温和疾病死亡等保险责任，每亩最高保额3000元，投保后可以大大增强养殖户风险抵御能力，稳定农户预期收入，实现生态效益、经济效益和社会效益最大化。

（杜颖姗）

上市服务

【概况】 2021年，海曙区有境内外上市企业15家，“新三板”上市企业9家，宁波股权交易中心挂牌企业340家，全区实现直接融资82.58亿元。

加快推进“凤凰行动”海曙计划，建立上市后备企业库，建立与区国投公司、区金融顾问联合走访服务机制，共走访服务企业47家次。宁波三生生物科技股份有限公司、浙江斯普智能科技股份有限公司、宁波开诚生态技术股份有限公司完成股改，宁波培源股份有限公司3家企业报证监局辅导备案。浙江斯普智能科技股份有限公司入选全市科创板拟上市企业储备库。

累计为77家企业兑现“凤凰行动”补助资金2400万元，加大企业对接多层次资本市场服务力度。做好金融顾问工作，组织召开金融顾问海曙区域组工作推进会，在全市率先开启积分考核制度学习，并建立每季度组长单位轮值机制。

牵头举办海曙区上市公司董秘座谈会、资本市场培训会、北交所交流座谈会、资本市场联络员培训交流会等活动。

【上市公司董秘座谈交流会】 2021年5月25日，区金融发展服务中心在太

5月25日，海曙区14家境内外上市公司董秘、高管，参会人员实地参观太平鸟集团

平鸟公司召开海曙区上市公司董秘座谈会。座谈会邀请海曙区14家境内外上市公司董秘、高管，参会人员实地参观太平鸟集团，从具有设计感、时尚感的空间布局中感受企业年轻化文化氛围。在座谈会上，区金融发展服务中心介绍海曙区经济发展情况，并从年报解读辖区上市公司发展情况。14家上市公司围绕2020年发展经营情况、存在问题和困难以及对区金融服务工作建议进行交流发言。

【证券交易交流座谈会】 2021年11月11日，区金融发展服务中心于月湖金汇小镇举办证券交易交流座谈会。北京证券交易所、上海拿特资产管理有限公司、甬兴证券等相关机构及3家区内“新三板”企业负责人参加。北交所华东区首席代表林晗对北交所设立背景、企业上北交所的条件要求和北交所未来发展展望等方面进行介绍，并同参会企业展开交流，解答企业疑问。

（杜颖姗）

月湖金汇小镇

【概况】 2021年，月湖金汇小镇新入驻企业21家，注册资金103.85亿元。小镇整体实现税收13.9亿元，其中金融产业税收11.5亿元，连续5年保持正增长。“勇诚资管”、万慧达律师事务所、东方旅游规划研究院等企业实体入驻小镇核心区月湖西区一期。截至年底，共有44家企业入驻，整体出租率为84.6%。

接待各类政商领导调研考察和意向客户140余批次。“小镇客厅”（居氏别业）累计开展各类路演、培训、融资对接会、座谈会等活动87场，协调解决初创型企业、拟上市公司资金问题。

月湖金汇小镇的枫林晚书店（延寿堂）入选全省第三届不可移动文物保护利用优秀案例和入围案例名单。

【月湖金汇小镇建设】 2021年，月湖金汇小镇以数字赋能整体智治，推动从1.0传统服务到2.0数字科技赋能，加快提高产业发展的质量。小镇新增LED主屏一块，服务各类培训、讲座、会议等活动近百场。将重点推进小镇客厅改造提升，采用配备互动投影、墙面沙盘、全息投影等方式，进一步发挥小镇客厅文化展示、路演发布、参观接待等综合性应用功能；将重点打造全域旅游场景，聘请专业的景观设计公司，建立月湖金汇小镇3.5平方千米的“一主多副”入口形象空间，打造“金汇十景”概念，充分挖掘小镇的文化底蕴。

（杜颖姗）

银　行

【概况】 2021年，海曙区共有银行宁波市分行6家、一级支行67家，村镇银行2家。全区银行业人民币存款余额3244.72亿元，较年初增加761.90亿元，增长9.76%；人民币贷款余额3327.08亿元，较年初增加580.11亿元，比上年同期增长10.36%。一级支行不良贷款余额6.11亿元，较年初减少18.4亿元，资产质量大幅提升。

【工商银行宁波市分行】 2021年年末，中国工商银行宁波市分行存款余额2500.36亿元，贷款余额2964.69亿元，分别较年初增加182.23亿元和219.71亿元；下辖167家营业机构，拥有员工4000余人；服务对公客户超5.6万户、个人客户超800万户。2021年，工行宁波市分行获得“2021年度宁波市发展杰出贡献金融企业”“2021年度社会责任先锋金融企业”“2021优质中小企业服务品牌”“2021市民喜爱的掌上银行（App）”“2021市民青睐的贵金属品牌”等十余项荣誉称号。辖属市分行营业部荣获“2019年度中国银行业营业网点文明规范服务百佳示范单位”称号，鄞州分行营业部、新城支行营业部荣获“2021年度中国银行业营业网点文明规范服务千佳示范单位”称号。

【浦发银行宁波分行】 2021年年末，浦发银行宁波分行本外币存款余额1024亿元，较年初增长62亿元，增幅6.40%。贷款余额1208亿元，较年初增长153亿元，增幅14.50%，拥有员工1100余人，服务企业客户超3万户，个人客户超200万人。2021年，分行作为中东欧采购联盟成员与中东农促会签署战略合作协议，为中东欧商品采购联盟成员企业提供专项授信额度。分行与宁波股权交易中心签署信贷合作协议，为“专精特新”企业提供20亿元的信贷支持。

【中信银行海曙支行】 2021年年末，海曙支行对公存款13.10亿元，较年初增长2.51亿元。制造业贷款增量

7231万员，制造业中长期贷款增量3450万元，战略性新兴产业贷款4500万元。有效代发企业客户额度19921万元。“房抵e贷”发放740万元。

【农业银行海曙支行】 中国农业银行宁波海曙支行下设1个支行营业室和9个二级支行。截至2021年年末，全行本外币各项存款余额114亿元，本外币各项贷款余额145亿元。10家网点存款增速均超过26%，贷款增速均超过42%，可持续发展能力不断显现；以“全员经营”提质增效，同区域内重大项目深化合作，加大公共民生板块信贷资源投入，深入贯彻“减费让利”政策方针，全年累计惠及企业1000余家，进一步助推实体经济高质量发展、助力优化营商环境；以“普惠金融”践行使命，为小微经营实体量身定制“纳税e贷”“抵押e贷”“房抵e贷”等特色产品，同科创园区签订“伙伴银行”协议，全年累计发放各类普惠贷款近5亿元，同时进社区、进商圈、进企业、进校园，组织货币常识及反电信网络诈骗宣讲，用心守护平安金融环境。

【中国银行海曙支行】 2021年年末，中国银行海曙支行本外币各项存款余额116.09亿元，本外币各项贷款余额133.03亿元。支行下辖12个二级支行和1个支行营业部，共有员工235人。

【建设银行海曙支行】 2021年年末，建设银行海曙支行实现税前利润4.05亿元，本外币贷款余额168.78亿元，比上年同期增加21.88亿元。截至12月底，支行住房租赁上线房源123套；普惠贷款客户数1968户，较年初新增276户，余额合计283056万元，较年初新增98464万元。海曙支行所辖14个网点全部配备基础惠民服务设施，为环卫工人、出租车司机、快递员等户外工作者及“老弱病残孕”、儿童提供便利的饮水、休息场所。建立5家“爱心妈咪小屋”对怀孕期和哺乳期的女性给予呵护关心，提供一个私密、干净、舒适、安全的休息场所。

【交通银行海曙支行】 截至2021年年末，交通银行海曙支行负债业务基础夯实，存款日均完成数为53.6亿元；资产业务稳中有进，贷款日均完成数为46.8亿元，较上年增长4.10亿元。同时，支行继续秉持“一个交行，一个客户”的经营理念，围绕“客户幸福、员工幸福、社会幸福”三个维度，构建市民的幸福银行。支行排查受强台风影响的农户受灾情况，为他们开辟贷款审批绿色通道，同时在贷款利息上给予优惠，做好实体经济的服务保障工作。以行业标准为指引，创建品牌文化。将科技赋能与金融知识普及相结合，用心打造“金融+科技+文化”的金融服务网点，成为浙江省唯一一家获评“省级金融教育示范基地”的金融机构。

【宁波银行湖东支行】 2021年年末，宁波银行湖东支行形成10家网点，240余名员工的规模。全年日均存款174亿元，年末存款余额166亿元，较年初新增15亿元；年末贷款余额60亿元，较年初降低1.20亿元。通过传递价值理念，做好资产配置，拓展居民收入增长新空间，助力共同富裕；为进出口企业提供全周期管理服务，通过汇率组合管理，帮助企业降低风险，实现保驾护航；聚焦综合服务，为客户提供多种融资方式，满足多元金融需求。发挥金融科技优势，满足政企数字化转型需求，打造开放银行，实现银行与客户业务流、管理流和资金流无缝连接，提升客户经营效率；增强数字化经营能力，通过大数据应用的巧干和全覆盖走访的苦干，精准满足客户金融需求；用好微信群、App等客户服务交流的线上载体，通过直播、短视频等形式，不断提升服务效率。结合金融服务进社区、进企业、进单位，在文明城市、垃圾分类、反洗钱、防诈骗等领域，强化公益宣传，共创平安和谐社会环境。

（杜颖姗）

保　险

【概况】 截至2021年年末，海曙区共有保险公司中心支公司及以上机构16家，全年保险保费收入64.80亿元，比上年同期增长6.95%，增速位居全市第一；保险累计赔付35.02亿元，增长3.94%。其中财产险和人身险分别实现收入28.09亿元和36.71亿元，各类赔付给付35.02亿元。

创新推出全国首创保险项目冷链食品无害化处理保险、农村公路保险、虾稻共作红螯螯虾养殖保险，推广完善野生动物肇事保险补偿机制。

【人民财产保险股份有限公司宁波市分公司】 2021年，中国人民财产保险股份有限公司宁波市分公司坚定履行中管金融企业经济责任、政治责任和社会责任，深入推进“六大战略服务”实施，贯彻落实人保集团与市政府战略合作协议，推出全国首创的道交救助基金保险、城市排水管网综合保险、农村乡镇快赔服务中心等一系列新产品和新服务，全国首笔突发公共卫生事件保险理赔1.2亿元。全力抗击“烟花”台风，助力新冠疫情防控，持续扩面“温暖工程”，全年累计实现账面保费收入55.86亿元，承担风险保障金额8.29万亿元，支付赔款43.51亿元，上缴地方各类税收5.21（含车船税）亿元。

【中国太平洋财产保险股份有限公司宁波分公司】 2021年，中国太平洋财产保险宁波分公司实现保费收入38.60亿元，比上年同期增长7.6%，综合成本率92.5%，市场份额稳居第二。车险坚持“合规、效益、协调”的发展总基调，在坚守底线的大前提下，不断促进车险实现高质量发展。非车险坚持“有效益、可持续、精细化”，火警卫士创新项目在奉化落地全国首单，生猪价格“保险+期货”项目在象山落地全国首批、浙江首单，农村公路巨灾保险在海曙落地全市首单，持证风险工程师数量过百居全市首位。亿元保费监管投诉量0.46，行业年度消保考评位列前二。官方微信注册会员超51万人，引入“太享购”电商平台助工、助农、助商，入驻企业54家，上架商品600余种，累计成交额破百万元。中国进出口博览会期间，为8000余名宁波采购团和政府工作人员提供专属保险保障，并以宁波交易团中唯一险企的身份参与宁波市进博会特色亮点配套活动。公司各级党组织和党员获上海市国资委、浙江省与宁波市两级等各类荣誉10余项。

【中国人寿保险股份有限公司宁波分公司】 2021年，中国人寿保险股份有限公司宁波市分公司紧紧围绕总公司“重价值、强队伍、稳增长、兴科技、优服务、防风险”经营方针，持续提升服务质效，强化科技赋能，加大消保力度，切实提升线上化、智能化和集约化水平，被宁波市保险行业协会评为“宁波市保护保险消费者权益工作先进集体”；持续推进社会民生保障，积极开展大病保险、小额保险、学生保险、计生保险、老龄保险、残疾人保险、低收入农户保险、商业补充医疗保险、健康保险经办业务等，充分发挥商业保险社会管理功能；持续加强业务队伍督导和经营情况分析，为各支公司业务发展和队伍建设决策提供数据和技术支持。全年实现总保费收入28.79亿元、期交保费5.10亿元、短险保费2.34亿元、健康险保费0.79亿元，高质量发展综合评估位列总公司系统前列。

【中国人民人寿保险股份有限公司宁波市分公司】 2021年，中国人民人寿保险股份有限公司宁波市分公司实现总保费收入6.18亿元，首年保费收入3.38亿元，其中新单期交保费1.11亿元，十年期及以上首年期交保费1709万元。分公司以集团“卓越保险战略”为引领，扎实推进高质量发展转型。“大个险”聚焦价值导向，提高队伍建设标准，强化基础管理，着力发展真实有效人力；银保、团险、综金渠道发挥专业化优势，为业绩平台提供有力支撑。推进专属商业养老保险试点，于7月率先启动销售工作，至年底共实现保费收入805万元，投保人数619人，排行业首位。

【新华人寿保险股份有限公司宁波分公司】 2021年，新华人寿保险股份有限公司宁波分公司总保费收入53443.50万元，比上年同期增长16.16%，其中新单保费20167.39万元，增长24.71%；续期保费累计实收33276.11万元，增长11.53%。支持第三支柱养老保险体系建设，推进专属商业养老保险产品销售落地。投身公益慈善事业，持续关爱环卫工人，组织开展“迎新春，送祝福”“关爱环卫，情暖中秋”等专项关爱活动，为14600名环卫工人捐赠意外伤害保险，保额共计14.60亿元；开展“云长征 甬助老”公益健步走活动，组织员工参与公益捐赠。

（杜颖姗）

地方金融组织

【概况】 2021年，海曙区有小额贷款公司3家，典当企业9家，正常经营的融资租赁公司6家，融资担保公司7家（市级2家、区级5家），资产管理公司1家，信用互助社1家。

【海曙永鑫小贷公司】 2021年，海曙永鑫小贷公司累计发放小额信贷1.08亿元，累计开展业务196笔，年末贷款余额1.70亿元。

【海曙鹏源小贷公司】 2021年，海曙鹏源小贷公司累计发放小额信贷2.06亿元，累计开展业务686笔，年末贷款余额0.40亿元。

【金江互联网小贷公司】 2021年，海曙金江互联网小贷公司累计发放小额信贷0.25亿元，累计开展业务39笔，年末贷款余额1.15亿元。

【浙江香溢德旗典当有限责任公司】 2021年，浙江香溢德旗典当有限责任公司共发生业务1056笔，年末典当余额1.44亿元，典当总额6.56亿元。

【宁波典当行有限责任公司】 2021年，宁波典当有限公司共发生业务2339笔，年末典当余额0.04亿元，典当总额0.38亿元。

【宁波市民通典当有限公司】 2021年，宁波市民通典当有限公司共发生业务246笔，年末典当余额0.17亿元，典当总额0.54亿元。

【宁波鑫义典当有限公司】 2021年，宁波鑫义典当有限公司共发生业务169笔，年末典当余额0.12亿元，典当总额0.86亿元。

【浙江香溢融资租赁有限责任公司】 2021年，浙江香溢融资有限责任公司融资租赁资产总额11.75亿元，其中售后回租11.43亿元，不良租赁资产率0%。

【国骅融资租赁有限公司】 2021年，国骅融资租赁有限公司融资租赁资产总额0.89亿元，其中直接融资租赁资产总额0.12亿元，售后回租资产总额0.77亿元。

【宁波富博融资租赁有限公司】 2021年，宁波富博融资租赁有限公司融资租赁资产总额0.78亿元，其中直接融资租赁资产总额0.21亿元，售后回租资产总额0.57亿元。

【宁波渔业融资担保有限公司】 2021年，海曙宁波渔业融资担保有限公司在保余额7.89亿元，比上年同期增长16.37%，全部涉农，惠及渔民732户。

【宁波农信融资担保有限公司】 2021年，宁波农信融资担保有限公司在保余额0.51亿元，均为政策性业务，惠及小微企业44户和“三农”主体。

【海曙中小企业融资担保有限公司】 2021年，海曙中小企业融资担保有限公司在保余额8.36亿元，比上年同期增长38.64%，惠及企业323户。

【宁波京泰担保有限公司】 2021年，宁波京泰担保有限公司在保余额0.82亿元，担保代偿率为0，惠及企业1975户。

（杜颖姗）

JIN HUI OF MOONLAKE

月湖金汇

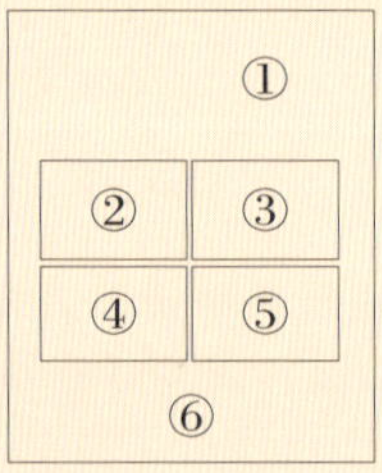

① 月湖金汇小镇俯瞰图
② 小镇实景
③ 小镇实景
④ 小镇实景
⑤ 位于月湖金汇小镇的枫林晚书店（延寿堂）
⑥ 小镇核心区项目——“诗情湖西”

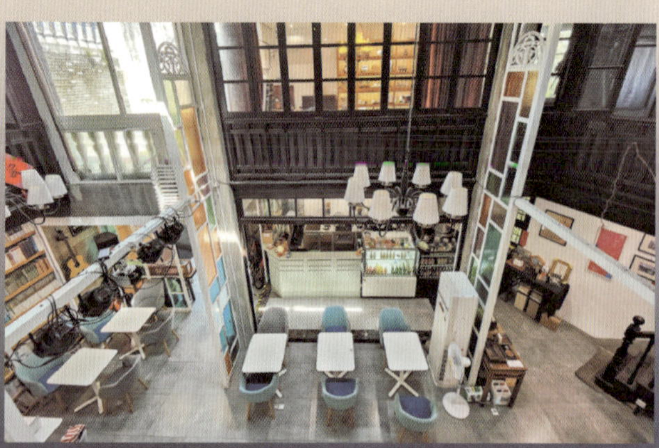

旅　游

综　述

【概况】 2021年，海曙区住宿设施接待总人次223.8万人次，比上年同期增长34.9%，景点景区接待总人次3026.6万人次，增长9.1%。旅游收入162.8万美元，住宿设施营业收入99245.3万元，其中星级饭店营业收入53382.1万元。

【“海曙初心 红色信仰”海曙红色旅游线路发布】 2021年4月27日，“海曙初心 红色信仰”海曙红色旅游线路发布仪式在龙观乡半山伴水度假村举行，现场发布海曙区10条红色旅游线路，首批包括“红色龙观”“江厦风云”“章水记忆”“横街往事”等10条不同主题的红色旅游线路，串联起海曙区域内的近50个革命阵地与自然景点。10条线路作为“曙色初心”党员教育品牌的子品牌，兼具红色革命与自然人文风光，自然条件优厚、文化底蕴深厚、乡情土味浓厚，让游客在旅途中接受红色文化的熏陶，传承红色基因。

（林愉淳）

旅游开发与建设

【概况】 2021年，海曙区强化旅游规划引领，成立海曙区旅游专班，召开海曙区旅游专班会议。完成编制《海曙区文化与旅游发展“十四五”规划（评审稿）》，开展四明山区域旅游发展课题调研。策划10条“红色信仰游”路线，举办“曙色初心 红色信仰”海曙红色游线发布仪式。

梁祝文化园完成凤凰台高空平台建设、引进游船项目、增设汉服体验馆、提升姚江沿岸绿化景观。半山伴水渡假村完成“地心探索”“暗黑战车（VR）”“空中飞人”等新项目建设，新增标间11个。浙东大竹海景区对观景台、旅游厕所、游步道等基础设施进行提升改造。天一阁·月湖景区启动二期提升工程，重点改造袁宅、景观园林、亲水平台，并开展亮化工程，强化夜游观赏的安全性。

推出的两条精品线路通过验收。其中，“明州罗城·唐风宋韵文化体验”精品线路以“一路古迹阅千载，两城繁华秀今朝”为蓝图，打造彰显“宋韵文化、浙东风范、宁波气派”的大美城区。“水韵滨江休闲”线路展现文化、时尚、创意的百里文化长廊、未来时尚水岸。

推进旅游景区、景区村庄、等级民宿品质提升，半山伴水渡假村获评国家AAA级旅游景区。高桥镇和洞桥镇获评省AAAA级景区镇。完成39个村庄“景区村庄”的评定工作。晴江府获评省级“银宿”等级民宿、龙观禅那入选省级文化主题（非遗）民宿名单。

“海曙初心 红色信仰”海曙红色旅游线路图

【半山伴水渡假村获评AAA级景区】 2021年，半山伴水渡假村获评国家AAA级旅游景区。景区位于龙观乡外牌楼水库，占地约8公顷。毗邻五龙潭景区、四明山国家森林公园、溪口等旅游资源，距宁波市区0.5小时车程。

景区投入建设资金约2.3亿元人民币，有工作人员120余人，最大接待容量5000人次/日。自2019年8月正式营业以来，承办龙观乡庆祝中华人民共和国成立70周年暨文化旅游节开幕式、2019“双11”全国持杖行走联动日、浙江省房车露营协会2019年会、2019年度龙观乡旅游文化节等活动。近年来，景区针对实际运营情况，不断完善旅游基础设施、补充提升标识标牌、优化信息系统、提升游客咨询服务、开展环境卫生综合整治，将其建成集游览观光、度假休闲、文化及运动拓展于一体的高品质度假景区。

【鼓楼历史文化街区入选省级名单】 2021年，鼓楼历史文化街区以文化传承与创意产业有机融合为原则，面对业主众多、产权分散的现状，通过回租，以集中管理方式，调整商业业态，有效利用重要历史文脉资源，打造各类具有特色的老字号、非遗传承、小餐饮等业态集聚区，初步实现文化繁荣和商旅兴旺“双轮驱动”的目标。街区内东福园（鼓楼店）、陈生记黑鱼馆等餐饮单位入选“诗画浙江·百县千碗”宁波市级体验店。街区日均游客数超2万人次，“百县千碗”相关餐饮收入在街区总收入中占比超20%。

【研学路线开发】 2021年，海曙区鼓励辖区各大景区立足自身特色，开发系列特色研学课程产品，为旅游发展增加动能。浙东大竹海结合农耕文化和竹文化，推出农耕体验、竹艺编制课程；半山伴水渡假村结合台湾传统手工艺，推出手工陶艺、手工香皂制作项目；天一阁立足藏书文化，推出古籍装帧、简牍传书活动。此外，海曙区还推出“老城文化之旅”“海丝文化之旅”“红色文化之旅”“博古通今之旅”“美食文化之旅”“名人故居之旅”“书香古城之旅”“漫步老街之旅”“甬商文化之旅”“农耕文化之旅”十大精品研学线路。

【明州罗城与水韵滨江精品城市旅游线路】 2021年，经过1年的规划与建设，海曙区2条精品城市旅游线路通过验收。“明州罗城·唐风宋韵”文化体验精品线途经望京路、长春路、灵桥路、江厦街、和义路、永丰路，全长7.6千米，规划地段面积约5平方千米。“水韵滨江休闲”精品线路北起解放桥，经解放北路、解放南路、仓桥街、立交路、鄞奉路、雅戈尔大道、S214省道，至奉化界，途经中山公园、鼓楼、月湖公园、长春门遗址、南塘老街、鄞奉滨江公园、丁家时尚湾（规划）、石碶体育公园（规划建设）、行春碶、风棚碶、临空经济区（空港新城）、洞桥智造产业园，全长22千米。12月3日，《浙江日报》专题刊登《海曙以“精特亮”描绘共同富裕新格局》相关文章、中国文物报专题刊登《明州罗城遗址（望京门段）考古发掘与保护展示》相关文章。

（林愉淳）

旅游营销和节庆活动

【概况】 2021年，海曙区开展“山海协作”万人游庆元活动、“幸福普陀 书香海曙”舟山普陀·宁波海曙文化走亲暨文旅推介会。与宁波海丝国际旅游交流中心签订2021宁波旅游夜市服务合作协议书。组织参加第十七届海峡旅游博览会、组织开展宁波文化旅游（西安）推广季。

继续推进“百县千碗”工程，挖掘海曙乡村民俗饮食文化，打造特色美食品牌，组织参加2021“诗画浙江·百县千碗·甬菜百碗”美食讲解员大赛。

【“山海协作”万人游庆元活动】 2021年4月20日，由海曙区人民政府和丽水市庆元县人民政府共同举办的“山海协作·宁波（海曙）万人游庆元启动仪式暨庆元旅游海曙推介会”在海曙区举行。活动以文旅为媒，忠实践行“两山”理念，深入推进海曙与庆元两地“山海协作”工程。对接庆元县及区总工会，签订《海曙区—庆元县战略合作框架协议》，加强两地交流合作。会后，“宁波（海曙）万人游庆元”首发团出发。

【“幸福普陀 书香海曙”舟山普陀·宁波海曙文化走亲暨文旅推介会】 2021年5月30日，海曙区组织开展“幸福普陀 书香海曙”舟山普陀·宁波海曙文化走亲暨文旅推介会，普陀区围绕“国际休闲度假岛”与“一岛一特色”的主题定位，对全区的旅游资源进行推介，并为市民表演多项具有海风水韵特色的文艺盛宴。推介会上，两地旅行社、景区开展签约仪式，当日还开展普陀文旅品牌市集（福集）、游客互动体验等内容。

【海曙区参加宁波市美食讲解员大赛】 2021年10月21—22日，2021宁波市“诗画浙江·百县千碗·甬菜百碗”美食讲解员大赛在宁波开元大酒店举行。大赛赛程包含理论测试、风采展示和“十大碗”品读、菜品故事讲解等内容。全市共有55位选手参赛，海曙

海曙游学线路产品推介海报

区南苑饭店、宁波饭店、状元楼等体验店等多位选手代表辖区参加比赛。通过多轮培训、预赛及决赛预演，最终海曙区获得团体一等奖、最佳组织奖、个人一、二等奖的成绩。

（林愉淳）

旅游行业管理

【概况】 2021年，海曙区域内旅游饭店（含星级饭店、花级酒店和绿色旅游饭店）33家。其中，有国家星级饭店15家，包括五星级饭店4家、四星级饭店3家、三星级饭店8家。有国家级“绿色旅游饭店”12家。新增省级“品质饭店”2家，宁波富邦大酒店和真和逸庭酒店被评为“金桂级品质饭店”。有省级特色文化主题酒店1家，南塘阅居酒店为“金鼎级”特色文化主题酒店、五花级酒店。有市“花级酒店”12家，其中五花级酒店3家、四花级酒店5家、三花级酒店4家。新增区“书香酒店”6家。宁波南苑饭店、宁波富邦大酒店和宁波云海宾馆被评为“金阁级书香酒店”，宁波嘉和大酒店、宁波饭店和达人邑酒店（原汉宾酒店）被评为“银阁级书香酒店”。

有旅行社106家（旅行社76家，分社30家）。其中，五星级旅行社2家（浙江飞扬国际旅游集团股份有限公司、宁波中国青年旅行社有限公司）、四星级旅行社9家、三星级旅行社1家。宁波市职工旅游有限责任公司、宁波市旅游集散服务中心开发有限公司、浙江文华国际旅行社有限公司新评定为四星级旅行社。

开展旅游领域安全隐患大排查、大整治，组织安全应急检查461家次，与230家文旅单位签订安全责任书，打造多层次、多元化平安护航工作框架。针对文化旅游领域安全生产风险短板，多部门联动，开展全行业安全应急演练。依托区图书馆图书资源，开展“小海狸”亲子阅读主题故事会，面向儿童开展旅游安全教育。针对暑期国内驴友遇困等事故频发状况，要求涉山涉水景区在园区内设置安全游览提示牌，强化游客、驴友安全引导。强化星级宾馆饭店用气安全检查，针对个别星级饭店存在设备老化、使用不规范等问题，开展拉网式排查。针对景区地质灾害隐患问题，牵头做好全区地质灾害隐患风险汛前大排查，完善地质灾害群测群防网络图。

8月31日，书香酒店评价规范评审会召开，研讨制定“书香酒店”评价规范

【“微游宁波老城”阅读城市故事新闻发布会】 2021年4月22日，区文化和广电旅游体育局在月湖金汇小镇会客厅召开“微游宁波老城”阅读城市故事旅游线路发布会，推出5条“微游宁波老城”阅读城市故事旅游线路，分别是“宁波根脉 子城之旅”“骑游六门 罗城之旅”“诗画月湖 书香之旅”“千年古港 海丝之旅”“风雅古今 老城之旅”。由5位导游代言推广，3家旅行社承接线路体验服务。每条线路在设计时首次将“微游”理念融入，体现不同的主题，线路的体验方式为骑行或步行，除了用脚步丈量海曙宁波老城，也通过异业合作模式，联合“哈罗单车”一起探寻城市记忆，打造绿色环保的骑游产品。

【文旅行业安全应急演练】 2021年6月24日，海曙区举行辖区文旅行业安全应急演练，市、区文广系统，海曙消防大队，海曙公安分局等有关单位及区内的旅游饭店、景区、旅行社和文化单位等共计150人参加。演练共分为3个环节，分别是旅游客运重大事故应急救援演练、饭店反恐应急救援演练和饭店消防演习。

【全省率先推出“书香酒店评价规范”】 2021年8月31日，区文化和广电旅游体育局联合浙江工商职业技术学院、区图书馆、宁波南苑集团股份有限公司等单位成立评审组，召开书香酒店评价规范评审会，共同研讨“书香酒店”评价规范的制定。“书香酒店评价规范”为全省首创，由区文化和广电旅游体育局联合宁波旅游学院、区旅游协会共同起草，宁波城市职业技术学院副教授鲍文君代表起草单位，向评审组汇报“书香酒店”评价规范的编制情况，介绍书香酒店的建设背景、编制过程和评价规范内容。明确“书香酒店”等级划分及评分细则，分为“金阁级”和“银阁级”，从书香大堂、书香客房、书香特色空间、书香活动和服务及管理5个维度设定评分细节。

【导游风采大赛】 2021年11月25—26日，2021年度海曙区导游风采大赛在宁波凯洲皇冠假日酒店举行。大赛以“展示千年古城 彰显魅力海曙”为主题，分现场讲解和才艺表演两个场次。各旅行社、景区共33位选手参赛，大赛评选出10位优秀导游，授予“海曙区金牌导游”称号。比赛恰逢宁波建城1200周年，“导游风采大赛”成为全区导游人员交流业务、比拼技能、展示风采的舞台，通过比拼，展现“多元包容、百工竞巧、追求卓越、风雅精致”的文化新气象。

（陈宇骏）

天一阁·月湖景区

【概况】2021年，天一阁·月湖景区管理办公室深入挖掘景区“诗路明珠”历史文化内涵，完成百余幅景区楹联的收集整理，出版《天一阁·月湖景区楹联书法集》。推陈出新，精选历代名家吟咏月湖的诗词佳句与近百幅月湖精彩摄影作品相结合，编印《“诗画月湖”诗词摄影集》。组织“宋韵丹青”天一阁·月湖大型书画创作活动，完成近百件绘画、书法作品创作，遴选出70余幅优秀作品展陈。专题撰文推出——“建筑可阅读”系列，通过阅读建筑来阅读月湖、阅读宁波，并在微信公众号上发布。

联合区委宣传部，主办庆祝宁波建城1200年暨“好风明月是生涯”中秋诗词晚会，通过线上实况转播，在线观看人数达100万人次。以“宋韵甬存、风雅十洲”为主题，打造2021宁波宋韵文化周暨天一阁·月湖金秋艺术季大型活动。联合多家单位联袂推出“天青色等烟雨”宋代瓷器鉴宝体验活动、“杏林华裳”院士林金秋摄影行、“诗画月湖”宋诗主题摄影展、“梵宇锦绣”宋代建筑艺术展陈等一系列文艺活动。首创“天一流韵”——甬剧周末文旅剧场，邀请宁波甬剧团公益演出《钟情》《跪池》《牡丹对课》等经典甬剧曲目。

常态化举办新年摄影图片展、五一汉服游园会等节庆活动，国庆期间首次推出“汉服快闪&巡游”、“梦回阅湖”国乐快闪等各类国风活动。举办“月湖月讲”活动，邀请文史学者介绍月湖相关历史文化，讲好月湖故事、宁波故事。同时，配合文旅部门做好亚运会倒计时一周年启动仪式；配合市委宣传部、天一阁博物院做好“天一阁·月湖夜书肆”活动；联合区纪委推出“书香湖语”天一阁·月湖廉景线，获批“宁波市第二批清廉教育基地”并面向公众开放。启动“浙东唐诗之路——天一阁·月湖全国纪行”活动，宣传景区诗词文化，提升景区知名度和品牌影响力。

以“微改造、精提升”的理念，实施景区二期提升工程，通过基础照明、景观绿化、桥梁建筑、湖岸水景灯光效果的改造升级，实现全域夜景亮化，月湖桥以北区域亮化工程已基本完成。恢复“双燕”画面场景，原貌展示当代著名画家吴冠中经典名作《双燕》“母体”袁宅，获得各级媒体连续报道30余篇。同时，凸显运河世遗水则碑水利景观，重塑“院士林”热门景点；在景区南北重要入口设立国家AAAAA级旅游景区标识，天一阁·月湖景区被列为市级“精、特、亮”精品路线重要点位。

月湖景区南北片区贯通工程完工，市民游客通过地下通道通达月湖南北区域更加安全便捷。连接景区湖岸的宁波二中东桥通过验收，取名“锦照桥”。科学保护有效管理国保单位——水则碑、区保单位——月湖桥、瀛洲接武坊，落实具体责任。完成芳草居、袁宅等建筑的专业性维护保养，对杨宅、潮苑、宝奎巷建筑群等白蚁隐患点进行消杀治理，涉及总建筑面积1336平方米。协调解决吴氏支祠屋面漏水渗水顽疾，谋划引进新业态；精心策展布置，推动银台第十里红妆官宅博物馆重新开馆；新建蕙风美术馆，整合兰园空间，提升“宝奎宋韵、宰相故里”综合业态，引入以打造月湖畔“最美南货铺”为理念的“金蕊堂”。

编制《天一阁·月湖旅游景区业态策划方案》，明确景区文旅业态发展定位。结合“全国文明典范城市”创建工作，对景区景观绿化进行改造提升。维修保养景区所有木质户外坐凳、果壳箱，整体维修加固稚乐园廊架、儿童游乐设施，并实施亭廊老旧翻新刷漆保养工作。常态化推进“河（湖）长制”标准化管理，强化月湖水治理工作，“月湖水生态环境综合治理工程”PPP项目被评为第一批宁波市“五水共治”示范基地。

完成沉浸式游览系统建设，围绕“贺知章带你游月湖”核心概念，将景区丰富的历史文化资源以生动有趣的游乐形式融于游客实地游览全过程；打造虚拟现实互动项目，在游客中心通过LED屏感受景区美景风光、历史文化，实现裸眼3D视觉体验；引进“喜马拉雅”24小时城市书房，设置纸质图书与海量阅读视听云资源，充分满足市民游客“智享听读”文旅休闲需求。景区微信公众号新增“植物图鉴”功能，全面记录景区树木的种类、习性、病虫害等相关信息。升级改造古建筑智慧消防系统，完善20处建筑安全疏散出口及指示标识、安装智能消防报警系统，增加消防灭火器及微型消防站。

将文明旅游宣传与自然景观有机融合，重点在公益广告、游客服务、公共安全等方面进行强化。增设文明旅游相关景观小品、路灯道旗70余个及文明旅游宣传牌230余块。同时，景区定时播放文明提醒广播，景区北入

5月1日，天一阁·月湖景区举办第三届“十洲雅韵 千载华裳”五一汉服游园会

连接天一阁·月湖景区和宁波二中的锦照桥

口及天一阁广场安装分贝仪，组织安保人员定期巡逻。推进市级“无废”景区建设工作，倡导绿色文明健康生活理念。举办2021年度服务提升培训会，提升优化工作人员服务水平和应急救护能力。完成“We站志愿服务站点”建设，落实管理制度、站点布置、组织队伍等工作。创建全国首批“国家级文明旅游示范单位”，系全市唯一，通过全国文明城市创建中央及省级测评。

【天一阁·月湖景区二期提升工程基本竣工】 自2021年4月始，天一阁·月湖景区启动二期提升工程，并于年底基本竣工。主要涉及天一阁广场、马衙街以及月湖南北区域的夜景亮化及景观提升，全面提升景区夜游品质和夜游的观赏性，使景区空间更优、形象更美、文化更浓。

【“十洲雅韵千载华裳”五一汉服游园会】 2021年5月1日，近百名汉服爱好者共聚天一阁·月湖国家AAAAA级旅游景区西广场，参与第三届“十洲雅韵 千载华裳”五一汉服游园会。活动包括投壶、活字印刷、水拓画、古法荷包、古代男子成人礼、汉服秀、茶文化体验等。活动旨在通过传统服饰礼仪文化和景区园林景观结合，让游客在春色盎然的月湖感受传统文化的魅力。

【“书香湖语”天一阁·月湖廉游线入选市级清廉教育基地】 2021年5月，市纪委市监委发布17个教育阵地为宁波市第二批清廉教育基地，“书香湖语”天一阁·月湖廉游线位列其中。廉游线串联天一阁、银台第、水则碑、院士林、宁波二中等经典点位，通过挖掘王安石、史浩、王应麟、范钦、马衡、陈修良等众多先贤及英烈故事，精心编写景区廉游线景点讲解词，同时专门编制《天一阁·月湖“书香湖语”清廉文化地图》。

【宁波建城1200年暨“好风明月是生涯”中秋诗词晚会】 2021年9月24日晚，庆祝宁波建城1200年暨“好风明月是生涯”中秋诗词晚会在天一阁·月湖景区西广场举行。中秋诗词晚会将宁波建城1200年与中国传统节日相结合，展现《风起明州》《万里海丝》《书藏古今》《梦创未来》4个篇章。在古今双舞台上，宁波众多知名主播穿越时空，化为历代名人，全景式展现宁波历史文化名城的千年底蕴和1200年宁波城的恢弘史诗。

【天一阁·月湖景区获评国家级文明旅游示范单位】 2021年11月29日，天一阁·月湖景区获评全国首批“国家级文明旅游示范单位”，系全市唯一。景天一阁·月湖区精琢“颜值”，引进浙江省首个湖泊综合治理PPP项目，有效改善月湖水环境；以“微改造、精提升”的理念，实施景区二期提升工程，实现全域夜景亮化……举办宋韵文化周、中秋诗词会、“书香湖语”廉景线等系列文化活动，丰富文明游内涵。同时，在服务质量、宣传引导和实践活动等方面下功夫，并试点“未来景区”，以科技赋能景区智慧化管理，打造智慧文旅“宁波模式”。

（陈鲁萍）

五龙潭景区

【概况】 五龙潭景区位于海曙区龙观乡，是一处以自然风光为依托，以中华龙文化、浙东山乡风情、民俗文化内涵、以溪流飞瀑、怪石险峰为特色的风景名胜区。现为国家AAAA级旅游景区、省级风景名胜区，面积16.17平方千米。

2021年受新冠疫情影响，五龙潭景区总客流达20万人次，比上年同期减少60%。景区在重要节假日均采取预约和严格的限流措施，倡导游客错峰出游。“五一”期间，五龙潭景区举办五龙潭山水旅游文化节，以实景音乐形式展示五龙潭的山水文化。

为加强景区周边市容环境秩序，开展为期一周的专项综合整治行动，劝离无证设摊4起，规范占道经营7处，规范门牌店招、乱堆放、乱晾晒等行为9处，有效提高五龙潭景区周边市容环境秩序，提升旅客满意度。

【“生物多样性友好景区”建设启动】 2021年，五龙潭景区启动“生物多样性友好景区”建设，通过生物多样性本底调查、生物多样性体验地建设、生物资源可持续利用3个步骤，全面推进景区生物多样性保护工作。聘请林海伦、张海华等生物专家，成立五龙潭生物“智库专家团”，合理开发利用生物多样性资源，规划打造1个体验馆及多条可现场体验的生物多样性科普教育、研学旅行路线，丰富五龙潭内涵，提升景区影响力和知名度。

（王超亚）

五龙潭景区

观瀑水景玻璃天桥，位于玉泉峰与对面山峰两座陡壁之间，是宁波市7D高空玻璃桥。桥长180米，宽2米，桥中间直径4米的大圆盘，垂直高度160米，桥面全部采用超透明玻璃铺设

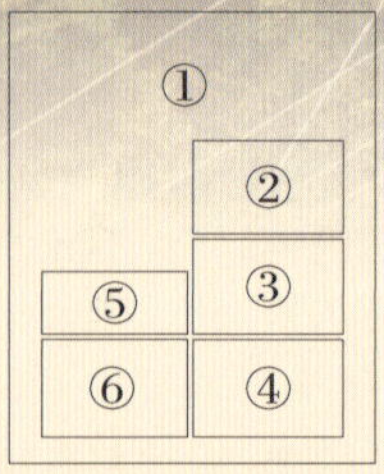

① 观瀑水景玻璃天桥

② ③ ④ 五龙潭飞瀑

⑤ 五龙潭景区“二月二”龙抬头文化节舞龙现场

⑥五龙潭茶园

自然资源管理·生态环境保护

自然资源管理

【概况】 2021年，海曙自然资源和规划分局制定年度用地报批计划，完成37个项目、共71.87公顷的农用地转用和土地征收报批，新增建设用地规模65.33公顷。全年垦造新增耕地、建设用地复垦分别验收6.93公顷、13.27公顷。

供应具体建设项目用地，累计供应建设项目用地85宗、228.67公顷（出让15宗、50.67公顷；划拨70宗、178公顷），实现合同土地出让金60.56亿元。

推进存量建设用地盘活，累计消化"批而未供"141.67公顷，盘活存量土地87.00公顷，实现低效用地再开发71.47公顷，处置"供而未用"土地4.67公顷，完成率分别达101%、109%、134%和135%。

开展生态修复治理，完成废弃矿山治理三年专项行动任务，完成3个重点地质灾害防范区治理项目的验收，完成集士港镇山下庄等4村全域土地综合整治工程的验收，实现松材线虫病疫的发生面积、发生株数30%以上"双下降"。

实施国土绿化，全区森林覆盖率达49.94%，比上年同期提升0.09%；新增造林114.27公顷，年度任务率达114%；森林抚育204.20公顷，林相优化43.33公顷，创建2个"一村万树"示范村。

加强自然资源管理领域执法，30宗"大棚房"问题、9宗违建别墅问题专项清理整治通过省级验收，核查确定并上报832个农村乱占耕地建房问题，卫片执法工作确定违法占用耕地总量1.03公顷、占比0.2%，数量和比例均控制在海曙区目标任务以下。

开展自然资源确权统一登记，完成全区首个自然资源确权项目中坡山森林公园自然保护地的确权。推进不动产登记改革，推出工业厂房"验收即领证"、新建商品房交房领证"秒办"等特色业务，开展林权类不动产历史遗留问题处置工作试点，全年累计核发不动产权证1.6万本。

全区首个完成自然资源确权的中坡山森林公园自然保护地

【工业厂房"验收即领证"集成办理】 2021年7月，海曙自然资源和规划分局完成建设工程规划核实、房屋建筑工程竣工验收、权籍调查及不动产首次登记跨部门、多流程的优化重组，推出企业工业厂房"验收即领证"新模式。实现全流程办理期限由约15个工作日大幅压缩至1个工作日以内。宁波市蓝海工程设备制造有限公司成为首个试点成功对象。

【林权类不动产历史遗留问题处置工作试点】 2021年9月，海曙区启动林权类不动产历史遗留问题处置工作试点。建立区政府、区职能部门、镇（乡）政府、村经济集体组织四级联动工作机制，制定林地承包经营权登记"一件事"办事指南、登记实施细则等操作办法，由海曙区人民政府出台《关于印发海曙区清理规范林权确权登记

1月，第三次全国国土调查国家外业核查现场

历史遗留问题试点实施方案的通知》《关于进一步规范林地承包经营权登记工作的通知》等规范性文件，并在此基础上颁发全区首本林权类不动产证书。

【全域土地综合整治项目获评省级精品】 2021年11月，经浙江省人民政府同意，浙江省保护耕地和全域土地综合整治与生态修复领导小组办公室下发《关于公布2020年度乡村全域土地综合整治与生态修复省级精品工程的通知》，海曙区集士港镇山下庄村等4村的全域土地综合整治与生态修复工程入选。该项目在海曙区内的总面积为1770公顷，通过实施5个农田整治项目等提升改造，新建标准农田约1500亩，新增耕地约27亩，改造旱地为水田约8亩，盘活建设低效农村用地约186亩，复垦宅基地约30亩，实现以全域土地整治促进乡村振兴。

【林长制实施】 2021年11月，海曙区委办、区府办联合印发《关于全面推行林长制的实施方案》，建立区、镇（乡）、村三级林长组织体系，由区委、区政府主要领导担任区总林长，对区各级林长制工作负总责。设立海曙区林长制办公室，主要职责是组织实施林长制具体工作，负责林长制日常事务，完成区级林长交办的任务，办公室主任由海曙自然资源和规划分局主要负责人担任。

【国土“三调”成果公布】 2021年12月，海曙区发布第三次全国国土调查主要数据公报。海曙区调查工作以2019年12月31日为标准时点汇总国土利用状况数据，历时3年，投入300余名调查人员，完成48515个图斑调查任务，全面查清辖区全范围国土利用状况，调查成果成为制定海曙区经济社会发展重大战略规划等及重要政策举措的基本依据。

（谢作衷）

环境综合治理

【概况】 2021年，海曙区区域生态环境质量得到有效改善。狠抓工业源治理，实施固定源废气治理项目21个，开展洞桥产业园“无异味园区”建设。强化扬尘的协同整治，新建装配式建筑195.5万平方米，在用车辆自动冲洗、炮雾气、喷淋等扬尘防控设施设备256台，建成城市道路扬尘在线监控设施点位10个。加强移动源管控，完成非道路移动机械检测367台，加油站油气回收检测20家，重型柴油车OBD（车载自动诊断系统）安装573辆。

推进全域“污水零直排区”建设，安排实施项目47个，新增污水处理能力9万吨/日，9个工业园区（集聚区）“污水零直排区”创建通过验收。加强水环境综合治理，开展姚江和奉化江流域64条支流水质排查，实施马浦桥河、半漕河综合治理，完成南新塘河水质提升工程。加强饮用水水源保护，关停水源保护区内工业企业60家，强化水质常规监测及预警监控。

加强土壤和地下水污染风险管控，完成26个建设用地土壤污染状况调查报告评审。启动受污染耕地“源解析”工作，加强对13家土壤环境污染重点企业监管，完成龙观水厂和石碶公园国考地下水点位水质稳定（提升）方案编制。协同推进宁波中华纸业地块清拆工作，完成污水处理系统运行状况、在线监测系统检查。龙观乡、新桥社区和李岙村创建成为省级“低（零）碳村（社区）”。

【饮用水源保护】 2021年，海曙区继续开展双溪口水库和皎口—周公宅水库饮用水水源保护区工业企业的关停搬迁工作。其中，双溪口水库饮用水水源保护区内企业最终保留4家，依法关停或取缔26家。皎口—周公宅水库饮用水水源工业企业最终保留1家，依法关停或取缔34家。按时全面完成省委“七张问题清单”和“千吨万人”以上饮用水水源保护区工业企业整治工作，双溪口水库饮用水水源保护区工业企业依法处置入选“七张问题清单”市级整改示范案例。

【海曙区获评“美丽浙江”建设考核优秀单位】 2021年3月，2020年度“美丽宁波”建设（生态文明建设示范创建行动）考核结果公布，海曙区获评优秀单位。5月，在全省建设新时代“美丽浙江”暨中央生态环境保护督察整改工作推进大会表彰中，海曙区获评2020年度“美丽浙江”建设（生态文明示范创建行动计划）工作考核优秀单位。海曙区坚定践行“绿水青山就是金山银山”理念，统筹推进经济社会发展和生态环境保护，深入打好污染防治攻坚战，加快解决突出环境问题，强力推进生态示范创建，生态环境质量持续改善，达到自实施监测评价以来最佳水平。生态环境质量公众满意度持续提升，生态文明建设年度评价全省排名进入前二十。

秸秆焚烧高空瞭望监控数字化应用平台

【1家公司获评市“固体废物利用处置骨干企业”】 2021年9月，宁波长利风玻璃制品有限公司获评2021年度宁波市固体废物利用处置骨干企业，系海曙区首家获评企业。该公司是宁波市唯一的生活垃圾废玻璃定点处理单位，企业成立30年以来，主要从事废玻璃制玻璃弹珠加工，产品出口海外。有员工135人，年产值3000余万元，年上缴利税300万元，年回收处理废弃玻璃30000吨，其中宁波市废旧玻璃处置量约占70%，减少填埋用地约4万立方米。企业积极参与环保公益宣传，通过与市内多个社区合作，开展家用废弃玻璃公益回收活动，提高群众环境保护意识。

（李　娜）

环境质量监测

【概况】 2021年，海曙区环境空气质量综合指数为3.23，比上年同期持平；优良率为94.7%，上升2.8个百分点。其中，优天数比例为41.3%，良天数比例为53.4%，轻度污染天数比例为5.1%，中度污染天数比例为0.3%，无重度及以上污染天；$PM_{2.5}$浓度为20μg/m³，与上年同期持平；PM_{10}浓度为43μg/m³，上升4.9%；SO_2浓度为10μg/m³，上升25%；NO_2浓度为31μg/m³，与上年同期持平；CO浓度为0.9mg/m³，下降10%；O_3浓度为141μg/m³，下降3.4%。$PM_{2.5}$、PM_{10}、O_3、NO_2四项污染物均达到市下达的年度目标，环境空气质量达到历史最优水平。

海曙区“千吨万人”以上集中式饮用水源地水质达标率和优良率均为100%；区控以上断面水质功能达标率为100%，优良率为91.7%，其中Ⅰ类水质断面1个、Ⅱ类水质断面6个、Ⅲ类水质断面4个和Ⅳ类水质断面1个。地表水环境质量总体稳定，保持在较好水平。

【生态环境保护数字化应用场景建设】 2021年，海曙区整合环境监测、污染源信息和其他业务数据，归集、分析及展示环境质量晾晒台、生态文明示范创建六大模块，建设生态环境质量监控信息平台。截至年底，完成平台硬件设备安装、软件设计和部分数据接入，实现全区生态环境数字化应用零的突破。此外，对照全省数字化改革重大应用“一本账S1”清单，谋划研发“无异味园区”和“城市环境眼”两大生态环境保护应用场景。

【环境质量自动监测网络初步构成】 2021年，海曙区在原有1个国控、9个乡镇国标、6个乡镇非标、1个重点工业园区环境空气自动监测站的基础上，建成高空瞭望系统15套、城市道路扬尘在线监控设施10个、黑烟抓拍2套和油气回收在线监控17套。在原有9个市控以上、4个姚江支流自动监测站的基础上，完成23个水质自动监测站建设，区域环境质量自动监测网络初步形成。

【秸秆焚烧高空瞭望监控数字化应用上线】 2021年10月，针对辖区秸秆焚烧管理难题，海曙区建成10台热成像以及5台高清高空瞭望数字化应用系统，并上线运行，覆盖全区秸秆焚烧多发、重点区域，并将火点报警信息纳入“基层治理四个平台”。该应用相比借助第三方系统图片推送和乡镇网格员经验识别的传统模式，创造性地自主开发前端秸秆焚烧监督管理“一张图”和末端处置人员一键导航、一键反馈的微信小程序，做到从报警定位导航精准推送到现场处置反馈的快速闭环，真正实现秸秆焚烧监督管理自动、连续的一体化处置机制。该应用还可根据运行期间的问题反馈不断优化升级，以减少报警点位的重复性，提高定位的准确性，完善闭环操作的便利性。运行3个月以来，累计有效报警数109条，平均处置时长为96分钟。

（李　娜）

环境执法监管

【概况】 2021年，海曙区以大气、水污染防治为重点，严厉打击各类环保违法违规行为，其间，不断规范环境执法程序，创新执法方式，加大执法力度，切实提高环境执法能力和群众满意度。查处环境违法案件80件，罚款969万元，分别较上年同期增长135%和163%。移送公安机关实施刑事拘留1件，行政拘留2件，查封扣押5件。3件行政处罚案件入选宁波市级典型案例。

制定实施《海曙区生态环境问题“举一反三”大排查大整改工作方案》，各相关部门、镇（乡）街道、工业园区开展全面排查，累计出动排查人员6955人次，排查企业、河道、点位等重点对象3610个，全区共入库问题738项，截至年底，均按序推进整改。

【工业固体废物专项排查整治行动和危险废物治理专项行动】 2021年，海曙区开展工业固体废物专项排查整

4月，海曙区开展生态环境问题"举一反三"大排查大整改

治行动和危险废物治理专项行动，检查企业90余家，发现并要求整改固废相关问题50余个。截至年底，整改完成41个，查处环境违法案件5件，罚款55.6万元。

【机动车环保执法春季专项行动】 2021年春季，海曙生态环境分局联合海曙交警大队、区交通运输局等单位，开展机动车环保执法专项行动。共安排路检路查2次、入户检测3次，检测车辆85辆，其中1辆因尾气排放超标受到行政处罚，处以200元罚款并责令整改。另外在入户检测中，对场地主管单位的车辆环境管理制度、车辆维护信息、台账等内容进行检查。

（李　娜）

生态文明建设

【概况】 2021年，海曙区印发《海曙区生态文明示范创建三年行动计划(2021—2023年)》，完成《海曙区生态环境保护"十四五"规划》和《高质量发展建设新时代美丽海曙规划纲要(2021—2035年)》编制。

践行"绿水青山就是金山银山"理念，开展生态示范创建。以龙观乡为基地，启动生物多样性本底调查和体验地建设，推进区域在生物多样性保护与可持续利用、低碳示范传播及公众传播、交流与合作平台建设等方向发力，为高质量绿色发展找到新的突破点。

多措并举着力提升生态环境满意度，利用各类宣传平台，多渠道、多形式、多频次开展生态环境质量公众满意度提升宣传工作，引导全民树立和践行生态文明理念，提升对生态环境质量的满意度。海曙区首次获评"美丽宁波""美丽浙江"考核优秀区。

【"国家生态文明建设示范区"创建】 2021年，海曙区争创"国家生态文明建设示范区"。注重顶层设计，成立区生态文明建设委员会和镇（乡）、街道生态环境办公室，建立起"党政为核、部门联动、镇街主责"的生态文明建设三级组织领导和责任体系。统筹推进，制定行动计划，召开全区生态文明示范创建大会，部署落实创建任务，对照创建规程和10个方面32项创建指标要求，固强补弱，实现各项指标全面达标，梳理完成15个点位支撑材料；编制《美丽海曙建设规划纲要》等中长期规划，形成生态文明建设规划体系。

【"国际生物多样性日"宁波主题宣传活动暨海曙区生物多样性体验地建设启动】 2021年5月19日，由宁波市生态环境局和海曙区人民政府主办的"走进自然、贴近生物多样性"2021年国际生物多样性日宁波主题宣传活动暨海曙区生物多样性体验地建设启动仪式在龙观乡举行。活动以龙观乡为首发站，启动海曙四明山区域生物多样性本底调查和体验地建设。其间，生物多样性专家团队将通过"摸清家底"——生物多样性本底调查、"基地建设"——生物多样性体验地建设、"培育业态"——生物资源可持续利用等手段，全面推进区域生物多样性保护工作，同时采用"1+M"模式，打造1个体验馆加多个现场体验的生物多样性科普教育、研学旅行路线，合理开发利用生物多样性资源，打造"两山"转化的海曙样板。基地建成后可成为浙江省、华东地区规模最大的生物多样性基地，为宁波市生物多样性保护工作提供有力支持。

【"世界环境日"系列活动】 2021年6月，海曙区组织开展第50个"世界环境日"系列活动。举办生态环境集市—生态环境保护咨询活动，向群众发放宣传资料，展示生态文明建设成果、科普环保法律法规、介绍生态环境违法典型案例等内容。联合省生态环境厅、市生态环境局、省传化艺术团等单位开展生态文明和环境保护公益演出，以寓教于乐的方式，展示生态环境保护和生态文明建设工作成效。

【四明山区域生物多样性本底调查】 2021年10月始，海曙区委托生态环境部南京环科所，联合宁波市环科院，对四明山区域开展为期1年的生物多样性本底调查工作。调查采用样线法、样点法、灯诱法、红外相机自动拍摄法、笼捕调查法等方式，按照"5km×5km加密抽样调查网格"要求，重点调查掌握四明山区域的生态系统类型，收集整理维管植物、陆生脊椎动物、陆生昆虫等物种信息，采集电子标本和重点物种标本，建立相关物种名录和编目数据库，绘制形成海曙四明山区域生物多样性保护电子地图。11月29日，在整理红外相机过程中，相机拍摄到8只国家一级重点保护野生动物白颈长尾雉，系宁波市首次野外监测发现。

（李　娜）

节能降耗

【概况】 2021年，宁波市对海曙区能源“双控”考核目标为单位GDP能耗比上年同期下降1.7%（经调整后），能耗增量控制在4.8万吨标煤（增长1.6%）。根据海曙区统计局内部测算，2021年海曙区单位GDP能耗下降约3.8%，超额完成能源“双控”强度年度目标任务。“能源双控”形势平稳，完成实绩继续走在全市前列。

【“工业碳管家”平台上线】 2021年，海曙区上线“工业碳管家”平台，更好助力企业“低碳”发展。平台以碳排企业产业地图为基础，构建起一个涵盖企业煤、油、水、气、电等多维能源数据的综合性管理服务平台。截至年底，借助平台，监测出碳排强度高于2吨/万元的规模以上企业约90家。

【“两高”项目整治】 2021年，海曙区坚决管控高耗能、高排放（“两高”）项目。全面排查全区在建、拟建、存量高耗能高排放项目清单，明确分类处置、动态监控。按照能耗“双控”，对等价能耗1000吨标准煤及以上的“两高”项目，全面对照能效水平、产业政策、相关规划等要求从紧从严控制，从源头上遏制“两高”项目盲目发展。同时，对2018年以来未经节能审查的疑似“两高”项目开展集中梳理、整治，并督促企业补办有关手续。

【节能降耗宣传】 2021年，海曙区针对辖区群众生活特点，策划举办节能降耗八大主题宣传活动，提升宣传效果。为强化“禁塑令”宣传力度，在上年度《海曙区关于进一步加强塑料污染治理的实施方案》和《海曙区塑料污染治理2020年度重点工作清单》印发基础上，6月，由区发改局、区机关事务管理局、区生态环境分局、区图书馆、集士港镇、高桥镇等单位联合举办塑料污染治理宣讲活动；12月，联合区全媒体中心开展塑料污染治理系列宣传活动，提升群众“禁塑”的主动意识。针对公共机构节能降耗问题，举办以“碳达峰、碳中和”为主题的节能降耗培训班，同时，各镇（乡）街道举办“绿色低碳，美丽家园”节能宣传活动，通过上述活动，提升生态优先、绿色低碳的高质量发展之路在群众中的影响力。

【能耗、碳排放总量底数排摸】 2021年5月始，海曙区开展能源、工业、建筑、交通、农业、居民六大领域能耗总量和碳排放总量的底数排摸。根据初步排摸数据，从消费侧看，工业领域碳排放占比38.2%，从供给侧看，工业领域能源消费占比35.9%。年内，全力完成“两高”项目的清理整治，以“硬约束”手段强化企业降低能耗。加快推进整区光伏规模化安装工作。作为全省整区光伏规模化开发试点城区，科学编制实施方案，充分利用居民、厂房、公共建筑屋顶，加快推进整区光伏规模化安装，加快构建以新能源为主体的新型电力系统。

【输油管道泄漏应急演练】 2021年7月9日，由区发改局牵头，海曙区组织举办输油管道保护培训和管道泄漏应急演练，邀请中石化浙江甬绍金衢管道储运公司总经理，浙江省政府第三届应急管理专家组成员阮亦根讲授《成品油（航油）长输管道危险因素辨识及安全防护》，并由中航油宁波分公司组织进行“机场航煤管道泄漏事件应急演练”。各有关部门、相关镇（乡）街道、沿线村（社）和企业40余人参加培训学习和现场观摩，进一步提升输油管道安全管控和有效应对输油管道突发事件能力，为确保辖区机场航煤管道安全生产提供有力保障。

【空调温度专项联合检查】 2021年9月29日，区发改局联合市能源监察中心、区商务局、区文化和广电旅游体育局等单位共同开展公共场所室内空调温度专项联合检查。检查组对宁波万豪酒店、宁波大酒店、宁波二百商贸有限责任公司、银泰百货宁波海曙有限公司、宁波凯洲皇冠假日酒店和宁波南苑饭店等单位进行实地检测，检查公共场所夏季室内空调温度设置不得低于26℃规定的落实情况。从检查结果看，大部分单位现场空调测试温度在26℃以上。对个别实测温度偏低的单位，当场要求整改落实，并由区能源监察大队进行跟踪问效。

（方铁龙）

相关链接：

$PM_{2.5}$浓度： 环境空气中空气动力学当量直径小于等于2.5微米的颗粒物。

PM_{10}浓度： 可吸入颗粒物，通常是指粒径在10微米以下的颗粒物。

SO_2浓度： 空气中二氧化硫的含量在4%以下时的烟气浓度。

NO_2浓度： 空气中的二氧化氮浓度。

CO浓度： 空气中的一氧化碳浓度。

O^3浓度： 空气中的臭氧浓度

12月31日，区发改局组织全区燃气用地违法建筑排查整治行动

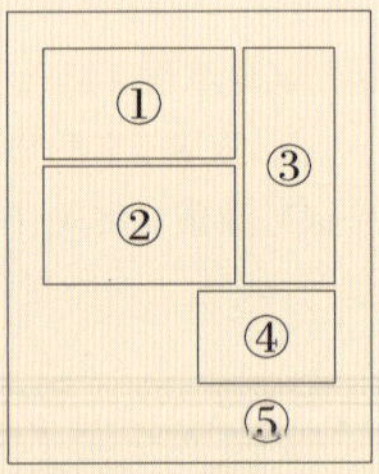

①5月19日，2021年国际生物多样性日主题宣传活动在龙观乡举行，自此启动海曙四明山区域生物多样性本底调查和生物多样性体验地建设，全面推进区域生物多样性保护工作

②海曙区生物多样性宣传活动展厅

③海曙区生物多样性宣传展板

④12月30日，生态环境部宣传教育中心和海曙区人民政府战略合作框架协议签约仪式通过视频连线方式举行，双方将在生物多样性保护与可持续利用、低碳示范传播及公众传播、交流与合作平台建设等领域开展全方位合作

⑤11月29日，红外相机拍摄到的国家一级重点保护野生动物白颈长尾雉

城乡建设与管理

国土空间规划

【概况】 2021年，海曙自然资源规划分局推进全区国土空间总体规划的编制工作，开展“三区三线”三轮试划并基本稳定三条重要控制线的划定成果。开展临空经济示范区、姚江新城滨水活力区、西枢纽、丁家湾—石碶片区、翠柏里—三市里创新街区等重大区块规划研究及城市设计，完成西成后袁地块、原高塘三村地块、小漕地块等项目的规划条件编制。

制定《宁波市自然资源和规划局海曙分局2021年“项目攻坚提速年”活动实施方案》，全年累计办理规划审批项目526件，重点完成高桥镇中心小学改扩建、宁波华美医院、海曙第二医院、丽园南路九年一贯制学校、姚丰邻里中心等78个建设项目的工程规划许可审批，完成海曙区中医院、海曙金茂府、蜃蛟幼儿园、孝闻巷地块、海语府等40个建设项目的竣工规划核实。

推进重点市政工程建设项目的规划服务保障，鄞州大道快速路工程、四明山环线公路工程、孝闻街（中山路—永丰路）道路改扩建工程等13个项目按时开工，完成G228国道新建工程、沿山干河整治工程、新芝片区道路改扩建及低洼地改造工程、110千伏古林输变电工程等市、区重点基础设施建设项目的设计方案技术审查，做好临空经济示范区综合交通规划研究及机场北片区控规调整论证、宁波轨道交通6号线一期工程和8号线一期工程在海曙内的线路及站点方案前期论证及月湖历史文化街区（西区）排水系统规划研究工作。

开展测绘与基础地理信息数据管理，完成测绘项目验线管理16个，完成年度测绘地理信“双随机”检查、年度地图市场专项检查、测绘单位安全生产检查、涉密测绘地理信息成果保密检查4项检查，开展海曙区1∶500比例尺地形图更新、基础控制网更新、绕城内三维数字地图更新、道路红线和河道蓝线动态更新维护、农房权调测绘服务测绘成果质量检验等基础数据管理工作，共收集竣工核实平面地形图2.3平方千米，基础测绘23.8平方千米，地下管线数据185.32千米，基础地形图数据27464幅，遥感影像数据1438幅。

【“地理信息在线申请”推出】 2021年2月，海曙自然资源和规划分局推出“基础地理信息数据在线申请系统”。该系统将传统的线下审核与领取模式转换为线上审核、线下领取模式，申请单位通过线上平台完成不见面填报信息审核，同时对申报过程产生的各类信息进行电子化处理，实现基础地理信息数据“申请—审核—领取—销毁”全过程管控和数据成果“人来即领”。

【基础地理信息数据更新项目通过验收】 2021年4月，2020年海曙区基础地理信息数据更新项目通过验收。项目对基础地理信息数据、地理信息公共服务平台数据、移动端自然资源空间数据三类数据进行更新，涉及64件241平方千米1∶500基础地理信息竣工数据、11036件全区电子地图、82791条POI（Point of Interest，信息点定位）数据和11309条地址数据，房屋、建筑物实体数据更新变化量分别为104998条、36201条，完善基于互联网的地理信息变化收集、基于影像的典型要素变化发现、地形数据库要素增量更新、地形数据库联动更新等数据应用建设。

【建设项目批后规划监管改革】 2021年4月，海曙自然资源和规划分局启动实施建设项目事中事后监管制度改革。引入第三方技术力量，针对建设项目的规划许可总平面复核、规划放验线、±0.00施工、竣工核实验收、销售沙盘以及样板房展示等全流程环节实施跟踪检查和靠前服务。

【城市地下市政基础设施普查启动】 2021年9月，海曙区发布《海曙区城市地下市政基础设施普查实施方案》，海曙区城市地下市政基础设施普查正式启动。普查计划历时两年，范围是海曙区绕城高速以内的快速路、主干路、次干路、支路、通道等市政道路及街巷、公园、广场等其他公共区域的地下市政基础设施，目标是为城市建设运行提供精准的地下地理信息支撑。

（谢作衷）

11月，建设项目事中事后监管制度改革启动实施后监管现场

房屋征收

【概况】2021年，海曙区启动15个征收项目，涉及房屋建筑面积约65.63万平方米，总户数约1109户。完成7个遗留项目的清零，6个地块净地移交。共作出征收补偿决定3件，收到行政复议2件，收到行政诉讼案件75件。同时，做好房源筹措管理等相关工作。

【房屋征收重点工程项目】2021年，海曙区启动丁家地块（A片区、B片区、C片区）、启文路以东非住宅地块等征收项目15个，共涉及房屋建筑面积65.63万平方米，总户数1109户。年内有8个项目结束签约期，4个项目签约中，完成签约的项目总体签约率达97%。其中，竹木市场地块一期、启文路以东非住宅等5个项目实现100%签约清零，另有4个项目在签约中，3个项目启动征收程序。

【房屋征收遗留项目清零】2021年，海曙区实现薛家路（环城南路—中山西路）道路工程（古林段）项目、段塘国有零星住宅项目、高塘三村危旧房改造地块项目、西河街危旧房改造项目、宁波轨道交通5号线一期雅源路站项目、月湖西区一期地块、鄞奉路二期国有项目7个遗留项目清零。完成薛家路（环城南路—中山西路）道路工程（古林段）项目、段塘国有零星住宅项目、宁波轨道交通5号线一期雅源路站项目、月湖西区一期地块、月湖西区二期2号地块、鄞奉路二期国有项目6个地块净地移交。

【安置房源管理】2021年，海曙区筹措后仓恒立地块安置房（暂名）、雄镇小区西侧安置房（暂名）等地块共计约2200套房源，筹措非住宅安置房源房源约2万平方米。累计完成36套历年遗留项目安置房的补抽签以及49套安置房源的调拨使用。完成竹木市场地块项目（一期）征收项目共计15套现房抽签定位、内部结算、对外结账交付工作。

（陈伟燕）

旧村改造

【概况】2021年，海曙区启动城中村改造项目14个，覆盖6个镇（乡）街道，涉及改造面积132.21万平方米，共计4841户，腾空土地面积146.28万平方米。

区旧村改造管理服务中心审核汇总各镇（乡）街道上报的年度拆迁项目，经项目可行性研究分析后，形成2021年集体土地房屋拆迁计划。经调整，确定年度拆迁项目15个，涉及9个镇（乡）街道，共计1180户，拆迁面积约26万平方米。

【重大项目拆迁保障】2021年，区旧村改造管理服务中心协助承接丁家湾（B片区）段塘片非住宅企业征收任务，共涉及国有非住宅企业29家，总土地面积约18.27公顷，房屋建筑面积14.21万平方米。指导姚江南岸片区开发，建立工作专班入驻现场，落实入户测绘、摸底排查等前期准备，拟定多套可选拆迁安置方案。助力鄞江堤防工程二期拆迁清零攻坚，完成234户共5.72万平方米的拆迁任务。

【法治拆迁】2021年，区旧村改造管理服务中心草拟《宁波市海曙区征收集体所有土地房屋拆迁补偿安置办法》，拟订《高桥镇长乐未来社区旧村改造实施方案》。编制《集体土地房屋依法拆迁行政裁决模板》，覆盖听证、测绘、笔录等全流程共41个模板。开设拆迁系统《法治下午茶》普法栏目，年度推出普法问答24期。2021年度行政诉讼应诉量、一审发案量、败诉量分别控制在11件、6件、1件，较上年同期分别降低63%、60%和84%。

【“拔钉清零”百日攻坚专项行动】2021年，海曙区开展旧村改造“拔钉清零”百日攻坚行动。首轮攻坚行动涉及23个重点项目，截至年底，15个完成清零，拆迁面积10.76万平方米，可交地24.04万平方米，共节省土地闲置财务成本约2.3亿元。在第二轮攻坚行动中，19个重点项目纳入计划，其中涉及拟出让项目7项、重点工程12项。

【安置房管理】2021年8月，海曙区推进段塘村旧村改造安置房项目。截至年底，粮丰街以东续建项目完成竣工验收备案；环城西路以西2号地块续建项目完成外墙涂料，附属工程完成65%，施工进度比年初计划提早2个月；环城西路以西1号地块续建项目装饰装修工程完成15%，进度较年初计划提早1个月。推进姚丰村旧村改造安置房续建项目，附属工程完成95%。

段塘安置房（环城西路以西1号地块）

落实节前实地检查，定期抽查等方式，提醒安全隐患12次并督促整改到位。实地检查临时过渡房7次，着重抽查消防安全、环境卫生等8类常见问题，并督促物业管理单位整改落实。

（陶行行）

市政建设

【概况】 2021年，海曙区完成新丰路（中山西路—春池路）道路工程、段塘学校配套路（环城南路—段塘中路）道路工程、粮丰街（环城南路—段塘东路）改扩建工程、段塘东路（环城西路—规划四路）改建工程、三市路及周边道路综合整治工程、在水一方小区南侧1号及2号地块配套道路工程、气象路地段配套桥梁河道绿化工程、马园路（柳汀街—丽都名邸西大门）道路工程、孝闻巷地块配套支路工程、黄隘村规划一路（雅源南路—万金路）道路工程、积德路（粮丰街—河道）道路工程、南门地段苍松路住宅地块配套道路、夏禹公园东侧路道路、学院路二期（中山西路—望童路）改扩建工程、香雪路（汇士路—医院北侧河道）工程、沁园路西段（福德路—薛家北路）及姚丰学校周边沿河景观绿化配套工程、海曙区集士港镇碧莲路（一期）道路工程、望春工业园区科盛路（科欣路—聚才路）道路工程、望春工业园区科研路（科欣路—聚才路）道路工程、万隆路（鄞县大道—万兴路）道路工程、高桥文体中心西侧配套道路及附属绿化工程（一期）等21个项目。

【马园路（柳汀街—丽都名邸西大门）道路工程验收】 2021年2月，马园路（柳汀街—丽都名邸西大门）道路工程完成初步验收。项目于2020年7月开工建设，道路南起丽都名邸小区的西大门，北至柳汀街。道路全长160米，标准断面宽度24～31米。道路为城市次干路。

【三市路及周边道路综合整治工程验收】 2021年2月，三市路及周边道路综合整治工程完成初步验收。项目于2019年12月开工建设，道路南起铁路下穿段，北至长春路。道路全长225米，标准断面宽度为25米。建设标准为城市次干路。

【段塘学校配套路（环城南路—段塘中路）道路工程验收】 2021年2月，段塘学校配套路（环城南路—段塘中路）道路工程完成初步验收。项目于2020年5月开工建设，道路南起段塘中路，北至环城南路地面辅道。道路全长510米，标准横断面宽度为7米。建设标准为城市支路。

【孝闻巷地块配套支路工程验收】 2021年2月，孝闻巷地块配套支路工程完成初步验收。项目于2020年9月开工建设，项目包括两条支路，一条南起西河巷、北至孝闻巷，道路全长111米；另一条西起规划道路、东至孝闻街，道路全长116米，标准断面12米。道路为城市支路。

【南门地段苍松路住宅地块配套道路验收】 2021年4月，南门地段苍松路住宅地块配套道路完成初步验收。项目于2020年5月开工建设，南起常青路，东至咏归路。道路全长180米，标准断面宽度为7米。道路为城市支路。

【新丰路（中山西路—春池路）道路工程验收】 2021年5月，新丰路（中山西路—春池路）道路工程完成初步验收。项目于2019年3月开工建设，位于高桥镇，工程南起春池路，北至中山西路。道路全长约1700米，标准横断面宽度为32米。建设标准为城市主干路。

【夏禹公园东侧路道路验收】 2021年5月，夏禹公园东侧路道路完成初步验收。项目于2020年7月开工建设，南起气象路，北至夏禹路，道路全长约345米，标准断面宽度为16米，道路为城市支路。

【万隆路（鄞县大道—万兴路）道路工程验收】 2021年6月，万隆路（鄞县大道—万兴路）道路工程完成初步验收。项目于2020年10月开工建设，南起万兴路，北至鄞县大道，道路全长约570米，标准断面宽度为28米，道路为城市支路。

【在水一方南侧1号、2号地块配套道路工程验收】 2021年6月，在水一方南侧1号、2号地块配套道路工程完成初步验收。项目于2020年5月开工建设，位于白云街道，项目包含中间路及东侧路，东侧路南起周江岸路，北至沁园街，长度243米；中间路西起丽园北路，东至东侧路，长度155米。标准断面宽度宽12米，建设标准为城市支路。

万隆路（鄞县大道—万兴路）

【积德路（粮丰街—河道）道路工程验收】 2021年6月，积德路（粮丰街—河道）道路工程完成初步验收，项目于2020年7月开工建设，西起粮丰街，东至河道，道路全长约111米，标准断面宽度为10米，道路为城市支路。

【粮丰街（环城南路—段塘东路）改扩建工程验收】 2021年7月，粮丰街（环城南路—段塘东路）改扩建工程完成初步验收。项目于2020年8月开工建设，位于段塘街道，道路南起段塘东路，北至环城南路，路线全长360米，红线宽24米，工程建设标准为城市次干路。

【气象路地段配套桥梁河道绿化工程验收】 2021年8月，气象路地段配套桥梁河道绿化工程完成初步验收。项目于2020年12月开工建设，位于宁波市海曙区段塘街道，项目南起规划支路，北至新典路，全长约53米（含桥梁），标准断面宽度为16米；西起小区内部道路，东至看经路，全长58米（含桥梁），标准断面宽度为12米。

【黄隘村规划一路（雅源南路—万金路）道路工程验收】 2021年8月，黄隘村规划一路（雅源南路—万金路）道路工程完成初步验收。项目于2021年3月开工建设，西起雅源南路，东至万金路。道路全长约500米，标准断面宽度为24米。道路为城市次干路。

【沁园路西段（福德路—薛家北路）及姚丰学校周边沿河景观绿化配套工程验收】 2021年9月，沁园路西段（福德路—薛家北路）及姚丰学校周边沿河景观绿化配套工程完成初步验收。项目于2020年12月开工建设，东至福德路，西起薛家北路。道路全长239米，标准断面宽度为28米。道路为城市支路。景观绿化南起蓝天路，北至保利天悦小区三期。

【学院路二期（中山西路—望童路）改扩建工程验收】 2021年11月，学院路二期（中山西路—望童路）改扩建工程完成初步验收。项目于2020年11月开工建设，南起望童路，北至中山西路。道路全长约1580米，标准断面宽度为36米。道路为城市主干路。

【段塘东路（环城西路—规划四路）改建工程验收】 2021年11月，段塘东路（环城西路—规划四路）改建工程完成初步验收。项目于2020年9月开工建设，位于段塘街道，道路西起环城西路，东至规划四路。道路全长515米。道路标准横断面宽度为36米。建设标准为城市次干路。

【望春工业园区科盛路（科欣路—聚才路）道路工程验收】 2021年12月，望春工业园区科盛路（科欣路—聚才路）道路工程完成初步验收。项目于2021年5月开工建设，西起科欣路，东至聚才路。道路全长约600米，标准断面宽度为24米。道路为城市支路。

【望春工业园区科研路（科欣路—聚才路）道路工程验收】 2021年12月，望春工业园区科研路（科欣路—聚才路）道路工程完成初步验收。项目于2021年4月开工建设，西起现科欣路，东至聚才路。道路全长581米，标准断面宽度为12米。道路为城市支路。

（常　润）

公用项目建设

【概况】 2021年，区公建中心承建公建项目27个，其中海曙区姚丰学校新建工程、海曙区中医院迁扩建与气象路社区卫生服务中心合建工程等12个项目完工，长春门文化公园二期等11个项目开工。

【海曙区中医院迁扩建与气象路社区卫生服务中心合建工程完工】 2021年1月6日，海曙区中医院迁扩建与气象路社区卫生服务中心合建工程完工。工程位于气象路与丽园北路交叉口，项目总用地面积0.51公顷，总建筑面积18817平方米，其中地上建筑面积12286平方米，地下建筑面积6531平方米，主要建设内容包括门诊用房、住院病房、手术室及负压隔离病房等医院用房、道路及绿化景观等相关配套工程，设置机动车停车位120个，其中地下115个、地上5个、非机动车停车位330个。

【临时方舱医院改造工程完工】 2021年1月14日，海曙区临时方舱医院改造工程完工。工程位于沁园街345号，利用海曙区文体中心进行改造，原建筑规模为地上5层、地下1层，地上建筑面积23865平方米，地下室建筑面积7858平方米，消防建筑高度24米。仅针对地上一层的原羽毛球馆、篮球馆及部分办公后勤用房进行改造，改造后功能为临时方舱医院及配套后勤用房，改造面积合计约

2900平方米，设置床位120张，其中改造完成床位70张、二期预留床位50张。

【海曙区姚丰学校新建工程完工】2021年8月25日，海曙区姚丰学校新建工程竣工验收完成。项目位于蓝天路以北，福德路以西，沁园路以南，薛家北路以东，为九年一贯制学校。共设60个班，其中小学部36班、中学部24班。项目总用地面积4.79公顷，总建筑面积57174平方米，包括综合教学楼、图书馆、艺术教室、报告厅、食堂、风雨操场、地下车库等主要建筑物和300米田径运动场、篮球场、排球场等教学设施，及道路、绿化等相关配套工程，设置机动车停车位376个。

【长春门文化公园二期工程开工】2021年12月7日，海曙区长春门文化公园二期工程开工。该工程位于南塘河历史文化街区东边，东至立交路，南至铁路防护绿地，西至南塘河，北至长春路。工程用地面积1.04公顷（不包括公园内4处文物保护点范围内的用地面积建筑面积约为1100平方米），项目内容为新建一个开放式公园，包括公园景观小品、绿化提升、沿河驳岸修复，人行桥梁修复等。

【海曙区中医院迁扩建二期建设项目工程完工】2021年12月30日，海曙区中医院迁扩建二期建设项目工程完工。该程位于气象路与丽园北路交叉口，项目总用地面积0.51公顷，项目装修总建筑面积4874平方米。主要建设内容包括6～12层的住院病房、手术室及负压隔离病房及其他配套公用工程等装修改造内容。

（乐聪铃）

南站区域开发建设

【概况】2021年，海曙区南站区域开发建设管理中心（区铁建中心）配合宁波市铁路建设办公室工作部署，继续推进宁波枢纽庄桥至宁波段增建三四线工程。完成投资2.1亿元。协调完成增建铁路三四线工程（海曙段）征收、房屋功能置换、管线迁改、施工便道等工作。

【宁波枢纽庄桥至宁波段增建三四线工程】2021年，通苏嘉甬铁路的重要组成部分——宁波枢纽庄桥至宁波段增建三四线工程（海曙段）超额完成市下达的工作任务，沿线施工点加班加点施工建设，确保工程按期按质完成任务。其中，完成涉海曙区的36套房屋功能置换；基本完成沿线37处设施、设备的补偿及拆除工作。继续协调各部门，保障代建项目的开工建设；督促街道、代建单位落实沿线房屋监测工作，确保按期按质完成任务。

（成方州）

公用事业

【概况】2021年，海曙区全社会用电量累计60.96亿千瓦时，比上年同期增长7.12%；全社会最高负荷123.1万千瓦，下降4.93%；海曙供电分公司累计完成售电量54.56亿千瓦时，增长15.82%；售电收入37.23亿元，上升17.52%；累计业扩受理6028户，合计容量69.54万千伏安，增长37.32%。

薛家110千伏输变电工程、澄浪—中山110千伏线路工程投产，完成110千伏薛家变电工程10千伏配套出线12回，累计长度21.4千米，解决布政变主变重载文体，提高西片区配网转供能力。完成梁祝110千伏输变电工程施工图审查和土地指标上报工作。完成明州500千伏变电站第三台主变扩建工程项目核准。完成马郎—新庄110千伏线路工程可研审查，云林110千伏变电站第三台主变扩建工程、宁西—文化110千伏线路工程完成所址路径审查。明确古林110千伏输变电工程所址路径方案。滚动调整“十四五”主网项目建设时序和方案，明确项目用地和廊道需求，完成海曙区“十四五”电网滚动规划报告。

截至年底，海曙区有500千伏变电站1座，主变2台，总容量2000兆伏安。220千伏变电站5座，主变12台，总容量2700兆伏安。110千伏变电站22座，主变48台，总容量2270兆伏安。110千伏用户变5座，主变10台，总容量358兆伏安。35千伏公用变电站2座，主变3台，总容量37.50兆伏安。35千伏用户变14座，主变24台，总容量249.3兆伏安。全区共有110千伏输电线路51条，线路长度288.5千米；35千伏输电线路5条，线路长度76.45千米；10千伏配电线路513条，线路长度2964.86千米；10千伏开关站、环网站726座，10千伏公用配电变压器5417台，总容量3166.3千伏安。

【电网建设】2021年6月7日，2021年度海曙区电网建设工作会议召开，区政府与各镇（乡）街道签订电网建设

2月，海曙供电工作人员抢修集士港镇山下庄村供电线路

年度考核目标责任状。截至年底，电网建设投资3.7亿元，其中配网2.5亿元、主网1.2亿元。年度新建设项目7个，续建项目2个，前期项目4个。针对辖区用电实际以及全国形势，编制年度有序用电工作方案以及电力需求工作的意见。

（王佳媛）

城市管理

【概况】 2021年，海曙区城市化管理区域“智慧城管”覆盖率达100%，共发现问题463066件，立案379520件。其中，区级部门应解决328037件，已解决328037件，解决率达100%，及时解决率99.75%。进一步加快推进镇乡三级平台建设运行，着力解决城市管理领域的疑难案件。

开展全区车辆违法占道、建筑渣土专项整治、燃气安全、犬类管理等专项整治。持续推进“综合执法进小区（村）”工作，拓展“进城区进城镇进乡村”三级网络建设。85个社区、263个小区、6个村实现综合执法入驻。

推进城市管理数字化改革，智慧化移动执法信息系统二期处于建设阶段，开发执法办案“一键智达”运用场景、可视化执法数据分析平台、浙政钉“法制办案集成”模块等。

【城市管理领域综合行政执法协作配合机制推进】 2021年，区综合行政执法局继续推进城市管理领域综合行政执法协作配合机制，9个街道组建由综合执法、市政、绿化、区环卫、街道保洁、第三方养护等各单位负责人构成的联合工作群，及时厘清全区城市管理领域的疑难问题。截至年底，各单位上传疑难问题2208件，经督查人员督查发现问题1560件，全部由各相关单位认领处理，其中1104件由属地中队执法介入处理。制定《行业养护考核办法》，组成行业养护和市容秩序联合抽查小组，每月两次对9个街道开展随机抽查，共发现问题1593件，其中归属属地中队637件、环卫保洁165件、绿化养护498件、市政养护231件、涉水管理62件，全部由相关单位认领并完成后续的处理工作。

2月25日，鼓楼中队对永寿街、广仁街、宝兴巷等路段进行流浪犬集中整治

【综合行政执法队伍规范化建设】 2021年，海曙区继续推进全省综合行政执法“最佳实践”基层执法队所和“枫桥式”综合行政执法中队的创建培育行动。其中，江厦中队获评“最佳实践”基层队所，石碶中队获评“枫桥式”综合行政执法中队。同时，依照市级“一队一品”专项行动实施方案，开展“一队一品”三年创建行动，着力培育一批基层执法中队建设“精品”。截至2021年年底，第一批7个中队创建成功。

【综合执法进小区】 截至2021年年底，“综合执法进小区（村）”行动按照人员到位，责任到人要求，覆盖全区85个社区、263个小区、6个村，并创建“信息收集、服务告知、管理督促、执法保障、司法介入”小区执法工作的“五步法”。重点对无照经营、乱堆乱放生活（建筑）垃圾、违章搭建、毁绿占绿、无证清运、环境卫生责任人不履行保洁责任、噪声污染、油烟污染、非法饲养（包括不文明养犬）、高空抛物、焚烧秸秆等行为进行执法查处。全年“执法进小区”共办理案件736个，书面整改470个。

【车辆违法占道专项整治】 2021年，海曙区加大力度对车辆违法占道行为进行专项整治，以重点路段和重要商贸区、服务窗口、车站、学校、菜场周边及城乡接合部等为重点整治部位，以人行道违法停车、“僵尸车”违法长期停放、“共享自行（电动）车”人行道违规投放和停放、占道洗车4类违停顽疾问题为重点整治对象。通过加强巡查频次力度和执法力度、加强动态监测和数据分析、加强督导落实和日常检查，形成严格的管理态势。全年出动执法人员19870人次，抄告违停机动车70704辆，清拖“僵尸车”27辆；规范“共享单车”停放58235辆，清拖“共享单车”4375辆。

【文明养犬管理】 2021年，区综合行政执法局继续推进文明养犬管理工作，在日常整治、“周四整治日”基础上，定期与属地派出所开展联合整治，盯牢早、晚两个时段，严控公园、沿河步道、菜场、广场、住宅小区等区域，重点规范携犬出户行为，捕捉流浪犬。同时，向社会购买流浪犬收容管理服务，全面规范收容场地设施建设和收容登记备案制度，严格抓好收容防疫和死亡犬只无害化处理工作。全年累计出动执法人员18251人次，开展文明养犬普法宣传11956次，教育整改3333次，办理涉犬案件757件，罚款25410元，捕捉、收容流浪犬1092只，帮助群众找回走失犬17只。当年，文明养犬管理工作专项考核位列全市第一，行政处罚案件数位列全市第一。

【燃气安全专项执法整治】 2021年，区综合行政执法局通过宣传教育、执法检查、督改隐患、治违查违，建立“政企联动、齐抓共管、群防群治”的工作机制，全面排查各类燃气安全隐患，防止燃气安全事故发生。对5家燃气储备站的实名制及信息化情况开展联合检查，重点查处餐饮企业软管穿墙、三通分流、气瓶加热、气瓶倒卧、气瓶数量过多等违法行为。对各重点领域的燃气类案件共立案54起，罚款93925元。节假日来临期间，向全区的企业、群众发送燃气安全短信累计超过26万条，制作、分发燃气安全宣传资料超过50万份，普及燃气使用安全知识。

【建筑渣土运输百日攻坚行动】 2021年，区综合行政执法局在全区范围内开展建筑渣土运输百日攻坚行动。重点关注运输车辆全球定位系统安装及使用情况，强化辖区内建筑垃圾运输处置监管，规范建筑垃圾陆上运输，杜绝随意倾倒或偷倒建筑垃圾等违法违规行为。百日攻坚期间，出动执法人员2350人次，开展集中整治380次，检查建筑车辆1210辆，查扣存在问题车59辆，立案处罚70起，罚款金额共计302625元。

【“乱张贴”专项整治】 2021年，区综合行政执法局持续推进“三乱”整治（乱扔烟蒂、纸屑等生活垃圾、乱停非机动车辆、乱张贴小广告市容）。采取白天巡逻为主、夜间重点清理的工作模式，每日早7点前完成道路巡检清理，夜间集中清理卷帘门上的“乱张贴”现象。其间，协调电信、联通、移动三大运营商，在全区范围内启动“牛皮癣”关联手机号关停处置机制，协同社区、物业对“乱张贴”行为全面排摸取证，上报并关停7批次145个关联手机号，立案处罚130起，90%以上的当事人到属地中队接受调查处理并改正违法行为。书面整改“乱张贴”行为976起，立案652起，罚款32233元。

【“综合执法移动端应用系统”列入省数字化应用清单】 2021年，经数字法治系统建设省工作专班成员单位审核确定，区综合行政执法局承建的“综合执法移动端应用系统”列入《数字法治系统重大应用任务清单》。通过数字赋能，实现现场执法效率、执法能力提升，推动“大综合一体化”行政执法改革；通过贯通基层治理四平台、省公共支付平台、省办案系统、省企业信息库等平台，形成共享共通的城市管理基础数据库，实现“数字化+网格化”监管、执法多跨场景，提促城市精细化管理水平。全年利用该系统办理行政处罚案件10713件，处罚款992.25万元，其中简易程序5580件，普通程序5133件，无错案、假案发生。

【“智慧城管”全域覆盖】 2021年，海曙区智慧城管按照“分步实施，平稳推进”原则，加快推进七镇一乡的协同网络工作机制，推进镇（乡）城市管理部件、事件标准化、精细化管理。调研走访乡镇，明确存在问题，加强工作指导，强化镇（乡）三级平台与区级平台共存共治。通过意见征集、实地勘察等方式，在现覆盖基础上，仔细对照、认真梳理，确定网格扩展范围，提升整体智治水平。围绕积压案件，运用“线上确权、会议确权、现场确权+代整治”方式，明确挂账案件处置责任主体，有效提高处置效率及效果。

（陈闻宁　张　帆）

市容管理

【概况】 2021年，海曙区保洁面积785.35万平方米。区综合行政执法局承担158条主要道路的保洁、机械化清扫、洒水及2410组果壳箱、11875只垃圾桶的养管任务。中心城区内有垃圾中转站3座，年清运垃圾15.86万吨，清运粪便2.76万吨，实现日产日清。130座公厕通过市场化方式养管。

试点推行全市首个全品类智能回收垃圾箱。启动“垃圾分类不合格小区对账销号”攻坚行动，创新推出“垃圾桶集中收运地毯”等举措。提前全面完成建设“搭把手”智慧回收体系重大民生实事项目任务，新增回收网点100个，物流清运车9辆。截至年底，新建成省级高标准生活垃圾分类示范片区1个、示范小区39个。区垃圾分类办1人获评“浙江省生活垃圾分类工作成绩突出个人”。海曙区获评2021年度“全省生活垃圾分类工作优秀县（市、区）”。

抓好中山路一体化养管，健全“序化队员24小时巡查+执法中队监督考核”的工作模式。

【“席地而坐”城市客厅示范区创建】 2021年，区综合行政执法局持续开展“席地而坐”示范区域创建。日间实行1个保洁责任区、5个作业岗位、N

通过“‘席地而坐’城市客厅示范区”区级创建的中山公园俯瞰图

种精细化保洁工具的实时“1+5+N”保洁机制；夜间实行“大面积冲洗、洗刷顽固性污渍”保洁，并采购一批高压风暴式洗地机等先进装备，提高保洁效率。天一广场完成深度保洁作业9万平方米，地面零星垃圾存留时间由15分钟降级到10分钟。截至年底，中山广场和南塘老街两个区域通过“‘席地而坐’城市客厅示范区”区级创建。

【道路清爽行动】 2021年，区综合行政执法局持续抓好“道路清爽行动”，提高道路保洁质量。强化9个街道396条道路（路段、片区）的道路保洁管理工作成效，每月出具考核通报，落实整改措施，确保道路“常清爽”。全面实行“一把扫帚”保洁模式和“日扫夜洗”作业模式，对油污顽固区域加强定点清洗，并做好道路防冻、除雪工作。2021年，海曙区获评“宁波市中心城区‘道路清爽行动’先进城区”。

【市容环境卫生责任区管理】 2021年，区综合行政执法局持续推进市容环境卫生责任区管理制度，全面做好责任区划分、责任书签订、责任内容上墙等工作，全方位考核检查卫生责任牌上牌情况。全区230条一、二级道路和79条三、四级道路的责任区制度签定工作实现全覆盖。8393家责任区单位完成责任书签订8217家，其中“引领性单位”693家、其他单位7524家。和义路创建为省级“市容环境卫生责任区管理示范道路”，日新街、药行街、气象路等10条为市级示范路，海曙恒一广场为市级示范街区。

【公厕改造提升】 2021年，区综合行政执法局对琴桥公厕等8座公厕进行装修改建，对中山广场北等11座公厕进行设施提升。改造方便老幼、残疾人等特殊人群使用的卫生间（第三卫生间）及轮椅坡道、抓手扶杆等人性化设施设备，并增加热水、洗手液、干手器、可回收物垃圾桶、厕纸等便民设施和服务的覆盖面，完善公共厕所标识指引，提升服务人性化水平。建立具备显示开放时间、蹲位数量、意见反馈等功能的智慧公厕平台，安装监控摄像头、人流量计数、臭气环境监测设备、厕位有人无人显示、电子信息屏、人脸识别取纸机等设备，提升服务智慧化水平。

【装修（大件）垃圾收运处置体系建设】 2021年，海曙区逐步建立和完善装修（大件）垃圾数字化全过程闭环监管体系。规范居住小区装修（大件）垃圾投放管理，改变原有粗放投放问题，采取预约收集，或封顶密闭、分类隔断、分类标识的方式集中暂存，逐步解决装修（大件）垃圾“乱投放”“无处放”等难题。实地走访调研全区大件垃圾、建筑垃圾资源回收再利用企业，发布《关于进一步完善海曙区装修（大件）、绿化废弃物收运体系建设的指导意见（试行）》。建立装修（大件）垃圾全链条智慧监管系统，通过自主收运、智慧监管、资源管理，提升分类投放、归集、收运、处置全流程的高效化、规范化、集约化水平。

【全品类智能垃圾回收箱落地】 2021年，海曙区推进世界银行二期全品类智能垃圾回收箱落地工作，全市首个相关项目在南门街道万安小区、集士港镇年华苑小区落地运行。智能回收箱配备多品类投放仓位，可以投递多种类生活垃圾。小区居民可通过投递卡、二维码、手机号码、身份证、门禁卡等多种方式开箱，实现“一站式”投递。为方便居民投放垃圾，“厨余仓”配备自动破袋设备。

【中山路一体化养管】 2021年，区综合行政执法局针对辖区重点道路中山路的实际情况，持续强化“行政执法+序化管理”机制和“序化队员24小时巡查+执法中队监督考核”模式，合理安排力量处理人行道违停、占道堆物、污染路面、无照经营等违法行为。立案查处14起，罚款12651元；开展人行道专项整治6次，抄告违停车辆198辆，规范共享单车92554辆，整治商户占道经营200多起，清理乱堆放杂物252处。

（郑水萍　李　蓓）

设施养护

【概况】 2021年，海曙区有区管道路285条，包括区属道路277条、市属区管道路8条，车行道长度约200千米（其中区属161千米、市属区管39千米），面积约410万平方米（其中区属279万平方米、市属区管131万平方米）；人行道面积121.3万平方米（其中区属95.2万平方米、市属区管26.1万平方米）；排水管网长度291千米。

完成和义路品质提升专项工程，优化无障碍设施设置，彻底解决盲人乘车难问题。

6月底，和义大道品质提升改造工程完成

【市政道路养护】 2021年始，海曙区逐步对长春路、和义路、灵桥路等重点路段实施沥青路面大、中修，计划涉及面积4万平方米，其中2021年度完成10.11万平方米。对莲桥街等路段实施混凝土路面维修改造，计划涉及面积500平方米，其中2021年完成266平方米。对华楼街、永丰路、长春路、和义路等路段实施人行道维修，计划涉及面积1万平方米，其中2021年完成6812平方米。完成解放路、长春路、丽园南路（白云街道段）、通达路（白云街道段）4条道路人行道净化行动，提升改造人行道2640平方米，整修树穴267个，改造无障碍坡道15处，拆除清理破损人行道护栏587米；新增和修复非机动车泊位1210个点位，长度28244米；更换新型不锈钢编码牌1000余块，配套安装人行道挡车石400个。

【桥梁养护】 2021年，海曙区有区管桥梁161座、市属区管41座，合计桥梁总数202座。区综合行政执法局有序开展养管桥梁巡查及检测专项任务，完成常规检测152座、结构检测30座、特殊检测5座、水下摸桩5座。通过有计划的桥梁巡检和维修，养管范围内桥梁状况显著提升，合格率达99.34%；补齐7座桥梁的桥铭牌，新增、更换限载牌20块；清理桥梁伸缩缝13370米；完成13座桥梁45余米栏杆养护；完成安居桥等3座桥梁350米栏杆除锈刷漆。

【桥头“跳车”专项整治】 2021年，区综合行政执法局继续推进实施桥头“跳车”专项整治。完成沁春桥桥梁接坡段改造2783平方米，调整平石85米；周江岸桥、前丰桥、通禹桥等桥梁接坡段沥青改造3815平方米，调整平石146米。

【积水点改造】 2021年，区综合行政执法局对辖区内易涝、易积水严重的西湾路、丽园北路等101条、共100千米的路段开展专项疏通清理和日常疏通清淤，疏通总量412千米；维修、更换病害井盖411套；完成70千米排水管网的检测，并对往年检测中发现的1600个受损管网点位，以及26千米的排水管网进行非开挖修复。新增、更换排水管网约1000米，包括尹江路南门卫生院门口、马园路南站西路口、宁波火车站北广场匝道等点位。下半年，对西湾路实施抬升路面、改造管网、新建提升泵，对通达路实施抬升路面、改造管网，年底完成。

5月，迎接中东欧博览会花卉景观

【二次供水改造】 2021年始，区综合行政执法局启动集士港、古林、高桥、横街、石碶5个区域64个小区的二次供水改造项目。总投资1.02亿元，计划分3年实施，整治完成后可有效提高中高层住户饮用水质量与安全。2021年实际改造16个，超额完成任务。

【燃气金属软管更换】 2021年10月始，海曙区启动全区管道燃气用户的燃气金属软管更换工作，计划3年完成。至2021年年底，江厦、鼓楼、石碶、古林等街道、乡镇超过2万户居民完成更换。

【花卉大道建设】 2021年，区综合行政执法局新建花卉大道3段。其中，新丰路位于高桥镇，南起春池路，北至中山西路，沿路种植樱花、杜鹃、茶梅等开花植物，打造季相分明、错落有致的道路景观；环城南路西延（机场路至薛家南路）道路，西至薛家南路，东至机场路，以樱花作为隔离带内的主景，形成“樱花大道”；环城南路西延（薛家南路至环镇北路）已完工部分，西至联丰中路，东至薛家南路，以紫薇作为隔离带内的主景，形成“紫薇大道”。

【重要节点绿化景观提升】 2021年，区综合行政执法局在兴宁桥交通岛、长春路与立交路西南角、长春路（望湖市场对面花坛）3处点位打造街旁特色花境。在保留部分色叶、开花、造型小乔木，移除景观效果较差的苗木基础上，增加大花绣球、鸢尾、金叶佛甲草等色彩丰富、造型亮眼的花境植物，丰富街旁绿地层次，提升道路景观水平。同时为提升城隍庙周边区域街头零星绿地品质，在城隍庙附近提升改造近10处花境及景观节点，有效改善零星绿地、转角空地景观效果不佳的问题，打造有特色、有亮点的街头绿化空间。

【“绿艺之家”志愿者服务品牌】 2021年，海曙区“绿艺之家”志愿者服务队及孙立军工匠工作室持续开展各类志愿服务活动，进社区、学校、机关单位开展公益性插花课程及花艺讲座，持续举办宁波市花朝节，开展行业科普和审美引导等。截至年底，“绿艺之家”累计公益授课超过2000课时，“绿艺之家”成员在2021年第一届宁波市技能竞赛花艺赛中全员通过花艺师考核。

（李　莎　陈小军）

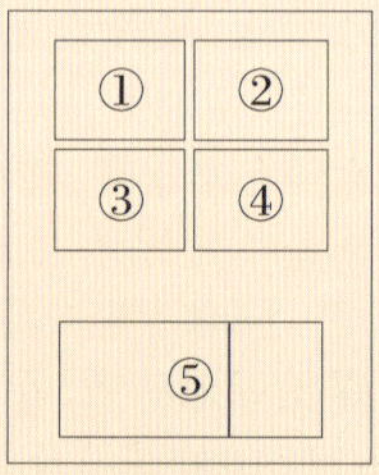

① 碧莲路（一期）
② 黄隘路
③ 南塘河沿河景观绿化及配套道路工程
④ 香雪路
⑤ 气象路

综合经济管理

发展规划管理

【概况】 2021年，海曙区实现地区生产总值1400.63亿元，按可比价计算，比上年同期增长9.2%，三次产业占比调整为1.2:30.5:68.3。一般公共预算收入129.7亿元，增长12%；固定资产投资增长15.4%；社会消费品零售总额844.1亿元，增长7.4%；城镇居民人均可支配收入78195元，增长9.5%；农村居民人均可支配收入43689元，增长9.5%。

【《关于海曙区国民经济和社会发展第十四个五年规划和二〇三五年远景目标纲要》发布】 2021年，经各地调研走访、组织专家研讨，通过线上线下意见征求等方式，海曙区完成《关于海曙区国民经济和社会发展第十四个五年规划和二〇三五年远景目标纲要》编制工作，于4月正式发布。同时，强化目标完成和工作责任落实，印发《海曙区"十四五"规划纲要重点目标任务分工方案》，将各项任务细化分解至各责任部门。在编制之余，统筹推进《海曙区制造业高质量发展"十四五"规划》《海曙区服务业发展"十四五"规划》等专项规划编制工作。

【2021年度国民经济和社会发展执行情况报告编制】 2021年，区发改局起草《关于海曙区2021年国民经济和社会发展计划执行情况及2022年国民经济和社会发展计划草案的报告》。完成《关于宁波市海曙区2021年上半年国民经济和社会发展计划执行情况的报告》，同时，配合区征收办，做好2021年度国有土地上房屋征收计划的相关工作。

（江功武）

经济体制改革

【概况】 2021年，海曙区数字社会系统建设成绩位列全市第二。谋划推出的数字社会特色场景应用中，"甬信培"、81890"生活惠通"2个应用上架"浙里办"海曙专区服务端，并被纳入全省数字社会案例集。海曙区"专曙人才码"上架"浙里办"宁波"人才码"服务平台，成为全市首个上架的区（县）特色人才服务应用。推进"家门口"综合服务，以81890"生活惠通"应用为基础，建立"高山综合服务专区"。"链上救助"场景作为全国试点项目配套应用，嵌入"81890"模块。

海曙区长三角一体化工作获得考核优秀。根据《海曙区贯彻落实长江三角洲区域一体化发展战略和"一带一路"建设行动计划》有关要求，推进

海曙城区

与上海市长宁区的合作与交流。起草《2021年海曙区推进长三角一体化工作要点》，进一步突出海曙区推进一体化工作的重点领域和具体抓手，不断健全完善海曙区融入长三角一体化发展战略大局的工作机制。同时，贯彻落实"杭甬双城记"工作部署，前往杭州上城区交流学习经济社会发展的各项情况，并初步对接两区友好合作前期事宜。

【长江经济带问题大排查大整改】2021年，《海曙区关于加快推进长江经济带生态环境问题"举一反三"大排查大整改工作实施方案》。方案明确排查整改任务涉及的10个具体领域及有关工作要求，每个领域的排查整改工作落实到相关区级部门，并制定专项工作方案。根据要求，建立健全工作机制，成立加快推进长江经济带生态环境问题"举一反三"大排查大整改工作专班，定期进行分析研究，及时明确责任，强化组织领导，确保排查整改工作有序进行。截至年底，涉及2021年的长江经济带问题整改率达100%。

（张　兢）

重大项目管理服务

【概况】2021年，海曙区计划推进重大项目168个，计划总投资1788.8亿元，年度计划投资310.10亿元。计划新开工重大项目45个，竣（完）工项目30个。截至年底，完成投资312亿元。其中，新开工项目46个，竣（完）工项目31个，超额完成年初制定的全年目标。

计划推进宁波市重点工程29个，年度计划投资117亿元。至年底，完成年度投资161.1亿元，完成率达137.5%。4个项目参加全省"共同富裕"集中开工仪式，总投资27.8亿元，至年底，4个项目均开工，并按节点计划推进。

【省、市重点工程部署】2021年，与省、市上级部门对接后，海曙区安排省、市、县长项目3个，具体为宁波望春工业园区的金属掩膜板项目、君禾蓝鳍科技新建项目和宁波洞桥垃圾焚烧发电新建项目，总投资27.1亿元。安排市级重点工程项目29个，总投资621亿元，2021年度计划投资123亿元。其中，海曙区长乐"未来社区"项目、雅戈尔健康养老产业项目、君禾科创园厂房新建项目、雅戈尔中学改扩建工程、石碶街道社区卫生服务中心迁建工程5个为新开工项目；安排市级重大前期项目10个，总投资719亿元。

12月9日，海曙区举办区房管处及相关单位体制机制改革资产移交、公司划转交接仪式

【2022年区重点工程部署】2021年，海曙区《2022年海曙区重大项目建设计划》编制完成。根据计划，2022年海曙区安排重大项目171个（产业项目5000万元以上、其余项目1亿元以上），总投资1658.88亿元，预计全年完成投资350.06亿元。其中，计划新开工项目45个，总投资353.55亿元；续建项目97个，总投资1084亿元；前期项目20个，总投资221.33亿元。全面结合"十四五"时期海曙区国民经济与社会发展规划及区国土空间规划布局，重点打造宁波西综合交通枢纽板块、姚江南岸板块、高铁门户板块、丁家湾板块等集中建设板块，推进启动宁波西枢纽、长乐未来社区和宁波盆景园等一批重大项目，以重大项目带动板块开发建设。

（陈杨杨）

国有资产管理

【概况】2021年，区国资中心实施《海曙区国企提质增效三年行动》，在持续深化国资国企改革、完善国企功能、突出主责主业、聚焦创新等方面不断发力，统筹有序盘活国有资产，着重突破各类国企改革中的堵点、痛点，优化国有经济布局和结构，使国有资产家底更加厚实。截至年底，全区国有企业资产规模达1281亿元。

【国资国企改革】2021年，海曙区聚焦国资国企改革发展重点领域和关键环节，制定《海曙区国企提质增效三年行动计划》。与战略咨询机构德勤公司共同建立项目组，结合辖区经济发展特点，定制国企改革中长期战略规划，共同落实授放权清单、企业负责人绩效考核等制度修改建议稿。围绕完善国资监管体制和加快国企转型升级，明确改革任务，在"体量、质量""体制、机制""效能、担当"三方面深入挖潜，提振国资国企发展动力。召开全区国资国企工作会议，推进改革发展各项任务落地见效。

【国资监管体制机制建设】2021年，海曙区持续优化国资国企监管框架体系，建立健全系列监管制度。相继出台

《加强集团公司党的领导完善公司治理若干重大事项工作指引（试行）》《集团公司董事会管理建设指导意见（试行）》《海曙区属国有企业监事会工作指引（试行）》《关于加强区属国有企业内部控制体系建设与监督工作的实施意见》等国资国企监管系列制度，为公司运行和部门监管提供翔实的工作依据。同时，严格规范资产管理，组织开展全区国有不动产全口径清查、经营性国有资产自查自纠、部分单位固定资产（除房产外）现场核查等专项行动。在此基础上开展整改工作，集中整治镇（乡）街道资产游离账外、资产登记不翔实等不规范问题，确保国资家底清晰。

【现代企业制度建设】 2021年，海曙区完善国有企业法人治理结构，建立健全现代企业制度。持续厘清权责关系，促进党的领导与公司治理有机统一，大力推进董事会、监事会建设，落实董事会、监事会职权。通过引入专职监事构建“企业内设监事会+外派专职监事”的监管模式，完成专职监事招聘。突出经济效益，持续健全企业负责人收入分配激励制度。强化风险防控机制，持续推进集团公司内控体系建设，进一步完善集团公司管控规划和长效监督机制。

【数智监管平台建设】 2021年，海曙区全面构建国有企业实时在线综合监管平台，通过线上数智化平台，实现各区属国企全面完成产权登记填报，完成占有登记企业45家、产权变更企业51家、产权注销企业4家。完善国有资产管理系统，做好资产年报、月报数据库建设，严格履行报废、调拨、划拨等资产处置审批程序，全区行政事业单位共处置（除拍卖外）资产13897.16万元，其中调拨资产1376.5万元、划拨资产4585.66万元、报废资产7670.88万元、转让资产262.23万元，对外捐赠1.89万元。推动国有企业在数字化管理领域的创新突破，区国投集团构建“数字国投”管理平台，区开投集团建立集业务和运营管理支撑为一体的综合管理平台，两个平台进入测试阶段。

（王　研）

海曙国有资本投资经营集团有限公司

【概况】 2021年，宁波市海曙国有资本投资经营集团有限公司（以下简称“区国投集团”）以实现国有资产保值增值和提高融资化债能力为根本要求，以深化国企改革提质增效为重要主线，聚焦“资产运营管理提质、重大区块（街区）开发、重点工程建设、数字化改革推进，工业园升级改造”五大方向，深耕布局产业投资、城市服务等业务板块，累计化解政府债务73.26亿元，截至年底，总资产规模近600亿元，资产负债率为50%，全年营收规模预计超过10亿元，利润总额超1亿元，集团本级获得主体信用AA+评级。

区国投集团引入职业经理人1人、选聘职业经理人1人，面向社会招聘79人。部门公司逐步完善，集团本级内设综合管理部、法规审计部、企业发展部、人力资源部、财务管理部5个部门。投资子公司45家，其中控股子公司26家，非控股子公司19家；全面管理广聚公司及其子公司共6家、原工业集团相关企事业单位1家；全面托管集体企业1家（宁波市郡庙总公司）。子公司集团化改革、市场化转型取得重要进展，2020—2021年，累计新设公司15家，注销2家。

区国投集团多举措加快盘活海曙区存量国有资产，推进资产的品质提升。4月，以1.95亿元总价取得原交通银行宁波分行大厦产权。获取鄞江教育用地、原市检察院项目地块、区文体中心等10余项资产，部分项目启动前期工作或开工建设。中国银行大厦等近4.5万平方米的资产启动招商租赁。原海曙区政府大院、蒋家地块等6处近1.1万平方米的老旧楼宇启动改造加固工程。

【区国投集团数字化改革】 2021年，区国投集团实施“数智国投”建设。加快融合办公、业务与数字应用，摸清现有平台底数，着手建立多领域、全流程数智化管理系统。迭代升级OA协同办公平台，建立无纸化会议系统。“智慧工地”“清廉国企”等集团业务应用场景数字化初具成果。在数字化协同应用方面，配合建立区数字化改革项目沟通协调优化机制，镇（乡）街道数智平台、区教育局数字化治理平台、区机关事务管局云“智慧后勤管理”系统等涉及25个政府部门44个多场景，实现多业务协同应用。

【区国投集团风险管控机制建设】 2021年，区国投集团组建成立投资决策委员会，累计备案登记审核项目23个，邀请专家38人次，完成对14个项目的审议。公共资源交易工作领导小组设立运行，监督定标7次，预算审核项

丁家湾地块未来效果图

目6个，结算审核项目17个，法审合同1603余份，集团投资与决策更加科学、安全和高效。组建成立区国投集团内部审计工作领导小组，内部控制体系日益完善，大额资金支出、采购、工程等重点审计内容有序开展，累计整理内控问题117个，提出建议31条，出具限期整改单17份。研究出台工程建设、财务管理、投资决策、物资采购等重点领域预审监督、廉洁承诺、即时报备、成本控制等机制，增强全过程监管、风险评估和防范化解能力。

【丁家湾区块开发】 2021年3月，海曙区丁家区块开发建设指挥部成立，正式启动丁家湾区块的开发建设。城市设计、控规和产业规划编制工作实施招投标。对接中交集团、华润置地等央企，研究制定土地整理、出地时序、资金测算等开发模式。拟定并上报《土地储备实施方案》《联合收储开发协议》等。启动丁家湾A片区、B片区、C片区征收程序，征收评估工作全面铺开。明确安置房地块，完成前期准备工作。全面推进丁家湾预招商工作，有储备意向企业20余家。

（唐嘉慧）

海曙开发建设投资集团有限公司

【概况】 2021年，宁波海曙开发建设投资集团有限公司（以下简称“区开投集团”）负责实施的列入海曙区政府投资项目库的重点项目77个，全年计划投资近50亿元，完成投资超57亿元。

依托AA+平台，持续发挥海曙区融资中心作用，通过新增贷款、转贷等手段保障辖区项目建设顺利开展。区开投集团累计融资250.54亿元，银行贷款累计145.28亿元，发行债券累计55.96亿元，其中发行公司债5亿元，抢发全市首单注册制企业债12.4亿元。取得国家发改委境外美元债券发行批复，成为海曙区首个获批的境外债券。抢抓国家补短板、强弱项等政策机遇，重点围绕城市基建、生态治理、重点产业等领域，做好项目库建设和成熟项目储备，加大中央预算内资金、专项资金和专项债券资金争取力度，累计获批政府专项债49.3亿元，为集团公司项目建设提供资金保障。

构建纪检、内审协同合作的内部监督体系，开展专项监督，集团纪检部门下沉至各科室、下属公司调研11次，召集、列席会议21次，督促检查17次，对8个新开工项目开展廉政交底，开展工程变更联系单、工程款等抽查工作，发放监督提醒通知书7份，形成跟踪监督闭环。加强工程领域的履约监督管理力度，实行质量与安全责任挂钩，开展常态化、专项检查200余次，监理履职情况检查表60余份。

开展“智治赋能”行动，搭建集团公司信息一体化应用平台，实现行政办公、项目管理、资产管理等流程数据集成共享。推进数字档案创建，分类建立档案目录数据库，完成集团历年全宗档案数字化加工156卷2500余件。建立完善专业人才、高层次管理人才引入机制，制定《职业经理人管理细则》《项目负责人分级管理办法》等制度，强化人才梯队建设。优化人员配置，年度招录新员工14人，从“选育用管”角度提高人才引进的前瞻性、人岗适配的精准性。至年底，集团引进中高级职称80人、建造师26人。

【国资国企管理体系改革】 2021年，区开投集团根据国家及省、市关于国资国企管理体制的改革要求，配合完成海曙区排水公司等存量企业的股权划转，推进桃源湾公司的清退注销工作，逐步优化组织框架。聚焦公司功能定位与战略规划，关于国企提质增效中长期改革发展规划，与区国资中心、德勤咨询公司交流探讨，优化管理模式，提升管理效率。

【“智慧停车”体系管理】 2021年，区开投集团负责的海曙区“智慧停车”体系项目坚持“因地制宜，先中心后外围”理念，实现各批次道路泊位平行推进。至年底，首批1102个及第二批的部分泊位正式上线收费；第二批剩余共计1161个泊位处于建设阶段；第三、四批次泊位陆续开展方案报批及前期设计。21个区内停车场陆续投入运营，实现17个停车场与“甬城泊车”市级平台相接。

【国有资产租赁管理】 2021年，区开投集团加强租赁管理，优化完善房产出租方案，完成1089套住房（建筑面积15万平方米）、276套商业房及210亩收储地块的整体改造和出租运营。探索闲置地块开发利用，针对恒威海上花园南侧、姚丰村等具备开发条件的临时地块，挖掘优势资源，规划打造

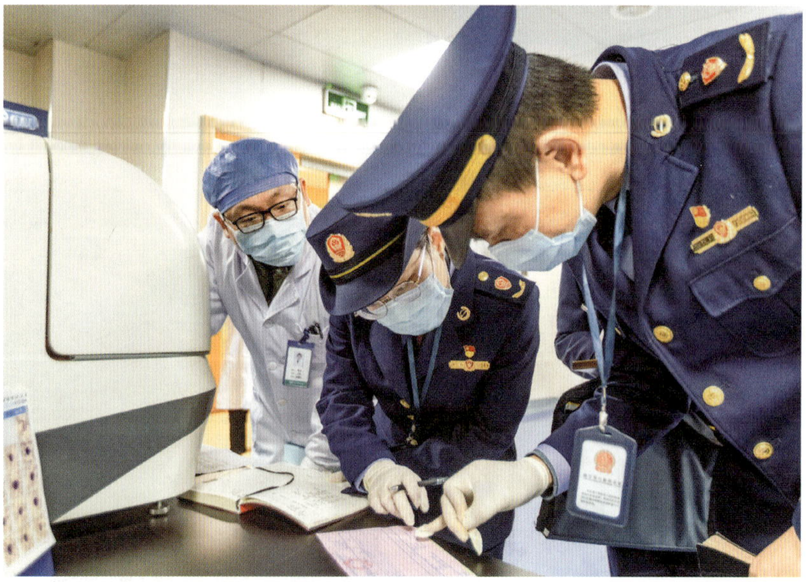

2月1日始，区市场监管局对辖区7家经营企业及2家检测医疗机构开展检测试剂专项检查

海曙体育公园等项目，助力人居环境提档升级。推进历史街区改造，助力开展秀水街区房屋产权转移登记签，同步加强街区危旧房改造，配合做好街区综合维护治理，为海曙区招商引资创造良好环境。

（张　璐）

市场监督管理

【概况】 2021年，海曙区新设立内资企业9708家，注册资本（金）425.27亿元，比上年同期分别减少1.74%和55.61%。其中，设立私营企业9287家，注册资本（金）319.16亿元，分别减少2.29%和64.62%。新设立个体工商户11739家，资金数额11.65亿元，分别增加7.23%和14.67%。新设农民专业合作社4家，出资额3320万元，增加119.13%。新登记外商投资企业及分支机构96户，投资总额8.17亿美元，注册资本7.15亿美元，其中外方认缴6.71亿美元，分别增加7.87%和减少41.01%、34.02%、20.91%。

查处各类行政处罚案件874起，罚没款1753.1万元。受理消费者投诉举报案件20112件，为消费者挽回经济损失837.98万元。连续3年入选“浙江省放心消费建设重点县（市、区）”。

【“党建+”民企融资服务平台建设】 “党建+”民企融资服务平台是区市场监管局为党员企业家、个体户量身定制的特色服务产品，专门为中小微企业提供不同额度与优惠的无担保无抵押贷款服务。2021年6月，宁波市澳邦建筑五金有限公司急需资金拓展业务，区市场监管局依托“党建+”民企融资服务平台，对接工商银行宁波明州支行，推荐适配融资产品并建立全程跟踪机制，帮助企业获得990万元贷款。截至年底，平台累计为海曙区1386家企业提供新增融资贷款3.59亿元。

【市场监管典型案件查处】 2021年，区市场监管局全面加强价格、广告、侵权假冒等重点领域和扎啤行业非法添加、房地产领域人脸识别等新兴业态违法行为的执法打击，查获一批典型要案。在商标保护领域，与公安部门联合查办6起知识产权侵权连环案，罚没款合计211.79万元。在反不正当竞争领域，突破性查办1起侵犯商业秘密案件，罚款15万元。在化妆品监管领域，查办违反化妆品管理规定案，罚款51.5万元，该案入选省药监局典型案例，并在全省执法培训会上交流发言，被推荐为国家药监局典型案例。

【“海曙区十大特色伴手礼”评选】 2021年3月底，区市场监管局与区消保委联合举办“海曙区十大特色伴手礼”评选活动，经社会公开征集、企业申报筛选、网络展示投票、专家集中评选等环节，22家企业的38个特色伴手礼产品入围参选。4月26日，经专家组现场测评，产生文化创意类伴手礼4个、食品类4个、生活家居类2个。评选产生的“十大特色伴手礼”既饱含海曙文化底蕴与特色元素，也充分体现海曙制造的工艺精良及独创性。

【“简案快办”掌上执法模式】 2021年8月1日始，区市场监管局实行“简案快办”掌上执法模式，覆盖57项食品轻微违法行为，惠及小餐饮、小食杂店、小作坊和普通食品生产经营者。“简案快办”数字平台联通省市场监管局的案件管理信息系统、“浙政钉”平台、省公共支付平台、支付宝系统之间的数据资源，实现案源录入、立案、调查取证、审核决定、送达执行等全流程现场在线办理，案件办理时间由原来的平均25天压缩至半个工作日，取得“降低执法成本、提升办案效能”双赢效应。

【民营企业省百强数居全市首位】 2021年9月，省市场监管局、省工商联共同发布“2021年浙江省民营企业100强”名单，海曙区5家企业上榜，分别为雅戈尔集团股份有限公司（第10位）、宁波富邦控股集团有限公司（第32位）、太平鸟集团有限公司（第45位）、广博控股集团有限公司（第89位）、维科控股集团股份有限公司（第98位），数量居宁波市第一位。

【区消保委获评全国先进集体】 2021年12月，中国消费者协会下发《关于表彰2020—2021年度消费维权先进集体和先进个人的决定》，海曙区消费者权益保护委员会获评成为全国“2020—2021年度消费维权先进集体”，为宁波市唯一一家获评的县（市）区委员会。区消保委发挥组织、协调、统筹作用，与区商务局建立预付式消费卡处置联络办公室，与区住建局联合处理商品房购买的群体投诉，与区人民法院建立维权信息通报、会商机制及诉调对接工作领导小组，完善消费维权体系，化解各类消费者权益矛盾，调处群体性消费维权事件5起，涉及人员400余人、金额400余万元。开展“放心消费在海曙”建设，累计创建“放心消费商圈”8个、“放心消费单位”4296家。天一商圈获评“浙江省放心消费创建示范区”，杉井·奥特莱斯广场被省市场监管局列为“全省放心消费示范样板”，创建经验在全省推广。

（刘宵盈）

工商行政管理

【概况】 2021年，海曙区持续推进“放、管、服”改革举措，累计实有市场经济主体位居全市第二。市场主体设立全流程网办率达86%。电子营业执照和印章实现同步申领，电子营业执照下载量10万余个，个体户转型升级213户。商事制度改革、强化事中事后监管两项工作获宁波市政府督查激励。

强化信用监管，企业、个体户、农专社年报率分别为95.7%、95.2%、97.28%。吊销连续3年未进行年报的企业1178户、农专社24户，依职权注销连续2年未进行年报的个体户3397户。完成“双随机”抽查任务212个。如期完成学科类校外培训机构转登215家。

6月，区市场监管局白云市场监管所对南苑菜市场、联丰菜市场进行执法检查

根据农贸市场改造提升三年计划的既定目标任务，优化农贸市场硬件环境，完成联丰、启文、华盛、段塘4家农贸市场改造。超额完成省市下达的“放心”市场、“五化”市场创建任务，全市首批完成农贸市场“双百任务”。

【全市首个区级菜市场管理地方标准出台】 2021年，区市场监管局以高塘、月湖、南苑菜市场等典型案例创建及管理做法为依据，牵头起草《菜市场管理规范》地方标准。经意见征询、专家会审、报批公示等环节，于7月13日正式发布，成为宁波市首个县（市）区级“菜市场”管理标准。内容涉及菜市场布局管理、基础设施、环境卫生、举办经营、放心市场创建、智慧管理、价格计量、经营行为、食品安全、满意度测评、文化党建等详细指标，对市场管理者、举办者、经营者日常工作具有规范和指导作用。

【雅戈尔服装城获评省级教育基地】 2021年，区消保委创新理念，建设海曙区“十大体验式消费教育基地”。其中，雅戈尔服装城消费教育基地于7月6日获评“浙江省时尚消费教育基地”称号，系宁波市唯一。基地由纺织材料研究院、智能工厂、时尚之星品牌展厅、时尚体验馆4个部分组成，集中展现雅戈尔集团的尖端时尚产品，包括各种自主研发的功能型面料、全球首条西服全吊挂流水线等。同时联动5G网络，实现物联网系统驱动，让消费者直观、零距离地感受到服装从技术准备、裁剪、缝制、整烫智能生产的全过程，展示工业互联网、生态科技进步带来的全新消费体验。

【农民专业合作社清理】 2021年1月始，区市场监管局针对“空壳”农民专业合作社注销难问题，首次对连续3年未进行年报且未实际经营的农民专业合作社进行全面清理、吊销工作，优化市场主体退出机制。线上，联合税务部门核查税务登记状态；线下，电话联系、实地走访、现场拍照等调查取证，及时整理吊销依据及相关文书，并在区政府网站发布催报公告，立案、核查、听证告知、决定公告等程序，共吊销22家农民专业合作社。此次清理吊销工作有效降低农民专业合作社年报虚数，还原农村市场主体实际情况。全年全区农村专业合作社完成年报177家，占实际应报数量的94.6%。

【营利性校外培训机构转登】 2021年10—12月，区市场监管局联动教育等部门，优化服务、精准推进，完成全区营利性校外培训机构的转登压减工作，共办理215家，其中变更营业执照194家、注销21家。根据《宁波市义务教育阶段学科类校外培训机构转登记工作方案》，针对现有办学许可证包含非学科类培训的复合型机构，选择剥离学科类培训业务继续经营的，凭教育部门终止办学许可证决定，可直接申请办理营业执照名称、经营范围等变更登记。区市场监管局以“专窗专办”模式，实现办理材料“一窗进”、证书“一窗出”，提升服务效率，助力培训机构快速便捷转型。

（刘宵盈）

食品药品监督管理

【概况】 2021年，区市场监管局持续稳固疫情防控局面，督促全区药店严格落实疫情防控各项刚性要求，完成“参考新冠肺炎诊疗方案中药饮片”和“新冠疫情防控药品专项抽检”65批次。设立区内首家第三方冷链集中监管仓，推动全国首份冷链食品无害化处理保险落地。“浙冷链”系统累计激活企业825家，累计赋码38万个，累计出入库59万笔。开发并应用“海数控”高风险冷链食品从业人员管理平台，精准实现进口冷链食品“人物并防”。对全区241家进口冷链食品生产经营单位开展检查4623家次，责令改正72起，立案查处4起。妥善处理车厘子、奶枣等16起阳性食品应急处置事件。

落实食品安全党政同责，17个镇（乡）街道食安办全部获评省星级食安办。宁波果品批发市场被列为“浙江省AA级食品安全规范化培育市场”。249家校园的智能“阳光厨房”实现全覆盖，建成55家农村家宴“阳光厨房”。发布餐饮“红黑榜”19期，创新第三方专业机构食品领域协作监管新模式。累计投保食品生产经营单位商业险961家，保费122.6万元。在全市范围内首设农贸市场食责险“灾后质量险”赔付项目，台风“烟花”期间，赔偿4个农贸市场经营户损失69万元，有效阻止396.29吨受灾农副产品流入市场。重点突出药械安全监管，创新中药饮片批发企业代煎服务监管模式，因地制宜建成“药事服务站”五星级标准1家、三星级标准4

家，推进医疗器械唯一标识“赋码溯源”工作。

【“共享中药房”代煎服务试点】 2021年，海曙区市场监管局创新推出药品批发企业“共享中药房”代煎项目，通过完善质量管理体系，标准化、规范化开展代煎中药服务，消除医疗机构自煎中药的监管盲区，该项目被浙江省药监局列为全省药品安全治理创新项目试点。在充分调研辖区内的寿全斋（宁波药材股份）、桐君堂、宝轩堂等中药批发企业基础上，针对中药代煎服务尚未纳入药品经营监管范畴的“空白”，要求相关经营主体在营业执照经营范围增加“代煎服务”内容。同时，规范设立代煎仓库，所有仓库都需通过GSP许可检查批准，建立质量管理制度及煎药计算机系统，做到票、账、货、处方相符，按批次溯源，定时结算、定期盘存损益。

【全国首张冷链食品无害化处理保险】 2021年2月7日，全国首份冷链食品无害化处理保险在海曙落地，宁波安和达菜篮子配送有限公司为其采购的进口猪肉投保冷链食品无害化处理保险，首单保费为500元/柜，保额最高为30万元，保险期限2021年2月8日至5月8日。宁波安和达菜篮子配送有限公司是区内最大、最专业的冷链物流配送服务企业，因进口冷冻产品外包装频繁被检测出核酸阳性，企业经营风险增大。区市场监管局与中国人寿财险宁波市分公司沟通，建议开发“冷链食品无害化处理保险”，发挥保险的经济补偿功能。保险主要针对冷链食品集装箱柜入关后，从港口到冷库储存消毒前的货物，若被检测出携带法定传染病病毒，政府主管部门要求对该货物进行无害化处理的，保险公司将按约定赔偿相应经济损失。

【“浙冷链·海数控”精密智控模块】 2021年2月20日，区市场监管局依托“浙冷链”平台，建立全省首个“海数控”精密智控模块，实现对全区300余家进口冷链食品从业企业进行动态管控。通过数字化系统立体化、可视化、即时化反映监管情况，增强政府内部之间、政府与企业之间的协同性。

【浙江省大型商贸超市“浙食链”应用现场推进会在海曙召开】 2021年10月28日，浙江省大型商贸超市“浙食链”应用现场推进会在海曙区召开，与会代表参观“三江购物”加工配送中心，观摩“浙食链”从源头到消费终端的全过程管理体系。2021年始，区市场监管局加快“浙食链”系统在辖区食品生产企业、农批市场、大型商超等场景的应用实践，实现散装食用农产品、冷鲜肉等5个“浙食链”场景上链追溯，全区21家农贸市场、118家超市实现“浙食链”系统激活。“三江购物”总部以企业自建追溯系统与“浙食链”系统数据交互为主路径，建立从供货商到配送中心，再到门店，最后到顾客的链路追溯和食品安全“双体系”，胜丰店成为全省首家“浙食链”多场景应用的商超门店。

【“甬健通”健康证智慧监管协同应用】 2021年10月，由区市场监管局开发的“甬健通”健康证智慧监管协同应用在江厦社区卫生服务中心试点运行。系统立足区内2万余家食品生产经营主体、6万多名食品相关从业人员监管“基本盘”，通过搭建“1+5+1+1”架构体系，即1个平台、5类用户端、1个数据仓、1个领导驾驶舱，集成“智慧体检、双证管理、五色监管、智能预警、精准执法、线上学考”6个环节，实现从业人员在线快速建档、一键预约、精准引导、双证管理，企业人员在线健康上报、统一预约、智能核查、实时监测，助力办证全流程“最多跑一次”。“甬健通”健康证智慧监管协同应用获评“2021年度海曙区全面深化改革（数字化改革）优秀项目”。截至年底，系统完成全区8家医疗体检机构的数据对接，累计采集食品经营企业基本信息2万余条，累计办理电子健康证4900余张，推进食品从业人员健康证“数字化”管理。

（刘宵盈）

4月28日，区市场监管局对共享中药房的煎药计算机系统及数据库进行溯源检查

质量技术监督管理

【概况】 2021年，区市场监管局健全质量技术“大市场、大质量、大监管”工作格局构建。1家集团企业申报“浙江省人民政府质量奖”，11家企业申报“海曙区人民政府质量奖”。新增“品字标”认证企业9家，完成10家企业卓越绩效导入验收。10个“浙江制造”标准立项通过答辩，创历史新高。新增“浙江制造”标准数7个，新增对标达标企业48家。东海集团有限公司成为全国首家集“民用水表、燃气表”双标强制检定“二检合一”的改革试点企业。

6月，区市场监管局在特种设别使用单位开展赋码工作

强化质量安全管理与风险控制，开展消防器材、电动自行车、锂电池等行业联合专项整治。制定纺织服装质量提升行动项目实施方案。查处全市首起用欺骗等不正当手段取得生产许可证的违法案件。

持续推进特种设备安全专项整治三年行动，全区2万台特种设备实现全链条闭环管控，高风险隐患及时处置率位居全市第一。

【特种设备赋码数字化改革】 2021年，海曙区有特种设备使用单位4587家，在用特种设备19819台，包括锅炉、压力容器、电梯、起重机械、场（厂）内专用机车辆、大型游乐设施等类型。区市场监管局根据分管片区、设备分布和濒危等级分解任务，通过“线上指导+上门服务”推进特种设备赋码工作，完成率100%。“特种设备码”是市场监管数字化改革成果之一，是“浙江特种设备在线”系统的落地载体。赋码使每台特种设备拥有“身份证”，切实解决“人防”体系中存在的事前预防、事中处理、事后取证不完善问题。同时，宣传特种设备赋码的积极意义，普及特种设备安全法律法规和安全生产理念及如何通过扫一扫查询特种设备使用登记信息、检验信息、维保信息等基础知识，提升社会对特种设备码的认知度，实现大众扫“码”监督。

【区长质量奖】 2021年3月17日，海曙区人民政府发布《关于表彰2020年度区长质量奖获奖企业的通报》。根据《海曙区区长质量奖评定管理办法》，经评定委员会评审并报区政府常务会议审议通过，宁波星箭航天机械有限公司、宁波思明汽车科技股份有限公司、宁波华一汽缝实业有限公司、上药控股宁波医药股份有限公司4家企业获评2020年度“海曙区区长质量奖”。

【东海集团获评双表“二检合一”改革试点单位】 2021年1月19日，宁波东海集团有限公司的双表“二检合一”项目通过省级强制检定授权现场考核，成为全国唯一同时具有民用水表与燃气表双表的“二检合一”改革试点企业，为此项改革在全省乃至全国深入推进提供样板。“二检合一”是将国家法定强制检定环节与工厂的出厂检定环节合并，从而达到强化企业主体责任、优化市场资源配置、有效节约社会成本、提升计量保障能力的改革目的。根据《浙江省民用水表、燃气表强制检定改革试点方案》，“二检合一”面向民用水表、燃气表生产企业，鼓励具备条件的企业积极承接试点工作。

【威斯汀酒店入列“品字标浙江服务”重点培育企业】 2021年7月，省市场监管局、省文化和旅游厅公布全省首批43家饭店业“品字标浙江服务”重点培育企业名单，海曙区的威斯汀酒店上榜。区市场监管局通过精准培育、分类培育、梯度培育，实现“品字标”品牌在工业、农业、服务业的全领域覆盖。全区有15家企业获得24张品字标证书，其中“品字标浙江制造”23张、“品字标浙江农产”1张，累计发放扶持专项资金460万元。

【帅特龙集团测试中心获国家认可实验室认证】 2021年8月，经中国合格评定国家认可委员会（CNAS）审定批准，帅特龙集团测试中心通过国家认可实验室认证，具有国家及国际认可的管理水平和检测能力。帅特龙集团与德国Te Con、EDAG等知名设计公司开展技术合作，推动汽车内饰产品迭代升级，其创办的测试中心可综合提供总成性能试验、非金属材料试验、挥发试验、涂/镀层性能试验、气候模拟试验等多项检测，并获得德国奥迪20余项试验能力认可证书。

【电动自行车综合治理集成改革】 2021年10月15日，浙江省电动自行车综合治理集成改革部署会召开后，区市场监管局全力推进“浙江e行在线”数字化平台应用，实现电动自行车全链条全生命周期闭环管理。区内2家生产企业、345家销售维修单位的8346辆电动自行车及15925个电池，实现100%赋码出厂，100%赋码库存。针对群众关注的蓄电池安全问题，专门设计、定制3100张专属市场监管赋码标签，加贴在外包装上，消除消费者购买顾虑。

（刘宵盈）

知识产权保护

【概况】 2021年，海曙区聚焦成果转化、质押融资、公共服务、数字赋能和创新保护五大方面，建立健全“知识产权大保护”的工作格局。商标新注册10078件，累计有效注册量54559件。专利授权累计6013件，比上年同期增长31.06%，其中有效发明专利2869

件，增长18%。专利合作条约（PCT）申请52件，增长73%。商标质押融资4.22亿元，专利质押融资8.86亿元。拓展“广德湖”区域公共品牌及“黄泥雷拱笋”“樟村浙贝”等地理标志的运用和保护，布局“樟村浙贝”的俄罗斯地理标志保护名录，打响海曙地方特色品牌。

累计发放各类专利专项补助资金505万元，项目包括国内及港澳台发明专利授权补助、优秀专利奖补助、专利领航企业补助等，鼓励企业实施贯标认证、申请高质量发明专利、PCT国际专利及申报高价值专利组合培育项目。完成企业“贯标”（贯彻标准）认证10家，宁波星箭航天机械有限公司、宁波福特继电器有限公司等6家企业项目被评定为宁波市知识产权运营服务体系建设专利导航项目。推荐9家企业12项专利参选宁波市第二届高价值专利大赛。

【“广德湖”区域品牌建设】 2021年，区市场监管局完成“广德湖”农产品区域品牌改造升级。此品牌是海曙区培育的首个涉农区域公用品牌，首批西瓜、大米、葡萄、小青龙4类集士港特色农产品结合“广德湖”公益广告，在全区推广。“广德湖”商标于2011年注册成功后未能有效利用。区市场监管局调研辖区商标品牌实际，结合第三方代理机构专业评估结果，将“广德湖”商标定位为传统区域特产类。10月，商标转让至集士港镇农合联。在商标设计过程中，参考广德湖形如葫芦状的酒器罂脰被称为“罂脰湖”典故，构思出葫芦状的花瓶造型，并融入当地特色农产品，按四季色彩进行布局，寓意广德湖孕育的丰富农产品。

广德湖商标

【知识产权质押融资】 2021年3月8日，宁波雅佳达车业有限公司以商标为质押，获批担保债权金额1500万元，成为2021年海曙区首张获得宁波商标专用权质权登记证。为缓解辖区企业融资难等问题，区市场监管局构建“政府引导、中介协作、银企双赢”的知识产权变现机制，通过加强融资方案策划、推动金融机构放贷及优化质押登记流程，如“甬智贷&甬知E贷”知识产权项目，切实缓解企业融资难、融资贵等问题，盘活企业无形资产，优化营商环境。截至年底，全区完成知识产权质押融资13.08亿元，其中商标质押融资4.22亿元、专利质押融资8.86亿元。

（刘宵盈）

物价监督管理

【概况】 2021年，海曙区做好“宁波市智慧民生价格平台”海曙专栏及台风、节假日等特殊时期民生商品价格监测工作，及时准确掌握辖区内超市、菜市场等监测点重要商品价格动态。开展瓶装燃气价格、机动车检测收费、粮食价格、工业生产资料等新品类产品的价格监测。继续做好新冠疫情重要民生商品应急价格监测，开展市场价格巡查。完成国家粮食安全责任考核物价案卷。组织开展西瓜、贝母等特色农产品成本调查，走访农本调查点，形成特色农产品成本调查分析报告。

围绕价格管理主线，加强前期物业收费、停车收费等政府价格管理，核定12家前期物业和停车场收费标准。加强教育收费管理，开展5家民工子弟学校教育成本调查，提高价格决策的科学性，促进民办教育健康发展。根据上级工作要求，开展全区幼儿园收费及校外培训、钢铁水泥企业、旅游景区、蔬菜产业链运营情况等各项调研。强化上级出台的各类价格政策的落实，及时解答和回复信访局、“民生e点通”等平台群众反映的各种价格疑惑，努力化解各种价格矛盾。

区市场监管局强化民生商品和重要领域价格监管，处理价格举报投诉260件，查处各类价格违法案件53起，涉及教育培训、商品零售、医疗美容、电费价格等领域，罚没款77.38万元。开展涉企收费、转供电环节专项清查，检查转供电主体339家，责令清退多收电费900余万元，惠及终端用户26450家。推进公平竞争审查制度深入实施，全市率先引入第三方评估机构，对全区17个镇（乡）街道和41个局级部门出台的涉及市场主体的规范性文件和其他政策措施开展第三方评估。

【价格认定审查】 2021年，海曙区强化物价认定依据、认定程序等真实性、合法性、关联性的审查，提高认定效率，依法合规、及时准确完成各项价格认定任务。共办理涉案、涉纪、涉行政等各类价格认定标的552件，比上年同期增加107.5%，标的金额2388.4万元，价格认定案卷在全市案卷评查活动中再获第一名。

【跨境物流环节专项检查】 2021年3月，区市场监管局开展海运口岸收费专项检查，重点排摸浙江中外运有限公司、乔达国际货运（中国）有限公司等4家货代公司的堆场、集卡车队、货代等主要环节收费情况，调研海运难题，助推物流降本增效；排摸宁波新空港国际物流有限公司、宁波邦驰国际货运代理有限公司等4家航空物流企业收费情况，行政约谈相关企业负责人，着力营造跨境物流领域良好价费环境。

【转供电环节专项清查】 2021年，区市场监管局开展进一步落实疫情期间阶段性降低企业用电成本政策专项整治行动。区市场监管局、区发改局、国网宁波供电公司海曙供电分公司共同组建转供电工作专班，建立完善“转供电主体目录”“转供电价格违规问题”“转供电价格整改任务”3张清单，行动期间累计检查转供电主体339家，责令清退多收的电费900余万元，惠及终端用户26450家，立案查处转供电案件5起。

【民生领域价格监管】 2021年，区市场监管局加强对防疫物资市场价格行为监管，密切关注口罩、红外体温计（额温枪）、消毒用品等防疫物资及熔喷布等重要原（辅）材料价格舆情和动态，做好防疫物资保供稳价工作。加大重大节假日市场价格巡查检查力度，深入各重点流通企业、重点批发市场、超市等经营场所，强化粮油面肉菜蛋糖等生活必需品市场价格监管，密切关注景区门票、交通运输、商业促销等领域价格动态，综合运用政策指导、提醒告诫、行政约谈等手段，引导经营者合规经营，加强价格自律，查处民生领域价格违法行为13起。

【公平竞争审查提质升级】 2021年8—10月，区市场监管局在全市率先引入第三方评估机构，委托宁波大学对全区17个镇（乡）街道和41个局级部门出台的涉及市场主体的规范性文件和其他政策措施开展第三方评估，通过线上抽查、实地调研、座谈交流、听取汇报等多种形式，共评估政策措施2656份，发现问题文件135余份。同年，升格扩容公平竞争工作联席会议，由区委常委担任召集人，区政府办公室分管副主任和区市场监管局主要负责人担任副召集人，成员单位由区市场监管局、区发改局、区司法局、区财政局、区商务局等26家单位组成。积极推进建立公平竞争审查目录管理和公示制度，组织成员单位梳理上报文件447份，公示规范性文件和其他政策措施的审查清理情况。

（吕美红　刘宵盈）

审　计

【概况】 2021年，区审计局实施审计项目18个。全区内部审计指导监督工作获宁波市内审系统考核“四连优”，1个审计项目获评“宁波市优秀审计项目”表彰。

对9家单位13名领导干部开展经济责任审计。通过探索实施个性化、差异化的审计方式，客观、准确评价主要领导干部在贯彻落实上级重大决策部署和履职尽责方面情况，为干部监督提供参考。配合相关单位开展基层财政安全自查自纠工作，重点关注23家单位的内审及内控工作问题整改落实情况，促进相关单位规范管理。继续用好“经责+内审”工作机制，在区属国有企业领导人员经济责任审计中，督促区属国有企业出台内控制度、健全内审机制，助力区属国有企业规范运作。

坚持智治理念，探索运用数字化手段，推行工作绩效“红绿灯”通报和工作成果“赛马”机制，助推审计实施提速、审计成果提质。抓好“金审三期”应用，不断优化和扩展软件使用场景，充分发挥其在机关内部数字化改革中的积极作用。

坚持“人才兴审”，定期开展队伍建设形势分析研判，实施能力素质提升行动。加快培养复合型、变革型审计干部，鼓励年轻干部担任主审或者承担科研任务，搭建成事成才多元平台。

【财政审计】 2021年，区审计局组织实施年度财政同级审工作，监督全区预算执行、财政资金管理、政策落实情况。重点关注一般性支出压减及各类财政资金闲置沉淀情况，促进财政资金应收尽收、统筹安排。经审计，推动全区清理盘活财政资金4170万元，推动加强绩效评估管理工作。同时，向相关单位出具审计建议，各单位予以采纳。在此基础上，推进《关于进一步强化和规范镇（乡）街道财政管理的实施意见》《关于加强财政支出预算执行管理的补充实施意见》等区级文件出台，助力全区镇（乡）财政管理体系健全。

【内部审计】 2021年，新修订的《宁波市海曙区内部审计工作备案制度》实施。区审计局组织编写《内部审计知识问答》手册，助力全区内部审计工作规范化实施。开展全区内审优秀课题、优秀案例和优秀内审项目申报评选工作，申报的2篇论文和2则案例获市级奖项。

【政策跟踪审计】 2021年，海曙区聚焦区属国有企业的国资管理情况，针对公款存放管理不规范、存放监督不到位等问题，由区审计局提出审计建议。对全区政府综合财务报告、政府债务限额管理情况、消费促进活动情况等进行专题审计。强化大数据技术在审计过程中的运用，发挥大数据在预算执行、财政资金管理等方面作用，并发现粮食补贴资金、养老服务工作中的相关薄弱环节。

【专项审计调查】 2021年，区审计局实施信息化项目专项审计调查，梳理

12月8日，区市场监管局执法人员对海曙麦德龙超市开展重要民生商品价格检查

11月4日，区审计局干部在开展高桥镇领导干部自然资源资产离任审计项目时，查看该镇岐湖村出水口水质

2016年至2020年期间，全区政府信息化项目建设和管理情况，指出全区信息化项目存在的问题并提出意见建议。实施全区农村公路建管养情况专项审计调查，抽查59个农村公路项目建设及667条道路管养情况，督促主管部门、镇（乡）街道做好项目审核把关、规范建设资金管理。

【投资审计转型】 2021年，海曙区完成政府投资审计项目5个，审定金额21.94亿元，促进增收节支1.32亿元。对审计过程中发现的部分重大问题以专报形式，及时进行反映，促进财政部门收回项目沉淀资金1.71亿元。开展全区投资项目管理情况专项审计调查，关注镇（乡）街道项目中未立项或拆分项目、工期拖延和镇级招投标平台管理不规范等工程建设管理领域存在的突出问题。规范区政府投资项目审计中心的项目实施，梳理投资项目协审管理考核办法等内部制度规定。

【经济责任审计制度完善】 2021年，海曙区经济责任审计联席会议领导机制重新调整。完善区经责联席会议的议事规则及其办公室工作规则。出台《宁波市海曙区内部管理领导干部经济责任审计办法》，拓展审计对象、调整责任类型，明确审计评价具体要求。制定出台《宁波市海曙区经济责任审计成果运用会商研判实施意见（试行）》《关于全面落实审计容错免责要求激励干部担当作为的实施意见（试行）》，营造干事担当氛围。

（施江锋）

统　计

【概况】 2021年，海曙区出台和修订《海曙区统计走访指导工作方案及考核办法》《统计人员工作手册》《GDP支撑性指标解读》和《优秀分析评选办法》等制度文件，组织各专业、镇（乡）街道统计工作站走访企业1000余家。

建立健全随机抽查“两库”（基本单位名录库、“四上”企业名录库）。推行统计执法检查“双随机”抽查制度，组织开展“双随机”抽查6次，统计执法稽查60家，经济处罚4家，罚款0.6万元。

发布统计快报219篇，分析89篇，编印分析合集4期。开展“海曙区中医药产业发展”“海曙区‘十三五’规划期间能耗”“从企业成长周期视角看近五年海曙区‘小升规’发展特点及下步建议”等专题研究。“国内一流创新型城区评估和监测体系研究”被评为宁波市统计系统优秀课题。制作印发《数说百年路 奋斗新征程——中国共产党成立100周年海曙经济社会发展成就》一书。

做好人口普查数据开发工作，发布《海曙区第七次人口普查主要数据公报》，区统计局被评为“全国第七次人口普查省级成绩突出集体”。做好2021年春节后企业用工情况调研、新业态就业农民工社会保障问题调研、新能源汽车专题调研、浙江新生代农民工定居意愿调研等10余个调研项目。落实5‰人口抽样调查、平安调查和全面从严治党调查等专项调查工作。

【统计数字化改革】 2021年，区统计局探索开发统计数字化在线调查系统，开展《居民家庭消费教育调查》《海运费上涨对货代企业影响》《台风“烟花”对种粮大户和企业生产影响》等多项在线调查。主动承接海曙区劳动工资“数字员工”试点工作，汇总、分析和反馈第一手资料，提供合理化建议，为数字化改革推进提供实例和参考。

【防惩统计造假责任制落实】 2021年，区统计局全面实施依法统计依法治统，严格落实防惩统计造假责任制，推动数据质量不断提升。区委常委会、区政府常务会议专题学习《中华人民共和国统计法》。印发《统计法应知应会》手册千余本。配合区纪委监委做好统计造假执纪问责，实施领导干部违规干预统计情况记录制，每季度及时做好记录和信息报送。

（王　渊）

安全生产监督管理

【概况】 2021年，海曙区围绕《宁波市第二轮安全生产综合治理三年行动计划》和《海曙区工贸领域遏制重大生产安全事故攻坚整治实施方案》，扎实推进工贸企业安全生产监督管理各项工作。全区未发生较大以上生产安全事故，未发生造成重大损失和影响的自然灾害事故，总体形势保持平稳。

区应急管理局以“安全生产综合治理三年行动”为抓手，开展安全生产大排查大整治行动，累计排查隐患3071项，整改率99.6%。行政处罚1291起，处罚961.30万元，约谈警示11家企业，责令27家企业停产整顿。

【特种作业安全管理】 2021年，区应急管理局着力破解特种作业安全管理工作的短板。加强监督执法检查，成立监督检查小组19组，组织开展高空作业、临时用电、电焊切割、有限空间等特种作业专项执法检查38次，督促落实属地和行业管理责任，建立隐患整改闭环机制。加大安全培训力度，依托“线上+线下”培训模式，按照行业监管、属地监管等原则，由交通、住建、应急管理等部门分别负责组织实施监管行业领域培训工作，并利用浙江省安全生产网络学院培训资源实行打卡培训。全年组织线下培训50余场，线上培训651人。面向特殊企业和作业人员推送安全生产提示短信8000余条；针对八大行业领域的安全隐患，联合团区委、“81890”求助服务中心开展“大家来找茬”线上安全宣传活动，吸引各领域行业员工参与，提升安全生产意识。

【工贸领域“一厂多租”专项整治行动】 2021年，区应急管理局等部门持续推进工业园区“一厂多租”专项整治，提高厂房租赁企业安全管理规范化水平。全面摸排工业园区、小微企业园、村（社）内的租赁厂区情况，以“一户一档”形式建立“一厂多租”企业档案，共排查出172个出租厂区、872家承租企业存在相关问题，纳入重点监管对象。引入社会化服务机构，对重点租赁企业进行“体检式”“全方位”安全诊断，发现隐患2143个，按标准分级分类归档，出具隐患排查报告书。以集中查处形式，督促企业落实安全通道不畅通、用电用火用气不规范、使用非法特种设备等19项问题的处置。为巩固整治成效，加强岗位培训，推广安责险，指导企业提高应急处置能力。至年底，累计开展岗位培训近千次，开展应急救援演练34次，实现企业负责人、安管员培训率100%；累计引导600余家企业购买安责险，提高企业安全风险保障水平。

【“码上安康”推广应用】 2021年，区应急管理局推进安全生产监督数字化改革工作。研发“码上安康”（码上双预防、安康双保险）监管平台应用，并先期在古林镇、高桥镇、月湖街道和江厦街道进行试点推广。11月始，逐步推广至其他镇（乡）街道。至年底，平台完成录入相关企业信息3000余家。

（董玉婷）

11月29日，区应急局联合高桥镇应急所执法人员对一厂多租整治情况开展联合监督检查

消防救援

【概况】 2021年，海曙区消防救援大队抢救被困人员6人，疏散人员400余人，保护财产价值7000余万元。

借助“安全生产宣传月”、“119”消防宣传月等节点，在多个楼宇、商圈专设宣传点位开展消防宣传，派发宣传单和活动海报、消防知识手册7.4万余份。面向社会单位系统开展消防安全培训，宣讲团累计开展培训345场，累计受众7万余人。面向目标人群发送消防安全短信提示信息21万余条。发挥消防队站和消防安全体验馆功能，组织企事业员工和广大群众参观体验，累计对外开放158场，提升全社会的消防安全知识。

组建工作专班，全面督查辖区7个部门和17个镇（乡）街道的消防安全责任落实情况。《海曙区重点领域火灾隐患排查整治行动实施方案》印发，成立由区消防大队、海曙公安、应急管理等部门组成的工作专班，开展常态化隐患整治及对镇（乡）街道的火灾隐患督查。

检查社会单位3200余家，下发行政处罚决定书300余份，要求在规定期限内全面完成整改或关停相关场所。

【消防安全专项治理行动】 2021年，海曙区开展工业厂房改建公寓楼、沿街店铺、老旧小区等重点场所的消防安全专项治理行动。针对企业厂房火灾严峻的形势，开展为期3个月的纺织服装、家居行业消防安全整治提升行动。针对违章建筑严重影响企业消防安全的问题，以望春工业园区为重点，对园区内存在严重消防隐患的违章建筑进行专项整治，累计拆除违章建筑20.8万平方米。组织专家团队完成5万平方米以上商业综合体消防安全全覆盖检查，指导督促业主单位对照检查报告，限期完成落实整改。三

4月1日，区消防大队对顺丰快递速运公司开展消防安全培训和灭火器实操演练

市旧货市场、南门旧货市场完成搬迁，有效降低辖区安全隐患。针对老旧小区等消防隐患，完成34个老旧小区改造和80幢高层建筑的消防车道划线工作。

【消防演练】 2021年，海曙区消防救援大队组织开展12次全要素、全过程的实战综合消防演练。开展“单位熟悉”演练(熟悉重点单位建筑物使用及重点部位情况；熟悉重点单位内部消防设施情况；熟悉重点单位消防组织及其灭火救援任务分工情况)591余次。开展灭火演练509次，其中夜间演练119次。

【消防救援力量培养建设】 2021年，海曙区消防救援大队召开镇（乡）专职消防队队长例会、微型消防站站长联席会议4次。每月组织专职消防队开展协同演练和实地帮扶，拟定《海曙区基层综合应急救援队伍建设和政府专职消防队提档升级方案》，对全区7个政府专职消防队实行提档升级建设管理。依托古林微型消防站，实施微型消防站标准化体系培训，790人次完成培训考核任务。举办全区性消防队伍大比武、全区文旅体系统微型消防站安全技能比武大赛等，增强全社会的消防救援力量。

（陈　杰）

行政审批管理和公共资源交易管理

【概况】 2021年，海曙区行政服务中心依申请政务服务事项收件208.8万件，即办比达91.25%，承诺期限压缩比96.8%，政务2.0单事项占比达标率91.84%，全渠道“一网通办”办件率98.37%。群众“好差评”主动评价率83.58%，初次评价满意率99.99%，有效差评件为2件。

海曙区公共资源交易管理平台完成交易项目902宗，交易额98.46亿元，节约金额7.68亿元，增收金额0.15亿元。各镇（乡）街道完成公共资源交易项目475宗，交易额5.21亿元，节约金额0.3亿元，增收金额0.06亿元。

【政务服务“一窗通办”】 2021年，区政务服务办不断深化审批考级，将政务服务2.0应用列为考级重点，促进业务互通，推进“窗口”数由最初设计的212个压缩至106个。其中，综合服务区实现咨询、受理、帮办人员业务互通；公安事务区实现户证、治安等7类业务警种合并、一窗通办；医保26个事项在全市实现无差别受理；人力资源与社会保障的133个事项实现全省试点“一窗受理”；基建服务区块方面，积极探索全过程综合受理工作模式。

【区智能预审政务平台建设】 2021年，海曙区在宁波市率先建设智能预审政务平台。平台借助知识图谱的智能审批技术、表格智能识别技术和复合文本信息结构化数据提取技术等进行搭建，可以在申报环节为办事人员提供实时反馈指导，在审批环节辅助完成各类审批事项数据的获取比对，实现事项“零人工秒办秒批”。截至年底，临时占用城市道路、公共场所卫生许可新开、延续三个事项上线，58个二期事项处于梳理调研阶段。平台投入使用后，平均办件时间、平均审批时间压缩80%以上。

【海曙·贞丰“跨省通办”云签约仪式】 2021年，海曙·贞丰“跨省通办”云签约仪式在海曙区行政服务中心举行，启动海曙区与贵州省黔西南州贞丰县的“跨省通办”合作。针对对口帮扶以来两地人员交流频繁、企业群众对政务服务“跨省通办”意愿强烈的新情况，区政务服务办精细梳理高频事项，回应办事群众诉求。主动与贞丰县对接梳理跨省通办事项，并运用“互联网+”政务服务，推出第一批学生转学（跨省转出）、户口迁移、失业保险金申领、企业设立登记、异地就医结算备案5个部门的40个高频事项“跨省通办”。开设“海曙·贞丰跨省通办专窗”，打造两地“跨省通办”平台，通过全程网办、异地代收代办、视频远程协助等方式，破解企业群众跨省办事“多地跑、折返跑”难题。

【工业厂房“验收即领证”集成办理】 2021年，区政务办围绕办好“一件事”目标，针对工业企业普遍存在的尽快拿到不动产权证、办理贷款融资等迫切需求，联合海曙自规分局、区住建局，对建设工程的规划核实、房屋建筑工程的竣工验收、权籍调查、不动产首次登记等流程进行优化再造。在受理企业申请后，改变固定场所“依申请登记”模式，同步开展规划核实、竣工验收、权籍调查等工作，并通过数据内部共享，即时将前置审批成果应用于不动产首次登记的办理，解决企业多处跑、重复交资料的问题，全程办理时间从传统模式下15个工作日压缩至1个工作日。

【公共资源交易领域数字化改革】2021年，海曙区新公共资源交易中心建设中，运用政务服务2.0思维，从“一件事”角度出发打造交易场景，推进公共资源交易领域数字化改革。工程建设领域，升级“海曙区工程建设电子交易平台”，推进“项目备案无纸化”，采取电子签章的方式，“一键完成”提升备案效率，实现招标人、投标人“零次跑”。政府采购领域，依托“政采云”平台，理顺政府采购等各流程节点、细化操作方案，实现“可在线尽在线”的全程电子化采购。农村产权领域，开发农村产权竞价系统，实现农村产权项目线上交易。打造“无人监管评标室”，以区级平台为试点，开发并启用“监管机器人”，通过机器人自动巡逻、评标专家敏感用语提醒、监督情况实时上传等，实现“全程留痕”智慧监管。落实《条例》规定，完善集中监管和共同监管机制，开发远程监督平台，联动区纪委、各行业主管部门等监管部门，通过搭建远程音视频系统实时检查区级交易平台、镇（乡）街道交易站开评标现场，实现全过程监管。通过交易大数据智能分析平台建设，统计交易总体情况、项目分布情况、市场主体信息等内容，实现公共资源交易信息“一张网公开、一站式查询”，并可通过大数据分析实现“串围标”预警等功能，助力优化营商环境。

【农村集体资产交易改革】2021年，海曙区深化农村集体资产交易管理，通过重新规范交易活动、打造电子平台等方式，推进交易活动规范公开、便捷有效，进一步提升农村集体资产的经济效益。联合区农业农村局出台《海曙区农村集体资产交易实施办法》，细化明确各种村级交易类别、交易额度、交易方式，涵盖农村所有集体资产交易活动，涉及类别扩展至工程建设、货物和服务采购、资源资产处置等交易项目，全面规范农村集体资产交易活动。建设农村集体资产交易的“村易通”平台，实现所有村级项目能够在线交易；对接区纪委监委“基层公权力监督平台”，实行项目立项至公示公开的全流程监管，实现镇村公权力一体化管理。开发“无成本”工程造价计算器，对于60万元以下的工程建设项目，输入项目类型、项目工程量等信息，可自动计算项目造价供镇乡街道参考。对于5万元以上产权交易项目，开发农村集体资产评估计算器，软件根据项目信息建立相关模型，即可计算出竞价指导价，以“一项目一评估报告”形式供镇（乡）街道参考。

【高山综合服务效能】2021年6月始，区政务办结合“27℃暖心服务”党建品牌创建，加强各部门联动，在群众点单后，把政务、医疗、便民等服务内容通过“流动车”送进辖区的高山村落，提振高山综合服务的效能。牵头梳理全区群众办事的高频、重点事项，与不同职能部门对接、梳理汇总，建立“资源清单”“项目服务清单”，有效整合各种资源。协调结合高山乡镇，收集群众需求，结合业务主管部门的意见建议，形成“群众需求清单”，和“资源清单”衔接，确保服务内容供需匹配、提升服务效果。针对卧病在床、残疾人、高龄老人等行动不便的特殊办事群众，政务流动车在到达集中服务点后，由服务“小分队”入户“上门服务”。

【海曙区行政服务中心搬至新址】2021年12月1日，区行政服务中心新大厅对外开放。新中心设有人社医保、婚姻登记、公安事务、不动产登记、基建服务、综合服务六大专业服务区块，43个部门单位共1968个政务服务事项可在此实现一站式办理。此外，中心打破原有“面对面”窗口受理模式，传统窗口数量由196个减至40个，压减率达79.6%。开设服务小包厢80个，特色暖吧6个，自助办理区60席位，配置网办云PC，形成“自助为主、帮办为辅、窗口兜底”的政务服务新模式。还配套设有“24小时自助服务区”“互联网+政务服务体验区”“小暖驿站”等功能区域，为办事群众提供全方位便利服务。同时，加强数字化运用，搭建一体化智慧大厅运营管理平台，建立智能导办、智能预警、智慧分析等功能模块，实现窗口服务全程监控、预警纠错和绩效评估，对人流、车流、取号、业务办理等数据进行汇集分析和综合研判。依托全区公共视频监控共享智能化应用系统，利用步态识别等技术，实现大厅突发事件智能预警管控。

（陈奕霖）

新搬迁的海曙区行政服务中心

科　技

综　述

【概况】 2021年，海曙区围绕高水平创新型城市建设工作，在谋划全省首个创新街区（翠柏里创新街区）、“科创中国示范县（市、区）”省级试点（全市唯一）等领域积极探索、先行先试。国家级科技大奖实现零的突破，区域创新水平大幅提升，入围2021年全国“科技创新百强区”，高水平创新型城区建设取得阶段性成果。在2020年度浙江省各县（市、区）科技进步统计监测报告中，海曙区创新指数位居第59位；“技术创新”指数列全省第35位，较上年排名上升5位。

【全国首届科技领军人才交叉创新荟活动在海曙举办】 2021年4月26日，全国首届科技领军人才交叉创新荟活动在海曙区举办。活动围绕当前国家、社会发展急需的技术需求，培养科技领军人才的交叉创新思维，推动科技领军人才专家交流合作，切实解决材料领域相关的一线“卡脖子”技术难题，推动形成具有更强创新力的人才链、产业链与供应链。圆桌会议上，40余名全国科技领军人才就信息技术、生物技术、新能源、高端装备、新能源汽车、绿色环保、航空航天、海洋装备九大领域进行探讨，北京航空航天大学、重庆大学等科研院所的8位专家对前期的“卡脖子”工程进行案例分析。

4月26日，全国首届科技领军人才交叉创新荟活动在海曙区举办

【海曙区科技周】 2021年5月23日，2021年海曙区科技周在海曙印象城启动。科技周主题是“百年回望：中国共产党领导科技发展”，重点展示“百年海曙，百年创新人才”“创新海曙，勇攀科技高峰”两大内容，展出百年来海曙籍院士、科学家的事迹和海曙人民为科技创新发展做出突出贡献，以及近年海曙区在高能级平台建设、生命健康、节能环保、乡村振兴领域取得的创新成果。科技周期间，还举办“5G+工业互联网”科技赋能、“企业专家日”、科普惠民、“科技助力四明山区”等系列活动，开展科技服务。

【1家企业入选全国工业互联网前十】 2021年5月，据《工业互联网世界》评审组最新发布的2021年工业互联网先锋榜TOP100显示，浙江蓝卓工业互联网信息技术有限公司研发的supOS工业操作系统跻身第十位，系全市唯一入选榜单前十的企业。蓝卓围绕supOS工业操作系统打造一开放的生态体系，以“平台+Apps”的创新模式将大型工业软件化繁为简，以“通用平台+自带App”满足企业数据互联互通、信息系统统一管理等基础需求，以个性化App满足企业生产计划、质量追溯、供应链管理等多样化的业务需求，为企业提供轻量化、低成本、快速复制的数字化转型路径。supOS工业操作系统支持本地部署、云化部署等多种部署方式，被全国776家企业应用，帮助制造业企业快速享受到工业互联网平台带来的价值。

【海曙区获评"'科创中国'省级试点县"】 2021年12月，在2021"科创中国·宁波"工作推进会上，海曙区被正式授牌"'科创中国'省级试点县(市、区)"，系全市唯一。"科创中国"是中国科协打造的创新、创业、创造服务品牌，旨在聚焦产学研金用多方力量，构建资源整合、供需对接的技术服务和交易平台，通过探索产学融合的组织机制和激励机制，实现人才聚合、技术集成和服务聚力，加速科技成果转化应用发展。海曙深化"科创中国"科技经济融通平台建设、区域创新共进建设、科技人才服务建设、海外智力汇聚建设及高端智力平台建设五大行动，加速科技创新资源在重点领域集聚，推动海曙科技创新和经济高质量发展。

（何海丰）

科技创新

【概况】 2021年以来，海曙区规模以上工业企业研发费用、高新技术产业增加值等各项创新指标平稳向好，有力支撑区域高质量发展。区域内更多企业增大研发投入，加入高新技术企业行列，产业链从要素驱动向创新驱动跃迁、从人口红利向工程师红利迭代，积极顺应新一轮科技革命、产业变革和消费升级趋势。更加注重动能积蓄，着眼长远未来、加快创新转型，激活内生动力活力，加快打造创新发展策源地。

【区域科技创新纲领性文件谋划】 2021年，区科技局科学编制《海曙区科技创新"十四五"规划(草案)》，包括1个总目标、3个方面主要任务和九大具体行动。有序推进"硬科技创新三年行动计划"，制定出台《海曙区硬科技创新三年行动计划(2021—2023)》，聚焦工业互联网、新材料、时尚产业三大科创高地建设，实施四大领域硬科技技术攻关。此外，海曙区还专门制定研发投入专项政策、院企技术合作专项政策和人才政策，开展"亩均论英雄"改革研发强度指标评价，提出产业项目用地前置审核研发投入指标要求等，助力企业创新的"热带雨林式"生态逐渐成型。

【宁波工业互联网研究院入选省名单】 2021年，浙江省人民政府发布《关于建设智能工厂操作系统等6家省技术创新中心的通知》，依托宁波工业互联网研究院有限公司建设的省智能工厂操作系统技术创新中心入选。中心围绕自主可控的智能工厂操作系统平台，工业软件及产业生态，边缘计算、工业芯片及协议，工业信息安全及新一代工业网络，工业大数据与人工智能五大方向，开展关键技术攻关，打造开源开放的智能工厂操作系统，建成国际一流的智能工厂操作系统创新高地和高黏性的工业软件孵化与产业生态圈。

（何海丰）

科技项目与科技成果

【概况】 2021年，海曙区聚焦科技创新"核心地位""战略支撑""自立自强"新要求，出台《海曙区硬科技创新三年行动计划(2021—2023)》。组织实施一批重大科技创新专项，突破一批"卡脖子"关键核心技术。宁波三生生物科技股份有限公司参与完成的"良种牛羊卵子高效利用快繁关键技术"获评国家技术发明二等奖，实现国家级科技大奖"零突破"。重点组织项目企业申报国家、省、市重大科技专项，立项2021年度宁波市第一批重大科技攻关项目7项、公益类科技计划项目6项，《城镇供水管网智慧传感、计量、管控关键技术及产业化》等13项申报2021年度"宁波市科学技术奖"。

加强科技对社会发展的赋能。研究制订科技特派员机制，持续实施"山海协作"及对口科技帮扶工作，打造"爱心科技人"平台，强化"烟花"台风影响后的复工复产科技支撑，全年科技服务业营业收入32.19亿元，比上年同期增长17.3%。进一步提升高水平科技合作开放水平，深入推进科技大市场"一网一厅"建设，做好品牌全面塑造，"科技信贷风险池"授信款金额近亿元，有效延伸科技成果转化"最后一公里"，全年技术交易额23.5亿元，增长34.1%。进一步提升科技系统数字化支撑能力，紧扣数字化改革目标任务，梳理核心业务、重点任务，承接省市重大场景应用，推动应用场景谋划。全民科学文化素质提升进一步加强，新增市级院士工作站(院士创新中心)3家，加快形成"全域创新"的良好生态。

【宁波工业互联网研究院】 2021年，宁波工业互联网研究院孵化企业浙江蓝卓工业互联网信息技术有限公司研发的蓝卓supOS工业操作系统通过2021年第二批工业互联网平台功能性能综合评测，全国仅7家。从测评结果看，supOS工业操作系统在边缘侧、通用PaaS、工业数据分析、工业机理模型等方面具有完善的能力，具备较强的工业App、SaaS应用和解决方案能力，构建较为高效的生态链。浙江国利网安科技有限公司承建的"省级天然气管道工控系统网络安全及防护体系研究与应用项目"获评2021年工业安全系统典型应用示范案例。在项目建设中，国利网安从设备安全、控制安全、网络安全等角度出发，建设实施完成集调控中心、场站和阀室为一体的三层立体式网络纵深安全防御体系，打造完成拥有自主知识产权的工控安防系统，全面提升工控安全防护水平。

【省级创新型领军企业认定名单"零突破"】 2021年3月，浙江省第四批10家创新型领军企业认定名单公示，宁波杉杉新材料科技有限公司入选，成为全区首家入选名单的企业。创新型领军企业的创新能力和发展水平是两项主要的条件，对企业自建研发机构情况，研发投入占比以及企业在行业内部知名度、销售规模等指标都有明确要求。截至年底，海曙区有效"国家高新技术企业"数共308家；年内新增"浙江省科技型中小企业"309家，其中纺织服装、建筑构件领域国家高新技术企业申报实现"零突破"。

【国家级科学技术奖项“零突破”】 2021年11月，国家科学技术奖励大会公布2020年度国家科学技术奖名单，全市8个项目获奖，其中由宁波三生生物科技股份有限公司首席科学家翁士乔参与完成的“良种牛羊卵子高效利用快繁关键技术”获得2020年度国家技术发明奖二等奖，实现海曙区国家级科学技术奖“零突破”。海曙区深入实施创新驱动发展战略，大力实施“科技争投”行动，使企业的研发与创新主体地位更加突出，区域创新能力和水平显著提升，科技对经济发展和转型升级的支撑引领作用进一步增强。截至年底，全区企事业单位累计获省部级科学技术奖19项、市级科学技术奖30项。

（何海丰）

科普工作

【概况】 2021年，海曙区继续推动基层科普基地建设，探索学校教育与课后科普相结合的有效途径，作为贯彻省科协“‘双千’助力‘双减’”科普专项行动计划的抓手。屠呦呦旧居陈列馆先后入选中国科协“科学家精神培育基地”、浙江省“‘双千’助力‘双减’”科普专项行动科普教育基地；王升大粮油工艺博物馆和宁波尚善口腔医疗科普教育基地入选浙江省第二批“‘双千’助力‘双减’”科普教育基地。实施《宁波市科学技术普及条例》，区科协围绕“节约能源资源、保护生态环境、保障安全健康、促进创新创造”，常态化开展科普“五进”惠民行动。重点组织开展2021年国际生物多样性主题科普宣传，在龙观乡建设华东地区规模最大的生物多样性基地。第五届全国纺织机器人应用高峰论坛暨服装产业智能化推进大会在宁波智尚国际服装产业园举行，为纺织服装企业，特别是中小型纺织服装企业智能化建设提供新方向。

【全民科学素质教育】 2021年，海曙区围绕全民科学素质教育，利用特色科普场馆、科普公园、科普教育基地等科普阵地，开展专项科普活动40余场次。深入推进科普“五进”惠民行动，联合镇（乡）街道及有条件的村（社区），新建具有当地特色的农村标准科普画廊，定期更新全区128座标准科普画廊展示内容。联合中国移动海曙分公司、中国民生银行、“贝壳公益”、“阿里小棉袄”等组织，实施中老年人智能手机普及工程，惠及老年人3800人次。王升大科普教育基地讲解员陈麟获得2021年度浙江省科普辅导员职业技能竞技展品辅导赛三等奖，系辖区选手首次获得此项省级荣誉。

【“企铭星”科技服务志愿活动】 2021年，由区科技局、区科协党员志愿者及宁波优视佳视力保健有限公司人员组成的“企铭星”科技服务志愿者在海曙区组织参与各类科普宣传、科技惠民行动。3月5日，海曙区文化、科技、卫生“三下乡”活动暨“3·5学雷锋”志愿服务广场活动在古林镇文化广场举办，“企铭星”科技服务志愿者为群众开展送理论、送文明、送服务等服务。5月28日，“潮涌”青年理论宣讲团进商圈活动在天一商圈党群服务中心举办，志愿者为群众带去400本精美科普历书，并为群众开展眼部热敷理疗，受到欢迎。7月24—27日，志愿者组成多个小分队，赴受台风“烟花”影响严重的乡镇、重点企业进行人员与设备转移、灾后复工复产方案制定等工作。

【陈少华获评“长三角优秀科技志愿者”】 2021年11月，由区科协推荐，镇明中心小学信息技术教师陈少华获评“2021年度长三角优秀科技志愿者”，全市仅3人获此奖项。陈少华在区科协、月湖街道支持下，于2019年起在月湖街道梅园社区发起建立科普实践基地——“21世纪车间”。经过近两年建设，车间已装备一系列机器人、物联网和人工智能、激光切割等教学展示装备，还配套大屏幕投影和制作工具，总投资30万元。陈少华利用节假日和周末时间，为学生提供多样化的“科普园地”，克服疫情影响，开展科普专题讲座、AI启蒙体验、机器人公开课、八音盒制作等15次公益科普活动，惠及

屠呦呦故居陈列馆

群众超过300人。在陈少华影响下，两名经常参加科普活动的小学生向国家专利局递交发明专利申请书。

（何海丰）

气象科技与防灾减灾

【概况】 2021年，区气象局开展城市边界层与污染物扩散的研究、清新空气预测模型研究、夏季短时强降水预警指标研究及水稻产量预报模型的研究等，业务人员参与的课题《宁波市霾和空气质量气候特征及预报预警技术》获“宁波市科学技术进步奖”二等奖。

助力乡村振兴战略，制定《农业气象服务周年方案》，关键农时开展专题气象服务和茶叶、水稻、草莓等特色农产品服务。推行“1+3”（1名气象服务首席、3名服务专员）为农服务模式，点对点为水稻、茶叶、草莓提供专业气象预测服务。完成早稻、晚稻的不同生长时期的气象敏感条件的有利和不利气象条件及指标分析；完成“它山堰”茶叶气候品质“优”等级认证，新建1.5米高度冠层温湿度观测设备；完成四明山区域樱花花期预报。

围绕新时代气象防灾减灾能力六大提升行动，通过线上线下、部门联动、多种媒体结合等方式，完善覆盖城乡的气象防灾减灾体系建设科，提高基层气象防灾减灾能力。完成省级“气象防灾减灾标准化村（社区）”建设26个，全区累计114个。创建古林镇龙三村为省级“基层防灾减灾气象科普教育基地”。推出“气象十佳小记者”评选活动，开展气象科普讲座进校园、农村、广场等线上线下活动30余次，发放科普材料4000余份。推进“网格+气象”工作，通过市综合指挥中心平台，联合发布多个暴雨红色预警。制作微视频2期，其中，视频《台风》被中国气象局的官方微博、抖音号转发。

【宁波城市大气边界层及污染物扩散数值模拟研究】 2021年，由区气象局组织开展的“基于CFD降尺度的宁波城市大气边界层及污染物扩散数值模拟研究”立项宁波市自然科学基金科技项目。项目通过引入温度层结和水汽的物理模型、构建宁波城区精细的下垫面建筑物网格，引入大气污染物浓度标量等，探索研究本地交通源对该地区大气污染物浓度的影响，为城市交通、污染管控、城市规划等提供决策支持。

3月21日，区气象局举办“世界气象日”气象小记者现场采访直播活动

【宁波夏季短时强降水特征及预警指标研究】 2021年，由区气象局组织开展的“宁波市夏季短时强降水特征及预警指标研究”立项浙江省气象科技青年项目。项目筛选2006年至2020年，宁波市春夏季（3—9月，除梅汛期、台风影响期间）短时强降水个例，分析宁波市春夏短时强降水的时空分布特征及天气形势的分型，分析短时强降水物理量参数（如CAPE、K、SI等）特征，确定短时强降水的物理量参数预警指标，服务农业生产与居民生活。

【海曙早稻产量预报模型及影响因子分析】 2021年，区气象局通过研究分析多年来海曙区早稻产量与气象因子的关系，得出“4月上旬平均最低和最高气温、5月平均最低气温、4—5月的平均气温与产量呈正相关，全生育期降水，尤其是6月份降水不均也会影响早稻产量”的结论。研究结果显示，区内早稻产量预报拟合准确率较高，除2003年准确率略高于92%外，其余年份均在95%以上。此外，2020年受长期阴雨（梅雨）天气影响，但模型预报准确率仍达91.48%，可作为海曙区早稻产量预报的有效依据。

【四明山空气清新度分布变化特征及预测模型】 2021年，区气象局充分获取四明山区域负氧离子、气象、环境等资料，并采用“逐步回归”等研究方法，分析该区域的空气清新度等级分布变化特征、雷电和霾天气的影响，得到负氧离子浓度预测模型。据预测模型显示，区域内的10个站点的Ⅱ级（较清新）及以上空气清新度等级比例在58%～98%，雷电活动可以显著增加空气负氧离子浓度，霾日空气清新度降低。利用预测模型开展该区域的空气清新度等级预报，效果较好，为农业生产、居民生活及旅游休闲提供服务。

【宁波市霾数据库建设】 2021年，区气象局参与重建长时间序列的宁波市霾数据库。2010年及之前霾日发生频次较低且平稳，2011年霾日跳跃性增多，2013年达到峰值，且霾冬季高发、夏季少发，霾频率峰值集中在9时和20—23时。进行宁波区域霾发生的大气环流客观分型，得到四类霾天气概念模型，各类型分别占比：A型（反气旋型）65.9%、AN型（反气旋+北风型）12.3%、AS（反气旋+南风型）6.7%和C型（气旋型）<5%。

（俞宏耀）

教　育

综　述

【概况】2021年，海曙区有中小学63所，其中初中12所、九年一贯制学校12所、小学39所、特殊学校1所，在校中小学生82730人；幼儿园129所，在园幼儿32705人。义务段入学率、中小学巩固率均为100%，初中升入高中段比例为100%，“三残”（智残、体残、肢残）儿童入学率100%。有事业编制教师4996名。有省特级教师10名、正高级教师8名、市“名教师”30名、市“学科骨干教师”50名、市“名（骨干）校长”17名、市“甬派教育管理名家”培养对象9名、市首批“甬城教育名家”培养对象5名、市“名（骨干）班主任”6名，9名教师入选市“领军与拔尖人才”第一、二、三层次培养人选。

全力推进海曙中学项目的各项前期工作。建成校（园）8所、新增学位6420个；开工建设校（园）7所。主动融入长三角基础教育一体化建设，不断深化全国“未来学校”实验区、省“STEM教育项目试点区”和省“人工智能教育实验区”建设，牵头组织“沪浙中小学项目化学习互动共同体”建设，建成“未来学校”5所，获评省“STEM项目化学习”奖项2个。海曙中心小学等6所学校获评“全国青少年校园足球特色学校”。宁波市第十五中学、田莘耕中学等9所中小学（幼儿园）获评2020年“浙江省现代化学校（幼儿园）”。

按照省、市要求，召开“双减”工作会议，第一时间印发《海曙区进一步减轻义务教育阶段学生作业负担和校外培训负担工作方案》等政策文件。出台《关于做好义务教育阶段学校课后服务工作的实施意见》，全区所有中小学实现课后托管、初中晚自习和周末开放服务全覆盖。区教育局选送的“双减”工作探索——《自主探究项目化学习助力“双减”》短视频入选浙江省优秀中小学减负提质短视频。推进教育领域的数字化改革，深入推进未来教育“231”智治服务体系建设，“甬信培”项目入选省数字社会第二轮“揭榜挂帅”应用名单、省教育领域数字化改革第一批创新试点项目及市教育改革创新典型案例。成立海曙区青少年心理健康医教协作基地与“心动力”基金，打造具有海曙特色的“基地中心+基础网络+基金援助”心理健康教育模式。开展“清凉工程”，实现全区公办中小学普通教室空调全覆盖。

海曙区获评“浙江省艺术教育实验区”“浙江省Pepper机器人教育教学应用优秀区”“宁波市学校安全稳定工作目标管理考核优秀单位”。区教育局获评2020年度“浙江省教育工作业绩考核优秀单位”、2020年度“宁波市教育新闻宣传工作先进集体”，“海曙教育发布”微信公众号获评2020年度“宁波市教育优秀新媒体”。

【《海娃学党史》发布】 参见“专记”类目“海曙区党史学习教育活动”分目

7月15日，海曙区青少年心理健康医教协作基地揭牌

【海曙区教育评价改革项目入选省案例】 2021年5月7日，浙江省教育厅印发《关于公布教育评价改革典型案例评选结果的通知》，择优评选出教育评价改革典型案例31个，海曙区教育局"基于核心素养的义务教育段学生形成性评价改革"入选，系全市唯一入选案例。区教育局自2015年始，结合深化义务教育课改工作，引领试点学校探索"阳光六色花"学生形成性评价改革。紧扣德智体美劳全面发展的育人要求，对应学生的"道德品质""学业水平""身心健康""艺术审美""实践活动""个性特长"6个评价维度，并将每个维度细化到二级指标。各个试点学校呈现出丰富的校本化评价改革样态。

【"思政教师党史宣讲团"成立】 2021年5月，区教育局成立"思政教师党史宣讲团"。宣讲团由全区教育系统10名思政专家、名师和骨干教师组成，宣讲面向全区中小学，采取线上微课和线下公开课等多种形式，涉及党史、新中国史、改革开放史、社会主义发展史等多项内容，教育引导中小学师生了解党的光辉历史、感悟党的初心使命、领会党的创新理论、体认党的精神谱系、传承党的红色基因，厚植爱党、爱国、爱社会主义的情感。

【区青少年心理健康医教协作基地揭牌】 2021年7月15日，海曙区青少年心理健康医教协作基地揭牌仪式暨海曙区青少年"心动力"基金成立仪式举行，成为在浙江省率先推行"基地中心+基础网络+基金援助"模式，开展青少年心理健康护航的地区。启动仪式上，区教育局与宁波市康宁医院签订《宁波市海曙区学生心理健康医教合作协议》，区教育局与宁波市康宁医院联合成立"海曙区青少年心理健康医教协作基地"，基地设在宁波市康宁医院（海曙分院）暨宁波市心理咨询治疗中心。同时，区海创会、区教育局、宁波市康宁医院还签约成立海曙区青少年"心动力"援助基金。学生可以通过绿色通道及时转介，尤其对困难学生，能帮助其在更快的时间得到更专业诊治。

【"海曙足球队长"获国家级媒体关注】 2021年10月28日，"海曙区2021年小学生校园足球秋季联赛举办"的新闻获《人民日报》、"央视新闻"、《环球时报》、《参考消息》等多家国家级媒体的官方微信公众号、官方微博报道。孙文英小学足球队队长、四年级学生张董发表夺冠感言时失声痛哭、心酸励志的画面打动全国观众，总阅读量破亿，并在24小时内登上"百度百科"。12月2日，中央电视台出品的《2021英雄的中国，因为有你》呈现一年中难忘的英雄身影，海曙足球少年精彩比拼、励志向上的场面再次被宣传展示。

【"月湖之约"教育管理论坛】 2021年11月24—26日，区"月湖之约"教育管理主题论坛举行，通过"未来学校"校长分论坛、中小学副校长分论坛、优秀中青年干部分论坛、未来学校名优骨干教师论坛和园长分论坛5个分论坛展开，重点聚焦"未来学校"建设途径、"双减"政策下教育发展纵深思考、幼儿园质量提升和内涵发展等主题。9名校园长、9名副校长、10名优秀中青年干部、9位名优骨干教师围绕主题"教育新时代 赋能向未来"作论坛发言，宁波神舟学校校长李永培、慈溪阳光实验学校校长施国柱等专家学者作为评委点评。

（郑　骐）

学前教育

【概况】 2021年，海曙区持续提升城乡幼儿园办园品质，推进"一网五片、融合联动"学前教育课改协作机制。新增省一、二级幼儿园4所、公办幼儿园6所，其中，古林镇中心幼儿园和海曙区莲桥第幼儿园获评2021年浙江省一级幼儿园。全区公办园覆盖率达55.9%、普惠性幼儿园覆盖率92.7%、省二级及以上幼儿园覆盖率72.8%。

【学前教育宣传月】 2021年5月20日至6月20日，海曙区围绕"砥砺十年，奠基未来"主题，开展第十个"全国学前教育宣传月"活动。其间，回顾海曙学前教育10年间从"幼有所育"迈向"幼有优育"的印迹，展示学前教育工作者秉承张雪门"行为课程"理念，构建思想统一、气质各异的"园本课程群落"的成果，特别是近年来在深化区域幼儿园课程改革机制，借力高校及国内外研究机构，推进良好园本教研生态建设方面的工作实效。

【"月湖之约"幼教课改专场活动】 2021年11月24—26日，海曙区举行"月湖之约"幼教课改专场活动。活动以"聚焦质量提升 赋能内涵发展"为主题，旨在贯彻《3~6岁儿童学习与发展指南》精神，推进海曙区幼儿园课程改革，提高园长和教师课程实践能力，提升海曙幼教整体的保教质量。活动聚焦幼儿园管理、教研、游戏3个方面，

海曙区"月湖之约"教育管理主题论坛海报

通过专家报告、园长论坛、现场游戏、主题审议研修与优质课展示进行多形式呈现，省内外20余名专家参加，邀请香港教育大学孙瑾博士作专题报告，拓展专业视野。活动采取现场观摩和线上直播双通道开放，其中在线上吸引近5000人次参与。

（郑 骐）

4月12日，“跟着古诗游宁波”走进月湖芳草洲

义务教育

【概况】 2021年，海曙区高质量制定实施教育事业“十四五”发展规划、“教育品质提升三年行动”计划。新增城乡义务教育共同体学校10所，两项案例获省级表彰。

相继举办“月湖之约”研讨、教育论坛及课堂节，抓好课改成果提炼推广，125项成果在省、市各类教育科研成果评比中获奖，1项教育部规划课题以“良好”结题，181项课题获省、市立项，5个教研组获评省级先进、数量位居全市第一。

常态化推进“文明校园”创建，推行“绿蓝红”三色动态管理机制，海曙外国语学校获评省首批“文明校园”。爱菊艺术学校（姚丰校区）获评省2021年义务教育标准化学校。推进“浙江省现代化学校”建设，新增“浙江省现代化学校”8所，创建工作走在全市前列。

深入推进劳动实践与研学旅行，建成研学实践教育基地、营地26家。参加中小学生艺术节合唱、舞蹈、书法美术、课堂乐器、器乐合奏等赛事13项，获省一等奖11项、市一等奖67项。多所学校的心理剧获评市中小学校园心理剧方面的优秀奖项。

【“文明校园”创建】 2021年，海曙区内多所学校相继获评省、市级“文明校园”。1月，中共浙江省委、浙江省人民政府印发《关于表彰新一轮浙江省示范文明城市（县城、城区）、文明村镇、文明单位、文明家庭、文明校园的通报》，宁波市海曙外国语学校入选。3月10日，宁波市文明委公布第四批宁波市“文明校园”名单，海曙区南苑小学、中原小学、鄞江镇燕玲学校、樟村中学、致和学校、石碶街道冯家小学6所学校入选。

【大中小学思政课一体化建设】 2021年，海曙区组织宁波市各大专院校走进区内中小学，通过大中小学生共同上思政课堂、引入朋辈教学等方式，探索大中小学思政课一体化建设。4月20日，由市教育局教研室主办，海曙中心小学承办的宁波市思政课一体化建设现场会举行，海曙中心小学组织学生在月湖金汇小镇内的屠氏别业及宁波市教育博物馆两处场馆开展现场思政教学活动，市内外的思政老师代表现场观摩。6月11日，宁波财经学院马克思主义学院副院长姜帆在宁波樟村四明山烈士陵园，为马克思主义学院的思政教师团队及海曙区高桥中学的思政教师和10名初中生现场讲授四明山革命精神。6月，宁波财经学院和宁波工程学院的思政教师团队及财经学院36名大学生走进宁波市实验小学小学课堂，开展以“大手牵小手，一起跟党走”为主题的大学小学思政实践教育创新课。上述做法得到《人民日报》、《中国教育报》、“中国教育新闻网”等国家级媒体关注。

【广济中心小学“跟着古诗游宁波”微视频拍摄】 2021年，广济中心小学利用学校周边天一阁、贺秘监祠、鼓楼、天封塔、城隍庙等宁波文化古迹，通过组建师生团队、经典诵读、资料检索、实地探访、专家请教和脚本创编等手段，用微视频方式跟着古诗游宁波，探询历史，考察风情，追忆先贤。同时将微视频分享给集团学校及陕西、贵州、丽水等地的结对学校。截至年底，拍摄完成“宁波海曙楼”“月湖芳草洲”“宁波天一阁”“王安石纪念馆”等第一期微视频23个。经“学习强国”App、“人民日报”客户端、《现代金报》视频号等媒体转载，点击量达十万次以上。中宣部副部长、中央广播电视总台台长兼总编辑慎海雄在收到该校学生信件后，批示央视大型文化节目《典籍里的中国》为学生寄送专属文创礼品鼓励他们继续参与微视频拓展课程，传承中华传统经典文化。

【“月湖之约”沪浙中小学项目化学习研讨会】 2021年5月18日，“月湖之约”沪浙中小学项目化学习研讨会在海曙举行。研讨活动由省教育厅教研室主办，区教育局承办，区教育局教研室、海曙中心小学协办。活动以“问道项目化学习 预见真实的学习”为主题，分为案例展示、课堂观摩、体验工作坊、学术报告、互动反馈评价5个板块。上海市教育科学研究院普通教育研究所所长汤林春，浙江省教育厅教研室副主任张丰等人致辞。上海市长宁区延安初级中学和黄浦区第一中心小学分别作题为《从三个案例看项目化学习的设计与实施》《在数学学习和校园生活的融合中尝试项目化学习的推进》的经验分享。

【"亲青课堂"公益暑托班开班】 2021年7月19日，作为宁波市小学生暑期托管工作试点，海曙区小学生"亲青课堂"公益暑托班开班。首期全区共设置14个办班点，开设为期一周的丰富课程和趣味活动。暑托班坚持"公益+志愿"理念，强化团教协作，提供公益看护、课业辅导、红色教育、劳动实践等服务，坚持素质教育，促进未成年人健康成长。

【镇明中心小学小学生评价改革经验在全省交流】 2021年9月27日，在2021年浙江省深化小学评价改革研讨会上，镇明中心小学作为全省综合评价改革试点区的海曙试点学校，分享7年来研究小学生表现性评价的实践经验。镇明中心小学的评价改革倡导全面育人，坚持双线并进：综合评价改革强调"全面、多元、个性"，表现性评价研究重视"适切、应用、发展"，形成"德育评价事件化、学科评价分项化、综合实践评价可视化"的评价体系，教导学生修敦厚之品，行明智之事，做健康之人。为全省"双减"背景下进一步深化新时代小学生评价改革提供"海曙经验"。

【古林镇实验小学STEAM项目化学习团队获评省级十强】 2021年11月11—12日，古林镇实验小学STEAM项目化学习团队在浙江省第四届中小学STEAM教育大会项目化学习研讨会暨教师挑战赛决赛中获"项目化学习十强团队"和"项目化学习实践奖"两大奖项，系宁波市唯一。王新春老师获评"项目化学习教师挑战赛十强教师"，海曙区获评"优秀组织奖"。古林镇实验小学STEAM项目化学习小组，以缺少放学等候室的现状为思路，确定"建造放学等候室"的项目主题，以"人与自然和谐相处"为角度展开项目的设计和实践，学校还邀请来自宁波市建筑设计院的专家给予专业化指导。

【5个教研组入选省先进】 2021年12月1日，省教育厅教研室公布2021年"浙江省先进教研组"评审结果，宁波市实验小学语文、镇明中心小学数学、海曙中心小学道德与法治、古林镇中心初级中学语文、海曙外国语学校初中科学5个教研组入选，获评数量位列全市第一。海曙区不断优化教研服务，通过建立教研员"联校"制度、强化校本化教研组特色建设等举措，创建先进教研组，引领广大教师变革教学方式，促进区域教育内涵品质提升。

【童诗轩获评省"新时代好少年"】 2021年12月，2021年浙江省"新时代好少年"名单公布，海曙区东恩中学初二学生童诗轩获评此荣誉称号。2017年，童诗轩经检查发现不幸患上急性髓系白血病，暂停学业，接受治疗与骨髓移植。2019年9月，重新回归学习，为赶上进度，付出超人努力，在初二下半学期，做到与同学一样正常上学、放学，成绩遥遥领先。

（郑　骐）

民办教育

【概况】 2021年，海曙区率先开展校外培训机构"甬信培"监管服务平台的省级试点，实施"区块链+双重保险"数字化治理新模式，"甬信培"项目入选全省数字社会第二轮"揭榜挂帅"应用名单、省教育领域数字化改革第一批创新试点项目及市教育改革创新典型案例。

"双减"政策发布以来，全面停止学科类培训机构审批，224家义务段营利性学科类培训机构按要求做到压减办结率100%。全面规范校外培训机构办学行为，建立培训机构"四核查"机制、实施"三色"分类管理，完善应急处置机制，明确部门职责分工及处置流程，形成快速反应联动处置机制。同时，为校外培训机构的转型、转登做大量的引导和帮办工作，与培训机构开展沟通交流、政策宣传、了解机构需求，通过"一企一案"精准化定向辅导机构完成转登工作，发出全市首张学科类培训机构"营转非"办学许可证。

【"甬信培"平台开发】 2021年年初始，为解决校外培训市场虚假宣传、报名选课不规范等行业痛点和难点，海曙区作为全市试点地区，在市教育局指导下开发宁波市校外培训机构一站式服务平台（简称"甬信培"）。至年底，全市2110家培训机构经审核通过并开设"甬信培"平台账户，覆盖报名学生4.9万名学员，预收学费总额2.5亿元。3月5日，"甬信培"第一批可启用单位授牌仪式举办。截至当日，海曙区300余家拥有办学许可证的校外培训机构，首批入驻甬信培共103个，报名学员总数1.3万余人，预收费金额近7000万元。年内，"甬信培"资金监

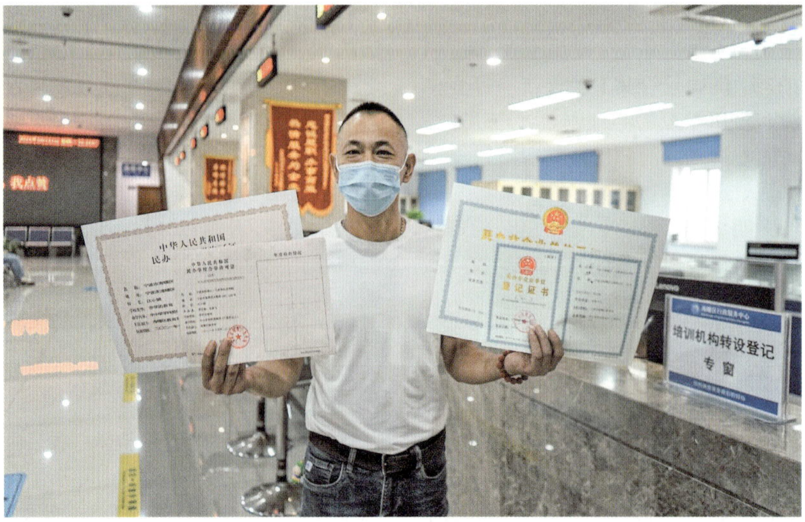

10月11日，海曙区发出宁波首张"营转非"机构办学许可证

管模式使培训机构的预付款可控，被评为“2021年度宁波市区块链示范项目”，入选浙江省数字社会“揭榜挂帅”名单。

【校外培训机构检查】 2021年暑假，由市、区教育局以及各镇（乡）教辅室负责人组成19个检查小组，分头对海曙区304家校外培训机构进行全覆盖地毯式检查，以“不打招呼、直奔现场”的实地检查全面规范校外培训行为。从检查结果看，部分机构没有使用宁波市规范合同，个别存在一次性收费超3个月、学费未入公账及超纲教学行为，还有部分培训机构存在消防设施无定期检查等安全隐患。9月，继续对校外培训机构检查有无存在占用节假日进行学科类培训等情况。通过多次排查，区教育局基本摸清学科类校外培训机构底数，实时掌握培训机构办学情况。在此基础上，建立校外培训机构（经教育部门审批的学科类培训机构）“双减”落实情况周末巡查制度。

【宁波首张“营转非”机构办学许可证】 2021年10月，为全力做好“双减”工作，海曙区根据《宁波市义务教育阶段学科类校外培训机构转登记工作方案》，区政务办、教育、民政、市监等多部门协同做好前期准备，保障营利性学科类校外培训机构转非营利性工作顺利开展。10月11日，宁波市海曙区一凡培训学校有限公司领到“中华人民共和国民办学校办学许可证”“民办非企业单位登记证”，成为宁波市首个获得学科类培训机构“营转非”办学许可证的培训机构。

（郑　骐）

社区教育

【概况】 2021年，海曙区举办全市全民终身学习活动周启动仪式，新增省级市民终身学习体验基地1家，严友祥被评为全国“百姓学习之星”。集士港镇成人文化技术学校成功创建省现代化学校，高桥成人文化技术学校被评为“宁波市标准化社区老年大学”。横街成人文化技术学校“桃源美缘”成教团队被评为“宁波市优秀教师团队”，鄞江成人文化技术学校精心培育的“稻渔共养技术应用示范”创建宁波市“成人教育服务乡村产业振兴创新”项目，洞桥成人文化技术学校打造的“健康洞桥”志愿者培育获评宁波市终身学习品牌项目。

完成成人高中双证制培训141人、扫盲培训42人、家政人才培训8900人次，4名教师、4名学员在宁波市终身教育技能（才艺）大赛中获奖。

【“家庭教育宣传月”活动】 2021年5月15日“国际家庭日”当天，区教育局启动2021年家庭教育宣传月活动。现场颁发海贝计划“普惠联家校”联盟分校铜牌。海曙5所浙江省示范家长学校、宁波市示范家长学校及数字化示范家长学校代表开展家长学校特色建设主题论坛。全区中小学、幼儿园分管领导和家长代表近300人参加活动。宣传月以“终身学习，幸福家庭，美丽海曙”为主题，还开展“户外亲子陪乐”“家庭阅读共乐”“祖辈智能乐行”“家庭教育进文化礼堂”等多项系列活动。

【“海之梦”中小学生社会实践活动】 2021年8月，“海之梦”中小学生社会实践活动举行。活动连续开展8年，受疫情影响，活动延续2020年通过线上实践的形式开展。活动内容包括生活知识“小课堂”、生活知识挑战问答、生活技能自拍“秀”和我为宁波“代言”四大类。共5314名学生完成全部活动内容后获得“海之梦”中小学生社会实践活动实践证书。

【全民终身学习活动周】 2021年11月25日，宁波市暨海曙区全民终身学习活动周启动仪式在海曙梁祝文化公园举行。此次活动周以“共同学习，共同富裕”为主题，由宁波市学习型城市建设与终身教育促进委员会主办。开幕式上，表彰一批包含“学习之星”和学习品牌在内的先进个人和先进单位，为2020年“浙江省现代化学校（社区学校）”12所、2021年“宁波市高水平成人学校”4所和2021年“宁波市新兴特色成人学校”7所颁奖，同时还颁发“宁波市标准化社区老年大学”、“终身教育优秀教师团队”、“终身教育能人工作室”、终身学习品牌项目和成人教育服务乡村产业振兴创新项目。随后，鄞江镇悬慈村经济合作社、鄞江镇成人文化技术学校与宁波市甬江职业高级中学等15家单位进行宁波市“职成协同服务乡村振兴”签约。

（郑　骐）

特殊教育

【概况】 2021年，海曙区继续挖掘特殊教育的内涵发展，践行“融合共生

10月，达敏学校健儿征战全国特奥会获佳绩

恒爱致远”的特殊教育学校办学理念，举办“以学生为中心的有效课堂”特殊教育三区联合教研活动暨宁波市第十一届名师带徒结业活动。推进特教教师队伍建设，多名教师在省、市特殊教育基本功大赛中获奖。优化特殊教育学校家校合作模式，持续推进区域示范性资源教室打造，从细微处逐步提高海曙区特殊教育办学质量。

海曙区横街镇中心小学、宁波市实验学校、东恩中学3所学校获评全市第三批“示范性资源教室”，宁波市实验小学获评全市第三批“合格资源教室”，达敏学校获评宁波市第二批“数字家长学校”。

【2教师在省特殊教育大赛获奖】 2021年10月，海曙区特殊教育教师李森、陈丽英参加浙江省特殊教育教师基本功大赛，分别获评一、二等奖。王翔、潘晨佳、陈婷婷3名教师参加浙江省第二届随班就读资源教师基本功大赛，均获评小学组二等奖。

【达敏学校在全国特奥会获2金7银5铜】 2021年10月29日，达敏学校陈力华、毛亦雯、徐雅婷、钱昊、苏麒伟、王锐鑫6名运动员角逐全国第八届特奥会50米、100米、200米、400米、800米、立定跳远、垒球等项目奖牌，摘得2金7银5铜。其中，陈力华获男子16～21岁组垒球金牌，毛亦雯获女子16～21岁组400米金牌，两人还获评“体育道德风尚奖”。

（郑　骐）

教师队伍建设

【概况】 2021年，海曙区出台《宁波市海曙区教育系统高层次人才建设实施办法》，引育力度为历年之最。率先举办研究生招聘专场，全年招录教师146人，其中高层次紧缺人才12人、优秀成熟型教师8人、具有研究生学历的教师45人。纵深推进“未来学校”校长培育等项目，持续提升校园长领导力，培育“浙派名校长”培养对象1人、区“名校长”4人。

分层分类打造教师队伍，持续深化“三名”工作室、“特级教师乡村工作室”建设，推进“未来学校”名优教师培训项目，培育正高级教师1人、“浙派名师”培养对象4人、“甬城教育名家”培养对象5人、省教坛新秀2人。40名教师入选第二批宁波市“四有”好老师，6人获评第33届“王宽诚育才教师”。海曙区25个优秀故事和案例入选省“教师教育十百千”优秀故事和案例征文活动，工程总数居全市首位。

全面推进“曙润青芽”班主任成长共同体建设，培育市骨干班主任7人，5名班主任在全市基本功大赛中获奖。有序推进义务段教师校长城乡交流工作，交流134人。推广实施“银龄讲学支教计划”，招募11名优秀退休教师到义务段学校支教。扎实推进对四川省喜德县、丽水市庆元县等地的教育对口支援工作，促进与协作区的优势互补、共赢发展。

【向四川凉山州喜德县选派6名教师】 2021年5月，区教育局选派6名教师赴四川省凉山彝族自治州喜德县开展对口帮扶支教，其中长期支教（18个月）1人，中期支教（7个月）2人，短期支教（3～6个月）3人。支教老师积极发挥在教育教学理念、课程建设、教科研等方面的“传帮带”作用，促进两地教育资源优势互补、共赢发展。

【第37个教师节庆祝活动】 2021年9月9日，海曙区庆祝第37个教师节暨先进表彰大会举行。大会以“赓续百年初心 担当育人使命”为主题，对获得2020年长三角地区中小学班主任基本功大赛获奖者、2021年省中小学教坛新秀、省先进教研组、省教“最美服务组织”、省“最美志愿者”等各级各类优秀教师进行表彰。教师节前夕，区领导分路看望慰问教育工作者。

【区第七届“美德教师”评选】 2021年9月，区委宣传部、区文明办、区教育局联合推出第七届海曙区“美德教师”评选。在全区中小学、幼儿园教师中评选“爱岗敬业”“关爱学生”“廉洁自律”“奉献担当”“改革创新”五类“美德教师”。经过公众评选和专家评审，方志英等10名教师被评为第七届海曙区“美德教师”，金少坤等10名教师获第七届海曙区“美德教师”提名奖。

【“未来学校”培训】 2021年10月24—27日，“未来学校”校长培育、“未来学校”名优骨干教师培训。海曙区及金华市金东区的38位校长、两区50位教师参与。培育班以“双减”“劳动教育”等热点为切入口，邀请教育部学校建设发展规划中心专家、外交官、教研专家、教育管理专家和省市一线校长等名家分享实践经验。

（郑　琪）

9月9日，方志英等10名教师获评第七届海曙区“美德教师”

文化·新闻

公共文化

【概况】 2021年，海曙区获评第四批浙江省公共文化服务体系示范区。在浙江省第七次镇（乡）街道综合文化站评估定级中，区内17家镇（乡）街道综合文化站一级以上建成率达到100%。月湖街道文化站、高桥镇芦港村文化礼堂入选浙江省首批公共文化场馆服务功能拓展先行先试单位名单。

截至2021年年底，建成国家一级文化馆1个、国家一级图书馆1个、国家级“书香社区”2个、省级“文化强镇”2个、省级“书香城镇”3个、省级“文化示范村（社区）”5个。打造“城市书房”10家、“书香酒店”6家、图书流动点150余家、“阅读书房”100个、一卡通流通服务点116个，基本形成“15分钟特色阅读圈”。

【一级以上镇（乡）街道综合文化站全覆盖】 2021年，省文旅厅公布浙江省第七次镇（乡）街道综合文化站评估定级结果，17家镇（乡）街道综合文化站一级以上建成率达100%，其中，鄞江镇、古林镇、高桥镇、集士港镇、石碶街道、龙观乡、洞桥镇7个综合文化站获评省特级文化站；月湖街道、段塘街道、西门街道等6个综合文化站从二级升为一级。全区镇（乡）街道综合文化站普遍拥有良好设施环境，配备专业人才队伍，成为基层文化建设的前沿阵地和提供公共文化服务的重要平台。

【文化惠民“百川工程”】 2021年，海曙区继续深入实施文化惠民“百川工程”，送书下乡近24万册，送演出下乡250余场，送展览讲座下乡286场。开展“一人一艺·百姓课堂”公益性艺术普及培训，推出书法、瑜伽、声乐、拉丁舞、朗诵、形体等36个课程、近900课时，惠及2万人次。疫情期间，推出“一人一艺·百姓课堂”网络课程78课时。进一步吸纳社会力量参与全民艺术普及，新增“一人一艺·全民艺术普及社会联盟”成员机构3家，17个镇（乡）街道采购项目涉及90门课程、1091课时，受惠近55000人次。

【海曙区获评省级公共文化服务体系示范区】 2021年7月，省文旅厅公布第四批浙江省公共文化服务体系示范区（项目）名单，海曙区入选。海曙区自2018年9月取得创建资格以来，坚持“政府主导、社会参与、共建共享”工作思路，构筑公共文化新生态。以区级文化阵地为核心，镇（乡）街道综合文化站为枢纽，村（社区）文化活动服务中心为基础，通过新建、改建、共建等措施，以社会化文化设施为补充的海曙区公共文化服务网络初步形成。铺就文旅融合新路径，不断加大“送文化”力度，文化惠民“百川工程”、百姓课堂、千年海曙、书香海曙、Hi—Talk（海拓客）等独具特色的公共文化产品被贴上海曙标签，以区级

“一人一艺”全民艺术普及公益培训

品牌活动为引领，镇（乡）街道品牌文化活动百花齐放的态势逐步形成。在推动公共文化场所免费开放、错时开放的同时，持续聚焦公共阅读空间的优化提升，丰富辖区图书资源，探索“互联网+”与“公共文化+”的融合发展模式，致力形成充满活力的公共文化服务体系，让全民共享文化成果。

（毛静娜）

文化产业发展和文化遗产保护

【概况】 2021年，海曙区规模（限额）上文创企业387家。规模以上文化产业实现增加值159.52亿元，比上年同期增长72.1%，其中，制造业实现增加值123.76亿元；批发零售业实现增加值10.28亿元；住宿业实现增加值2.99亿元；服务业实现增加值132.49亿元。有各级文创园区17个，其中市级文创园区3家、市级培育文创园区9家。

有世界文化遗产1处（中国大运河·宁波三江口、水则碑、大西坝旧址）、世界灌溉工程遗产1处（它山堰）。

拥有各级非物质文化遗产项目88项，其中国家级非遗名录3项、省级非遗名录8项（包括国家级）、市级非遗名录44项（包括国家级、省级）、区级非遗名录88项。全年新增省级代表性传承人6人，新增市级非遗项目14项、传承人16人，新增区级非遗项目12项、传承人17人，增量均居全市首位。课题论文《“文化+科技”在非遗场所建设中的应用研究——以宁波海曙区非物质文化遗产馆为例》获省文旅厅2021年非遗展示场馆（传习所）建设及展陈设计研究成果二等奖，为宁波市唯一获奖作品。古林镇成功创建第二批市级“非物质文化遗产特色小镇”，鄞江镇以总分第一的成绩入围第三批市级“非遗文化传承保护区”创建名单。

【全市首个传统工艺工作站】 2021年7月，海曙区与浙江中医药大学签订“浙江中医药大学驻宁波传统工艺工作站”战略合作框架协议，在省文化和旅游厅的支持和指导下，建立全市首个传统工艺工作站——浙江中医药大学驻宁波传统工艺站。工作站以海曙中医药文化和医药类传统工艺项目为重点，结合海曙区和浙江中医药大学优势，建立研究与实践平台，推动中医药文化、事业、产业的三者融合发展，着重解决工艺难题，培育特色品牌，拓展应用空间，共享丰富资源，为省级重要文化传承生态保护区创建提供专业的支持，注入强劲的动力。工作站的整体框架是在生态保护区核心区域宁波市中医药特色街区挂牌设立总站，并与宁波中医药（材）老字号寿全斋、冯存仁堂等合作，设立“中医药传统工艺工作站”（分站），提升传统中药炮制技艺。

【海曙非遗IP形象发布】 2021年9月10日，海曙非遗表情包于第三届“美好生活节”启动仪式上发布，这是宁波市首套非遗主题动态微信表情包，共推出“老师傅”“小药童”2个卡通非遗IP形象和24个动态表情包，展示四明南词、梁祝传说、宁波汤圆制作记忆等24个非遗项目，项目涵盖传统医药、传统技艺、曲艺等10个门类。

【区第三届“美好生活节”】 2021年10月16—31日，海曙区第三届“美好生活节”之乐享非遗系列活动在南塘老街举办。活动历时3周，分设“非遗市集”“非遗故事少年说”“非遗课堂”3个板块，并以海曙区创建省级“文化传承生态保护区”为契机，举办非遗志愿者队伍成立仪式。生活节的重点项目是“乐享非遗”系列活动，每周末安排非遗集市、非遗课堂、非遗故事少年说、四明南词专场以及保护区知识问答等活动板块，活动当月带动客流45万人次，总营业额超过2000万元，得到市、区各级媒体的广泛宣传报道。

【叶弦入选文旅部“乡村文化和旅游能人”】 2021年11月，区文化馆副馆长叶弦入选文化和旅游部公布的2021年度“乡村文化和旅游能人”支持项目人员名单。叶弦致力于海曙区非物质文化遗产的挖掘、整理及保护、利用。她深入田野调查摸底，探访非遗传承人，挖掘非遗资源，整理非遗资料，抢救一批濒危、具有很高历史价值的非物质文化遗产；全程参与宁波府城隍庙内海曙区非遗馆的建设、展陈设计及开馆运行等全面工作；依托“一人一艺”全民艺术普及工程系列活动推出“百姓讲坛”云课程、“非遗课堂”公益课、非遗进校园等活动；编撰浙江省非物质文化遗产丛书《浙江好腔调：49个曲艺项目集萃》四明南词的初稿等。充分发挥“能人”力量，探索将优秀传统文化和非遗项目植入乡村旅游，从城乡有机更新入手，通过结合乡村文化、产业等开展特色非遗活动，推动乡村文旅发展。

10月16—31日，海曙区第三届“美好生活节”之乐享非遗系列活动在南塘老街举办

【南塘老街入选省级“夜间文化和旅游消费集聚区”】 2021年12月24日，省文旅厅、省发改委、省商务厅联合发布《关于公布第一批省级夜间文化和旅游消费集聚区名单的通知》，海曙区南塘老街入选。南塘老街依托历史文化优势，注重文物建筑和原有环境的保护，挖掘历史文化内涵，加大对非遗品牌的保护和传承，通过开发夜间景区景点、夜间演出、夜间餐饮、夜间购物、夜间文化娱乐等，打响“南门三市”百年品牌，成为集历史古迹、旅游观光、文化休闲、民俗特色于一体的体验式主题商业街区，成为宁波最具江南韵味的文商旅主题街区。

（冯永峰）

4月，海曙区启动海西片区区级文保单位保护范围与建设控制地带划定工作

文物管理与保护

【概况】 2021年，海曙区有全国重点文物保护单位8处，省级文物保护单位17处、市级文保单位5处、区级文保单位100处、各级文保点195处，全国第三次文物普查（简称“三普”）登录点1600余处。

启动西片区区级文保单位保护范围与建设控制地带划定工作。增强大运河（宁波段）及海丝遗产地的保护管理，结合监测预警平台，做好日常巡查管理。市级文物保护点湖心寺旧址修缮工程顺利通过竣工验收。

响应全省数字化改革的要求，加快推进以依托数字化技术为核心的文物保护现代化治理体系建设，宁波市海曙区恶劣天气、灾害预警监测处置模块与宁波市文物安全体检场景（海曙区）项目入选全省第一批“文物安全”应用场景建设试点“揭榜挂帅”项目名单。

强化文物安全责任和监管，联合市文化遗产管理研究院开展省级及以上文保单位安全检查，开展民居类文物建筑消防安全专项整治，排查民居类文物建筑安全隐患，建立风险等级表。做好辖区重点文物保护工程项目指导与监管。推动革命文物保护利用，传承革命精神。加强文保员队伍建设。围绕历史传承脉络，推进文化遗产保护宣传工作。

【革命文物保护与利用】 2021年，海曙区各相关部门、镇（乡）街道合力做好革命文物保护利用工作。通过“专家带队+文保员带路”模式，常态巡查、动态抽查、实地走访、线上调查相结合，编制革命文物名录，建立革命文物数据库，排查出不可移动革命文物14处，其中，樟村四明山烈士墓、大革命时期中共宁波地委旧址、四〇一军事坑道等6处不可移动革命文物入选为浙江省第一批不可移动革命文物名录。安排专项资金30余万元，制定修缮提升方案，同步启动革命文物建筑本体保养维护工程、革命文物修缮提升工程、革命文物周边环境整治工程。5月14日，区级文物保护单位大革命时期中共宁波地委旧址保养维护工程完成，由属地街道牵头实施周边环境整治工作，加入红色标识等元素，以增强红色教育氛围。6月22日，区文物部门对李敏烈士旧居、大革命时期中共宁波地委旧址等木结构类的文物建筑开展革命文物消防安全专项检查，经检查，文物建筑基本无严重安全隐患，消防器材、安全设施基本到位。8月16日，省文旅厅、省教育厅、省妇女联合会联合推出“薪火相传跟党走——百万亲子家庭寻访红色根脉活动”，大革命时期中共宁波地委旧址、宁波樟村四明山革命烈士陵园上榜全省52个红色根脉打卡地。此外，依托各类革命文物类文物保护单位，整合文化、文物、旅游资源，推出高品质“初心之旅”红色旅游线路，排练实景系列微话剧《建岙妈妈》，打造各级优质党史教育基地5个，建成樟村四明山烈士纪念馆、宁波开明街鼠疫灾难陈列馆等4处革命文物纪念馆、陈列馆。为加大传播力度，拍摄梅园革命史迹陈列馆等3个革命文物讲述视频，提供线上“云游革命文物”服务。

【西片区区级文保单位“两划”工作】 2021年4月始，海曙区文物部门与第三方规划设计单位合作，启动海曙西片区的区级文物保护单位保护范围及建设控制地带划定工作（简称“两划”），涉及分布于西片区的9个镇（乡）街道，共计70余处文物保护单位。根据西片区区级文保单位原有“两划”基础资料，区文物部门对70余处文保单位开展实地勘察工作，做好周边环境、现状记录。3月23—25日，调研小组先后赴高桥镇、集士港镇、古林镇，登山入林，完成陈宗问墓道、范文虎墓、上升永济桥、闻氏宗祠等40余处文保单位现场勘察。

【文物保护单位安全责任公示牌上墙】 2021年4月，海曙区内的省级及以上文物保护单位安全责任公示牌全部完成上墙工作。区文物部门根据《文物博物馆单位文物安全直接责任人公告公示办法（试行）》文件要求，对全区文保单位（点）的使用、产权情况等基础信息进行排摸，并整合数据、建档。

安全责任公示牌上明确标注文物保护单位名称、保护级别、直接责任单位、安全直接责任人、监管单位、紧急电话等具体信息，方便市民对文物安全管理工作进行监督，打通文物安全责任链“最后一公里”。

【延寿堂入选省级保护利用优秀案例】 2021年6月25日，海曙区市级文物保护点延寿堂（甬上枫林晚书店）入选浙江省第三届不可移动文物保护利用优秀案例名单。延寿堂位于中山西路191弄45号，2003年8月被公布为宁波市第三批市级文物保护点。该建筑为民国建筑，坐北朝南，为一不规则四合院建筑，为民国时期宁波城区规模最大的百货店“一言堂”店主的住宅。枫林晚书店入驻延寿堂后，借助延寿堂原本建筑的历史人文环境，打造在全市乃至全省有名的公共文化交流空间，每年不定期开展各类文化主题沙龙及各种公益文化活动200余场。

【不可移动文物保护专项经费管理】 2021年8月20日，海曙区颁布不可移动文物保护专项经费管理办法，推进海曙区不可移动文物保护专项经费相关项目的申报工作。汇总已申报项目，拟定2022年度项目安排计划表。樖槠祖庙之戏台修缮工程等10处点位的方案文本通过专家评审。专项经费的使用和管理遵循“保护为主、抢救第一、合理利用、加强管理”的文物工作方针，针对全区范围内区管的各级文物保护单位（点）及其他有保护价值的不可移动文物，开展修缮（包括测绘和方案设计）、抢险加固、日常保养维护、消除隐患整改、保护性建设等项目实施补助。

【宁波百年英烈展】 2021年9月29日始，区文物管理所与宁波樟村四明山革命烈士陵园、镇海口海防历史纪念馆联合举办“傲骨忠魂‘甬’垂不朽”——宁波百年英烈展。9月30日至10月9日，海曙展在张苍水故居二楼临展厅开展，联展以讲述宁波革命烈士事迹为主，根据历史进程共分为大革命时期、土地革命时期、抗日战争时期、解放战争时期及社会主义建设时期5个篇章，详细记录杨眉山、崔真吾、李敏等烈士为共产主义崇高理想，不惜抛头颅、洒热血，前仆后继，英勇奋战的事迹。

【屠呦呦旧居暨陈列馆揭牌】 2021年12月22日，中国首位诺贝尔医学奖获得者、药学家屠呦呦旧居暨陈列馆揭牌。旧居位于开明街26号姚宅，位于莲桥街历史文化街区内原系屠呦呦外祖父姚咏白、舅舅姚庆三的住宅，是民国初期保留下来的历史建筑。屠呦呦少年时代曾寓居姚宅，前后达10年。陈列馆有前后楼屋两栋，为宁波近代民居风格的建筑。展陈面积837平方米，其中一楼包含“呦呦鹿鸣依依乡情”“矢志寻蒿不辱使命”“神药济世造福人类”“传承弘扬贵在创新”4个陈列篇章。二楼为中医药专家研究室、培训活动室和学生科普基地。陈列馆于5月1日试开放，当日接待游客逾11100人次。5月24日，屠呦呦旧居陈列馆被中国科学技术协会授予浙江首批“科学家精神培育基地”试点单位。

【文物“三普”登录点复核】 2021年12月，区文物管理所完成辖区内“三普”登录文物重点复核工作，对“三普”登录点保存现状展开调查，并更新宁波遗产信息化管理云平台中相关信息。推进“三普”登录点挂牌工作，350处“三普”登录点挂牌任务，完成挂牌100余处，明确相应保护责任，唤起全社会关注和保护意识。

（冯永峰）

文化市场监管

【概况】 2021年，海曙区文化市场综合行政执法队坚持防控防疫和复工复产两不误。在宁波镇海发生新冠疫情期间，按要求紧急关停网吧和娱乐场所126家，并及时做好后续的复工复产指导工作。

执法队坚持突出重点，文化市场监管执法不断强化，日常巡查出动检查6865人次，检查相关单位3878家次，其中违规单位24家次，行政处罚立案调查19件。办结案件18件，警告8家次，罚款50000元，没收非法所得298元，没收违法物品17个。

受理文化市场举报31件，受理办结旅游投诉155起。借助“法雨春风”旅游投诉调解实施工作，严抓源头管理，组织举办2021年海曙区旅游纠纷调解处理培训会。

与全区95家网吧签订《网吧常态化禁烟承诺书》和《信用承诺书》，下发禁烟劝导员袖套400余个。开展禁烟公益宣传，辖区网吧7000余台电脑设置开机屏保禁烟提示。

【网吧禁烟专项整治行动】 2021年3月始，海曙区在全市范围内率先开展网吧禁烟专项整治行动。联合发文《关于开展海曙区互联网上网服务营业场所禁烟专项整治行动的通知》，完善、提升监管措施、联动巡查机制和处罚举措。除日常检查以外，文化、公安和卫健联合每周检查2次以上，对存在吸烟行为的网吧场所、个人进行从严从重处罚，保持高压监管态势。全年，文化、公安、卫健三部门连续开展检查22周，出动人员695人次，检查网吧228家。卫健部门处罚吸烟消费者128人，公安部门处罚网吧10家次、累计罚款2万元，责令停业整改8家次，文化部门处罚网吧1家（未落实巡查制度），集体约谈网吧6家次。

【旅游纠纷调解处理培训】 2021年4月23日，2021年海曙区旅游纠纷调解处理培训会召开，全区旅行社、分社和A级景区负责人70余人参加培训。区文化执法队通报2021年以来的旅游投诉情况；公安民警对出境旅行社跨境赌博整治工作进行培训，市文化市场执法队专家专题讲解旅行社法律法规、合同管理和旅游纠纷调解。

【“5·19”区文明旅游暨文旅行业普法宣传活动】 2021年5月19日，海曙区在南塘老街举办“5·19”中国旅游日文明旅游暨文旅行业普法宣传活动。现场设置24个展位和4个宣传位，放置宣传展板50余块，由区文化市场执

5月19日，海曙区在南塘老街举办“5·19中国旅游日”文明旅游暨文旅行业普法宣传活动

法大队等部门接待咨询群众120余人次，发放法律法规资料和答题卡200余册，500余份。现场开展微友宁波老城推广，并邀请星级饭店、景区和旅行社等旅游企业现场参展，推出门票、房券、餐券、特色产品等惠民产品。

【校园周边出版物市场检查】 2021年9月1日，区文化市场综合行政执法队对洞桥镇、古林镇辖区内的中小学校园周边各书报刊、音像制品、电子出版物等经营单位开展检查。重点检查各出版物经营单位是否存在违法经营淫秽色情、封建迷信、凶杀暴力出版物和盗版教材教辅读物及其他非法出版物。以现场检查为主，明察和暗访相结合。其间，检查各出版物经营单位的各种证、照是否齐全，进销售凭证是否按规定留存，进货渠道是否符合规定，是否存在违规经营的行为。检查情况总体较好，对发现的一家文具店存在无证销售少量出版物的违法行为，进行依法处置，并立案调查。

（仇璐娜）

图书馆

【概况】 2021年，海曙区图书馆有馆藏图书232607种、615105册。其中，新增图书45517种、104398册，地方文献新增734种、1117册。订购报刊711余种。接待读者约212万人次（含分馆），图书借还1107682册次、237614人次。新增持证读者4327人，持证总人数27626人。

新建成“城市书房”3家，“云听有声”阅读点20个，金、银阁级“书香酒店”3个，村、社区、企业、机关、景区等“一卡通”分馆29个，甬一书循环点30个。截至年底，海曙区共有“城市书房”10家，新型电子借阅点57个，“书香酒店”6家，图书馆“一卡通”分馆216家。

举办各类读者活动713场，其中“阅游甬城”12期、“海曙讲堂”67场、各类展览60场。举办“小海狸”亲子故事会、“海图荐书”、“微信抢书”、“阅读马拉松”等阅读推广活动160场。

【“4·23世界读书日”活动】 2021年4月23日，区图书馆联合宁波出版社共同发起第26个世界读书日主题访谈活动“读书的春天来了吗？”。活动邀请邹元辉、陈慧、柴隆3位作家担任嘉宾，以互动分享的方式，号召读者以更加自由、开阔的心境，沉浸阅读时光。当晚，区图书馆承办的“2021宁波阅读进行式”在“岭读·城市书房”举行。4—6月，区图书馆开展“城市萤火虫”换书大会、“海曙讲堂”、“阅读之星”评比、亲子故事会等活动，参与人数达10万人次。

【区图书馆获评省级“满意图书馆”】 2021年5月，省文旅厅下发《关于公布第一批“满意图书馆”达标名单的通知》，海曙区图书馆获评“满意图书馆”称号。区图书馆于2005年7月开馆，位于沁园街345号的区文体中心内，馆舍面积约5400平方米，为读者提供图书借阅、报刊阅览、电子阅览、盲人阅览、读者活动等服务。有工作人员19人，馆藏图书232607种、615105册。

【“海思”少年读书节活动】 2021年6月，海曙区启动“海思”少年读书节，活动期间为获得第四届“护苗·绿书签”征文大赛优秀文章的中小学生颁奖。此届“护苗·绿书签”征文大赛以“童心向党绿书签”为主题，自3月份启动以来，辖区内各中小学积极响应，收到356篇文章，其中95位中小学生文章被评为优秀，并获得表彰。

【高桥镇岐阳村获评国家级“书香社区”】 2021年10月，中国图书馆学会发布《关于2021年“书香社区”发现活动名单的通知》，高桥镇岐阳村入选2021年“书香社区”名单，成为继芦港村后全区入围的第二个“书香社区”。岐阳社区图书馆在区图书馆支持下，纳入海曙区图书馆管理系统，实现“一卡通”借阅服务，调配图书5000余册、音像制品100余张、报纸杂志30种，满足居民的阅读需求。

（叶玉娇）

博物馆

【概况】 2021年，海曙区各级非国有博物馆11家，博物馆面积达6万平方米，馆藏藏品近1.8万件，博物馆组织展览、教育等文化活动320场，参观人数83.65万人次。

【海曙区参展中国水利博物馆专题展】 2021年8月30日始，由中国水利博物馆推出的专题展“探秘与解读——大运河文化故事展”开展，展期3个月。海曙区婚俗博物馆选送的“宁波清代状元枕”和海曙区居家博物园选送的“宋瓷灯盏”两件优秀藏品入选专题展。此次专题展以物叙事的方法，解读大运河在不同时期的历史价值、文化背景和生动故事。区居家博物园的“宋瓷灯盏”展陈于第三单元《宋元贸易大兴旺》中；区婚俗博物馆的“宁波清代状元枕”展陈于第四单元《明清经济大动脉》中。

（冯永峰）

文化馆

【概况】 2021年，海曙区文化馆馆舍使用面积达6000余平方米，设有小剧场、多功能厅、综合排练厅、舞蹈排练厅、合唱排练厅、书法创作室、琴房、书画室、非遗展厅、百姓录音棚、摄影棚等20余个活动场所，为辖区群众提供全方位的文化服务。

区文化馆积极开展文化惠民工程，举办中国共产党成立100周年系列活动，推动“一人一艺”全民艺术普及工程，扩大公共文化服务辐射面，提升文化服务效能。

男子群舞《弄潮儿》获浙江省群众舞蹈大赛金奖；舞蹈作品《幸福的菜篮子》获宁波市原创舞蹈大赛金奖、浙江省群众舞蹈大赛银奖；创作音乐作品《寻你》获宁波市原创音乐大赛金奖、浙江省群众音乐大赛银奖；小品《我们与恶的距离》获宁波市原创戏剧小品比赛表演金奖、创作银奖。

【文化惠民“百川工程”文艺展演】 2021年，区文化馆开展各类品牌文化活动。整合镇（乡）、街道文化资源，挖掘具有地域特色的文化活动，举办“百川工程”文化演出258场，惠及民众近十万人。提升“周周演”活动质量与数量，与鼓楼步行街联合，全年开展9场演出。开拓“天然舞台”对象，免费向市民发放专业团队演出门票8场，免费发放近3000张演出票。

【“一人一艺”全民艺术普及工程】 2021年，海曙区开展“一人一艺·百姓文化课堂”公益性艺术普及培训班，培训近900课时，惠及近2万人次。“一人一艺”全民艺术普及社会联盟培训课程共1091课时，培训人数达近55000人次。开展“一人一艺”百家讲坛共计4期，惠及500人次。在疫情防控常态化背景下，推出“一人一艺”全民艺术普及“百姓讲坛”网络课程共78课时，浏览量2万余人。

【庆祝中国共产党成立100周年系列主题文化活动】 2021年4月24日，由区委组织部、区委宣传部、区总工会、区文化和广电旅游体育局主办，区文化馆承办的“庆建党百年·绘劳模风采”——海曙区庆祝中国共产党成立100周年现场绘画活动举行。百位在校师生，齐聚月湖之畔，为100名劳模代表绘制肖像画。6月29日，区文化馆策划执行“奋斗百年路，启航新征程”海曙区庆祝中国共产党成立100周年主题文艺晚会。晚会向50名海曙区50年以上党龄的老党员致敬，表彰区优秀共产党员、区优秀党务工作者、区先进基层党组织。

【面向农村未成年人美育课堂项目】 2021年11月7日，海曙区承办的2021“圆梦青苗·以艺育美”浙江省百名文艺志愿者面向农村未成年人开设美育课堂项目开课。区文化馆声乐干部袁野担任文艺志愿者，在石碶街道雅度村文化礼堂开课教学。该课堂顺应宁波数字文化服务潮流，采取线上抖音直播和线下面授方式提供公共文化服务，旨在把参加全民艺术普及的优秀宁波市文化馆志愿者打造成“网红”。

（刘金玲）

新 闻

【概况】 2021年，区全媒体中心《海曙新闻》报刊出刊147期，《海曙新闻》电视、广播栏目分别播出节目232期、250期，海曙新闻网更新3722条、“海曙新闻”客户端发稿6634条、“海曙发布”微信公众号共发稿1673篇、微博发布6021条、“海曙最宁波”政务抖音号发布150条；新开设海曙发布视频号，全年发布视频157条。

在中央、省、市各级媒体刊播宣传海曙区新闻稿件2200余篇（条），中央级主流媒体（含网媒）发稿300余篇（条）、省级主流媒体100余篇（条）。

【《海曙新闻》报刊】 2021年，《海曙新闻》出刊147期，刊登自采新闻稿件3260余篇，发行量1.8万份。逢庆祝中国共产党成立100周年之际，增刊一期“奋斗百年路 启航新征程”专版。值行政区划调整5周年，策划推出“走遍海曙”大型融媒行活动，通过全体采编人

4月24日，“庆建党百年·绘劳模风采”——海曙区庆祝中国共产党成立100周年现场绘画活动现场

员践行“四力”，采制出百余篇稿件、近千张图片，并精校完善、付梓成书，全景展现海曙区村（社）发展新气象。聚焦中国共产党宁波市海曙区第十次代表大会，增刊党代会报道专刊，详细报道会议各项议程及场外回应，传递未来五年发展蓝图。对焦疫情发生后全区党员干部奋战抗疫一线、企业群众抓生产促发展等，连续推出多期“坚决打赢疫情防控阻击战”系列报道，展现众志成城齐抗疫的生动画面。

【《海曙新闻》电视】 2021年，《海曙新闻》电视播发节目257期、《海曙周刊》44期各类新闻2266条。全媒体中心广电编辑部围绕中国共产党成立100周年、“十四五”规划开局之年、宁波建城1200年、海曙区划调整5周年等各项区内宣传工作目标任务，精心策划重大主题报道、专栏报道，讲好海曙故事，深入挖掘海曙各项工作推进的特色亮点。在台风“烟花”“灿都”袭击宁波期间，广电编辑部开设“抗击台风”特别报道，编辑记者分赴全区各地防台风抗台风一线开展采访，走进街巷村舍，探访干部群众防台风抗台风的工作，不断将来自一线的最新情况展示给观众。推出各类报道123篇。

【《海曙新闻》广播】 2021年，《海曙新闻》广播每周一至周五（节假日停播）17:00播出，每期节目时间5分钟，共播出250期。重点宣传海曙区“疫情防控”、“复工复产”与“文明典范城市创建”工作、持续推进垃圾分类、开展对四川省凉山州喜德县等地的东西部扶贫协作、“山货下山”精准帮扶、优化创业创新环境引进人才、持续推进党风廉政建设、深化“最多跑一次”改革、基层治理等热点新闻。

【新媒体建设】 2021年，海曙区升级优化“两微一网一端一抖”（海曙新闻官方网站、“海曙发布”微信公众号与官方微博、海曙新闻客户端、“海曙最宁波”官方抖音号）等平台，加强新媒体建设，扩大影响力。各平台开设《奋斗百年路 启航新征程》《争创全国文明典范城市》《网络中国节》等专题专栏话题共计15个，设计推出《走遍海曙》电子版，读者可扫描线上全景品读海曙村（社）风貌。自创《清廉路名》系列短视频，带领市民了解路名字背后的清廉故事。新开设海曙发布视频号，全年发布视频157条，单条浏览量最高为《爱聚海曙，加油洞桥！我们一定行！》，点击量逾121万。10月1日推出“每日一景·海曙”栏目，通过挖掘人文、历史、经济、地理等优质资源，以图片形式展现海曙卓越城区形象，广受群众喜爱，得到区委主要领导批示。

2021年区全媒体中心新闻获奖统计一览表

表23

序号	奖项名称	奖级	稿件标题
1	宁波新闻奖摄影作品	二等奖	人勤春耕忙 智慧添助力
2	宁波新闻奖新闻版面作品	二等奖	《海曙新闻》2021年9月27日3版
3	宁波新闻奖重大主题报道奖优秀作品奖	二等奖	“结石宝宝”系列报道
4		三等奖	随时随地“码”上学 快递小哥变身“党史传递者”
5	宁波新闻奖新媒体作品	二等奖	书送希望
6		三等奖	不妨用好“奥运之城”这个“顶流”IP
7			《清廉路名》系列短视频
8			永远跟党走！海曙庆祝中国共产党成立100周年短视频特辑
9	宁波新闻奖报刊类	二等奖	“5G时代也要保留2G服务” 81890智慧升级下的民生温度
10	宁波市广播电视节目奖新媒体奖	二等奖	爱聚海曙！加油洞桥，我们一定行
11	宁波新闻奖县市广电好新闻奖	一等奖	【新闻特写】我们回家了
12		二等奖	数智赋能 海曙制造业乘“数”而上辟新径
13		三等奖	高山巡回医疗守护山区百姓健康
14			这群“00后”为烈士修复“红色文书”
15	宁波新闻奖县市报好新闻奖	一等奖	“邻里别院”开起议事会
16		二等奖	共同富裕面面观
17		三等奖	菜农隔离不能出摊 海曙这位老顾客帮其吆喝卖菜
18			短短四个多月，海曙将教育医疗队伍、农业种植项目、人才就业资源悉数送到喜德——共续“山海情” 念好“共富经”

（李玉飞）

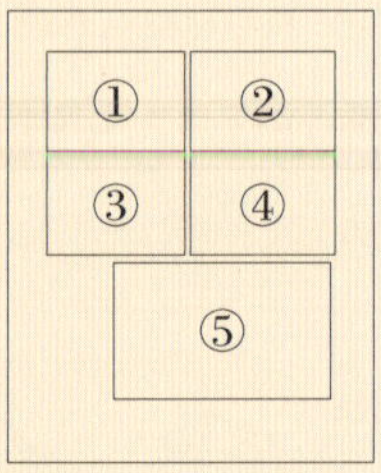

①8月，延寿堂（甬上枫林晚）保护利用案例入选全省第三届不可移动文物保护利用优秀案例名单

②8月，“薪火相传跟党走——百万亲子家庭寻访红色根脉活动”，发布了全省52个红色根脉打卡地，大革命时期中共宁波地委旧址纪念馆名列其中

③9月30日始，区文物管理所与宁波樟村四明山革命烈士陵园、镇海口海防历史纪念馆联合举办的“傲骨忠魂·‘甬’立潮头——宁波百年英烈展”主题联展于9月29日在海曙区中山广场展出

④10月23日，“诗书传家 福泽两岸”2021年沈光文诞辰409周年纪念活动在沈光文纪念馆举行

⑤樟村四明山烈士陵园

体　育

综　述

【概况】 2021年，海曙区布局兴建2个体育公园。推进浙江省与宁波市关于体育民生实事工程建设，建成体育公园1个、村级全民健身广场1个、社区多功能运动场2个、百姓健身房9个，海曙区获评“十三五”全省体育场地设施建设突出贡献奖。提升“全民健身月月赛”品牌，开展20个活动。在第十四届全国运动会上获得3金1银，组队参加宁波市级青少年22项比赛，获得金牌40金39银54铜。“清新龙观”运动体育旅游精品路线入选2021年度“长三角地区精品体育旅游线路”。兑现2020年度浙江省体育产业扶持项目资金265万元，74家体育类校外培训机构进入省级“白名单”。对51所学校逾7万名学生开展脊柱侧弯筛查工作。

【“体医融合”业务培训班】 2021年9月16日，由区文化和广电旅游体育局、区卫生健康局主办的2021海曙区“体医融合”业务培训班举办，各镇（乡）街道的基层社区卫生服务中心、文化站以及各单项协会的有关人员90余名参加。课程主要包含“运动健身与营养饮食”“科学健身——选择自己的运动处方”“常见的运动损伤防护与康复”“慢病人群运动干预与健康管理”等，授课老师均拥有丰富理论及多年临床实践经验，在体医融合方面有独到见解。全体学员还参加学习内容和实践操作相结合的考核，通过考核的授予三级社会体育指导员证书。

（林　瑜）

9月，“清新龙观”运动体育旅游精品路线入选2021年度“长三角地区精品体育旅游线路”

体育设施建设

【概况】 2021年，海曙区体育设施场地总面积237.81万平方米，人均体育场地面积2.26平方米。采购和安装92件健身路径。在“保利·天悦”小区东侧和“恒威海上花院”小区南侧地块布局以轮滑和棒垒球为主题的体育公园，占地面积近2公顷。

新建基层体育场地中，列入浙江省民生实事工程的11个，列入宁波市民生实事工程的12个，涉及新建体育公园1个、社区多功能运动场2个、百姓健身房9个、村级全民健身广场1个。

【海曙区获评“十三五”省体育场地设施建设突出贡献奖】 2021年4月15日，省体育局公布《关于表扬“十三五”及2020年度体育场地设施建设先进单位的通知》，海曙区获评“十三五”省体育场地设施建设突出贡献奖。“十三五”期间，海曙区新建乡镇文体中心1个、体育公园3个、社区多功能运动场7个、百姓健身房17个、社会足球场13片、游泳池7个、“小康提升村”43个，增加基层体育场地面积。有效发挥基层力量，盘活村文化礼堂以及社区闲置用房；基层镇（乡）街道吸引体育企业投资、入驻本地，给予政策扶持。广泛动员社会参与，借助省、市体育产业政策，加大对民营企业建设体育场馆的投入。帮扶本地体育企业与各镇（乡）街道、学校对接场地建设项目，落实场地需求。至2020年年底，全区人均拥有公共体育设施面积2.16平方米（按照2019年常住人口计算），较2017年增长47%。

（林　瑜）

竞技体育

【概况】 2021年，海曙区布局发展射箭、街舞、手球等多个新型项目，共注册省、市比赛运动员890余人，引进攀岩和冰雪项目高水平运动员2人，新创建市级训练点和传统学校3所。

输送的运动员张欣怡获得第十四届全运会女子体操U14组项目团体冠军、全国女子体操锦标赛项目团体冠军，范心怡获得第十四届全运会蹦床项目团体第二名、个人第四名。组队参加宁波市级青少年22项赛事比赛，获得金牌40金39银54铜。其中，武术散打、短式网球获得金牌数、团体总分第一名。

承办浙江省青少年女子甲组、乙组足球锦标赛，青少年男子甲组足球冠军赛，浙江省攀岩冠军赛，宁波市青少年男子篮球乙组、男子足球乙组、攀岩、短式网球比赛。主办智力运动会（三棋）、羽毛球比赛等9项区级赛事。

【省青少年足球赛事裁判培训班在海曙举办】 2021年2月至3月，由省体育局主办，省足球协会和宁波市体育局承办，区文化和广电旅游体育局和宁波市足球协会执行的浙江省青少年足球赛事裁判人员培训班海曙区举办，近200名裁判人员参加培训。培训班为全省各级各类足球赛事全面恢复进行准备，培训主要针对最新的足球竞赛规则进行宣讲，解读规则重点修改的章节，并对室内五人制足球竞赛规则的修改进行最新解析。

5月15—16日，2021年度市青少年攀岩比赛在海曙区举行

【市青少年攀岩比赛在海曙开赛】 2021年5月15—16日，由市体育局、市教育局主办，区文化和广电旅游体育局承办的2021年宁波市青少年攀岩比赛在海曙区集士港广德湖小学开赛。来自全大市4个区（县、市）的77名运动员、教练员参加比赛。比赛按照年龄划分甲组（13～14岁）、乙组（11～12岁）、丙组（9～10岁），每个组别均设男、女两个组别，在项目设置上设速度赛、难度赛、攀石赛3个项目，除个人单项之外，还设三人速度接力团体赛。最终，男子个人全能冠军由汪啸乾获得，女子个人全能冠军由周卉获得，鄞州代表队获得团体总分第一。

【张欣怡获得全运会浙江队首金】 2021年7月14日，在第十四届全运会首场比赛——体操男子U17组和女子U14组比赛中，海曙籍运动员张欣怡参加的浙江队夺得女子U14组团体冠军。比赛为全运会的首场比赛，张欣怡所在的体操队为浙江夺得此届全运会决赛阶段的第一金。

【华栋栋获东京残奥会2枚奖牌】 2021年8月26日，在东京残奥会男子400米自由泳决赛中，海曙区石碶街道参赛选手华栋栋，以4分34秒89的成绩为中国代表团再添一枚铜牌，成为宁波代表团的首块奖牌。8月27日，在东京残奥会男子S11级50米自由泳决赛中，华栋栋以26秒18的成绩夺得银牌。1999年，华栋栋出生于石碶街道栎社村的一户残疾人贫困家庭，患有先天性视力障碍，同样身患视力障碍的父亲华伟定自发对年幼的华栋栋开始游泳训练。2009年，在市残联推荐下，10岁的华栋栋拜师汤能能，开始正式学习游泳。2011年始，相继在全国第八、九、十届残运会上获奖，2019年10月在英国参加世界残奥游泳锦标赛获得1金2铜。

（林　瑜）

群众体育

【概况】 2021年，海曙区注册体育社团21个，包括1个体育总会和20个单项体育协会。提升优化“全民健身月月赛”品牌，通过“菜单式”促赛事活动多元化，“规范性”促赛事内容精品化，“产业型”促赛事发展融合化，举办中国女子半程马拉松赛、2021海曙区云健身卡路里燃烧PK赛、2021年爱在梁祝马拉松嘉年华等20余个活动。

承办浙江省第十四届幼儿模型表演大赛、浙江省第十届幼儿国际趣味田径表演大赛、宁波市社区运动会三人篮球总决赛和棒球总决赛等。组织参加宁波社区运动会十余个项目及市级、省级、国家级比赛。段塘街道代表宁波参加浙江省社区运动会，获广场舞金牌。海曙区健身气功协会代表宁波市获浙江省体育大会健身气功比赛五禽戏第一名、气舞第二名。海曙区老体协代表宁波市参赛，获得浙江省体育大会柔力球比赛5金1银的成绩。海曙区高桥镇沙滩足球队在第十四届全运会群众比赛沙滩足球项目男子组比赛中获得金牌。

开展飞镖、航模、太极拳、自行车等三级社会体育指导员培训班9期，培训453人次。举办"一人一技"公益培训和全民健身大讲堂37期，累计培训4730人次。

【全民健身月月赛】 2021年，海曙区全面提升"全民健身月月赛"活动品牌。促进承办主体多元化，由镇（乡）街道结合辖区实际情况认领赛事活动，并联合相关区体育协会、俱乐部共同承办，至年底，17个镇（乡）街道全部完成赛事活动认领，并与区各体育协会、俱乐部对接，调动二者开展活动的积极性、规范性。多样化举办赛事活动，由各镇（乡）街道因地制宜承办除赛事清单以外的其他比赛项目，丰富项目类别，拓展到舞蹈类、球类、棋类20余种。赛事发展融合化，在坚持政府主导基础上，找准企业、社会和群众需求，立足服务，吸引体育企业（含培训机构）以冠名赞助、提供场地器材服装等形式参与相关赛事活动的举办，带动体育产业发展。

【区健身气功协会成立】 2021年3月30日，海曙区健身气功协会成立大会举行。区健身气功协会会员代表50余名及市、区相关部门负责人参与。区健身气功协会的成立使海曙区健身气功开展有健全的组织保障，为健身气功爱好者学习交流搭建更广阔的平台。

【2021中国宁波女子半程马拉松比赛在海曙举行】 2021年4月18日，由市体育局、团市委、海曙区人民政府主办的"永仕杯"2021中国宁波女子半程马拉松赛暨宁波市社区运动会海曙站启动仪式在章水镇举行。此次赛事吸引近千名跑步爱好者参加，赛事设半程马拉松、欢乐跑和暖男护跑。作为宁波唯一的女子特色马拉松赛事，此届马拉松赛以环皎口水库为设计概念，途径多处具有四明山地域特色的植被区、亲水区，兼具挑战性、趣味性、观赏性，是一条得天独厚的活动赛道。最终，半程组张妮荣获第一名。

【段塘街道获省级广场舞赛事冠军】 2021年6月19日，在2021首届浙江省社区运动会期间，海曙区段塘街道舞蹈队表演的"天南地北唱中华"广场舞获冠军。段塘街道街道以增强全民体质、提高全民健身水平为目标，建立健全"街道—社区—小区"三级网络体系，持续完善全民健身服务体系，相继成立近40支2000余人的社区健身运动队伍，吸引辖区群众常态化参与广场舞、健身球、太极拳等健身活动，并邀请专业教练担任指导员，全民健身事业呈现良好的发展态势。

【海曙球队获全运会沙滩足球金牌】 2021年9月26日，在第十四届全运会群众比赛沙滩足球（男子组）决赛中，以宁波海曙区高桥镇沙滩足球为代表的浙江队以5:4战胜山东队，以全胜战绩获得比赛冠军，成为继全运会男足U20夺得竞技项目金牌后，浙江足球获得的第二枚金牌，也是全运会历史上宁波首次获得足球金牌。

（林　瑜）

体育产业

【概况】 2021年，海曙区完成体育产业机构名录库系统录入企业信息新增、更新828条。排摸体育类校外培训机构74家，纳入省级"白名单"。对环"浙"步道海曙段以及环"市"步道海曙段进行线路勘探及信息采集录入统计，新增步道长度121.5千米。兑现2020年度浙江省体育产业扶持项目资金265万元。组织企业申报省、市各类体育产业发展项目库，其中1家企业入选宁波市体育产业库。"清新龙观"运动体育旅游精品路线入选2021年度"长三角地区精品体育旅游线路"。

邀请体育名人为2家企业拍摄短视频，进行线上推广。结合"美好生活节"等活动在天一、南塘老街等核心商圈组织10余家体育服务企业开展线下体育互动体验，组织"雪狼户外"等多家体育企业参加体育企业推介活动以及体育集市等4场。在暑假期间，各大体育培训行业通过企业公众号、抖音宣传片、电梯广告图等方式以提供优惠大礼包、开设特色培训班、推出素质拓展营等内容，吸引中小学生参加体育培训。

全年对体育经营场所每月进行"双随机"安全专项检查50家次，责令整改4家次。

【新建健身步道验收】 2021年8月26日，海曙区组织对新建的3条健身步道进行验收。包括全程3千米的集士港镇湖山村的湖泊河游步道、全长2150米的白云街道安丰社区的星光步道、全长380米的月湖街道太阳社区"燃烧卡路里"·散步吧。3条步道分别为农村修建的健身步道、在老小区改造中结合"海绵城市"理念为夜间散步的居民提供指引的城市步道和老小区充分利用社区内空余地块设置的步道。至年底，验收合格后，步道投入使用。

【"清新龙观"运动体育旅游精品线路入选长三角精品线路】 2021年9月14日，由浙江、安徽、江苏和上海三省一市体育局会联合长三角地区体育产业协作会秘书处组织开展的"长三角地区精品体育旅游项目"发布，海曙区上报的"清新龙观"运动体育旅游精品线路入选长三角精品体育旅游线路，为宁波地区唯一入选项目。"清新龙观"线路包含浙江省运动休闲旅游优秀项目半山伴水度假村、国家AAAA级旅游景区五龙潭景区、宁波"网红"景点观瀑水景玻璃天桥、长三角最具特色漂流青云峡漂流、浙江省运动休闲旅游优秀项目绿谷龙观登山健身步道、宁波市露营地休闲旅游基地龙观庄园户外基地、浙江省白金级民宿龙观禅那精品民宿及浙江省休闲农业和乡村旅游示范点向阳舍等，是全区乃至全市的精品体育旅游线路。

（林　瑜）

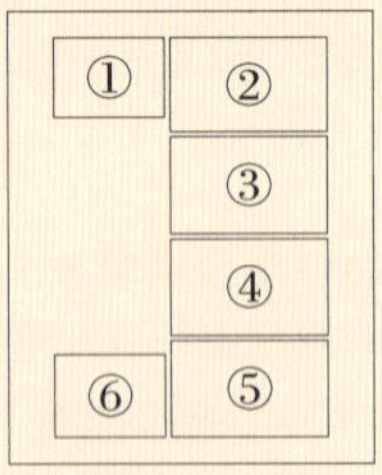

①3月30日，海曙区健身气功协会成立

②4月18日，“永仕杯”2021中国宁波女子半程马拉松赛在章水镇开跑

③5月16日，“爱在梁祝”运动嘉年华在高桥梁祝文化园举行

④7月17日，“海曙好美首发”足球俱乐部首次晋级浙江省足球超级联赛（B组）

⑤9月26日，高桥沙足获得全运会沙滩足球冠军

⑥10月26日，2021年海曙区小学生校园足球秋季联赛在宁波市体育发展中心笕式足球场开赛，27所学校67支队伍总计700余名小球员参加

卫生健康

综　述

【概况】 2021年，海曙区有各级各类医疗卫生机构516家。其中，区属公立医疗机构4家（海曙区第二医院、海曙区第三医院、区中医医院、口腔医院），急救站1家，镇（乡）卫生院、街道社区卫生服务中心16家，村卫生室、社区卫生服务站144家。门诊部及以上社会办医疗机构107家，其中社会办医院25家。

全区在职卫技人员15534人，其中执业（助理）医师数6197人、注册护士数6681人。区内医疗机构设置床位数为7781张，其中社会办医床位数1456张。全年区属公立医疗卫生单位年门、急诊病人683万人次，卫生健康事业经费64050.68万元。

海曙区建成浙江省级“健康促进区”，连续3年获得“健康浙江”“健康宁波”建设考核优秀等次。疫情防控、疫苗接种等多项举措获国家及省、市各级媒体点赞。董幼祺全国名老中医药专家传承工作室落地海曙。成立首个区（县）市级中医药管理科。在全市率先召开区（县）级中医药大会。

【基础卫生健康建设】 2021年，海曙区继续做好各类基础卫生健康工程项目，宁波普济医院精装修完成95%，累计完成投资13321万元；区中医医院迁扩建与气象路社区卫生服务中心合建工程完成验收，并交付使用；区公共卫生业务用房新建项目主体结构完成4层，累计完成投资5624万元；海曙区第二医院新建工程（东地块项目）、段塘街道社区卫生服务中心迁扩建项目和区口腔医院迁建项目开工建设。进一步优化管理模式，院前急救车辆实现“智慧急救系统”全覆盖。加强救护车辆配置，区急救站救护车总数达33辆，其中负压车16辆（占比48.48%）。

【卫健人才队伍建设】 2021年，海曙区通过公务员公开招录1次、事业单位公开招聘2次、高层次人才引进工作2次、基层卫生人才定向培养招录工作1次，共招录114名人员。其中，博士研究生1人、硕士研究生15人，高级职称人员1人。落实省、市、区各类人才引进计划，入选“甬江引才”城市经济领域创新人才4人、科技创新领域青年创新人才3人。继续开展医务人员“上挂下派”交流活动，发挥专业技能优势，提升医务人员管理及业务能力；加强宁波市卫生健康青年技术骨干人才、第四轮“海曙区名医（名中医）”、海曙区优秀高中级卫生技术人才和第二轮海曙区医坛新秀管理，推动学科和团队建设，起到示范带头作用。

【国际医疗服务建设】 2021年度，海曙区逐步完善国际医疗保健门诊的各项硬件设施及基础团队建设，6家医疗机构取得国际医疗服务工作资质。国际门诊部均完成与国际医疗保险支付公司签约，进一步规范涉外就医流程，完成中英文双语标牌标识、中英文医疗服务告示牌、中英文医疗服务手册、国际医疗服务价格中英文公示等基础建设。通过国际门诊途径接待国际友人门诊就诊59人次，提供保健医疗服务1098人次。

【卫生健康工作会议】 2021年2月5日，2021年海曙区卫生健康工作暨党的建设工作会议召开。会议全面总结2020年及“十三五”期间海曙区卫生健康工作，研究部署2021年辖区卫生健康工作任务和卫生健康事业“十四五”总体目标。区卫生健康局党委书记、局长主持并讲话，邀请社会办医疗机构联合党支部书记、农工民主党海曙总支委等参加会议。下属单位领导班子成员和中层及以上干部、局机关科级干部、各纪检小组组长、各镇（乡）街道公共卫生联络员、计生业务主任或计生专职干部、社会办医疗机构（医院以上）主要负责人分别于各分会场参会。

（司徒碧波　许智蕾　金　芹
江文敏　马国均）

健康海曙

【概况】 2021年，海曙区以“健康中国”战略为引领，围绕“健康浙江”与“健康宁波”建设各项任务，以提升健康水平、普及健康生活、优化健康服

11月15—16日，海曙区通过"健康促进县（区）"建设省级技术评估组评估

务、完善健康保障、建设健康环境、发展健康产业、推进健康治理7个方面为重点，实施十大国民健康行动，落实25项"健康海曙"行动任务。召开"健康海曙"建设领导小组（扩大）工作会议、联络员会议，规范工作考核考评机制，组建各专项行动工作组、专家组，试点开展健康影响评价工作。实施"健康细胞"工程，连续获得"健康浙江"建设考核优秀等次。2021年建成省级"健康促进区"。

【公共政策健康影响评价试点】 2021年，海曙区研究制定《海曙区公共政策健康影响评价试点实施方案（试行）》，探索建立政策、规划和重大工程项目健康影响评估制度。组建海曙区健康影响评价专家委员会，全面推进健康政策梳理工作，组织对《海曙全面打造"最干净城市"三年行动实施方案》等文件进行健康影响评价。

【"健康细胞"工程】 2021年，海曙区实施"健康家庭""健康社区（村）"等系列"健康细胞"工程。"健康细胞"工程即培育打造一批有典型代表的、有健康相关元素的场所，以点带面，以健康小细胞推动健康大环境的形成。结合健康支持性环境建设，统一标准，拓展"健康社区（村）""健康家庭""健康促进医院"等15类"健康细胞"，以点带面、示范引领。多维度宣传营造"健康细胞"建设氛围，规范建设标准、流程，制定建设任务，加大建设补助力度，科学推进各类健康活动的开展。

【"健康促进区"建设暨深化医改、中医药联席会议】 2021年11月3日，海曙区召开"健康促进区"建设暨深化医改、中医药联席会议，各相关单位、各镇（乡）街道主要负责人及区属医疗卫生机构负责人参加。会议总结2020年以来"健康海曙"的建设、深化医改、中医药、健康促进区创建工作情况，并部署下阶段重点任务，区医保局、区文广旅游体育局、龙观乡、区第二医院在会上作交流发言。

【海曙区创建为省级"健康促进区"】 2021年11月15—16日，海曙区接受"健康促进县（区）"建设省级技术评估组评估。评估组分批到三生中国健康产业有限公司、双杨垃圾中转站、月湖街道居家养老服务中心、白云街道社区卫生服务中心、集士港镇政府、荃盛食品有限公司、深溪村、高桥西塘河健康步道等地进行现场评估，并查阅相关工作台账。随即召开海曙区建设健康促进区省级技术评估汇报反馈会，观看海曙区"健康促进区"建设专题片，听取建设工作情况汇报，评估组关于各自评估内容进行情况反馈，肯定海曙区建设成效，并提出针对性建议。12月27日，2021年评估结果公布，海曙区成功创建为"浙江省健康促进区"。

（褚婷婷）

疾病防控

【概况】 2021年，海曙区报告各类法定传染病16种5885例，报告总发病率565.17/10万，比上年同期下降35.01%。其中，甲类传染病无病例报告，乙类传染病10种1780例，丙类传染病6种4105例。甲乙类法定报告传染病发病率170.94/10万，下降2.91%，死亡6例。丙类传染病发病率394.22/10万，下降43.15%，无死亡病例。

继续开展第四轮国家级"艾滋病综合防治示范区"建设，探索精准防治方法，借助社会组织开展基于网络平台的在线直播宣教，开展60岁以上男性、社区戒毒者等重点人群艾滋病监测，全年监测各类人群41.4万人次，占全区常住人口比例42.5%，新增管理病例79例。动员辖区内在册管理的艾滋病病毒感染者进行免费的健康体检共656人次，发现合并结核病感染的HIV/AIDS病例3例，均纳入治疗。新发1例麻风病病人，赴现场进行流行病学调查，进行定期随访。报告丙型肝炎病例95例，发病率为9.75/10万，与上年相持平，转介成功率达97.4%。

登记确诊肺结核患者395人，男女性别比为1.78∶1，其中病原学阳性（涂片阳性+仅培阳+仅分子生物学阳性）220例、病原学检查阴性145例、无病原学结果5例、单纯结核性胸膜炎25例。共确诊活动性肺结核病例中流动人口（户籍未在海曙区）260例，占报告全部病例的65.82%。上年同期共计410例确诊患者，除6例医嘱继续服药，其余404例均结案，成功治疗率为91.39%。处理辖区学校肺结核疫情26起，筛查密切接触者1461人，未有学校结核病聚集性疫情发生。组织参加2021年宁波肺结核防治科普大赛活动，区疾控中心获得优秀组织奖，中心报送的视频"防治结核，饶舌告诉你"获得视频类一等奖、鄞江的结核"宣传笔筒台灯"获得宣传实物类二等奖。同时，在浙江省第六届"泰茂杯"结核病防治优秀科普作品评选中，获二等奖1个、三等奖1个、优秀奖3个。

全区报告1起诺如病毒感染突发

公共卫生事件相关信息，调查处置各类聚集性疫情86起，所有疫情均得到妥善处置，无死亡病例。

全区按时按量完成各类地方病和寄生虫病监测工作。4月和5月，分别以“全国防治疟疾日”和“全国防治碘缺乏病日”为契机，开展两场宣传活动。

区疾控中心申报的“现场流行病学”重点学科、4项区级课题均结题。新申报“卫生检验学”区级重点学科，新获1项市医学科技计划项目立项、1项“长三角免疫规划领军人才研究项目”立项。

【慢性病管理】 2021年年底，海曙区居民期望寿命为83.6岁，其中男性81.46岁，女性85.79岁。0～1岁组健康期望寿命为73.22岁。区内四种慢性病早死概率是9.01%。3月，通过竞争上岗方式，新增和调整慢性病预防控制中心成员和慢性病防治临床指导中心。组织实施浙江省民生实事工程，开展辖区内浙江省户籍50～74岁的居民结直肠癌筛查项目，并对评估出的高风险人群进行肠镜筛查。4月，为提升慢性病患者管理质量，区疾控中心印发《海曙区慢性病患者电子档案质控规范操作手册（2021版）》，分别以电子版和实物版下发至各卫生服务中心。9月16日，区卫生健康局和区文化和广电旅游体育局首次联合主办“体医融合”业务培训班，全区医务人员、体育干事、社会体育指导员代表参与。10月18日，海曙区老年跌倒与骨质疏松防治工作推进会在高桥镇卫生院召开，作为宁波市试点单位之一，该院在全国率先开展老年跌倒与骨松预防社区干预工作。此外，在中国疾控中心慢病中心组织开展的“党建引领慢病防控”案例征集活动中，区疾控中心报送的《让大山深处的慢性病患者“一次也不跑”》在全国252篇案例中脱颖而出，获全国一等奖。

【老年人免费接种流感疫苗民生实事项目】 2021年，海曙区把65周岁以上老年人自愿免费接种流感疫苗列入政府民生实事项目。接种疫苗为三价流感疫苗，由浙江省疾控中心统一采购，全区17家乡镇卫生院、街道社区卫生服务中心承担具体接种任务。至年底，共接种50290人，超过省、市制定的目标任务。

【新冠疫情防控】 2021年，海曙区规范处置新冠疫情。开展既往新冠病例、无症状感染者疫苗接种后免疫效果及持久性评价研究项目。开展第三方冷链食品监管仓消毒效果全面评估，对消毒前后的自然菌杀灭情况进行监测，与区市场监督管理局联合处置冷链阳性物品事件14起，完成新冠既往病例专项调查，共采集血清标本55份。做好周期性和临时性新冠病毒采样及核酸检测，组织开展农村地区新冠疫情防控专项督导和驻村（社区）疫情防控指导，进一步落实防控策略。加强疾病防控宣教培训。12月30日，组织开展全区疾控系统新冠疫情研讨培训与应急演练，以演练考核和应急培训的形式模拟疫情暴发场景，重点探讨新冠疫情应急处置、新冠理论知识测试及协查函的解读，为进一步强化全区疾控系统新冠疫情防控知识，提高疫情紧急应对、处置能力，积累疫情处置实战经验提供充足的人员和技术储备。

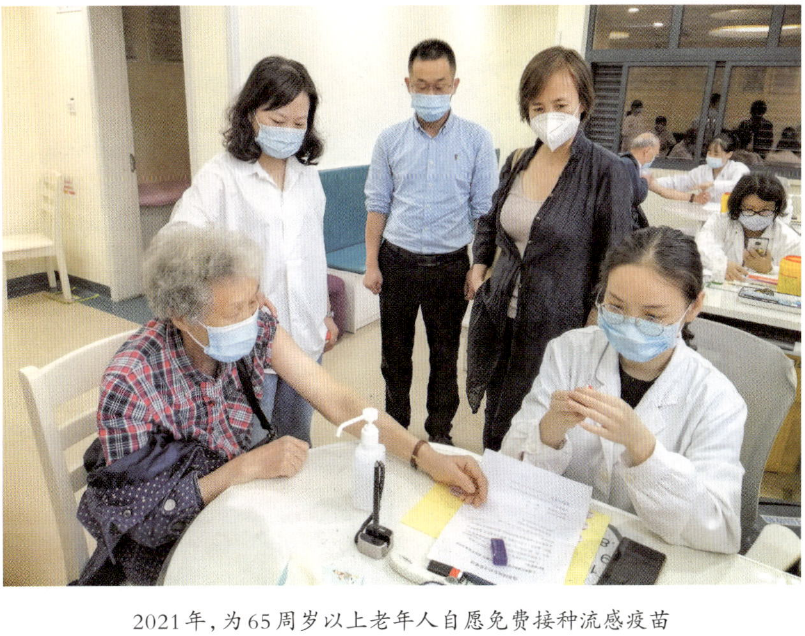

2021年，为65周岁以上老年人自愿免费接种流感疫苗

【新冠疫苗接种】 2021年，海曙区有效构建群体免疫屏障，阻断新冠病毒传播链条。开展新冠疫苗接种疑似异常反应监测，对需要进行诊断的病例及时诊断，为新冠疫苗安全平稳有序接种保驾护航。其间，共举办5期预防接种新上岗人员培训，931人取得预防接种上岗资质，为疫苗接种提供有效技术人员保障。

【小学生视力保护干预试点启动】 2021年4月，区卫生健康局、区教育局及相关单位联合在石碶街道选取宸卿、冯家、栎社、雅戈尔和石碶实验5所小学，面向1060余名三年级学生进行视力干预。海曙区于2019年正式启动儿童青少年近视综合防控工作，主要采用热敷眼保健操仪替代学生自己做眼保健操，时间安排与学校做眼保健操一致，以期达到控制或延缓儿童青少年近视发生率，提高儿童青少年视力健康水平。同时，海曙区成立青少年近视防控科普馆，加强儿童青少年用眼宣传。

【全区预防接种信息系统切换成浙江省SAAS接种系统】 2021年10月，全区17家乡镇卫生院、街道社区卫生服务中心的预防接种信息系统统一切换成浙江省疫苗规范接种管理云系统（简称“SAAS接种系统”），实现预防接种数据与全省联网互通。疫苗从流通到接种全过程实现电子监管码扫码监管，实现预防接种工作规范化建设，有利于防范预防接种差错事故。通过SAAS接种系统，新冠疫苗接种数据与全省乃至全国联网，提高疫苗接种信息化水平。

（朱　平）

卫生监督

【概况】 2021年，海曙区以“双随机一公开”抽检工作机制作为日常卫生监督工作方式，提高监管效能，完成国家“双随机”抽查任务376家，处罚率27.7%。完成省级“双随机”任务296家，处罚率38.9%，现场执法信息100%通过移动执法终端采集。

全区有各类发证公共场所经营单位1723家，公共场所监督量化分级管理率达100%，其中A级单位5家、B级238家、C级1480家。全面推进公共场所自查自律系统，游泳场所完成自查，住宿场所自查完成50%以上。32家游泳场所自检互联网公示率达100%，水质抽检户次数96户次，合格95户次，合格率为99.6%，立案处罚1家水质不符合国家卫生标准的游泳场所，查处其他违法行为3起。

新冠疫情常态化防控期间，对未规范落实传染病预检分诊制度、违规接诊具有新冠肺炎相关“十大症状”患者等医疗卫生机构进行行政处罚50起，责令停业整顿医疗机构3家。持续推进医疗市场监管，履行传染病防治、学校卫生及生活饮用水等监督监管职责，办结行政处罚案件695件，罚没款218.23万元，申请强制执行2起、移送公安机关案件1起，无行政复议和行政诉讼案件。

对2家抗（抑）菌制剂生产企业和部分经营抗（抑）菌制剂单位开展专项行动，对全区所有消毒剂、消毒器械、卫生用品等消毒产品生产企业开展消毒产品分类监督综合评价试点。

【卫生健康行政执法数字化应用】 2021年，海曙区结合卫生健康行政执法工作实际，依托医疗废物非接触式智能监管等省、市监管平台，运用在线监测、视频监控、互联网信息检索等创新手段开展非现场执法。选取2家游泳场所、3家住宿场所、4家口腔诊疗机构，分别试点开展泳池水质在线监测、消毒保洁智能监管、口腔诊疗机构非现场执法智慧监管；利用省精密智控疫情调度指挥数据仓等系统，开展非现场执法工作，通过该系统立案查处15家未按规定落实疫情防控工作要求的医疗机构。

【公共场所禁烟监管专项行动】 2021年，区卫生健康局对辖区内的各类禁烟场所开展检查419户次，包括医疗服务场所81户次、候车室5户次、室内体育馆2户次、商场28户次、教学活动场所10户次、图书馆1户次、影剧院12户次、其他场所280户次。查处各类禁烟违法案件138起，其中个人135起、场所3起，罚款金额共16150元。

【打击非法行医】 2021年，海曙区收到涉及非法行医相关投诉举报43起，卫生执法人员第一时间跟进、及时查处，对违法违规场所和个人依法立案处罚。办结打击非法行医案件共计34起（含非法医疗美容），累计罚没款金额110.71万元，向公安机关移送涉嫌非法行医案件1起，开展日常巡查和回访复查200余家次。

【美容机构专项整治】 2021年，海曙区开展医疗美容乱象整治百日攻坚行动和医疗美容专项行动。对未取得医疗机构执业许可证开展医疗美容执业活动、非医师行医等违法行为进行查处，作出行政处罚20家（人）次，累计罚没款51.38万元。

（张　征）

妇幼保健

【概况】 2021年，海曙区孕产妇管理率达100%，3岁以下儿童保健系统管理率98.01%，孕产妇签约服务率99.92%，0～6岁儿童签约服务率71.18%（有偿）。孕早期建册率93%，产前筛查率98.01%，产后访视率98.55%，新生儿期建卡率99.9%，新生儿听力筛查率99.28%，新生儿疾病筛查率99.72%，新生儿期先天性心脏病筛查率98.2%，新生儿破伤风发生率为零。孕产妇自然分娩率53.38%，婴儿死亡率1.28‰。

基本公共卫生妇幼惠民项目提供免费产前检查44490人次、儿童体检100283人次，合计为居民减免相关检查费用468.72万元。3426名新生儿参加新生儿疾病筛查、6127名孕妇进行免费产前筛查，享受免费金额138.71万元。对6882名24个月龄以下儿童进行孤独症筛查，9名疑似儿童转至上级医院。继续推进国家基本公共卫生服务中关于0～6岁儿童眼

7月，针对非法行医现象，海曙区开展日常巡查及回访复查

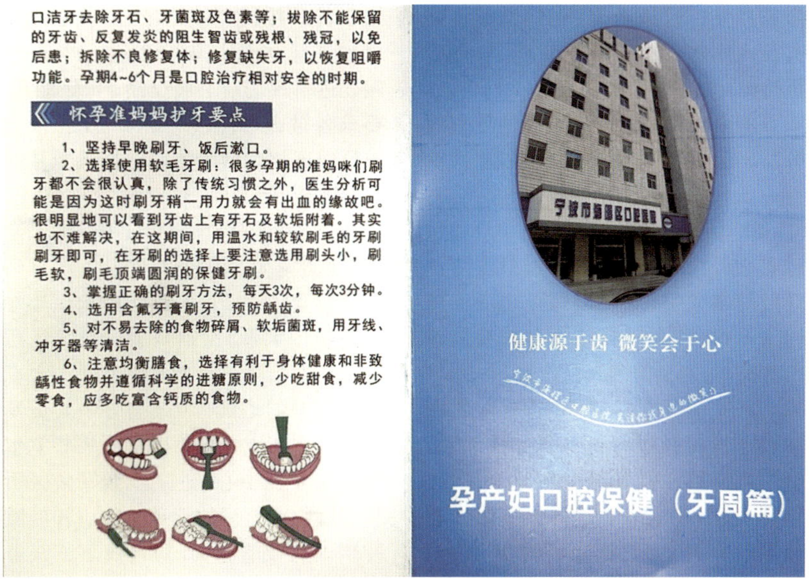

育龄期孕前妇女牙周病防治宣传单

保健和视力检查项目，联合宁波市眼科医院西部院区举办儿童眼病与近视防控专题培训班，覆盖17个乡镇、街道社区卫生服务中心儿保医生和托幼机构保健医生，全年完成0～6岁儿童眼保健和视力检查63162人，覆盖率达97.2%。根据省、市、区各级对出生证“掌上办”达标率的要求，加大对“出生一件事”的宣传及督导，共签发出生证14752例，其中“掌上办”发证10208件。

在做好新冠疫情防控基础上，通过分时段预约、一人一诊室、加强诊间宣教，并利用线上线下相结合的方式，加强妇幼人员政策和业务培训，恢复产后访视和新生儿访视的面访，提高访视率和孕产妇、儿童的系管率，保障辖区母婴安全。

区妇幼保健计划生育服务中心举办区级“两校”（孕妇学校、育儿学校）妇幼健康实体讲座13场、网上讲座40场，惠及1615人次，婚检门诊对青年男女进行“面对面”“一对一”宣教，3874人次接受宣教，发放孕前保健健康教育资料2000余份。区孕妇学校开课678次，受众6379人次，其中网上课堂590次；育儿学校开课351次，受众14075人次，其中网上课堂245次；大型宣传活动82场，惠及20040人次；现场咨询59场，受众4267人次；制作健康处方26908份。

区妇幼保健计划生育服务中心被评为2020年“无创DNA筛查管理先进单位”，并获“浙江省实施妇女儿童发展规划成绩突出集体”。

【城乡妇女“两癌”筛查】 2021年，海曙区规范开展、按要求完成城乡妇女免费“两癌”（乳腺癌和宫颈癌）检查项目。2017—2021年合计完成乳腺癌筛查20909例，宫颈癌筛查19719例，育龄妇女增补叶酸服用率100%、依从率99.07%。配合省卫生部门，做好区内初筛及进一步接诊机构信息平台的运行。至年底，省“两癌”信息平台的个案录入率达100%。

【孕产妇心理健康筛查】 2021年，为探索孕产妇心理健康促进模式，海曙区面向全区孕产妇开展心理健康筛查。在孕期建册及产后，通过微信公众号对相关妇女进行心理评估，对筛查异常孕产妇开展心理咨询及疏导，必要时转诊至专科医院诊治。全年共2846名孕产妇接受心理问卷调查，筛查出轻度情绪症状1115人、明显情绪症状265人、中重度以上情绪症状114人。

【育龄期孕前妇女个性化牙周病防治项目】 2021年，海曙区在全区范围内开展“针对育龄期孕前妇女的个性化牙周病防治项目”的推广工作。项目由区口腔医院和区妇计中心牵头，街道社区卫生服务中心（卫生院）口腔科、妇保科医生联合实施。以妊娠周期为线索，以牙周炎症控制为导向。从育龄妇女怀孕建档开始实行同步牙周情况登记、口腔卫生知识宣教、定期牙周复查及治疗、跟踪检查和维护，建立贯穿育龄妇女整个孕期的个性化牙周治疗方案。

【婴幼儿照护服务】 2021年，海曙区继续开展3岁以下婴幼儿照护服务民生实事项目及0～3岁托育机构进行登记备案工作，10家机构完成登记备案。开展家庭养育健康指导项目，20个村（社）婴幼儿照护服务指导站完成授牌，选拔、组建婴幼儿照护市级师资团队，完成婴幼儿养育小组活动400余场。继续拓展儿童早期发展服务项目，有区级儿童早期发展示范基地1家、乡镇级2家。

（郑　洁）

计划生育

【概况】 2021年，海曙区户籍人口出生3118人，较上年出生人口数下降9.78%；其中“两孩”1001人，占出生人口的32.1%，较上年下降17.95%，出生人口孩次结构趋于减少。计划生育率98.36%，自然增长率-1‰。

持续推进计划生育审批“最多跑一次”服务管理改革。进一步推广“浙里办”App生育登记、服务窗口生育登记“一证通办”和“全区通办”服务。加强“出生一件事”“婚育户”联办工作的部门协同。全年生育登记2805人，“出生一件事”办理10208件。

继续推进公共场所母婴设施配置标准化建设，公共场所母婴设施新建升级改造60家，配置率100%，其中四星级45个、五星级3个、三星级12个。开展“预防出生缺陷”宣传活动。建立10家村（社区）养育健康指导点，定期开展养育宣教和亲子活动。全区户籍人口性别比为106。

全面落实计生奖励奖扶政策，其中国家（市）级6365人，金额763.80万元。区级扩面21508人，金额2580.96

万元。继续实施计生特殊家庭一次性补助政策。完善计生特殊家庭档案信息库，建立“三个联系人”和“四必到”制度、家庭医生免费签约和就医就诊“绿色通道”服务制度。

实际完成新增托幼机构10家，新增托位524个。分别完成宁波市卫生健康委下达的任务指标的200%、262%。

【区计划生育协会】 2021年，区计划生育协会以项目化运作模式开展工作。深化特殊家庭“暖心家园”项目，区级“暖心家园”（西门点）获中国计生协“暖心家园示范点”称号，在段塘街道建设第二家区级“暖心家园”，并申报市计生协“小棉袄暖心家园”项目。开展计生特殊家庭关怀关爱服务，为辖区47户符合条件的特殊家庭老人开展生活照料服务，并为796名项目对象和137名特殊家庭第三代子女购买人身意外保险。持续推进“青春健康”培训项目，指导推荐浙江工商职业技术学院申报国家级和市级高校青春健康同伴教育项目点、石碶街道田莘耕中学青春健康俱乐部申报市级青春健康俱乐部，开展培训约500场次，惠及9000余人次。承办“永远跟党走 奋进建新功”——宁波市计生协“5·29会员活动日”暨“小棉袄圆梦微心愿”项目启动仪式，募得善款3万元。发动会员和群众创作摄影、绘画、视频、案例等多类别优秀作品，选送参加上级计生协的各类评比活动并多次获奖。

（周万慎　宫海燕）

医疗管理

【概况】 2021年，海曙区持续以推进全民健康为目标，以紧密型医联体建设为抓手，不断完善分级诊疗服务体系，深化医疗卫生领域“最多跑一次”改革，强化医疗质量管理，提升医疗服务能力。逐步推进医联体内“六统一”管理。充分发挥牵头医院和核心医院的技术辐射带动作用，加强对成员单位的指导，提升基层服务能力。

持续提升医疗质量安全，开展医疗质控飞行检查及院感、病原微生物实验室生物安全等各类专项、联合检查行动。

不断巩固“高山巡回卫生健康服务”品牌，融合群众新需求，打造体系更完善、内容更丰富、服务更贴心的“高山巡回卫生健康服务”品牌。通过重点学科精准助力扶贫、点对点协同开展健康扶贫、互联网医疗全面保障健康扶贫、特色项目精准备对接健康扶贫等，针对性开展帮扶工作。

推进学科专科建设，首批区级医学重点学科基层特色专科完成验收，组织开展第二批学科专科建设工作，合计8个学科、13个专科进入第二轮建设名单。全区各医疗机构获市科技计划项目（公益类）立项1项、第四轮宁波市医学重点学科1项，宁波市医学科技项目申报4项，通过验收2项。全区发表论文100余篇，其中二级论文18篇，一级论文1篇，SCI论文2篇。专业技术人员参加各级各类培训，派出规培人员33人次，在培中西医住院医师89人、西医全科转岗培训1人，参加卫生专业技术人员在职学历教育培训109人次。

【医疗质量安全管理】 2021年，海曙区充分依托各区级质控中心，强化对全区医疗机构的规范管理，开展综合性飞行质控检查2次，对50余家医疗机构进行全面质控飞行检查，对存在问题进行现场及书面反馈，下发通报，要求各被查单位及时落实整改，未查单位以通报内容为鉴。定期组织开展医疗质量专项检查、院感专项督查、生物实验室安全检查等工作，确保院感、实验室生物安全等重点工作得到有效监管。不断提升区级质控中心专业化管理水平，组织开展针对区级质控中心专家队伍管理水平和法治水平能力提升的培训，40余名骨干人员参加培训。新成立病原微生物实验室生物安全质控中心，进一步做好全区实验室生物安全质控管理工作。开展质控培训及技能竞赛，通过线下或线上开展病历、药事、口腔、护理、院感等质控培训10余场，各级各类医疗机构医务人员参加500余人次。同时开展药事、检验、护理、院感、门急诊等技能比武，以赛促学，提升医务人员技能水平。

【高山巡回医疗服务】 2021年，海曙区不断巩固“高山巡回卫生健康服务”品牌。通过打造高山“流动微型卫生院”，为高山居民提供涵盖基本医疗，检验检查，家医服务，慢病防治，健康体检，“云医院”协同门诊，医联体专家实时线上诊疗检查等全面服务。制

6月12日，区第二医院将呼吸内科、眼科、耳鼻咽喉科、中医、早癌筛查等专科融入“高山巡回”，精准解决高山群众专科诊疗需求

定高山服务“健康主题月”活动、推出家庭医生“上门服务包”项目、推进远程医疗“一条线”连接、完善优质医疗资源帮扶体系。探索推进“自助微诊室”，在章水镇以童皎村为试点开始运营。共组织1076人次的医务人员参加巡回服务，开展“高山巡回”卫生健康服务277次，举办健康宣教50场，惠及群众1520余人次，服务群众17060人次，就诊人数6899人次。市、区级对口支援派出医务人员50人次，为行动不便老人提供上门医疗服务81次，服务人次和频次不断提升。

【医疗对口帮扶】 2021年3月15日，江厦街道社区卫生服务中心主任徐鼎赴庆元县卫生健康局开展为期2年半的挂职帮扶工作，发挥管理特长优势，为推动两地卫生健康事业合作搭建更高平台。5月26—27日，区卫生健康局赴庆元县卫生健康系统开展医疗卫生“山海协作”交流活动，两地卫生健康部门就上阶段“山海协作”工作进行交流，并参观濛州街道社区卫生服务中心、县人民医院、县疾控中心和县中医医院，双方就下阶段进一步深化协作达成共识。两地中医医院签订中医特色专科联盟协议，海曙区中医儿科、针灸科等专家开展义诊、门诊带教、讲课等短期培训活动。

派遣宁波市第一医院、海曙区第二医院在内的14名覆盖临床、检验、影像、信息化专业的卫技人员赴四川省凉山州喜德县开展驻点帮扶工作，其中18个月1人，7个月5人，1—6月8人。派驻专家完成门急诊3000余人次，开展手术75例，教学查房45次，开展疑难病例讨论33例次，指导危重病人救治75人次，开展业务培训34场次，培训人员420余人。开展纤维支气管引导下经皮气管切开术、B超引导下深静脉穿刺术、双镜联合治疗复杂性结石、脑室内注入尿激酶治疗脑室铸型等新技术新项目12项，帮助制定制度、改进操作规范19项。通过帮助喜德县人民医院重点学科建设及人才培养，逐步提高喜德县医疗技术能力与服务水平。

（李军华）

赴庆元县开展为期1年医疗帮扶的区中医院乌海华医生

医疗服务行政审批

【概况】 2021年，海曙区参照浙江省、宁波市卫生健康部门“最多跑一次”权力事项指导目录，仔细核对行政权力事项库日常变动，72项权力事项实现“零跑次”。“网上办”、“掌上办”、即办、承诺期限压缩比及材料电子化实现率均达100%。

办理各类卫生健康行政许可5736件，所有许可件均在规定时间内办结，无行政复议、行政仲裁、行政诉讼案件。

【医疗审批服务】 2021年，海曙区全面深化卫生健康领域“放管服”改革，深化“证照分离”改革，优化审批服务，实行放射诊疗许可、麻醉药品及第一类精神药品购用印鉴卡告知承诺制。全面提升公共场所卫生行政许可“网上办”“掌上办”和医疗机构医护人员网上全流程注册工作。联合鄞州区、江北区、北仑区卫生健康主管部门，探索四区以同时间、同流程、同内容“三同时”原则的同期校验，打击医疗机构在校验期间频繁调动医务人员行为，避免暂缓校验假象，净化医疗市场。

（许智蕾）

卫生健康改革

【概况】 2021年，海曙区紧密型医联体建设稳步推进，牵头医院和核心医院充分发挥技术辐射带动作用，加强对成员单位的指导，提升基层服务能力。

继续推进医疗卫生服务领域“最多跑一次”改革各项便民举措，推动向基层医疗机构延伸覆盖。全面落实《宁波市推进医疗卫生服务领域数字化改革提升老年患者就医体验工作方案（2021—2023年）》，结合数字化改革，优化就医流程，重点解决包括老年人在内的全人群就医过程中遇到的困难和问题。

【紧密型医联体建设】 2021年，根据海曙区紧密型医联体重点任务清单及海曙区第二医院和海曙区第三医院两个医疗健康集团工作要求，集团内除信息系统外，规章制度、技术规范、质量管理、药品耗材、后勤服务基本实现统一管理。牵头医院和核心医院充分发挥技术辐射带动作用，加强对成员单位的指导，深拓基层特色专科及“全一专科”联合门诊建设，共设置联合门诊43个。牵头医院下沉专家204人，帮助基层共建专科，提升基层服务能力。发挥影像、心电远程中心会诊能力，推进“智慧医疗”，开展远程放射会诊171200余例次，远程心电会诊5387例。依托牵头医院优势，加强区域内重大疫情防控能力建设，规范管理发热门诊（诊室）、隔离病房及医疗救治队伍建设，提高核酸采样检测能力，完善应急物资储备制度，提升重大疫情防控救治能力。紧密型医联体在基本公共卫生服务、绩效评估、统筹医疗资源、统筹物资管理、做实家庭医生签约服务等方面，均取得实质性进展。

【医疗卫生服务领域“最多跑一次”改革】 2021年，海曙区结合数字化改革，继续深化医疗卫生服务领域“最多跑一次”改革。优化就医流程，重点解决包括老年人在内的全人群在就医过程中遇到的困难和问题。各区属医疗机构推出适老举措，开通亲属代挂号功能、保留一定比例的当日号源及现场号源。开展现场志愿者服务，专门为老年患者在就医不便的各个环节提供引导和帮助。至12月底，区级医院门诊智慧结算率达87.35%，病房智慧结算率达5.34%，电子票据覆盖率达100%，基层医疗机构门诊智慧结算、电子票据覆盖率100%，提供便民惠民服务、检查检验报告电子化推送、疫苗预约服务、居家护理服务开展率100%。

（李军华）

健康教育

【概况】 海曙区全力开展新冠疫情应急健康教育工作，制定应急健康教育工作方案，修订健康教育技术指导手册。组织实施2021年“相约健康社区行”系列健康教育活动，包括健康科普知识巡讲活动、“提升健康素养 助力健康海曙”短视频征集大赛、“健康素养进农村文化大礼堂”活动、养老机构老年人健康促进活动、公民健康素养展板进社区（村）活动、健康家庭建设活动、中医药健康文化“六进”活动等。

组建216名讲师组成的区级健康素养讲师团，面向社会公众宣传预防接种、传染病防治、慢病防治、健康生活方式、健康素养、楼宇公共卫生等方面知识。开展“结核病日”“预防接种日”“全国疟疾日”“全国肿瘤防治宣传周”等卫生日线上线下宣传活动，根据宣传主题选择不同的重点人群和场所，进行不同宣传，确保宣传深入人心。围绕提升健康素养的主题，在各类平台以短视频形式向社会宣传，引导公众树立正确的健康观和掌握正确的健康技能，促进全民健康素养的提升。《洗手操》等6部短视频广受群众欢迎。

4月20日，海曙区举行第33个“爱国卫生月”广场宣传活动

创建“健康促进学校”银牌4所、铜牌13所。至年底，全区累计有健康促进学校65所，其中铜牌34所、银牌28所、金牌3所，创建比例达到100%。

【居民健康素养水平】 2021年，海曙区居民健康素养水平为39.62%。辖区的健康素养水平总体呈现：女性高于男性；20～34岁年龄段人群较高，其中30～34岁组最高，55岁以上年龄段人群较低，65～69岁组最低。人群文化程度水平越高，健康素养水平也越高。

【新冠疫情健康教育】 2021年，海曙区利用“健康教育”云平台，及时更新宁波市疾控中心上传的各类新冠宣教视频文件，全区142个云平台点位保持全部开机状态。发放防疫相关的画报9640张、折页76350张、报纸120000张，发布防疫微信微博108条，阅读量66976次，制作小视频5部。“云平台”142个点位以及各单位发热门诊电视机全天播放新冠相关视频90部，播放4077588次，播放时长251182.56小时。

【“营养传播行动”计划】 2021年，宁波市全民营养周暨“5·20”学生营养日启动仪式在东恩中学举办，活动旨在提倡合理膳食、营养配餐、分餐公筷、珍惜食物，推进健康家庭、健康学校、健康食堂、健康餐厅的建设，蕴含全社会共建营养健康的核心理念，旨在落实合理膳食行动。

【健康支持性环境建设】 2021年，集士港深溪村龙鹫登山步道等16家通过“健康支持性环境”区级验收。至年底，全区累计建成健康支持性环境11类174个。包括“健康学校”19家、“健康食堂”37家、“健康餐厅”18家、“健康单位”25家、“健康社区”28个、“健康小屋”17个、“健康步道”20条、健康主题公园7个、“健康社团”1个、“健康家庭”1个、“健康一条街”1个。

【“健康素养进农村文化礼堂”活动】 2021年，海曙区124个文化礼堂全部开展“健康素养进文化礼堂”活动。在各文化礼堂开展健康讲座184场次，惠及人群12283人；举办健康活动72次，参与人数4502人；提供健康服务89

次，服务人数6603人；发放健康礼包34种2275份；“中医药进文化礼堂”开展85次，受益人数4667人。

【楼宇公共卫生服务】 2021年，全区各街道社区卫生服务中心掌握各自辖区内楼宇的公共卫生服务基本情况，要求每幢楼宇建立相关工作手册，合计86幢。重点突出特色楼宇建设，发展特色楼宇13幢，通过“流动健康驿站”、疾病监测、健康知识讲座、健康咨询等举措，免费为商务人员开展健康服务。

（潘　妍）

中医中药管理

【概况】 2021年，海曙区在中医药管理中以“传承精华、守正创新”为目标，出台《海曙区促进中医药传承创新发展实施方案》，科学编制《海曙区中医药事业发展“十四五”规划》，营造有利于中医药传承创新发展的良好政策环境。

召开海曙区第一次中医药大会，成为宁波市首个召开中医药大会的区县（市）。成立中医药管理科，强化管理职能和力量，理顺辖区中医药管理的体系。海曙区中医医院完成搬迁并开诊，公立基层医疗机构星级中医门诊创建成效良好，进一步完善中医药健康服务网络。

新增“张氏中草医”“飞针挑治疗法”“冯存仁堂中药炮制技艺”等3项入选宁波市非物质文化遗产目录，不断推进中医药传承创新。

9名市级名中医药专家学术经验继承人及18名区级“名医（名中医）”专家学术经验继承工作有序开展。区中医医院新招聘及引进中医药人才20人。学科建设不断深入，推进区中医药重点学科、特色学科、非遗和市传统特色学科建设，开展市级“名中医传承工作室”创建（3项）。

持续发挥中医药在传染病诊疗活动中的优势，为相关人群提供中药汤剂36310包，各医疗机构多渠道提供防疫香袋、茶饮等产品。

【“中医药特色街区”建设】 2021年，以城隍庙——药行街区域为核心，海曙区持续推进市级“中医药特色街区”建设工作。该街区规划集诊疗、文化、交流、交易四大中心功能为一体，形成“一街一坊一广场”布局，一期有药皇殿、屠呦呦旧居和宁波府城隍庙，全部对外开放；二期进入前期谋划阶段。街区注重从建筑外观、内在表现上彰显中医药特色，并在文化内涵上汇集名医、名药、名人、名号，形成诊疗养生、文化旅游、创新研究、老字号品牌集聚，逐步形成以中医药特色为主，中西医结合的中医药大健康产业集聚区和文化聚集地，成为宁波城市对外文化交流的新名片。

寿全斋

【区中医药大会】 2021年7月14日，海曙区中医药大会召开，成为海曙区中医药发展历史上召开的首次全区性大会，海曙区委领导、各镇（乡）街道与卫生健康系统负责人、中医药领域专家参加活动，共同探讨中医药传承与创新，谋划发展与未来。会上，国医名师、全国名老中医药专家董幼祺海曙传承工作室揭牌、授牌；颁发海曙区名中医荣誉证书。海曙区与上海复星集团、浙江中医药大学签订战略合作框架协议。区卫生健康局、宁波中医药特色街区办、区中医药协会、章水镇、宁波立华制药有限公司5家单位交流发言。

【海曙区中医医院搬迁】 2021年9月1日始，位于气象路188号的海曙区中医医院新院址开诊。新医院主楼12层，裙楼6层，占地0.51公顷，一楼设置门诊大厅、综合服务台等科室，二楼至五楼设置为各临床科室，每个楼层都设置等候签到区、分流等候区、名医工作室等候区，方便患者就医。该院中医儿科、针灸推拿科为区重点学科，中医内科为区重点培育学科，另有国医名师、全国名老中医药专家董幼祺海曙传承工作室，成为医疗诊治、师承带徒、中医药科研为一体的学术窗口。

【中医药文化主题非遗研学线路首发】 2021年11月5日，“古城寻医·药行之旅”和“四名问药·本草之旅”2条海曙中医药文化主题非遗研学旅行线路在海曙区“中医药促进青少年健康成长”系列活动启动暨中医药文化教育共建示范基地揭牌仪式上发布。“古城寻医·药行之旅”串联药皇殿、宁波府城隍庙（海曙非遗馆）、屠呦呦旧居陈列馆、寿全斋1760博览馆4个点位，通过展示陈列的文字影像资料及珍贵实物的，中药房制药抓药、中医门诊望闻问切等一系列实践体验活动，让学生寻访百年药行，温顾中医药历史文化。

“四名问药·本草之旅”串联黄古林博物馆、浙东大竹海研学基地、章水

"浙贝故里"、龙观向阳舍慢生活农场4个点位，分别展现浙江省非遗黄古林草席编织技艺、海曙区非遗古法保鲜笋制作技艺、海曙区非遗章水浙贝种植加工技艺、宁波市非遗宁波红茶制作技艺四个非遗项目，让学生们探索自然生态，识辨百草植物，践行本草博物理念。

（吕鑫春）

爱国卫生运动

【概况】 2021年，海曙区总结推广新冠疫情防控中的有效经验做法，以巩固提升卫生创建成果、加强健康教育、强化城乡环境卫生综合整治、做好病媒生物防制工作为主线，统筹推进全区爱国卫生各项工作。

4月，以"文明健康 绿色环保"为主题，集中开展第33个"爱国卫生月"活动。5月，以"承诺戒烟，共享无烟环境"为主题，开展第34个世界无烟日宣传活动。全面启动横街镇、高桥镇、鄞江镇、洞桥镇"国家卫生镇"创建，完成9家省级卫生村、7家市级卫生村的创建和17家省级卫生村、10家市级卫生村的复评工作。启动开展以灭蚊、灭蝇为重点的"除四害村"建设。开展"无烟党政机关"建设，建成87家，新创19家市级"无烟单位"。规范开展年度季节性病媒生物防制工作，通过病媒生物控制水平省级评估。

【"爱国卫生月"活动】 2021年4月20日，区爱卫办、区疾控中心联合白云街道爱卫办、白云街道社区卫生服务中心等单位，在牡丹善集一条街举办"文明健康 绿色环保"第33个爱国卫生月活动。现场通过悬挂横幅、摆放宣传展板、发放800余份宣传资料、提供健康咨询义诊100余人次等便民服务，多手段、多方式向广大群众介绍病媒生物防制、新冠疫情防控、健康生活方式行动等健康科普知识。海曙二院组织医务人员免费为群众提供健康体检、义务诊疗服务。

5月31日，海曙区开展第34个"世界无烟日"主题宣传活动

【"世界无烟日"活动】 2021年5月31日第34个"世界无烟日"，年度主题是"承诺戒烟，共享无烟环境"。区行政中心、集士港镇丰成村文化礼堂分别举办2场主题宣传活动。海曙区组织相关单位组队参加宁波市首届戒烟大赛。召开年度区烟草控制技能培训会议。无烟宣传走进社区、走入校园，采访拍摄控烟宣传主题短片，以"线上+线下"形式，在区内全面实施控烟行动。

（潘　妍）

无偿献血

【概况】 2021年，海曙区完成无偿献血8834人，累计献血量12831人份（每人份按200毫升计）。其中，献血300毫升以上7289人，占比83.31%；大中专院校中参加的学生有2024人，献血量3007人份；特殊季节献血参与人数890人，献血量1342人份。

参与捐献机采血小板429人次，捐献血量为528个治疗单位。建立完善涵盖政府机关、卫生系统、企事业单位等在内的5支无偿献血与应急流动血库保障队伍，为区内应急用血提供重要保障。

【无偿献血活动】 2021年1月18日，宁波海关开展"无偿献血 爱意暖暖"职工无偿献血活动。174名员工参与，献血量50800毫升。6月13日，区献血办在天一广场举办"广西商会联合铁血联盟无偿献血"活动，区退役军人无偿献血志愿团队26人参与，献血量8400毫升。

2月，在疫情常态化防控背景下，宁波市血液库存紧张，临床用血极其紧缺的问题，区献血办发起"热血逆行"网上预约、错峰献血活动。自2月4日至3月底，全区卫生健康系统工作人员成功献血224人，献血量71600毫升。

（汪　赟）

相关链接：

医联体内"六统一"管理：是指医健集团内的规章制度、技术规范、质量管理、信息系统、药品耗材目录、后勤服务等"六统一"管理。

飞行检查：是指上级医疗监管部门针对行政相对人开展的不预先告知的监督检查，具有突击性、独立性、高效性等特点。

院感：即医院感染，是指住院病人在医院内获得的交叉感染，包括在住院期间发生的和在医院内获得出院后发生的感染；但不包括入院前已开始或入院时已存在的感染。

人力资源和社会保障

综　述

【概况】 2021年，海曙区城镇新增就业人数为33457人，城镇失业人员再就业人数为7441人，就业困难人员再就业人数为3760人，城镇登记失业率为2.38%。

发放创业担保贷款1.17亿元，贷款规模位居全市第一。落实就业困难人员援助资金9619.97万元。实现企业职工养老保险省级统筹，户籍人口养老保险参保率达99.38%。“甬江引才工作”人才入选人数位居全市第二，其中，城市经济领域入选量位居全市第一。

实施“和谐同行”劳动关系能力提升三年行动计划，惠及企业5000余家次。开展劳动用工体检服务，培训劳动关系协调人员600余人。深化“无欠薪”建设，开展“安薪在甬”等专项行动，受理举报投诉案件3354件，结案率100%。推进劳动纠纷多元化解模式，深化“仲裁进企业”活动，推行“互联网+调解仲裁”新模式，仲裁结案率、调解成功率、网络办案率达97.6%、87.7%、46.8%。

【重点引进企业用工服务】 2021年3月，浙江动一新能源动力科技股份有限公司向区海曙区人社局送去绣有“真情服务，热心惠企”的锦旗，感谢区人社局在春节前后为企业解决用工需求给予的帮助。春节前后公司急需扩大招工规模提升产能，制定新增招工500人的计划。区人社局主动靠前，帮助企业解决春节前后“招工难”问题，成立以局长为组长的重点企业用工保障小组，通过“三化”服务，助力企业复工复产。针对企业宣传市、区两级新增招工、返岗补贴等用工支持政策，帮助企业对接外省劳动力招引渠道，扩大招工规模。截至3月，公司新增招工计划完成超80%。

（刘　平）

1月11日，海曙区多部门联合开展欠薪集中接访活动

人才工作

【概况】 2021年，海曙区继续深化“百创汇海”计划，“甬江引才工程”人才入选人数位居全市第二。出台“菁英汇海”青年人才集聚工程实施细则，新引进大学生22087人。新建省级博士后工作站3家，引进博士后研究人员16人。

建成实体人力资源市场和零工市场，累计举办招聘活动43场。发放购房补贴超1亿元。

新增高技能人才7155人。经济系列和建设工程专业正副高级职称申报量与通过量位居全市第一。

【企业博士后工作站建设】 2021年，区人社局继续从政策、管理、服务三方面着手，将建设博士后科研工作站作为实施“人才强区”战略的重要举措，做好企业博士后工作。实施《海曙区人才工作专项资金管理办法（修订）》《宁波市海曙区关于实施“菁英汇海”青年人才集聚工程的实施意见》等文件，在博士后工作站的科研经费、培养经费等宁波市级的补助基础上不断升级配套力度，帮助博士后解决有关家属就业、子女就学等问题，进一步解除博士后的后顾之忧，2020年至2021年累计接收进站博士后48人次。走访百余家企业，统计需求，鼓励大中型企业、高新技术企业设立博士后科研工作站。同时，对新申报企业严格把关，提高企业申建博士后工作站的针对性。强化博士后工作站日常管理，阶段性组织建站企业召开工作座谈会，及时掌握站点博士后进出情况。组织建站企业赴成都、重庆等地高校招聘，进一步拓展博士后招收渠道。组织建站企业参与宁波市博士后“双百”供需对接会，深入追踪有效意向。推动企业、高校和博士后的三方合作，涉及新材料、纺织服装、互联网等领域，极大限度实现博士后的智力与企业实践相结合，促进产学研合作内部循环。

7月31日，海曙区“246”产业高层次人才洽谈会暨宁波阿里中心专场招聘会举行

【区人力资源市场启用】 2021年3月5日，海曙区人力资源市场正式启用。该市场是由区人力社保局牵头成立的纯公益性人力资源交流平台，位于集士港镇菜市场二楼，面积超1000平方米，配置标准化招聘展位42个。市场可发挥海曙区零工市场功能，改善零工求职环境，助力灵活用工。启用当日，“海纳百川，曙你未来”新春综合型人才招聘会市场举行，吸引84家企业参加，提供岗位570个。

【综合性人才招聘会】 2021年3月27日，“春风十里，职曙于你”2021春季综合性人才招聘会暨人力资源输送服务大会举行。100家优质企业携462个需求岗位参与招聘，专业方向覆盖材料类、技术类、生物医药类、管理类、商贸类等方面。4月9日，“匠心汇海”2021年海曙区春季技能人才专场招聘会举行。72家来自机械制造、交通物流、电子通信等行业的企业参加，其中42家企业现场招聘，30家企业开展网络云端招聘，共推出技能岗位400余个，初步达成求职意向200余人。7月31日，海曙区“246”产业高层次人才洽谈会暨宁波阿里中心专场招聘会举行。此次招聘会系阿里中心进驻宁波以来进行的首场现场招聘会，另有区内的宁波工业互联网研究院、维科集团、宁兴控股、东海集团等13家知名龙头企业参与，涉及工业互联网、电子信息、新材料、时尚纺织服装、生物医药等产业。现场推出48个优质岗位，省内外300余人参与应聘，其中数字经济方面的多个岗位年薪达到60万元。10月14日，40家海曙区企业在宁波财经学院开展2021年海曙区“智汇甬城、英才海聚”校园巡回招聘活动，浙江中外运有限公司、宁波宁兴控股股份有限公司、三生（中国）健康产业有限公司等40家区内重点骨干企业参与，推出200余个岗位需求，共计收到简历近500份，初步达成意向近五成。

【“百创汇海”海曙区高层次人才海外创业大赛】 2021年10月25日，“三江汇海 百创归曙”2021年第二届“百创汇海”海曙区高层次人才海外创业大赛在加拿大蒙特利尔举办预赛。大赛由海曙区委人才办、区人社局主办，加拿大博士圈圈PhDsNetwork承办，邀请到加拿大工程院院士、麦吉尔大学教授、Sci中加创新中心投资副总裁、博士圈圈PhDsNetwork董事担纲评委，共征集到项目51个，400余名来自全球的高层次人才报名参加，项目涵盖人工智能、纺织服装等新兴产业或高端服务业领域。11月16日，大赛决赛在线上举行，通过预赛决出的10个项目进入决赛，前三名项目直接入选2022年区级“百创汇海计划”，同时获得直接进入2022年度市级“甬江引才工程”终评的机会。

【企业专家工作站服务项目评估】 2021年12月，海曙区完成2021年度企业专家工作站服务项目评估，华恒建设集团有限公司等区内三家单位8个项目通过评估，共计发放专家工作站服务项目补助28万元。区人社局以产业发展和科技创新需求为导向，以产学研合作项目为纽带，做好已建的33个区级工作站、4个市级工作站的相关服务工作。把专家“引进来”，已有新材料、建筑、电子科技、生物医药等多种产业类型的企业和浙大城市学院、宁波大学等院校专家展开合作；让企业“走出去”，派员到驻站专家所在单位参观学习，帮助企业提升创新人才素质。通过建立企业专家工作站的形式，建立企业科研工作站团队，以市场需求为导向，以企业科研发展为目标，真正实现产学研的“无缝对接”，有效拉动区内经济发展。

（刘　平）

就业创业

【概况】2021年，海曙区全面落实失业保险扩围政策，发放失业金14707.60万元、失业补助金1496.30万元。审核通过失业保险稳岗返还3766.54万元，惠及企业9115家。落实各项支持创业补贴3560.6万元，惠及创业实体5482家次，带动就业13119人。6个社区被评为浙江省第二批高质量就业社区（村）。

举办“匠心汇海”职业技能竞赛15场，完成职业技能培训53433人次。新增省级、市级技能大师工作室各1家，新增技能等级认定企业54家。深化东西部对口劳务协作，向四川省凉山彝族自治州喜德县定向推送岗位需求信息5500余条次，线上线下结合组织60余家海曙企业举办招聘活动7场次，全年接收当地务工人员306人，“劳务协作助力对口帮扶地区贫困劳动力就业”入选国家级社会领域公共服务助力脱贫攻坚典型案例。

【区职业技能实训中心揭牌成立】2021年1月22日，由区人社局和宁波职业技术学院共同建设的海曙区职业技能实训中心在宁波职业技术学院新典校区揭牌成立。签约仪式上，区人社局与宁波职业技术学院代表签署校地合作与基地共建协议。根据合作协议，宁职院发挥“中国特色高水平高职学校和专业”建设学校的优势，与区人社局在技术技能人才培训培养、高端人才服务、区域公共服务平台建设方面开展合作，双方共同设立“人才交流专项”，共建高水平专业化产教融合实训基地和生产性实训基地，根据海曙区各行业、企业实际需要，广泛开展技能培训。

【劳务协作对接】2021年2月始，区人社局面向辖区重点企业，统计春节后的劳务招聘需求情况，共梳理出67家企业、2565个优质岗位信息。在此基础上，抢占人力资源招聘先机，联系陕西、湖南、安徽、江西等劳务输出地的人社部门，在当地广泛发布上述招聘需求。组建8支队伍，相继赴江西、贵州、河南等8省9市，与当地人社部门商洽务工人员返岗、劳动力开发、劳务合作等事宜。

【海曙—喜德东西部劳务协作】2021年6月19日，区人社局组团赴劳务协作对口地区四川省凉山彝族自治州喜德县开展2021年海曙—喜德东西部协作专场招聘会。招聘会共收集55家海曙企业4200余个岗位需求，其中16家企业赴喜德县现场招聘，岗位需求3400余人，涵盖汽车、机械、服装等制造业及服务业领域，170余人达成初步就业意向。招聘会现场，海曙区和喜德县两地人社部门为凉山州喜德县驻宁波市海曙区农民工工作服务站揭牌。8月18日，首趟喜德—海曙劳务专车顺利抵达海曙区，42名川籍务工人员乘坐包车，分赴狮丹努集团、福特继电器2家企业就业。在务工人员抵达企业后，海曙区鼓励企业对劳务协作地区来曙务工人员开展岗前培训，培训合格的，按每人600元的标准给予企业技能培训补贴，帮助务工人员尽快融入岗位。汇聚多方力量，加大对喜德籍务工人员交通、食宿、薪资、岗位、日常生活等方面的关爱力度，创设亲情化的稳岗环境。

6月19日，海曙—喜德东西部协作专场招聘会凉山彝族自治州喜德县举办

【“世界青年技能日”主题宣传活动】2021年7月15日，由宁波市人社局、海曙区人民政府主办，海曙区人社局、宁波市人才培训中心承办的“技能创造美好生活”——2021年宁波市“世界青年技能日”主题宣传活动在海曙印象城举办。活动涵盖成果宣传、政策咨询、技能演示、“技能地摊”市民体验等内容，并举办宁波市第一届技能大赛评茶员项目海曙区选拔赛。活动当晚，现场播放青年技能人才工作宣传视频，向市民们介绍宁波市青年技能人才工作基本情况。

【中国宁波青年大学生创业大赛智慧生活行业赛总决赛】2021年11月26日，2021—2022中国宁波青年大学生创业大赛智慧生活行业赛总决赛在海曙区举行。行业赛自7月启动以来，围绕智慧生活主题，海曙区相关部门在杭州、深圳、厦门等10个城市赛展开海选，共征集到创业项目125个。经初选、市外赛等层层选拔，20个优质项目角逐总决赛。最终，喜得（德）好鸡等5个项目获一等奖，微尘科技等5个项目获二等奖，菇菇食用菌等5个项目获三等奖。决赛现场还举行宁波海曙—凉山喜德青年大学生创业联盟启动仪式。

（刘　平）

社会保障

【概况】2021年，海曙区户籍人员养老保险参保率达到99.38%，位居全市前

7月28日，区人社局与鄞州银行举行“社银合作”签约授牌仪式

列。企业职工社保缴费单位4.38万家，养老保险、失业保险、工伤保险缴费人数分别为39.80万人、37.10万人、47.60万人；各项待遇领取人数累计193.49万人次，待遇发放总额48.86亿元。

开展社保精准扶贫，重点困难对象核查率、参保率达到100%。4月8日，区社会保险业务启用省社会保险业务系统，标志着海曙区企业职工养老保险实现省级统筹。区人力社保服务大厅进驻区行政服务中心。

【“长三角民生一卡通‘畅游驿站’”项目获奖】 2021年，宁波市“长三角民生一卡通‘畅游驿站’”项目获得全省人社系统数字化改革最佳实践项目，海曙区为该项目核心联动试点区之一。“一卡通”是实现长三角一体化发展，同时加快推进浙江省社保卡居民服务“一卡通”建设的重要载体，涵盖日常就医购药、交通出行、政务服务、文化旅游等多个生活领域。为顺利推进该项目，海曙区扎实跟进数字化改革工作要求，总结分析群众对社保卡多跨场景应用的需求，发挥社保卡集身份凭证和金融支付于一体的属性，通过流程再造，加强区级联动，围绕群众高频需求论证改革效用。面向群众加大该卡的宣传力度，使用公交28路社保卡专车、新媒体宣传视频等多渠道宣传途径，把核心联动试点区的改革应用开发和效果评估主动权交给群众。

【中断缴费人员信息集中处理】 2021年，区人社局围绕省、市社保中心《关于开展中断缴费人员信息集中处理工作的通知》等有关文件精神，高效有序推进海曙区机关事业单位企业参保中断缴费人员信息集中处理工作。截至年底，共发出《基本养老保险关系转移接续联系函》700余份，处理相关转入账户200余个。由于信息集中处理工作涉及受理、个账、核准、待遇等业务条线，经办过程中，各业务部门密切配合，各司其职。提前梳理相关人员名单，要求各单位与本人核实参保信息，并确认是否进行转移。对于重复缴费人员，坚持“先转后清”的原则，进行个人账户清算。同时，在对需批量处理的数据进行确认基础上，按照处理规则开展中断人员个账归集、清退、一次性支付、提交数据维护需求等经办工作，确保信息处理准确无误。

【“海曙人社大厅社保业务预约登记”系统上线】 2021年4月1日，区人社局启用自主设计的“海曙人社大厅社保业务预约登记”系统上线。该系统是4月8日起“浙江省社会保险信息系统”正式上线的前置系统。为引导参保人使用该系统预约办理，防止社保系统切换期间大厅办事拥堵现象，上线前，海曙区通过“海曙发布”“甬派”等融媒体多渠道面向群众宣传普及“办业务，先预约，不用等，随到办”的办理方式。

【“社银合作”签约授牌】 2021年7月28日，区人社局与鄞州银行举行“社银合作”签约授牌仪式，双方签订《银行办理社保经办业务合作协议》，启动“社银合作”。此次“社银合作”，区人社局依托鄞州银行遍布城乡的优势，以打通企业、群众办事的“最后一公里”为导向，将10个高频社保事项委托鄞州银行办理，让银行成为群众家门口的政务服务“便利店”。

（刘　平）

劳动关系

【概况】 2021年，海曙区继续深化“无欠薪”建设，全年受理举报投诉案件3354件，结案率100%。重点开展“安薪在甬”专项治理行动，共检查工程建设域、快递物流、校外教育培训机构等企业1127家，追发工资及赔偿金352.65万元。开展重大工程建设项目中的劳资纠纷解决行动，推广欠薪线索反映平台。

实施“和谐同行”三年行动计划，推出送法入企、送技上手、送检到家“三送”服务，启动劳动用工体检服务，抓好关停并转企业人员安置工作，促进区域劳动关系和谐稳定。推进劳动纠纷多元化解模式，坚持数字化赋能仲裁工作，仲裁结案率、调解成功率、网络办案率达97.6%、87.7%、46.8%。

【欠薪投诉集中接访活动】 2021年1月11日，海曙区根治欠薪工作领导小组在区矛盾调解中心开展欠薪投诉集中接访活动。此次接访由区委常委、常务副区长李冠杰带队，区委政法委、区信访局、海曙公安分局、区人力社保局、区住建局、区交通运输局、区农业农村局、区法院、区总工会等9个部门负责人参加。活动期间，共接待群众来访6批次，涉及务工人员9人、金额88.76万元（其中76.80万元涉及工程尾款）。

【“和谐同行”劳动关系能力提升培训班】 2021年5月26日，2021年海曙区“和谐同行”劳动关系能力提升培训（第一期）举行，全区200余家企事业单位的320余名中高层管理人员、劳动关系工作人员参加培训。培训班采取“线上+线下”的培训模式，线上安排23.5课时的在线学习；线下邀请宁波市人社局工伤保险处的劳动关系领域专家围绕企业用工管理风险防控、工伤保险政策解读、劳动争议处理和实务等内容开展集中授课。

【年度工伤预防联席会议】 2021年7月9日，区人社局、区应急管理局、区卫生健康局、区总工会四部门召开2021年度第一次工伤预防联席会议，各成员单位分管领导、责任科室人员出席会议。会议调整海曙区工伤预防联席会议成员，并审定2020年度工伤预防先进单位为宁波广博纸制品有限公司、百威（宁波）啤酒有限公司，2020年度工伤预防成效显著单位为中金汇通信技术有限公司宁波分公司、宁波蓓蕾五金制品有限公司、宁波雅誉物业服务有限公司。同时，总结前一年全区工伤预防开展情况，就当前安全生产、职业病防治和工伤预防方面所面临的形势，研究确定2021年度工伤预防的重点领域，并制定相应的工伤预防计划。

【仲裁庭审观摩活动】 2021年9月15日，区人社局邀请布利杰、龙升制衣等14家企业的人力资源负责人观摩海曙区仲裁院的庭审。观摩活动以真实的劳动争议案例为引导，让企业以旁观者的角度了解劳动争议的审理过程，学习和掌握应诉要点，认识企业在日常用工管理中存在的问题与法律风险。庭审结束后，区仲裁院副院长围绕该案向企业代表讲解“未签订劳动合同二倍工资”等相关法律知识，并现场就企业代表提出的问题进行答疑。

（刘　平）

人事管理

【概况】 2021年，海曙区坚持“阳光招考”，组织各类事业单位人事招考10场，选拔优秀人才93人。全省事业单位人事工资管理服务系统信息完整度达98%，位居全市前列。机关事业单位养老保险制度改革持续深化，工作被省社会保险和就业服务中心表扬。事业单位人员工资工作开展有序。

【高校毕业生紧缺优秀人才公开选聘】 2021年5月14日，区人社局发布《浙江省宁波市海曙区面向2021届优秀高校毕业生公开选聘紧缺优秀人才公告》，面向2021届优秀高校毕业生公开选聘紧缺优秀人才，其中A类人才（优秀高校应届毕业生）9名、B类人才（应届大学生退役士兵）1名，并于6月5—7日赴武汉大学完成本次选聘的现场报名、资格确认、笔试及面试工作。

【事业单位人员招考】 2021年5月22日，海曙区面向2021年普通高校应届毕业生公开招聘事业单位工作人员笔试、2021年海曙区面向社会公开招聘事业单位工作人员笔试、2021年海曙区全媒体中心公开招聘事业编制工作人员笔试、中共宁波市海曙区委党校面向全国公开招聘事业编制教师笔试统一在宁波技师学院举行。其中，海曙区面向2021年普通高校应届毕业生公开招聘事业单位工作人员和2021年海曙区面向社会公开招聘事业单位工作人员分别招聘18人和73人。

【区机关事业养老保险管理中心获表扬】 2021年12月21日，海曙区机关事业养老保险管理中心因抽调工作人员参与浙江省社会保险和就业服务中心工作专班，对已清算中央属机关事业单位退休人员养老保险待遇重新核定工作组织开展集中攻坚行动，工作期间服从安排、认真工作，高质量完成工作任务，受到浙江省社会保险和就业服务中心通报表扬。

（刘　平）

流动人口服务管理

【概况】 2021年，海曙区共有登记流动人口54.36万人。其中，按性别分，男性30.33万人，女性24.03万人；按年龄分，16周岁以下5.32万人，16～60周岁46.42万人，60周岁以上2.62万人；按学历分，本科及以上学历1.66万人，大专2.63万人，高中（中专、中技、技工学校）6.91万人，初中及以下43.16万人。

夯实企业责任，建立定点联系制度，加大对辖区企业务工人员身份信息的核查力度，按照“谁用工、谁负责”原则，督促企业做到“人来登记、

5月22日，海曙区面向2021年普通高校应届毕业生公开招聘笔试统一在宁波技师学院举行

人走注销”，要求在各派出所流动人口平台内居住信息自主申报每日清零。流动人口居住登记率、登记信息准确率和居住出租房屋登记率均达95%以上，流动人口自主申报率达40%以上，实有单位匹配率达39%以上，实有房屋、实有单位基础信息基于标准地址采集率、准确率均达到95%以上。

推进量化积分落户应用，22户流动人口家庭办理积分落户。中小学接纳流动人口随迁子女36896人，其中积分入学6275人，流动人口随迁子女入读公办学校比例为85.82%，符合条件流动人口随迁子女入读公办学校比例为100%。符合条件流动人口随迁子女普惠性学前教育入园率为91.1%。

新增外来务工人员租赁补贴保障家庭166户。共有600余户外来务工人员享受住房保障政策，其中配租120余户，租赁补贴520余户。着力提高流动人口租赁补贴比例，上调至商品住房平均租金（住房市场平均租金）的40%。

10月19日，高桥镇翔威公寓组织开展消防宣传和逃生演练

【“群租房安全隐患整治一件事”集成改革】 2021年，海曙区紧盯流动人口居住的出租房管理难题，开发上线“群租房安全隐患整治一件事”应用场景。该系统在石碶街道先行试行时，群租房数量比上年同期下降5.7%，安全隐患整治率提高14.5%，成效明显，之后在区内全面铺开。截至年底，通过该系统的数据采集、闭环整改功能，全区发现违规群租房422间，下发整改通知书266份，整改完成率达100%，执法效率明显提升。

【《关于解决一线环卫工人住房困难的通知出台》】 2021年，海曙区在全市率先出台《关于解决一线环卫工人住房困难的通知》，通过加大公租房筹措力度、改建新建专用宿舍、优先供应试点租赁住房等方式，对符合条件的一线环卫工人实施定向配租。至年底，通过公租房保障一线环卫工人159人次，其中实物配租27人次，租赁补贴132人次。

【流动人口集中居住区专项消防演练】 2021年10月19日，区流动人口管理办公室在高桥镇翔威公寓组织开展消防宣传和逃生演练活动，住户、该公寓楼的工作人员100余人参加。这是海曙区首次在流动人口集中居住的公寓楼开展消防演习，通过知识宣讲和实践操作，帮助广大“新居民”学习了解预防和应对火灾的基本操作流程，提高新居民的消防安全意识，增强在火灾发生时的自救、互救意识以及逃生能力，从身边小事做起，消除火灾隐患，切实保障新居民的生命和财产安全。该活动是2021年海曙区流动人口服务管理的“海新护卫避风港”平安健康守护工程系列活动之一，“甬派”民生e点通栏目对此进行专题报道。

【《海曙区流动人口服务管理研究》课题完成】 2021年年底，区流动人口管理办公室开展区域流管工作研究，基本完成课题《海曙区流动人口服务管理研究》。通过研究海曙区流动人口发展趋势、与经济发展和财政收入间关系的分析，深入调研梳理辖区流动人口服务管理的现状、存在的问题及突破口，进而对提升流动人口服务管理水平提出可行性政策建议。

（叶少艾）

社会生活

人民生活

【概况】 2021年，海曙区居民人均可支配收入71017元，比上年同期增长9.5%。其中，城镇居民人均可支配收入78195元，增长9.5%；农村居民人均可支配收入43689元，增长9.5%。海曙区的城乡收入比为1.79:1。

全体居民人均生活消费支出44008元，其中，城镇居民人均生活消费支出48136元，恩格尔系数为25.5%，比上年同期下降0.2个百分点；农村居民人均生活消费支出28289元，恩格尔系数为29%，比上年同期下降1.6个百分点。

表 24 2012—2021 年海曙区城镇居民人均可支配收入及增长速度一览表

年份	城镇居民可支配收入(元)	增长速度(%)
2012 年	39251	11.3
2013 年	43215	10.1
2014 年	47190	9.2
2015 年	51201	8.5
2016 年	55127	7.7
2017 年	59482	7.9
2018 年	63636	7.9
2019 年	68641	7.9
2020 年	71391	4
2021 年	78195	9.5

表 25 2012—2021 年海曙区农村居民人均可支配收入及增长速度一览表

年份	农村居民可支配收入(元)	增长速度(%)
2012 年	20727	12.3
2013 年	23236	12.1
2014 年	25815	11.1
2015 年	28087	11.1
2016 年	30346	8
2017 年	32743	7.9
2018 年	33997	9
2019 年	37199	9.4
2020 年	39888	7.2
2021 年	43689	9.5

【城镇常住居民人均可支配收入】 2021年，海曙区城镇居民人均工资性收入43188元，占城镇居民人均可支配收入的55.2%；人均经营净收入12943元，占城镇居民人均可支配收入的16.6%；人均财产净收入的10673元，占城镇居民人均可支配收入的13.6%；人均转移净收入11391元，占城镇居民人均可支配收入的14.6%。

【农村常住居民人均可支配收入】 2021年，海曙区农村居民人均工资性收入24575元，占农村居民人均可支配收入56.2%；人均经营净收入8982元，占农村居民人均可支配收入20.6%；人均财产净收入3112元，占农村居民人均可支配收入7.1%；人均转移净收入7020元，占农村居民人均可支配收入的16.1%。

【城镇常住居民消费支出】 2021年，海曙区城镇居民人均消费支出48136元。其中，居住支出16201元、食品烟酒支出12275元，分别占城镇居民人均消费支出的33.7%和25.5%，居住支出和食品烟酒支出仍是城镇居民消费支出中最大的两个组成部分；交通通信支出4744元，教育文化娱乐支出4431元，医疗保健支出4285元。每百户家庭拥有汽车56辆；拥有移动电话218部，移动电话可以接入互联网的有184部；拥有计算机77台。

【农村常住居民消费支出】 2021年，海曙区农村居民人均消费支出28289

元，其中居住支出9004元、食品烟酒支出8204元；居住支出和食品烟酒支出是农村居民消费支出中最大的两个组成部分，占农村居民人均消费支出的比重分别为31.8%和29%；交通通信支出3011元，教育文化娱乐支出2671元，医疗保健支出2418元。每百户家庭拥有汽车45辆；拥有移动电话219部，移动电话可以接入互联网的有174部；拥有计算机31台。

（陈　娜）

民政工作

【概况】 2021年，海曙区新增社会组织115家，其中社会团体8家、民办非企业单位107家。累计有社会组织951家，其中社会团体164家、民办非企业单位787家。海曙区之江社会工作服务中心在中国社会工作学会2021年会暨中国社会工作发展高端论坛——“发展社会工作，助力乡村振兴”分论坛作经验交流。新增持证社会工作专业人才215人。徐轲获评首批浙江省“社会工作领军人才”，李旭成为全市首位高级社会工作师。海曙区社会组织综合党委获“浙江省先进基层党组织”称号。

全区结婚登记3264件，离婚申请1847件，离婚登记1060件，补领结婚登记995件，补领离婚登记134件。汪静静获2021年省金牌颁证员，海曙区参与市队获省第二届结婚登记颁证技能比赛团体一等奖荣誉。海曙区被确定为全省补领婚姻登记证工作试点区，对婚姻集中登记以前、符合条件的、原先在省内镇（乡）街道办理婚姻登记的当事人，集中开展补发婚姻登记证工作。位于新行政服务中心一楼的海曙区婚姻登记服务区启用，面积828平方米，内设结婚、离婚登记，颁证厅、婚俗文化展示等多个功能区域。

全区有低保对象2767户、3581人，低边对象279户、455人，特困人员172人，孤儿8人，困境儿童328人（其中事实无人抚养46人），留守儿童4人。海曙区社会救助改革创新试点入选“宁波市高质量发展建设共同富裕先行市”首批试点，10月，启动编写《宁波市海曙区人民政府关于海曙区建设共同富裕先行市试点行动计划（2021—2025）》报告。

殡葬领域执法2起，没收违法所得40.5万元。社会组织领域执法1起，撤销登记相关协会1个。发放殡仪服务补助460.18万元，节地安葬补助资金133.03万元。

【“红心向党　初心永挚”公益服务】 2021年，区民政局以党员志愿者领衔、社会组织接力的形式，组织开展10项主题公益服务，组成“红心向党　初心永挚”中国共产党成立100周年系列活动，以关怀身边的弱势群体方式庆祝建党百年。具体包括组织百名党员诵党史、百种服务馈社会、百篇征文诉征程、百片真情访功臣、百位老人添福寿、百份温暖显情怀、百户家庭同成长、百家困儿焕新颜、百场公益下基层、百讲课堂连村社。至年底，服务惠及居民群众2000余人次。

位于新行政服务中心一楼的海曙区婚姻登记服务区

【乡村公益性墓地升级改造纳入民生实事工程】 2021年，海曙区2个乡村公益性墓地（老墓区）升级改造工程纳入2021年度全区民生实事项目。投入113万元改造横街镇应山墓园的排洪沟、排水沟、公厕、墓园标识，10月完成竣工验收；投入260余万元改造高桥镇双龙墓园的入口标牌、路面、生态墓区、树葬区，12月完成竣工验收。此外，章水镇荷花山生态墓园申报成为浙江省第一批“节地生态安葬示范点”。

【“520向幸福出发·致爱婚典”集体颁证】 2021年5月20日，海曙区梁祝文化园举办“千年曙色 百年梦圆——520向幸福出发·致爱婚典”集体颁证活动。现场50对新人表演诗朗诵《致爱婚典一生情》，携手走过梁祝夫妻桥，共同宣读《结婚誓词》，观看越剧《草桥结拜》。市、区相关领导为25对新人颁发结婚证，为25对模范夫妻颁发“520致爱婚典纪念证书”。

【“海星计划”启动】 2021年7月，区民政局牵头启动“海星计划”。通过为期5年的综合服务行动，带领全区社会组织深度参与并服务全区乡村产业、人才、文化、生态、组织5方面振兴。至年底，重点以社工站建设为抓手，加大社工人才队伍培养力度，新建高桥镇、古林镇等镇（乡）街道社会工作站6个，引导专业社会工作人才扎根乡村。通过项目化服务，以村社结对、党员志愿服务等形式，统筹村社资源、互通互惠，在集士港镇、石碶街道等地建立以居民自治为核心的“邻舍家”小区居民自治服务站8个，挖掘小区内有较高威望的居民领袖、热心志愿者、“两委”和业委会成员、辖区单位负责人等组成居民自治理事会，配合社工对小区公共活动空间和公共事务进行自我管理、自我服务等。

【省民政厅调研组调研海曙民政执法及数字化改革工作】 2021年8月4日，省民政厅调研组到海曙区调研了解民政执法工作。座谈会上，调研组重点听取基层民政数字化改革推进情况的汇报，了解由区民政局开发和试点运用的4个应用场景——“链上救助”“小区自治”“甬易养”“身后一件事”，并观看应用场景演示，与会人员就数字化改革工作中遇到的痛点、难点、堵点进行交流和探讨。调研组对近年来海曙区开展民政执法和数字化改革工作积累的成果和经验予以肯定，强调要充分发挥民政执法优势，紧跟数字化改革风向标，努力打造一批具有较高辨识度的数字化改革标志性成果，确保民政事业走在全市、全省前列。

【“物质+服务”社会救助海曙模式交流】 2021年12月6—8日，在省民政厅举办的全省社会救助业务培训班上，海曙区以《“物质+服务”双轮驱动，努力绘就共同富裕温暖底色》为题作交流发言。自2020年10月海曙区入选全国社会救助改革创新试点单位，海曙区以数字化改革为抓手，发展社会救助服务类项目，在运用好“浙里救”平台基础上，打造“链上救助”应用场景，着力破解救助需求识别不精准、城乡救助服务资源不均衡、救助服务力量不聚合等问题，对服务类社会救助的供给主体、对象范围、服务内容、服务方式、运行机制等方面做出积极探索，初步建立较为完善的服务类社会救助标准体系。至年底，累计为1100余名困难群众提供各类专项服务2100余次。

（陈梦雅）

基层民主自治和社区建设

【概况】 2021年，海曙区有社区104个、行政村164个、城镇居委会5个。通过高桥镇关于要求成立梁祝社区、新桥社区和海馨社区，并调整相应社区辖区范围的请示，高桥镇社区总数从5个增长到8个，城市化建设进程进一步加快。持续推进各类特色社区建设，改造或新建完成“居民会客厅”建设9个；建设区级“清廉社区”示范观察点12个，街道级试点38个，清廉社区覆盖率达84%；集士港镇以“打造四级红领集自治服务体系构建镇乡特色基层治理新格局”为主题入围第二批市级城乡社区治理和服务创新试点；白云街道以“智能化延伸服务链条，打造新型邻里智慧共同体”为主题入围第一批市级“智慧社区”试点及第一批市级城乡社区治理和服务创新示范试点。开展第四批农村社区建设评估活动，5个入选省级“引领型农村社区”，4个入选市级“完善型农村社区”。

7月6日，海曙区乡镇（街道）社会工作站建设培训会暨经验交流会召开，会上发布《宁波市海曙区乡镇（街道）社会工作站服务规范》

有社区专职工作者969人，新招聘社工118人。社会工作职业资格证书持证率达70.3%。对社区专职工作者开展不同层次的能力培训，对社区正职开展以自治站建设为主要内容的社区发展共学主题活动25次，参访交流16次，培训约300人次；对社区后备干部开展“赋能6+1”培训，由各镇（乡）街道轮流主办6场学习交流，区民政局开展1场技能比拼活动，培训约400人次；对新入职社工，邀请“臭皮匠”项目团队进行社区基础能力建设培训，培训约100人次。年底考核按10%的比例，评选和表彰区级“优秀社区专职工作者”，提升社工队伍荣誉感和干事创业热情。组织开展全区新任村（居）民委员会成员能力提升项目，选取全市品牌村社进行参访学习，共培训1300余人，系全市唯一对村居委会成员进行全员轮训的县（市、区）。

【海曙区社区治理改革入选全国优秀案例】 2021年3月，区民政局申报的《科学推进“统、分、沉”促进社区政居协作互动》案例在中国社会治理研究会联合45家机构开展的“全国市域社会治理创新优秀案例（2020）”征集活动中，从200余个参选案例中脱颖而出，获评“全国市域社会治理创新优秀案例（2020）”。社区治理“统、分、沉”改革是为解决社区长期以来的政务负担过重、服务居民精力不足、居民自治基础弱化、居民互助服务难以展开等问题，做法是促进社区的功能资源统合、政务居务分类、治理重心下沉。“统”即建立区域公共服务中心，上浮和整合原有分散式、碎片化的社区便民服务功能；“分”即让社区工作政务和居务分类，腾出更多人力资源投入网格治理工作和引导居民自治服务中；“沉”即建立“邻舍家”小区居民自治服务站以及建设“邻e家”线上服务平台，搭建更加贴近实际的居民自治服务平台，打通服务居民的最后100米通道。11月，经省民政厅联合高校专家组成省级社区治理和服务创新实验区中期评估团队实地走访、座谈交流、资料查阅，海曙区继续凭借社区治理“统、分、沉”改革方面的探索获得总分第一、综合评估优秀等级。

【民政部调研组调研海曙社区治理和服务创新工作】 2021年4月7日，民政部基层政权建设和社区治理司调研组来海曙区实地调研社区治理和服务创新工作。调研组先后到白云街道安丰社区、月湖街道迎凤社区等地，了解社区在基层治理和服务方面的创新模式和亮点做法，在随后召开的座谈会上听取海曙区关于社区治理和服务创新的工作汇报。

【社区治理体制机制改革推进会】 2021年8月31日，海曙区召开全区社区治理改革推进会。与会代表考察月湖街道紫薇小区居民自治服务站和段塘街道南都区域公共服务中心两个试点样本。海曙区社区治理改革试点工作自2020年9月开展以来，取得阶段性成果，顶层设计基本完成，统一区域公共服务中心、小区自治站工作运行机制和标志，全面梳理社区工作平台49个、办事事项157个，明确30个工作平台、50个办事事项上浮至区域公共服务中心集中办理。截至会议召开时，共建成区域公共服务中心2个、“邻舍家”自治站点25个，成立小区自治理事会25个；“科学推进‘统分沉’，促进社区政居协作互动”项目入选全国市域社会治理创新优秀案例。

【社区治理改革系列文件发布】 2021年8月，区社区建设指导委员会发布《海曙区社区治理改革和服务创新推进工作方案》《海曙区社区工作准入制实施细则（修订版）》。两份文件明确改革目标、方向、内容，同时厘清部门与街道、街道与社区事项与职责清单，为社区治理改革推进提供制度支撑和保障。至年底，海曙区建成区域公共服务中心10个、“邻舍家”小区自治站160个。

（宋　瑜）

地名工作

【概况】 2021年，海曙区共核准地名24个，完成尚悦府等55个项目的门牌编制，共编设门幢牌3334块。重点完成“宁波公馆”不规范地名整治，重新命名集士港镇碧莲路、广盛路和蕙兰路3条道路名称。

组织开展界线领域纠纷隐患排查活动，消除边界毗邻地区日常生活和潜在的争议纠纷与隐患，确保界线领域的安全稳定。

【整治不规范地名】 2021年，“宁波公馆”不规范地名专项清理整治工作完成。“宁波公馆”于2021年被省民政厅列入第二批不规范地名清理整治名单，海曙区按照“民政牵头、部门协同、属地落实”原则，采取“一事一议”方式，与房产开发商多次对接，4月，妥善拆除“宁波公馆”户外地名标识，同时，自然资源与规划部门及时清理导航地图中不规范地名信息。

【地名变更】 2021年，海曙区集士港镇完成“碧莲路”“广盛路”和“蕙兰路”名称变更。此3条道路都位于集士港镇人民政府周围，由来已久，均为既成事实的未审批道路，出于群众办理不动产权证及日常生活方便的需要，区地名办经过排摸核对、调研论证，对道路予以重新命名，总计变更道路门牌114块。

【“海北线”“海余线”检查】 2021年6月22日，海曙区联合江北区民政局及毗邻街道，对“海北线”进行联检，重点勘查“海北线1号界桩”“海北线2号界桩”实地状况，界桩方位物无损坏、无异常。10月9日，联合余姚市民政局及毗邻镇，对“海余线”进行联检，重点勘查海北余交汇点的A号界桩、海北线1至4号界桩的实地状况，界桩方位物无损坏、无异常。同时，加强界线管理制度建设，按照有关规定及时下发界桩管理经费。

【《海曙区地名专项规划》修编】 2021年，海曙区委托上海经纬建筑规划设计研究院修编《海曙区地名专项规划（2021—2035）》。此次规划主要对8个镇（乡）的道路（长度300米以上）路名、新建住宅小区、新建社区、自然地理河流等名称进行规划。通过专家走访、前期调研、实地勘查、专家研讨和评审，并征求市民政局等相关部门意见，共采纳意见建议40条，梳理汇总现状道路232条、规划道路311条；现状水系43条、规划水系37条；构建住宅小区命名词库332个、社区命名词库126个。

6月22日，海曙区联合江北区民政局及毗邻街道，对“海北线”进行联检

【《海曙区地名志》出版】 2021年，海曙区首本系统记载全区地名的专业书籍《海曙区地名志》出版发行。志书采用条目体形式，收录辖区各类地名4300余条，约70万字，按类分卷、逐条释名，以地名释文为主，适当配以图、表、录，以求图文并茂。

（蔡久勇）

退役军人事务管理

【概况】 2021年，区退役军人事务局创建红枫党员活动室（“退役军人之家”）。开展“唱支军歌给党听”等9场主题活动以及各类交流学习，全面铺展信息宣传工作，“老兵宣讲”“烈士祭扫”等宣传报道受到社会广泛关注。

开展“最美退役军人”选树活动，4人获评宁波市级“最美系列”先进个人，1个志愿团体获评先进团队。选树12位区级“最美退役军人”。举办海曙区首届现役退役军人子女“公益训练营”，签约公示“崇军联盟”门店166家，举办“百场课堂育青苗”“实地、VR、视频多通道祭扫英烈”等活动，累计有4.5万人次开通异地烈属代祭扫通道。支持“我为烈士来寻亲”案例115个。

按照“党委引领、政府搭建、群众参与、社会运作”的理念，充分整合各方资源，建立起供需实时对接的退役军人志愿服务体系，有效推动志愿服务的制度化、常态化发展。以“服务、参与、融合、共建”为主线，全面提升退役军人参与社会治理、经济发展、文化建设等方面的专业能力和水平，串联形成“奉献爱、传递爱”全链闭环志愿服务。台风“烟花”“灿都”影响期间，动员退役军人转移危险区域群众200余人。

实施“曙光计划”服务项目，累计服务退役军人260余人，承办、协办6场就业精准对接会，发布邀约信息3750余条，收到求职简历200余份并做好安置回访工作。

至年底，区内有23家服务站获评浙江省“新时代‘枫桥式’退役军人服务中心（站）”。多举措助力“兵支书”培育，现有退役军人任村（社区）“两委”210人、“兵支书”80人。

7月29日，全省首个拥军主题园区在海曙印象城揭牌开园

【“我为烈士修遗物”活动】 2021年，区退役军人事务局携手宁波财经学院人文学院“甬城文保”团队，开展“我为烈士修遗物”活动，将损毁的烈士遗像、证件、书信等红色文物带回学校，利用文化产业管理的学科专业优势，帮助烈士家属修复遗物，活动得到中央广播电视台的播出报道。截至11月，团队完成第一批共计7件烈士的文书、信件照片的遗物修复，陆续送到烈士家属手中，并在媒体帮助下，在全网征集“红色文书”。

【宁波国骅退役军人就业创业服务中心成立】 2021年，宁波国骅退役军人就业创业服务中心（“国骅老兵驿站”）成立，成为全省首个由企业自主发起、投资、建设的退役军人就业创业服务平台。中心由国骅集团结合军民共创业务板块，以“市场运作、社会参与”为思路，出资700万元打造。建筑面积2600余平方米，核心建筑为可容纳300人开展活动的“国骅老兵驿站”，可举办包括退役军人提供就业创业咨询、“一对一”就业创业帮扶、就业创业沙龙分享交流、创业项目方案路演、职业技能培训、创业孵化共享办公等服务，也可举办就业创业高峰论坛，助力退役军人高质量就业创业和成长成才。

【全省首个拥军主题园区开园】 2021年7月29日，全省首个拥军主题园区在海曙印象城揭牌开园。园区旨在以完善拥军优属的功能配套服务，打造宜居宜业、舒适便捷的军人军属城市生活圈，提升现役军人、退役军人及优抚对象的幸福感、荣誉感。经过前期发动宣传，印象城内的16家商铺加入“绿色拥军联盟”，推出涵盖餐饮、娱乐、体育、美发、教育、培训、影视七大类拥军优惠项目，并设置“拥军驿站”。

【市退役军人创业创新比赛在海曙举行】 2021年9月30日，宁波市第二届“建行杯”退役军人创业创新大赛决赛在“国骅老兵驿站”举行，共有24个军创项目，基本涵盖智能制造、海洋安全、智慧渔业等前沿领域以及传统服务业、乡土特色产业、大健康等民生领域。决赛形式为“6分钟路演+4分钟答辩”，各项目主创就项目社会价值、发展前景等进行展示，随后由专家评审为参赛项目点评和现场评分。经角逐，评选出一等奖项目3个，二等奖项目6个，三等奖项目9个。其中，海曙区鼎新鲜农业发展有限公司的“稻米主食产业链创新项目”获得现代农业赛道一等奖，并在浙江省第二届退役军人创业创新比赛中获得二等奖。

（张　健）

老龄工作

【概况】 2021年，海曙区60岁以上老年人175755人，占户籍人口27.53%，80周岁以上26490人，90周岁以上4245人，100周岁以上117人。每月对80周岁及以上老人发放高龄津贴，累计发放高龄津贴1700余万元。

全区有综合性养老机构38家，养老床位8568张。医养结合机构5家，床位1847张。区民政局成立专项工作领导小组，印发专项文件，对区内的养老机构开展安全生产与服务质量的集中检查与整改。

至2021年年底，建成1个AAAAA居家养老服务中心、20个示范型（区域性）居家养老服务中心，适老化改造397户生活困难老年人家庭，建成11家标准化老年食堂，有效提升海曙区老人的养老服务品质，老年助餐配送餐覆盖95%以上村（社区）。建成区域性、镇（乡）街道级、村（社区）级居家养老服务机构274个，实现城乡养老服务设施全覆盖。

研究制定养老服务人才培育支持政策，实施养老护理人员能力提升计划。按照分类培训、分层培训、全员培训的设计，健全分级分层培训体系，通过开展养老院院长能力大讲堂、护理人员专业培训（轮训）、完善养老护理员职业技能等级认定和继续教育制度“三步行动”，切实提升养老服务持续发展能力，每万名老年人拥有持证护理员数达23人。

组织开展“敬老月”活动，区委、区政府领导走访慰问医养结合机构和百岁老人。对百岁老人发放慰问礼品和慰问金共15.3万元；各镇乡街道张贴标语，营造敬老孝老良好氛围，开展各式各样的为老服务和文体活动。

海曙区的养老服务工作获省人民政府、市人民政府督查激励，5G智慧养老院“样板房”获工信部第四届“绽放杯”5G应用征集大赛智慧生活专题赛二等奖。白云街道联南社区被评为“2021年宁波市示范性老年友好型社区”；13家基层医疗单位被评为“老年友善医疗机构”。

【老龄健康工作】 2021年，海曙区建立省老年电视大学教学点87个，教学辅导站11个；区电大分校1个，电大学习示范点8个，有6360人次参加春秋两季电大学习。广安养怡院向省老年活动中心申请建设一个省级华数平台样板教学点。开展“银龄跨越数字鸿沟”科普活动337场次，12863人次老年人参加学习，志愿者53人次。白云街道社区卫生服务中心拍摄短视频，介绍老年人在防疫背景下就医的方法途径，在各卫生医疗机构和各镇乡街道居家养老中心等老年人活动场所进行播放，有效地提高了老年人就医能力。

全区17家基层卫生单位与辖区的37个养老机构、277个居家养老中心签订医养结合协议，承诺提供不少于2次医疗与健康宣教活动。全区32名医务人员参加全省医疗养老结合能力提升业务培训。章水、龙观、横街等卫生院开展高山巡回等方式的医养结合服务；鄞江中心卫生院和西门望春社区卫生服务中心建立和完善安宁疗护服务；白云街道社区卫生服务中心和白云街道云乐社区、石碶街道社区卫生服务中心和新区社区实施老年人心理关爱项目，面向650名65岁及以上老年人提供心理关爱服务。

【“智慧养老”服务平台建设】 2021年，海曙区加强养老服务数字社会改革，加快各类社会养老服务供需对接，根据数字社会改革工作要求，区民政局联合大数据中心、市场监管部门、81890信息服务平台，共同搭建“海曙区养老服务可视化驾驶舱”，开展“一键呼叫”、“一键巡检”、养老服务监管、“时间银行”等养老服务应用场景，助推养老服务质量提升。进一步完善“81890”老年人应急求助服务系统，审核、发放“一键通”电话机7600余台，办理老年人优待证468张。

【老年友善医疗机构评选】 2021年，海曙区落实积极应对人口老龄化国家战略，优化老年人就医环境，推动解决老年人在就医服务中运用智能技术遇到的各种困难，全面提升老年人看病就医便利性和满意度。老年友善医疗机构建设重点在“老年友善文化、友善管理、友善服务、友善环境”等方面内容开展评选。全区有15家基层民营单位达到老年友善医疗机构标准。

【养老护理员技能大赛】 2021年7月9日，由区民政局主办、中国人寿保险股份有限公司（宁波市分公司）协办的2021年宁波市海曙区“中国人寿杯”养老护理员技能大赛在广安养怡院举办。大赛包括理论知识和操作技能考核两部分，理论知识主要考核养老护理员对《养老护理员国家职业技能标准（2019年版）》知识要求的理解掌握，操作技能主要考核养老护理员针对老年人身体、精神状况提供生活照护、基础照护、康复服务、心理支持等服务的实操能力。比赛最终产生一等奖2名、二等奖3名、三等奖7名。选拔出的优秀选手房立新代表海曙区参加2021年全国养老护理职业技能大赛浙江赛区选拔赛，并获三等奖。

【《关于加快康养体系建设深入推进养老服务发展的实施意见》出台】 2021年8月26日，海曙区印发《关于加快康养体系建设深入推进养老服务发展的实施意见》，促进养老服务高质量发展，推进建设高品质康养联合体。规划到2025年年底，全区建成康养联合体32个，实现老年人群全覆盖的总体目标，并发挥养老机构资源的链接作用，推动与居家中心、医疗单位、公益组织之间的服务共享，实现康复转诊、康复转介、康复转护、康复转养的康养运转机制，形成循环服务模式。

【全省康养体系建设现场推进会在海曙召开】 2021年10月14日，全省康养体系建设现场推进会在海曙区召开。会上，海曙区推进康养体系建设的先进经验受到关注。海曙区以让老年人“居有所护”为目标，在康养体系建设方面，根据老年人实际需求，开展生活照护、健康管理、康复保健等居家康养服务，在宁波市率先实施抚恤补助优抚对象和见义勇为家庭中度、重

10月14日，全省康养体系建设现场推进会在海曙召开

度失能失智老人每月30小时、45小时的政府购买服务，以及80周岁以上老年人等群体每月3小时的政府购买服务，惠及老年人1.7万人。

【“敬老月”活动】2021年10月1—31日，海曙区开展以“实施积极应对人口老龄化国家战略，乐享智慧老年生活”为主题的“敬老月”活动。结合建党百年，开展系列公益活动和多种形式的走访慰问活动，重点对获得“七一勋章”“光荣在党50年”纪念章的老党员以及贫困、失能、高龄、独居、空巢、计划生育特殊家庭老年人等进行走访慰问。聚焦实际需求，开展“智慧助老”行动。深入推进“智慧助老”行动，在全区范围内开展老年人运用智能技术宣传推广活动。强化疫情防控，普及健康知识和政策。慰问全区101名百岁老人并发放1000元现金和500元礼物；区委、区政府领导对百岁老人进行慰问并走访医养结合机构。

（钱怡丰　周万慎）

医疗保障

【概况】2021年，海曙区医疗保险参保总人数75.34万人，其中，职工基本医疗保险53.16万人，城乡居民参保人数22.18万人。户籍人口参保率达到99.91%，困难群体资助参保5324人，参保完成率100%。

辖区监管定点医药机构489家，其中定点医疗机构156家、定点零售药店333家。审核定点医药机构票据899.6万条，涉及金额超21亿元，扣除违规医保费用超212万元。总办件量超过100万件，涉及医保申报、零星报销、生育结算、医疗救助等20余个医疗保障事项。开展医保业务信息编码“贯标”（贯彻执行国家医保信息编码）工作，维护审核上报定点医疗机构158家，医师3543人，医保护士1784人；定点零售药店335家，医保药师743人。指导和督促医药机构做好耗材、服务项目、药品等12项国家编码维护。

台风“烟花”侵袭后，区医疗保障局组织“医路相伴”党员志愿服务队联合“焕然医新”项目组，进驻受灾情况较严重的鄞江镇、洞桥镇、章水镇、龙观乡，走访慰问困难群众，了解群众生活所需和医疗保障情况，及时为群众纾困解难。

【医保基金监管】2021年4月，区医保局启动“基金监管集中宣传月”活动，出台《海曙区欺诈骗取医疗保障基（资）金行为举报奖励实施办法》。5月，作出全市第一例基于《医疗保障基金使用监督管理条例》的行政处罚，海曙区医疗保障基金监管工作联席会议制度进一步完善。保持监管高压态势，出动巡查执法人员1500余人次，查处违规机构及个人违规案件103件，审核定点医药机构票据金额超21亿元，共追回违规费用超245万元。协同市场监管、卫健、审计、公安等部门依法打击欺诈骗保行为，30人被移送公安，其中判刑1人、开庭审理1人。针对“假病人”“假病情”“假票据”等欺诈骗保行为，突击夜查11家医药机构。引入信息技术服务机构、会计师事务所等第三方力量，利用大数据分析，提高监管工作效率。构建“数字化”智能监管体系，掌上执法开通率、掌上执法激活率、监管事项入住率等事项均达100%。坚持“监管+服务”，对228家医保“两小”机构开展财务制度专项检查。

【医保电子凭证推广应用】2021年，区医保局对接民政、教育、卫健等部门，通过区府办发布《关于全面推广医保电子凭证激活使用工作的通知》，多渠道多途径广泛发动、全面宣传医保电子凭证激活相关工作。7月，组织17个镇（乡）街道分管领导和医疗机构负责人赴衢州市龙游县学习医保电子凭证激活使用的先进经验做法。至年底，通过前期宣传发动、“一对一”服务，海曙区医保电子凭证激活率96.28%，年结算率23.06%，均位列全市第一。

【“焕然医新”项目推进】2021年，海曙区在对各镇（乡）街道医疗救助对象需求的排摸基础上，推进“焕然医新”项目创新。在全省率先编写《医疗救助社会工作服务指南》，规范服务模式、类别、流程、保障等内容，并根据项目实际制定电话访问和入户访问规范，让服务执行更具可操作性，为医疗救助工作提供操作规范、服务专业的海曙样板。动员区医保局和相关业务骨干与因病致贫和发生大额医疗费用的救助对象结对，通过医疗救助服务的延伸，为救助家庭提供政策咨询、业务办理、困难救助、情绪疏导、精神关爱、资源链接等服务，精准助力乡村振兴，打通医疗救助的“最后一公里”。年内，“焕然医新”项目入

"1+1+N"志愿者走进龙观乡开展高山代办，指导群众激活医保电子凭证

选"浙江省医保系统新时代基层干部推动共同富裕"主题培训课程，全省区（县、市）仅两例，为宁波市区（县、市）唯一。此外，项目合作机构负责人作为市政协委员，提出的《关于统一城市定制型商业医疗保险的建议》政协提案也随着"天一甬宁保"的出台得以落地，为医疗救助对象增加新的保障。

【医保服务"1+1+N"基层联片工作机制2.0版】 2021年，区医疗保障局继续推行医保服务"1+1+N"基层联片工作机制2.0版。组织业务骨干深入企业、群众、基层，推进"1个服务小组+1个基层片区、1类群众诉求、1个重点企业+N个医保服务事项"的"1+1+N"基层联片工作机制常态化、长效化运作。全年走访镇（乡）街道、定点医药机构50余次，收集并协助解决基层关心的"老年人电子凭证激活困难"、参保群众"人户分离"等问题50余条。在此基础上主动下沉服务，开展"家门口"经办服务，加大医保电子凭证推广宣传力度，为群众提供更加暖心、贴心的服务。

【医保经办"一窗受理"】 2021年，海曙区在全市率先打通医保业务"一件事"，实现"一窗通办"。高效应对养老省级统筹和市中心搬迁业务承接，在办件量翻番情况下，增加老年专窗（绿色通道）、潮汐窗口，开展无午休值班、延时服务，整合24个医保事项，联合区总工会、税务等部门入驻医保窗口，方便群众工会救助、参保登记缴费"一站式"联办，创建全省首批医疗保障服务窗口示范点。

【医疗保障工作会议】 2021年4月14日，2021年度海曙区医疗保障年度工作会议暨基金反欺诈宣传月启动仪式举行。现场，辖区医疗保障先进集体和个人接受表彰，古林镇、白云街道、海曙公安分局、海曙口腔医院代表进行工作经验交流，区医疗保障管理中心负责人介绍2021年度区医保深化拓展项目。同日，"基金反欺诈宣传月"活动启动。

【"宁波医保发布"活动】 2021年6月16日，区医疗保障局和宁波日报报业集团共同承办宁波市"回望医保发展路，砥砺前行再出发"医保发布活动。活动现场，市、区两级政策解析官分别就守护人民群众的"救命钱"、打通参保就医的"快车道"、夯实人民健康的"压舱石"3个主题，围绕如何管好、用好医保基金，如何坚持"最多跑一次"理念，为群众提供便捷高效的医保经办服务，如何完善多层次医疗保障体系，让老百姓看得起病等方面，进行详细呈现。"界面新闻""甬派""甬上"等各级媒体发布刊登《关于医保，您有什么期待？》《6月16日"宁波医保发布"向您汇报》等新闻稿10篇，点击量超65.3万次，活动吸引约39万人观看。

（陈钟文）

民族工作

【概况】 2021年，海曙区全面贯彻落实中央民族工作会议精神，开展民族团结促进共同富裕有关工作，通过困难群众走访慰问、优秀民族扶贫项目摸排、"双百村"结对等有关工作，助力共同富裕，推动共创共享美好生活。

【少数民族群众扶贫创业技能培训】 2021年，海曙区继续开展少数民族群众扶贫创业技能培训项目，联合区民促会、月湖清真寺等单位开设"扶贫微讲堂""馕饼制作"培训微课程项目，邀请专业技师教授各族群众生产技能。至年底，累计培训困难群众十余批次，开设有关门店并创造就业岗位20余个。

【毛泽燕获评市"五一劳动奖状"】 2021年宁波市庆祝"五一"国际劳动节暨劳模先进表彰大会上，海曙区民族团结进步促进会常务理事毛泽燕获评市"五一劳动奖状"。毛泽燕是一位布依族医生，在白云街道社区卫生服务中心工作，曾被授予浙江省优秀基层医生、"宁波好人"、"宁波市四星级家庭医生"、"第三届海曙区道德模范提名奖"等多项荣誉。作为宁波市第一批家庭医生，以实际行动诠释为民服务宗旨，赢得社区群众信任。致力做好"传帮带"工作，在她的牵头带领下，设立海曙区首个家庭医生工作室，并将其作为全科医生规范化培训基层实践基地，指导规培学员融入基层工作，鼓励更多优秀的全科医生扎根基层，服务群众。

【中央民族工作会议精神学习】 2021年9月，海曙区民族团结进步促进会组织开展中央民族工作会议精神学习。区民促会会长、清真寺阿訇马富强，土家族干部谷叶，汪弄社区民族团结进步促进会会长张仲器等人分别交流各自在学习习近平总书记在中央民族工作会议讲话方面的心得体会，一致表示，要坚定信心、接续奋斗，用实际行动宣传和落实好党的民族政策，团结带领各族群众同心奋斗，铸牢中华民族共同体意识，构筑中华民族共有精神家园。

（陈三省）

宗教事务

【概况】 2021年，海曙区推进落实宗教工作“两个转变”要求（从治标向治本转变，从管得住向管得好转变）和省委有关工作督查反馈意见，全力确保全区宗教领域平安稳定。组织开展庆祝中国共产党成立100周年系列活动，深挖海曙宗教领域红色历史故事，传承红色根脉。

坚持宗教中国化方向，支持和鼓励全区宗教界加强思想政治建设，要求宗教界要坚定拥护党的领导，继承和弘扬党的优良传统，在大是大非面前旗帜鲜明、在大风大浪面前头脑清醒，引领信教群众维护祖国统一、民族团结，积极引导宗教与社会主义社会相适应。

全面开展平安宗教场所创建，居士林、药行街天主堂被评为省级平安宗教活动场所；居士林、月湖清真寺、百年堂3个宗教场所被评为省级宗教领域消防安全“百优争创”先进单位；接待讲寺被评为省级宗教领域“十百万千”普法基地。在全国第20个“安全生产月”期间，围绕“落实安全责任，推动安全发展”主题，充分利用横幅、电子屏、标语、宣传栏、宣传资料等形式做好宣传，提升全员安全生产意识。在宁波镇海疫情发生时，充分发挥各镇（乡）街道“驻场所联络小组”功能作用，对全区300余家各类宗教场所开展不间断的巡查巡检。

指导各宗教团体健全完善各项规章制度，进一步完善各团体的学习制度、会议制度、档案制度以及协会工作人员的行为规范、工作纪律等制度体系，指导宗教团体制定《团体建设制度汇编》；区民宗局定期对各宗教团体制度建设的落实情况进行指导，推动提升自我管理能力。

【宗教界庆祝中国共产党成立100周年系列活动】 2021年，海曙区宗教界全面开展庆祝中国共产党成立100周年系列活动。包括组织佛教界人士赴集士港镇后屠桥村祭扫烈士陵园、在宝积禅寺举办海曙区佛教界庆祝中国共产党成立100周年主题书画展、在观宗讲寺举办海曙区佛教界祈福法会、在长生寺举办“庆祝建党百年——宁波市书画家笔会暨毛泽东诗词鉴赏研讨会”等。其中，书画展精选近40幅海曙区佛教寺院及部分艺术界人士的作品，既有书法、篆刻、绘画等中国传统文化艺术作品，也有西方绘画艺术的油画作品。

10月18—19日，海曙区举办2021年度宗教界人士培训班

【“百优争创”消防能力提升工程】 2021年，海曙区宗教界集中开展“百优争创”消防能力提升工程，覆盖式开展“消防知识学习、消防疏散演练、消防隐患检查”，确保海曙区宗教领域不发生消防事故。结合宗教活动场所实际开展消防安全教育，在显眼位置悬挂消防标准化管理宣传标语与挂图。联合区消防救援大队举办多次消防演练，对古建筑消防知识、维护和使用消防器材、消防工作注意事项等内容进行专项培训。深入辖区内各宗教活动场所在厨房用火、仓库防火、大殿避火方面的消防安全措施，尤其对香火比较频繁的场所或人员关注度不高的偏角，要求场所负责人将防火与防疫结合起来，做到不间断轮流值守，人员到岗，职责到人，措施到位。对排查出的消防安全隐患进行督促整改，及时建立台账，明确整改责任人、整改时限和整改效果，确保安全隐患及时整改到位。

【宗教界人士培训班】 2021年10月18—19日，海曙区举办2021年度宗教界人士培训班。全区宗教团体班子成员、工作人员，各宗教活动场所及宗教临时活动地点负责人、各宗教场所中青年骨干、各镇乡街道宗教干部110余人参加培训。培训班安排习近平总书记在中国共产党成立100周年大会上的重要讲话精神解读、中国共产党党史学习、《宗教教职人员管理办法》解读、宗教领域财务管理规范4个专题。分别针对党史学习、教职人员管理、财务管理等宗教领域重点、难点问题进行讲解和分析，着重提升海曙区宗教界内部管理水平。

【宗教团体联席会议】 2021年12月24日，海曙区召开宗教团体联席会议第一次全体会议。会议传达学习习近平总书记在全国宗教工作会议上的重要讲话精神。区佛教协会、区基督教三自爱国运动委员会及清真寺、药行街天主堂等主要负责人分别作交流发言。会议要求全区各宗教要结合本宗教本团体本场所实际，担负起推进宗教中国化的职责使命，明确努力方向，找准切入点位，研究具体措施，取得明显成效。

（陈三省）

慈善公益

【概况】 2021年，海曙区慈善总会慈善资金收入12412.2万元，其中，捐赠收入7531.70万元，市慈善总会水灾划拨救助、慈善资金增值等收入4880.5万元。

全区新建、扩建企事业单位冠名慈善基金28家。至年底，区总会共有178家企事业单位建立冠名基金，基金规模46392万元，基金到位数2321万元。

区慈善总会救助支出总计9785.18万元，救助64866人次。包括救灾支出6035.7万元（其中水灾救助支出6031.3万元），受助45711人（次）；助医支出599.89万元，受助2279人次；助困支出1753.51万元，受助10909人次；助学支出468.08万元，受助1695人次（其中项目12个）；助老支出423.99万元，受助4135人次；助残支出36.38万元，受助87人次；公益项目50项，支出467.63万元。慈善助力对口帮扶和救灾工作。向四川省凉山州喜德县捐赠40万元，助推四川凉山州喜德县残疾人以及教育事业发展；向浙江省庆元县捐赠25万元开展助老等帮扶。河南水灾期间，区慈善总会积极行动，筹募16.9万余元支援救灾。

合作设立首个"共同富裕"基金，由古林镇人民政府联合爱心企业宁波旷世智源工艺设计有限公司在区慈善总会设立，基金规模1000万元，每年到位50万元，助力章水镇、龙观乡两地的芳香本草项目帮扶。台风"烟

9月5日，区慈善总会圆梦义工大队联合安健义工大队在翠柏一里小区开展现场服务

花"过境期间，与区工商联合作，动员辖区企业参与捐款，筹得救灾款1260.1万元，通过区慈善总会用于海曙区灾后重建工作，其中，高桥商会一周内动员辖区内50余家企业筹得400余万善款。联合区经合局，动员辖区5家企业捐赠50万元，用于海曙区"山海协作"帮扶。宁波市第十五中学51个班级学生及全体教师的15万余元善款通过区慈善总会支援喜德中学，用于补贴贫困学生的日常餐费。与宁波八方集团股份有限公司、宁波市阿尔法投资管理有限公司合作建立的"八方有爱"儿童爱心基金，将宁波妇儿医院纳入新协作方，救助范围继续扩大。与荣安地产股份有限公司签订协议，重点救助宁波结对帮扶地区凉山州11个县患病儿童在市妇儿医院的大病救助。

区慈善总会先后获评宁波市扶贫攻坚奖、浙江省品牌社会组织。"安健"义工大队获"81890"全国劳模匠道工作室颁发的"2020年度最佳公益服务团队"，负责人王培红被评为"海曙好人"。

【慈善义工活动】 2021年，海曙区共开展各类义工活动454次，服务受助对象35724人次，累计服务时间1973小时。"圆梦"义工大队在居家养老服务的基础上，定期组织开展多样化的便民服务；区美发美容化妆行业协会义大队参与各类义剪活动，承接市区社会组织项目培养专技人才；区"满天星"慈善义工大队依托农场为残疾人提升技能、融入社会提供支持；"安健"义工大队围绕社区的居家养老服务站点，开展形式多样助老扶残公益活动，台风"烟花"过境期间，第一时间为受灾严重地区筹措物资；"红烛"义工大队以养老机构、残障日托中心、特教中心等为主要活动阵地，开展扶老、助残、敬老服务等活动；海曙国医馆慈善义工大队开展提供医疗资源保障；"宁波人物"新媒体慈善义工大队为活动开展助学、老人活动环境提升、关注流浪狗基地等活动。

【慈善"五送"活动】 2021年，区慈善总会举办慈善"五送"活动及"中华慈善日"主题活动。6月20日，海曙区"送政策、送服务、送光明、送医疗、送文艺"的慈善"五送"活动在洞桥镇洞桥村文化礼堂举行，安健董韵慈善艺术团、"圆梦"义工大队、"红烛"义工大队、海曙区安健居家养老服务中心、宁波美容美发技师协会、区卫生健康局、博视眼科医院、宁波大光明眼镜有限公司等为当地村民们送去义演及便民服务。第六个"中华慈

善日”前夕，区总会在月湖街道太阳社区开展主题宣传活动，向居民发放《海曙区慈善总会“十大”救助项目》、慈善指南等宣传读本。鄞江镇慈善分会组织义工为行动不便的老人提供“上门服务”；望春街道水岸心境社区党委书记带领居民学习《中华人民共和国慈善法》等相关法律条款。9月5日“中华慈善日”当天，区慈善总会“圆梦”义工大队会同“安健”义工大队在翠柏一里小区服务居民近百人；同日，“红烛”义工大队走进广安残疾人之家、云乐社区添翼助残服务中心开展以“携手慈善 与爱同行”为主题的慈善宣传活动。

【海曙区慈善工作会议】 2021年5月20日，全区慈善工作会议召开。区各镇（乡）街道及机关分会慈善分管领导及工作人员参加会议。会长作关于2020年工作总结及2021年工作思路报告，副会长通报2020年目标考核完成情况，并部署2021年“慈善一日捐”活动工作。

（陈超琼）

海曙区关心下一代工作委员会

【概况】 2021年，海曙区关心下一代工作委员会共实施11个公益项目，投入资金8万元，涉及弱势群体的特殊帮扶以及针对全体青少年的法治教育、文明上网、非遗传承、科普教育活动等。举办“假日学校”111家，接收学生3698人，组织各类主题教育活动167次，参与“假日学校”的参加活动的学生3556人，参加活动的“五老”252人，筹集工作经费20.53万元。新命名横街镇的浙东大竹海景区、鼓楼街道的开明书院、石碶街道的沈光文纪念馆幼儿启蒙基地等5家区级关心下一代校外教育基地。高桥派出所建成全市首个户籍派出所关爱工作站，开展有针对性的法制教育、维权工作等。

区关工委邵莉获评“全国教育系统关心下一代先进个人”。朱中人获评省“红船精神优秀五老宣讲员”。邬东山、许亚琴、范思源获评“宁波市2021年度志愿服务优秀志愿者”，刘易麟获“浙江省青少年英才·红船好少年”称号。“新星网”“中国火炬”公众号合计录用区关工委信息70篇，其中《海曙12位银发老人为孩子们办了场“模拟法庭”》《银发志愿者邵莉爱心接力当“摊主”》等信息被“央广网”、《央视影音》栏目、宁波电视台、《海曙新闻》等各级媒体报道。

举办“听离休老干部讲过去的故事——海曙区青少年党史学习教育”“我心向党 永远跟党走”——“曙色童声”等征文、演讲活动，活动，开展“童心向党 礼赞百年”“墨晏书画杯”老少牵手书法绘画展示活动。

【帮扶关爱青少年】 2021年，海曙区关工委通过常态化与精准帮扶两种方式，帮扶关爱辖区青少年。春节期间，为辖区内115户“双缺失”学生家庭送上6万元的慰问品；“六一”期间，为各镇（乡）街道的困境儿童和留守儿童送去慰问品和慰问金13万余元。针对自闭症儿童，区关工委下属的“红烛”爱心工作室、才艺指导工作室、护航工作室、非遗文化传承工作室等开发手工、音乐等多项专项课程，引导相关儿童参与。家庭教育指导工作室开设青春期讲座10余场，为30余户家庭咨询破解逆反、管教难等问题。

【“假日学校”】 2021年6月28日，区关工委召开暑期工作动员会暨党史培训会。各镇（乡）街道关工委分管领导、专干，区关心下一代银发志愿者协会代表参加。区关工委主任就完善组织机制、加强党史学习、开展教育实践活动等进行部署。区关工委与区司法局联合推出“小海螺”法治夏令营系列课程，包括“网络不是法外之地”“《中华人民共和国未成年人保护法》呵护我们的成长”“民法典与人的一生”“拒绝校园霸凌，守护少年的你”等。区银发志愿者协会编发《海曙区关心下一代银发志愿者协会志愿服务菜单》，为各个“假日学校”提供课程。

【“模拟法庭”直播开庭】 2021年11月15日，由区关工委、段塘街道、区关心下一代银发志愿者协会主办，区人民法院协办，南苑小学、段塘街道丽园社区承办的南苑小学“模拟法庭”直播开庭，通过沉浸式少年刑事案件模拟审判，近青少年距离了解《未成年人保护法》。“模拟法庭”创新“云直播”形式，使1000余名广大师生及家长与云端相聚，共同观摩模拟法庭。

（钟林华）

4月2日，区关工委、鼓楼街道关工委联合在中山广场双英亭革命烈士纪念碑前开展“童心向党 清明祭先烈”清明节主题活动

物业管理

【概况】2021年，海曙区有物业项目367个，管理面积3175.21万平方米，其中住宅项目287个，管理面积2795.89万平方米。住宅项目中，2000年以前交付使用且实施物业管理的普通住宅老小区有98个，总建筑面积682.71万平方米，约占全区住宅小区总数的34%。

开展物业专项维修资金归集、使用、管理工作。经过公开招投标程序，资金存放于9家银行。全年27个新建项目缴交物业维修资金，资金共计2.1亿余元；个人退款41笔，涉及资金1.84万余元；中修以下划拨171笔，涉及资金1677.86余万元；中修以上划拨28笔，涉及资金528.28余万元。完成桃源西溪里、尚悦府（一期）、奥创水晶中心等7个物业项目维修资金的补缴，共计151.36万元。

完成66个物业项目业委会成立（换届）工作。召开三方议事会议250余次，对小区物业费提价、物业企业退管和选聘、停车改造等问题进行协商。开设小区公共账户123个，通过账户共拨付款项797.14万元，主要用于房屋维修、电梯养护、监控维护更新及绿化养护等。物业阳光财务公示项目345个，公示率达100%。

持续开展物业住宅小区常态化环境整治、物业扫黑除恶、反诈工作等，指导建设宁波市海曙区物业管理协会等工作。

【党建引领业委会工作】2021年，海曙区287个物业住宅小区内，建立业委会的有215个，占总数的75%，业委会主任为党员的有162人，业委会委员担任社区党组织兼职委员的有74人。党员人数超过3人的业委会102个，建立党组织的有72个，占比70.6%。

【物业提质提价】2021年，各镇（乡）街道继续鼓励和指导物业小区开展提质提价工作。通过“物居业三方会议”“物居业三方党建联建”“物业费分阶段提价”“引入第三方专业社会中介组织”“建立物业环境管理委员会机制”和“物业试用期”等方式，累计完成73个小区的提质提价工作，其中55个为2000年以前的老旧小区。

【区物管中心获评市级先进集体称号】2021年，区物业管理服务中心（简称“区物管中心”）获得2021年度宁波市级城市建设管理工作“城市品质提升先进集体”称号。中心配合宁波市住建委开展各项综合测评，每季度开展物业“红黑榜”评选。7月始，新增物业住宅小区月度综合测评，并向社会公布。丰富行业管理体系，不断加强与街道、社区、业委会间的沟通。组织两场物业行业献血日活动，共108名物业工作人员参与，献血量总计32700毫升。

【区物业管理协会党组织成立】2021年4月，海曙区物业管理协会党组织成立，进一步优化区内物业行业的党建工作。同时，持续壮大物业党建工作力量，推动9个街道进一步明确物业管理工作机构，物业党建工作实行专人专岗负责，试点打造党建工作示范点，研讨优秀党建工作方案。

【区物业管理协会矛调中心成立】2021年12月，海曙区物业管理协会矛调中心成立，不仅是物居业矛盾调节纽带之一，同时协助协会面向物业企业开展各类培训、政策解读等活动，助力行业发展。

（黄妍楠）

81890公共服务

【概况】2021年，宁波市81890求助服务中心有职员71人，开通电话热线19条，实行24小时服务，涵盖81890呼叫平台、失物招领中心、老年人应急呼叫系统、81890防疫防控专线、81890“冷链防控”专线、81890反诈热线等77个服务功能。服务中心网站点击量累计超过5770万人次。党支部获“全国先进基层党组织”称号。

为市民解决求助事项59.76万件，结案率100%，满意率99.87%。其中，咨询类占总求助量的64.9%，服务类占总求助量的15.8%，事务类占总求助量的0.3%；另有求医订号7.86万件、志愿服务平台609件。81890官方微博求助395件，微信公众号求助719件。“81890”微信服务号推送微信文章84次，43178人次点击阅读，粉丝量2195个，总关注量12585个。“反诈热线”累计呼出44254人次进行反诈宣传。“冷链防控”专线对3500余名冷链人员提供21131次智能外呼通知和人工服务咨询。协同整体智治平台转至职能部门处置的二级响应事件共计25631件（涵盖民生e点通15560件），办结率99.8%。首接首问平台处理首问诉求事件24904件，并做好评价闭环工作，办结率达99.98%。接待全国各地学习考察团32批次。

与多家单位合作建立多个专项服务平台。整合民生e点通平台；开通81890返乡入曙专线、81890“冷链防控”专线、81890老年人智能手机操作技能普及咨询服务平台、81890反诈热线、81890海曙区“疫苗接种”专线等热线。开发81890生活通小程序及微应用，建立“甬创先锋”“甬志愿”党建联盟。

新吸纳加盟企业79家，办理加盟企业注销84家，变更企业资料175次，审核企业上线资料6191条。共计走访企业100余家，举办相关活动9场。联合宁波市家庭服务行业协会举办“百名家政人”读党史活动；组织开展经理人职业技能、互联网工具应用等培训4场，受众群体达1000余家次；联合市商务局及市家庭服务业协会组织部分家政企业代表，赴四川省凉山州越西县新民镇彩林村开展家政劳务培训，拓展就业渠道，共推出2000余个岗位供当地适岗群众选择。

统计发布2020年度加盟企业信用评价结果，10家单位获得AAA级，179家单位获得AA级，118家单位获得A级。组织召开《代办代购服务规范》等三项行业标准的复审会议，复评结果为《家庭母婴护理服务规范》废止，《代办代购服务规范》和《家庭保洁服务规范》为修订。

81890企业服务平台上线企业名片、企业诉求、企业政策、服务商城(中介服务)、惠企礼包、政策直播、警企服务等7个模块。81890企业服务直播间正式命名为“81890e企播”,共举办政策直播11次,点击量3万余次。通过短信发送链接方式,为初创企业推送涵盖政策兑现、服务资源等内容的“大礼包”11308家次,推送防台温馨提示短信7000余条。累计送政策、送服务共7458家次企业,共受理企业困难(需求)5797件,答复办理5742件,办结率99.1%。

81890志愿服务中心新增注册志愿组织1177个。累计受理各类服务求助609件,开展各类新时代文明实践惠民活动15场,组织志愿团队开展各类主题宣讲活动3场,对接困难群众微心愿1400余个,各俱乐部开展主题活动8场。开展志愿之星评选表彰11批次,包括在“甬派”平台举行81890二十周年庆之“十佳81890志愿之星”评选活动。81890红色信息员小分队服务涉及章水镇、鄞江镇、集士港镇、古林镇,入户宣讲200余户,专场宣讲20余场,为农村的受助群众流转跑腿各类政策信息300余件。开展交通路口志愿值勤活动、“烟头不落地”等活动,累计招募志愿者近100人次。

81890下属协会、俱乐部组织一览表

表26

组织名称	组织名称
宁波市海曙区81890服务业协会	宁波81890常青藤俱乐部
宁波市81890志愿服务中心	宁波81890鹊桥会
宁波市81890光明俱乐部	

【“81890”下属协会活动】 2021年,81890光明俱乐部组织开展3场观影活动以及1场以声颂党·洞见“曙”光为主题的庆祝中国共产党成立100周年暨第31个全国助残日的文艺活动,参加的盲人会员188人次。“爱循环”小分队共致电慰问盲人490人次,上门维修盲表20余块,全员上门发放慰问品1次。

81890常青藤俱乐部有会员603人,为癌症肿瘤患者提供线下活动1场次,参加会员8人次;参加义工5人次。

81890鹊桥会注册登记单身青年近4000人,新增会员近200人;红娘志愿者为2000余人次会员牵线,志愿服务时长超过7500小时,开展相亲活动1次。

81890爱心超市接收群众、企业等捐赠衣物、家电、生活用品等139件;捐出衣物、家电、生活用品等139件。“心声沟通”联谊俱乐部有会员2923人,志愿者15人。

【81890数治改革】 2021年,81890数字化改革工作领导小组下设4个专项工作组及协调小组。邀请宁波工业互联网研究院、省发改研究所等专业院所的骨干力量组建改革工作专家智库。参与“152”体系建设,在首批35个改革特色性项目中牵头3个、协同参与1个。81890“生活通”App实现“浙里办”微应用、支付宝小程序、微信小程序等端口接入。10月15—17日,2021世界数字经济大会暨第十一届中国智慧城市与智能经济博览会在宁波国际会展中心举行,81890作为海曙区特色案例,于宁波市政府数字化展厅展出。“81890生活通”平台家政服务板块完成与省应用“浙里好家政”的对接,并作为宁波市特色应用在省发改委举办的“全省社会事业发展改革和数字社会系统建设工作培训班”中进行现场介绍,并获得第二名。“生活惠通”应用场景参加省数字社会系统场景应用视频路演,纳入省数字社会第二批案例集。

推进党政机关整体智治应用场景相关工作,搭建“81890协同智治”流转平台,加强部门协同,对接“甬上民情通”“民生一点通”等项目,打通百姓诉求办理“堵点”。截至12月31日,转至职能部门处置的二级响应事件共计25631件(涵盖“民生e点通”15560件),办结率99.8%。

【81890求助服务中心党支部获评全国先进】 2021年6月28日,宁波81890求助服务中心党支部被中共中央授予“全国先进基层党组织”称号。当日下午,81890党支部书记张建儿代表中心参加在北京人民大会堂举行的全国“两优一先”表彰大会。6月29日晚,张建儿参加在国家体育馆举行的庆祝中国共产党成立100周年伟大征程文艺演出。7月1日,张建儿参加在天安门广场举行的庆祝中国共产党成立100周年大会。

【81890求助服务中心成立20周年活动】 2021年8月18日,“81890” 开展以“慧见二十,智承未来”为主题的20周年视频直播活动。直播活动吸引8000余人次观看。当日下午,还举行数字赋能81890能级提升“请你来协商”活动。中心成立20周年活动中,“81890”制作《81890与宁波生活服务发展白皮书》;拍摄党建宣传片一部、20周年宣传片一部、20周年微电影《您好81890》一部、拍摄主题曲MV《为你而在》一部。12月,中心制作的《为你而在》在中华全国总工会网络工作部、中央网信办网络社会工作部举办的“网聚职工正能量 争做中国好网民”主题活动“劳动颂歌献给党”歌曲征集中获评“金曲”。

(吴 君)

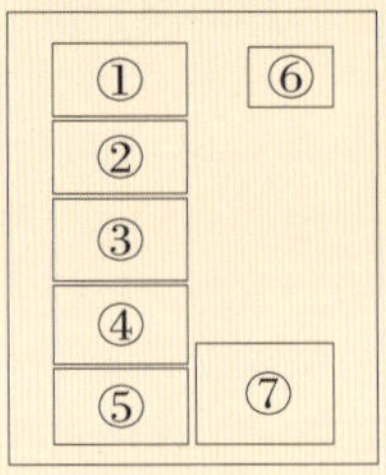

①3月18日，2021年宁波市老年人智能手机操作技能普及工程启动仪式在"科创中国——甬创未来"直播间举行，81890全市8个分中心开通培训报名热线，第一时间响应老年人诉求

②5月15日，由81890党支部和81890光明俱乐部共同举办的"以声颂党，洞见'曙'光"——庆祝中国共产党成立100周年暨第31个全国助残日活动在中心6楼光明电影院举行

③7月30—31日，"81890"联合区总工会组建维修队伍前往海曙区章水镇、洞桥镇开展灾后电器检修志愿服务

④8月18日9:00，"81890"开启以"慧见二十，智承未来"为主题的二十周年视频直播活动，81890党组书记、中心主任陈蕾在直播中致辞，直播活动累计吸引8000余人次观看

⑤8月18日，数字赋能81890能级提升"请你来协商"活动举行

⑥11月2日，宁波市海曙81890求助服务中心被中共浙江省委直属机关工作委员会评为全省"建设清廉机关、创建模范机关"工作先进集体

⑦10月15—17日，2021世界数字经济大会暨第十一届中国智慧城市与智能经济博览会举办，"81890"作为海曙区特色案例，于宁波市政府数字化展厅展出

镇（乡）街道

集士港镇

【概况】 集士港镇位于海曙区地理几何中心，行政区划面积超过49平方千米。2021年，下辖19个行政村、5个社区，总人口约10万人，户籍人口数超过5万人。

2021年，完成地区生产总值57.5亿元，比上年同期增长9.6%。实现财政总收入9.78亿元，减少18.7%，其中一般公共预算收入5.86亿元，同比减少8.2%。

粮食播种面积1407公顷，粮食总产量0.97万吨，土地流转面积1067公顷，土地流转率达89.1%。

实现规模以上工业增加值17.7亿元，比上年同期增长16.7%。限额以上商贸业销售额87.2亿元，同比增长4.4%。杉井·奥特莱斯广场年营业额16.3亿元，杉杉永达国际汽车城年销售额9.3亿元。完成固定资产投资10.1亿元，开展500万元以上技改项目9个。规模以上企业研发经费支出2亿元，新申报和复评的高新技术企业12家，截至年底，高新技术企业家数共计27家。引导企业针对核心技术、核心产品及时申请知识产权，授权发明专利达到300件。助力阶梯型电价政策落实，完成90家规模以上工业企业和210家规模以下工业企业的综合评价，62家规模以上工业企业获得B级以上的评价结果，较上年上升4.6个百分点。宁波金鸡强磁股份有限公司项目入选“甬江引才”计划，宁波亮芯科技有限公司项目入选海曙区“百创汇海”项目。实到内资5.4亿元，“浙商回归”资金2.9亿元。

小董家桥、后俞、林家、马家漕、湖里陈、孙周等区域完成征收签约。董家桥村安置房三期交付使用，万众村、卖面桥村等一批棚户区改造项目启动。碧莲路（一期）、集丰路（工贸一路—集环路）等道路工程通车，汇士路（广蔺路—望童路）、白山线及其延伸段完成改造提升。山下庄村废弃矿山生态环境治理项目启动实施。对树桥头河进行拓宽整治，新增树桥头河南侧、横二河、纵五河一期等一批绿化项目。

对集士港广德学校、集士港镇中学老校区开展维修改造。全镇户籍人口养老参保率达到99.2%。城乡居民医保参保率达到99.5%；推广激活电子医保凭证，医保业务先行先试政务服务2.0。完成镇内外来务工险集中转换工作。台风“烟花”过境期间全力做好防御和救灾工作，及时转移危房、低洼地的群众12628人，集中避灾安置3486人。

集士港镇矛调中心为群众提供“一站式接待，一条龙办理，一揽子解决”的调处化解服务。设立集士港镇应急管理所，启动建设镇公共安全宣教基地，创建省五星级食品安全卫生办公室。加强电信网络诈骗防范整治，开展反诈宣讲320场，覆盖企业、村社1.2万余人。推进村级“四治融合”，新后屠桥、山下庄、四明山、深溪等4个村获评省“善治示范村”。加强社区管理，秋实社区、广蔺社区完成首届居委会选举，董博苑等9个拆迁小区实现物业管理市场化。建成镇新时代文明实践所、17个村级文化礼堂，“十分钟文化圈”逐步形成。

2月，集士港镇山下庄村获评省级“文明村”

2021年集士港镇各行政村（社）基本情况一览表

表27

行政村（社区）	面积（平方千米）	户数（户）	户籍人口数（人）	集体经济总收入（万元）	集体经济总支出（万元）	集体经济总资产（万元）
万众村	2.50	1741	2954	971.54	126.14	13259
集士港村	2.00	810	1537	349.89	73.99	1771
元禾村	1.80	634	1412	166.72	49.92	2706
董家桥村	2.20	1031	2178	669.17	96.06	6235
新后屠桥村	2.00	1045	2164	655.53	108.83	1212
祝家桥村	1.90	1592	3742	600.15	95.41	4564
杨家村	1.80	757	1778	940.55	75.82	11988
丰成村	1.60	1037	1917	985.05	83.93	12962
横港村	1.80	886	1630	351.11	101.08	6227
卖面桥村	1.80	1734	3136	683.51	125.36	6052
西陆村	1.03	524	1033	306.63	107.84	1109
翁家桥村	2.23	555	1369	434.04	92.41	2706
岳童村	3.03	1000	1616	505.14	97.60	11543
广昇村	1.38	752	1789	852.92	119.88	1970
湖山村	2.30	762	1835	707.20	146.05	4660
四明山村	3.80	480	1260	413.63	70.47	3052
深溪村	4.00	649	1468	1373.28	300.68	2890
双银村	1.60	424	1107	387.54	227.79	2379
山下庄村	3.90	874	1833	4891.13	293.78	9947
明馨社区	1.59	2250	4404	—	—	—
春华社区	1.40	2216	2618	—	—	—
井亭社区	0.32	3520	8556	—	—	—
广蔺社区	2.23	1600	2000	—	—	—
秋实社区	1.68	2698	2600	—	—	—

注：表格中数据为调查数

【“金鸡强磁”项目入选“甬江引才”计划】 2021年，由宁波金鸡强磁股份有限公司技术总监刘哲团队领衔研发的新能源汽车用新型高性能板状热压钕铁硼磁体项目入选2021年度“甬江引才”计划。该项目针对新能源汽车驱动马达对高性能、高耐热性钕铁硼磁体的迫切需求，通过自主研发热压钕铁硼磁体的纳米结晶控制技术、热压磁体的纳米结晶的准确检测技术等关键技术，实现无重稀土元素添加新型高性能板状热压磁体。研发成功后，预计可占领约50%的国内市场份额，同时节省重稀土约1千吨，合计经济效益每年超过92亿元。

【海西实验学校开工】 2021年3月15日，九年一贯制海西实验学校开工建设，预计2023年6月竣工，2023年9月开学。该学校9个年级，每个年级8个班，共计72个班。项目总用地面积7.34公顷，总建筑面积超过64000平方米。其中，地上建筑面积43800平方米，包含小学部、初中部、报告厅、展示厅、行政办公楼等7个主要单体建筑。地下建筑面积20334平方米，共设置机动车车位392个，将接送平台设置在地下室，有效缓解上下学周边道路拥挤情况，也方便雨天家长接送学生。

【碧莲路（一期）道路工程通车】 2021年6月，碧莲路（一期）道路工程建成通车。该工程总投资3737.10万元，于2020年9月18日开工，路线全长0.47千米，设计速度每小时30千米，路线自西向东，西起广茂路，东至集士港河西侧，联通广茂路、广蔺路，是新建地块小区（荣安桃花源）的重要出行要道，通车后可解决荣安桃花源小区居民日常出行问题。

【集丰路（工贸一路—集环路）道路工程通车】 2021年7月，集丰路（工贸一路—集环路）道路工程建成通车。该工程总投资3636.35万元，全长0.28

千米，宽度24米，设计车速为每小时40千米，联通工贸一路和集环路，于2020年12月开工建设，通车后可解决海西明月府小区居民日常出行问题。

【设计产业园开工】2021年9月，海曙区设计产业园开工。该项目重点引进宁波市水利水电规划设计研究院、宁波市房屋设计研究院、浙江仁欣环科院等多家规划建筑设计研究院参与，促进海曙区高质量发展和集士港镇产业结构转型升级。项目位于春华路和广蔺路东南面，总用地面积为20976平方米，总建筑面积64128.16平方米，规划建设4幢高端商务楼宇，由4栋独立的小单体建筑通过组合布局，丰富城市天际线，进一步提升集士港镇的产业层次，成为在宁波市乃至浙江省都有一定影响力的设计产业园区。项目计划于2023年年底竣工验收。

【普济医院基本建成】2021年12月，由雅戈尔置业控股有限公司投资开发建设的宁波市普济医院项目完成主体施工。该项目于2018年10月动工，总用地面积81326平方米，总建筑面积215203.30平方米，其中地上建筑面积146015.43平方米，地下室建筑面积69187.87平方米。由1栋5层国际医疗中心，1栋15层（含4层裙楼）医疗综合楼组成，以三级甲等医院的标准，设有床位1600张，设置停车位约1800个，项目总投资约17亿元。建成投用后，可有效改变宁波城西没有大型医院的困境，缓解城乡居民就医难题。

（屠炎彬）

古林镇

【概况】古林镇地处海曙区西南部，东邻望春街道、白云街道、段塘街道，北靠高桥镇、集士港镇、横街镇，西傍鄞江镇，南望石碶街道和洞桥镇，镇域面积47平方千米。2021年，下辖23个行政村、5个社区、2个居委会、2个渔业社，户籍人口近6.5万人，在册流动人口约12万人。

2021年，实现地区生产总值128.46亿元，总量位居全区第一。财政总收入15.72亿元，比上年同期增长75.5%，其中一般公共预算收入8.43万元，增长69.3%。

古林镇西洋港村

验收通过大田数字农业项目和蜃蛟省级现代农业园区，完成高标准农田建设264.13公顷，完成“两非”（耕地“非农化”“非粮化”）整治36.05公顷。依托大田数字农业项目与隆平高科开展深度合作，引进隆平高科优质稻米新品种，农业基础设施建设和农技产业水平得到跨越式发展，申报国家级农业产业强镇创建名单。

顺丰华东创新产业总部基地项目地块和宁波普林斯电机有限公司项目地块奠基开工。旷世智源合一生活文创园改扩建项目完工。恒英人力资源项目营业收入93.4亿元，纳税约4.3亿元。万科祥盈项目落户临空智慧物流人力资源产业园。引进基路伯（宁波）企业管理咨询有限公司。申报并验收通过2021年度宁波市重点节能改造项目12个，创建三星级“绿色工厂”4家，培育“绿色工厂”4家，申报并验收通过自愿性清洁生产企业2家。完成淘汰落后产能企业4家，完成整治提升“低散乱”企业30家，完成“两小”企业（小企业、小微企业）综合治理提升60家。申报海曙区工程技术中心8家，均已获得认定。完成宁波市科技型中小企业备案32家，申报国家高新技术企业6家。引进“国家级引才工程专家”王立军，“国家级人才培养工程专家”朱召法，入选宁波“甬江引才”工程2个，入选“浙江工匠”1人。

依托古林亲清家园，推出“古林亲清在线”服务平台，实现线上线下服务一体化，全力打造新型“亲”“清”政商关系。全镇37条经济政策全部实现网上办理、网上审。发放政策兑现金额930余万元，惠及企业170余家。截至2021年年底，平台注册企业1100余家。

打造宁波特色芳香本草全产业链，与宁波旷世智源工艺设计有限公司共同设立“共同富裕·美好生活”慈善基金1000万元，每年定向捐助50万元，用于在章水镇、龙观乡等地重点开展芳香本草类种植技术、展销推广、品牌宣传、标准建立、科普教育、文化旅游等全产业链涉及的项目扶助。

完成宁波栎社国际机场四期俞家村安置地块及宁波轨道交通5号线延伸项目配套工作，共征地26.74公顷，涉及拆迁村民28户，安置面积2938.25平方米。推动薛家村村委地块和薛家小学西南侧地块约5.2公顷土地的拆除清零、平整及围墙封闭；拆除环城南路、联丰路道路红线内的房屋及地面附属物。

完成云林路张家潭段路面修复，启动段三线（西洋港至蜃蛟段）道路交通安全隐患整治及周边环境卫生提升工作，“三改一拆”共完成15.84万平方米，拆违总量居全区第一。推进礼嘉桥村新村建设1号地块B地块二期、陈横楼村新村建设B地块二期工程、包家新村建设2号地块B区项目、张家潭村张家潭自然村安置地块项目、宋严王村方家桥自然村安置工程等新村建设项目，总用地面积超23万平方米。

推进美丽乡村风景线工程和乡村振兴示范带提升工程，完成照天港河、千丈镜河、宋严王中心河、板桥港河等19条河道的水质提升、河道整治、河道治涝工程，疏浚河道11.5千米，西洋港河、照天港河获评省级“美丽河湖”，方林镇获评省级“园林城镇”。

古林镇中心幼儿园通过省一级幼儿园验收，宝韵海悦府幼儿园通过省二级幼儿园验收；宝韵华城幼儿园完成“民转公”工作。镇各级学校教师获国家级荣誉2人次，获省级荣誉7人次，市级荣誉39人次；学生获国家级奖6人次，省级18人次，市级256人次，古林镇中心小学“启新工作室”获国家级“最具特色工作室”荣誉称号。古林镇卫生院获得“2021年浙江省优秀家庭医生签约服务培训基地”称号。新创省级卫生村1个（前虞村）。复评省级卫生村3个（包家村、郭夏村、俞家村），市级卫生村2个（陈横楼村、共任村）。创建一星级“美丽庭院”示范村（茂新村、葑水港村），二星级“美丽庭院”示范村（仲一村）。建成10个“儿童之家”。其中，茂新村“儿童之家”创建为2021年度省级示范型“儿童之家”；葑水港村“儿童之家”创建为市级标准型“儿童之家”。

完成镇党委换届工作。推进“书记领衔项目”，推动蜃蛟片区“7村1渔”抱团发展，组建“金穗共富”党建联盟，推进农文旅融合发展。实现行政村文化礼堂全覆盖(拆迁涉及村除外)，新增省5星、市4星、区3星、区2星礼堂各1家，新增区1星礼堂2家，新增区级书香文化礼堂1家。获评省“文化强镇”、省特级综合文化站。林华明获得“宁波好人”称号。在全区试点建立基层公权力监督平台，完成镇级及试点村平台数字化展示场地建设。宁波家风馆、中国（海曙）御史文化陈列馆均获评宁波市“清廉教育”基地。自开馆至2021年年底，接待参观700余批次、13万余人次。

推动薛家新家园、盛世华庭小区完成平安智慧安防小区建设，利用智慧停车模式，破解藕池片区“停车难”问题。推出“古林反诈码”微信小程序。创新实施面对面宣讲的“四步走”工作方法，持续优化古林镇矛调中心功能设置，获评宁波市人民调解委员会规范化建设示范点。在全区率先推出“古林码上安康”系统，排查镇域内的2800间沿街商铺基础信息和隐患问题，并予以建档，以显像推送、亮“红黄绿”灯等形式，提高执法和整改效率。完成产业工人安全和消防技能提升工程培训1967人，完成率排名全区乡镇第一。

2021年古林镇各行政村（社）基本情况一览表

表28

行政村（社区）	面积（平方千米）	户数（户）	户籍人口数（人）	集体经济总收入（万元）	集体经济总支出（万元）	集体经济总资产（万元）
西洋港村	2.5	996	2604	479.00	155.64	2856.69
葑里村	2.5	943	2358	399.68	212.30	2264.65
古林村	1.68	708	1716	737.22	193.02	6317.91
施家村	1.1	464	1196	825.00	183.03	4738.41
俞家村	1.3	677	1634	859.19	351.28	15735.77
郭夏村	1	458	1120	1000.82	148.81	7154.85
鹅颈村	1.1	699	1817	1229.63	229.53	17432.25
布政村（含布政渔业社）	0.91	863	2255	1755.30	334.40	21875.40
葑水港村	1.8	566	1441	3076.53	148.86	28765.70
张家潭村	3.5	1032	2688	1528.68	547.78	18702.51
宋严王村	1.2	631	1586	3304.96	232.35	20441.08
陈横楼村	1	429	1186	1558.44	225.60	86519.30
藕池村	1	466	1259	2656.63	236.46	17027.09
礼嘉桥村	1.67	884	2434	6996.19	293.40	92964.44
薛家村	2.53	1656	4578	7886.24	370.20	23690.43
包家村	1.5	758	2021	1553.54	175.10	52406.40
蜃蛟村	2.1	917	2362	352.68	264.53	5136.98
前虞村	3.2	904	2172	720.29	285.58	1816.73

续表28

行政村（社区）	面积（平方千米）	户数（户）	户籍人口数（人）	集体经济总收入（万元）	集体经济总支出（万元）	集体经济总资产（万元）
共任村	3.5	943	2463	1515.43	135.90	3832.40
仲一村	1.83	615	1614	709.63	200.97	7507.05
龙三村	2.04	604	1514	500.75	159.64	1373.58
茂新村	1.6	637	1695	345.39	234.21	6861.51
三星村	2.3	570	1430	625.80	206.12	1507.06
戴家社区	0.6	1167	2871	729.78	118.71	5940.71
西湖社区	0.14	610	1559	—	—	—
盛园社区	0.42	923	3105	—	—	—
枫园社区	0.85	1192	3325	—	—	—
兴园社区	0.91	819	5799	—	—	—
古林居委会	0.2	1785	4618	—	—	—
藕池新村居委会	2.12	1291	3282	—	—	—
古林渔业社	—	43	77	—	—	—

注：表格中数据为调查数

【古林镇数字农业项目竣工验收】 截至2021年年底，古林镇建成占地面积726.67万平方米的优质高效水稻大田种植数字农业技术集成示范项目，并通过竣工验收。该项目总投资2572万元，系华东地区唯一的农业数字化项目（全国4个）。项目建设为期四年，建设的具体内容包括改造水稻工厂化育秧中心1项，新建催芽暗室492平方米，升级改造数据服务中心网络化53.33万平方米、机库与维修中心备用机房20平方米，建设智能灌溉示范区53.33万平方米、无人机遥感示范区26.67万平方米，购置仪器设备584台套。该项目的特色在于，在我国南方建立大面积水稻种植农机全程精准化作业体系，构建全方位、立体化水稻病虫害监测和防控体系，并率先探索建立水稻田智能化、生态化精准灌溉模式。

【古林镇创建省级“园林城镇”】 2021年，古林镇成为全市3家成功创建为“省级园林城镇”的乡镇之一。该镇定位为“古韵水乡、品质城区、美丽古林”，通过打造公园、道路、河道绿化精品景观，推进市政基础设施建设，重点保护历史特色文化建筑和古树名木，深化人文内涵挖掘等，截至2021年年底，镇域内有公园绿地2处、河道沿线绿化景观3条、垃圾中转站1个，并增设多个免费公共停车位等。同步做好古建筑、古树的分类、分级保护，打造多元形态的绿化体系，提升镇区园林绿化水平。

【蜃蛟现代农业园区通过验收】 2021年，位于古林镇的蜃蛟现代农业园区通过综合验收。该园区总面积47.80平方千米，核心区面积15.47平方千米，自2018年列入省级创建名单以来，统筹新村建设、古村开发、生态河道、农业综合开发等资源，实施4大类22个建设项目，建成农业休闲观光园12处，打造蔺草和稻米两条10亿级省级示范性全产业链。同时，按照“一步一景”理念，将生态农业、全域旅游深度融合，形成“三村”“三河”“六园”交相辉映的现代农业园区发展新格局。截至2021年年底，园区累计总投资5.48亿元，新增1000个就业岗位，联系带动农户4.5万余户，仅蔺草和果蔬年产值达33.22亿元。

【古林镇入选省首批“数字生活新服务特色镇”】 2021年，古林镇凭借数字政务创建领域方面的特色，入选成为“浙江省数字生活新服务特色镇”。该镇在全区首创“古林亲清在线”服务平台，为企业提供政策帮享、困难帮解、企情帮言的基本公共服务，以及信息共享、生产要素互通、产业链融会贯通的专业化服务。试点运行“基层公权力智慧监督平台”，从易引发廉政风险的重点环节和难点问题入手，在制度机制、智能管理、精准监督等方面开展探索和实践，促使基层公权力运行更加规范、透明、廉洁、高效。

【古林镇卫生院入选省级培训基地】 2021年1月16日，古林镇卫生院入选“浙江省优秀家庭医生签约服务培训基地”榜单（全市仅2家）。这是继2018年后，卫生院再次成为这一培训基地。该院依托“云医院”，创新开展“云就医”模式，深化“全专科”融合服务，设立“青年医生论坛”，推行私人定制“1+N”套餐式服务与“五级（省—市—区—镇—社区）联管”模式提升签约居民的慢病管理能力，设置“两慢病一中心”（高血压、糖尿病一体化管理中心），一站式规范化诊疗服务等。截至参评时，全镇重点人群在签率90.13%，续签率76.54%，群众满意度达95%以上。

【顺丰华东创新产业总部基地开工】 2021年10月28日，顺丰华东创新产业总部基地奠基开工仪式举行。该项目总用地面积约9.07万平方米，总建筑面积11万平方米，计划总投资超10亿元，规划于2023年投入运营。项目涵盖智能制造设备研发总部基地、跨境电商运营服务中心、航空多式转运中心、冷链物流总部基地、公共服务配套功能五大服务功能模块。建成后，利用顺丰控股集团的物流资源和其他优势，致力使基地成为宁波首家智慧物流智能装备制造云研发基地和国内外物流科技解决方案的示范新名片。

（沙东辉）

高桥镇

【概况】 高桥镇位于海曙区西部，东靠望春街道，南连古林、集士港、横街3个乡镇，西接余姚市大隐镇，北枕姚江，与江北区隔江相望，镇域面积53平方千米。2021年，下辖20个行政村、1个渔业社、8个社区，总人口超21.5万人，其中户籍人口约6.8万人。

实现地区生产总值总量77.5亿元，比上年同期增长4.7%。完成规模以上工业增加值18.63亿元，增长14.9%；实现一般公共预算收入8.13亿元，增长12%；完成限额以上商品销售额257.22亿元，增长24.5%；完成限额以上社会消费品零售额2.30亿元，增长57%；完成住餐业营业额2.17亿元，增长60.8%，增速排名全区第一。引进国家级引才计划专家领衔项目6个，国家特支计划领衔项目1个；申报市级以上人才项目31个，申报数全区第一，其中，“甬江引才”工程项目15个，威斯巴特科技（宁波）有限公司、寰采星科技（宁波）有限公司、宁波立华制药有限公司3个项目入选。引进复创空间、中瀚生物医药产业园两个产业运营平台，协助联系、服务高层次人才项目，截至2021年年底，在镇内落户的高层次人才项目共有28个。

高桥镇文体中心西侧道路工程、环镇北路提升改造工程等8个项目完工。启动长乐未来社区李十四房区块征收工作，充分运用“云征迁”数智助力，其中，一期集体地块住宅共280户和非住宅3户完成签约，建筑面积约4.7万平方米；二期国有非住宅34户和集体非住宅7户也已完成调查摸底、测绘评估。启动邵家渡大桥工程征收工作，已完成测绘评估单位选取。以打造“品质高桥”为目标，获评新时代“美丽城镇”建设省级样板镇。“三改一拆”工作完成拆违约11.5万平方米，完成宁波市第五批“无违建乡镇（街道）”创建。

教育服务水平提升，高桥中学在2021年的中考第一批次强基考试中取得全大市农村初中第一名的佳绩。持续推进“最多跑一次”改革，服务大厅窗口受理各类业务9.8万余件，办件量居全区各镇（乡）街道首位。探索基层劳动纠纷多元化预防化解模式，化解劳动纠纷案件185件，化解率达到92.4%。全镇激活医保电子凭证6.2万人，激活率97.54%，位居全区第一。新时代文明实践工作不断拓展，建强“礼善桥乡”新时代文明实践示范线，在镇28个村、社区分别打造和完善新时代文明实践站，有志愿服务团队70余个，志愿服务队伍27650人。全面推进“书香小镇”建设，构建“一心一圈一群”37个“书香馆舍”矩阵，岐阳村获评2021年全国“书香社区”。

高桥镇商会大厦

全镇未发生较大以上生产安全事故，各类生产安全事故数均呈下降趋势。食品安全领域完成省四星级食安办创建行动，安装线上阳光厨房308家，共进行食品安全执法764次，整改问题单位69家。

【高桥镇商会获评“全国四好商会”】 2021年1月24日，全国工商联办公厅发文公布2019—2020年度“全国四好商会”名单，高桥镇商会作为海曙区唯一一家基层商会入选。商会以关心高桥镇民营经济健康发展和民营企业家身心健康为宗旨，围绕高桥镇经济社会发展大局，履行商会联谊、沟通、服务职能；坚持以服务为抓手，创新实施机场绿色通道、高桥商会运动健康中心&经桥服务中心、医企共健平台&服务企业窗口平台&校企合作平台，提升服务水平，增强服务实效。围绕“两个健康”（助力企业健康发展、服务企业家身心健康），在促进企业成长发展上创新工作方式，引导企业增强发展意识。新冠疫情发生以来，商会积极应对，主动作为，采购防疫物资、组织有序复工复产，同时号召，企业担负社会责任，会员企业累计捐款捐物超过500万元。

【民乐村获评“全国民主法治示范村”】 2021年3月11日，司法部、民政部公布第八批“全国民主法治示范村（社区）”名单，海曙区首家“全国民主法治示范村”落户高桥镇民乐村。民乐村以民主法治示范村创建为载体，将“共创法治民乐”作为工作目标，加强法治与自治、德治、智治相结合，将民事民决、依法治村、以规促德渗透到村务工作的方方面面，在乡村治理、发展经济、服务村民、环境整治等方面不断创新进取，不断提升基层治理体系和治理能力现代化水平。

2021年高桥镇各行政村（渔业社、社区）基本情况一览表

表29

行政村（社区）	面积（平方千米）	户数（户）	户籍人口数（人）	集体经济总收入（万元）	集体经济总支出（万元）	集体经济总资产（万元）
宋家漕村	1.7	950	2055	2012.52	1312.67	50223
藕缆桥村	0.7	572	1113	1497	1443	8697
新庄村	1.2	556	1398	484	972	5150
红心村	2.2	1218	2595	15680	1873	24158
联升村	1.1	525	1409	717	692	54060
秀丰村	2.1	1077	2334	787	565	5485
新联村	1.8	610	2105	594	824	3854
蒲家村	1.8	901	1850	709	1583	13654
长乐村	1.1	1201	2672	4315	1893	42285
合心村	1.2	722	1551	4679	811	8770
望江村	3.3	1402	2995	1388	1544	4762
梁祝村	1.8	1106	2127	549	424	4155
芦港村	2.3	1501	3062	846	4214	86023
高峰村	1.4	848	1582	1010	1011	39294
高桥村	3.4	1841	3848	1759	2091	21857
江南村	3.9	1509	3722	486	1783	161969
石塘村	2.6	871	2376	2043	1175	6047
岐阳村	4.7	1167	2192	2371	2638	14235
岐湖村	6.9	863	2177	1018	932	5606
民乐村	4.9	646	1463	1229	1645	13687
渔业社	—	77	171	—		—
长乐社区	—	1780	4007	—	—	—
高桥社区	—	2273	5519	—	—	—
紫薇社区	—	942	2073	—	—	—
学院社区	—	1322	3586	—	—	—
蒲馨社区	—	3313	7608	—	—	—

注：表格中数据为调查数

【高桥镇沙滩男足获全运会金牌】 2021年9月26日，海曙区高桥镇沙滩男足代表浙江队参加全运会男子沙滩足球决赛，该队与山东队在常规时间打成2:2平后，双方通过点球决胜，最终以5:4获得该项目金牌。该枚金牌是本届全运会浙江足球获得的第二枚金牌，也是全运会历史上宁波首枚足球金牌。在出征全运会前，全队集训时间超过三个月，在小组赛，先后以5:1战胜广西队、5:3战胜山西队、2:1逆转山东队。四分之一决赛，以6:1完胜黑龙江队，半决赛以4:0战胜福建队。决赛中，浙江队克服伤病、人员不齐等困难，较好发挥自身水平，最终以全胜战绩夺得冠军。

【芦港家园抽签分房】 2021年11月28日，高桥镇新村建设项目——芦港家园现房抽签分房工作完成。此次共涉及房源940套，房屋性质为拆迁安置房，套型从65档到180档（其中180档为叠墅）共7档，项目于2015年3月开工建设，2021年11月完成项目验收。抽签分房于当日（从早6点半开始，晚5点结束）全部完成，实际抽签880人次，实际分房880套，物业公司已进驻小区进行统一管理。为确保抽签分房平稳有序，高桥镇成立分房工作领导小组，制订并模拟完善分房预案，做实做细前期排摸工作，强化责任分解及事前演练，确保风险隐患解决在抽签前。同时，邀请宁波市鄞源公证处进行现场全程公证，保证整个抽签过程公开透明、合法有效。

【高桥镇获评“美丽城镇”省级样板】 2021年12月21日，浙江省城乡环境整治工作领导小组通报全省新时代美丽城镇建设工作2021年度考核验收结果，高桥镇入选省级样板名单，成为全区唯一。2021年，高桥镇按照“五美”创建要求，以生产、生活、生态“三生融合”理念为引领，通过建立健全“人、产、城、文、景”五位一体机制，将

全镇打造成为“甬西发展桥头堡、数智宜居新高桥”。截至2021年年底，已建成高品质科教文体设施（高桥文体中心）、科技产业平台（人才产业园）等多处配套展厅，高质量落成生态绿道（西塘河绿道）、特色产业（寰采星）等17个迎检点位。

【长乐未来社区首批房屋拆迁项目完成签约】 2021年12月7日，长乐未来社区实施单元集体土地房屋拆迁项目启动签约，在此之前，高桥镇已相继开展7次模拟拆迁，最大程度争取280户拆迁户理解和支持。截至签约截止日期，合计签约275户、其余5户已完成协商。本次拆迁项目新引进应用“云征收”数智系统，实现以“阳光公开”助推“阳光拆迁”；创新“利益共享”激励机制，明确“只有签约率达100%时，全体拆迁户才能享受奖励”政策，形成“亲情劝签”浓郁氛围。其间，镇党委主要负责人上门入户，与相关居民耐心解释做好沟通工作。

（严　健）

横街镇

【概况】 横街镇位于海曙区西部，东北依集士港镇，南接古林镇、鄞江镇，西南连章水镇，北邻余姚市，镇域面积120余平方千米。2021年，下辖28个行政村。在册户籍人口3.7万人，暂住人口1.9万人。

2021年，实现地区生产总值30.58亿元，比上年同期增长6%，实现财政总收入5.83亿元，增长28%，一般公共预算收入3.06亿元，增长22%，全社会固定资产投资7.77亿元，其中工业投资2.42亿元。

规模以上工业企业累计完成增加值1.05亿元，比上年同期增长8.1%，其中高新技术制造业增加值0.71亿元，增长15.5%；规模以上企业研发费用2.11亿元，增长25.2%。进出口总额17.1亿元，其中出口16.9亿元，分别增长18.7%和17.2%。引进人才349人，其中高层次人才19人（博士2人）。有效发明专利161件，19家企业入库国家科技型中小企业，宁波曙翔新材料股份有限公司申报工信部第三批专精特新“小巨人”企业，9家企业入库宁波市“专精特新”中小企业。东海集团入选《中国经济转型期质量强国战略研究》丛书典型案例，系全市唯一入选企业。

全面落实早、中、晚稻种植面积933.33公顷，新增省级和市级示范家庭农场各1个，新增市级优质米生产示范基地1个，创建区级粮食高产竞赛示范方2个，新增无公害农产品基地7个。完成云洲水站供水管改造和上阵等6座水站亮化提升工程。

水家村低效用地改造提升项目进入施工阶段，一期工程近8800平方米的地上建筑物拆除完毕。全长2.3千米的联丰路西延工程和全长5.5千米的望童线改造工程通车，古中路项目、徐王工业区道路、柴湾公路新建工程等完工，鄞县大道横街段改造工程和全长9千米的盛家至爱岭公路进入施工阶段。总投资约600万元的横街镇工业园区雨水管网建设工程、总投资约150万元的凤凰村生活污水改造工程，以及公交总站污水改造工程均已竣工。新建林村、云洲村等3处村级垃圾转运点，发放1.5万余份垃圾分类宣传手册、贴牌和海报，查处垃圾未分类、随意倾倒建筑垃圾等问题72起。开展占道经营、秸秆焚烧等各类专项整治50余次，完成上阵村大坟山闭坑矿山生态环境治理工程。

办理就业困难人员补贴253家，创业者社保补贴48家，灵活就业补贴181人。扩大医疗保险覆盖面，办理城乡居民医保参保2.5万人。健全社会救助体系，临时救助困难群众424人，发放救助金97万余元。慰问各类困难对象885人次，发放慰问金92万余元。强化劳动监察，检查用人单位500余家，受理、办结劳动监察案件58件，化解劳动纠纷95件。

“高山代办”政务服务共计开展12758件，群众好评率100%。总建筑面积约1.35万平方米的横街镇卫生院新建项目完成主体施工。组织349人参加义务献血，共采血近7万毫升。组织1200余家企业完成安全生产培训，检查企业530余家，发现问题隐患2300余个，责令整改130余家，处罚21家。

【全区首个乡镇级银辉党支部成立】 2021年5月8日，横街镇成立海曙区首个乡镇级银辉党支部，进一步发挥老同志的优势和专长，推动离退休干部的党建工作与服务管理工作深度融合。该党支部有50余名成员，其中25名银辉志愿者组成“说事议事学习宣讲队”“乐善好施扶贫帮困队”“关爱教育爱心扶苗队”“公益活动农技服务队”4个服务队，发挥离退休干部在参与基层治理、服务群众方面的独特优势。同时，横街镇将银辉志愿服务队作为全镇构建整体志愿服务格局的重要一环，激活各类志愿主体的参与热情。

12月底，横街镇村级工业园区改造提升项目一期进场施工

2021年横街镇各行政村基本情况一览表

表30

行政村(社区)	面积(平方千米)	户数(户)	户籍人口数(人)	集体经济总收入(万元)	集体经济总支出(万元)	集体经济总资产(万元)
东村村	1.51	668	1273	475.18	248.37	13731.20
凤岙村	5.44	794	1310	252.51	189.33	1120.82
梅梁桥村	3.49	250	609	240.16	196.10	1679.84
水家村	1.01	315	767	612.44	497.48	4997.66
万华村	3.34	1476	2115	555.27	492.29	3533.70
桃源村	2.72	558	1275	590.93	665.43	39790.25
应山村	3.3	395	947	880.04	437.13	1512.53
横街村	0.75	178	456	176.52	239.87	1416.37
凤林村	1.44	291	687	947.99	500.03	3264.60
林村村	1.89	309	710	498.14	305.50	8883.18
盛家村	2.64	322	775	711.44	1092.33	1820.13
溪下村	3.65	860	1622	852.57	691.19	3248.39
上阵村	2.5	496	1337	593.95	394.76	16451.78
半山村	3.95	708	1754	251.76	249.44	1997.74
雷庄村	3.66	436	1034	286.58	362.90	9408.82
芝溪岙村	1.99	211	540	279.81	239.53	7759.98
芝岭村	3.1	262	668	297.93	429.73	1018.95
毛岙村	4.41	361	839	320.71	657.94	2767.13
新洞山村	1.76	184	527	243.23	140.58	4282.93
大雷村	8.55	1354	3232	233.00	133.77	1620.49
凤凰村	5.19	738	2162	549.13	372.95	973.94
云洲村	7.77	1048	2471	217.88	511.16	918.15
竹丝岚村	4.84	549	1329	216.61	191.09	1677.13
惠民村	3.38	481	1171	165.60	307.12	1028.25
乌岩村	6.89	932	2160	277.80	259.71	1133.38
朱敏村	2.12	1025	2544	236.00	307.32	2860.55
爱中村	3.02	739	1731	183.77	207.20	1082.66
爱岭村	4.25	541	1322	383.55	303.52	1671.43

注:表格中数据为调查数

【乡村振兴产业园项目一期项目开工】 2021年8月25日,横街镇乡村振兴产业园项目一期正式开工建设。该项目由横街镇“两山”资产经营有限公司负责具体建设与运营。2019年,“两山”资产经营有限公司以2939.20万元的底价竞得宁波联华食品厂所有土地、厂房及附属设备,规划在该地块建设总建筑面积3.30万平方米的乡村振兴产业园,其中,一期建筑面积2.70万平方米。建成后,将以整体招租模式运营,所得利润以分红形式分发至各入股经济薄弱村(每村可获得分红约60万元)。这一模式既确保集体资产安全和保值增资,也确保山区村集体经营性收入可持续增长,以此实现农村集体经济真正做到精准削薄、推动共同富裕在山区村落地。

【村级工业园区改造提升项目】 2021年12月,水家村工业园区改造提升项目一期工程完成工程招标,并于月底进场施工,建设单位为中科盛博建设集团有限公司。水家村原有作坊型企业90余家,大多从事氧化铝、铝制品加工,企业厂房权属复杂、布局散乱、利用率低,还存在各类安全隐患,2020年,该村成为全区第一批低效用

11月16日，联丰路西延（环镇路—桃源书院段）通车

地改造提升试点项目。2021年，办理出全区第一本农村集体建设用地证书，并成功向中国农业银行申请获得全区首笔“富村贷”授信资金，合计5000万元。项目分为三期建设，一期占地0.89公顷；二期占地11.31公顷；三期占地1.42公顷。

【联丰路西延项目通车】 2021年11月16日，联丰路西延（环镇路一桃源书院段）新建工程通过交工验收并正式通车，标志着海曙西部新增一条东西方向的重要交通要道。该项目为省级重点工程，道路全长2.30千米，路基宽度36米，项目总投资4.60亿元。项目采用一级公路标准设计，兼顾城市道路功能。项目建设期间打通多条断头路，建成后加强横街镇、四明山区及桃源湾地块与宁波城区的联系，有效改善群众出行条件，同时带动道路两侧产业用地的发展。

（陈　鹏）

鄞江镇

【概况】 鄞江镇地处海曙区西南部、四明山东麓，东接洞桥镇、古林镇，西临章水镇、龙观乡，南抵奉化区江口街道、萧王庙街道，北依横街镇，镇域面积约60.2平方千米。2021年，下辖12个行政村、1个社区、1个居委会，户籍人口2.2万人。

2021年，实现地区生产总值27.06亿元，比上年同期增长9.6%；财政总收入2.5亿元。实现规模以上工业总产值33.34亿元，增长17.89%，规模以上工业增加值8.49亿元，增长7.2%，规模以上高新技术产业增加值4.78亿元，增长8%。引导企业转型升级，2家企业纳入高新技术企业培育，完成“小升规”入库培育企业6家，“专精特新”企业累计培育32家。开展各类技改项目共10项，宁波路润冷却器制造有限公司、宁波美固力磁电有限公司等总投资近1亿元的“智能制造、机器换人”行动实现提效转型升级。开展“低小散”企业整治，完成低效企业排查整治10家，宁波腾隆户外用品有限公司、宁波煜淇家居用品有限公司等5家企业被推荐为“绿色工厂”。

全年种植小麦243.13公顷、早稻24公顷、晚稻440.87公顷、油菜8.40公顷，引进杂交水稻种子2300公斤。及时发布病虫害防治信息，做好春季农区灭鼠与畜禽疫病防治，全镇畜禽免疫率均达100%。建立森林防火巡查机制，完善巡查队伍，完成全镇52个山塘水库的安全检测。抵御台风“烟花”“灿都”。围绕省级茶果特色农业强镇，逐步建立农旅产业链，它山白茶、梅园杨梅、芸峰猕猴桃、金陆雪梨等农产品不断做大做强，趣湾庄园、金泉农场等田园综合体规模不断扩大。

推出建岙“红色旅游线”，基本完成“建岙妈妈”农场、下唐祠堂及大礼堂改造修缮和沿线景观工程。沉浸式红色话剧《建岙妈妈》完成首演。梅园革命史迹陈列馆累计接待逾500个团队，参观人次约2.5万人次。它山堰周边旅游基础配套提升工程申报省市文物部门审批，水中路、它山堰路改造提升项目开工建设，鄞江庙会广场周边道路绿化项目征收启动，原鄞江镇中心小学地块出让前期工作基本完成。东福园餐饮、鄞州银行项目全面开工。举办鄞江“三月三”庙会暨风物鄞江文旅发布会、鄞江“六月六”庙会暨夜会鄞江活动，入选市级特色非遗小镇创建名单，完成省级非遗主题小镇申报，新增2项市级非遗项目和3项区级非遗项目。

总投资约1.40亿元的古镇核心区拆迁安置2号地块竣工验收，总投资约2.50亿元的鄞江镇中心初级中学开工建设，区级重点项目殡仪馆扩建工程完成前期手续办理和土地政策处理，鄞江小微企业园一期项目开工建设。总投资约3000万元的鄞江镇四明路立面改造提升工程，总投资约1500万元的鄞里线（悬慈—清源桥）竣工通车，总投资约1600万元的鄞里线立面改造提升工程和总投资约3600万元的环镇东路改造提升工程开工建设，启动实施路网、路灯、管线养护机制，对破损路面、损坏路灯及管网第一时间修复。梅园新村二期、金陆新村三期列入区新村建设项目，芸峰新村、东兴二期、鄞江新村等3个新村建设启动前期方案论证、设计和土地调整等工作，清源禅岩新村整村完成联户联建，金陆新村二期完成主体结顶。

完成四明路沿线10户和光溪东路6户房屋原拆原建改造工程。完成低保人员复核52户，新增23户。实施临时救助91人次，“慈善一日捐”募集金额约115万元，发放各类补助救助金额367.10万元。处理劳资纠纷案件24起，涉及金额117.80万元。开展房屋安全排查行动，共排查房屋9997户，鉴定房屋356户。为7家小微企业发放贷款270万元，申请创业补贴申请12万元,创业带动就业补贴3万元,指导协调各类失业人员从事灵活就业工作,新增失业证申领309人。抓好劳动监察调解工作,共处理劳资纠纷案件24起,解决劳资纠纷约118万元。

全面落实安全生产,压实企业主体责任,组织安全生产培训6场630人次,完成企业风险普查506家,提升安全风险防控能力。开展安全隐患专项整治行动,对全镇31家D类企业进行全覆盖检查,完成一般工贸企业检查200余家,处置企业16家,排查沿街店铺519家,督促整改"三合一"场所(集生产、生活、仓库为一体的小工厂小作坊)61家,取缔无证铸造企业2家。

2021年鄞江镇各行政村(社)基本情况一览表

表31

行政村(社区)	面积(平方千米)	户数(户)	户籍人口数(人)	集体经济总收入(万元)	集体经济总支出(万元)	集体经济总资产(万元)
清源村	5.8	406	976	247	76	8091
金陆村	3.96	373	908	464	123	19813
芸峰村	6.39	412	984	150	84	1948
悬慈村	6.60	1092	2580	216	210	3165
它山堰村	2.78	718	1750	167	145	7821
鄞江村	4	662	1641	142	87	1677
光溪村	4.6	899	2131	419	109	9376
东兴村	2.92	624	1583	1690	158	18318
建岙村	13.6	967	2366	805	155	4463
大桥村	2.2	429	965	154	73	3927
梅园村	5.60	499	1232	421	134	5811
沿山村	2.98	312	798	236	65	4231
亚隆社区	0.25	186	405	—	—	—

注:表格中数据为调查数

【鄞江镇获评省级"文明镇"】 2021年1月22日,鄞江镇入选浙江省文明镇(乡)名单。近年来,该镇围绕"产业强镇、生态兴镇、惠民暖镇、和谐安镇、清廉净镇"五大工程,不断创新文明宣传方式,促进群众素质、人居环境显著提升。重点推出志愿服务"融品牌"——"它山益",截至参评时,该品牌已累计开展"净美鄞江""垃圾不落地、鄞江更美丽""古道公益行"等志愿服务600余次;打造健康绿道6条,全长9.5千米,建设主干线、古镇开发区域内的20处休闲绿地,镇域生态环境得以全面改善。除此之外,推广文明IP"六六",宣传"夹菜用公筷""河边不洗衣"好习惯养成实践活动,开展"21天文明好习惯打卡"等;推进村级新时代文明实践站和村文化礼堂建设;试点开展"益杯水 益条凳 益把扇"公益行动,为行人以及户外工作者提供免费茶水、休息桌椅和公益文明扇,送去鄞江的文明清风。

【梅园革命史迹陈列馆获评市级教育基地】 2021年1月,鄞江镇梅园革命史迹陈列馆获评宁波市保密教育基地,5月获评宁波市清廉教育基地。梅园革命史迹陈列馆坐落于"红色堡垒"鄞江镇,建岙村占地总面积1700多平方米,展厅面积800多平方米,分展览厅、授课厅、接待室、休息室等区块。包含"苦难岁月 砥砺前行""重点转移 敌后抗日""血色记忆 日军暴行""众志成城 抗日反顽""坚持斗争 迎接解放"五个篇章及鄞江英勇先烈的照片事迹、烈士雕像、部分实物,记录着梅园地区革命斗争史迹,旨在弘扬革命传统、讴歌先烈精神、建立教育阵地、启迪激励后人。

【鄞江庙会】 2021年4月17日,鄞江镇"三月三"庙会暨"风物鄞江"文旅发布会举行。本届庙会围绕"时光·寻行"主题,设置寻游、寻春、寻艺、寻味、寻根5个板块,推出"鄞江精品旅游路线",发布《这里是鄞江》鄞江文旅手册,发放鄞江旅游优惠券,还组织开展河畔市集、健步鄞江、红色研学、非遗巡演等特色活动。7月15日,鄞江镇"六月六"庙会开街。庙会以"夜会鄞江"为主题,分为"夏艺夜""河畔市集"两大板块,为村民、游客带来甬剧与摇滚碰撞的文艺盛宴、集市与水滨融合的夏夜之乐。

【区"美丽庭院"创建工作现场推进会在鄞江召开】 2021年6月3日,海曙区"美庭院·幸福家+"美丽庭院创建工作现场推进会在鄞江镇举行。自2018年"美丽庭院"创建活动启动以来,海曙区已成功创建示范村40个、示范户200个、达标户1万个,发动群众5万人,探索出一条美丽庭院带来美丽风景、带动美丽经济的新路子。会上,对2018至2020年度先进单位、先进个人和示范户进行表彰和授牌,成立美丽庭院专家指导团和民间顾问

鄞江桥边集市

团。鄞江镇它山堰村获评“美丽庭院”创建先进单位、清源村蒲松梅获评“美丽庭院”创建先进个人。

【崔忠定入选省非遗传承人】 2021年6月24日，鄞江镇文化站原站长崔忠定被评为第六批“浙江省非物质文化遗产代表性传承人”。崔忠定于1987年至2016年担任鄞江镇文化站站长，其间，致力于抢救和研究它山贤德庙会，挖掘庙会文化；在全镇范围内进行田野调查、梳理研究，部分成果编入宁波市非遗调研系列丛书《甬上风物（鄞江镇卷）》。并根据调查获得的资料，对传统庙会行会所用的道具、花轿等实物广泛研究，致力于还原庙会的传统风貌。除此之外，他还协助搜集展陈实物及资料，以活态和静态双重手段对它山庙会进行保护、展示。在他的带领下，鄞江文化站的庙会保护工作取得显著成效。

【唐亚凤获评“浙江好人”】 2021年7月22日，鄞江镇建岙村村民、鄞江镇梅园革命史迹陈列馆管理员、义务专职讲解员唐亚凤获评当月“浙江好人”，被评为“诚实守信好人”，成为海曙区第16名入选“浙江好人榜”的居民。唐亚凤自担任建岙村妇女主任以来，长期坚持服务为民实思想；退休后，作为梅园革命史迹陈列馆义务专职讲解员，认真、周到服务游客和村民，由于她对建岙革命历史如数家珍，用富有特色的乡音讲活本地党史故事，被誉为建岙村的“百科全书”和红色党史的“活字典”，其中“建岙妈妈”红色故事广受游客群众欢迎。7年来，唐亚凤每日多次往返陈列馆与家中，几乎全年无休，截至2021年7月，已为近10万人次义务讲解党史故事。

【光溪村获评省AAA级“景区村庄”】 2021年11月19日，鄞江镇光溪村获评浙江省AAA级景区村庄。该村地处鄞江镇中心位置，是全镇经济发展的枢纽，下辖4个自然村（毛家、光溪、小溪、定山），全村面积4.6平方千米，有耕田40余公顷，山林面积300余公顷。村内文化点位众多，明末清初古建筑丰富，有毛家冷水庵、光溪石拱桥、小溪桥以及基督教教堂等。2021年，该村聚焦共同富裕，持续推动美丽乡村向美好经济到美满生活的转变。

【鄞江镇入选省“千年古城”复兴试点建设名单】 2021年12月，浙江省第二批“千年古城”复兴试点建设名单公布，全省共计10个乡镇，鄞江镇作为宁波市唯一入选镇。该镇有580余年的县治、州治史，素有“四明首镇、宁波之根”之称。全镇呈“七山一水二分田”格局分布，山水相间，植被丰茂，自然环境优美。非物质文化遗产众多，鄞江舞龙、石雕、走书等具有浓厚的民俗风情和非遗产物；拥有千年古堰、全国重点文物保护单位——它山堰；物产丰富，盛产梅园石、它山堰白茶和中国锦鲤等。2021年，围绕“一核四区”发展框架，鄞江镇持续推进城镇建设、新村建设、环境治理等各项工作，挖掘山水资源和它山堰文化底蕴，谋划古城地块出让，修缮传统古建筑，优化内部旅游配套。

【清源村获评省“美丽乡村特色精品村”】 2021年12月，鄞江镇清源村获评2021年度浙江省“美丽乡村特色精品村”。该村位于鄞江镇西南部，东与金陆村相邻，西与龙观乡、奉化区溪口镇接壤，南面与北面为连绵不绝的群山，清源溪穿村而过，因此得名“清源村”。村民房屋多采用联户自建模式，统一的建筑、洁白的墙面成为该村一大人文景观，白屋与周边自然山水融为一体，已成为宁波乡村文旅的重要目的地。

（马中龙）

洞桥镇

【概况】 洞桥镇位于海曙区西南部，东连石碶街道，西临鄞江镇，北靠古林镇，南接奉化区江口街道，面积35.39平方千米。2021年，下辖19个行政村和1个社区，总户数9713户，户籍人口22490人，外来人口31207人。

2021年，实现地区生产总值47.53亿元，比上年同期增长10.2%。完成财政总收入5.23亿元，比上年同期增长33.6%。实现集中委托流转面积近700公顷。推进农机现代化程度，高速插秧机、植保无人机等现代农机装备量稳居全区前列。规模以上工业产值和数量首次突破“双百”。智能农林节水灌溉设备制造基地、厨余垃圾处理厂技改扩建等一批新建、续建重点项目顺利推进。获国家级、省级引才工程重点推荐各1人，引进硕士以上人才23人。

10月，洞桥镇对原农贸市场周边违法建设问题开展集中整治行动。经过历时1周攻坚，区域内所涉66家逾400平方米违法建设全部“清零”。宣裴村政策性购房和鄞江堤防整治工程（一期）安置房交付完成，鄞江堤防整治工程（二期）拆迁工作提前6天完成267户住宅签约清零。洞桥文化艺术中心、小镇客厅投入使用，污水连接工程基本完工，沙港侧路、纬八路工程开工建设。上水碶、王家桥、沙港、张家垫等新村建设顺利推进。疏浚河道5条8千米，完成排（污）水口排查、更新300余个。环境卫生整治行动深入开展，清理卫生死角972处、垃圾1782吨，垃圾分类覆盖率100%。

召开中共洞桥镇第十四次代表大会，完成镇党委换届选举。不断推进社会治理，综合指挥室下设121个村级微网格和128个专属微网格。整治消防“三合一”店铺140家，行政处罚6家。全民反诈全力构建，签订反诈承诺书4万余张，拦截被骗资金25万元。

社会服务不断优化，“浙里办”普及率不断提升，全年受理各项业务29032件，调解各类案件20余件涉及300万余元。面向困难群体发放各类款项280余万元。落实拥军优抚政策，发放补助资金3400人次169万余元。发布企业招聘岗位5批次2500余个，发放惠民惠企补助45.1万元。

2021年洞桥镇各行政村（社）基本情况一览表

表32

行政村（社区）	面积（平方千米）	户数（户）	户籍人口数（人）	集体经济总收入（万元）	集体经济总费用（万元）	集体经济总资产（万元）
石臼庙村	2.5	320	739	426.93	552.83	3505.09
沙港村	1.9	702	1685	1970.41	2887.54	52111.75
王家桥村	1.8	621	1553	1563.28	404.07	7839.43
上水碶村	1	307	734	2494.06	5067.38	8552.05
上凌村	1.1	245	608	159.70	298.79	863.24
孙王村	1.2	277	669	139.98	191.94	1086.8
李家村	1.3	259	682	213.12	340.66	1571.52
程家村	1.7	294	757	154.33	164.82	2492.69
洞桥村	2.6	567	1335	328.19	714.05	1574.91
百梁桥村	2.3	571	1359	796.24	763.45	1966.18
蕙江村	1.3	546	962	4888.98	4889.09	1446.92
潘罗村	2.19	540	1323	628.81	894.37	2409.82
宣裴村	2.9	520	1236	1129.86	474.63	8278.33
三李村	1.7	316	729	396.52	524.95	2213.24
鱼山头村	2.3	509	1141	440.49	304.53	4496.38
张家垫村	1.8	466	1075	232.38	631.36	9934.76
前王村	1	295	678	240.36	238.04	1049.79
树桥村	1.8	516	1162	1533.62	1490.46	3798.89
陈严村	2.8	404	1128	200.02	461.35	5142.31
明苑社区	0.2	1438	2935	—		

注：表格中数据为调查数

【鄞江堤防整治工程（一期）完成安置房抽签】 2021年6月10日，洞桥镇完成鄞江堤防整治工程（一期）安置房现房抽签工作，共涉及家庭66户、房屋92套。安置房项目位于潘家耷村委会东南侧，项目于2017年7月开工建设，2020年8月完成项目验收。此次抽签主力户型80平方米、90平方米、100平方米和120平方米，安置对象为上水碶村、树桥村、潘罗村。该镇提前做好抽签工作备案审核，现场安排验证隔离、防疫检查等点位，从严从紧抓好常态化疫情防控工作。设置秩序维护、身份核验、房票登记等岗位，配备镇、村两级及有关部门共50名工作人员，确保分房工作顺利进行。由宁波市天一公证处及镇纪委监督人员驻现场“阳光监督”，全程摄像，保证抽签分房过程公开透明、合法有效。

【鄞江河堤防整治工程（二期）洞桥段房屋拆迁集中签约】 2021年11月15日—12月15日，洞桥镇开展鄞江河堤防整治工程（二期）洞桥段房屋集中签约工作，本次签约涉及潘罗、蕙江、百梁桥等4个行政村，其安置房项目位于潘家耷村委会东南侧，项目于2017年7月开工建设，2020年8月完成项目验收。洞桥镇将农合联作为临时签约中心，签约启动以来确保每日

11月，鄞江河堤防整治工程（二期）洞桥段房屋拆迁集中签约现场

值守的“阳光领航员”超10人，现场做好政策解释及引导工作。开发线上“高德征迁”数字化签约系统，对被拆迁人房屋评估作业、确权确户、核算签约等进行全程动态管理，村民现场校对资料、当场出具拆迁协议，平均一户签约仅需9分钟。12月9日，完成267户4万平方米的住宅签约，签约率达100%，比原定计划提前6天。至此，为加速推动鄞江堤防整治工程（二期）进场施工奠定基础。

（章　静）

章水镇

【概况】 章水镇位于海曙区西南端，东北接鄞江镇、横街镇，东南与龙观乡相邻，西南依奉化区，西北靠余姚市，镇域面积146平方千米。2021年，下辖18个行政村、1个社区，总户数11336户，户籍人口23114人。

2021年，实现地区生产总值12.78亿元，比上年同期增幅9%。完成一般公共预算收入3707万元，增长18.7%。实现规模以上工业增加值1.49亿元，增长18.8%；规模以下工业增加值增长15.6%。高新技术产业增加值1.31亿元，增长27.6%。规模以上企业研发投入1574万元，增长46%。货物出口总额10660万元，增长71.44%。完成有效固定资产投资6086万元，增幅61.6%，其中建安投资3700万元，增幅92.8%，工业技改投资1755万元，增幅69.9%。完成限额以上社会消费品零售额388万元，下降14.5%；完成市外实到资金300万元、“浙商回归”资金300万元。

创建多彩农业美丽田园示范基地1个、种植业“六园”市级示范基地1个、农业技术攻坚项目1个、区级示范家庭农场1家，完成浙贝母全产业链项目建设。红溪水电站公司制改制完成，由乡村振兴公司通过股权支付的方式收购。樟溪溪坑整治工程建设完成。统筹开展山塘整治工程，共涉及9个山塘，其中茅洋脚山塘整治工程完工验收，后湖岗山塘、好猪冲山塘、大塘山塘、晚稻田山塘和九岙山塘完成设计工作。

获评2021年度宁波市首批红色旅游融合发展示范区。开发智慧旅游小程序，统筹协调18个四明山区域生态发展项目，举办杖锡樱花节、女子半程马拉松赛，开放星空露营基地。完成茅镬古树公园、赤水皎溪华光亭、杖锡樱花园提升项目的复验工作。

稳步推进省级“污水零直排”工作，总投资1300万元的大皎细岭点、杜岙下严点和里宅外宅点农村污水提升改造工程完成组织验收，并移交区排水公司，镇区污水零直排改造工程及蜜岩村污水提升改造工程一期基本完工，赤水村翻身自然点污水提升改造工程有序开工。总投资700万元的垃圾中转站新建工程施工进度完成80%，持续改善村庄面貌，章水镇2号集中居住地块工程完成竣工验收，章溪村新村建设村庄整体规划初步成型，郑家村桂家联户自建完成方案设计，完成字岩下村高山移民摸底，完成杖锡沙罗方和赤水年年墩复垦工作。

新建箭坪村箭峰点居家养老服务站。大皎、杖锡片区党务工作站建成使用，形成“一心两站”的高山服务新模式，为山区群众提供“家门口”“面对面”服务。深化“高山志愿服务品牌”创建，推出高山送访、高山疫苗接种、高山社保办理等多种服务；开展山区党务帮办代办72次，截至年底，开展高山巡回医疗57次，服务群众1651人次。举办中国共产党章水镇第十四次代表大会。建设章水镇红色党建体验中心，实现党务办公、参观展览、会务经营、特产销售、研学教育一站式打卡。自运营以来，累计接待180余个参观团队，近万人次。

2021年章水镇各行政村（社）基本情况一览表

表33

行政村（社区）	面积（平方千米）	户籍户数（户）	人口数（人）	集体经济总收入（万元）	集体经济总费用（万元）	集体经济总资产（万元）
章溪村	3.13	584	1238	425.76	119.62	1558.17
郑家村	5.31	1053	2284	218.19	100.36	6564.73
樟村村	5.43	1270	2659	222.51	94.35	1539.04

续表33

行政村（社区）	面积（平方千米）	户籍户数（户）	人口数（人）	集体经济总收入（万元）	集体经济总费用（万元）	集体经济总资产（万元）
崔岙村	5.83	691	1545	65.06	65.47	992.77
朱梅村	4.16	699	1489	117.07	65.08	640.62
许岩村	4.09	635	1360	173.94	72.79	377.53
蜜岩村	7.02	709	1532	200.54	66.78	1457.95
童皎村	9.23	478	1022	199.55	75.24	1113.01
大皎村	10.23	488	971	181.46	71.41	3990.33
杜岙村	7.32	594	1231	195.68	54.02	1196.26
梅龙村	4.56	543	1137	204.30	58.17	932.75
宇岩下村	3.67	277	546	217.47	90.06	1076.13
赤水村	6.76	337	701	276.51	70.62	2055.29
箭坪村	2.67	317	636	168.05	84.69	1984.61
杖锡村	4.98	488	1012	386.60	159.55	2033.86
李家坑村	4.05	356	696	259.39	345.42	6382.79
燕麻村	6.49	286	619	251.51	50.14	835.40
里梅村	4.83	280	617	167.59	96.66	981.14
樟蜜社区	—	1254	1819	—	—	—

注：表格中数据为调查数

【“追寻——庆祝中国共产党成立百年‘红色故事会’”全国首站活动】 2021年4月7日，由中央党史和文献研究院、中共浙江省委宣传部指导，省委党史和文献研究室、浙江日报报业集团、海曙区委等承办的“追寻——庆祝建党百年‘红色故事会’”全国首站活动在章水镇文体中心举办。活动采取新形式、运用新手段、传播新内容，通过情景再现的方式重新演绎“启明女中”“李敏烈士”等红色故事，激励广大基层党员。

4月7日，“追寻——庆祝中国共产党成立百年‘红色故事会’”全国首站活动在章水镇文体中心举办

【宁波女子半程马拉松赛】 2021年4月18日，由市体育局、共青团宁波市委员会、海曙区人民政府主办的“永仕杯”2021中国宁波女子半程马拉松赛暨宁波市社区运动会海曙站启动仪式在章水镇举行。此次赛事吸引近千名跑步爱好者参加，赛事设半程马拉松、欢乐跑和暖男护跑。本届女子马拉松赛以环皎口水库为设计概念，途径多出具有四明山地域特色的植被区、亲水区，挑战性、趣味性、观赏性兼具。

【四明山环线公路建设启动】 参照“交通·邮政·口岸”类目“交通建设”分目

【章水镇红色党建体验中心开馆】 2021年6月29日，为庆祝中国共产党成立100周年，用好、用活红色资源，奏响红色基因的时代最强音，章水镇不断深挖红色底蕴，将浙东革命老区的红色党建与乡村振兴有机结合，打造一座集党建、农旅等元素为一体的综合体——章水镇红色党建体验中心。经过两个月的试运营，“七一”前夕，章水镇红色党建体验中心正式开馆。该馆投资450余万元，在原章水镇中心小学旧址基础上改造提升而来。该综合体包含党群服务中心、农副产品展销中心、游客服务中心、百米长廊、红色印记馆、红色信仰馆、红色研学室、初心课堂等功能区块，可实现党务办公、参观展览、会务经营、特产销售、研学教育等一站式打卡。自4月中下旬试运营以来，接待120余个参观团队，约5000人次，成为全市党员干部群众党史学习教育热门打卡地。

【上海大学区域与城市发展研究院乡村振兴实践基地授牌】 2021年7月9日，为加强校地协同合作，推动资源共建共享，章水镇党委与上海大学管理学院党委联合举办寻访章水镇籍烈士、上海大学杰出校友崔晓立的光辉足迹暨上海大学管理学院暑期红色社会实践团赴章水镇调研学习活动。现场举行“上海大学区域与城市发展研究院乡村振兴实践基地”授牌仪式。未来，依托“上海大学区域与城市发展研究院乡村振兴实践基地”，章水镇将与上海大学开展长期深度合作，通过党建引领推动人才振兴、科技振兴，高质量赋能乡村振兴。

（郑腾飞）

龙观乡

【概况】 龙观乡位于海曙区西部，东临鄞江镇，南连奉化区，西北靠章水镇，乡域面积72.89平方千米。2021年，下辖10个行政村和1个居委会，户籍户数4364户，户籍人口1万余人。

2021年，实现地区生产总值6.18亿元，比上年同期增长5.5%。规模以上工业总产值34616万元。全社会固定资产投资3亿元。财政总收入5171万元，一般公共预算收入2800万元，城乡居民收入增长9.6%。全乡2000万元规模以上企业6家，以服务业、旅游业为主。

推动全域旅游高质量发展，接待游客98.6万人次，旅游收入6750万元。举办“寻味龙观”抖音直播、五龙潭山水旅游文化节、半山伴水“五一欢乐嘉年华”等文旅活动22场次。“四明问秋”旅游线路入选浙江省乡村旅游精品线路。清新龙观运动体育旅游精品线路入选长三角精品体育旅游线路。“二月二”龙抬头习俗、向阳舍“宁波红茶制作技艺”创建宁波市非遗项目。半山伴水度假村创建国家AAA级旅游景区、市级研学营地、休闲旅游基地和乡村木球健身基地。龙观庄园创建宁波市休闲旅游基地。鄞江龙观县域风貌区入选省首批城乡风貌样板区试点。五龙潭森林氧吧获评“2021年度浙江森林氧吧”。探索产业融合模式，活用文旅资源，精心挑选乡革命史迹陈列馆、小灵峰伏击战遗址、李敏烈士被捕地等8个特色鲜明的“文旅阵地”，串联推出“龙观红色信仰游”。强化农业精品园区建设，获评省级茶果特色农业强镇。全乡共有茶叶面积近160公顷，水果80余公顷，农业总产值1.91亿元，茶叶产值2259万元，水果产值1689万元。

深入推进“美丽乡村”建设，桓村丰家河地块完成房屋交付，桓村茶厂二期完成拆旧3625平方米，雪岙新村河北地块199套联排住宅附属配套全面完工并完成分房。结合生物多样性基地建设，启动河南地块村庄建设方案设计。完成龙王溪家园一期办证事宜，发放不动产权证65本。后隆村菜场迁建工程主体结顶。桓村污水管网工程完工；雪岙新村河北地块北侧边坡治理工程竣工验收。完成大庄至观顶道路维修工程及龙兴路（龙溪至厂跟）路面提升工程。全力配合四明山环线公路龙观段的建设，使龙观从交通末端成为交通节点。推进樟溪河干流整治工程（龙王溪段）和龙兴路拆迁清零，乡域中心形象得到改善。

探索和创新生物多样性保护工作，完成初步本底调查，四明山海曙区域有维管植物2250种，并邀请国内行业标杆南京环科所设计《宁波（龙观）生物多样性体验基地规划概念方案》。向生态环境部、省生态环境厅争取政策支持、业务指导与平台搭建，作为全国唯二、全省唯一的乡镇级单位，受邀参加《生物多样性公约》第十五次缔约方大会（COP15）NGO平行论坛。组建浙江省生态环境厅—龙观联盟，与浙江农林大学、浙大宁波理工学院生化学院，开展合作共建活动。承办2021年国际生物多样性日宁波主题宣传活动，邀请省生态环境厅团委来龙观乡举办“讲好生态及生物多样性保护故事”青年论坛。举办“我为生物代言”、宁波自然教育师资力量培训基地启动仪式等。成立中国林业协会昆虫监测站，在乡域主要节点墙面绘制生物多样性3D墙绘、设计

8月末，“多样生物 秘境龙观”青年沙龙活动在雪岙村拉开序幕。龙观乡的青年干部们在大自然的“博物馆”中尽情探索，感受大自然的奇妙与生物的多样性

绿雕小品，营造浓厚氛围。试点启动首批省级"零碳乡、李岙村"零碳村"创建。

推动健康创建，开展进村健康宣讲和服务下乡工作40余次，龙观庄园申报健康促进企业，大路村创建健康小屋。创建雪岙村省级卫生村，完成山下、李岙、龙峰省卫生村复评。加强集团化办学工作，与宁波市实验学校联合开展"互联网+义务教育"城乡同步课堂60余次。新建大路村卫生室和李岙村卫生室，完善高山巡回送医服务机制，定点定位服务高山群众。开展"锋领高山、红圈富民"行动，组建8支高山便民小分队，采取10家党建联盟共建方式提供特色服务，打造高山党建品牌。选派村（社）锋领指导员，调整6支"担当有为急先锋"小分队，强化基层在党建强基、党史教育、重点项目推进等方面的攻坚破难力度。

2021 年龙观乡各行政村（社）基本情况一览表

表 34

行政村（社区）	面积（平方千米）	户数（户）	人口数（人）	集体经济总收入（万元）	集体经济总费用（万元）	总资产（万元）
全溪村	1.89	409	964	213	560	1838
后隆村	6.09	874	2043	459	282	7065
龙谷村	17.46	606	1414	421	837	4412
桓村村	5.93	615	1565	560	628	12978
龙溪村	15.21	501	1114	231	170	594
龙峰村	9.75	282	625	299	225	2336
大路村	4.06	317	746	554	274	11715
山下村	2.52	199	480	341	148	11013
李岙村	3.53	235	555	195	216	10088
雪岙村	6.33	326	736	167	532	1900
龙观居委会	0.1	354	526	—	—	—

注：表格中数据为调查数

【"曙色初心 红色信仰"红色游线发布】 2021年4月27日，为庆祝中国共产党成立100周年，传承红色基因，借力推动四明山区域旅游业发展，海曙区"曙色初心 红色信仰"海曙红色游线发布仪式在龙观乡半山伴水度假村音乐广场举行。活动正式发布首批包括"红色龙观""江厦风云""章水记忆""横街往事"等10条不同主题的红色旅游线路，为海曙区十大"初心教育实践基地"授牌，选聘了海曙区首批30名红色宣讲团初心讲师，并组织媒体记者游览了龙观、章水、鄞江、横街4条游线，重温革命历史。

【区生物多样性体验地建设启动】 2021年5月19日，海曙区生物多样性体验地在龙观乡启动建设。以雪岙村为首发站，举行海曙区生物多样性体验地建设启动仪式，力争打造国家级生物多样性科普基地，该基地总面积3800平方米。同时探索生物多样性价值转化途径，采取"系统摸底—基地建设—精准孵化"模式，培育生物多样性价值转化新业态，为乡村振兴提供特色转化案例，打造生态文明成果展示的重要窗口。

【"清新龙观"入选长三角精品体育旅游线路】 2021年9月1日，清新龙观运动体育旅游精品线路入选长三角精品体育旅游线路，成为全区唯一入选项目和全市唯一一条长三角精品体育旅游线路。该线路包含半山伴水度假村、五龙潭景区、观瀑水景玻璃天桥、青云峡漂流、绿谷龙观登山健身步道、龙观庄园户外基地、"龙观禅那"精品民宿、"向阳舍慢生活农场"等众多具有生态资源和运动特色的打卡点，是体育旅游的绝佳胜地。入选后，龙观乡将聚焦长三角地区体育旅游高品质发展，继续向社会大众推广特色的体育旅游项目，推动全民体育与新型服务产业发展"同频共振"，助力美丽乡村建设，走出一条共同富裕之路。

【"锋领高山、红圈富民"行动】 2021年9月30日，龙观乡启动"锋领高山、红圈富民"行动，整合山区系列服务项目和人员队伍，建立独具龙观特色的高山服务品牌。充分激活红色资源，乡党委发动人大、团委、旅游办等多方资源，凝聚最大合力，组建8支高山便民小分队，开展多元常态服务，如高山村务协商小分队定期开展"弄堂协商会"解民之忧。联结高校、医院、国企等10家乡外党组织，采取双月轮值、联盟共建等方式提供特色服务，如宁波大学医学院附属医院行政一党支部与高山医疗服务小分队开展高山巡回医疗服务活动。与此同时，推动绿色经济发展，帮助村民深挖本地资源价值，开发多类生态产品。鼓励村民在经营茶园、民宿农家乐的基础上，开拓稻鸭共作、植物印

9月30日，龙观乡"锋领高山 红圈富民"行动启动

染、写真拍摄等多种经营模式，发展体验经济、网红经济、直播推广等绿色业态。

【李岙村省级"未来乡村"创建试点】 2021年10月，龙观乡李岙村开展省级"未来乡村"创建试点工作，探索建设"乐居""乐游""乐业"相结合的特色乡村生产生活场景。未来2年内，计划总投资1350万元，落地9个项目。着眼"乐居"，形成"20分钟医疗圈""15分钟健身圈"；瞄准"乐游"，形成赏玩、体验、食宿和康养一体的全域旅游格局；围绕"乐业"，构建桂花产业生态链，开发桂花香水、汽水、啤酒等衍生产品。计划到2026年，该村常住居民收入从3.9万元增加至4.2万元，村级集体经济年经营性收入从60万元增收至75万元。

【龙观乡受邀参加COP15平行论坛】 2021年10月11日，龙观乡受邀参加COP15 NGO平行论坛，这也是全省唯一、全国唯二受邀的乡镇。龙观乡近年来在生物多样性保护方面采取多样举措，联合生物多样性专家团队通过"摸清家底"——生物多样性本底调查、"基地建设"——生物多样性体验地建设、"培育业态"——生物资源可持续利用等方式，全面推进区域生物多样性保护。同时，采用"1+N"模式，打造1个体验馆加多个现场体验的生物多样性科普教育、研学旅行路线，合理开发利用生物多样性资源。

【龙观乡通过省级"茶果特色农业强镇"验收】 2021年10月28日，龙观茶果特色农业强镇以优异成绩通过省级验收，成为海曙区第二个省级特色农业强镇。近年来，龙观乡依托原生态山水资源，聚力赋能美丽农业，推行清洁生产，加强科技示范推广，培育出生产、加工、营销集一体的茶果全产业链，走出一条独具龙观特色的农文旅产业融合之路。

【龙观抽水蓄能电站项目签约】 参见"商贸·经济合作"类目"招商引资"分目

【龙观乡入选省首批"低(零)碳乡镇(街道)"创建试点】 2021年11月，省"碳达峰""碳中和"工作领导小组办公室公布全省第一批低(零)碳乡镇(街道)、村(社区)试点创建单位名单，龙观乡、龙观乡李岙村入选。省生态环境厅相关工作组在选取试点前期，多次赴龙观乡帮扶指导，以"碳中和+生物多样性共促共同富裕"为切入点，展现龙观低(零)碳建设亮点。入选后，龙观乡将按照创建工作要求，全方位大纵深推进光伏乡建设，发展森林碳汇，探索减排新路径，围绕数字零碳建设，全力打造国内"零碳乡镇"新标杆。

【海曙四明山区域首次发现白颈长尾雉】 2021年11月29日，在四明山区域生物多样性本底调查工作中，调查人员意外发现相机拍摄到8只长相独特的鸟类身影。经专家确认，该鸟类为国家一级重点保护野生动物——白颈长尾雉，是"鸟中国宝"，分别被《世界自然保护联盟》和《中国濒危动物红皮书》列为近危和易危物种，系宁波市首次野外监测发现。据专家研判，同时拍摄到8只白颈长尾雉的活动画面，表明四明山区域生存环境良好，白颈长尾雉已具有一定种群数量。另悉，海曙区自启动四明山区域生物多样性调查工作以来，共规划调查样线138条、样点46个，完成安装红外相机30台、马来氏网4个，组织开展实地调查50人次。

【鄞江龙观县域风貌区入选省首批试点】 2021年12月24日，浙江省第一批城乡风貌样板区试点建设名单公布，鄞江龙观县域风貌区入选。该样板区将以鄞江、龙观两个乡镇与五龙潭风景名胜区为核心，依托已创建的鄞江清源翠堤风景线与半山伴水风景线，串联它山堰村、金陆村、清源村、李岙村、大路村、龙谷村等7个省市级美丽宜居示范村形成。龙观乡以项目引入抓要素供给，推进基础设施改造，抓好11万伏变电所的谋划，做好5G等新基建的推进，加快污水管网改造，谋划饮用水水质提升方案。探索数字化变革赋能设施建设，搭建城镇管理公共信息数据库，建成全域智慧旅游系统。并且以"全域景区化"规划引导"一村一品"工程，开展美丽乡村示范乡、示范村、精品村建设。

【全国首个生物多样性友好乡镇试点项目启动】 2021年12月30日，生态环境部宣传教育中心与宁波市海曙区人民政府战略合作框架协议签约仪式以远程视频方式举行。双方以海曙区龙观乡为试点，共同开展全国首个生物多样性友好乡镇试点项目。启动后，双方规划在生物多样性友好乡镇、低碳传播等领域共同探索加强合作，通过编制生物多样性友好乡镇建设指南及规划方案，举办主题论坛、国际会议、青年生物多样性夏令营等，加大生物多样性保护和可持续利用宣传教育力度，推动生物多样性体验地建设，探索以生物多样性保护助力“两山”转化新路径。

（卢炯炯）

石碶街道

【概况】 石碶街道位于宁波市南郊，东临奉化江，西至宁波栎社国际机场，区域面积约34平方千米（其中建成区9.30平方千米）。2021年，下辖15个行政村、8个社区、1个渔业社，户籍人口数55031人，外来人口登记在册8.90万余人。

2021年，完成地区生产总值105.20亿元，比上年同期增长7%。完成财政总收入39.1亿元，增长87.6%；一般公共预算收入19.2亿元，增长63.2%。实到外资2000万美元，规模以上工业增加值46亿元，完成工业投资4.3亿元，研发投入2.8亿元。2家企业获评省制造业与互联网融合发展试点示范企业。2家企业技术中心获评浙江省企业技术中心。忻杰燃气、星箭航天入选国家级专精特新“小巨人”，甬华塑料等5家企业入选省级。鼓励重点企业进行科技创新，支持雅戈尔集团设计研发和智能生产相融合的时尚板块、广博集团高端金属粉体材料为核心的新材料板块和三生集团细胞研发为核心的生命健康板块开发。

完成石碶等5个村20.5万平方米的旧房拆除工作，黄隘二期、上王、雅渡村启动新村建设，冯家、后仓村完成新村建设前期工作。雅渡村新村建设3号地块、鲍家工程带拆区域、宁波轨道交通5号线工程实现清零，完成建庄地块9.6公顷土地收储。投入2000余万元，南新塘河下游河新建一套日供水2万吨小型水厂，并投入使用。

打造“全科”公共法律服务窗口石碶司法所获评全国模范司法所。打通综合行政执法“最后一公里”“枫桥式”石碶中队获评“浙江省‘枫桥式’综合行政执法中队”。

2021年石碶街道各行政村（社）基本情况一览表

表35

行政村（社区）	面积（平方千米）	户数（户）	户籍人口数（人）	集体经济总收入（万元）	集体经济总费用（万元）	集体经济总资产（万元）
石碶村	1.5	1006	2784	1000.92	60.61	9370.97
塘西村	1.5	821	2151	2673.62	69.36	36719.32
雅渡村	1.6	841	2245	2343.65	58.22	12268.75
冯家村	1.2	909	2526	361.83	68.7	9349.17
后仓村	1.5	903	1712	609.26	72.85	3841.04
黄隘村	1.6	572	1727	1226.62	55.84	22680.15
联丰村	1.5	670	1274	798.7	93.03	8640.77
星光村	1.3	1050	2549	928.46	90.64	5839.22
栎社村	1.5	1257	2523	695.79	71.89	3126.07
汪家村	1.87	794	2020	794.59	55.64	6677.73
东杨村	2.1	718	1615	248.25	51.66	1574.89
横涨村	2.5	1097	2567	1611.75	105.78	7883.78
西杨村	2.1	1184	1715	429.72	51.54	2373.53
上王村	2.5	562	1396	411.92	57.65	2035.23
车何渡村	2.6	1259	2143	1022.16	61.94	5036.79
建庄社区	—	2461	2249	—	—	—
石碶社区	0.7	4085	7360	—	—	—
东方社区	0.6	3702	3726	—	—	—
新区社区	0.76	5593	6519	—	—	—
丽洲社区	0.6	3537	1966	—	—	—
锦丽社区	0.4	2698	1201	—	—	—
汪源社区	0.4	1516	388	—	—	—
金海塘社区	—	1939	675	—	—	—

注：表格中数据为调查数

【“诗书传家 福泽两岸”文化交流活动】2021年10月23日，“诗书传家 福泽两岸”2021年沈光文409周年诞辰纪念活动在沈光文纪念馆举行，宁波台商台胞以及两岸婚姻家庭代表、社会各界和当地群众80余人参加，其中15名在甬台商青代表、星光村沈氏后裔共同参加民俗活动，共祭先贤。本次活动以乡贤文化厚植乡愁沃土为主题，通过两岸同胞共同诗歌吟唱、与台南善化庆安宫主委张志胜“云端交流”和举办“两岸同祭开台先师沈光文”活动等形式，共同纪念“开台先师”“台湾文献初祖”沈光文，表达对沈光文的追思和尊崇，进一步激发广大台胞爱国爱乡的情怀。

【华栋栋获得东京残奥会奖牌】2021年8月26日，在东京残奥会男子400米自由泳决赛中，石碶街道栎社村的参赛选手华栋栋凭借4分34秒89的成绩，为中国代表团再添一枚铜牌，这是宁波代表团在东京残奥会斩获的首块奖牌。华栋栋于1999年出生，多年来在游泳项目上成绩喜人：在第16届夏季残奥会上，收获1银1铜；在第十一届全国残运会上，夺得5枚金牌，收获7枚奖牌，在男子4×100米接力比赛中，华栋栋和队友一起为浙江队夺下一金，并打破该项目全国纪录，在混合泳接力中又破世界纪录。

【“星箭航空”获数字化设计&技术应用精英赛金奖】2021年10月24日，宁波星箭航空机械制造有限公司获得“2021中国（宁波）首届数字化设计&技术应用精英赛”金奖。比赛以“数字赋能产业，技术加速创新”为主题，围绕产业结构转型升级和制造企业发展需要，以工业数字化应用为着力点，促进数字化设计与实体制造协同发展，全面推进宁波制造业数字化、网络化、智能化工业体系的高质量发展。宁波星箭航空机械制造有限公司成立于2010年，专业从事航空、航天标准件和特殊材料精密零部件的生产及客户来图来料加工。以钛合金、高温合金等新型航空、航天材料标准件的生产为主线，产品具有高精度、高强度、耐高温等特点。产品品种齐全，组建有特种紧固件和精密零部件制造生产线，年加工能力约600万件。

【“慈善+社工”慈善平台开业】2021年6月22日，“雅戈尔·甬尚慈善社工服务中心”（下称“甬尚”）正式开业，这是全省首个“慈善+社工”慈善平台。该机构由宁波市慈善总会发起，宁波市民政局作为业务主管单位，雅戈尔集团给予运营支持。相较传统的慈善机构，“甬尚”中心以专业的社会工作方法和多元化的慈善服务项目，汇聚广泛社会资源，整合更多社会服务团队，用于满足受助对象、群体日渐多样化、细致化的救助需求，同时为慈善组织和企业提供服务、项目策划和慈善品牌塑造。成立以来，已联合宁波市内医疗机构开展“高山守望”高山留守老人社工服务项目助老便民服务等活动。

4月21日，石碶街道司法所调解现场

【雅戈尔集团获评“中华慈善奖”】2021年9月5日，雅戈尔集团股份有限公司获得第十一届中华慈善奖评选表彰大会颁发的“捐赠企业奖”。这是今年宁波市唯一上榜企业，也是雅戈尔集团第二次获得中华慈善奖。中华慈善奖是全国慈善领域政府最高奖，每两年评选表彰一次，旨在表彰慈善活动中事迹突出、影响广泛的单位、个人、志愿服务等爱心团队和慈善项目等。雅戈尔集团致力于扶贫、抗震、救灾、教育、健康、文化等多领域的社会公益事业，把“助学助教”“健康关爱”“救灾”“对口帮扶”“扶危济困”等列为公司重点支持的领域。截至评选，累计捐赠6.76亿元，多次获“中华慈善事业突出贡献奖”“全国慈善会爱心企业”等荣誉。

【石碶街道司法所获评“全国模范司法所”】2021年10月27日，石碶街道司法所被司法部授予“全国模范司法所”称号。多年来，该司法所打造“17”法律讲堂、实行360监管、开展校园法治文化节、建立“三诊”调解等石碶品牌“金名片”，助力辖区法治建设，实现司法服务24小时不打烊。2021年，司法所继续借助“数字化改革”东风，深化“数字法治、智慧司法”建设，加强科技应用与机制创新，保障街道社会经济发展建设，开展暖心司法，守护一方天地。坚持创业、创新、创优，建设成集“智慧司法”“全景司法”“品牌司法”于一身的省“枫桥式”司法所。

【区综合行政执法局石碶中队获评省级先进】2021年12月17日，海曙区综合行政执法局石碶中队获评浙江省2021年度“枫桥式”综合行政执法中队。2020年以来，石碶中队抗疫情、战台风，推进垃圾分类、强化市容整治，拆违攻坚、铁腕治渣，小萌课堂普法先行、城管义工服务为民，学党史、明纪律、强作风、树形象，使中队成为一支现代化的行政执法队伍，已先后获得省级青年文明号、市级一队一品示范中队、精神文明建设先进单位、先进基层党组织等荣誉。

【横涨村获评省级“民主法治示范村”】 2021年12月，石碶街道横涨村被浙江省司法厅、民政厅、普法办评为2021年度省级“民主法治示范村（社区）”。横涨村位于石碶街道西部，其农家书屋共藏书4800余册，其中专设“法治图书角”，并配备法治宣传员2名，持续加强法治乡村教育力度。此外，因地制宜投资10万余元，建成法治文化广场，占地面积1.33公顷，设有法治宣传窗、法治长廊、法治故事园，法治步道等内容，让法治理念和法治文化落地生根。

（汪　波）

月湖街道“阳光里”养老综合街区——“阳光里”民生服务综合体

月湖街道

【概况】 月湖街道东起解放南路，西至长春路，南与南门街道相邻，北依中山路，因辖区内月湖而得名，面积约2.07平方千米。2021年，下辖6个社区，户籍总人口22225人，总户数8676户。

2021年，实现地区生产总值65.66亿元，比上年同期增长13.2%，实现财政总收入6.56亿元，较上年增速18.7%；一般公共预算收入3.29亿元，较上年同期增长15.7%；限额以上商品销售额为358.87亿元，增长28.3%。引进企业609家，注册资金达18.6亿元，实现大市外内资8.1亿元，“浙商回归”资金400万元。累计走访宁波市海城投资开发有限公司、宁波源和商业管理等重点企业380余次，跟踪服务宁波云尚电动科技有限公司、宁波市缎炼信息科技有限公司等重点项目。做好高新技术企业、科技中小型企业等培育工作，辅导万邦工程管理咨询有限公司、德世聚诚（宁波）电子科技有限公司申报高新技术企业，累计新增科技中小型企业4家。

完成老旧小区改造等重点项目，实现辖区老旧小区改造项目全域覆盖，改造项目涉及太阳公寓等7个小区、6处零星住宅，改造面积43.65万平方米，改造资金约1.18亿元，惠及居民5165户，实现街道12个老旧小区改造完成全覆盖。共建共享创意点亮小区，结合老旧小区改造和小区实际，深挖小区文化底蕴，打造各具特色的创意空间，仓基小区利用二楼平台空间打造网红健身步道，月湖人家设计打造口袋公园“合馨庭院”。

开展中山西路、长春路、灵桥路沿街立面市容环境改造，清洗长春大厦等楼宇外墙立面2800平方米，修复粉刷望湖市场等沿长春路外墙立面22716平方米。集中整治小区环境卫生102起，清理卫生死角328处、小区楼道清理756个。对菜市场周边等背街小巷继续推行“日扫夜洗”制度，推广小区厨余垃圾“定时定点”投放，沿街商铺开展“确桶、净桶、消桶”三桶行动，不断提升垃圾分类水平。

实现平安反诈宣传全覆盖，在月湖景区望湖阁揭牌成立“平安月湖”教育实践基地，各社区网格员、联居干部入户宣传，把“平安三率”（群众安全感满意率，扫黑除恶好评率，执法工作满意率）创建和反诈宣传作为重要内容。开展出租房屋及电动车消防安全隐患排查、遏制重大生产安全事故攻坚战、安全生产大检查大整治、“三合一”场所消防安全专项整治行动等。

完成社区治理体制机制改革试点任务，全区首家区域公共服务中心投入使用，建成13个小区自治服务站和小区理事会，建成率100%；打造完成紫薇小区自治站示范点，形成“亲邻四有”工作法，完成快鹿花园等小区自治项目17个；结合老旧小区改造，在仓基小区平台上成功打造亮丽的特色健康步道。街道居家养老服务中心建成并投入使用，通过市民政局的AAA级居家机构等级评定，联结社会组织服务中心、街道文化站等街区资源，打造“阳光里”民生服务综合体。全省康养体系建设现场推进会在海曙召开，月湖街道居家养老服务中心作为全市唯一一家基层居家养老服务中心考察调研点。开展“月湖特色文化年”活动，举办“一人一艺”培训，街道综合文化站入选浙江省公共文化场馆服务功能拓展先行先试名单。

推动6个社区成立35个“锋领网格”功能型党支部，900余名党员认领基层治理岗位，参与“僵尸车”清理、反诈宣传等任务。发挥党建工作合力，有机联结辖区单位党组织，新吸收宁波第二中学等8家党建共建单位，促成师资对接、护航中考等实事。发挥“彩虹桥”党建资源平台作用，台州商会党支部主动认领“微心愿”30余个。打造特色党建品牌，与区委组织部联合打造“裘雪琴党务名师工作室”，加快推进月湖金汇党群服务中心建设，深挖社区党建资源，打造太阳社区“红色党史”学习风景线、县学社区“忆石光”县学十景等；迎风社区党建引领社区自治，深化“快鹿公园”等自治项目。

2021年月湖街道各社区基本情况一览表

表36

社区	面积（平方千米）	户数（户）	户籍人口数（人）
县学社区	0.24	1885	5484
平桥社区	0.13	1530	3604
太阳社区	0.46	1027	2432
天一社区	0.7	1038	2131
梅园社区	0.25	1816	4809
迎凤社区	0.11	1380	3765

注：表格中数据为调查数

【月湖街道“锋领网格”建设】 2021年4月始，月湖街道作为区级锋领网格建设试点单位，在6个社区相继成立35个锋领网格功能型党支部，促进锋领力量进一步触达基层治理的网格末梢。各社区功能型党支部根据网格治理风险和群众需求，设立常态治理岗、项目技能岗、突发应急岗，500余名党员认领岗位，分别参与老旧小区改造、疫苗接种宣传、反诈宣传等活动。“共商共治”解决民生小事，“锋领包干”扫清顽疾堵点，开门纳言、民情恳谈会解决民生焦点问题。

【月湖街道图书馆获评市三星级】 2021年，月湖街道图书馆提质升级为宁波市三星级乡镇（街道）图书馆，系全区城区街道首个三星级及以上图书馆。该图书馆设立于月湖街道综合文化站，是全市首家以文旅为特色的城市书房，面积约300平方米，藏书约2000册。书房通过自动化、智能化方式实现图书通借通还，并设有电子阅读机，还会增设有声阅读书房。

【全区首家区域公共服务中心建成】 2021年，月湖街道全面推进社区治理改革创新。投入58万元，对原街道公共服务中心进行升级改造，改造面积350平方米，升级成为区域公共服务中心并投用。优化公共服务中心功能布局，由原来单一的办理区升级为政务服务2.0版本的多功能区，新设导服区、自助区、休息区等便民服务区域。升级服务模式，依托区域公共服务中心和小区自治服务站建设，推动社区公共服务职能统一上浮和集约化，切实减轻社区政务负担，服务中心窗口数量由12个精简为10个，可办事项增多。成立“帮办代办队伍”，注重为老年人、残疾人等特殊群体提供“掌上办”、网上办的业务操作指导，优化群众办事体验。

【“阳光里”养老综合街区建设】 2021年，月湖街道选址白果巷2号，打造集“医养护、文教娱、住食行”于一体的“阳光里”养老综合街区。街区包含街道综合文化站、社会组织服务中心、区域性居家养老服务中心，街巷两边有区老年大学、区智慧党建中心、筑香书院等街区优质资源。其中，居家养老服务中心于4月底投用，由广安养怡院专业养老服务团队负责运营，为全托或有临时入托需求的老年人提供个性化托养服务。中心与社会工作站、社会组织服务中心结合，打造以老助老的“布谷小站”，并打造老年健康评估体验区，为老年人定制个性化康复训练服务。

【月湖街道防范电信网络诈骗宣传活动】 2021年，月湖街道进一步推进防范电信网络诈骗宣传工作，通过形式多样、内容丰富的反电信网络诈骗宣传，辖区居民防范电信诈骗的意识和能力有明显提升。在街道、社区的LED屏循环播放反电信诈骗警示语，在宣传栏、公告栏等位置张贴“反电信诈骗”宣传海报，引导干部群众下载安装“国家反诈中心App”。组织社区网格员、联居干部深入各社区、辖区学校、企业等重点区域，开展“扫楼入户”式反诈宣传。通过“云课堂”真实案例讲解、“零距离”防范讲演等方式，提高学生、企业财会人员、老年人等重点群体的防范电信诈骗知晓率。联合月湖派出所、宁波银行，组织工作人员走进重点场所开展反诈宣传，重点讲解发案率较高的“杀猪盘”“荐股”“网络贷款”等诈骗案例、诈骗手法、防范方法，提升居民的“识骗防骗”能力。

（逯林威）

月湖街道多措并举开展防范电信网络诈骗宣传，图为7月宣传活动

西门街道

【概况】 西门街道地处海曙区东北部，东沿北斗河、北郊路，南起西塘河，西至萧甬铁路与望春街道毗邻，北以慈江河为界，与江北区接壤。辖区面积3.50平方千米。2021年，下辖13个社区，有户籍人口4.95万余人，实际居住人口4.30万人。

2021年，实现地区生产总值39.60亿元，比上年同期增速6.2%。全年财政总收入32998万元，增长21.6%；一般公共预算收入16238万元，增长16.9%。引进企业198家，大市外实到资金5.5亿元，"浙商回归"资金3亿元，100%完成全年任务指标；外资实际到位21万美元，5个重大招商项目完成落户。规模以上工业增加值增长36.8%，高新技术产业增加值增长35.9%。固定资产投资增长65.6%，其中建安投资同比增速151.5%。营利性服务业营业收入24.11亿元，增长27.8%，拉动全区增幅3.8个百分点。限额以上商品销售额172.06亿元，增长21.9%；限额以上社会消费品零售额32.85亿元，住宿餐营业营业额2.1亿元。进出口总额44.37亿元。主动对接省级引才计划、"甬江引才"工程等重大人才计划5名，引进各类人才285人；完成专利申报401项。

加快老旧小区改造进度，加装老小区电梯6部；启动城市广场、汪弄小区、高塘片区（包括人丰小区、望京人文、白鹭园、东方花园、高塘公寓、新高路47弄、高塘人家、高塘怡景苑）和胜丰片区（包括胜丰小区、中山雅园、文化路零星）等13个老旧小区改造项目，共涉及建筑面积76.53万平方米，居民8569户，改造资金约2.06亿元。全域推进垃圾分类，完成胜丰东苑、望京人文等13个小区的大件垃圾堆放点改造，在中山雅园、金亿文园等9个小区落地安装12个智能垃圾柜。深化五水共治和生态环境整治，推进人丰小区、高塘怡景苑等6个小区雨污分流改造，严格落实三级河长常态化巡查机制，加强护河志愿者队伍建设，开展黑臭水体整治专项行动，完成新芝河、卖鱼河、胜丰河等3条街道级河湖"一河（湖）一策"实施方案（2021—2023）。共创建"绿色社区"6个、"节水型小区"1个、"低（零）碳社区"1个。

打造"翠柏里"公益集结地，推进"慈孝文化""民族汪弄""善行翠南""爱心翠中""书香龙柏""校地共建号"等品牌社区建设。在望京人文、东方花园、高塘公寓、新高路47弄、中山雅园、后河小区等7个小区建立"邻舍家"小区自治站，并将小区自治站建设纳入老小区项目。成立街道社会组织"文艺西门"志愿者总队，开展"福送西门 福满西门""书画进百姓家""印象最美西门人"志愿服务活动。

完成公共租赁住房新增160户，完成公共租赁住房补贴新增249户。工作推进"防疫关爱行——关爱重点独居老人"项目，走访辖区内的90位独居老人。核发高龄津贴4万人次，220万余元；慰问民政帮扶228户，慰问金（品）34.40万元；临时救助68户91人次，救助金34.75万元；慈善临时扶助57人次，扶助金7.39万元；开展慈善公益项目3个，扶持金额30.90万元。排摸辖区困难残疾人的服务需求和辅具器具需求，核查持有燃油车的残疾人，并发放燃油补贴。

建设并启动街道"两新"组织党群服务中心，指导5家"两新"组织完成换届。围绕"锋领小网格、西门大治理"总目标，全域激活社区党建资源和治理资源，打造党建引领社区治理"活地图"。建立覆盖84个综治网格，由3708名各领域党员组成的功能型党支部。以深化"一支一品""党员回家"为主题，基层各支部共领办100个推进治理、促进发展的特色项目，设置锋领网格志愿岗159个，党员认岗率达90%。

2021年西门街道各社区基本情况一览表

表37

社区	面积（平方千米）	户数（户）	户籍人口数（人）
北郊社区	0.32	1563	3978
龙柏社区	0.06	698	1897
翠中社区	0.08	1189	2735
钱东社区	0.06	1180	2685
胜丰社区	0.35	2122	5425
文化社区	0.21	1480	4006
翠南社区	0.07	752	1664
汪弄社区	0.35	4466	12834
新芝社区	0.34	1793	4157
永丰社区	0.12	1141	2800
柳庄社区	0.07	1225	2823
芝红社区	0.03	786	1601
新高社区	0.09	1298	2862

注：表格中数据为调查数

西门街道"翠柏里公益集结地"

【"翠柏里公益集结地"建成】 2021年3月25日，西门街道"翠柏里公益集结地"建设完成。集结地将大润发公益广场作为志愿服务开展的主要阵地，沿着翠柏路主线，将沿线社区、共建单位内的300余支志愿者团队全部整合，以点带面扩大公益辐射面。集结地以党建为引领，双向大同群团组织与社会组织之间的志愿资源。自建成以来，重点为社区困难、残疾人、独居、空巢等群体提供义务或低价服务。

【应玉英连续爱心捐款24年】 2021年西门街道"慈善一日捐"活动上，文化社区80岁居民应玉英再次捐出1000元善款用于社会公益事业，这是从1998年开始，应玉英坚持奉献爱心的第24年。应玉英退休前是一名普通工人，平时生活十分节俭，在每年的"慈善一日捐"时，捐款1000元用于有需要的人。在日常生活中，她一直践行慈善助人的理念，如为患白血病的社区绿化工人送上善款，为一名大学生的父亲捐助医疗费。2013年，签署遗体捐赠协议，决定捐赠眼角膜。

【西门街道庆祝中国共产党成立100周年红色书画展】 2021年6月2日，西门街道联合宁波第三干休所，举办"丹青书盛世 翰墨颂党恩"庆祝中国共产党成立100周年红色书画展活动，展出作品近100幅。展出的画作大部分为"锋领网格"中认领文化宣教岗的党员创作，力求通过文化力量，激励广大党员群众投身区域发展建设。

【西门街道扶贫帮困系列主题活动】 2021年10月21日，西门街道文化社区举办"甬捐·我把温暖传递给你——海曙区新时代文明实践"扶贫帮困系列主题活动，众多居民通过捐衣服、生活用品的方式，为四川凉山彝族自治州的学生送去冬衣。据了解，文化社区党委书记叶枝珠在10月初从81890求助服务中心得知凉山州的部分地区每年冬天来得特别早，当地学生普遍缺乏御寒衣物，为此发出倡议，动员居民开展义务捐赠。居民获悉后第一时间响应。此次活动募集到爱心衣物共计2000余件，通过81890志愿公益团队，跨越2000余千米，直达当地公益组织。

【汪弄小区改造项目竣工】 2021年12月30日，海曙区汪弄小区改造项目竣工。小区是2021年度全区启动最早、单体量最大的老旧小区改造项目，于6月17日启动。工程总投资超过1亿元，改造建筑面积约33.8万平方米，涉及137幢楼宇，户数4467户。针对小区存在居住成员结构较为复杂、学区房矛盾突出等问题，西门街道提前研判、制定方案、收集意见，制定长效管理的全链条闭环，重点将居民全生命周期管理理念应用到老旧小区改造中，减少群众顾虑。同时，针对小区多民族聚集特点，改造过程中突出民族融合特色。

（周　秉）

江厦街道

【概况】 江厦街道地处宁波最繁华的商贸商务核心区，东濒奉化江，西邻解放南路，南至兴宁桥西，北靠中山东路，区域面积1.43平方千米。2021年，下辖4个社区和天一、城隍庙2个商圈，常住人口逾1.63万人。辖区内共有商务楼宇33幢，企业7000余家。

2021年，实现地区生产总值97.73亿元，创历史新高。财政总收入9.1亿元，增长3.1%；一般公共预算收入4.27亿元，增长24.3%；限额以上商品销售额296.41亿元，限额以上社会消费品零售额71.90亿元。引进企业163家，注册资金共计14.66亿元。

宁波市中医药特色街区一期屠呦呦旧居、县学街路面项目改造完成，东渡路高品质步行街区完成既定施工任务，浦发银行办公大楼提质增效项目竣工验收。总投入资金逾1亿元，实施新街、双梁等老旧小区改造工程，惠及居民2500余户。完成文明典范城市创建国测10个点位、省测8个点位迎检任务，综合行政执法局江厦中队获评省文明规范公正基层队所。

完成"乐为医养"、大革命时期中共宁波地委旧址周边提升工程等9项街道级民生实事项目建设，涉及资金9343.6万元。挂牌成立居民自治服务站5家，连续4年获评市"无偿献血爱心街道"。

开展建党100周年系列活动，"锋领网格"红色治理经验做法被浙江党史学习教育网刊用，"小哥红色朋友圈"联盟获中央与省、市各级媒体报道。天一商圈团委获评"全国五四红旗团委"、省级成绩突出团委称号，天一商圈党建示范区系全市唯一入选长三角"三省一市"共建共育共享党建资源清单，天一商圈党群服务中心获评省级党员教育培训基地、省级数字赋能示范党群服务中心，城隍庙商业社区获评省级"巾帼文明岗"，大革命时期中共宁波地委旧址纪念馆入选省"红色根脉打卡地"。

2021年江厦街道各社区基本情况一览表

表38

社区	面积(平方千米)	户数(户)	居住人口数(人)
郡庙社区	0.2	1421	3566
天封社区	0.28	2005	4230
莲桥社区	0.26	674	1685
新街社区	0.56	4774	6877

注:表格中数据为调查数

【江厦街道新增2家省级“节水型小区”】 2021年2月,浙江省级“节水型单位”和“节水型小区”名单公布,江厦街道莲桥第、新大世界2个小区入选。统计数据显示,莲桥第、新大世界小区人均月用水量分别为2.92吨和3.3吨,远远低于省节水型小区4.8吨的标准。近年来,莲桥第小区专门设立水电便民维修部,基本杜绝落水管损坏、渗水以及违章私自接用水等跑冒滴漏现象,用水器具漏水率仅为0.83%,远低于全区平均水平。新大世界小区制定《节水管理岗位职责》《维修节水部职责》《保洁用水岗位职责》等节水制度,实现全小区节水器具普及率达100%。

【灵桥广场安全隐患整治】 2021年6月,江厦街道针对灵桥广场历史遗留隐患多、情况复杂、整改难度大等问题,投入800余万元,分批分步开展安全隐患专项整治行动。妥善完成沿线违章建筑拆除以及墙面空鼓、面砖脱落、空调架锈蚀松动等隐患处置,改造面积达17.30万平方米,通过国家施工验收一次性合格标准。整改完成消防设施老旧、损坏、缺失等问题,对主要通行电梯安装电瓶车阻拦装置。督促灵桥物业抓好员工安全培训,联合社区、物业开展楼宇消防应急安全演练活动,参与人员达100余人次。

【莲桥第国艺特色街区建设】 2021年7月1日,莲桥第国艺特色街区对外试营业,在新浪微博引发超180万人次的阅读关注。为进一步助力“千年甬城”核心区建设,江厦街道以非遗文化保护和利用为契机,围绕屠呦呦旧居、孙传哲故居、莲亭、亲园等名人名宅整体改造,持续推进莲桥街历史文化街区改造提升。该街区最大限度地保留明清江南古建筑院落形制和风貌的基础上,对亭台园林进行还原,以“新概念国艺+漫时光文旅”为主题,涵盖国医文创、咖茶酒吧、特色餐饮、城市民宿等商业功能,引入解忧坊、悟境艺术等7个国学艺术和国风潮牌工作室,打造青年城市人文地标打卡点。同时,结合中医药特色街区建设,设立集合高端药材、药膳理疗、大师坐诊等业态的国医堂中医药专区,探索提升新零售形态下中医药文化功能品质。

6月,江厦街道分批分步开展安全隐患专项整治行动

【中国远洋海运集团区域性总部落户江厦街道】 2021年8月,世界500强企业中国远洋海运集团下属区域性总部企业——宁波中远海运船务代理有限公司完成工商迁移和税务登记,正式入驻江厦街道。宁波中远海运船务代理有限公司是一家专业从事物流服务、船货代理、仓储、物流供应链服务的企业,股东方为中远海运集团与宁波舟山港股份有限公司,下设办事处3个。经初步测算,公司预计年营业收入可达2亿元以上,并将以年均25%以上的速度增长,预计年税收300万元。

【区综合行政执法江厦中队执法项目获省级荣誉】 2021年11月,海曙区综合行政执法江厦中队凭借“PDA执法升级版”入选浙江省综合行政执法基层队所33个“最佳实践”名单。PDA(Personal Digital Assistant),即掌上电脑,是依托智慧化执法信息系统开发的手持移动终端,不仅便于随身携带,还集信息采集、文书生成、罚款缴纳等多个功能模块于一体。作为全市PDA掌上执法平台试点,江厦中队探索“一站式”智慧执法新模式,通过现场采集上传违法情况、执法地址、当事人信息等数据,即时机打调查通知单、责令改正通知单,建立健全执法巡查数据库,实现“马路办公、现场办公”。2021年,累计办理一般程序375起,简易程序625起,完成机动车违停抄告6297起。

江厦街道新增6家“甬爱e家”服务驿站

【江厦街道特色街区建设】2021年，江厦街道两大特色街区建设项目——宁波市中医药特色街区一期与东渡路高品质步行街区均按期稳步推进。宁波市中医药特色街区内的宁波府城隍庙、屠呦呦旧居陈列馆对外开放，县学街路面改造项目完成施工任务，甬安里项目初步形成药行街文创、同仁堂、童涵春堂、胡庆余堂等中医药创新新零售业态布局，并计划打造成具有国际水准、中医药传统复兴、市场繁荣的中医药特色街区。东渡路高品质步行街区项目涉及面积约10万平方米，全年完成中山东路—咸塘街北片区施工任务，项目改造中以现代手法重塑东渡门、天妃宫、波斯巷等宁波海上丝绸之路的重要地理标识，街区计划打造为彰显历史底蕴、富有繁华气息的现代化商业步行街区。

【江厦街道垃圾分类提标提质行动】2021年，江厦街道以老旧小区垃圾分类提标提质为目标，15个住宅小区及商住楼宇全部完成市级达标小区创建，其中，省市级高标准垃圾分类小区达13个。针对老旧小区出租户众多、物业管理缺失、设施不完善等情况，对34个垃圾投放点位全部完成摄像头、电子眼安装，通过城管智慧管理中心、小区智慧监控平台实时投递监控，设定先劝诫后处罚的阶梯式违法处理程序和积分奖励机制，居民正确投放率从60%提升至95%。制定物业管理考核激励办法，明确垃圾分类考核评定占比50%，并与年度考核奖挂钩，对考核优秀物业给予20%的额外补助。街道及社区每月检查，小区“互督互查、互学互评”，每季度进行“红黑榜”排名并公示。

【天一商圈党群服务中心获多项省级荣誉】2021年，天一商圈党群服务中心先后获多项省级荣誉。6月，在长三角城市群党建联建会议暨“迎百年华诞、促一体发展”共建共育共享党建资源发布仪式上，天一商圈党建示范区系全市唯一入选长三角“三省一市”共建共育共享党建资源清单，全省共计12个。6月，省委组织部公布100家省级党员教育培训基地名单与100个浙江省数字赋能、集成服务示范党群服务中心，天一商圈党群服务中心再次入选。8月，共青团浙江省委发布浙江省共青团和青年工作成绩突出集体，天一商圈团委系全区唯一入选。

【江厦街道新增6家“甬爱e家”服务驿站】2021年，天一商圈成立全区首个“小哥驿站”。江厦街道在此基础上，统筹调配辖区资源，排摸位置合适的点位，延伸驿站覆盖区域，至年底，宁波银行、国医堂、小贤家、博士眼镜等辖区6家企事业单位成立“甬爱e家”服务阵地，为广大快递、外卖小哥提供取暖纳凉、阅读喝茶、充电小憩等多种个性化空间。同时驿站也逐步为快递、外卖小哥提供中医理疗、推拿按摩、交友联谊、教育培训、政策咨询等20项定制化服务。

（项若冰）

南门街道

【概况】南门街道地处海曙区中心城区，东临长春路护城河与灵桥路交界，南濒奉化江，西至柳汀立交桥，北至中山西路。辖区面积4.14平方千米。2021年，下辖11个社区，户籍人口4.27万余人，合计常住人口约5.9万人。

2021年，实现地区生产总值61.9亿元，比上年同期增长8.2%。财政总收入4.4亿元，增长34.5%；一般公共预算收入2.2亿元，增长21.6%。实现大市外内资7.8亿元，完成率141.76%；“浙商回归”资金3.33亿元，完成率110.92%；外资188万美元。引进企业303家，注册资金12.15亿元，其中注册资金500万元以上企业64家，注册资金10.25亿元。规模以上企业研发费用2.4亿元，增长34.34%。2人获国家级引才工程重点推荐，3人获省级引才工程推荐。新增市领军人才2人，获“甬江引才”工程重点推荐3人。完成投资8.80亿元，推进宁波工业互联网研究院产业园、宁波轨道交通4号线华润置地、宁波星悦中心等3个区级以上重点项目建设，配合中外运大厦和海曙海关大楼两幢总部大楼项目建设。竹木市场地块（一期）征收项目实现交付和拆除“清零”，并完成安置房现房抽签工作。

19个老旧小区改造项目完成竣工验收，涉及住宅楼298栋、居民11247户、改造面积90.07万平方米。其中，郎官社区被列入省第四批未来社区创建名单。成立星河湾生活大师业主委员会，完成生活新境、世纪锦秋小区业委会换届改选，完成柳西新村、世纪锦秋小区物业选聘，启动文化家园小区物业费提价程序等工作。高标准、常态化推进文明典范城市创建，两周内完成老小区400余个楼道2400余盏楼道灯的安装任务，解决夜间行走不便问题。为1269个楼道定制统一公告栏，解决“楼道乱张贴”顽疾。调整老旧小区物业补贴发放方式，设立物业“红黑榜”，解决物业公司能动性不足问题。对咏归路“菜场一条街”实行每日“两清扫、一水洗”工作制度，确保重点路段整洁无渍、干净无味。全市首个世界银行二期项目全品类智能垃圾箱落地街道，并开启试点运营。

“社情民意月度例会”收集各类问题近30件，办结率95%以上。街道、社区两级人民调解委员会调解各类纠纷共计392件，调处成功率100%。率先推进市级法治化综合改革试点工作，实现矫正对象14年“零再犯”。获评省一级禁毒办、市首批法治建设示范街道等荣誉。

落实各项残疾人帮扶政策，辅具需求适配率达100%。“快乐鸟”残疾人服务中心通过省三星级评定。“助残筑梦”帮扶项目获“2021年度宁波市福彩公益金”5万元资助。为老服务能级提升，20户失能家庭适老化改造项目完成验收。辖区所有母婴室完成提档升级，其中宁波火车站和南塘老街“城市旅游之窗”母婴室达四星级标准。全面排摸托育服务机构8家，设立柳锦社区服务点，指导所有社区完成计生协会换届。

落实各项民生政策，为754人提供就业机会；为6000余人办理失业和灵活就业人员补贴补助；为327人追讨工资，所涉金额860余万元；为30余家企业提供小额担保贷款、社保、场租补贴等，化解融资难等问题。

深入推进党史学习教育，开展“百名干部入网格”和“八个红”系列活动，发布“社会治理十大岗位”，“红色楼道”等系列做法被“学习强国”App、人民网等多家媒体报道。焕新街道社区商圈党群服务中心，承办区“我为群众办实事”党群服务中心服务月活动，“甬爱e家”南塘老街站启用。打造首批区级基层党校规范化建设示范点，宁波站区域党群服务中心获评市AAAAA级等次。培育省“担当作为好支书”、省“千名好支书”、市“兴村治社名师”6人次。深化党员“一人一岗”，促成2000余名在职党员、“银辉”党员“回家”认岗，街道获评省委老干部工作先进集体。

2021年南门街道各社区基本情况一览表

表39

社区	面积（平方千米）	户数（户）	户籍人口数（人）
尹江岸社区	0.21	3101	6921
周江岸社区	0.08	2236	3272
红起社区	0.05	1716	2251
澄浪社区	0.37	2743	3389
朝阳社区	0.09	1586	2382
车站社区	0.03	1479	1902
马园社区	0.25	3978	3967
迎春社区	0.18	1730	3190
郎官社区	0.21	3440	6695
柳锦社区	0.06	1504	3399
万安社区	0.22	2457	5344

注：表格中数据为调查数

【南塘老街获评首批省级“高品质步行街”】 2021年1月，省商务厅等11个部门公布首批浙江省高品质步行街名单，南塘老街获评。该街区始终秉承宁波文化之本，着力打造展现宁波江南水乡城市特征的历史文化特色商业街区。截至评选时，建成面积达84000平方米，入驻企业150余家，高品质街区创建累计投入500余万元。

【南门街道老旧小区微改造获《人民日报》头条关注】 2021年3月23日，《人民日报》社会版以《住房补短板 提升幸福感（会后探落实·办好民生实事）》为题，专题介绍南门街道老旧小区微改造工作。该街道积极利用居民议事会、改造意见箱、小区微信群等平台，先期广泛征求群众意见，分类梳理出卫生死角、占绿停车、休闲场地不足等需求痛点，实现由居民决定改什么、怎么改。资金方面，通过社区自有的公益创投资金、共建单位的认领基金、居民自筹等方式获取。在微改造工程开展期间，居民直接参与主导，由街道与专业的规划部门、企业做好指导服务，为社区微景观项目后期保护和未来规划保驾护航。

【全市首个世界银行二期全品类智能垃圾箱运营试点】 2021年4月，宁波市首个世界银行二期项目全品类智能垃圾箱落地南门街道，开启试点运营。街道升级改造小区原有定点投放垃圾房，用于放置全品类智能柜。为顺利开展该项工作，联合开展入户宣传指导及“全品类投递卡”分发工

4月，宁波市首个世界银行二期项目全品类智能垃圾箱在南门街道运营

作，帮助居民尽快适应新机制。安排垃圾投放监督员，在后台实时接收从智能卡传导出的垃圾投放信息，并通过智能柜摄像头查看、解决垃圾混投问题。

【竹木市场地块（一期）征收项目“清零”】 2021年5月17日，竹木市场地块（一期）征收项目实现“清零”。涉及非住宅土地面积73608平方米，建筑面积33156平方米，经营户447人812摊，出租房323间，住宅77户，建筑面积4672平方米。竹木市场地块项目（一期）项目征收范围东至尹江岸二村（不含）、尹江新苑（不含）、尹江岸小区（不含），南至南塘河，西至尹江塘河，北至王家桥河。

【“我为群众办实事”党群服务中心服务月活动】 2021年6月，海曙区“我为群众办实事”党群服务中心服务月活动暨南塘老街党群服务中心揭牌仪式在南塘老街举行，全区300余家党群服务中心通过提供各具特色的为民服务“清单”，庆祝中国共产党成立100周年。活动现场回顾海曙党建的名片——党员“一人一岗”志愿服务品牌的发展历程，展出一大批扎根基层、默默奉献、表现突出的党员志愿服务品牌工作室和党建联盟的成果，并向5个优秀“一人一岗”党员志愿服务品牌工作室和5个党建联盟授牌。同日，南塘老街党群服务中心成立。会后，参会人员一同到南塘老街“锋领集市”，参与“微心愿”认领活动。

【街道党建工作办公室获评省先进集体】 2021年8月，南门街道党建工作办公室获评浙江省委老干部工作先进集体。近年来，该基层党建办多途径引导辖区的老干部加入社区“银辉”党支部，并选派合适人选，担任支部骨干，建强党支部。动员多名离退休干部党员充分发挥优势，成为辖区“关心关爱下一代”的校外辅导员，引导青少年健康成长。在党史学习教育中，办公室组建由离退休老干部在内的“红色火炬宣讲团”，以生动、真实的案例助力宣教走向深入、更接地气。深化“党建+志愿”模式，设立各领域志愿服务岗113个，集聚近200名“银辉”党员认领岗位。

【创客157创业创新园入选工信部名单】 2021年11月，工信部消费品工业司公示第一批纺织服装创意设计示范园区（平台）名单，全国有9家，博洋集团创客157创业创新园系全省唯二入选榜单的平台。园区场地面积达20000平方米，已入驻纺织服装及相关企业60余家，包括唐狮网络科技有限公司、宁波德玛纳服饰有限公司、宁波博洋华尔思丹科技有限公司等6家规模以上企业。园区通过品牌裂变、技术升级，孵化宁波德玛纳瑞品服饰有限公司、宁波果壳电子商务有限公司、宁波合圣世纪商贸有限公司等9个服装品牌，品牌零售额均已过亿元。2021年“双十一”期间，“唐狮”线上全网销售额突破3.35亿元，“果壳”在天猫的成交额突破8000万元，博洋家纺天猫旗舰店销售额突破2亿元。

【南门街道禁毒办获评省一级】 2021年12月，浙江省禁毒委员会办公室发布《2021年度浙江省一级乡镇（街道）禁毒办名单》，全省共20个，南门街道入围。街道建立健全基层禁毒工作体系，不断提升禁毒工作能力水平，制定“一人一案”帮教方案，挽救帮教涉毒人员。与浙江省拱宸强制隔离戒毒所对接开启“远程视频连线”帮扶活动，不断增强戒毒人员戒治信心。

（吴　凡）

鼓楼街道

【概况】 鼓楼街道东临三江口，西至望京路，南接中山东路，北濒余姚江，区域面积1.60平方千米。2021年，下辖5个社区和1个商圈服务中心，户籍人口2.11万人，常住人口1.73万人。

2021年，实现地区生产总值76.53亿元。财政总收入6.10亿元，比上年同期增长25.9%。社会消费品零售总额31.11亿，增长46.4%；实到大市外资金5.67亿元，“浙商回归”资金4.79亿元，分别完成全年任务的103.1%和159.7%。引进企业494家，包括2家“高精尖”企业和12家“小而美”企业，注册资金5000万元以上企业7家，其中，宁波甬欣韦豪半导体、宁波铁路投资两家市级国资企业总规模分别达100亿元和50亿元。推动上海正策、浙江六合两家知名律师事务所落户，区属10人以上律所占比44%。12家企业申报“甬江引才工程”。坚持疫情防控与经济发展“两手抓”，扩大增量和巩固存量“两手硬”，深入推进“三精准、三到位”服务活动和“联楼联企”专项行动，坚持“周走访、月深访、季回访”闭环链条服务各类企业，并重点做好高端楼宇和纳税大户常态化服务，突出解决异地经营企业个性化需求，力争优质企业不仅“招得来”，更要“留得住、成长快”。

在全国文明典范城市创建过程中，集中综合整治“空中飞线”3230米，实施秀水街、永寿街两大历史文化街区环境整治工程，总面积达13.47万平方米，破除中心农贸市场内部及周边多处沉疴顽疾。望京门遗址公园建成投用，明州罗城环线精品线路打造完成，和义大道特色街区完成有机更新。香榭丽舍小区创建省级高标准垃圾分类示范小区。累计完成永寿小区等6个老小区物业提质提价，面向无物业小区新筹建业委会3个，新引入物业管理4个。街道通过省级“污水零直排区”创建验收，获评省“五水共治”考核优秀街道、市级城市精细化管理先进集体以及市级“最美河长”称号，均系全区唯一。

将中山社区打造为宁波市首批“15分钟便民服务圈”。完成文昌、孝闻2个社区防台防汛基层示范点创建。结合老旧小区硬件改造，启动小区自治服务站建设，完成永寿街33号叶宅修缮工程，进一步拓展社区治理领域。对标区域整体智治，全面完成街道社会组织党群服务中心、社会组织服务中心及社会工作站改造提升，推动政府服务提质升级。累计办理社保、就业创业、医保、计生等民生事项4094件，满意率达100%；受理劳动争议调解案件32起，结案率达100%；为劳动者追讨欠薪、社会保险、经济补偿等涉及金额27.22万元。

常态化开展扫黑除恶行动，全域推动“平安三率”和电信网络反诈宣传。率先启动“无诈社区”创建，集中开展“排楼扫黑”专项行动，实现商务楼宇不良企业“清零”。深化鼓楼“平安联盟”建设，逐步构筑“共建共治共享”社会善治新格局。社会治理中心提档升级，深化街道、社区调解机制和“夏蓉菁调解工作室”建设，全年累计调解矛盾纠纷114起，调解成功率达92%。深入开展重点领域安全生产大排查大整治行动、重点区域消防安全隐患清零行动等，累计排除消除隐患800个。

2021年鼓楼街道各社区基本情况一览表

表40

社区	面积（平方千米）	户籍人口数（人）
中山社区	0.35	3303
秀水社区	0.22	4769
苍水社区	0.42	2744
文昌社区	0.12	6192
孝闻社区	0.23	4055

注：表格中数据为调查数

全域开展庆祝中国共产党成立百年活动，始终突出“保护+使用”“深耕+拓展”两个重点。活用“老墙门”，将张苍水故居等辖区各类文保点串点连线，打造3条“红色教育”精品路线，吸引市、区各级单位开展党史学习教育30余场次。海曙“党章学堂”完成扩建并投用，推出“鼓楼先锋说”“鼓楼新说”等党史宣讲特色品牌，开展“学党章、学党史、践承诺、建新功”为主题的“党员启新”系列活动，相关做法受到省委巡回指导组调研肯定。建强“锋领鼓楼”基层堡垒，构建以区域“红色联盟”“先锋益企”两新联盟、“一核五员”治理联盟为核心的红盟矩阵，深入开展“百件实事·一线攻坚”行动，累计为群众办实事520余件，开展“锋领集市”等志愿服务50余场。探索物业党建工作，深化“锋领网格”建设，凝聚红色力量在老旧小区改造、基层治理中发挥实效。

【鼓楼街道老旧小区改造】 2021年，鼓楼街道继续推进老旧小区改造工程，包含文昌花园、孝闻花园、西河小区、白衣小区4个2000年前建成的小区及周边零星建筑，总建筑面积约24万平方米，涉及住户2170户，总投资额约8069.13万元。改造期间，街道充分考虑老小区中老年居民占比高、基础设施陈旧缺失、适老设施不完善等问题，实行“党建引领、居民自治、全面撒网”的工作方式，进一步压实各方责任，从完善基础设施和“适老宜居”两方面提升居民对改造的满意度。在4个小区加装7部电梯；扩大地面缓坡等无障碍设施的覆盖面；增加小区各类公共场所的绿化面积；按照“人车分流”模式改造进出通道；加装电动汽车充电桩，在每个车库预埋充电桩线路等。截至年底，基本完成老旧小区改造，其中，文昌花园改造经验在全国经验交流会上作为全省唯一代表发言。

【鼓楼街道“空中飞线”专项整治】 2021年，鼓楼街道完成16条街巷“空中飞线”的专项治理，综合整治线缆

10月27日，鼓楼街道专项整治“空中飞线”

长度3230米。各社区、综合行政执法中队、相关运营商等在治理前期，合力开展3轮摸底排查，梳理问题点位87个。治理期间，按照“去除废线，归并散线，檐下走线合理入地，管线成景”的标准，清除废弃不用、私拉乱接、低垂松垮线缆68处，归并整理电线和光纤19处。为避免出现前清后乱、边清边乱的现象，街道联合相关运营商，建立“飞线确权”责任制，一经发现“空中飞线”，确权后告知相应运营商处理，无人认领的则由电信部门实施代整治。在此基础上，建立健全不定期检查、“跟进式”督办机制，以常态治理的高压态势，实现线路“不敢乱拉、不能乱拉”。

【宁波甬欣韦豪半导体产业基金公司落户鼓楼】 2021年，宁波甬欣韦豪半导体产业基金公司落户鼓楼街道，成为街道引进的第九家市级国资企业。该产业基金公司由市经信局、国资委牵头，宁波通商集团和北仑区、镇海区、余姚市政府等共同出资组建，主要投资于半导体设计、晶圆制造等泛半导体产业领域，总规模100亿元（其中韦尔股份或其关联方认缴出资20亿元，宁波市国资国企改革发展母基金、北仑区、镇海区、余姚市共同代表宁波国资方认缴出资80亿元）。该基金充分依托韦尔股份的产业生态资源和宁波国资的资本优势，聚焦于泛半导体产业先进技术、工艺、产品领域，在半导体设计、制造、封测、材料等产业环节组建或导入相关企业，完善产业链，致力于做大做强宁波半导体产业。

【鼓楼街道河道治理】 2021年，鼓楼街道获评全省“五水共治”工作考核优秀乡镇（街道），系全区唯一。街道涉姚江、奉化江两条河段，辖区河流全长2.3千米。为推进河道治理，街道以全面提升水环境质量为目标，通过截污纳管、雨污分流、排污整治等手段，聚力创建“污水零直排区”。在治理期间，注重向居民宣传“守河有责、守河尽责”的理念，广泛动员1300余位辖区居民、机关干部、离退休职工等共同加入公众护水“绿水币”平台，参与平台“随手记”“随手拍”“随手捡”等活动。

（陈依依）

白云街道

【概况】 白云街道位于宁波市中心城区，东接萧甬铁路，南至苍松路、气象路，西临后龙尾河、前河，北沿西塘河与望春街道相望。辖区面积约4.40平方千米。2021年，下辖13个社区，总人口约7.20万人，其中户籍人口数5.17万余人。

2021年，实现地区生产总值40.6亿元，比上年同期增长7.3%。实现财政收入3.9亿元，增长5.7%；超额完成固定资产投资年度目标，其中建安投资4.61亿元，增幅达96.6%。77家限额以上商贸企业完成销售额81.94亿元，增幅17.9%；完成限额以上社会消费品零售总额14.68亿元，增幅16.2%；10家规模以上其他营利性服务业企业完成营业收入5.40亿元，增长36.5%。累计引进企业642家，注册资金总额23.15亿元，完成大市外内资实到资金3.7亿元、“浙商回归”实到资金3.7亿元。

发挥产业园区集聚效应，累计打造高层次人才项目13个，洽谈引进微控轧焊接项目研发团队。助力宁波一珩科技有限公司引入省先进制造技术重点实验科研团队。协助宁波天河水生态科技股份有限公司引入日本东京大学环境地球化学与放射化学博士高桥嘉夫，并进入国家级引才工程重点推荐名单。帮助浙江蓝清市政建设集团有限公司引入宁波诺丁汉大学新材料研究院史楷岐教授团队。完成有效规模以上研发投入2347.90万元，超额完成年度目标，增速全区第一。

完成联安小区、中信白云小区等老旧小区改造项目的收尾工作。印制并发放“既有住宅加装电梯指南”一万余份，全年共加装电梯16部，白云街道电梯加装工作被《浙江共产党员》杂志全刊报道。落实河长巡河制度，督促区、街道两级河长每月按时履职，完成10条街道级河道的“一河一策”等实施方案的编制，解决已改造小区的地下管网破渗等问题。选取合理位置，试点安装垃圾分类智能投放柜，同时强化问责执法，对辖区内物业小区开展垃圾分类检查。

根据政策导向及居民实际需要，采取“公益+商业”运营模式，在丽雅社区试点运行普惠性托育中心，为居民提供免费或低偿的婴幼儿托育服务。完成市级城乡社区治理和服务创新试点项目验收，推广安丰社区、丽雅社区分类集群治理模式。持续深化社区自治，结合老旧小区改造，确定28个小区自治站建设点。推进社工站建设，开展培训学习60余次，接待参观学习700余人次。组织开展“给我一片蓝天”新宁波人融入项目、“周末暖巢红”为老服务项目500余次，服务居民300余人次。做好智能养老App开发，引导和扶持养老微机构发展，申报

9月，白云街道导师带徒活动继续开展，培养年轻后备干部

春悦社区A级居家养老服务中心建设，在安丰社区开设老年食堂，提供堂食和送餐服务，促进社区居家养老服务中心功能升级迭代。联合宁波广电集团，以牡丹社区沁水丽庭小区为试点，建设“社区大脑”项目，入围全市首批“智慧社区”试点名单。推进“家门口”政务服务网建设，做好丽雅社区全市首个社区级政务服务2.0试点工作，通过网上办、“掌上办”等云端办事模式，提供“自助为主、帮办为辅、窗口兜底”服务，实现人社、医保、民政等4个部门事项的全省通办。

建立安全生产和消防安全委员会“1+X”机制，设立城市管理、社会事业、商贸等6个专委会，协调推进各领域安全工作。深化安全生产“红、黄、蓝、绿”四色分类管理机制，加强消防、食品加工、特种设备等重点行业领域的安全监管，开展燃气安全、电动车经营场所、“三合一”场所排查等各类检查。

试点先行、全域推行“锋领网格”建设，党员认岗率100%。彩虹大药房党支部连续3年获评宁波市“五星级基层党组织”。安丰社区党委获评省级“先进基层党组织”、牡丹社区党委获评市级“先进基层党组织”、南雅社区党委书记董玲红获评市级“优秀党务工作者”、安丰社区党委书记陈赛花获评“宁波市十大强基先锋”。持续强化政治监督，开展新一届联络站成员任职培训，聘任社区监察信息员156人，通过现场观摩、交叉检查、驻站指导等方式提升社区监察工作联络站履职能力，各站点开展各项监督检查120余次。设置清廉文化墙，协助推进“清廉机关”建设。

2021年白云街道各社区基本情况一览表

表41

社区	面积（平方千米）	户数（户）	户籍人口数（人）
联南社区	0.15	2356	3486
联北社区	0.11	2472	5304
云丰社区	0.27	2854	5894
安丰社区	0.39	3174	4461
白云庄社区	0.54	2669	3794
云乐社区	0.69	3106	5517
牡丹社区	0.71	4141	4645
安泰社区	0.13	1842	4286
宝善社区	0.54	2822	6238
南雅社区	0.08	1308	1891
丽雅社区	0.25	3727	2450
春悦社区	0.16	2001	952
曙悦社区	0.16	3151	2773

注：表格中数据为调查数

【各地党政代表团到安丰社区考察调研】 2021年2月25日，浙江省政协副主席、党组副书记孙景淼率考察组一行人来到白云街道安丰社区，就政治协商向基层延伸情况进行调研。考察组一行视察玫瑰苑和丰馨苑小区，参观玫瑰苑的加装电梯、星光步道，邻里客厅以及丰馨苑内的安丰社区党群服务中心。随后，召开“开放空间——海曙基层民主协商新模式”座谈会，观看海曙区“开放空间”宣传片，听取宁波市政协、海曙区政协的汇报，并与安丰社区党委书记、居委会主任陈赛花座谈交流。孙景淼对宁波市推进政治协商向基层延伸的经验做法给予肯定，并鼓励该项工作不断完善，总结经验，力争取得更大实效。

5月10日，海南省儋州市政协一行到丰社区考察调研公共法律服务体系及基层协商民主建设情况。包括考察安丰社区社会组织服务中心，观看海曙区“开放空间”视频以及了解“基层协商民主建设”相关工作。

5月17日，湖北省襄阳市襄城区委来安丰社区调研基层治理工作。考察组参观安丰社区党群服务中心，了解、学习安丰社区的工作开展情况。

11月11日，共青团浙江省委一行到安丰社区调研共青团工作，在安丰社区党委副书记沈琼静的陪同和讲解下，了解社区基本设施建设、社区服务体系建设、社区工作人员配置等情况。近年来，该社区在服务社区青少年成长工作中推出多种创新手段，获得社会认可，如开设亲子课堂、国学讲堂，在童乐苑引进“社会创想家”，链接科技金融时报、小记者报以及电视台、“宁聚”App等多媒体平台，特别是在“双减”工作中，成效明显。

【“社区大脑”项目试运行】 2021年3月，海曙区“社区大脑”项目在白云街道沁水丽庭小区试运行。“社区大脑”作为海曙区打造基层平安“智治”新样板的探索项目，将社区管理、安防、宣传、服务等功能进行数字化融合运作，能够实现小区安全的信息化、智能化管理。一方面，该小区做好“社区大脑”基础性建设工作，先行对社区安防、道路监控、门禁、充电桩、路灯杆、水电气等公共关键部位进行智能化改造，并安装多个探头，涵盖人脸识别、红外消防、消防占道、高空抛物等多种内容，依托物联感知设备，做到“人过留影卡过留痕”。另一方面，开发集20余个功能于一体的App和微信小程序，并在后台录入居民信息，可进行高空抛物追溯、异常现象监测，直接实现小区安全事件告警，保障居民生活的安全性。

【白云街道“名师带徒”推进社区工作】 2021年3月，白云街道“云雁领航·名师带徒”项目首期教学活动举行，安丰社区党委书记陈赛花、南雅社区党委书记董玲红、白云庄社区党委书记叶人君3名资历深、经验足的社区书记，与16名签约的社区青年干部围绕“社工如何提升三能”主题展开讨论和交流。该活动通过社区管理的新老“传、帮、带”，推动社区工作队伍梯次发展，提升社区综合服务能力和水平。该次活动中推出“送你一朵小红花”奖励机制，根据学员参与学习活动的次数、“导师打分、学员互评”、条线工作相关荣誉的获得情况等，对青年社工进行评分。

【湖北省民政厅参观考察白云街道社工站】 2021年5月21日，湖北省民政厅及湖北省部分地级市民政局局长组成的综合考察团来到白云街道参观考察社工站，社工站站长吴晓春从场地保障、人员配置、项目设置、资源链接等方面介绍站点建设和运行情况。考察组实地参观街道社会组织服务中心、社区便民服务中心及交流中心，认为白云街道在夯实网格党建、发动多元参与、发挥站点作用，促进基层治理等方面的做法值得借鉴学习，表示将结合湖北社工站建设工作的实际，取长补短，创新工作方法，提升人民满意度。

【共享单车“共管共治”模式】 2021年8月始，海曙区在白云街道安丰社区试点开展共享单车“共管共治”试点，首批聘请5名单车代管员。根据合同约定，哈啰单车运营方与街道聘请的“代管员”于每日7:30—18:00在辖区菜市场等重点地段来回巡检，为社会车辆停放提供空间，并且引导市民规范停放非机动车，对乱停乱放的部分非机动车进行规范整摆等，并及时处理区域内突发案件。同时，运营方安排2名司机，负责对辖区内的违停共享单车清理。这一“共治”模式有效缓解白云综合行政执法网格员的压力，让其有更多的精力投入市容秩序管理的各项工作中，对优化城市市容环境、促进城市精细化管理起到重要推动作用。

（王佳妮）

望春街道

【概况】 望春街道位于海曙区东北部，东沿铁路和江北区相邻；北枕姚江；南以西塘河为界，与白云街道相依；西与高桥镇接壤，区域面积7.88平方千米。2021年，下辖14个社区和11个股份经济合作社，常住人口9万余人，户籍人口数5.97万人。

精准纾解企业难题。打好企业降本减负组合拳，推行惠企政策“直通车”、小微企业资产授托融资等举措，上门走访辅导企业62家，服务企业200余次，化解企业各类问题700余个；发放企业“小升规”专项补助、现代商贸业、科技等产业政策各类补助资金4817万元，惠及企业270家、个人20人，用高效服务留住企业。

2021年，实现地区生产总值60.62亿元，比上年同期增长22.9%，增速位居全区镇（乡）街道首位。规模以上工业增加值7678万元，增长6.7%；服务业增加值37.80亿元，比上年同期增长30.9%；一般公共预算收入3.28亿元，增长47.90%；固定资产投资31.91亿元，增长51.9%；限额以上商品销售额98.07亿元，增长48.8%；限额以上社会消费品零售额13.33亿元，增长35.1%。引进华禹能源、禄伟贸易等优质企业520家；大市外实到资金19.26亿元，完成年度目标任务的641.9%；“浙商回归”实到资金18.65亿元，完成年度目标任务的339.2%，连续三年摘得区招商选资工作先进单位金奖。推进五江口、新星商业中心1号、长乐东（原肉禽蛋市场）等地块施工，其中，五江口项目全年完成投资21.48亿元。首建社区人才服务点，建立专业技术人才信息库，构建招才引智与招商引资“双轨”推进机制，多维度打造良好创新创业环境。浙江蓝卓工业互联网信息技术有限公司1名专家成为国家级人才培养工程入选专家，系全区唯一。工业互联网研究院、上交大宁波人工智能研究院7人获国家级、

4月26日，望春街道举办党校讲师聘用仪式暨“悟新知·忆初心”党史党务知识大赛

省级、市级引才工程重点推荐。

推进老旧小区提升改造项目，坚持提前布局、有序实施、建管并重，完成清林闲庭等7个小区67万余平方米的改造任务，共投入资金1.13亿元，惠及居民5500余户。聚焦跨门营业、农贸市场等治理难题，建立“对标对点”作战图；实施点位长责任制，累计开展清洁家园志愿活动16次，发动1600人次，整改问题1200个，破解文明顽疾36个。以先进模范引领新风尚，推荐道德模范12人。持续加强物居业有机协同，推进“党建+物居业+社区社会组织+综合执法保障+部门专业政策指导”体系建设，严格落实物业项目服务质量综合评测，住宅小区项目业委会覆盖率达93%。全域推进“污水零直排区”创建工作，水岸心境雨污分流改造工程实现“零投诉”；以“三项机制”撬动垃圾分类工作，创建垃圾分类省级示范小区6个。

后孙股份经济合作社基本实现平稳退出。推动反电信网络诈骗预防工作，劝阻金额累计达126万元。开展日常安全检查1134次，针对电动车充电安全开展隐患大检查。在抗击“烟花”“灿都”台风中，全体干部24小时值守一线，全力开展抢险救灾、人员劝导、转移安置等工作，累计转移人员3651人，排查解除危险隐患300余个，并在实战中总结经验、补齐短板，全面提升防汛防台能力水平。深入开展普法宣传，健全完善法律顾问制度，接待法律咨询101人次。推进规范性文件和重大事项合法性审查覆盖，完成合法性审查257件，保证涉法事项“应审尽审”；启用8家“共享法庭”，让群众在家门口尽享智慧司法服务。获评“法治宁波”建设先进集体，系全区镇（乡）街道唯一。

稳步推进社区建设，分类治理、集群发展模式运作成熟，小区自治站点建设有序推进；“1+3+N”社会组织发展体系作用彰显，开展青少年情绪训练、残疾人帮扶等10余个特色项目。有序开展社会救助审批权限下放街道试点，临时救助94户167人，发放救助资金35.5万元；重点推进19户困难老人家庭适老化改造，联动广安养怡院，打造老年人“云上服务”数字化平台。10个社区通过全国“示范型”退役军人服务站检查验收。海达建设集团与四川省凉山彝族自治州喜德县光明镇拉克村结对，清风社区结对喜德县光明镇彝欣社区。“最多跑一次”改革全面深化，进入大厅政务服务2.0时代。社区24小时自助服务点投用。

“党建引领分域治理”新模式成效显著，建立115个网格功能性党支部，发动2200余名党员认领“一人一岗”。深化“红旗支部成长营”，结合书记领衔项目，解决老旧小区改造、物居业矛盾等民生问题30余个。扩充街道、社区两级党建联盟，新纳入相关社会组织和机构、企事业单位60个，举办庆祝中国共产党成立100周年、各类党建共建活动共计369场。探索“双入口、双路径、双闭环”的新型数智赋能党建引领社区治理“活地图”模式，聚焦精准化定位、数字化分析、智慧化导航，统计应用党建资源1379个、分析治理风险隐患71个，破解基层治理难点痛点，实现各主题域党组织建设全面提质升级。

探索实施统一战线“同心网格”项目，持续推进清风社区“侨胞之家”阵地建设，获2021年度浙江省“五星级侨胞之家”。新建“灵活就业联合工会”6家工会组织，举办第二届职工劳动技能竞赛，建成恒茂大厦户外职工驿站。成立街道女性社会组织“益·享社”，清风社区获评省级“儿童之家”示范点。

2021年望春街道各社区基本情况一览表

表42

社区	面积（平方千米）	户数（户）	人口数（人）
泰安社区	0.25	1557	4579
天一家园社区	0.5	1791	4771
西成社区	1	1880	4563
徐家漕社区	0.2	1507	3321
春城社区	1	1052	2430
信谊社区	0.38	890	2070
新星社区	0.35	2057	5492
青林湾社区	0.56	2687	8084
后塘河社区	0.55	847	1923
水岸心境社区	0.46	1571	4720
清风社区	0.5	2893	8305
广安社区	1.53	941	2347
广泽社区	0.5	563	1234
五江口社区	1.1	2278	5829

注：表格中数据为调查数

4月20日，望春街道人才服务站暨西成社区服务点正式启动

以“送学、领学、共学、竞学”四式联学为抓手夯实党史学习教育成果，举行党史主题宣讲70余场；在专题实践活动中，入户宣传3.1万余人次、走访企业107家，解决各类问题700余件。强化干部培育，成立“能人”工作室，制定9大类培训活动清单。

清风社区“侨胞之家”创建全国侨联系统优秀“侨胞之家”；望春街道避灾安置中心创建为省级规范化避灾安置中心；望春街道食安办被评为浙江省三星级乡镇（街道）食安办；望春中队被评为浙江省综合行政执法文明规范公正基层队所；望春街道天一家园社区、水岸心境社区、徐家漕社区继续保留浙江省文明单位称号；望春街道清风社区为评为浙江省示范型“儿童之家”、浙江省“星级侨胞之家”；水岸心境社区荣获浙江省规范化避灾安置点称号；青林湾社区荣获浙江省生活垃圾分类高标准示范小区称号；徐家漕社区荣获省级文化示范社区称号。

【天一家园社区物居业“三融合”建设】 2021年，望春街道以天一家园社区业委会换届为契机，通过建立三项保障机制，促进物业、居委会、业委会“三融合”，提升基层群众自治活力。组建一支涵盖法律、传媒、财务管理、城建等多个专业领域，由机关企事业单位党员干部、退休职工等11名业主组成的业委会队伍，每月第1个周日由业委会成员轮流值班，共收集业主问题建议共20条。聚焦老旧小区改造，协助梳理居民改造需求，并进行优先级评估，将居民反映最强烈的改造意愿优先立项。面向物居业三方组织开展专业知识培训2次，对39个住宅小区物业服务进行2轮评分。

【谭彰入选国家级人才培养工程专家】 2021年，浙江蓝卓工业互联网信息技术有限公司总经理兼总工程师、拥有正高级职称的谭彰成为国家级人才培养工程入选专家。谭彰长期从事工业自动化、信息化、智能制造、工业互联网领域的前沿研究和重大技术攻关工作，引导着该领域国产化装备和软件的技术发展方向，在20余年的技术创新和产业经营中，他发挥严谨的科研作风、突出的创新能力和高效的团队管理能力，在专业领域取得了丰硕的成果。先后获省部级科学技术一等奖二次，中国机械工业科学技术奖一等奖一次等，是浙江省软件行业杰出人才，科技部、工信部相关专业领域的专家。同时，谭彰也是2021年度全区唯一一位国家级人才培养工程入选专家。

【清风社区“儿童之家”获评省级示范】 2021年4月，浙江省妇女联合会、省民政厅发布2021年度“浙江省示范型儿童之家”名单，清风社区“儿童之家”入选。该社区聚焦“童梦清风”品牌定位，投入资金200余万元，整合社区公共配套用房1700余平方米，设立阅读室、游戏区、木工坊、心理咨询室等9个功能场所，打造具有社区特色的“儿童之家”。培育“晚间公益故事会”“辣爸辣妈成长营”等16家儿童服务社会组织。实现阅读场所免费开放、晚间公益故事会每日举行、主题活动每周举办，全年累计服务儿童近2000人次。组建“小小创客家”“鸭鸭护河队”等5个儿童队伍，120余名儿童加入，培养主人翁意识。

【望春街道小区内街“契约化”治理】 2021年7月，望春街道以天一家园小区为试点，探索小区内街“契约化”治理模式。与内街商铺签订《居民小区内街市容环境卫生责任约定书》，依托1名区综合行政执法局望春中队网格员、2名物业工作人员组成的“1+2”队伍，建立“物业、队员巡查管理，及时解决问题—立案查处店铺反复违章—店铺受到处罚、整改完毕—日常巡查管理见效显著”的闭环机制，实现小区内街环境问题处置效率提高，环境改善，物业管理更具主动性、规范性。

【后孙股份经济合作社平稳退出】 2021年12月23日，后孙股份经济合作社基本实现平稳退出。该合作社于2020年7月22日经董监事会议决定，启动合作社终止事宜。其间，提交股东代表大会审议通过，征求全体股东意见、制订《宁波市海曙区后孙股份经济合作社终止工作实施方案》，后逐步实施合作社终止清算。成立终止清算组，委托有资质的会计师事务所对本社进行终止审计等工作。至2021年12月24日，办理完结税务事项、银行销户和劳动保险登记等各种注销手续，向区农业农村局备案，收回农村集体组织登记证书，将相关的历史档案资料移交街道保管。

（王　洁）

段塘街道

【概况】 段塘街道位于海曙区东南部，东濒奉化江，南抵杭甬高速与石碶街道相接，西至通达路与古林镇接壤，北同白云、南门街道相连，总面积5.97平方千米。2021年，下辖9个社区，2个股份经济合作社，户籍人口3.50万余人，常住人口6万人。

2021年，实现地区生产总值77.4亿元，比上年同期增长5%；实现工业增加值16.60亿元，增长7.4%；实现财政总收入10.4亿元，增长25.7%。限额以上商品销售额274亿元，增长9.1%。招引企业201家，注册资金51.7亿元，实现宁波大市外内资到位5.5亿元，"浙商回归"实到资金3亿元。引进浙江定阳体育产业发展有限公司、北京万慧达（宁波）律师事务所、中免集团机场免税品店等重点企业。龙湖天玥、保利·江上印及建发·春江悦3个房地产项目开工建设并统计入库；万科·海潮映月、绿城·晓风映月等房地产项目主体施工；鎏金府完成精装修和竣工验收，实现交付。

2021年段塘街道各社区基本情况一览表

表43

社区名称	面积(平方千米)	户数(户)	户籍人口数(人)
华兴社区	0.23	1231	3195
南都社区	0.27	2433	6858
新典社区	0.77	2371	5941
南苑社区	0.23	3501	5682
南塘社区	0.15	2143	3331
洞桥(小漕)社区	1.41	1092	3406
雄镇社区	0.84	1073	2612
丽园社区	1.58	1492	2612
丽景社区	0.49	645	1394

注：表格中数据为调查数

完成南都、南苑2个区域公共服务中心建设，完成10个小区自治站建设。建立街道社会工作站、社会组织服务中心。受台风"烟花""灿都"影响期间，共安置600余人。孙文英小学于10月通过省级规范化避灾安置场所验收。推进公共服务规范化，优化办事流程，最大限度方便企业和个人享受招工、交通等补贴，惠及人数1526人，金额128万元。实现多部门入驻劳动争议多元化解中心，处理劳资纠纷案件168起，属地调解率98%，劳动仲裁案8件。

小漕地块实现拆迁清零并完成出让，鄞奉路（环城西路—三孔碶桥）拓宽改建工程项目清零，实现通车。段塘东路（环城西路—丽园南路）征拆清零。启文路以东非住宅地块完成征拆。推进5个老旧小区改造项目，召开居民协调会议34次，新增停车位640个，雨污水管道改造1.1万米，修复改造屋顶防水140幢。完成南苑小区临街房"平改坡"及外立面工程、顺德华庭小区和南都花城整治工程。

街道基层矛盾纠纷调处化解中心启用，完成司法、城管、市场监管等多家职能部门联合入驻。打击治理电信网络新型违法犯罪，开展"走社区入户""扫街扫楼"宣传，在住入户率和沿街店铺入户率实现100%宣传到位，发放"承诺书"、手册等宣传材料6万余份。建立基层应急管理委员会和街道自然灾害防治委员会，组建社会救援力量10支、140人。开展"三合一"场所等各项安全生产专项整治，启动"遏重大"攻坚行动，未发生生产经营性火灾亡人事故、未发生较大以上亡人事故。

组建"党建会诊团"，建立街道党校，依托"科长提质""智行合议""红领增能""支书月学""新雁论坛""塘人说"等平台，开展各类培训20余次。探索"企业+街区+小区"全域化帮办模式，推进"青年党群特派员结对驻企""片区党建帮办员包片联企"等特色工作。启动"我是党员""我是书记""我是党务"三大专项行动。成立全区首家"摄影专长"功能型党支部，先后举办"锋领大讲堂"、两新党务工作者协会会议、"小目标、大进步"等活动12场。

【段塘街道"全域帮办"制度建立】 2021年，段塘街道出台《段塘街道关于建立"全域帮办"制度的实施方案》，探索推进"企业+街区+小区"全域化帮办模式3.0版。企业层面，累计解决狮丹努集团高层次人才子女入学等问题80余件。小区层面，探索形成以"小区功能型党组织"和"小区帮办工作室"组成的"小区帮办"工作体系，在北宸府等10个小区试点"小区帮办"工作室，并挂牌运作。街区层面，打造以街区治理办公室为枢纽，街区党建共治联盟、商居互动平台、街区自治巡查队等力量相互支撑、相互补位的"街区治理共同体"，排摸397家沿街商铺底数，建立可持续、有韧性的街区综合环境。同时，充分发挥各专业领域的党员志愿力量，组建"安居红盟"，帮助解决老旧小区改造中的热点难点问题。

【南苑小区"平改坡"工程实施】 2021年，段塘街道投入约90万元，对南苑小区实施"平改坡"工程。年初，召集全过程管理单位和设计单位，完成该

5月，段塘街道举办全省首届街道级集体协商模拟竞赛

小区“平改坡”方案设计和资金概算；6月8日前完成沿环城南路高架一侧6幢房屋的“平改坡”工程。该小区于1995年建成，占地面积23.3公顷，因建筑老旧，严重影响居民生活，被列入2021年街道老旧小区改造项目。改造完成后，原老旧小区屋顶排水不畅、长期漏水的问题得到解决，且相比平屋顶，隔热保温性能更为优异，与宁波当地气候条件更为匹配；同时，坡屋顶美观程度较高，主要道路两侧景观明显提升。

【段塘街道集体协商模拟竞赛】 2021年5月，段塘街道举办浙江省首届街道级集体协商模拟竞赛，促进和保护职工、企业的合法权益，构建和谐劳动关系。比赛以“共商共建，携手筑梦”为主题，以辖区支柱产业——服装制造与汽车4S销售为背景案例，由海曙区工资集体协商谈判专家组成企业方守擂，接受鑫之杰、狮丹努、天天汽贸等6家参赛企业代表队的“挑战”。市总工会全程参与竞赛，并点评每组队员的表现。

【段塘街道“舞彩人生”舞蹈队获省社区运动会冠军】 2021年6月19日，段塘街道新典社区“舞彩人生”舞蹈队代表街道参加以“庆建党百年华诞、迎杭州亚运盛会”为主题的浙江省社区运动会。舞蹈队20余名成员演出《天南地北唱中华》，以蒙古舞、新疆舞、傣族舞、扇子舞等多种表演形式，演绎“五十六个民族是一家，团结共筑中国梦”的场景。本届运动会共有全省11个地市的18支广场舞代表队参与，该舞蹈队以总分第一的成绩获得冠军。

【段塘人大联络站获市人大工作创新奖】 2021年8月，段塘人大联络站获得市人大工作“其他类”创新奖。人大段塘街道工委近年来通过构筑“智联E站”“人大代表码上督——议事通”一键式议事平台等网络与智慧化联络平台，对街道财政预算及执行情况、国有资产管理情况、环境建设情况等“三大场景”实行信息化监督，有效提升了人大履职效率。

【段塘村安置房一期（玉棠雅苑）抽签定位完成】 2021年11月16—19日，段塘村安置房一期（玉棠雅苑）抽签定位工作完成。该安置小区房屋共1031套，房屋套型分为60平方米、120平方米等7档，总报名数3069户。该项工作历时超过7个月，为平稳做好抽签工作，街道抽调机关、社区干部，组成100余人的攻坚队伍，前期认真拟定方案，在现场报名、电话通知、开放日等关键时间点下沉一线开展“点对点”服务。抽签期间，共有2963户到场，参与率达96.5%。

（阮书瑜）

相关链接：

“甬江引才”计划：由宁波市政府于2020年9月对原宁波“3315系列计划”进行整合升级而成的全新引才品牌，分科技创新和城市经济两大领域。该品牌聚焦宁波经济社会高质量发展需要，力争到2025年，全市重点支持引进1000个领军型人才项目，带动集聚10000名高层次人才，突破一批国际领先、国内一流的关键核心技术，形成若干个有较大影响力的产业和学科，助力宁波当好浙江建设“重要窗口”模范生。

村级“四治融合”：基层农村以自治为基础、法治为保障、德治为先导、智治为支撑。

“低散乱”企业：产业层次低、布局散乱、管理混乱、效益低下，易引发安全事故、环境污染、职业病危害、资源浪费的企业（作坊）及存在其他违法行为的企业（作坊）。

“两山”资产经营有限公司：2018年，由镇资产经营公司和8个经济薄弱村共同组建，注册资本500万元，镇资产经营公司持股52%，每个经济薄弱村各持股6%。该公司以资产经营为主线，通过整体招租、联合开发等形式盘活资产，实现资产保值增值。

COP15 NGO平行论坛：COP是缔约方大会(Conference of the Parties)的英文缩写。COP15是联合国《生物多样性公约》第十五次缔约方大会的英文简称。《生物多样性公约》于1992年5月22日通过公约文本，6月在巴西里约热内卢由各国签署，1993年12月29日生效，是生物多样性保护的第一项全球协议，截至2021年有196个缔约方。

人　物

2021年"中国好人"

【孙嘉怿】 女，1985年7月出生，现为海曙区志愿者协会副秘书长。自2017年起，她在新浪微博发起"我为烈士来寻亲"话题，截至2021年年底，话题阅读量突破3千万。她致力于传承红色基因，弘扬革命精神，带头组建的寻亲队伍已帮助全国各地603位烈士找到亲人。在新冠疫情形势最严峻的2020年年初，孙嘉怿通过社交平台发起成立多个湖北医院的对口支援群。2月2日始，她与丈夫一起，连续17天，每日超过12小时坚守在高速宁波西出口参与防疫志愿服务。2021年，入选"中国好人榜"的"助人为乐"榜单。

（区委宣传部）

2021年"浙江好人"

【周乾定】 男，1963年2月出生，群众。2017年8月28日，在高桥镇石塘村执勤巡逻时发现一名63岁阿姨不慎落入水中，由于老人不会游泳，情况十分危急。周乾定立即跳入水中，托举落水者游向岸边。在其他群众的合力救援下，老人脱离危险。截至2021年年底，他以同样方式，成功挽救2名大人、4个孩子的生命。2021年，入选"浙江好人"的"见义勇为"榜单。

【沈姣叶】 女，1956年2月出生，中共党员，现为章水镇杖锡卫生院医师。在原鄞县卫生技术学校毕业后，她被分配到鄞县杖锡乡成为妇产科医生，自此全身心守护山民健康长达44年，一次次主动放弃外出工作机会，默默守护故乡。2006年退休后，沈姣叶深知山区缺少医务工作者，毅然决定继续为山区人民服务,全心全意为山区病友奉献余热。在多年工作中，她逐步适应全科、防保、儿保、注射、药房等不同工种，成为一名精通业务的"多面手"。2021年，入选"浙江好人"的"诚实守信"榜单，并在同年获得第七届宁波市"道德模范"称号。

【唐亚凤】 女，1950年11月出生，中共党员，现为省级爱国主义教育基地鄞江镇梅园革命史迹陈列馆管理员、义务专职讲解员。退休后，她坚持留在四明山革命老区，守护坐落于"红色堡垒"鄞江镇建岙村的梅园革命史迹陈列馆。她对建岙村的革命历史如数家珍，用乡音讲活本地党史故事，被誉为建岙村的"百科全书"和红色党史"活字典"。多年来，她每日多次往返陈列馆，几乎全年无休，为近10万人次义务讲解党史故事，让红色文化代代相传。2021年，入选"浙江好人"的"诚实守信"榜单。

【陆宏珠】 男，1965年10月出生，中共党员，现为集士港镇集士港村农业社长。2021年10月29日，集士港村一出租户起火，当他接到村民电话后，第一时间冲进现场，并将两个随时可能燃爆的煤气瓶以最快速度扔进河里，解除危险。作为村干部，他始终把村民安全放在第一位。近年来，义务参与火灾救援10余次，尽全力保护村民的财产和人身安全。2021年，入选“浙江好人”的“见义勇为”榜单。

（区委宣传部）

2021年“宁波好人”

【忻元华、滕崇夫妇】 忻元华、滕崇夫妇退休前皆为宁波高校的教师，2015年退休后，二人一起报名成为支教志愿者，参与边远山区支教活动。曾先后前往江西、广西、四川、甘肃、湖南等地支教17所学校，先后为1.3万余名学生带去生动有趣的科学实验课程。多年支教中，收到100余封学生寄来的感谢信和思念信。2021年8月底，忻元华需要马上动手术，但此时已计划好10月前往大凉山支教，二人和医生确认病情在短时间内可控后，毅然踏上支教之路。2021年，入选“宁波好人”的“助人为乐”榜单。

【莫小芬】 女，1964年10月出生，现为海曙区大众社区服务有限公司总经理。1994年，从国营企业下岗后，创办大众社区服务有限公司，业务范围涵盖搬家、保姆、清洁、管道疏通、水电维修等。在多年经营中，她凭借诚信和优质的服务、良好的口碑赢得市民赞赏。公司内部处处可见诚信标语。2021年，入选“宁波好人”的“助人为乐”榜单。

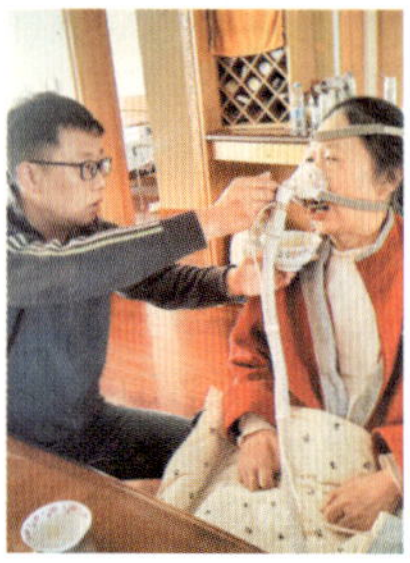

【张淑均】 男，1979年10月出生，群众，现为区司法局段塘司法所工作人员。2014年以来，他的母亲因患渐冻人症，全身肌肉萎缩，需长期卧床、24小时佩戴呼吸面罩，大小便失禁，生活完全不能自理。他亲自照顾老人日常护理、理发洗脸、翻身按摩、大小便清理。为防止长期卧床患褥疮，他每晚起床4~5次为母亲翻身、按摩。多年来，他不辞劳累、不惜钱财，给重病中的母亲以无微不至的亲情关怀，并经历数次抢救，只为争取母亲生命延续。2021年，入选“宁波好人”的“孝老爱亲”榜单。

【张琪】 男，1974年12月出生，群众。2020年8月2日15时28分许，他在海曙区君子街一家店铺喝茶休息时发现旁边的餐饮店浓烟滚滚，立即抱起灭火器冲进起火店铺灭火，由于行动及时，火势未逼近一墙之隔的煤气罐而造成严重后果。消防人员赶到时，火势基本被扑灭。2021年，入选“宁波好人”的“见义勇为”榜单。

【林华明】 男，1969年10月出生，群众，现为古林环卫站清卫工。2021年除夕上午，在镇区保洁巡查时，林华明拾到一个装有3万元现金的包裹，主动上交环卫站，并积极联系失主，现金物归原主。2021年，入选“宁波好人”的“诚实守信”榜单。

【范思源】 男，1947年10月出生，中共党员，现为义务法律工作者。2007年，自宁波望春监狱退休后，开始从事81890求助服务中心的法律咨询志愿服务。14年间，累计为上万人次提供各类法律服务。他以“退休不褪色”的态度，每日坚持8点到岗，一年四季风雨无阻。对待前来咨询的市民耐心讲解，认真沟通，给予无数咨询者帮助。2021年，入选“宁波好人”的“助人为乐”榜单。

【叶芹】 女，1957年1月出生，中国农工民主党党员，现为海曙区中医医院儿科医生、副主任中医师。从医40余年，她将全部精力献给医疗事业。不仅医术精湛，而且急病人之所急。日门诊人次最多时达180余例，下班后也常在门诊看病。她以身作则、以院为家，2017年，以其名字命名的“叶芹全国基层名老中医药专家传承工作室”落户海曙区中医医院。2021年，入选“宁波好人”的“诚实守信”榜单。

【陆翊】 女，1970年3月出生，中共党员，现任海曙区高桥镇西堤阳光幼儿园园长。2006年，她的婆婆中风瘫痪，公

公长期身体不好，因丈夫工作繁忙，照顾公婆的重担落在她一人身上。她从不嫌脏嫌累，每日负责端屎倒尿、翻身按摩、喂药擦身，10余年来从未跟老人红过脸，用十年如一日的真心与精心诠释为人子女的责任与孝义。2021年，入选“宁波好人”的“孝老爱亲”榜单。

【张仲器】　男，1943年7月出生，中共党员，回族，现为西门街道汪弄社区合作第一党支部书记、社区民族团结促进会会长。2015年，他成功申报汪弄社区“民族团结大牵手”公益项目，开展各类活动，吸引少数民族居民近千人次。每月利用社区民族文化馆这一阵地，为少数民族居民解答疑惑、提供帮助，牵线帮助少数民族困难家庭300余次，有效引导少数民族居民融入本地社区，展现独特民族风采。同时，他从事社区调解工作10余年，用“爱心、耐心、诚心、信心”化解各类矛盾。2021年，入选“宁波好人”的“助人为乐”榜单。

【王金玉】　女，1962 年9月出生，现为宁波市天一阁博物院文物修复中心主任，国家级非物质文化遗产“天一阁古籍修复技艺”项目代表性传承人。她致力于馆藏古籍善本、孤本的修复及书画修复装裱，40年间修复文物万余件。同时致力于传统古籍修复人才培养和技艺传承，主持开办全省纸质文物保护修复培训班、首届宁波市古籍修复基础培训班，培养徒弟百余人。同时，致力向大众传播古籍修复技术，推出“大美·古籍”系列文化惠民活动，向普通市民普及修复知识，并定期组织举办“我是小小修书匠”天一阁古籍修复技艺进校园活动等。2021年入选“宁波好人”的“敬业奉献”榜单。

【戴旭慧】　女，1978年11月出生，中共党员，现为横街镇常青助老服务中心负责人、横街镇敬老院副院长。2016年，她组建民间公益团队——横街镇常青爱心公益团队，服务高山空巢、独居、失独老人以及贫残家庭。多年来，走遍横街镇所有山村，精准对接老人需求，为老人提供细化服务。2019年，组建10人团队，开通“聆听热线”，为老人带去物质和精神双重关爱。在她的带领下，团队成员从5人发展到160余人，累计开展公益活动200余次，服务老人1万余人次，帮扶困难老人超过200人。2021年，入选“宁波好人”的“助人为乐”榜单。

【孙万里】　男，1992年7月出生，群众，现为宁波美团运营总部职工。2021年9月23日，他在工作途中捡到一箱价值15万元的手机后选择原地等候，久等不见失主后，赶到最近的派出所请求帮助，成功将手机送至失主手中。这段拾金不昧的故事在“抖音”App上点赞数破10万。2021年，入选“宁波好人”的“诚实守信”榜单。

【滕永妹】　女，1949年8月出生，中共党员。多年来，她作为支部书记、“暖巢行动”项目负责人、社区老年协会副会长，始终活跃在公益事业中。2016年以来，已退休的她主动与住在同楼的86岁美籍华人结对帮扶。后者在美国出生长大，未婚未育，于2003年搬进宁波某小区，由于罹患糖尿病和高血压，卧床不起。滕永妹视其为亲人，给予无微不至的关怀。2021年，入选“宁波好人”的“孝老爱亲”榜单。

【朱振浩】　男，1972年1月出生，现为海曙公安分局鄞江派出所流动人口管理队员。2021年10月26日傍晚，下班经过鄞江镇澄浪潭路时，发现一村民家中冒出滚滚浓烟，房间里还有明火闪烁，朱振浩迅速就近拿起灭火器冲入屋内灭火。在众人协助下，用尽8个灭火器后明火被扑灭。由于他的冷静处理和英勇行为，群众的财物损失降到最小程度。2021年，入选“宁波好人”的“见义勇为”榜单。

（区委宣传部）

第七届宁波市“道德模范”

【范培汉】　男，1962年1月出生，群众。2019年7月16日，一名歹徒持匕首将海曙区某村一居民当场杀害，后欲杀另一居民，受害人腹部被刺数刀。范培汉路过此处，果断上前夺下刘某的匕首，并予以呵止，同时积极配合赶到现场的民警将歹徒控制。曾获得2020年浙江省“见义勇为”奖。

（区委宣传部）

2021年"浙江工匠"获得者

【郭素玲】 女，1987年2月出生，群众，现为宁波市海曙区广安养怡院副院长。从事养老护理工作10余年，她掌握全科护理知识，在照护过程中，以满腔热情让老人感受到家人般的关爱和温暖。在院内成立"郭素玲护理工作室"，每月开展护理工作培训，提高护理人员的护理技能。曾获得浙江省"全国爱心护理工程"优秀护理员等荣誉称号。在第九届全国民政行业职业技能竞赛——养老护理员职业竞赛中获全国一等奖。此外，还获得"浙江金蓝领"、浙江省"技术能手"、2019年度宁波市"首席工人"等荣誉称号。

【李丽华】 女，1974年1月出生，群众，现为宁波市海丽职业培训学校副校长。从事美业工作30余年来，她担任历届宁波市美发美容技能大赛评委，参与浙江省职业技能鉴定（美发技师、高级技师）的题库开发和考试指南等教材编写。并参与美容美发技术革新和攻关项目，不断运用新知识解决新问题，在多年的教学工作中，悉心指导学员，培养200余名美容技师和高级技师。曾获得中国"美容大师"、浙江省"美容大师"、2019年浙江省"百千万"高技能人才培养工程"优秀技能人才"、"浙江金蓝领"、宁波市"首席工人"、宁波市"港城工匠"等一系列荣誉称号。

【苏铠】 男，1987年2月出生，中共党员，现为宁波雅戈尔服装制造有限公司样版组负责人。他于2008年进入雅戈尔集团工作，刻苦学习，努力钻研技术，独创"袖窿七眼对位法"，样版向智能化转型等三项革新，提升公司的品牌形象，有效降低企业经营成本。多年来代表公司参加各类比武和评选，曾获得"全国十佳服装制版师"大赛第三名、首届浙江省服装行业"优秀制版师"、2018年浙江省"百千万"高技能人才培养工程"优秀技能人才"等一系列荣誉称号，2020年成为中国纺织行业职业技能鉴定中心高级考评员。

【张顺苗】 男，1968年12月出生，中共党员，现任宁波市健康保健协会会长、全国针灸推拿委员会主任委员。从事中医推拿、针灸临床30余年来，不断钻研摸索针灸推拿技能，对治疗颈椎病、肩周炎、腰腿痛等有独到之处。张顺苗创办的

宁波市首家保健按摩职业培训学校培养保健推拿按摩从业人员8000余名。积极参与针灸推拿义工队伍建立，培养修脚师、保健按摩师、拔罐刮痧师等各类义工近200人，服务辖区残障人士、独居高龄老人等特殊群体。曾获评宁波市"首席工人"、宁波市优秀高技能人才、宁波市第二批"港城工匠"等一系列荣誉称号，并成立"张顺苗技能大师工作室"。

（区总工会）

宁波市第五批"港城工匠"

【江中民】 男，1964年10月出生，宁波市江徽美食餐饮有限公司总经理、国家特一级厨师。曾担任浙江饮食文化研究会《美味》宁波专栏主编，发表《宁波菜"走出去"的背后》等论文，宣传推广宁波菜。从业30余年来，他培养学员600余人，其中4人获得"浙江烹饪大师"称号。2006年，率先创立并推行食堂管理"五常法"，后向全市推广。由他制作的"花丛""归"两道精品宁波菜被编入《浙菜精品》一书。

【凌镇波】 男，1970年1月出生，中共党员，宁波明州环境有限公司电气工程师。多年来，他一直坚持在生产一线，工作期间刻苦钻研，勤奋学习，先后取得维修电工高级技师、化工仪表高级技师、单片机应用高级工等证书，具体负责实施完成14项重大技改项目。参与制定35万字的《垃圾焚烧发电运行标准汇编》获得中国电力工程优质运营奖。

【杨晋良】 男，1973年5月出生，为宁波市五龙潭茶业有限公司执行董事（评茶师）、联合国教科文组织农村社区终身学习研究所特聘专家。作为海曙区一、二、三产融合的典范，多年来，他致力于山区农业生产发展，研发的"浙贝润肺茶"在新冠疫情期间广受一线抗疫人员欢迎。由他经营的五龙潭茶叶公司曾先后获"浙江省最美茶园""浙江省标准化茶场""浙江省休闲农业与乡村旅游示范点"等。

【钟斌】 男，1980年9月出生，任职于宁波华缘新材料股份有限公司。多年来，他结合复合材料的性能优势，将制造的多种产品应用在轨道交通和通信电力领域，曾参与国家标准制定1项。在他的主持下，公司拥有授权专利150余项，其中本人发明专利10项。

（区总工会）

2021年宁波市“五一劳动奖章”获得者

【许华杰】 男，1966年6月出生，中共党员，狮丹努集团股份有限公司总经理。20余年来，不断创新狮丹努集团经营管理方法，激发员工潜能，所在的子公司成为集团明星单位，为集团的经济管理模式提供标杆样板。在扩展海外基地期间，全身心投入海外工厂筹建，顺利建成投产。在新冠肺炎疫情多轮冲击下，他带领集团迅速启动紧急应对机制，顺利复工复产，并临时组成生产线，生产口罩及防护服，有效缓解疫情之初口罩和防护服短缺局面。

【舒跃平】 男，1969年1月出生，中共党员，广博集团股份有限公司工会主席。长期以来，他心系员工、依靠员工、造就员工，将党建、工建工作深刻融入企业的日常经营管理中。连续10年带队赴贵州、陕西、安徽等地走镇下乡、开展招工。同时，将关心、帮助外来员工的需求真正落到实处，在食堂、总务、宿舍等方面为外来员工提供强有力的后勤保障服务。每周坚持“三必访”（个人家庭有事必访、身体生病必访、工作难事必访）机制，多次协调帮助解决外来务工人员子女就学问题，针对困难员工及时组织募捐。建立“广博云学堂”，推进3万余册图书的“广博职工书屋”落地，组建职工合唱团和企业篮球队，全面满足和丰富员工业余生活，还积极推动“工惠保”政策实现全覆盖，使广博员工真正感受到温暖的企业文化。曾获得2020年中国“杰出职业经理人”、浙江省“东西部扶贫协作先进个人”等一系列荣誉称号。

【林志良】 男，1963年10月出生，群众，宁波东海集团有限公司总工程师、教授级高级工程师。40余年从事流量仪表设计工作，曾主持过多项国家级“火炬计划”项目等。由

他带头研发的“LXH-15容积式水表”在国内同类企业中处于领先地位，凭借过硬的质量，合理的价格在国外多个新兴市场受到追捧，为公司带来可观的经济效益。由他主持起草的净水水表标准获“中国标准创新贡献奖”三等奖。

【方伟华】 男，1981年1月出生，中共党员，宁波盛正机电有限公司生产副总经理。20余年来，他潜心钻研业务，攻克多个技术难题，研发的新型电火花成型机受到市场好评。在公司全面推行新型管理模式，优化提升生产方式和制造流程，使2021年公司经营收入较2012年增长近6倍。经常下车间对新进员工手把手技术指导，发动公司全员为有困难的员工捐款捐物，组织“陪聊团”舒解员工心理压力，员工的归属感进一步增长，工作合力进一步提升。曾获全国“优秀农民工”“浙江省优秀农民工”“宁波市首席工人”等荣誉称号。

【邓伦吉】 男，1978年10月出生，中国致公党党员，任职于宁波市鼎上美业投资有限公司。从事发型设计、潮流烫染研修教学工作20余年，邓伦吉为学生制定个性化的学习计划，合理组织学生开展校内外实训实习，每月带学员进社区为群众义务理发，并为行动不便的老人提供上门服务，推动学校与企业、社区建立良性互助关系。在担任宁波市海丽美容美发职业培训学校校长期间，开展失业下岗人员、失地人员再就业培训2万余人。曾被劳动部评为“全国技术能手”，并获得“花都杯”时尚大赛女子剪发冠军、“浙江省美发大师”等一系列荣誉称号。

【齐彦利】 男，1968年7月出生，浙江新曙光建设有限公司总工程师。从事建筑施工工法研究与实践30年来，从普通技术员做起，坚守一线，深度参与公司每个项目的前期策划、技术把关。撰写、编制省级工法和多篇实用操作和论文得到同行好评。他带领技术团队奋力进行技术攻关和科技创新，获得国家实用新型专利17项，多项工法、专利运用到施工实践。注重人才培养与技能传承，通过“传帮带”引领员工共同成长。曾获得“宁波市首席工人”“港城工匠”等荣誉称号。

【李玲飞】 女，1979年6月出生，中共党员，宁波市实验幼儿园园长、书记。从事幼教工作20余年来，她既担任管理岗位，也扎根在教育教学一线，对自身的专业成长饱含热情和追求，长期作为编委参与浙江省、宁波市幼儿教材编写工作。同时，注重幼儿园教师队伍的培养建设，创新提出并开展“主题化园本教研”等新型教研方法，促进幼儿园教师专业能力发展提升。曾获得浙江省“网络名师工作室学科带头人”、“宁波市新时代教师队伍建设”先进个人、“宁波市王宽城育才奖”、宁波市师德先进个人等一系列荣誉。

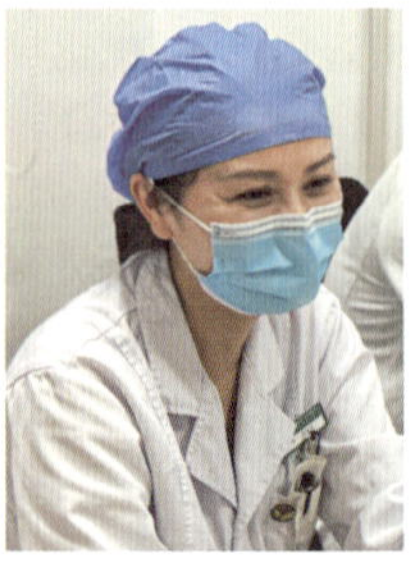

【毛泽燕】 女，布依族，1978年11月出生，无党派人士，白云街道社区卫生服务中心全科主任。作为2011年海曙区推行签约家庭医生试点工作的“破冰者”，带领家庭医生团队不断完善就诊模式，整合医疗资源，为居民提供连续、综合、便捷、个性化的健康管理服务。多年来，她用自己的实际行动诠释社区居民“健康守门人”的职责，社区居民称她为“众家囡”。曾获得“浙江省优秀基层医师”“宁波市五星级家庭医生”“宁波好人”等一系列荣誉称号。

（区总工会）

2021年宁波市“五一劳动奖状”获得者

【国骅集团】 公司成立于1992年12月，总注册资本25.8亿元。经过近30年发展，从一家本地小型房地产公司发展成为以绿色建筑智造平台为主体，以军民共创和教育康养为两翼的集团型企业，业务涉足房地产开发、工程建设、装配式建筑、绿色新材料、教育、健康医养等多个领域。截至2021年年底，取得国家级发明专利2项、实用新型专利36项、省级工法11项。多年来，集团热心慈善公益事业，先后设立“东方慈善扶贫基金”“国骅慈善扶贫基金”，结对帮扶困难家庭、建设敬老院、资助福利项目等，为群众提供实实在在的帮助，慈善公益事业累计支出超过2.6亿元。

【宁波市海曙区疾病预防控制中心】 区疾病预防控制中心成立以来，始终把保障人民群众健康为己任，相继参与2003年“非典”、2008年汶川特大地震、2013年“菲特”台风洪灾、2018年的登革热防控等重大事件的处置。2020年年初，面对新冠疫情，团队第一时间启动应急响应机制，全体人员取消一切休假休息，设立综合组、技术指导组、现场处置组、信息组、后勤保障组等，24小时不间断开展疫情防控。中心有职工51人，团队男女比例为1:7，党员占比50%，“巾帼小分队”与党员干部带头履职，筑起海曙区防疫战线的第一道“关口”。2020年被评为“宁波市抗击新冠疫情先进集体”“宁波市先进基层党组织”。

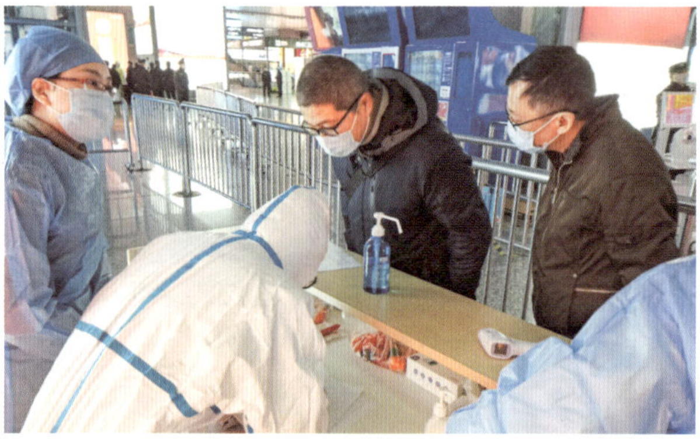

【国家税务总局宁波市海曙区税务局所属行政机关】 海曙区税务局有工作人员299人，承担海曙全部区域的税收征管和非税收入工作，征管户数超10万户。立足税收在国家治理中的基础性、支柱性和保障性作用，充分发挥税收职能，组建“驻企联企服务队”助力企业复工复产，推广“非接触式”办税，开展直播答疑数百次，帮助企业享受税收优惠政策，更好服务海曙区经济发展，取得多项荣誉。

【华茂集团股份有限公司】 华茂集团股份有限公司有职工1642人，连续多年被评为“中国服务业企业500强”“宁波市百强企业”“宁波市纳税50强”，近3年年均纳税2亿元。近年来面对新冠疫情影响，集团创新生产思维，实现业务逆势增长，下属国际贸易、新材料产业等板块发展势头强劲。设立“华茂·家基金”，每年投入200万元，为员工和家庭送

去温暖关爱，重阳节期间为退休职工送上慰问金，提升员工幸福感。

【宁波旷世智源工艺设计有限公司】 宁波旷世智源工艺设计有限公司创建于1999年1月，主营香氛蜡烛、香薰产品及其他创意家居，是中国日用化工协会副理事长单位。2021年有职工285人。经过20余年发展，在生产规模、产品创新、技术研发、出口创汇等方面均居行业领先地位。公司获得“国家文化出口重点企业”、“浙江省文化产业示范基地”、“品质浙货”出口领军企业等一系列荣誉称号，2020年1月在香港上市。企业热心扶贫帮困和回馈社会，设立1000万元的“旷世慈善冠名基金”，每年出资30万元成立“合一青少年艺术发展基金”，帮助极具艺术特长的学生圆梦。

【宁波永耀电力投资集团有限公司】 宁波永耀电力投资集团有限公司有职工88人。2021年度营收达100.5亿元，实现利润8.85亿元。近年来，不断优化营商环境，持续提升精细管理能力，制定并发布集团“十四五”发展规划。在物资管理方面，建成集“成套配送+工厂化装配+智能化仓储”于

一体的宁波北仑智能仓储基地，推进物料编码标准化管理。曾获得“浙江省服务业百强企业”等荣誉称号。

（区总工会）

2021年宁波市“工人先锋号”

【宁波市公安局海曙分局高桥派出所】 宁波市公安局海曙分局高桥派出所始终坚持“爱民爱在心坎上、服务做到点子上”工作理念，先后18次获得国家级荣誉。开展“百万警进千万家”活动，主动为群众排忧解难。推进勤务机制改革，融入基层社会治理创新。构筑党建统领下的立体治安防控体系，培育“双向兼任”“警网一体化”“文涛校园反诈工作室”等亮点品牌。同时，从严从实加强队伍建设，以“青年文明号”为载体，提升民警忠诚担当、爱民为民的服务意识，展现新时代“高桥警官”新风貌。曾获得“2020年度浙江省最美警队”“宁波市十佳政法单位”“宁波市示范派出所等荣誉称号。

【宁波阿帕奇电器科技股份有限公司装配车间】 宁波阿帕奇电器科技股份有限公司装配车间成立于2007年，有职工64人。在生产管理方面，严格原材料的管理，每道工序都在有效监督管理下进行。车间根据工作实际和车间特点，常态化组织岗位练兵，开展争创“明星操作员”“岗位技术能手”等活动，实施系统化操作，职工轮岗学习，越来越多的职工成为一专多能的复合型人才。

【宁波八方彩印包装有限公司平板科】 宁波八方彩印包装有限公司平板科成立于1990年，有职工37人。车间承担瓦楞纸板的生产，有2条先进的自动生产线。多年来，围绕“以人为本、科技创新、精益求精、勤奋节约、持续发展、再

创辉煌”工作指导方针，车间员工强化自身素质，提高产品质量和服务质量。开展“新型师徒制”“岗位练兵”“技能竞赛”等活动，坚持每月2次的技术培训，对工作中的难点、疑点和急需掌握、了解的问题集中讨论，涌现出许多刻苦钻研、潜心实践的青年人才，成为企业的生产核心骨干。

【方兴地产（宁波）有限公司财务管理部】 方兴地产（宁波）有限公司财务管理部成立于2013年9月，有职工10人。成立以来，协调各工程项目总包单位开立农民工工资专用账户，落实各类工程款支付，保障农民工合法权益。每年春节前期，部门全体员工全力协调安排春节前工程款支付相关事宜，确保春节前工程款的顺利支付。

【宁波华光精密仪器有限公司技术部】 宁波华光精密仪器有限公司是一家集光学、机械、电子于一体的生产型企业，已有30余年生产光学显微镜的历史。技术部成立于1999年1月，有职工5人。作为公司核心，研发的产品有教育仪器显微镜、工业检测显微镜、珠宝检测显微镜、视屏数码显微镜、各类光学镜头、光学元件、配备各种测量操作软件。产品远销美国等30余个国家和欧洲、中东、东南亚地区。拥有国家授权专利28项。

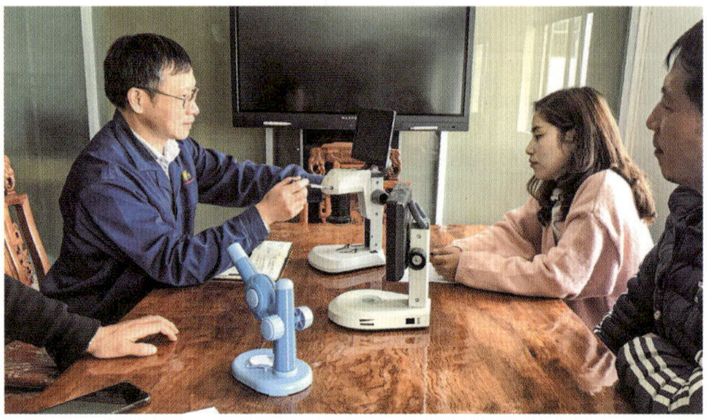

【宁波市中北汽车客运有限公司中北文明服务车队】 宁波市中北汽车客运有限公司中北文明服务车队成立于2007年，有职工15人。车队秉承“超越自我、满足乘客、体现亲情、奉献爱心”口号，积极参与公益活动。2008年以来，与81890求助服务中心签订爱心互助协议，每年接送陪伴盲人朋友春游、看电影、帮忙打扫、接送盲人家庭的儿女参加高考等。车队相继被评为宁波市81890光明俱乐部“爱心文明车队”、2019年宁波市交通运输系统“工人先锋号”等荣誉称号。

（区总工会）

文中人物

【华栋栋】 男，不幸患有先天性视力障碍的他，自10岁起正式学习游泳，2013年进入浙江省残疾人游泳队。虽然视力障碍造成游泳一系列的技术动作难题，但他仍向前奋进。曾获2015年全国第九届残疾人运动会2金2银，2019年全国第十届残疾人运动会4金2银，2019年英国世界残疾人游泳锦标赛1金2铜。2021年，在日本东京举办的第16届夏季残奥会上，收获1银1铜的好成绩，并获浙江省人民政府个人一等功。在第十一届全国残运会上，夺得5枚金牌、1枚银牌和1枚铜牌，其中，在男子4×100米接力比赛中，他和队友一起为浙江队夺下一金，并打破该项目的全国纪录，在混合泳接力中又打破世界纪录。

【杜敏】 因年少发生车祸，导致脊髓损伤。虽然行动不便，但她身残志坚、积极乐观。为圆舞蹈梦，坚持日复一日艰苦训练，成为一名轮椅运动员。曾获2018年浙江省第十届残疾人运动会轮椅舞蹈比赛混合标准舞和拉丁舞两项冠军。2021年，在全国第十一届残运会暨第八届特奥会轮椅舞蹈比赛中，获得“混合标准舞三项”和“混合标准舞五项”2枚铜牌。

（区残联）

附 录

文件选编

海曙区创建浙江省中医药文化传承生态保护区工作实施方案

为深入贯彻落实习近平总书记关于中医药工作的重要论述，根据中共中央、国务院关于促进中医药传承创新发展、实施健康中国战略的重要部署以及《浙江省非物质文化遗产保护条例》《浙江省省级文化传承生态保护区建设的意见》（浙文旅非遗〔2020〕4号）等文件精神和要求，推进我区中医药文化传承保护发展，加快中医药优质资源扩容提质，结合我区实际，制定本实施方案。

一、指导思想

以习近平新时代中国特色社会主义思想为指引，以“八八战略”为总纲，围绕“文化浙江”“诗画浙江”和“中医药强区”建设，以非物质文化遗产保护传承为核心，以促进中医药文化传承创新发展为主题，坚持“保护优先、特色发展、文旅融合、提升福祉”原则，做好非物质文化遗产的整体性保护工作，深入挖掘海曙深厚传统的中医药文化底蕴，提升传统中医药文化发展活力，发展中医药生态保护事业，推动中医药全产业链的打造提升，高质量建设“守正创新、融合发展”的中医药文化传承生态保护区（以下简称“生态区”）。

二、创建目标

到2022年，海曙区非物质文化遗产得到整体性高水平保护和高质量发展，各项主要指标跻身省市前列。全区中医药文化保护传承水平明显提高，中医药事业和产业高质量发展，重点推进“一街区三高地”建设（即药行街中医药特色街区、中医药文化传承高地、中医药健康服务高地和文旅康养产业融合高地），实现“遗产丰富、氛围浓厚、特色鲜明、群众受益”，创建成为浙江省中医药文化传承生态保护区，促进海曙经济社会文化全面协调发展。

三、主要举措

（一）实施一批重点项目，打造非遗发展优势

1.推进文化基因解码。围绕海曙区民俗文化、中医文化、市井文化、商贸文化等优秀传统文化以及革命文化和社会主义先进文化，成立专家团队，开展文化元素调研，梳理完成文化元素清单400余个，构建海曙文化基因库。提炼海曙文化特质，推进20个左右重点文化元素解码，形成“一表、一文、一谱、一库”，完成《文化基因解码报告》，并探索文化基因的转化与利用，为中医药文化整体保护、活化、转化和升华奠定良好的前提和基础。

2.筑牢非遗保护基础。提升四级非遗代表性项目名录和代表性传承人名录数量，分类有序地对非遗项目、传承人进

行相应的省级评估和市级“三位一体”评估，动态管理项目存续情况及传承人传承活动开展情况，形成科学保护。做好非遗传承场馆和设施建设，推进宁波市中医药博物馆、屠呦呦旧居、药皇殿中医药传统文化馆和天封塔中医药文化主题公园等项目建设，合理布局非遗传承中心、传习所、传习点，形成以海曙区非遗馆为统领，各类综合展示馆、非遗微展示馆为补充的非遗传承设施矩阵。依托省非遗信息管理平台，建成海曙区非遗综合数据库，全方位展示生态区创建特色成效。

3.着力培育文化生态圈。以保护非物质文化遗产和物质文化遗产为前提，梳理制定天一阁·月湖、梁祝文化园、五龙潭风景名胜区、浙东大竹海景区等重点区域和文物保护单位、历史文化（传统）村落、历史文化名城、农业文化遗产等重要场所内的非遗项目清单，深刻把握区内自然景观、历史遗存与中医药文化的关系，着力推动中医药非遗主题小镇、中医药非遗街区、中医药非遗旅游景区和中医药非遗体验基地建设，提升景观风貌。

（二）搭建一批重点平台，促进资源优势转化

1.搭建传统工艺传承发展平台，促进中医药文化保护传承。积极同浙江中医药大学、浙江医药高等专科学校等高校合作，将文化设施建设和传统工艺传承发展平台建设结合，探索建设寿全斋、浙贝母、鄞江白茶等传统工艺工作站。积极落实传承人群研培计划，推动中医药品牌与高校建立校企合作机制，在职业学校设置中医药类传统工艺相关专业1个。

2.搭建特色产业产品发展平台，促进中医药文化展示传播。实施传统工艺振兴计划，联合故宫文创等品牌设计企业，成立非遗文创产品研发中心，提升非遗产品、衍生品开发能力，开发中医药类文创产品5个以上。建立传承人与设计师联合创作机制，举办“千年海曙·照壁城隍”非遗创意设计大赛，不断丰富我区非遗系列产品供给。大力扶持非遗文创企业发展，扶持黄古林工艺品有限公司、广博集团等企业成为省文化和旅游领域领军型、骨干型、新锐型企业，形成非遗特色产业优势和规模。

3.搭建非遗展示销售平台，促进中医药文化资源优势转化。积极借力浙洽会、文博会、阿拉非遗汇等省市相关重要展览、展示、展演、展销等活动，依托“千年海曙”公众号设立非遗产品网络销售平台，举办非遗夜市等特色非遗集市、中医药非遗产品系列展销活动等，提升非遗产品、衍生品的能见度与市场活力。同时，在景区游客服务中心、历史文化名村等地开办非遗集市、超市、夜市等，在区非遗馆设置中医药展厅，实现传统医药类非遗资源的集中展示。

（三）推进一批融合项目，助推全面协调发展

1.加快推进文旅深度融合。积极推动非遗与工业展陈、滨湖休闲、体育赛事、养生养老、演艺动漫等文旅新业态的融合发展。充分利用区域内丰富的历史街区资源，将宁波市中医药特色街区作为生态区创建核心项目，打造“一街一坊一MALL”的中医药产业集群格局，形成传统文化与现代文明融合、充满活力、时尚潮流的中医药文化空间和新型城市旅游目的地。因地制宜、加快推进非遗特色鲜明的鄞江镇、高桥镇、古林镇和沙港民俗文化村等非遗景区建设，提升天一阁·月湖、五龙潭、月湖街道和李家坑村等地区A级景区村（镇、城）的覆盖率。整合景点，串珠成链，推出非遗文博主题、中医药康养之旅、山水城乡之旅等非遗精品旅游线；开发月湖盛园、南塘老街等主城区夜游线路和夜间演艺活动；同步完善文旅配套设施和服务，推动非遗元素、产品等植入民宿、酒店，建设集非遗展示展销体验等多功能的游客服务中心。

2.深入推进文教有序融合。巩固深化非遗进校园、进课堂、进教材成果，完善非遗社会教育体系。评选出一批市区级非遗进校园优秀单位，成立非遗进校园联盟，实现全学段覆盖，重点推动国医堂、缸鸭狗等非遗老字号与学校共建非遗校本课程和教材，形成非遗传承教育长效机制。建设药皇殿国医堂、寿全斋中药文化体验基地等非遗体验基地，以及章溪浙贝故里等中医药非遗主题研学旅行实践营地（基地），开发中医药主题研学路线。

3.推动业态融合和项目联合发展。推动中医药文化相关项目、元素与新时代的新科技、新潮流、新理念等融合发展。积极推动寿全斋“共享药房”、中药材溯源机制等中医药信息化数字化项目；加强与各部门联动，依托中医药特色街区，建设庙西大康养商业综合体、“名医馆”“健康膳食城”等，打造集医疗、预防、保健、养生、康养于一体的中医药全产业链。重点融合大康养理念和文化创意产业，开发中医药主题的“药行街”文创品牌，设计海曙中医药文化和非遗IP形象、系列表情包。

（四）培育一批文化品牌，实现为民惠民富民

1.深化共建共享理念，助力共同富裕。依托非遗传承基地及相关衍生产业，重点发挥传统工艺工作站作用，将传统工艺或技能人员推荐到非遗类企业就业，通过技能培训吸纳低收入群体、残疾人等特殊人群进入相关行业，增加就业促进收入。结合乡村振兴战略，依托中医药产业发展中药种植、乡村康养等产业，促进乡村生态环境优化和农民增收致富。联合卫健部门和相关高校，推动中医药健康管理产业、中医药科学研究与技术服务业等新型产业发展。将非遗融入中医药产销、加工、医疗、康养等各个环节，引导居民体验中医药文化特色的健康生活方式，让发展成果惠及更多民众。

2.挖掘非遗元素内涵，凸显城乡风貌。挖掘药行街区城隍庙、药皇殿、天封塔等中医药历史底蕴和文化内涵。将非遗元素运用到城市风貌提升工程中，结合宁波建城1200周年主题，建设中医药主题街区、广场、公园、雕塑、景观街道等，重点推进打造中医药文化氛围浓厚的城市景观。指导各镇乡（街道）开展各具特色的民俗活动，提升洞桥全祖望文化节、高桥会、鄞江庙会、古林米食文化节、横街竹农下山文旅节和龙观桂花旅游文化节等民俗节庆活动影响力，将非遗元素融入到城乡居民的生产生活中。

3.培育非遗特色品牌，提升民生福祉。依托区非遗馆、区文化馆、农村文化礼堂等阵地，打造“海曙非遗课堂”品牌活动，常态化开展非遗展示、展演等活动。借力“全国非遗曲艺周”“中医中药中国行”“温故·非遗展”等国家省市级品牌活动，高质量打造“海曙中医”综合品牌，擦亮活动品牌、名医品牌、名药品牌、养生品牌，举行全国中医药论坛、中医名家系列义诊、“药行街的故事”中医药非遗展、中医药非遗市集、中医药文创产品及名优药材展示等活动，持续开展中医中药中国行和中医药健康文化“六进”（进机关、进企业、进学校、进社区、进农村、进家庭）系列活动，促进中医药文化的普及、传播力度。

四、实施步骤

（一）创建准备阶段（2020年9月至2021年3月）

1.开展海曙区中医药文化传承保护现状调查，研究制定创建省级文化传承生态保护区规划纲要；

2.召开海曙区创建浙江省中医药文化传承生态保护区动员大会；

3.初步制定《海曙区创建浙江省中医药文化传承生态保护区工作实施方案》，拟定成立创建领导小组。

（二）创建实施阶段（2021年4月至2022年4月）

1.进一步完善《海曙区创建浙江省中医药文化传承生态保护区工作实施方案》，落实创建任务责任分工；

2.推进落实生态区创建主要任务，定期自评督查完成情况；

3.召开生态区创建工作中期推进会；

4.邀请省、市相关专家指导生态区创建工作；

5.迎接省文化和旅游厅专家组进行中期检查；

6.对照中期检查中发现的问题，及时查漏补缺；

7.加大生态区创建工作宣传报道。

（三）验收总结阶段（2022年5月至2022年6月）

1.做好生态区创建验收迎检方案，细化落实迎检任务；

2.接受省文化和旅游厅专家组的评估和验收；

3.召开生态区创建工作总结大会，反馈验收意见和建议，部署下一步提升工作。

五、保障措施

（一）加强组织领导。成立以区长为组长，副区长为副组长，相关单位和各镇乡（街道）为成员单位的生态区创建工作领导小组，明确“政府引导、企业参与、专业支持、市场运作”原则，将生态区创建纳入区政府重要议事日程。建立由区人民政府领导牵头协调，多部门共同参与联动协作的联席会议机制，成立由区中医药特色街区办公室和各职能单位分管领导组成的十一个创建工作专班，负责涵盖资金保障、招商引资、工程建设、人才引进等各项工作。

（二）科学编制规划。制定发布《海曙区创建浙江省中医药文化传承生态保护区规划纲要（2020-2022）》《海曙区促进中医药传承创新发展实施方案》，制定《海曙区中医药事业发展“十四五”规划》《海曙区中医药产业发展“十四五”规划》《海曙区浙贝母产业发展规划》《宁波市中医药特色街区建设推进方案》《海曙区医学重点学科、专科建设及高素质人才培养计划》《关于传承发展海曙区中医药文化的若干意见》等区域内专门性规划、专项规划，同时纳入当地国民经济与社会发展总体规划。

（三）强化要素保障。拓展投入渠道，通过财政资金保障、专项政策引导等途径，加大财政对中医药非遗传承保护的经常性投入，设立中医药文化传承生态区的专项资金。研究制定鼓励社会力量通过投资、入股、捐赠等方式参与建设的政策措施，引导民间资金进入，形成财政支持、社会资本参与的多元投入机制。另外，要积极争取市级资金和海内外的各类资金、基金的大力支持。加强土地要素保障，采取资产调拨、置换、收购、征迁、改造等多种方式，保障生态区创建用地需求。

（四）完善制度体系。制定出台生态区建设管理办法，建立生态区建设责任制度和责任追究制度，落实到位工作目标责任分解清单。建立由多领域专家和社区代表共同组成的专家咨询委员会，为创建发展提供智力支持。建立评价体系，定期开展建设专题研讨会和发布建设发展报告，及时跟进生态区的实施进展情况。

（五）壮大人才队伍。优化人才能力培养体系及人才引进制度，健全人才评价激励机制，强化管理干部队伍、专业人才队伍、志愿者队伍的建设和管理。特别是在中医药领域，组建中医药人才梯队，加强名老中医技术传承，加大基层中医药人才培养力度，优化育才、引进人才、留住人才，持续培育后备力量。

（六）重视宣传推介。制定《海曙区创建浙江省中医药文化传承生态保护区宣传工作方案》，充分利用好互联网、新媒体、自媒体、短视频等互联网新时代传播途径，对创建工作动态进行及时报道，对阶段性的重点工作和突出成绩组织力量进行深度报道。注重讲好中医药文化的宁波故事、海曙故事，形成多维、立体、新型的中医药文化传播传承体系，并及时报送省、市级媒体，营造浓厚的中医药宣传氛围和社会氛围。

——摘自《宁波市海曙区人民政府关于印发海曙区创建浙江省中医药文化传承生态保护区工作实施方案的通知》（海政发〔2021〕43号）

宁波市海曙区人民政府办公室关于支持企业留工优工稳增促投的实施意见

各镇（乡）人民政府、街道办事处，区政府各部门、各直属单位：

为有效应对严峻复杂的冬春季疫情防控形势，贯彻落实党中央、国务院和省委、省政府以及市委、市政府有关决策部署，坚持疫情防控和稳增促投两手抓，坚持稳就业与促发展相结合，全力做好企业留工优工稳增促投工作，促进全区经济社会持续健康发展，经区政府同意，现提出如下意见。

（一）支持企业抢先机开新局。鼓励订单较多、生产任务较重、有一定规模的企业，制定职工春节错避峰放假和调休计划，抢先机、抢工期，稳岗留工加快发展。对上年产值1亿元（含）以上和1亿元以下的规模以上工业企业（国有及国有控股企业除外），且2021年第一季度工业产值不低于上年第三、四季度季均产值的，分别给予10万元和5万元奖励。重点规下企业，且2021年一季度营业额不低于上年第三、四季度季均值的，给予2万元奖励。[牵头单位：区经信局；配合单位：区统计局，各镇乡（街道）]

（二）支持企业稳岗留工。支持企业稳定岗位、吸纳就业，鼓励企业不裁员或尽量少裁员，保障员工的稳定性，确保企业节前节后用工的稳定性和连续性。充分发挥失业保险基金稳定就业作用，对不裁员或少裁员的参保企业，返还其上年度实际缴纳失业保险费的50%。鼓励企业多途径扩大招工规模，2021年2月企业参保人员环比每新增1人，给予企业500元每人的补助，每家企业不超过10万元。通过举办线上线下招聘会，为海曙企业和员工提供招工求职渠道。[牵头单位：区人力社保局、区财政局；配合单位：各镇乡（街道）]

（三）支持企业开展培训。落实企业职工教育经费税前扣除限额提高至工资薪金总额8%的税收政策。向社会征集并发布项目制培训目录，鼓励技工（职业）院校和优质培训机构为企业提供职业技能培训服务；支持企业根据生产需求，以线上线下相结合形式自主开展项目制培训，对按规定开展培训的企业给予最高600元/人的补贴。鼓励企业开展线上职业技能培训，对符合条件的企业给予最高800元/人的补贴。（牵头单位：区人力社保局；配合单位：区财政局、区税务局）

（四）开展新春送温暖促消费活动。倡导企业落实职工节日福利，为外地留海曙职工开展茶话会等暖心活动，鼓励引导企业给每一位留海曙的市外户籍务工人员发放“留工优工新年大礼包”。工会、共青团、妇联、工商联和各镇乡（街道）等要开展形式多样的节日慰问和上门服务活动。文广旅体部门安排资金100万元，为留海曙过年的外来务工人员提供旅游购物优惠。有条件的镇乡（街道）向留海曙过年的市外户籍员工给予适当补贴。住建部门安排资金100万元，向春节期间在建重点项目的市外留海曙建筑工人发放民生保供消费券，相关部门落实定向发放对象和产业链供应。[牵头单位：区住建局、区文广旅体局；配合单位：区商务局、其他区级相关部门、各镇乡（街道）]

（五）加强防疫稳控，做好企业服务工作。做好春节期间疫情防控预案，指导企业按照减少人员流动、减少人员聚集、加强个人防护等原则，扎实做好春节期间疫情防控工作。深入开展“三进三服务”等服务企业专项行动，加强对企业和重大产业项目的沟通走访，协调解决春节期间企业招工用工和生产建设等方面的难题，确保企业生产生活秩序稳定。全面畅通劳动保障维权渠道，突出工程建设领域欠薪治理重点，加大劳动保障联合检查执法力度，及时妥善处置各类欠薪案件，切实维护好劳动者特别是农民工合法权益。[牵头单位：区卫健局、区人力社保局、其他区级相关部门；配合单位：各镇乡（街道）]

本意见自印发之日起施行，有效期至2021年3月31日。市区政策有重复的，按“就高不就低，不重复享受”的原则执行；相关政策已明确施行期限的，从其规定。

——摘自《宁波市海曙区人民政府办公室关于支持企业留工优工稳增促投的实施意见》（海政办发〔2021〕3号）

海曙区创建浙江省水稻产业“机器换人”高质量发展先行区实施方案

为贯彻落实全省农业高质量发展大会精神，深入实施科技强农、机械强农“双强”行动，深化我区农业“机器换人”和数字农机应用水平，助力农业农村现代化，根据《浙江省农业农村厅关于印发〈关于深化机械强农行动推进农业“机器换人”高质量发展的实施方案〉的通知》（浙农机发〔2021〕4号）等文件精神，结合我区实际，特制定本实施方案。

一、总体要求

围绕争创农业农村现代化先行区和全面推进乡村振兴的目标，全面落实农业“双强”行动部署要求，以提高主要农作物和主导产业机械化水平为重点，加快推动农机装备与种养殖工艺相融合、机械化与数字化相融合、装备配置与种养殖设施建设相适应、机械化生产与适度规模经营相适应，打造具有海曙辨识度的农机化推广应用体系。要以成功创建全国主要农作物生产全程机械化示范区和全国“平安农机”示范区为契机，促进我区农业机械化向更深层次、更高水平迈进，全面推进我区农业“机器换人”高质量发展，为加快我区农业农村现代化发展提供更加有力的支撑。

二、创建目标

根据省农业“机器换人”高质量发展先行区创建要求，结合我区现有的农业机械化发展水平，通过努力促使我区水稻产业各环节农机作业与应用水平、数字化技术应用水平、社会化服务水平和安全水平达到更高层次。

（一）农机作业与应用更加广泛。继续推进水稻耕作、种植、收获、高效植保、烘干、秸秆处理等环节机械化率，到2021年年底，实现全区水稻耕种收综合机械化率达到90%以上，高效植保机械化率92%以上，机械化烘干率88%以上,秸秆处理机械化率90%以上。

（二）农机数字化技术应用水平提升。加快实现水稻产业农机管理和作业服务数字化，继续稳步推进农业物联网、5G、北斗导航、无人驾驶、卫星遥感等农机数字化技术的应用，持续加快“海曙数字农业”APP平台推广应用，实现生产主体通过智能应用平台达到远程操控、精准管理的目标。到2021年年底，建设水稻产业高水平农艺农机融合示范基地3个。高效植保环节应用的作业实时监测终端覆盖面达到50%以上，确保“数字三农”农机模块应用平台运作平稳，数据完整。

（三）社会化服务体系健全。继续积极扶持农民（农机）专业合作社、作业服务公司、区域性农机综合服务中心等多元化农机服务组织发展，落实国家购机补贴、农机服务主体功能培育等强农惠农政策，推动农机社会化服务向区域化、专业化、“一站式”方向发展。到2021年年底，完成水稻耕种收、植保、烘干社会化服务覆盖率到达80%以上，建成水稻产业高标准区域农机综合服务中心3家。

（四）农机安全生产稳定。深化“平安农机”建设，夯实农机安全生产基础，健全农机安全生产长效机制，围绕重点农时、重点区域、重点机具开展农机安全隐患排查整治，进一步巩固全国“平安农机”示范区建设成果。

（五）农机支撑保障进一步完善。为推进农机农艺深度融合，建立健全农机和农艺协助机制，区农业农村局将建成水稻产业农机农艺融合专家组，加快推进农机农艺技术集成试验研究和示范推广工作。进一步完善农机维修服务网络，形成以农机修理工为基础、维修网点为支撑、农机“三保”服务为补充的农机维修网络体系，并加强对现有100余名农机修理工和10余个农机维修网点的技术指导。同时，不定期开展农机质量调查工作和农机业务培训，培训农机从业人员不少于300人次。

三、主要工作

（一）提升水稻机械装备作业与应用水平。充分利用农机购置补贴、农机报废更新、农机政策性保险、新型农机试验示范与推广项目、农作物秸秆综合利用补贴、农机服务体系创建项目、农机化科技创新示范项目等政策，进一步加大农业投入。巩固以水稻为主导产业的“机器换人”示范乡镇和示范基地的建设成果，引进推广一批适合我区农业生产的新型、先进农机装备，着力解决水稻生产关键薄弱环节，全面提升我区水稻生产机械化水平和规模。

（二）推动数字化技术在水稻产业中应用。着力开展水稻产业数字农机应用示范基地建设，推进涉农资金统筹整合，支持“宜机化”“数字化”提升改造，推广主体需要、设备支持、管理有效的数字化整体解决方案。利用国家级数字农业项目优势，对项目进行提质扩面，新建3个农业四情监测点，对全区10万亩水稻种植区的病虫害状况、作物生长情况、灾害情况、土壤温湿度等各种作物生长过程中重要的参数进行实时监测，建立大田农情监测网络。完成“数字三农”农机模块管理平台基础数据上传录入目标和“古林大田种植数字农业”平台的推介使用。

（三）推进农机农艺机制融合。充分发挥区农业农村局大农业整合的机构体系优势，加强农机、农技部门的协调配合。建立水稻农机农艺融合专家组，制定一套可操作、可推广的融合方案、技术路线或操作规程，加大水稻生产农机、农技人才培训力度，以培训会、现场会、观摩会等形式为水稻生产从业人员和技术管理人员提供相关政策、法规和业务知识培训，为水稻产业发展提供技术保障。

（四）加强农机社会化服务体系建设。发挥好新建成的集农机办证、检测、维修等功能于一体的区农机综合服务中心功能。根据粮食生产功能区分布情况，加强规划布局，推动区域间农机服务能力均衡发展。以政府强农惠农政策为依托，因地制宜培育农民（农机）专业合作社、作业服务公司、区域性农机综合服务中心等多元化农机服务组织。引导企业资本经营，引入现代企业经营管理理念，组建一批农机服务专业队伍，不断提升装备水平。加强农机维修行业管理，依法监管农机维修、保养等服务责任，有效满足区域内农机维修、保养需求。

（五）深化“平安农机”建设成果。完善农机质量监督机制，建立健全农机质量监督投诉管理制度。不定期开展打假保农行动；积极开展农机质量安全月活动，有效处理农机质量投诉。完善农机安全监管体系，夯实农机安全生产基础，落实农机安全生产责任制，构建农机安全生产长效机制。落实“警农协作、信息共享、执法共管”机制，始终保持严防严查、严管严控的高压态势，从实从严从细抓好各项农机安全监管工作，切实预防和遏制农机事故发生，为农机领域“机器换人”提供坚实的安全保障。

四、工作步骤

（一）启动创建阶段（2021年9月）。根据《浙江省农业农村厅关于印发<关于深化机械强农行动推进农业"机器换人"高质量发展的实施方案>的通知》（浙农机发〔2021〕4号）相关要求，结合我区农机化现状，确定创建产业（水稻），并初步形成创建工作开展的整体思路。制定创建水稻产业"机器换人"高质量发展先行区实施方案，成立创建工作领导小组，落实各部门工作职责，确保示范创建工作全面完成。

（二）推进实施阶段（2021年10月—11月）。严格对照创建标准，深入研究主要数据指标，并收集整理归类，确保数据资料的准确性。组织开展形式多样、内容丰富的水稻产业"机器换人"高质量发展先行区创建宣传活动。并根据创建要求，建设一批高水平农艺农机融合示范基地、高标准区域农机综合服务中心，使我区农机化水平进一步得以提升。

（三）巩固迎检阶段（2021年12月）。全面完成各项创建任务，台账资料经创建领导小组办公室审核后，报上级部门审定，同时部署迎接省评审专家组现场验收评审工作。

五、保障措施

（一）加强组织领导，明确工作职责。成立以分管副区长为组长，区级相关部门和镇乡（街道）分管领导为成员的工作领导小组（详见附件）。各有关部门各司其职、密切配合、通力合作，共同促进示范创建工作。

（二）加强宣传引导，营造创建氛围。充分利用网络、电视、报纸等新闻媒体，大力宣传水稻产业"机器换人"高质量发展先行区创建的重要意义，及时总结提炼创建成果、典型做法、创新经验，鼓励农户、农民专业合作社、农业产业龙头企业、农村集体经济组织等主体参与到示范创建中来，营造全社会关注、支持水稻产业"机器换人"高质量发展的良好氛围。

（三）加强督查考核，确保创建成效。相关部门要及时掌握工作进展情况，强化跟踪督查，对工作中存在的薄弱环节，要及时研究解决。要充分发挥考核导向作用，将创建工作纳入镇乡（街道）及相关部门目标管理考核，对创建工作成效显著、贡献突出的单位和个人给予表彰，对工作不力的，追究相关人员的责任。

——摘自《宁波市海曙区人民政府办公室关于印发海曙区创建浙江省水稻产业"机器换人"高质量发展先行区实施方案的通知》（海政办发〔2021〕31号）

海曙区创建全省整区推进分布式光伏规模化开发试点实施方案

为加快推进分布式光伏发电发展，充分发挥新能源在能源供应保障中的作用，确保如期实现"碳达峰、碳中和"战略目标，结合"十四五"时期国家实施"千家万户沐光行动"，特制订我区整区推进分布式光伏规模化开发试点实施方案。

一、总体思路

以习近平新时代中国特色社会主义思想为指导，以"四个革命，一个合作"能源安全战略和"2030碳达峰、2060碳中和"目标为引领，坚持市场主导和政府引导，加强统筹规划和数字赋能，强化整区试点带动，努力将分布式光伏整区推进工作打造成市场化程度高、普及面广、高质量发展的惠民实事工程。

二、基本原则

（一）发挥优势，奋力争先。发挥我区已有光伏应用基础，利用数字化基础好等优势，力争在整区推进分布式光伏规模化开发试点工作中走在全省前列。

（二）分类施策，迭代升级。结合我区光伏发展情况和目标任务，分类实施，全力推进分布式3.0模式，实现分布式光伏迭代升级，实现新建建筑光伏全覆盖。

（三）统筹安排，整体推进。统筹旧城改造、美丽乡村（乡村振兴）、未来社区、招商引资等工作，合理安排工作计划、工作重点和建设时序，整体、有序推进分布式光伏示范试点工作。

（四）普惠共享，多元共治。创新推广模式，结合乡村振兴、共同富裕等工作，共建共治共享。鼓励更多市场主体参与项目建设和管理。

（五）发挥优势，数智管理。充分发挥先进光伏设备、技术、安装以及消纳方面的优势，推动各光伏电站的数智化管理，为后续制定优化措施、运营维护与政策扶持提供支撑。

三、工作目标

在我区现有分布式光伏装机规模基础上，进一步推动光伏建设模式创新，充分利用数字化手段，努力推动我区光伏发展进入普惠共享、数字高效的3.0时代，加快构建以新能源为主体的新型电力系统，有效减少能源领域碳排放。

1.到2025年年末，新增分布式光伏150MW，其中2021年累计建成并网40MW，2022年累计建成并网100MW。

2.现有建（构）筑物：车站、学校、医院、党政机关办公用房等公共建筑屋顶安装比例达到50%；商业建筑屋顶安装比例达到40%；特色小镇、开发区（园区）的建筑屋顶安装比例达到60%；农村户用屋顶安装比例达到30%；自来水厂、污水处理厂等公共基础设施的大型建（构）筑物上空安装比例达到90%。

3.新建建（构）筑物：新建工业厂房比例达到80%；新建民用建筑推广建筑一体化光伏发电系统，安装比例达到60%，其中未来社区安装比例达到80%；新建农村户用屋顶安装比例要达到40%；新建（改建）大型停车场地等公共基础设施安装比例达到100%。

4.鼓励设施农业、设施畜（禽）养殖业等结合农牧业生产，在大棚、畜（禽）舍等安装分布式光伏。

四、重要任务

（一）实施“光伏+农业”工程。在喜阴的药材、菌类、蔬菜、瓜果等农作物塑料大棚上方建设光伏设施，支持在农作物育苗、花卉种植等农作物玻璃棚顶建设光伏发电系统，满足大棚保温、灌溉、照明补光等电力需求。鼓励在畜牧、家禽养殖基地利用养殖设施屋顶、管理用房屋顶、可利用空地建设光伏设施，打造生态养殖基地。（责任单位：区农业农村局、海曙自然资源规划分局，各镇乡、石碶街道）

（二）实施“光伏+工业”工程。在产业集聚区、科技园区、小微产业园区、升级改造工业园区标准厂房屋顶及车棚顶建设集中连片光伏设施，打造分布式光伏示范区。电力、钢铁、有色金属、化工、建材、铸造、纺织等高耗能行业企业要利用自有厂房屋顶及车棚顶建设光伏设施，减少企业用能。引导汽车制造业零部件、高端装备、电子信息等重点行业企业利用自有厂房屋顶及车棚顶建设光伏设施，促进绿色、低碳发展。新建工业厂房比例达到80%；工业园区现有建筑屋顶安装比例达到60%。〔责任单位：区经信局、区工改中心，各镇乡（街道）、望春工业园区管委会〕

（三）实施“光伏+商业”工程。在商业综合体、大型超市、宾馆、餐饮、影院、大剧院、会展中心、物流仓储基地、商务写字楼顶及车棚顶建设光伏设施，降低商业运营成本。倡导风景区、旅游度假区、公园、游乐园、古镇、星级旅游村等旅游景区利用游客集散中心屋顶、管理用房屋顶、车棚顶建设光伏设施，打造具有光伏特色的旅游景区。现有商业建筑屋顶安装比例达到40%；新建商业建筑推广建筑一体化光伏发电系统，安装比例达到60%。（责任单位：区商务局、区文广旅体局、区综合执法局、区发改局、海曙自然资源规划分局）

（四）实施“光伏+公共建筑”工程。政府机关、事业单位利用办公楼屋顶及车棚顶建设光伏设施，树立党政机关带头使用清洁能源形象。国有企业利用屋顶及车棚顶建设光伏设施，树立国企勇于承担社会责任形象。在车站、码头、博物馆、公共图书馆、文化馆、公共体育馆、养老院等公共机构屋顶及车棚顶建设光伏设施，示范引领清洁能源应用。鼓励政府投资项目优先开展光伏建筑一体化应用。现有公共建筑屋顶安装比例达到50%，新建（改建）公共基础设施安装比例达到100%。〔责任单位：区机关事务局、区国资中心、区交通运输局、区文广旅体局、区民政局、各镇乡（街道）〕

（五）实施“光伏+学校”工程。幼儿园、中小学、各培训机构利用行政办公楼、实验楼、教学楼、图书馆、食堂、体育馆、宿舍等建筑物建设光伏设施，打造一批“绿色学校”。学校现有建筑屋顶安装比例达到50%，新建（改建）建筑屋顶安装比例达到100%。（责任单位：区教育局）

（六）实施“光伏+医院”工程。鼓励公立医院、民营医院利用住院楼、医技楼、门诊楼、食堂、车库等屋顶建设光伏设施，响应国家节能减排的号召。引导社区及乡镇卫生所利用门诊楼、食堂屋顶及车棚顶建设光伏设施，满足所内医疗设施用电。医院现有建筑屋顶安装比例达到50%，新建（改建）建筑屋顶安装比例达到100%。（责任单位：区卫生健康局）

（七）实施“光伏+居民”工程。在城市联排别墅、住宅小区、公寓楼、安置房、新农村（含移民村）、未来社区屋顶及车棚顶建设光伏设施，支持居民区内光伏垃圾箱、光伏路灯、光伏指示牌建设与推广，将清洁能源融入日常生活。积极推广“海曙龙观模式”，结合美丽乡村建设，在村委会、经济合作社、文化大礼堂等大楼屋顶建设光伏设施，提高村集体收入。鼓励村民利用自建房屋顶和周边空地建设光伏设施，加快清洁能源在农村普及与发展，深入推进光伏村、光伏小镇建设。新建民用建筑推广建筑一体化光伏发电系统，安装比例达到60%，其中未来社区安装比例达到80%。现有农村户用屋顶安装比例达到30%，新建农村户用屋顶安装比例要达到40%。［责任单位：区住建局、区农业农村局、区综合执法局、区文广旅体局、海曙自然资源规划分局，各镇乡（街道）］

五、实施计划

第一阶段：排摸阶段

2021年8月中旬前，排摸好全区屋顶资源，形成2021年实施项目清单。

第二阶段：动员阶段

2021年9月下旬，召开动员大会，签订战略合作协议。

第三阶段：建设阶段

2021年9月下旬到12月中旬，学校、医院和公共建筑全面展开建设；在先行推进集士港镇、石碶街道、龙观乡为试点的基础上，各镇乡（街道）全面推进，完成年度目标任务，外观色彩协调统一。

第四阶段：阶段性总结

2021年12月底前，深刻分析项目实施难点、痛点，总结经验，在后续工作中改进。

第五阶段：第二批项目建设

2022年1月到12月底，完成第二批建设目标任务，完成海曙光伏整区推进试点目标任务。

第六阶段：总结并深入推广

2023年后，在总结前期经验的基础上，在全区深入推广分布式光伏建设，力争超额完成“十四五”目标任务。

六、保障措施

（一）加强组织领导。成立以区长为组长，常务副区长任副组长，区府办公室、区发改局、区经信局等42个相关单位负责人为成员的领导小组，领导小组办公室设在区发改局，负责统筹协调整区光伏推进工作，区发改局局长任办公室主任。各任务相关责任单位要各司其职，细化任务分工，明确目标任务、进度安排，协助市场开发主体扎实推进试点行动；领导小组定期或不定期召开工作会议，每月通报工作进度成效，协调解决工作中出现的有关问题，研究部署重大事项，指导和推进试点工作深入开展。

（二）落实开发主体。支持鼓励各类市场主体参与项目建设和管理。积极与央企或国企建立战略合作关系，加强与本区光伏企业及产业链上下游产业协同、产销衔接，促进企业资源共享、优势互补。完善分布式光伏规划、设计、建设、并网、运维等标准体系，形成各场景光伏系统解决方案，紧盯目标任务，共同推进海曙整区分布式光伏规模化开发试点工作。区各责任单位自行与开发主体商谈确定合作模式。

（三）强化政策支持。落实上级补贴政策，实施家庭屋顶光伏补贴，对利用农村独立住宅屋顶或庭院、新农村集中连片住房、城镇高（多）层住宅、公寓、保障性住房、别墅排屋等民居建筑屋顶和农村村级组织集体屋顶、城镇社区公共建筑屋顶的家庭屋顶光伏项目，区级财政按照市级财政补贴政策实行1∶1配套补贴。区相关职能部门积极配套制定出台有利于试点推进的政策措施。结合乡村振兴、老旧小区改造、未来社区建设、光伏惠民、“零碳”试点等工作，通过各类项目资金，加大对分布式光伏发展政策支持。充分挖掘我区可供光伏开发利用资源潜力，努力为光伏发电项目提供资源保障。在项目审批流程各环节各部门提供有力支持。

（四）强化电网保障。海曙供电局要加强对配电网的升级改造，切实保障分布式光伏的大规模接入需求，保障我区分布式光伏的全消纳，确保大量分布式光伏并网后电网的安全稳定运行。进一步完善和优化分布式光伏接网、备案等相关管理办法，鼓励对户用光伏整体打包代备案等。

（五）加大宣传引导。各单位要充分发挥舆论导向作用，广泛利用报刊、广播、电视、互联网等新闻媒体以及其他多种方式和途径，全方位、多角度对广大群众宣传光伏开发利用，动员全社会力量积极参与，不断增强广大人民群众优先应用可再生能源的理念，形成绿色文明健康的消费方式，营造全社会共同推动绿色发展的良好氛围。

——摘自《宁波市海曙区人民政府办公室关于印发海曙区创建全省整区推进分布式光伏规模化开发试点实施方案的通知》（海政办发〔2021〕36号）

海曙区公共政策健康影响评价试点实施方案（试行）

为全面贯彻落实党的十九大关于实施健康中国战略的要求，探索建立有关政策、规划和重大工程建设项目的健康影响评价机制，推动把“健康融入所有政策”，加快健康促进区建设，进一步提升全区人民健康生活品质，结合我区实际，制定本方案。

一、指导思想和基本原则

以习近平新时代中国特色社会主义思想为指导，把“将健康融入所有政策”策略落实到城市规划、建设和治理的各方面，坚持健康优先、改革创新、实事求是、可持续发展的基本原则，将健康影响评价和干预列入各部门制定公共政策的全过程，发挥公共政策对公众健康的导向作用，切实维护广大人民健康权益，加快推进健康海曙建设。

二、公共政策健康影响评价路径

（一）评价范围

《“健康海曙2030”规划纲要》及《推进健康海曙行动实施方案》中所涉及的各类经济社会发展规划、公共政策以及工程项目，具体如下：

1.经济社会发展规划。主要是指政府规划、部门事业发展规划、工作规划等，包括总体规划和各类专项规划，也包括长期计划（一般为10至20年）、中期计划（一般为5年）、年度计划。

2.经济社会发展政策。主要是指区委区政府、各部门为实现上述经济社会发展规划目标而制定的相关措施、办法、方法、方案、条例等，尤其是涉及面较广、覆盖人群较多、有效时间较长、影响较大的公共政策。直接转发的上级政策、各个部门单位内部的管理制度等不列入评价范围。

3.重大工程和项目。主要是指经济社会发展规划中列入的由政府投资的重大工程和项目，以及涉及人群较多的一般性项目。包括生产性工程项目和非生产性工程项目，也包括新建、扩建、改建、恢复和迁建项目。

（二）评价内容

遵循大健康理念，从最广泛的健康影响因素入手，以物质环境因素、社会环境因素、生物心理因素、生活方式因素、医疗服务因素等大健康影响因素和躯体健康、心理健康、社会适应和道德健康“四维健康观”为依据，评价相关政策、规划和项目是否存在直接或间接影响健康的因素，以及是否可能导致健康不公平的发生，并针对可能存在的健康不公平风险因子，提出改进对策建议。

（三）评价程序

1.初筛。政策起草部门在政策有关发文时间前2个月，可对照健康影响评价政策文件范围及对应健康问题清单（详见附件2），组织本政策起草的专家团队使用健康影响因素清单（详见附件3）对本政策进行初筛，必要时可通过区健康办协调有关领域专家参与。

2.备案。根据初筛结果，对于需要提请健康影响评价的有关政策，填写《海曙区公共政策健康影响评价备案登记表》（详见附件4），连同拟制订的公共政策草案文本，提交区健康办备案。对于不需提请后续健康影响评价的有关政策，按照本部门政策制定程序继续进行。

3.筛选。收到备案表后，区健康办于3个工作日内组建完成本次公共政策健康影响评价组。评价组成员主要从区健康影响评价专家库中抽取，必要时将吸纳该政策影响的公众代表参与。专家抽取原则采用“（2+X模式）”进行，其中“2”为卫生领域专家和法律法规领域专家，“X”为根据拟决策的领域，所选择的其他学科专业的专家，参加总人数根据实际情况确定。

专家组组建完成后，在区健康办的协助下由政策起草部门组织评价组内专家以小组会议或函询方式于5个工作日内快速筛选确定是否需要进行健康影响评价，并形成《海曙区公共政策健康影响评价筛选意见汇总表》（详见附件5）。其中经评价组筛选后，无需进行健康影响评价的公共政策，由政策起草部门按原政策制定程序继续进行。

4.评价。对经筛选后确定需要进行健康影响评价的公共政策，在区健康办的协助下由政策起草部门组织前述的评价组进一步开展针对该有关政策的健康影响分析评估工作。评价组可采用召开征求意见会、专家评审会、决策影响人群问卷调查及访谈、委托专业机构评估等形式开展健康影响分析评估工作。

5.报告。评价组根据收集和分析的结果及利益相关者的意见等，在收到备案表1个月内形成《海曙区公共政策健康影响评价意见反馈表》（详见附件6）及评价报告提交区健康办及文件起草部门。

6.结果运用。根据《海曙区公共政策健康影响评价意见反馈表》及评价报告，由政策起草部门依据评价报告中的建议对政策草案进一步修改完善，并于政策正式出台2周前填报《海曙区健康影响评价结果采纳情况反馈表》（详见附件7）交于区健康办，健康办根据《海曙区健康影响评价结果采纳情况反馈表》，对相关单位分析利用评价评估报告意见情况进行跟踪督促。经健康办反馈无异议后按照本部门政策制定程序继续政策出台流程。

7.监测评估。区健康办可根据具体工作需要，在健康影响评价工作网络和专家委员会的相互配合下，就公共政策健康影响评价工作本身、公共政策发布实施过程、发布实施后的健康影响变化等开展监测评估工作。

三、实施计划

（一）试点评价阶段（2021年—2022年）。根据公共政策健康影响评价方法和路径要求，选择个别政策、规划或项目开展试点评价。原则要求每年至少选取1个健康相关的政策（规划）或1项政府投资的重大工程（公共服务）项目开展健康影响评价。

（二）试点推广阶段（2023年—2024年）。在前期公共政策健康影响试点评价的基础上，及时总结经验和案例，优化公共政策健康影响评价路径和工具，不断深化试点推广工作。原则上要求评价数量不得低于与健康有关经济社会发展各类规划总数的30%，政府投资的重大民生工程（公共服务）项目开展评价数量不低于10%。

（三）全面实施阶段（2025年—2030年）。提交公共政策健康影响评价的政策、规划和项目覆盖率达到50%以上，其中与健康相关的城市发展、经济和社会事业发展中长期规划，以及政府投资的重大民生工程评价覆盖率达到100%。同时，全面实现公共政策健康影响评价信息化。

四、工作要求

（一）建立健康影响评价组织管理机制。坚持政府负责，政策制定相关部门协作实施，全社会共同参与的原则，区政府为评价制度实施的责任主体，区健康办为评价工作的管理主体，各公共政策起草部门为评价工作的实施主体，区卫生健康局为评价工作的技术支撑主体。区政府建立由上述各类主体参与的公共政策健康影响评价联席会议制度（以下简称联席会议），指导和规范辖区内公共政策健康影响评价实施工作，研究公共政策健康影响评价实施中的重大问题，共同审议和推动健康影响评价工作。联席会议办公室设在区健康办。

（二）构建健康影响评价工作网络。各部门指定一名协调和管理本部门健康影响评价工作的分管负责人。指定具体科室及相应工作人员负责本部门健康影响评价的具体工作，包括收集政策起草、初筛与备案、筛选与评价、结果运用与反馈等各环节的信息管理与申报工作，筛选与评价环节中的专家评审组织工作，与区健康办对接，保障完成本部门的健康影响评价工作。各镇乡（街道）指定具体科室及相应工作人员负责镇乡（街道）健康影响评价的具体工作，包括在区健康办指导下配合完成筛选与评价环节中的公众代表推荐、人群问卷调查及访谈和其他必要的现场调研、技术支持等工作，与区健康办对接，保障完成本镇乡（街道）的健康影响评价工作。区健康办建立定期交流制度，总结经验，促进各部门、镇乡（街道）间的交流。

（三）组建专家委员会。按照"突出卫生健康，涵盖各行业部门技术领域"的原则，由健康海曙成员部门选派具有较高学术造诣或丰富行业管理经验的专家和技术人员，并积极吸纳区域外有关专家组成具有多学科领域特点的海曙区健康影响评价专家委员会（以下简称专家委员会）。专家委员会负责为我区健康影响评价工作提供技术支持，具体工作由区健康办统一调配。区健康办每年至少召开一次专家委员会全体会议。必要时，可临时召集部分成员召开会议。因工作需要，可临时特邀在公共政策健康影响评价领域具有较高政策和理论水平的专家学者或实际工作者，参与专家委员会活动。

（四）强化保障激励措施。逐步建立健康影响评价工作体系，结合实际情况，逐步明确健康影响评价的各类主体的职能分工及健康影响评价的政策范围清单。逐步探索制定、健全健康影响评价工作的各类监督、绩效考核办法及激励机制，把健康影响评价工作纳入健康海曙建设考核工作创新指标。探索建立有效的公众参与健康影响评价机制。区政府加强健康海曙机构建设，加强人员培训，加强与更高级专业机构及有关科研院所、专业技术团队的联系，保障经费投入，提升工作能力。探索发挥第三方独立机构在健康影响评价工作中的作用。

（五）加强宣传力度。通过宣传倡导、干部培训等方式切实增强全体干部"将健康融入所有政策"的意识，促使各部门、镇乡（街道）更加积极主动实施健康影响评价工作。利用多方力量面向社会大力宣传习近平总书记关于把人民健康放在优先发展战略地位的重要论述，大力普及卫生健康法律法规和健康科学常识，为健康影响评价制度的实施营造良好的社会舆论环境。

——摘自《宁波市海曙区人民政府办公室关于印发海曙区公共政策健康影响评价试点实施方案（试行）的通知》（海政办发〔2021〕39号）

海曙区促进东西部协作和山海协作的招商引资、劳务合作及消费协作实施办法

为全面贯彻落实中央、省、市关于促进东西部协作和山海协作的工作要求，持续加大政策支持力度，巩固当地脱贫攻坚战成果，提高对口协作精准性，深化对口地区产业合作、劳务合作和消费协作，特制定本实施办法。

一、实施范围和扶持内容

本办法实施范围：产业合作为东西部协作四川省喜德县，投资四川省或浙江省丽水市、衢州市的海曙区企业；劳务协作为东西部协作四川省喜德县；消费协作为东西部协作四川省（重点喜德县）、山海协作浙江省庆元县、对口支援新疆库车市。

（一）产业合作

1.积极引导四川省喜德县以外资金项目投资开发四川省喜德县，对注册纳税在四川省喜德县且当年度实际到位县外资金500万元及以上的服务业、制造业、农业综合开发项目（房地产开发项目除外），给予投资主体不超过实到资金3‰的补助，最高不超过20万元。增资、并购项目视同新设项目补助。

2.海曙区注册纳税企业赴四川省（喜德县除外），浙江省丽水市、衢州市投资，且当年度实际到位资金500万元及以上的服务业、制造业、农业综合开发项目（房地产开发项目除外），给予投资主体不超过实到资金3‰的补助，最高不超过20万元。增资、并购项目视同新设项目补助。

（二）劳务协作

支持结对地区劳动者就业创业。2021年度喜德县当地就近就业和海曙区企业当年吸纳四川省喜德县务工人员5人及以上且连续工作3个月及以上的给予稳岗补助，每吸纳一名脱贫劳动者（原建档立卡贫困人员）给予3000元稳岗补助，每吸纳一名其他劳动者给予1500元稳岗补助，每家企业最高不超过15万元。脱贫劳动者依法缴纳社会保险费的，对企业按最低基数缴费的职工个人部分给予补贴。参加海曙区大学生青年创业大赛并获奖的四川省喜德县青年大学生创业团队同等享受海曙区青年创业人才扶持政策。同时执行市级各项"宁波—凉山"东西部协作就业帮扶政策，具体由海曙区人力社保局根据市级政策出台细则执行。

（三）消费协作（销售网点）

积极推进四川省（重点喜德县）、浙江省庆元县、新疆库车市消费协作工作，对采购该地区生产企业、合作社、基地的农特

产品当年累计采购额在100万元及以上的海曙区注册纳税企业给予年度完成交易额1%的奖励，奖励最高不超过10万元。

在海曙区的商场超市、大型农产品批发市场、农贸市场、街区、综合体等开设对口地区农特产品销售网点，连锁经营实体门店2家或1个门店经营面积达100平方米及以上，且当年采购额在50万元及以上的，给予每家销售网点3万元的补助。经海曙区对口工作领导小组办公室（海曙区农业农村局）认定的单体门店经营面积达400平方米及以上的对口地区展销展示馆，且当年采购额200万元及以上的，给予15万元补助；当年采购额在500万元及以上的，给予30万元补助；当年采购额1000万元及以上的，给予50万元补助（同类性质的补助，按就高原则）。

二、申报和审核程序

（一）产业合作

企业提供下列具体资料：

1.企业营业执照等；

2.银行流水证明；

3.申请表（详见附件1）。

四川省喜德县以外资金项目投资开发四川省喜德县并符合相关要求的，由喜德县招商部门负责初审，汇总至四川省喜德县乡村振兴局审核推荐；其他海曙区注册纳税企业赴四川省（喜德县除外），浙江省丽水市、衢州市投资达规定标准的，由属地的海曙区各镇乡（街道）负责初审，汇总至海曙区农业农村局审核推荐。经两地审核推荐后，将有关资料报至海曙区对口工作领导小组办公室（海曙区农业农村局）审核确认，经海曙区对口工作领导小组备案后给予补助。

（二）劳务协作

企业提供下列具体资料：

1.提供就业人员姓名、身份证号、电话、就业单位、岗位、月工资清单或人社参保信息（区分脱贫人口及非脱贫人口）；

2.企业营业执照等；

3.申请表（详见附件2）。

在四川省喜德县当地吸纳就业的，由四川省喜德县人力社保局负责初审，统一汇总至四川省喜德县乡村振兴局审核确认后，将有关资料报至海曙区对口工作领导小组办公室（海曙区农业农村局）审核确认，经海曙区对口工作领导小组备案后给予补助。

在海曙区内吸纳就业的，由海曙区人力社保局负责初审，将有关资料统一汇总至海曙区对口工作领导小组办公室（海曙区农业农村局）审核确认后，经海曙区对口工作领导小组备案后给予补助。

（三）消费协作（销售网点）

企业提供下列具体资料：

1.企业订单协议或合同（若没有签订就无需提供）；

2.营业执照及相关许可证资料；

3.完成订单证明（以采购发票及银行回单为准，销售网点提供营业面积和年采购额证明）；

4.申请表（详见附件3、4）。

相关资料由海曙区商务局负责初审，汇总报至海曙区对口工作领导小组办公室（海曙区农业农村局）审核确认，经海曙区对口工作领导小组备案后给予补助。

三、附则

1.除另有约定外，本办法条款所涉补助按财政预算发放，若超过预算，则按比例下调兑现标准。

2.本办法自2021年11月19日起实施，每年兑现一次。如遇上级政策调整，按上级政策执行。

3.申报企业应保证其提供资料信息的真实性、合法性。区农业农村局等相关职能部门应当加强监管，依法查处骗取和套取补助、奖励资金等违法行为，违法行为已涉嫌犯罪的，移送司法机关依法追究刑事责任。

——摘自《宁波市海曙区人民政府办公室关于印发海曙区促进东西部协作和山海协作的招商引资、劳务合作及消费协作实施办法的通知》（海政办发〔2021〕42号）

统计资料

2021 年海曙区行政区划基本情况表

表 44

街道名称	居民委员会（个）		村民委员会（个）
		社区（个）	
总计	109	104	164
集士港镇	5	5	19
古林镇	7	5	23
高桥镇	8	8	20
横街镇	2		28
鄞江镇	2	1	12
洞桥镇	1	1	19
章水镇	1	1	18
龙观乡	1	1	10
石碶街道	8	8	15
月湖街道	6	6	
西门街道	12	12	
江厦街道	4	4	
南门街道	11	11	
鼓楼街道	5	5	
白云街道	13	13	
望春街道	14	14	
段塘街道	9	9	

注：本表数据由区民政局提供

2021 年海曙区户籍人口及其变动情况表

表 45

指标名称	2021 年	指标名称	2021 年
本年末总户数（户）	259966	35～59 岁人口	255638
上年末总人口	637638	60 岁及以上人口	174987
本年末总人口	641778	本年度人口变动情况	
本年平均人口数	639708	出生人数	3974
在本年末总人口中		死亡人数	4385
按性别分：		迁入人口	
男	311662	省内迁入	3750
女	330116	省外迁入	6763
按年龄分：		迁出人口	
0-17 岁人口	98624	迁往省内	951
18-34 岁人口	112529	迁往省外	962

2017—2021 年海曙区人口主要指标表

表 46　　计量单位：个、人

年份	街道	乡镇	社区	村	户籍总人口	# 非农业人口	男性	女性	出生人数	出生率（‰）	死亡人数	死亡率（‰）	自然增长率（‰）	户籍年平均人口	年末常住人口（万人）
2017 年	9	8	98	167	626363	428361	306724	319639	6217	9.94	4339	6.94	3.00	625400	100.1
2018 年	9	8	102	167	629970	455085	308051	321919	5348	8.51	4209	6.70	1.81	628166	102.1
2019 年	9	8	103	167	633478	480893	309163	324315	5121	8.11	3594	5.69	2.42	631724	103.9
2020 年	9	8	103	164	637638	494524	310682	326956	4528	7.10	3679	5.77	1.33	635558	104.3
2021 年	9	8	104	164	641778	514439	311662	330116	3974	6.19	4385	6.83	−0.64	639708	105.3

2021 年海曙区地区生产总值分行业增加值表

表 47　　计量单位：亿元

指标名称	增加值	指标名称	增加值
地区生产总值	1400.63	住宿和餐饮业	20.98
农、林、牧、渔业	17.18	住宿业	4.82
农、林、牧、渔专业及辅助性活动	0.81	餐饮业	16.16
工业	345.41	金融业	126.64
建筑业	82.29	房地产业	121.99
批发和零售业	179.27	其他服务业	395.11
批发业	118.30	第一产业	16.37
零售业	60.96	第二产业	427.51
交通运输、仓储和邮政业	111.77	第三产业	956.75

注：该表格中数据为快报口径

2020—2021 年海曙区财政收入情况表

表 48　　计量单位：万元

指标名称	2021 年	2020 年	同比增长（%）
财政总收入	2253101	1879655	19.9
一、税收收入合计	2155851	1721529	25.2
1. 中央收入	956148	721375	32.5
（1）消费税	10054	9128	10.1
（2）增值税	406801	387382	5.0
（3）企业所得税 60%	384218	218459	75.9
（4）个人所得税 60%	155075	106406	45.7
2. 地方收入	1199703	1000154	20.0
（1）增值税	412235	389175	5.9
（2）企业所得税 40%	251760	142559	76.6

续表 48

指标名称	2021 年	2020 年	同比增长（%）
（3）个人所得税 40%	103384	70937	45.7
（4）资源税	1886	1509	25.0
（5）城建税	63905	54511	17.2
（6）房产税	50138	57026	−12.1
（7）印花税	18401	14791	24.4
（8）土地使用税	11415	13150	−13.2
（9）土地增值税	110622	94992	16.5
（10）车船税	18293	16900	8.2
（11）契税	146610	139654	5.0
（12）耕占税	10899	4780	128.0
（13）环境保护税	127	140	−9.3
（14）其他税收收入	28	30	−6.7
二、非税收入合计	97250	158126	−38.5
1. 教育费附加	26892	22486	19.6
2. 地方教育附加	17932	15012	19.5
3. 文化事业建设费		41	−100.0
4. 残疾人就业保障金	3040	6798	−55.3
5. 教育资金收入			
6. 农田水利建设资金收入			
7. 森林植被恢复费	266	641	−58.5
8. 水利建设专项收入	−1		
9. 行政事业性收费	13298	14030	−5.2
10. 罚没收入	6952	5700	22.0
11. 国有资本经营收入			
12. 国有资源有偿使用收入	28414	91935	−69.1
13. 政府住房基金收入	455	1459	−68.8
14. 其他收入	2	24	−91.7

注：本表由区财政局提供，2021 年中央财政收入 956148 万元，同比增长 32.5%；一般公共预算收入 1296953 万元，同比增长 12.0%

2020—2021 年海曙区财政支出情况表

表 49　　　　计量单位：万元

指标名称	2021 年	2020 年	同比增长（%）
一、一般预算支出合计	1138898	1019197	11.7
一般公共服务	217063	194077	11.8
国防	250	161	55.3
公共安全	76523	78394	−2.4
教育	219242	206162	6.3
科学技术	37199	21910	69.8

续表49

指标名称	2021年	2020年	同比增长（%）
文化旅游体育与传媒	13990	14992	-6.7
社会保障和就业	123589	107557	14.9
卫生健康	89183	92737	-3.8
节能环保	6129	5918	3.6
城乡社区事务	116735	103449	12.8
农林水事务	55218	48932	12.8
交通运输	17567	20198	-13.0
资源勘探电力信息等事务	30141	24160	24.8
商业服务业	7169	11318	-36.7
金融支出	6411	5363	19.5
援助其他地区	2989	2989	
自然资源海洋气象等	9228	9810	-5.9
住房保障	77743	43516	78.7
粮油物资储备	3537	5233	-32.4
灾害防治及应急管理	8981	2404	273.6
其他	108	19	468.4
债务付息	19895	19898	0.0
债务发行费用	8		
二、政府性基金支出合计	1180915	1265955	-6.7
文体传媒	5		
社会保障和就业	1213	1264	-4.0
城乡社区	903118	1138599	-20.7
农林水	19	34	-44.1
交通运输	13		
其他支出（彩票公益金支出）	2159	3637	-40.6
其他支出（其他政府性基金支出）	237075	22628	947.7
债务付息支出	37305	28093	32.8
债务发行费支出	8		
抗疫特别国债		71700	

注：本表由区财政局提供

2021年海曙区城乡居民人均收支及生活质量情况表

表50

指标名称	单位	2021年	同比增长（%）
一、城镇居民			
人均可支配收入	元	78195	9.5
人均消费支出	元	48136	18.2
人均自有现住房面积	平方米	37.44	5.4
家用汽车拥有量	辆/百户	58	0.9

续表 50

指标名称	单位	2021 年	同比增长（%）
洗衣机拥有量	台 / 百户	102	4.8
电冰箱（柜）拥有量	台 / 百户	104	0.1
彩色电视机拥有量	台 / 百户	167	-6.7
空调拥有量	台 / 百户	233	6.9
固定电话拥有量	线 / 百户	25	-31.8
移动电话拥有量	部 / 百户	218	1.6
# 其中：接入互联网	部 / 百户	201	2.4
计算机拥有量	台 / 百户	87	8.7
# 其中：接入互联网	台 / 百户	80	3.0
二、农村居民			
人均可支配收入	元	43689	9.5
人均消费支出	元	28289	15.0
人均自有现住房面积	平方米	48.40	1.7
家用汽车拥有量	辆 / 百户	45	15.6
洗衣机拥有量	台 / 百户	97	11.4
电冰箱（柜）拥有量	台 / 百户	106	-0.4
彩色电视机拥有量	台 / 百户	181	-9.7
空调拥有量	台 / 百户	209	20.4
固定电话拥有量	线 / 百户	16	-40.7
移动电话拥有量	部 / 百户	219	12.9
# 其中：接入互联网	部 / 百户	174	62.6
计算机拥有量	台 / 百户	31	-25.6
# 其中：接入互联网	台 / 百户	27	-21.8

2021 年海曙区城镇居民收入与支出情况表

表 51

指标名称	单位	2021 年	同比增长（%）
一、人口就业情况			
1. 住户数	户	200	0.0
2. 期内住户常住成员数	人	483	-2.9
3. 劳动力人数	人	402	3.1
4. 常住成员从业人数	人	228	-3.8
二、可支配收入	元	78195	9.5
（一）工资性收入	元	43188	9.0
（二）经营净收入	元	12943	4.2
1. 第一产业经营净收入	元	28	125.4
2. 第二产业经营净收入	元	4471	-6.5
3. 第三产业经营净收入	元	8444	10.7
（三）财产净收入	元	10673	16.8

续表51

指标名称	单位	2021 年	同比增长（%）
（四）转移净收入	元	11391	11.6
三、总支出	元	78055	12.3
1. 生产经营费用支出	元	12220	59.7
2. 财产性支出	元	1392	88.5
3. 转移性支出	元	4265	5.2
4. 部分商业保险支出	元	216	21.9
5. 购置资产及非经常性转移支出	元	12036	1.3
6. 借贷性支出	元	3703	−26.5
四、消费支出	元	48136	18.2
（一）食品烟酒	元	12275	17.2
（二）衣着	元	2175	10.5
（三）居住	元	16201	32.8
（四）生活用品及服务	元	3058	13.1
（五）交通通信	元	4744	−5.6
1. 交通	元	3382	−13.4
2. 通信	元	1362	21.7
（六）教育文化娱乐	元	4431	35.0
1. 教育	元	2858	36.1
2. 文化娱乐	元	1573	33.1
（七）医疗保健	元	4285	1.5
（八）其他用品和服务	元	967	13.0

2021 年海曙区农村居民收入与支出情况表

表52

指标名称	单位	2021 年	同比增长（%）
一、人口就业情况			
1. 住户数	户	100	0.0
2. 期内住户常住成员数	人	249	7.2
3. 劳动力人数	人	220	13.4
4. 常住成员从业人数	人	157	14.6
二、可支配收入	元	43689	9.5
（一）工资性收入	元	24575	7.1
（二）经营净收入	元	8982	8.3
1. 第一产业经营净收入	元	205	−33.2
2. 第二产业经营净收入	元	6127	8.3
3. 第三产业经营净收入	元	2650	13.7
（三）财产净收入	元	3112	21.9
（四）转移净收入	元	7020	15.0
三、总支出	元	58634	54.1

续表 52

指标名称	单位	2021 年	同比增长（%）
1. 生产经营费用支出	元	24893	107.1
2. 财产性支出	元	133	126.9
3. 转移性支出	元	2029	10.9
4. 部分商业保险支出	元	89	418.5
5. 购置资产及非经常性转移支出	元	6943	202.2
6. 借贷性支出	元	710	236.7
四、消费支出	元	28289	15.0
（一）食品烟酒	元	8204	8.9
（二）衣着	元	1039	14.1
（三）居住	元	9004	24.7
（四）生活用品及服务	元	1337	36.7
（五）交通通信	元	3011	15.6
1. 交通	元	2191	24.7
2. 通信	元	820	−3.2
（六）教育文化娱乐	元	2671	20.0
1. 教育	元	2177	25.6
2. 文化娱乐	元	494	0.3
（七）医疗保健	元	2418	−5.2
（八）其他用品和服务	元	605	4.6

2021 年海曙区主要农作物面积和产量表

表 53　　计量单位：公顷、吨

指标名称	播种面积	产量	指标名称	播种面积	产量
农作物	272141	—	1. 蔬菜	67440	99579
一、粮食作物	148416	63366	2. 食用菌	—	158
二、油料	8593	1123	七、瓜果类（果用瓜）	12289	25554
油菜籽	5550	290	1. 西瓜	9748	21709
三、棉花（皮棉）	135	12	2. 香瓜（甜瓜）	592	819
四、甘蔗	253	877	3. 草莓	1409	2353
五、中草药材	6766	2077	4. 其他	540	673
1. 浙贝	5928	1857	八、其他作物	28249	—
2. 铁皮石斛	19	3	1. 席草	25429	—
六、蔬菜及食用菌	67440	99737	2. 饲料草（青饲料）	113	—

注：2020年年报开始，农作物播种面积不含花卉苗木

2018—2021 年海曙区农林牧渔业分项产值表

表 54　　计量单位：万元

指标名称	2018 年	2019 年	2020 年	2021 年
合计	210851	216824	227597	234116
一、农业产值	177409	179020	187313	194326

续表 54

指标名称	2018 年	2019 年	2020 年	2021 年
其中：副产品产值	504	486	556	—
1. 粮食作物	22495	22447	24336	24636
（1）谷物	18653	19359	22882	22160
（2）豆类	1000	753	602	537
（3）薯类	2842	2335	852	1939
2. 油类	1094	1210	1194	1258
3. 棉花	46	41	36	30
4. 甘蔗	376	294	213	276
5. 中草药材	19828	17851	18820	17544
6. 蔬菜	49554	51653	58669	67339
7. 食用菌			750	565
8. 花卉园艺	8132	8614	8125	8614
9. 茶、桑、水果、坚果	57403	57507	55540	53200
10. 其他农作物	18481	19403	19630	20865
二、林业产值	10537	10881	10573	10091
1. 人造林木生长	2947	1986	5707	1534
2. 林 产 品	4914	5172	4140	7665
3. 竹木采运	2676	3723	726	892
4. 采集野生植物				—
三、牧业产值	7418	9649	9975	7137
1. 牲畜	5904	8261	8983	6362
2. 家禽饲养	412	449	423	363
3. 活的畜禽产品	964	820	546	404
4. 捕猎野兽野禽	61	69	2	2
5. 其他动物饲养	77	50	21	7
四、渔业产值	7771	8701	8336	9936
1. 海水产品				
2. 淡水产品	7771	8701	8336	9936
五、农林牧渔服务业产值	7716	8573	11400	12625

2018—2021 年海曙区畜牧业生产情况表

表 55

指标名称	单位	2018 年	2019 年	2020 年	2021 年
一、生猪					
1. 年末存栏头数（含未断奶小猪）	万头	1.21	0.78	1.44	1.82
能繁殖的母猪	万头	0.11	0.09	0.16	0.22
2. 年内生猪出栏头数	万头	1.96	1.86	1.67	1.84
二、牛					
1. 年末存栏头数	头	322	363	170	332
2. 年内牛出栏头数	头	336	264	315	310
三、羊					

续表 55

指标名称	单位	2018 年	2019 年	2020 年	2021 年
1. 年末存栏只数	万只	0.14	0.12	0.11	0.15
2. 年内羊出栏只数	万只	0.13	0.08	0.12	0.13
四、活家禽					
1. 年末存栏只数	万只	7.90	6.69	6.41	5.35
2. 年内出栏只数	万只	6.99	7.96	8.03	6.45

2021 年海曙区水产品产量及养殖面积基本情况表

表 56

指标名称	计量单位	2021 年	指标名称	计量单位	2021 年
水产品总产量	吨	2050	鱼类	吨	1608
其中：淡水产品产量	吨	2050	虾蟹类	吨	201
按生产性质分			贝类	吨	80
淡水捕捞	吨	810	其他类	吨	161
淡水养殖	吨	1240	淡水养殖面积	公顷	175
按类别分					

注：以上数据来自区农业农村局

2021 年海曙区林业生产基本情况表

表 57

指标名称	计量单位	2021 年	指标名称	计量单位	2021 年
国土绿化与森林质量提升情况			六、森林抚育	公顷	204
一、人工造林	公顷	152	七、零星（四旁）植树	株	
二、飞播造林	公顷		八、林木种苗		
三、封山育林（当年新封）	公顷		1. 当年苗木产量	万株	352
四、退化林修复	公顷		2. 育苗面积	公顷	1027
五、人工更新	公顷				

注：以上数据来自区自然资源和规划分局、区农业农村局

2021 年海曙区灌溉和水利基本情况表

表 58

指标名称	计量单位	2021 年	指标名称	计量单位	2021 年
水库年末累计	座	24	水闸座数	座	33
总库容量	万立方米	28374		公里	55
大型水库	座	2	水利工程年供水量	万立方米	17240
总库容	万立方米	23185	农业供水	万立方米	5043
中型水库	座	1	工业供水	万立方米	3041
总库容	万立方米	2838	城乡生活用水	万立方米	5959
小型水库	座	21	山塘年末累计	座	95
总库容	万立方米	2351	山塘总库容量	万立方米	189
有效灌溉面积	万亩	15	水电站	座	12
水土流失治理面积	公顷	280			

注：以上数据来自区农业农村局

2016—2021年海曙区规模以上工业企业数量表

表59　　　　计量单位：个

指标名称	2016年	2017年	2018年	2019年	2020年	2021年
总计	702	649	638	678	726	824
按轻重工业分						
轻工业	353	330	316	338	355	401
重工业	349	319	322	340	371	423
按登记注册类型分						
国有企业	2	2	1	1		
集体企业	1	1	1	1	1	1
股份合作企业	2	3	3	4	4	4
有限责任公司	59	51	58	24	24	29
股份有限公司	21	22	20	10	9	11
私营企业	477	464	465	555	602	696
其他企业	1					
港、澳、台商投资公司	72	52	42	38	42	41
外商投资企业公司	67	54	48	45	44	42
按规模分						
大型企业	11	6	7	8	9	6
中型企业	81	67	61	55	61	63
小型企业	585	565	563	595	616	708
微型企业	25	11	7	20	40	47

注 1.自2007年开始包括宁波电业局；宁波电业局为产业活动单位，没有经济效益统计数据

2.2011年起，国家统计局将规模以上工业企业标准从年主营业务收入500万元调整至2000万元

3.2011年起，将企业规模分为大、中、小、微型

2016—2021年海曙区规模以上工业企业总产值表

表60　　　　计量单位：万元

指标名称	2016年	2017年	2018年	2019年	2020年	2021年
总计	12133434	10866303	11109733	11557576	12237872	13843664
按轻重工业分						
轻工业	5020219	3786002	3485121	3629055	3883673	4504361
重工业	7113216	7080301	7624612	7928521	8354199	9339303
按登记注册类型分						
国有企业	3291993	3595777	2436	1947		
集体企业	3848	4095	3244	2752	6503	11602
股份合作企业	7538	10883	11412	14719	18561	20273
有限责任公司	1616731	1481974	5410111	4849786	4665494	5058162
股份有限公司	913672	479978	372148	260485	165449	343032

续表 60

指标名称	2016 年	2017 年	2018 年	2019 年	2020 年	2021 年
私营企业	3479400	2962283	3247231	4594232	5259377	6357823
其他企业	6036					
港、澳、台商投资公司	2129960	1749429	1487904	1360214	1606038	1523352
外商投资企业公司	684258	581884	575247	473441	516451	529420
按规模分						
大型企业	4736853	4521074	4706397	4962919	5065691	5423322
中型企业	3198883	2558152	2223561	2332622	2323986	2858848
小型企业	3988985	3751515	4155967	4186328	4356119	5339239
微型企业	208713	35561	23809	75707	492077	222255

2021 年各镇乡街道、园区规模以上工业企业主要经济指标表

表 61　　计量单位：万元

指标名称	总产值	新产品产值	资产总计	负债合计	营业收入	营业成本	营业利润	利润总额	营业税金及附加	销售费用	管理费用	研发费用	财务费用
全区	13843663.9	2699026.8	14393576.5	9407808.9	14096177.7	12205161.1	573160.5	616030.9	64209.2	582809.8	531937.1	272190.8	100032.4
集士港镇	904209.9	245293.3	799083.5	418294.0	891121.6	755967.0	41029.1	43559.5	3456.5	21462.9	48322.7	18570.8	6138.5
古林镇	1168151.1	264424.9	903420.1	634757.8	1154945.9	973648.5	31629.9	37531.6	5103.2	30452.7	75509.0	33837.9	7423.3
高桥镇	936925.7	229750.6	996148.0	562704.5	967686.5	787796.9	46538.7	51339.2	5404.6	30132.4	61440.0	30130.6	11165.5
横街镇	566344.1	170866.0	523944.8	327739.9	565798.4	479864.1	17503.8	20322.8	2078.0	11896.0	29411.4	21764.9	7509.6
鄞江镇	373843.0	98751.7	313426.0	190619.0	369621.3	303492.3	16403.8	17139.0	5278.3	7818.1	20526.6	12474.3	4587.7
洞桥镇	1163913.2	301434.1	1104108.8	616556.2	1128832.3	929426.2	67997.8	69587.6	4375.4	25891.1	55981.9	33967.1	12501.7
章水镇	59096.4	6905.5	123811.3	27593.3	60010.2	40146.0	10518.7	10926.7	417.1	1106.0	5688.5	1573.6	708.3
龙观乡	47394.6	5053.1	28948.7	19975.7	45966.4	38886.4	2105.2	2241.9	151.8	929.6	2522.3	1071.8	298.8
石碶街道	1792172.9	384647.6	3791422.7	2468769.6	1989416.5	1568166.1	129476.7	143645.7	15454.4	232230.4	87233.4	30198.0	37866.1
月湖街道													
西门街道	5584.9	3099.7	1450.9	689.1	5740.1	4824.9	200.7	207.5	20.3	37.4	343.4	313.4	
江厦街道	10395.7	2073.4	9625.5	4278.3	10027.1	8649.1	384.6	413.5	64.8	40.9	247.9	660.1	−20.2
南门街道	122474.1	97703.3	237036.5	179886.0	177466.0	153383.0	6524.8	6598.1	196.4	9178.0	6307.6	5572.4	3203.6
鼓楼街道	333001.9	2030.5	545566.9	82003.0	336805.6	309262.0	32672.7	32697.0	740.6	7405.1	5983.1	593.3	−6284.3
白云街道													
望春街道	30272.3	16135.2	53431.3	46875.8	29704.8	24118.6	702.9	772.6	105.5	970.3	1632.6	1018.0	1156.8
段塘街道	700089.2	200452.7	860743.3	479444.4	739540.6	517239.9	60208.3	60199.2	3058.9	134659.4	48219.0	20218.8	4620.4
望春工业园区	1344832.4	670405.2	1661978.4	908192.5	1338531.9	1110214.3	62889.4	66224.1	4651.6	68599.5	64406.3	55696.4	9232.2
其他	4284962.5		2439429.8	2439429.8	4284962.5	4200075.8	46373.4	52624.9	13651.8		18161.4	4529.4	−75.6

2021 年各镇乡街道、园区规模以上工业企业单位数量表

表 62　　计量单位：家

街道名称	规模以上工业企业总数	营业收入				
		10 亿以上	5 亿～10 亿	1 亿～5 亿	5 千万～1 亿	5 千万及以下
合计	824	11	17	181	191	424
区属	1	1				
集士港镇	113	1	1	16	23	72
古林镇	142		3	28	39	72
高桥镇	116			30	26	60
横街镇	77		2	11	12	52
鄞江镇	46			9	15	22
洞桥镇	97		3	28	24	42
章水镇	10			1	5	4
龙观乡	9				4	5
石碶街道	105	3	3	26	18	55
月湖街道						
西门街道	1				1	
江厦街道	1			1		
南门街道	2	1		1		
鼓楼街道	3	1		1	1	
白云街道						
望春街道	2			1	1	
段塘街道	14	2	1	6	2	3
望春工业园区	85	2	4	22	20	37

2018—2021 年海曙区固定资产投资情况表

表 63

指标名称	2018 年比上年增长（%）	2019 年比上年增长（%）	2020 年比上年增长（%）	2021 年比上年增长（%）
总计	13.1	−4.9	4.0	15.4
在总计中：基础设施投资	18.6	31.6	−16.2	−20.7
在总计中：房地产开发投资	30.0	−29.9	18.8	35.8
按构成分				
建安工程	−18.4	24.1	12.3	16.0
设备工器具购置	25.7	−17.8	14.4	−13.0
其他费用	42.0	−19.6	−3.9	17.5
按行业分				
第二产业	−3.6	14.6	5.7	2.5
工业	−3.4	14.6	5.7	2.5
第三产业	15.1	−6.7	3.8	16.9
批发和零售业	−97.1	3592.4	−80.2	288.8
交通运输、仓储和邮政业	27.6	46.3	−43.8	−78.9
住宿和餐饮业				

续表63

指标名称	2018 年比上年增长（%）	2019 年比上年增长（%）	2020 年比上年增长（%）	2021 年比上年增长（%）
信息传输、软件和信息技术服务业				−21.7
房地产业	13.4	−20.4	11.8	27.1
科学研究和技术服务业	−57.9	550.4	−20.9	−66.9
水利、环境和公共设施管理业	45.2	49.9	3.1	−2.8
教育	162.6	27.7	48.1	47.7
卫生和社会工作	25.0	−1.5	−55.2	200.4
文化、体育和娱乐业	−34.3	−7.2	9.3	38.0
公共管理和社会组织	−88.3	372.0	−44.0	139.2

注：2018、2019、2020、2021年比上年增长均按可比口径计算

2018—2021 年海曙区建筑业主要指标表

表 64

指标名称	计量单位	2018 年	2019 年	2020 年	2021 年
建筑业企业单位数	家	100	100	102	103
建筑业总产值	万元	4186623	4268980	4495337	5031745
增加值	万元	707964	717948	780185	822918
营业收入	万元	3214326	3191285	3502343	3956007
税金	万元	64029	50849	56246	67711
利润总额	万元	110765	109940	90850	93714
期末从业人员	人	114847	108836	57369	52642
其中：工程技术人员	人	13387	12394	10910	10413
人均利润	元 / 人	8766	9149	7545	7619
产值利润率	%	2.65	2.58	2.02	1.86
产值利税率	%	4.18	3.77	3.27	3.21

2010—2021 年海曙区进出口情况表

表 65

指标名称	计量单位	进出口总额	进口总额	出口总额
2010 年	万美元	629848	121341	508507
2011 年	万美元	728337	143651	584686
2012 年	万美元	664275	103505	560770
2013 年	万美元	682125	100581	581544
2014 年	万美元	659215	69521	589694
2015 年	万美元	619335	65868	553467
2016 年	万美元	547951	56352	491599
2017 年	万元	6529582	1000064	5529518
2018 年	万元	6881881	1043332	5838549
2019 年	万元	7325347	1037314	6288033
2020 年	万元	7471274	985529	6485745
2021 年	万元	8446031	1033463	7412568

注：本表数据由区商务局提供。2017年开始为新海曙口径，以万元为计量单位

2021 年海曙区出口主要市场情况表

表 66

计量单位：万元、%

指标名称	2021 年		同比增长	指标名称	2021 年		同比增长
	绝对值	构成比重			绝对值	构成比重	
出口	7412568		15.4	主要国家			
亚洲	1747236	23.6	9.3	美国	1777722	23.1	19.8
非洲	358698	4.8	8.5	澳大利亚	366608	4.8	16.5
欧洲	2309669	31.2	13.6	英国	355138	5.2	6.8
拉丁美洲	645062	8.7	32.0	日本	353900	5.4	7.1
北美洲	1938973	26.2	19.4	德国	360183	5.2	8.4
大洋洲	412930	5.6	17.3	荷兰	254255	3.5	12.4
欧盟	2034664	27.4	12.8	俄罗斯	186966	2.3	26.7
东盟	557419	7.5	21.0	法国	185349	2.5	17.1
一带一路	1585506	21.4	12.3	意大利	163954	2.3	14.7
中东欧	303919	4.1	24.8				

注：本表数据由区商务局提供

2021 年海曙区进口主要市场情况表

表 67

计量单位：万元、%

指标名称	2021 年		同比增长	指标名称	2021 年		同比增长
	绝对值	构成比重			绝对值	构成比重	
进口	1033463		9.6	中东欧	25410	2.5	−26.3
亚洲	401309	38.8	−15.9	主要国家			
非洲	91247	8.8	65.7	美国	80536	7.8	29.7
欧洲	191468	18.5	22.1	日本	119768	11.6	−32.1
拉丁美洲	191575	18.5	77.9	智利	68602	6.6	9.7
北美洲	111396	10.8	20.2	扎伊尔	31248	3.0	128.9
大洋洲	46469	4.5	−13.7	台湾	64130	6.2	−11.3
欧盟	157868	15.3	22.8	巴西	13082	1.3	289.0
东盟	117609	11.4	16.9	韩国	72688	7.0	−36.7
一带一路	369657	35.8	−11.1				

2021 年海曙区出口主要商品情况表

表 68

计量单位：万元、%

指标名称	2021 年		同比增长	指标名称	2021 年		同比增长
	绝对值	构成比重			绝对值	构成比重	
全区出口	7412568		15.4	其中：服装及衣着附件	1162775	15.7	21.4
机电和高新技术产品	3321820	45.2	18.0	纺织纱线、织物及制品	717570	9.7	−5.6
其中：机电产品	3175729	43.2	19.9	塑料制品	332587	4.5	8.0
高新技术产品	146091	2.0	−11.9	家具及其零件	236952	3.2	13.9
汽车零配件	180240	2.4	27.1	灯具、照明装置及类似品	170982	2.3	3.6
主要商品（类别）				箱包及类似容器	86733	1.2	4.8
纺织服装	1880344	25.4	9.4	鞋类	72690	1.0	31.9

注：本表数据由区商务局提供

2021 年海曙区城镇失业人员情况表

表 69　　计量单位：人

指标名称	2021 年	指标名称	2021 年
一、本年失业人员	21448	按文化程度分	
1. 上年末结转的失业人员	9649	1. 大专及以上	2038
2. 本年新增的失业人员	11799	其中：女性	1218
二、年末失业人员合计	11938	2. 中专及高中	2837
按年龄分		其中：女性	1312
1. 周岁 16—25 岁	57	3. 初中及以下	7063
其中：女性	27	其中：女性	3227
2. 周岁 26 岁以上	11881	三、本年失业人员就业人数	7441
其中：女性	5564	四、城镇登记失业率（%）	2.38

注：以上双表数据由区人社局提供

2021 年海曙区社会养老保险基本情况表

表 70　　计量单位：人

指标名称	2021 年	指标名称	2021 年
企业养老保险参保人数	867831	工伤保险参保人数	476352
企业养老保险实际缴费人数	397983	生育保险参保人数	360597
基本医疗保险参保人数	748402	被征地人员养老保障参保人数	1039
失业保险参保人数	370616		

2021 年海曙区专业技术人才情况表

表 71　　计量单位：人

指标名称	2021 年	指标名称	2021 年
一、公有制企事业单位专业技术人才资源数	7372	二、享受国务院特殊津贴专家人数	11
高级职务	1189	三、国家和省有突出贡献专家人数	1
中级职务	3442	其中：省有突出贡献专家人数	1
初级职务	2741		
其他			

注：以上数据分别由区人社局、区医保局提供

2021 年海曙区普通中学、小学办学情况表

表 72

指标名称	计量单位	2021 年	
		普通中学	小学
学校数	所	24	40
学校占地面积	平方米	914616	847535
校舍建筑面积	平方米	635435	528151
教学及辅助用房	平方米	303920	303791
其中：普通教室	平方米	138190	171820
专用教室		74326	43439
公共教学用房	平方米	91404	88533
图书阅览室	平方米	21929	15180.09

续表 72

指标名称	计量单位	2021 年	
		普通中学	小学
室内体育用房	平方米	55628	45226.23
心理辅导室	平方米	3469	3160.53
行政办公用房	平方米	48932	34369
其中：教师办公室	平方米	28940	21149
生活用房	平方米	120264	92620
其他用房	平方米	162319	97371
体育运动场（馆）面积达标校数	所	24	39
体育场（馆）面积	平方米	352025	360015
体育器械配备达标校数	所	24	39
音乐器材配备达标校数	所	24	39
美术器材配备达标校数	所	24	39
理科实验仪器配备达标校数	所	24	39
建立校园网校数	所	24	40
校园计算机数	台	9498	10056
校园图书数	册	1465608	1650331

注：本表数据由区教育局提供

2021 年海曙区普通中学基本情况表

表 73

指标名称	计量单位	2021 年	指标名称	计量单位	2021 年
中学基本情况			教职工数	人	2671
学校数	个	24	其中：女教职工	人	1807
班级数	个	548	专任教师	人	2506
毕业生数	人	7041	行政人员	人	43
招生数	人	7911	教辅人员	人	28
在校学生数	人	23520	工勤人员	人	88
教职工基本情况			其他	人	6

注：本表数据由区教育局提供

2021 年海曙区普通小学基本情况表

表 74

指标名称	计量单位	2021 年	指标名称	计量单位	2021 年
小学基本情况			教职工数	人	2568
学校数	个	40	其中：女教职工	人	1993
班级数	个	1450	专任教师	人	2497
毕业生数	人	8757	行政人员	人	36
招生数	人	10592	教辅人员	人	5
在校学生数	人	59171	工勤人员	人	30
教职工基本情况					

注：本表数据由区教育局提供

2021 年海曙区学前教育基本情况表

表 75

指标名称	计量单位	2021 年	指标名称	计量单位	2021 年
基本情况			教职工人数合计	人	5083
幼儿园数	所	134	园长	人	112
班级数	个	1192	专任教师	人	2633
入园人数	人	9852	保健员	人	202
在园幼儿数	人	32691	保育员	人	1193
离园人数	个	11073	其他	人	949

注：本表数据由区教育局提供

2021 年海曙区体育事业基本情况表

表 76

指标名称	计量单位	2021 年	指标名称	计量单位	2021 年
一、举办运动会和群体活动情况			4. 参加乡镇、街道体育活动人次	人次	37400
1. 举办县级及以上运动会次数	次	1	5. 举办群众性体育活动次数	次	91
其中：体育系统举办	次	1	二、《国家体育锻炼标准》施行情况		
2. 参加县级及以上运动会人次	人次	7130	1. 实施学校总数	所	63
其中：体育系统举办	人次	7130	2. 有传统项目布局的学校数	所	50
3. 举办乡镇、街道体育活动次数	次	85			

注：本表数据由区文广旅体局提供

2021 年海曙区区属卫生事业基本情况表

表 77　　计量单位：人

指标名称	机构数（个）	人员数	#卫生技术人员	执业（助理）医师	执业医师	注册护士	药师（士）	技师（士）	检验技师（士）	其他人员	其他技术人员	管理人员	工勤人员	万元以上设备（台）
总　计	501	8588	6649	2852	2570	2585	452	308	227	425	218	635	1103	5056
一、医院	29	3737	2883	994	929	1388	157	127	83	217	46	311	528	2650
综合医院	6	917	767	294	282	288	60	59	42	66	5	95	50	853
中医医院	3	402	354	147	140	147	38	13	7	9	3	14	31	170
专科医院	20	2418	1762	553	507	953	59	55	34	142	38	171	447	1627
口腔医院	5	625	487	189	176	249	8	9	1	32	14	63	61	603
眼科医院	2	180	92	22	22	42	5	5	5	18	2	33	53	215
妇产（科）医院	4	392	270	88	88	154	14	13	11	1	1	37	84	330
二、基层医疗卫生机构	465	4580	3582	1778	1567	1171	292	146	111	195	151	305	521	2088
社区卫生服务中心	8	1208	989	501	456	250	112	57	42	69	48	88	83	798
卫生院	9	844	732	357	306	185	77	49	40	64	27	40	45	1290
门诊部	83	1691	1183	564	506	460	85	40	29	34	58	121	329	
三、专业公共卫生机构	4	168	130	63	59	10	3	18	18	9	14	7	24	280
疾病预防控制中心	1	59	46	22	22	3		13	13	8	7	4	6	96

续表77

指标名称	机构数（个）	人员数	# 卫生技术人员	执业（助理）医师	执业医师	注册护士	药师（士）	技师（士）	检验技师（士）	其他人员	其他技术人员	管理人员	工勤人员	万元以上设备（台）
妇幼保健院（所、站）	1	64	48	33	32	6	3	5	5	1	7		9	90
卫生监督所（中心）	1	27	27											10
四、其他卫生机构	3	103	54	17	15	16		17	15	4	7	12	30	38

注：本表数据由区卫生健康局提供

2021年海曙区域卫生事业基本情况表

表78

指标名称	机构数（个）	人员数	# 卫生技术人员	执业（助理）医师	执业医师	注册护士	药师（士）	技师（士）	检验技师（士）	其他人员	其他技术人员	管理人员	工勤人员	万元以上设备（台）
总　计	512	18396	15534	6197	5909	6681	933	912	644	734	589	944	1308	17258
一、医院	33	10912	9399	3480	3409	4401	534	556	342	428	331	522	660	9750
综合医院	9	7115	6374	2410	2394	2912	363	453	283	236	244	325	172	7046
中医医院	4	1379	1263	517	508	536	112	48	25	50	49	26	41	1077
专科医院	20	2418	1762	553	507	953	59	55	34	142	38	171	447	1627
口腔医院	5	625	487	189	176	249	8	9	1	32	14	63	61	603
眼科医院	2	180	92	22	22	42	5	5	5	18	2	33	53	215
妇产（科）医院	4	392	270	88	88	154	14	13	11	1	1	37	84	330
二、基层医疗卫生机构	465	4580	3582	1778	1567	1171	292	146	111	195	151	305	521	2088
社区卫生服务中心	8	1208	989	501	456	250	112	57	42	69	48	88	83	798
卫生院	9	844	732	357	306	185	77	49	40	64	27	40	45	1290
门诊部	83	1691	1183	564	506	460	85	40	29	34	58	121	329	
三、专业公共卫生机构	8	2779	2494	922	918	1093	106	193	176	103	89	100	96	5004
疾病预防控制中心	2	218	173	100	100	7		47	47	19	37	2	6	775
妇幼保健院（所、站）	2	2336	2139	792	791	1047	106	111	94	83	40	92	65	3552
卫生监督所（中心）	2	79	77								1		1	62
四、其他卫生机构	6	125	59	17	15	16	1	17	15	8	18	17	31	416

注：本表数据由区卫生健康局提供

2021年海曙区市政工程情况表

表79

指标名称	计量单位	2021年	指标名称	计量单位	2021年
年末区管道路长度	公里	201	年末区管城市下水道长度	公里	292
年末区管道路面积	万平方米	532	年末拥有桥梁数	座	203

2021 年海曙区园林绿化情况表

表 80

指标名称	计量单位	2021 年	指标名称	计量单位	2021 年
年末城区园林绿化总面积	公顷	1920	年末辖区内公园个数	个	27
年末绿化覆盖面积	公顷	2081	年末辖区内公园面积	公顷	216
年末绿化覆盖率	%	34.74	年末苗圃面积	公顷	14

注：本表数据由区综合行政执法局（城市管理局）提供

2021 年海曙区社会保障情况表

表 81

指标名称	单位	2021 年
城乡居民最低生活保障人数	人	3581
城市居民最低生活保障家庭数	户	2767
城镇低保资金全年计划支出	万元	3927

2021 年海曙区社会救济情况表

表 82

指标名称	单位	2021 年
特困人群	人	169
精减职工	人	20
“三老”人员	人	20

注：本表数据由区民政局提供

2017—2021 年海曙区婚姻、生育情况表

表 83

计量单位：人

指标名称	2017 年	2018 年	2019 年	2020 年	2021 年
婚姻登记					
结婚登记（对）	4402	4236	3778	3541	3264
离婚登记（对）	1863	1806	1908	1967	1060
计划生育					
一、计划生育率（%）	98.79	99.00	98.60	98.09	98.36
二、有生育条件的妇女	142988	152485	146592	142794	139637
三、已婚育龄妇女	108223	113495	108787	104422	100489
四、期末选用各种方法避孕人数	95947	94879	89378	84256	79578
1. 男性绝育	60	57	48	40	31
2. 女性绝育	1869	1750		1109	939
3. 放置宫内节育器	33554	33252	37	24740	21034
4. 口服及注射避孕药	95	112	100	84	74
5. 避孕套	60224	59594	59022	58179	57398
6. 外用药	75	27	22	21	18
7. 其他	12	87	50	44	46

注：本表数据由分别由区民政局和区卫生健康局提供

2021 年海曙区律师和基层司法工作情况表

表 84

指标名称	单位	2021 年	指标名称	单位	2021 年
律师工作情况			基层法律服务		
律师事务所	个	16	基层法律服务所	所	10
个人律师事务所	个	5	配备工作人员	人	59
合伙制律师事务所	个	11	代理诉讼事务	件	533
律师数	人	345	代理非诉讼事务	件	254
专职律师	人	339	调解纠纷	件	25
聘请担任常年法律顾问单位	家	1052	担任法律顾问	件	29
民事案件代理	件	8035	代写法律文书	件	105
刑事辩护和代理	件	527	法律援助服务		
非诉讼法律事务	件	850	解答法律咨询人次	人次	15596
行政案件代理	件	155	挽回经济损失	万元	890
解答法律文书	件	323	办理法律援助事务	件	795
代写法律文书	件	114			

注：本表数据由区司法局提供

2021 年海曙区人民调解和安置帮教工作情况表

表 85

指标名称	单位	2021 年	指标名称	单位	2021 年
人民调解工作			安置帮教工作		
人民调解委员会	个	312	刑释人员数（当年）	人	126
调解人员数	人	1318	刑释人员数（五年内）	人	945
调解纠纷总件数	件	14110	解矫人员数（当年）	人	129
调解成功件数	件	14067	刑释人员安置数（当年）	人	249
婚姻、继承、赡养抚养	件	624	刑释人员帮教数（当年）	人	255
房屋宅基地	件	36	重新犯罪人数（当年）	人	1
债务	件	322	社区矫正工作		
生产经营	件	7	接收社区服刑人员数（当年）	人	474
邻里关系	件	1741	解除社区服刑人员数（当年）	人	306
赔偿	件	4573	累计监管人数（当年）	人	968
其他调解	件	6797	重新犯罪人数（当年）	人	0
调解纠纷成功率	%	99.6			

注：本表数据由区司法局提供

2021 年海曙区旅游情况表

表 86

指标名称	计量单位	2021 年
接待过夜境外旅游者人数	人	4523
外国人	人	2983
台湾同胞	人	656
香港同胞	人	790

续表 86

指标名称	计量单位	2021 年
澳门同胞	人	94
接待过夜境外旅游者人天数	人天	9380
外国人	人天	6838
台湾同胞	人天	1232
香港同胞	人天	1162
澳门同胞	人天	148
旅游收入		
国际旅游收入	万美元	163
国内旅游收入	亿元	103
接待国内旅游人数		
国内旅游人数	万人次	564
星级饭店		
饭店数量	家	16
营业总收入	万元	53382
床位数	张	5102
房间数	间	3368
客房出租率	%	42
平均房价	元 / 间天	378
旅行社		
国内社	家	75
国际社	家	6
全区旅游景区门票总收入	万元	3669

注：本表数据由区文广旅体局提供

索　引

说　明

一、索引采用主题分析法编制。设有条目索引、图照表索引两个分目，其中图照表索引包括文中出现的表格、图片（示意图）以及随文照片，表格与图片都分别标明“（表）”、“（图）”，未注明的为随文照片。

二、标引词依据首字汉语拼音字母顺序排列，首字相同按第二字音序排列。标引词后的数字表示内容所在的页码或参见页码，数字后的字母（a、b、c）分别表示从左至右内容所在的栏别（一、二、三栏）。

三、类目、分目作索引的款目用黑体字表明。

四、标引词后的第二个页码起，表示该索引参见内容所在。空两字起排的款目为上一主题的“附见”。部分内容交叉的款目在索引中重复出现，以便检索。

主题词索引

数字

H

J

R

S

T

Z

图照表索引

M

N

O

P

Q

Z